U0437840

上海文化發展基金會資助項目

錢載年譜

白謙慎題

錢載研究 · 生平卷

主編
楊崇和　范景中

錢載年譜

潘中華　著

上海古籍出版社

圖書在版編目(CIP)數據

錢載年譜/潘中華著. —上海:上海古籍出版社,
2014.12
(錢載研究·生平卷)
ISBN 978-7-5325-7097-3

Ⅰ.①錢… Ⅱ.①潘… Ⅲ.①錢載(1708～1793)—
年譜 Ⅳ.①K827=49

中國版本圖書館 CIP 數據核字(2013)第 245437 號

楓 江 書 屋 策 劃

錢載研究·生平卷
楊崇和　范景中　主編
錢 載 年 譜
潘中華　著

上海世紀出版股份有限公司
上　海　古　籍　出　版　社　出版
(上海瑞金二路272號　郵政編碼200020)
(1)網址:www.guji.com.cn
(2)E-mail:guji1@guji.com.cn
(3)易文網網址:www.ewen.co
上海世紀出版股份有限公司發行中心發行經銷
常熟人民印刷有限公司印刷
開本787×1092　1/16　印張31　插頁8　字數602,000
2014年12月第1版　2014年12月第1次印刷
印數:1—1,200
ISBN 978-7-5325-7097-3
K·1817　定價:138.00元
如發生質量問題,讀者可向工廠調換

清佚名《籜石先生畫像》（局部），清張庚補圖，絹本設色，約1736年，嘉興博物館藏。

清佚名《錢籜石先生小像》，佚名摹本，有褚德彝1938年題名，金箋設色，年代不詳，嘉興博物館藏。

《籜石齋詩集》五十卷書影，上海圖書館藏。

籜石齋詩集卷第一

秀水 錢載 坤一

丁巳

太液池曉望

春生暖城市日出麗臺洛從容橋上經遊息漾魚鳥溓柳金霧撥融冰玉煙渺蓬萊滄海起河漢紫垣遠復旦近帝光歌衢徹天表

古琴

歲久紋斯斷材良尾不焦彈非無汲郡製或自雷霄木落高山石天空大海潮以之橫膝坐詎獨萬情超

雪夜

霰粒曉如米飄鬢遂無聲悤燈困初更街柝沈三更泬泬竟

《籜石齋文集》二十六卷書影，上海圖書館藏。

籜石齋文集卷第一

秀水 錢載 坤一

翰林院恭撰文
獻俘告祭

社稷壇文

維

天維

祖宗集命予一人綏和萬邦宜德之文輯甯萬邦宜德之武員夫伊犁大定曁于回部悉臣乃有逆酋小和卓木霍集占兄弟貪我深恩肆為狂悖爰申

天討用協人心茲將軍兆惠富德等疊報捷音克平二逆其

《秀石叢竹圖軸》，紙本墨筆，1789年，楓江書屋藏。

范景中評曰："錢籜石深得柯九思真意……以水墨寫細篁風神，疏風淡日中有種幾欲畫出色彩的感覺，令人恍對滿溪淺碧，半空殘紅。宋庠《致政張郎中惠親畫墨竹二幀，以詩為報》云'俗眼莫驚無麗藻，歲寒顏色抵瓊瑰'，可移為此幅題咏。"（《中華竹韻》頁三三八）

目 錄

《錢載研究》序 1
年譜和藝術史研究(代序) 1
凡例 1

卷一 1
卷二 6
　康熙四十七年戊子(一七〇八)至雍正十三年乙卯(一七三五)
卷三 33
　乾隆元年丙辰(一七三六)至乾隆十六年辛未(一七五一)
卷四 98
　乾隆十七年壬申(一七五二)至乾隆二十五年庚辰(一七六〇)
卷五 167
　乾隆二十六年辛巳(一七六一)至乾隆三十二年丁亥(一七六七)
卷六 230
　乾隆三十三年戊子(一七六八)至乾隆四十年乙未(一七七五)
卷七 305
　乾隆四十一年丙申(一七七六)至乾隆四十七年壬寅(一七八二)
卷八 370
　乾隆四十八年癸卯(一七八三)至乾隆五十八年癸丑(一七九三)

附録 425
徵引書目 442
人名索引 466
後記 482

《錢載研究》序

在研究近三百年的中國歷史時,學界對于明清易代的十七世紀和外患叢生的十九世紀頗感興趣,而十八世紀的康、雍、乾盛世則往往被認為缺乏國家危機和現代化的變革動力而顯得平淡。但當代學者的許多專著從不同視角揭示了這一時期的豐富和活躍,如艾爾曼《從理學到樸學——中華帝國晚期思想與社會變化面面觀》及《經學、政治和宗族:中華帝國晚期常州今文學派研究》,余英時《論戴震與章學誠》,沈津《翁方綱年譜》,羅威廉《救世——陳宏謀與十八世紀的精英意識》以及韓書瑞、羅友枝《十八世紀中國社會》等等。這些著作廣泛涉及十八世紀的學術、社會和文化史,而本著《錢載研究》的編撰動機也是希望加入這股研究潮流,通過對錢氏生平和藝術成就的個案分析,管窺十八世紀中國文化史之一斑。

錢載一生在多方面取得成就。他是乾隆時期重要的文化和教育官員,多次主持中央和地方考試,為朝廷選拔了眾多人材,他曾為乾隆帝講解儒家經典,并出任皇子們的老師。作為學者,他參與了纂修《續文獻通考》,後來又擔任四庫全書館總閱官。身為"秀水派"的領袖,他無疑是十八世紀中國最重要的詩人之一,影響一直延續到清末的"同光體"。他又是一位卓越的畫家,不僅清代畫史對他評價頗高,畫作亦被乾隆、嘉慶二帝收藏,錄入《石渠寶笈》。雖然不以書法名世,包世臣的《藝舟雙楫》仍將他列為清代九十一位有影響的書家之一,作品與王時敏、朱彝尊、石濤和伊秉綬等人的書法同歸在"逸品"。他在四庫館時和戴震關於考據學的爭論,以及因考證堯陵應在山西平陽而遭乾隆帝的斥責和群臣的圍攻等,均為清代學術史上有名的事件,至今仍是學者們關心和研究的問題。在如此多文化領域取得成就和擁有名望,不僅在他的時代,即便是有清近三百年的文化史中也是屈指可數的。

錢載得壽八十六歲，一生經歷豐富、交游廣闊。他生于浙江嘉興的詩書世家，四十歲前主要在江南渡過，之後寄居北京。由于久困科場，只好以坐館為生，生活可謂落魄，是典型的江南布衣文人。1752年他四十五歲時，纔終于以二甲第一名的成績考取進士，開始了此後一帆風順的仕途。其間五典鄉試，一任學政，宦跡遍及大江南北，最後官至禮部左侍郎，成為朝廷正二品大員，七十六歲蒙恩以原品致仕，優游林下者又十年。據沈津《翁方綱年譜》，乾嘉時期的重要學者年壽在八十五歲以上者僅有八人，而我們進一步發現，在這八人中一生縱跨康、雍、乾三朝的僅錢載一人。生于1708年，卒于1793年，錢氏的一生幾乎涵蓋整個十八世紀。法國史學家布羅代爾為了表達歷史的整體性，將歷史分析分為"事件"、"局勢"和"長時段"三個層次，"事件"雖然最為人所矚目，但它常常是數十年"局勢"變化的結果。從這個角度看，錢載漫長的一生不僅見證了十八世紀清朝的許多文化"事件"，也經歷了百年間的"局勢"變動。考慮到以上種種因素，錢載無疑是十八世紀文化史個案研究的理想人選。

　　《錢載研究》計劃由《生平卷》和《藝術卷》兩卷構成。《生平卷》即《錢載年譜》。年譜是中國史志的傳統體例，其長處在于材料豐富，為分析性的歷史寫作保留大量原始文獻。本譜不預設譜主的身份，即不以詩人、畫家、文臣或學者定義譜主，而是廣搜博采有關錢載的各種史料，意在為《藝術卷》的寫作及對譜主有興趣的其他研究者提供比較全面的基礎史料。惟其如此，雖然在付梓前作者潘中華博士已經做了大量的刪節，但我們現在看到的年譜仍然有六十餘萬字。

　　年譜其實不僅是基礎史料，按照年代編排的大量史料其本身也富有昭示意義，只是現代歷史寫作追求創造性的提問和分析結論，所以年譜帶著一副過時的樣子受到輕視。拋開簡單的進步觀來看，明確提出問題統領史料，與不明確提出問題而羅列史料，這兩種歷史編纂法各有長短。對問題導向的歷史來說，其創造性并不體現在它能提出問題，而在于它所提出的問題的品質——這問題能否擊中要害、直指人心。費正清以"衝擊—回應"說統領中國近代史，擊中一時要害；阿里埃斯寫死亡，直指人心。敏感的歷史學家總是能夠抓住那些最具昭示性的問題發出先聲。

　　可是"歷史是堅硬的解釋果核，外面裹著史實的果肉"（卡爾《歷史是什麼》）。不論問題導向的歷史多麼成功，時代人心一變，對歷史的訴求就會變，新時代的史學家又會把探照燈轉向歷史的不同方向。這就是為什麼費正清的理論固然傑出，然而現代學者却絕不肯滿足于再用"衝擊—回應"說來解釋中國近代史的原因，他們要提出對這個時代來説更具昭示性的近代史框架。這不是正確與錯誤、先進與落後的問題，結論終將耗盡它的意義,散落的史料磚塊却静待新一代人拾起。

與問題導向的歷史相比,年譜雖不提問、不分析,但面對平鋪直敘的史料,我們在當下所感受到的細細碎碎的問題,連同個人和集體的情緒,無時不在與這些史料交流碰撞,因之能夠產生出問題,也因之而能夠感受到一股整體的昭示能力。法國漢學家、《戴名世年譜》的作者戴廷傑説得好:

> 我們要用比較寬闊的視野和不同的角度來探討問題,但我不認為應該由某一理論來指導。更坦然地説,我越來越懷疑搞史學研究需要運用某種理論。這并不是説史學家要放棄理論,但他首先要恢復事情的原狀,甚或還歷史的真相。儘管真相是脆弱的、相對的,但是我相信是存在的。撰寫年譜的這些年讓我認識到堅實的博學工作的益處,并感到這一任務的崇高。(《學鏡:海外學者專訪》)

我們對歷史的觀感不能完全被量化為一個個具體的問題,這也是我們將年譜作為《錢載研究》基礎的原因。希望讀者可以藉此對歷史的原狀產生一些直覺。

《藝術卷》涉及詩歌和繪畫兩個部分,這也是錢載留下的主要文化遺產。詩歌部分包括錢詩箋注、蘀石齋詩論和研究文章。《蘀石齋詩集》付梓兩百多年來,多次再版和選印,但迄今為止尚未有大規模的箋注,《藝術卷》從《詩集》兩千多首詩中刊選代表性作品二百餘首,進行較為詳細的編年箋釋,并特別注重對"今典"的注解。錢載的詩論散見於他對古人和時人詩作的批評中,我們希望通過對這些批評的整理和出版,讓有興趣的讀者對他的詩學思想有所了解,同時幫助釐清乾嘉時期詩學發展的脈絡。例如,翁方綱的"肌理説"被認為是當時重要的詩學理論之一,其實翁氏理論在很大程度上基於錢載的詩學批評。蘀石齋詩自清代以來評論頗多,均以舊體詩話的文體出之,近代學者如錢鍾書和錢仲聯等亦未例外。最早以現代學術的形式對錢詩進行系統研究的是臺灣學者何明穎,他於1980年完成了近十萬言的《蘀石齋詩研究》,此文雖然沒有正式出版,但其中的分析方法却為後來的研究者所借鑒,是近年來大陸接續問世的數種相關論作的先声。由於何教授的工作具有開創性并奠定了當代錢詩研究的基礎,我們選用了他的論文作為蘀石齋詩的研究成果。

十八世紀上半葉,揚州畫派興起,它的審美趣味與平民市場頗為貼近。錢載與金農、羅聘均有交往,又數游維揚,但他在繪畫創作上却取徑不同,自有傳統——蘭竹上溯元代趙氏一門,花卉則取法吳派的小寫意,又將詩書和學養自然地融於畫中,呈現出簡澹雋雅的格調,與揚州畫派張揚恣意的畫風形成鮮明對照。論者以為"所寫蘭石最為超脫,畫蘭葉縱筆俯仰,神趣橫溢。石用飛白法為之,遒勁流轉,絕無滯機。真能擺脫俗格,另闢町畦,卓然塵埃之外"(秦祖永《桐陰論畫》)。錢載雖然沒有去迎合市場化的趣味,可他的畫作在當時仍然受到收藏家的青睞。例如,1803年也就是在他去世十年之後,琉璃廠多寶齋賣出其一幅梅花大幀,售價竟是原絲銀六兩,買家張大鏞稱"足以見其聲價之重"(《自娛悅齋書畫錄》)。一幅"當代畫"能賣六兩銀子,不禁使人想起鄭燮在揚州的鬻畫潤格,其中的大幅標價也是六兩。錢、鄭二人的畫價在乾嘉時代相類,這是頗有意味的。可是我們不要忘記,板橋的潤格是懸在工商業繁榮的揚州,而籜石的畫價則出于上層文人雲集的京城,這是否也反映了兩座城市、兩種文化的不同品位和不同取向?事實上,錢載的繪畫歷來為士林推重,錢維城在論及"閑寫"即寫意花卉時,于同時代人中唯獨推崇錢載,而錢泳評其蘭竹"書卷之氣溢于紙墨間,直在前明陳道復之上"(《履園叢話》)。在揚州畫派流行的年代,他們的評論或許別具深意。

《藝術卷》所選的繪畫注重四個方面:籜石齋不同時期的作品,反映時人雅集和紀事的作品,作為詞臣畫家的進呈作品以及與錢載繪畫有關聯的畫家之作品。研究文章分析了錢載繪畫的風格和品位取向、其作品在畫史上受到的關注和地位,并同時探討了籜石齋對後世畫家的影響。文章也對錢載繪畫的代筆和作偽問題進行了討論。

乾隆皇帝1735年登基,1795年退位,他統治了中國十八世紀的大部分時間。我們不妨稱十八世紀為乾隆時代,是學者們所說的 *Pax Sinica*,太平盛世。然而,也有人從世界大格局的角度注意到了這一時段中國知識的落後性和思想的保守性。有鑒于此,如果人們從錢載的個案研究中能夠得到一些資訊和啟迪,從而對中國的十八世紀有更具體、更細微的認識,這也是我們出版《錢載研究》所希望獲得的。

楊崇和　范景中
2014年秋于海上

年譜和藝術史研究(代序)

白謙慎

　　梁啟超在《中國歷史研究法》一書中,辟有"人的專史"篇,年譜和傳記為其中的兩章。我在西方研究中國藝術史二十餘年,經常要參考中國學者編撰的年譜。我在研究傅山的過程中,也曾在其他學者編撰的傅山年譜的基礎上,撰寫過長文《傅山年譜補正》。當我用英文發表自己的論文和著作時,按照海外漢學家的慣例,將年譜譯成 biographical chronology,或 chronological biography,如果直譯這兩個英文詞,應為編年傳記。但是,biographical chronology 這詞在西方的語境中,通常類似中國比較簡略的人物年表。西方雖然也有把一個人物的年譜編成一本書規模的,但數量比中國少許多。在中國的史學傳統中,年譜很受重視,編得好的年譜,會被認為是重要的學術成果。年譜的編纂,有簡有繁。作得簡的,或是文獻稀缺,迫不得已;或是資料甚為豐富,編撰者只舉其大略。在近些年的學術風氣下,許多學者取詳盡一路,數十萬字的年譜屢見不鮮。

　　中國學術重視年譜,和傳統史學注重考證以及歷史文獻的特點有關。年譜的編撰需要很多考證工作。我的美國朋友李慧聞女士(Celia Carrington Riely)研究董其昌,曾慨嘆,中文傳記經常不提供人物的生卒年和活動的具體年份,人們重視獲得科舉功名的日期甚于出生日期。以《明史》卷二八八中的"董其昌傳"為例,此傳沒有董其昌的生卒年,除了提到萬曆十七年成進士外,另僅有四次提到年份,很多活動并未提供具體時間。《傅山全書》收傅山撰寫的傳記十九篇,多數沒有生卒年[①]。董其昌的學生王鑒,是明末

[①] 這樣説,不排除在其他的傳記文體(如墓志銘和行狀)中,會記録傳主的生卒年,而這類傳記失佚不傳的情況。

清初的大畫家，人們過去都是根據乾隆十年的《鎮洋縣志》記載的"康熙丁巳，年八十卒"來推出他生于1598年。但我和章暉的研究證明，王鑒生于1609年。類似情況太多，"生卒年考"便成為中國傳統史學中的一道風景。當考證積累多了，還可編成專著，如陳垣先生的《釋氏疑年錄》、汪世清先生的《藝苑疑年叢談》。

考訂工作還要延伸到其他文獻中去。文人的詩文集有按年代先後編輯的，但很多并不如此。古代信劄很少有年款，大多僅有日月，有時甚至連日月都沒有。對于藝術史而言，還有大量的藝術作品要處理，很多作品無年款。根據內容考訂無紀年的詩文、信劄、書畫，將之繫年，就成為藝術史學者編撰年譜的一項重要工作。

為藝術家做年譜，在清代有翁方綱的《米海嶽年譜》，到了現代，陳垣先生以史學大家的身份，編撰了《吳漁山年譜》，繪畫大師傅抱石先生編了《石濤上人年譜》。近年來，藝術史受到前所未有的重視，藝術家的年譜也越來越多。以書法領域為例，王羲之、顏真卿、趙孟頫、祝允明、文徵明、董其昌、王鐸等皆有年譜。一些藝術史學者還在編纂年譜的同時，撰寫研究專著。譬如說，薛龍春的《王寵年譜》和《雅宜山色——王寵的人生與書法》幾乎同時問世。學術專著講究論述闡發，年譜基本上錄而不述，詳細記錄譜主生平事蹟的點點滴滴，可以保存更多的原始材料，正好和學術論著互補。當一位學者編過年譜後，就會對譜主的生平事蹟了然于心，做其他方面的專門研究自然能左右逢源。

潘中華博士編撰的《錢載年譜》，是一個很有學術意義的選題。錢載是乾隆時期重要的文化和教育官員，參與了當時很多重要的文化活動，如主持中央和地方考試，為乾隆帝講經并出任皇子們的老師，參與纂修《續文獻通考》，出任四庫全書館總閱官，主持《四庫全書》的審閱等。他還是卓越的詩人和書畫家，加上高壽，和乾嘉時期的很多重要的文化人物都有交集。通過年譜的編撰，全面地展示他的生平和活動、他和同時代文化人物的交往，其重要意義不言而喻。

潘中華博士雖為藝術史學者，但是在編撰《錢載年譜》的過程中，對錢載一生參與的各方面的活動予以全面的關注。她廣泛搜集了翁方綱、顧列星、吳應和、錢儀吉等人對《籜石齋詩集》的點評，以及錢載于《翁覃溪詩》、《樊榭山房詩》等的批語；錢氏家族各種文獻稿抄本，如《[海鹽]錢氏家譜》、《廬江錢氏藝文略》、《嘉興錢氏世藏書畫錄》、《[錢氏]文匯》《文匯補編》；雍乾兩朝檔案、奏摺、實錄、起居注二十餘種；清代人詩文集近二百種；引用清代畫史、著錄、題跋五十餘種；著錄錢載見存和待訪畫作百餘件。資料不可謂不豐富。

在收集大量資料的基礎上，潘中華做了很多的考訂工作。如《愛日吟廬書畫別錄》

卷二著録了一通翁方綱的信劄,并未寫明誰是收信人,潘中華考證出此劄是寫給錢載的,并進一步根據國家圖書館藏錢載批翁方綱詩後所附錢載回信,考證出此信寫于乾隆三十六年四月初二日。又如《昭代名人尺牘》卷二一録錢載致"草廬老前輩大人"尺牘,起首云:"自別老前輩,將五年矣。"潘中華考出"草廬"乃諸錦,并考出他于乾隆十九年甲戌以宮贊乞休歸里,由此可知此劄應書于乾隆二十四年己卯。不過二人自乾隆十九年之後,除此書信,再無往來。年譜將此信繫于乾隆十九年六月十八日,錢載與諸錦等會飲一條之後。類似的信劄考證,還有不少,在此不一一列舉。

為錢載的一些無紀年書畫作品繫年和根據作品的上款考證收受者,也成為潘中華編撰《錢載年譜》時所必須做的一項工作。清宮舊藏有數幅錢載進呈乾隆皇帝的畫作,均無年款。潘中華根據《皇清誥授資政大夫尚書房行走禮部左侍郎恩予原品休致顯考蘀石府君行述》,將此數幅畫繫于乾隆四十五年八月乾隆皇帝七十大壽和乾隆四十九年在常州迎鑾兩個年份。楓江書屋藏錢載于乾隆二十七年九月初七日為"東侯年長兄"繪竹菊石圖,《年譜》考出"東侯"是錢載進士同年鄭岱鍾。楓江書屋還藏有錢載于乾隆二十七年十一月廿日為"昉林老先生"繪蘭石通景四屏,潘中華考出"昉林"是趙升。此外,對于署款錢載的書畫,也存在一個鑒定真偽的問題。《錢載年譜》能夠幫助我們辨偽。譬如説,日本某藏家藏有傳錢載于成都貢院背臨陳淳花卉卷。題識云:"……今奉使成都,館于貢院,公餘之暇,背寫一通。……乾隆四十五年春二月,秀水錢載,時年七十三歲。"但是,年譜考出錢載于是年四月廿日方抵成都,此畫的真偽就需要進一步研究了。這些考訂工作,看似細小瑣碎,但積少成多,讓一部年譜堅實可信。

對于年譜的編纂,我主張在資料允許的情況下盡量做得詳盡。過去常有一個重要人物有幾部年譜的情況,原因之一,就是前修未密,後出轉精。近年來,各種大型叢書、畫冊、金石書畫著録、拍賣圖録紛紛問世,檢索手段也更加方便,歷史研究的文獻條件得到了極大的改善。因此,古代人物的年譜編撰應該盡量詳盡,爭取一步到位,後人無須重編,如有少數遺漏和訛誤,僅作補充糾正即可。目前這部《錢載年譜》,已達六十餘萬字,很是詳實。但潘中華為這部年譜所做的工作,遠非目前出版的年譜可以容納。為了控制篇幅,她不得不刪去一些資料。只是有些今天看來不那麼重要的資訊,很可能為其他學者提供新的甚至重要的線索。中國年譜的編撰體例能夠容納瑣碎的材料,一些材料如果因篇幅限制不能編入,很可能被湮没難再發掘。這也是年譜編撰者在面對取捨時常常要遇到的問題。

但是,對年譜的編撰者來説,細緻地梳理過和譜主相關的資料,不管是否包含進了年譜之中,這一工作都會為今後的研究打下良好的基礎。目前潘中華正在展開錢載繪畫的研究,其中即將完成的《錢載的水墨花卉》一文,就利用在編撰《錢載年譜》過程中收集到的材料,對錢氏家族的繪畫傳統做了新的探討。錢載既與董邦達、鄒一桂、錢維城等高官有往來,又熟悉金農、羅聘及厲鶚等活躍在揚州的文人群體。加之本人工詩善畫,通過他來觀察并思考18世紀中國繪畫與社會文化,不失為一條很好的研究途徑。潘中華正在進行的乾隆詞臣畫家研究,就是旨在從個案擴展到畫史,更細緻、綜合地解讀18世紀中國繪畫。她在研究錢載的藝術方面的新成績是可以期待的。

中國文人士大夫常如錢載那樣,具有綜合性的修養和多方面的成就。所以,許多和藝術相關的歷史人物(如蘇軾)的年譜過去多由其他領域的學者編撰。即使是有些藝術家的年譜,也并非由藝術史學者所作,如《沈周年譜》和《祝允明年譜》都是從事文獻學的學者編撰的。這是其他領域的學者對藝術史的貢獻,也是對我們的督促。近年來,由年輕的藝術史學者編撰的年譜越來越多了,標誌著我們這個領域處理文獻水準的提高。更為可喜的是,他們在編撰年譜的基礎上,努力把帶有藝術史自身特點和關懷的個案研究推向深入。從這個大背景來看《錢載年譜》的出版,真是一件值得慶賀的事。

凡　　例

一、是譜輯録錢載先生(1708—1793)事迹,不論大小顯晦,按年、月、日順序逐項撰寫。若只知某月、某季或某年,則附于該月、季、年之後。若年月俱不詳,繫于相關之人或事迹之後。

二、各項事迹,首以先生自著詩文集為準,其次依錢世錫所撰《行述》,再次則取《家譜》及錢氏後人之記述。若事與官職相聯,且見于朝廷檔案實録,俱遵照官方之文檔。事若旁涉他人,仍以先生之言為準,未備之處再佐以他人詩文。

三、先生著有《籜石齋詩集》五十卷、《籜石齋文集》二十六卷行世。詩集前四十九卷于乾隆五十三年(1788)刊行。先生歿後,錢世錫將先生手訂第五十卷及若干條補注增入付梓。文集二十六卷至嘉慶十二年(1807)《錢氏藝文略》成書時,尚未鎸版。今日所見文集二十六卷,最後一卷為《萬松居士詞》,學界定為乾隆年間刻本,仍待詳考。年譜所用之本為《續修四庫全書》影印本。先生另著有《詩文別集》十二卷、《詩補集》二卷,俱不傳。

四、佚作除聯句外,均全文鈔録,編入譜中。《籜石齋詩集》夾注中見存之早年詩作亦録寫標出,以示珍重。

五、歷年詩作題目彙録于各年末。并合上圖藏唐仁壽録本、國圖藏錢聚朝録本、翁方綱手批本、失名録本共四種,將翁方綱、顧列星、朱休度、錢儀吉、錢泰吉點評《籜石齋詩集》之語,以及錢聚朝據家藏《籜石齋詩集》手稿所作之校對,全文鈔録于後。吳應和批語從《浙西六家詩鈔》道光七年(1827)刊本鈔録。日人近藤元粹所作點評，則擇要附後。

六、自始祖至父輩，本支考妣單列一卷。先生兄弟姊妹及妻女子孫不入其中，同族有關係往來之人亦不入其中。

七、凡交游往來之人，列小傳交待生平。若生平不詳，則留缺俟補。

八、凡相關之人，悉以名入譜。若不知姓名，則用字號，或保留原有稱呼。

九、凡文獻中有污損難辨之字，以缺字符號"□"表示。

十、是譜時用簡稱，如《籜石齋詩集》稱《籜詩》，《籜石齋文集》稱《籜文》，《皇清誥授資政大夫尚書房行走禮部左侍郎恩予原品休致顯考籜石府君行述》稱《行述》，《海鹽錢氏家譜》稱《家譜》，《國朝耆獻類徵》稱《耆獻類徵》，《復初齋詩集》稱《復詩》，國家圖書館稱"國圖"，上海圖書館稱"上圖"。

十一、先生號籜石，詩文書畫自稱皆用"籜"而非"籜"，然至親好友如錢陳群、翁方綱亦以"籜石"呼之，是譜悉尊原文，不作更改。

卷 一

先生姓錢氏,諱載,字坤一,一字壺尊,號籜石(籜石),又號菘坡、萬松居士。晚年居嘉興府城百福巷,自署"百福巷老人"。年八十三復自號萬蒼翁、唐齋。先世居浙江嘉興海鹽縣,先生入籍秀水縣,為秀水人。

"壺尊"一字用意,先生曾有"名尊義取謙,字餘心所諾"之句,可移為解釋。(《桐石草堂集》卷二《匏尊聯句五十韻》)據《綠溪詩鈔》卷一《寄錢七菘坡》、《至京喜晤朱大偶圃錢七菘坡》二詩,先生又號菘坡,然知者甚少。翁方綱《校黃詩有述六首》有"每過菘坡叟草堂"之句,并注云:"謂籜石。"(《復初齋詩集》[以下簡稱《復詩》]卷一二)蓋此號惟一二知己者知之。按:秀水,古檇李。明宣德四年,分嘉興府城之西五福等鄉,始有秀水縣。(《萬曆秀水縣志》)先生有"檇李"朱文圓印一方,即《中國書畫家印鑑款識》著録第三三號印章。

始祖貴四,姓何氏。先生是其第十三世孫。

何貴四。海鹽縣人。元元統二年生。娶夏氏,至正四年生。卒年俱失考。子二,長禎瓊,次裕。(《海鹽錢氏家譜》[以下簡稱《家譜》]卷一)

按:錢氏舊譜與道光重修之《家譜》,皆以貴四為始祖,本文謹從之。因有抱養改姓之事,錢氏後人于推貴四或貴四次子裕為始祖事,嘗往復商討。《家譜》光緒五年冬鈔本卷首云:"舊譜以貴四何府君為第一世祖。按:吾錢之為錢也,自如淵府君始。變姓為始祖,晉人曾有是言,則似宜推如淵府君為一世。貴四府君,則吾始祖所自出也。然舊譜以貴四公為第一世祖,相沿已久,一旦遽改,情有未安。若便遵依,則錢氏之譜而以何貴四府君為第一世,恐非貴四府君之意。前與味根議,依萬氏譜式,首行本生何貴四府君、恩撫錢富一府君並列,不入世數,一世則如淵府君,于譜例似少合。昨味根言,本生者,為人後之者之稱,吾先世自臨江公以來,嘗議還何姓,則先人之意,未忍以貴四府君為本生也。語亦甚當。祈裁定。"此言不知出自何人。味根，即先生曾孫錢聚仁。海鹽錢氏自康熙乙未、丙申分刻第三支世系，百餘年後方重修家譜，于道光六年鎸板。上文似屬道光重修家譜時，錢氏同族商討譜例之書札。推貴四次子裕為始祖，早已有之，錢世錫所撰先生《行述》即如是。今閱重修之《家譜》，仍以貴四為始祖，其中緣由難以詳究。或如上文所言，"相沿已久，一旦遽改，情有未安"，遂寢其議。錢陛《祭錢翁錢母文》云："昔我臨江、永州、太常諸先公，各議復何氏本姓，已得請于朝，而仍襲錢氏至今者，以錢之恩厚而有所不忍忘也。"（《文匯》補編册二）錢氏之恩既不忍負，本生之源更不能忘。先生《祭何公墓》有"易姓難忘自，同宗實有原"之句，自注云："何與錢同出于高陽氏之後，曰陸終。"（《籜詩》卷三六）即意存于此矣。

二世祖裕，乃貴四公次子，始承錢姓。

錢裕，貴四次子，字孟寬，號如淵。明洪武二十三年，貴四以賦役事，全家戍貴州都勻衛。其時裕生未彌月，以屬鄰翁錢富一育之，遂承錢姓。明宣德八年卒，年四十四。娶曹氏，生卒失考。子二：長安，次寔。

錢富一，字怡老。為吳越武肅王十四世孫。娶潘氏。生卒俱失考。（《家譜》卷一）

三世祖寔。

錢寔，裕次子。字君誠，號養素，一號容庵。生于明永樂初，卒于成化初。績學種德，以諸生老。原配周氏，繼室朱氏，生卒俱失考。子三：長逵，次達，三迪。（同上）

四世祖達，為錢氏第三支祖。

錢達，寔次子。字景孚，號樸庵。生于明宣德六年三月十日，卒弘治九年十月廿一日，得年六十六。以子琦官，誥贈奉政大夫、南京刑部山西司郎中。配平湖右軍都督府都事楊洪女，誥贈宜人，生于宣德八年五月十九日，卒成化十九年九月十五日。側室彭氏。子四：珍、琦、璋，嫡出；珙，側出。（同上）

五世祖珍，其後人為兩涯派。

錢珍，達長子。字公貴，號兩涯。生于明成化二年六月廿七日，卒嘉靖二十一年八月十七日，壽七十七。以子薇官，敕封徵事郎、禮科給事中。配鄭氏，敕封太孺人，生于天順六年七月十四日，卒嘉靖二十一年三月廿七日，壽八十一。側室張氏。子三：著、薇，嫡出；藻，側出。（同上）

六世祖薇，其後人為太常房。先生與錢陳群同屬錢氏第三支兩涯派太常房。

錢薇，珍次子。字懋垣，又字采之，號海石。少受業湛若水，泊然自守。明嘉靖四年浙江鄉試舉人，十一年進士。授行人，擢禮科給事中。以言事忤旨，奪職家居。集鄉里晚進與講學,足迹不及公府。倭患起,請于巡撫王忬,集兵為備。鄉人德之。所著有《國朝名臣實事》三十卷、《承啓堂稿》二十八卷、《海石疏草》二卷、《海石子》二卷等。生于明弘治十五年十月廿三日,卒嘉靖三十三年八月初七日,年五十三。隆慶二年,詔録先朝言事諸臣,特復原官,恤贈中順大夫、太常寺少卿。當事者為建特祠于縣署之西,額曰"顯忠"。入祀郡邑鄉賢祠。《明史》有傳。配浦城丞孫浩女,生于弘治十三年七月十五日,卒嘉靖二十一年三月初七日,年四十三。側室鍾氏、張氏。子二:與映,嫡出;端映,鍾出。(《家譜》卷七;《明史》卷二〇八)

七世祖與映。

錢與映,薇長子。字德卿,號淵甫,一號魯南。明嘉靖四十三年順天鄉試舉人。通濂洛之學,好義施。撫弟端映嚴而有恩,弟亦恭而退讓,世并美之。著有《詩經條解》、《書經條解》、《魯南詩草》。生于嘉靖十三年十一月廿八日,卒萬曆二十八年九月初五日,年六十七。原配俞氏。繼娶平湖大司空陸杰少女,生于嘉靖十七年三月三十日,卒萬曆五年二月廿二日,年四十。側室張氏、馬氏、康氏。子四:世奎、世垚(嗣叔端映)、周、陞,俱陸出。(《家譜》卷七)周,先生曾高祖也。陞,錢陳群曾祖也。先生與陳群,皆屬與映孫支。

八世祖周。

錢周,與映三子。字元鼎,一字孔思,號巨源。文華殿中書舍人。生于明隆慶五年五月廿九日,卒崇禎二年三月廿日,年五十九。以子嘉徵官,誥贈奉直大夫、户部員外郎,崇祀郡邑鄉賢祠。配大參馮臬謨女,誥贈宜人,生于隆慶四年十一月廿四日,卒萬曆四十三年十二月十二日,年四十六。側室全氏。子四:嘉徵、山徵、福徵、治,俱嫡出。(《家譜》卷七)

高祖嘉徵,以諸生上書,首劾魏忠賢十大罪。

錢嘉徵,周長子。字孺賓,號孚于。明天啓元年順天鄉試,以國子監生中副榜。以秋試留國門,首上書論魏忠賢十大罪。(按:《文端公年譜》附録有奏疏原文并王崇簡撰《錢氏疏草序》。)朱彝尊《静志居詩話》稱:自漢東京、宋南渡諸太學生後,久無此風節矣。崇禎十五年謁選得福建松溪縣。歷任直隸知州、户部湖廣清吏司員外郎、兵部職方司員外郎、山東道監察御史。申酉之交,閩中建小朝廷。黄道周舉嘉徵為部郎,即召試御史。未幾而福州兵亂,城垂破,嘉徵出走。每以不得與夙契諸人從君殉難為恨事,屏迹故山,不見一人,不著一字。病革時,遷村北之馬家廟而終,以死有遺憾。誥授奉直大夫。生明萬曆十八年六月廿一日,卒清順治四年九月初二日,年五十

八。著有《松龕剩稿》、《錢氏疏草》、《行在疏草》等。娶黃氏。子一：泮。女一，適平湖薛簡初。(《家譜》卷七)

高祖母黃氏，兵科給事黃承乾女。

生于明萬曆二十年八月二十三日，卒清順治三年五月十七日，年五十五。(同上)

曾祖泮。

錢泮，嘉徵子。原名汝璧，字于斯，號雍頌。負笈越中，從劉念臺游，為復社名諸生。明崇禎九年舉于鄉。著有《淡音集》。以先生官貤贈通奉大夫、內閣學士兼禮部侍郎。生明萬曆三十七年十二月初六日，卒崇禎十五年五月初四日，年僅三十四。配譚氏。子二：櫘初、楨。女一，適庠生李允渭。(《家譜》卷七，《文匯》冊二錢櫘初《先考孝廉雍頌府君暨先妣譚孺人行略》)

曾祖母譚氏，同里譚貞和女。

譚氏之先，自河南徙嘉興，世為禾中望族。譚夫人生而穎敏端凝，年十八歸于雍頌公。生明萬曆三十九年正月廿二日，卒清康熙十八年四月初一日，壽六十九。以先生官貤贈夫人。(同上)

譚貞和，字闇仲。山東布政司參政贈太僕寺卿昌言次子。中南都副榜，以恩貢改北。明天啟五年，昌言歿于官，平賊功為當道尼，不敘，貞和瀝血叩，閹瑨焰方張，不得請。崇禎元年復上書陳情，得贈太僕寺卿。(《槜李詩繫》卷二二)

祖櫘初。

錢櫘初，泮長子。字又鶴。庠生，入國學。世受《尚書》，能辨析今文、古文、中文之別，而兼通《周禮》經國理財之方。錢陳群《族孫載請貤贈其祖父母及父母例贈封典屬予書之并識于尾》云："(櫘初)明諸生，應科目數次不售，遂棄去。肆力于古，留意經濟。嘉興、秀水、嘉善三縣互嵌田，自明萬曆中，以量額不均，糾紛不已。兄推原始，卒由攤派未均所致，著萬言推勘，詞旨頗晰，當塗頗採之。"(《香樹齋文集》卷一八)即所著《三縣田糧始末議》一卷。詳朱彝尊《曝書亭集》卷八〇《國子監錢君行狀》。生于明崇禎六年十月廿六日，卒清康熙三十九年六月廿六日，壽六十八。以先生官誥贈資政大夫、禮部侍郎。娶陸氏。繼娶吳氏，庠生吳其銘女，生崇禎十三年二月初一日，卒康熙二十五年十二月廿八日。側室全氏，生崇禎十三年三月廿六日，卒康熙三十一年七月廿六日。俱以先生官誥贈夫人。子六：煒，繼出；煇，側出；燔，(按：《先考孝廉雍頌府君暨先妣譚孺人行略》作"炳"。)繼出；燿(原名炘)、燁、炌，側出。女一，繼出，適康熙丙子舉人許翼衡。(《家譜》卷七，《文匯》冊二《先考孝廉雍頌府君暨先妣譚孺人行略》)

祖母陸氏，潮州別駕陸啓濛孫女、文學陸束女。

陸氏，生明崇禎七年八月初八日，卒清順治十三年正月初二日。以先生官誥贈夫人。(《文匯》册二《先考孝廉雍頌府君暨先妣譚孺人行略》)

父炌。

錢炌，樾初六子。字穉光，一字乂三，自號邐水散人，又號葯房。籍海鹽。國子監生，考州判職。少從陸奎勳學舉業，後從朱彝尊講經學，《曝書亭集》成，炌為編次。屢應鄉試，不得志，乃絶意仕進。平生瀟灑落拓，不事家人生産。好交游，賓客常滿座。晨炊不舉，而意豁如也。先生《僮歸十七首》有云："我父好賓客，賓客以日至。其或留信宿，中廚供酒食。"(《檡詩》卷一三)所居廳事，朱彝尊為題匾曰"回溪草堂"。著有《自賞集》一卷。生清康熙十五年二月三十日，卒乾隆十二年正月初十日。以先生官誥贈資政大夫、禮部左侍郎。娶朱氏。側室陸氏，先生生母。側室丁氏。子三：先生為長子；次莊、星，丁出。女二，俱丁出，長適國學生朱振萬，次適國學生朱印兆。(《家譜》卷七)

母朱夫人。

朱氏系出新安，入籍于禾。祖昌來，以子振貴勅封文林郎，列郡志。考拔，昌來次子，太學生。妣倪氏。年十七歸錢炌，數年即連居姑舅之喪，哀毁得疾，自是不能有身。為炌疊置側室，恩意周逮。生于康熙十八年三月初五日，卒乾隆六年五月初五日，年六十三。無子，撫先生如己出。以先生官誥贈夫人。

生母陸夫人。

陸氏，初胎子名鐵官，先鞠于正室朱氏，而以痘殤。後生先生，亦鞠于朱氏。生于康熙二十五年三月初一日，卒康熙五十二年九月廿二日，年二十八。以先生官誥贈夫人。

卷 二

康熙四十七年戊子(一七〇八),先生生。

九月初八日,生于嘉興府治東之回溪草堂。

> 時父年三十三,生母陸夫人年二十三。先生乃家中長子,本支同輩中排行第七,摯友呼為"錢七"。按:據《嘉興府志》卷一五,回溪草堂在蟹行橋南。草堂匾額為朱彝尊親題,并以八分書聯語"拔山傳諫草,遵海重清門"。回溪本嘉禾舊地,宋錢諷卜居回溪,取以為字,朱彝尊復取錢諷所撰《回溪史韻》而名之。先生《畫木筆月季跋》有云:"(承啓堂)其東木橋,桑樹陰陰,我五房祖戶部公宅址。公明萬曆年析居府城,我祖又鶴府君徙老屋之材築于城中,以故先大夫之回溪草堂在嘉興府治東。"
> (《籜石齋文集》[以下簡稱《籜文》]卷一五)

四十八年己丑(一七〇九),先生二歲。

先生始鞠于朱夫人。

> 《籜石齋詩集》乾隆三十九年自序云:"我母朱夫人無所出,載二齡即鞠于夫人。"先是朱夫人以居姑舅之喪,哀毀得疾,不能有身。鞠養先生時,年已三十有一,自然對先生愛護有加。

四十九年庚寅(一七一〇),先生三歲。

正月初四日,友范棫士生。

> 據《工科掌印給事中范君墓志銘》。(《籜文》卷二一)范棫士傳見乾隆十七年譜。

八月廿六日,友邵嗣宗生。

　　據錢大昕《翰林院侍讀邵先生墓志銘》。(《潛研堂文集》卷四三)邵嗣宗傳見乾隆十七年譜。

五十年辛卯(一七一一),先生四歲。

五十一年壬辰(一七一二),先生五歲。

先生性穎異,讀書數行俱下,年五六歲聞朱彝尊之名,至老猶不忘。

　　《行述》云:"五六歲時,讀書草堂中。伯母鍾孺人知書通大義,偶一日指草堂匾額右一行竹垞先生名以示府君,曰:'此朱錫鬯也,以博學宏詞官翰林,為當世文章家,孺子他日能及此乎?'府君時雖幼,受教肅然。後年至篤老,猶時時述此語。"

　　鍾孺人,從伯父錢燿之妻。燿,栻初四子。原名炘,字叔羽。國學生,生于康熙九年十二月初八日,卒于康熙三十四年六月廿五日。孺人為太學生鍾湟女,早年守寡,先生父敬事寡嫂,孺人則時而往來提攜先生。孺人生于康熙十年十二月十六日,卒乾隆十七年二月廿五日。守節五十八年,乾隆九年題旌。子二:朝鼎、德棻。女一,適嘉興府學生高鳳池。(《家譜》卷七)

　　朱彝尊,字錫鬯,號竹垞、金水秀士等。秀水人。康熙十八年詔舉博學鴻詞科,以布衣試,入選授為檢討,奉命纂修《明史》。卒于康熙四十八年,壽八十一。生平好古,自經史子集、金石碑版,下至竹木蟲魚諸類,無不一一考索。著述最富,有《經義考》三百卷、《日下舊聞》四十二卷、《曝書亭集》八十卷,又編有《明詩綜》一百卷、《詞綜》三十四卷等。其詩不名一格,與王士禛并為南北二大宗。(《耆獻類徵》卷一○八)按:先生于鄉賢中最敬重朱彝尊,一則源于世交,先生父炌曾從之習經學,并得親筆題"回溪草堂"廳匾及八分書聯語,先生祖栻初之行狀亦出自彝尊手;二則其少時已有追躡前賢,振起嘉禾詩學之志。翁方綱嘗謂先生不敢違背竹垞;章學誠又云先生因戴震于席間偶議朱氏,至于終身切齒。二人所言雖未盡允,亦可見先生受彝尊影響之劇。

十月廿九日,友裘曰修生。

　　據裘行簡《皇清誥授光禄大夫太子少傅經筵講官南書房供奉工部尚書兼管順天府

尹事謚文達顯考漫士府君行述》。(《裘文達公文集》附)裘曰修傳見乾隆十四年譜。

五十二年癸巳(一七一三),先生六歲。

正月廿一日,季弟錢莊生。出庶母丁孺人懷。

  錢莊,字敬三。年少時,先生以長兄督課,後以家貧,積束脩之入,得二十金,送其習計然業以治生。生于康熙五十二年正月二十一日,卒于乾隆三十一年十一月初五日。娶沈氏,生于康熙五十三年三月廿七日,卒于乾隆五十三年十二月十七日。子二:禮錫、壽錫。女一,適富方穀。(《行述》,《家譜》卷七)

  錢禮錫,莊長子。字賓初,號西園。秀水庠生。生于乾隆六年四月初八日,卒于嘉慶八年六月十八日。娶楊氏。子三:善繼、善鳴、善吉。

  錢壽錫,莊次子。字朋來。生于乾隆十年正月廿九日,卒于乾隆五十九年六月十七日。未娶。(《家譜》卷七)

九月廿二日,生母陸夫人卒。年僅二十八。

  據《籜石齋詩集》乾隆五十三年自序,陸夫人卒于是年九月廿二日。《家譜》云卒于九月廿一日,當依先生所記為準。按:生母去世,先生内心極為悲痛。《葺墺城丙舍》詩有云:"六齡失生母,靈柩安西廂。陰寒風雨夜,起立痛我腸。人生豈不貧,所貴有扶將。我身非草木,天其忍枯僵。支傾懼見壓,邪許多驚惶。塗泥塞孔漏,敢曰禦冰霜。"然而"父母待于堂",也只得"拭淚歸村艎"。(《籜詩》卷一)

是日,朱夫人手與著衣,令拜而哭于陸夫人床下。

  陸夫人賢惠,雖為側室,却能得朱夫人歡心。陸氏殁後,朱夫人過時而哀。(《行述》)

嗣後,先生始隨父至海鹽縣半邐村祖居。初拜曾叔祖母陳書,并于書畫樓下觀其作畫。

  半邐村南為中錢巷,兩涯公錢珍之後聚居于此。太常公錢薇舊屋承啟堂,亦在中錢巷。陸夫人殁後,先生始隨父往拜。承啟堂西有樓曰南樓,曾叔祖母陳書之居所,後則為書畫樓。(《籜文》卷一五《畫木筆月季跋》,《行述》)又《跋陳太夫人花卉册》云:"康熙癸巳,載六歲,始至祖居半邐之承啟堂。拜曾叔祖妣陳太夫人于書畫樓下,見太夫人作畫。"(《籜文》卷一五)按:陳書少工書畫,時居貧,亦嘗賣畫以自給。

  陳書,號上元弟子,晚自號南樓老人。先祖康伯,宋相國,以扈蹕南渡功,賜第于郡城之春波門外,遂為秀水人。父堯勳,太學生,與錢瑞徵有舊,適瑞徵子綸光賦悼亡,聞陳書賢,請以繼室。工繪事,尤善花鳥草蟲,筆力老健,風神簡古,有陳淳遺韻。山水法王蒙,力追元四家。畫邀高宗御筆賞題。子錢界、張庚及先生皆從其授畫法。著有《復庵吟稿》三卷。生順治十七年,卒乾隆元年,壽七十七。以子陳群官貴,誥贈一品夫人。(《香樹齋文集》卷二六《誥封太淑人顯妣陳太君行述》、《國朝畫徵錄》卷下)

錢氏一門多擅畫之人,如高叔祖錢瑞徵、從父錢元昌,皆有畫名。先生于繪事實有家學淵源。

錢瑞徵,字鶴庵,號野鶴,一號髯公。父陞,字西乘,號紫芝,先生七世祖與映第四子,明萬曆四十六年應天鄉試舉人,以曾孫陳群官,誥贈光祿大夫。子五,瑞徵其幼也。康熙二年舉人,考授知縣,改衢州府西安縣教諭。善畫松石,筆意圓厚。書得趙吳興法。《國朝畫徵錄》有傳。著有《南樓詩草》、《忘憂草》、《信安別錄》等,朱彝尊為撰《忘憂草詩序》。生明泰昌元年十一月廿九日,卒清康熙四十一年三月廿一日,壽八十三。崇祀鄉賢祠。後以孫陳群貴,誥贈光祿大夫。子六,綸光其四子也。(《家譜》卷七、《國朝畫徵錄》卷中)

錢元昌,標三子。原名晁,字朝采,一字野堂,晚自號益翁,又號一翁。康熙四十一年順天鄉試副榜。三經館纂修,議敘知縣。歷任會典館纂修,廣西柳州府、桂林府知府,貴州糧驛道。誥授中憲大夫。法蔣廷錫畫折技花,能以拙取媚,以生取致,饒有書卷氣。先生曾贊其所畫花草不可及。著有《益翁存稿》四卷、《益翁題跋》一卷。生于康熙十五年二月廿三日,卒乾隆十九二月十六日,年七十九。《國朝畫徵錄》有傳。子一:璲。女二。(《家譜》卷七)

十月,父錢炘游京師,踰五年乃歸。

《籜石齋詩集》乾隆三十九年自序云:"康熙癸巳,載生六齡。九月,所生母陸夫人見背,十月,大夫游京師。"按:《誥贈通奉大夫提督山東學政內閣學士兼禮部侍郎國子監生錢府君神道碑銘》有云:"以應本省鄉試不得舉也,應順天鄉試。嘗出居庸關,授讀于張家口外。一夕大風雨,山水驟至,騎馬過大溪,天大黑,幾落于衝波。明日,聞關門塞巨石,大風雨中飛過大溪者,官乃旁鑿關門以出。"(《籜文》卷二〇)其艱辛若此。

曾叔祖錢綸光來攜先生上學堂。

《跋荊氏妹畫冊》云:"康熙癸巳,載六歲,曾叔祖廉江翁攜之上學堂。"(《籜文》卷一五)又《跋陳太夫人畫冊》云:"先大夫以癸巳之冬游京師,曾叔祖嘗來郡中,輒有以切切教督載者。"(《籜文》卷一五)按:先生至老,猶為家人回憶曾叔祖學行曰:"先生之教文端公,幼日必盡讀《十三經》、《二十一史》,時文必歸太僕。先生之自為詩,必蘇文忠,書必董文敏。時而詩書峻整疏宕,必祝京兆、唐解元。古人'不善治家人生產'一語,先生若躬行之。"(《籜文》卷一五《畫松跋》)

錢綸光,瑞徵四子。原名清,字廉江,號珠淵,又號西園季子。國子監生。生順治十二年十月十七日,卒康熙五十七年八月廿一日。娶文學生蔡適女,年二十六卒。繼娶陳書。子三:陳群、峰、界。女一,適四川南部縣知縣平湖馮巨欽。俱陳出。著有《辨博物志》,以及雜著六卷、詩二卷。崇祀鄉賢祠。以子陳群官誥贈光禄大夫。(《家譜》卷七,《海鹽縣續圖經》卷六,《香樹齋文集》卷二六《待贈文林郎顯考廉江府君行述》)

錢綸光又命長子陳群為先生授讀。

錢陳群本年恩科鄉試被放,承父命教授先生,前後約半年時間。明年秋,即赴京師應順天鄉試。(《文端公年譜》卷上)

錢陳群,先生叔祖。由進士歷官至刑部侍郎,卒諡文端,為錢氏一門中宦績最著者。長先生二十二歲,對先生教督提攜,最屬有功。

錢陳群,字主敬,號集齋,一號香樹,又號修亭、柘南居士。康熙二十五年五月廿五日生于嘉興縣之白苧村。兩歲染痘,乃育于外王母陳氏家,至九歲始還。祖瑞徵因以"陳生"命名,以志不忘。後易今名。康熙五十三年中式順天鄉試。六十年成進士,改庶吉士,散館授編修。官至刑部左侍郎,加尚書銜。乾隆十七年患反穀疾,乞解任回籍。悠游林下二十餘年,年八十九卒。諡文端,贈太傅,入祀賢良祠。四十四年,御製懷舊詩,列陳群于五詞臣中。生平以文學深被眷睞,賡唱契合,禮遇至隆。深于詩學,詩多不經人道語,與沈德潛并稱"江浙二老"。書法亦蒼老。著有《香樹齋詩集》十八卷、《詩續集》三十六卷、《文集》二十八卷、《文續鈔》五卷行世。子七人:汝誠,户部侍郎;汝恭,安慶府同知;汝慤,太學生;汝隨,平羅縣縣丞;汝豐,中牟縣知縣;汝弼,增貢生,出嗣;汝器,欽賜舉人。女九人。(《清史列傳》卷一九,《文端公年譜》,《家譜》卷七,《湖海詩傳》卷二)

五十三年甲午(一七一四),先生七歲。

就同里章家塾讀書。

《寄善元樗于南窪僧屋過而撫之雜寫五首》云:"念我方七歲,我父游京師。我母教我就里塾,素衣梯上章家樓。"(《籜詩》卷二五)又《誥贈通奉大夫提督山東學政內閣學士兼禮部侍郎國子監生錢府君神道碑銘》中云:"七歲教就章家讀書。"(《籜文》卷二〇)

按：先生家貧，不能具館餐延師，故往章家就塾。

就塾之事，或為從舅朱修永所辦。蓋自父游京師後，朱修永嘗為先生求塾師，送先生就塾，并日過視之。

朱修永，字懷谷。嘉興縣人。考振，康熙十八年進士，知舒城縣事，授文林郎，有惠政，卒于官。祠名宦，又祠鄉賢。妣凌氏，封孺人。振之弟拔，實生先生母朱夫人。修永以國子監生累試不得舉，考職州佐。生康熙十一年，卒雍正八年。子三：惟梅，早夭；應桃，早卒；榮桐，嘉興府學生。（《撢文》卷二一《朱府君墓志銘》）

自甲午至戊戌，朱夫人以錢炌遠游未歸，課先生尤嚴而有法。

《行述》云：「雖尚垂髫，而風寒雪落，必令肩傘着屨，沿羅城濱碕岸過縣南橋，就彭氏塾讀書，不少輟課。當天大暑，自塾歸飯，朱夫人必令藉竹簟坐于地，以清暑氣，頃而予之飯。」

五十四年乙未（一七一五），先生八歲。

六月廿七日，友查禮生。

據呂星垣《通議大夫湖南巡撫查公墓志銘》，生于是年，而原文無月日，茲據查禮《六月二十七余生日也萬循初孝廉以余號藕汀為作藕汀圖見贈因自題三首》詩，定于六月廿七日。（《銅鼓書堂遺稿》卷六）查禮傳見乾隆十九年譜。

十二月廿四日，從父錢汝鼎生。

父峰，母任氏，海鹽廩貢生候選教諭任施閎第六女。（《家譜》卷八）錢汝鼎傳見雍正三年譜。

是年至戊戌凡四年，就縣南彭氏塾，從同郡曹櫺讀書。

《曹先生墓表》云：「康熙五十四年乙未，載生八歲，拜先生于嘉興縣治前彭家之塾。」（《撢文》卷二四）又《行述》云：「縣南賚堂彭公，與我祖藥房府君交好。彭為沖谿先生輅之後，故舊族也。時有竹鄰曹先生館于彭氏，凡居近縣治左右之童子及冠者，咸來受業于曹先生。府君時八歲，祖母朱夫人遣就彭氏塾，從曹先生讀書。」

曹櫺器重先生，日取陸隴其遺書，與之從容講解。先生篤信程朱之學，即肇始此時。

陸隴其傳朱子之學，為清代醇儒第一。著有《困勉錄》、《松陽講義》、《三魚堂文集》等。（《耆獻類徵》卷五五）

曹櫄,字元拱,號竹鄰。先世紹興上虞縣人,祖明進始遷嘉興。少多病,賃彭家之廡,遂師于賷堂彭公。其後,彭公令諸子轉師之。櫄十四歲即開館授徒以佐養,康熙四十五年,啓塾于彭公寧壽堂之西齋。先生自五十四年從學于櫄,至五十七年父歸,先後共四年。五十九年,復從學于櫄,然僅一年而終。櫄所學乃伊洛之學,塾中日授陸清獻之説。其爲學近而約,不鶩窮高極遠,有歸宿而無泛濫。兼通醫道,常施以救人。又工書畫,閒時應人畫扇,竹石蕭疏,亦藉以自給。生于康熙二十一年,卒于乾隆五年,年五十九。(《籜文》卷二四《曹先生墓表》)

五十五年丙申(一七一六),先生九歲。

三月初二日,友袁枚生于杭州。

　　據姚鼐《袁隨園君墓志銘并序》。(《惜抱軒文集》卷一三)袁枚傳見乾隆元年譜。

五十六年丁酉(一七一七),先生十歲。

六月初三日,友盧文弨生。

　　據段玉裁《翰林院侍讀學士盧公墓志銘》。(《經韻樓集》卷八)盧文弨傳見乾隆十四年譜。

五十七年戊戌(一七一八),先生十一歲。

八月廿一日,曾叔祖錢綸光卒。年六十四。

　　據錢陳群《待贈文林郎顯考廉江府君行述》。(《香樹齋文集》卷二六)時綸光携子界游姑熟,偶感河魚,腹疾數日,遂不起。

十月廿四日,友程晉芳生。

　　據翁方綱《皇清誥授奉政大夫翰林院編修加四級蕺園程君墓志銘并序》。(《勉行堂詩集》附録)程晉芳傳見乾隆二十九年譜。

十二月十六日,叔祖錢峰以哀毁卒。年僅三十一。

　　錢峰,綸光次子,陳群弟。字主静。嘉興府學廩貢生,候選訓導。生于康熙二十七年十二月廿五日,早卒。娶任氏,海鹽廩貢生候選教諭任施閎第六女。後以曾孫楷

貤贈通奉大夫、河南布政使。子汝鼎。(《家譜》卷八)

是年,父錢炌自京師歸家,始教先生為詩。

《撰石齋詩集》乾隆三十九年自序云:"戊戌,而大夫歸,乃教之為詩。"按:錢炌久客京師,奈何不能有所合于時,乃失意而歸。其中歲以後,頗好陸游詩,案頭常置《劍南詩集》、《渭南文集》,對先生日後作詩有影響。

五十八年己亥(一七一九),先生十二歲。

四月初一日,幼弟錢星生。庶母丁孺人出。

錢星,字奎四。年少時,先生以長兄督課,後勉備束脩所得,送其從贊善鄭虎文讀書。乾隆二十一年十一月廿三日卒。娶楊氏,生于康熙五十九年四月初七日,卒于乾隆四十九年九月十七日。子保錫。(《行述》,《家譜》卷七)

九月,友謝墉生于嘉興府嘉善縣之楓涇鎮。

據阮元《吏部左侍郎謝公墓志銘》。(《揅經室二集》卷三)謝墉傳見乾隆十六年譜。

十二月十三日,友曹學閔生。

據錢大昕《宗人府丞曹公神道碑》。(《潛研堂文集》卷四一)曹學閔傳見乾隆十九年譜。

五十九年庚子(一七二〇),先生十三歲。

是年,先生復從學于曹櫵。

八月,錢炌應本省鄉試被放,從此絕意仕進。

錢炌為人瀟灑落拓,家雖貧,未嘗汲汲于功名。"復應庚子省試,乃絕意仕進以安其貧。所居回溪草堂,秋雨塌老屋數間,欣然曰:隙地數弓,可以種吾菊。"其心實不無遺憾,"嘗曰,'不事家人生產','學者以治生為急',是二說者宜何從?吾蓋不得而兼之矣"。又謂先生云:"士既不能自見于當世,以及其宗族鄉黨,而鮮所著述,此皆無可上史館者,然則他日其何以為我具行狀求志銘?"(《撰文》卷二〇《誥贈通奉大夫提督山東學政內閣學士兼禮部侍郎國子監生錢府君神道碑銘》)

錢炌自安其貧,亦以倜儻有遠志教先生。

《誥贈通奉大夫提督山東學政內閣學士兼禮部侍郎國子監生錢府君神道碑銘》云:"草堂破書數櫃,教其子以瀟灑不群,倜儻有遠志。"(《撰文》卷二〇)又《行述》云:"府君平生讀書,承蒻房府君、朱夫人之教,誦法程朱,敦質行,其所祈嚮有在,未嘗汲汲科名。"

是年,友錢維城生。

據錢文選《錢氏家乘》。先生與錢維城同屬武肅王錢鏐裔孫,先生祖支會稽郡王,錢維城祖支文僖公。錢維城傳見乾隆十三年譜。

六十年辛丑(一七二一),先生十四歲。

夏,仁和金德瑛來嘉興,與先生交識。

蔣士銓《左都御史檜門金公行狀》云:"己亥,游嘉興,配汪夫人來歸。辛丑之夏,公携家寄居外家鐵舟園,閉關下幄,刻苦過寒畯。"(《忠雅堂文集》卷七)《清容居士行年録》云:"坤一先生,雍正壬子副貢,少日與金師同肆業倦圃,契好篤至。"又先生《左都御史金先生挽詞二首》有"贅婿來同郡,論交倚至情"之句。(《蘀詩》卷二四)按:據《嘉興府志》卷一五,倦圃在秀水縣城西南隅,為曹溶別業。後歸汪氏,又名鐵舟園。

金德瑛,字汝白,號慕齋,年五十後愛陸魯望"老檜成雙便作門"句,更號檜門。浙江仁和縣人。長先生七歲。乾隆元年,舉博學鴻詞科,未及試,而以一甲第一名成進士,授修撰。嘗視學江西、山東、順天。官至都察院左副都御史。性孝友,尤樂于汲引後進,蔣士銓、王昶皆受其賞識。德瑛未第時,于帖括文最為攻苦,年四十餘始肆力于詩。著有《檜門詩存》。王昶謂其酷嗜涪翁,故論詩以清新刻削、酸寒瘦澀為能,于同鄉最愛先生。(《湖海詩傳》卷五)生于康熙四十年,卒于乾隆二十七年。(《紫竹山房文集》卷一六《光禄大夫都察院左都御史仁和金公墓志銘》,《忠雅堂文集》卷七《左都御史檜門金公行狀》)

九月十四日,友汪孟鋗生。

據《誥授奉直大夫吏部文選司主事晉贈朝議大夫康古汪君墓志銘》。(《蘀文》卷二二)汪孟鋗傳見乾隆六年譜。

是年,承父命從學于同郡金陳登,讀書新坊秀才周昌家。金陳登驚賞先生文采,以大器相期許。

《追憶周秀才昌》自序云:"康熙辛丑壬寅,雪堂金先生携載讀書于秀才家。秀才暨載同門生也。其家新坊。"(《蘀詩》卷七)按:周昌,俟考。

金陳登,字禾箱,號雪堂。嘉興人。張庚表弟。父兆篁,以孝友稱。陳登積學砥行,雍正元年舉于鄉。淡于仕途,于嘉興南湖之東,買耕舍一區,種桑數百本,槿籬四周,日俯仰其中。蓋陳登之學,學于宋元之儒者也,説諸心,修諸身,不事口耳之習。兼通醫濟世。生于康熙二十七年,長先生二十歲。卒于乾隆己卯、壬午間,年七十餘。按:錢世錫《寄西澗滄州二首》詩繫于乾隆壬午,其自注云:"余與西澗別三年,鄉園老輩金蔗餘、張瓜田、王穀園諸老先生俱已下世。"(《麓山老屋詩集》卷三)著有《蔗餘集》,載生平所為詩一百五十四首,由先生編次并撰序文。(《嘉興府志》卷五一,《撐文》卷八《金先生蔗餘集序》)

後令其子金學超從先生授讀。

金學超,陳登子,字理階,號樊圃。乾隆十九年四月拔貢朝考,引見後准以佐貳等官或教職用,出任昌化訓導。三十九年九月鄉薦任麗水教諭。年近八十而卒。(《孟亭居士詩稿》卷四《挽金樊圃學博》,《撐文》卷八《金先生蔗餘集序》)

六十一年壬寅(一七二二),先生十五歲。

是年,仍從金陳登讀書。

正月十九日,友秦鸞生。

據秦鸞《石研齋主年譜》。秦鸞傳見乾隆十七年譜。

三月初十日,從父錢汝誠生于京師。

據《家譜》卷八。錢汝誠,陳群長子,傳見雍正三年譜。母俞夫人,為陳群繼室。

五月廿一日,友王鳴盛生。

據陳鴻森《王鳴盛年譜》。王鳴盛傳見乾隆二年譜。

雍正元年癸卯(一七二三),先生十六歲。

九月廿八日,友梁同書生。

據許宗彥《學士梁公家傳》。(《鑑止水齋集》卷一七)梁同書傳見乾隆十七年譜。

二年甲辰(一七二四),先生十七歲。

自是年始,先生授徒閭巷間,以補家用。

《行述》云:"蔆房府君貧甚,薪水恆虞不給。祖母朱夫人黽勉有無,百端拮据。府君年十七即授徒閭巷間,後館于士友之家。硯田所入,以奉高堂,無私蓄。"

六月十五日,友紀昀生。

據朱珪《監事諡文達紀公墓誌銘》。(《知足齋文集》卷五)紀昀傳見乾隆十九年譜。

十一月廿二日,友王昶生。

據嚴榮《述庵先生年譜》。王昶傳見乾隆十九年譜。

三年乙巳(一七二五),先生十八歲。

春日,過倪翁村居,賦詩留壁間。

《倪翁村居錄壁間舊句感述》自注云:"雍正乙巳春日,過倪翁村居作。"(《蘀詩》卷七)

倪翁,朱夫人舅氏,居圩匯。無子,愛女甥特甚。所居村廬,竹木駢羅,桑麻蔚蔭,朱夫人嘗喜居之。倪翁名諱及生卒,皆無可考。乾隆十年乙丑,先生重過倪翁村居,倪翁已久歸道山,惟寡妻尚在,年踰八十。(《蘀甫集》文集卷一九《海鹽錢君孺人朱氏墓誌銘》,《蘀詩》卷七《倪翁村居錄壁間舊句感述》)

此詩雖無題目,却為先生見存最早之作,亦可徵其早歲之詩風。

詩云:"村午不勝煙,齋居日窅然。紫藤花籠籔,白練鳥翩翻。挑菜出傖婢,罱泥歸朴船。聊成竹溪酌,曷羨武陵仙。"(《蘀詩》卷七《倪翁村居錄壁間舊句感述》自注)

秋,與同里朱沛然、陳向中、祝維誥、王又曾訂交,世稱"南郭五子"。

《朱大明府沛然歿于江西四月七日靈櫬歸里五月二十日載之聞耗六月晦日久而不能哭之以詩今聞將以十二月八日葬于桐鄉某原賦寄挽詞十五首》之四有句云:"乙巳秋相見,樓窗桂正花。"(《蘀詩》卷一二)《行述》云:"雍正乙巳,府君年十八。桐鄉朱明府霖齋先生,時初卜居澦湖南白苧村,煮茶近處,種梅營圃,朱先生遂自號偶圃。老屋數椽,景最幽勝。朱先生于府君十年以長,結兄弟交。府君偕陳明經乳巢先生、祝典籍豫堂先生、王秋曹穀原先生及族祖施南公,讀書講習,晨夕于偶圃。"

五人聯肩吟嘯,情同手足。

情誼之深,每見諸衆人吟咏。如先生嘗云:"明經(注:陳二)暨舍人(注:祝大),復有秀才(注:王五)貧。最數同盟好,俱為異姓親。"(《蘀詩》卷一二《朱大明府沛然歿于江西四月七日靈櫬歸里五月二十日載之聞耗六月晦日久而不能哭之以詩今聞將以十二月八日葬于桐鄉某原賦寄挽詞十五首》)王又曾《挽陳漁所茂才》詩亦云:"若翁乳巢翁,逮朱(注:偶圃)與祝(注:豫堂)錢(注:蘀石)。暨又曾而五,定交乙巳年。新詩訂南郭,晨夕吟肩聯。忘形共風雨,異姓骨

勻然。"(《丁辛老屋集》卷一五)

朱沛然,字霖齋,桐鄉人,年最長。是年方移居澂湖南白苧村,種梅營圃,自號偶圃。先生與諸友晨夕讀書講習于偶圃。

> 沛然本李氏子,育于朱,遂承朱姓。嘗賃遷府治之東灣,復賃遷澂湖之南岸。雍正七年,以五經舉于鄉。乾隆元年,以五經成進士。知高安縣三年,有惠政,而囊無餘錢,以病告歸。瀕行日,父老灑泣道左。人為數其政事,徵詩歌曰《天池集》。(《嘉興府志》卷六一)乾隆七年,客高安。前一年辛酉,與先生別于二觀齋,至筠州。別後五年,與先生相見南昌。南昌握手一別,遂成永訣。乾隆十四年四月初七日,病卒江西。生年未詳。配張氏為先生妻姐。側費氏,守志以終。無子。《兩浙輶軒錄補遺》卷五引俞寶華曰:"偶圃為錢籜石侍郎、王穀原比部諸公至友,詩入侍郎所定《十一家英華集》中。惜其稿存覃溪翁學士處,不能遠覓。"

逾月,朱沛然為先生行媒,聘桐鄉張侶劉第六女為妻。

> 《朱大明府沛然歿於江西四月七日靈櫬歸里五月二十日載之聞耗六月晦日久而不能哭之以詩今聞將以十二月八日葬於桐鄉某原賦寄挽詞十五首》之六有句云:"僚壻為媒氏,周旋得舉觴。禮嘉緇五兩,冬孟日三商。"(《蘀詩》卷一二)《行述》云:"偶圃先生心重府君才,為行媒,聘我母張夫人。先生遂與府君為僚婿,蓋先生德配張孺人即我從母也。"

張侶劉,太學生。桐鄉人。其祖為明季諸生。居安橋村。家世孝弟,力田為生。侶劉教子讀張楊園先生遺書,諸子皆務學敦行,為諸生、為孝廉,門庭濟濟,實有家法。侶劉有六女,先生德配張夫人最幼。

祝維誥,字宣臣,號豫堂。先世居海寧袁花,後買錢氏綠溪莊,乃籍秀水。長先生十一歲。有《綠溪詩鈔》二卷傳世。

> 祖翼權以進士知晉江,有惠政。擢主事,遷員外郎。以母老乞終養,歸後得錢氏綠溪莊,有泉石之勝,乃移家,籍秀水。乾隆元年,維誥薦舉博學鴻詞,部議謂非三品大臣之舉,不准試。三年,中舉人,官內閣中書。維誥愛道籙,性格安雅,意度沖和。久官薇省,循例當以司馬外補,顧于簿書錢穀之事,非所樂為,遂解組南旋。(《綠溪詩鈔》朱序)卒于乾隆三十一年。《蒲褐山房詩話》云:"先生少有才名,一直薇垣,公卿皆為延譽。查、張兩相國尤器之。屢隨清蹕,故灤河、遼海風景數見于詩。李布衣鍇君謂其'怡穆醇靜',沈宗伯稱其出塞諸作'激壯道上,蓋是時風雅中巨擘也'。"(《湖海詩傳》卷七)按:祝氏綠溪莊乃錢氏舊園,康熙間因廢址重搆

後,割其西偏售于祝氏,取名曰"綠溪"。先生與諸友恒集其中,文酒倡酬。園後易唐姓,更名合峰。

陳向中,字書綠,號乳巢,嘉興縣人。著有《桐乳巢詩》十卷,不傳。

副貢生。父廷煒,字昭遠,號宜亭,康熙四十五年進士,知建平縣,有《二觀齋詩稿》。(《兩浙輶軒錄》卷二〇)風雅傳家,向中亦著有《桐乳巢詩》十卷。乾隆七年,向中入京,三年始歸,復客于揚州。十一年與先生先後會于京,及先生去江西,向中轉客西安,後至涼州,遂與死生分矣。(《籜詩》卷一一《懷陳丈向中西安》乾隆壬子注)

王又曾,字受銘,號穀原。秀水人。長先生兩歲。在里中與先生齊名,號"錢王"。有《丁辛老屋集》行世。

《毛餘詩話》云:"穀原與籜石情好最篤,嘗結日課一詩會,吳樵石、陳師秋坪及萬循初光泰、汪厚石孟鋗、桐石仲鈖預焉,因吳叟別號,故并聯'石'字,蓋取石交之義也。"又曾性善飲,談笑風生,神情瀟灑。乾隆十六年南巡,以諸生獻賦,召試,賜內閣中書。十九年成進士,用為主事,觀政禮部。至補刑部主事,以律例向非素習,且病,遂乞假歸。卒于乾隆二十七年。歿後休寧曹自鑾選刊其詩詞,為《丁辛老屋集》二十卷,乾隆四十年刻。子復再刻之,即先生刪定之十二卷,乾隆五十二年鄢陵官舍刻。又曾詩沉靜,與先生之博大并稱一時。畢沅《丁辛老屋集序》云:又曾才本大,而約之以歸于切實,氣最盛,而斂之以底于和平,削膚郭而見性情,汰塵腐而存警策,于漢魏六朝及唐宋諸家外,能融會變化,自成一家。

同時往來之人,尚有叔祖錢界與同里張敬業。

《追哭祝典籍四首并序》第二首有句云:"澒湖朱大(注:偶圃)賃居年,張(注:篁園)祝陳(注:乳巢)王(注:受銘)大小錢(注:從祖曉村暨載)。"(《籜詩》卷二九)《文端公年譜》卷中云:"時曉村先生侍太夫人于家。故與桐鄉朱霖齋沛然、郡人陳乳巢諒、祝豫堂維誥諸先生相友善,至是與籜石先生同講習。張篁園敬業、王穀原又曾兩先生亦與焉。"

錢界,字主恒,號曉村。綸光三子,陳群弟。嘉興廩貢生。雍正七年,以兄陳群保舉,授陜西醴泉縣知縣。調寶雞,以內艱歸。服闋,補江西永豐縣,調廬陵縣。以卓異遷湖北歸州知州,未幾又以卓異升施南府同知。後以罣誤革職。引見,仍回湖北以同知用。未及任而歿。生于康熙三十年六月初八日,卒于乾隆二十二年十一月十八日。母陳書工寫生,界幼嘗習之,不竟其業。中年見倪雲林細竹怪石,始愛而習焉。其畫生硬多逸致,絕無煙火氣。娶徐氏,無子,以兄陳群第六子汝弻嗣。(《家譜》卷八,《國朝畫徵續錄》卷下)

張敬業,號篁園。秀水人。與先生京師作別後,不通音問。《追哭祝典籍四首并序》有句云:"怨絶篁園歸里後,尺書竟不薊門傳。"(《檞詩》卷二九)年九十餘乃終。(《孟亭居士詩稿》卷四《挽張篁園典籍》)

十月廿八日,友蔣士銓生于江西省垣東街。

據蔣士銓《清容居士行年録》。蔣士銓傳見乾隆十二年譜。

十一月初,錢陳群奉母陳書歸嘉興,因祖居南樓為子姪借寓,乃賃居嘉興府城用里街馬家小樓。

陳書居京日久,思還鄉掃墓,遂命錢陳群携長子汝誠、從子汝鼎同行歸家。自八月啓程,十一月初抵嘉興。(《香樹齋文集》卷二六《誥封太淑人顯妣陳太君行述》)《文端公年譜》云:"祖居海鹽之半邐村,壬寅,公奉太夫人就養京師,子姪之在邐村者,借南樓以居。及假歸,無所棲止,乃假郡之角里街馬氏屋以居。"(卷中)

陳書命兩孫錢汝鼎、汝誠從先生授讀。

《陳太夫人花卉册跋》云:"雍正乙巳南歸,僦居郡城,以兩孫汝鼎、汝誠命載授讀。"(《檞文》卷一五)《文端公年譜》云:"東麓先生汝誠,公長子也。壬寅生于京師,時四歲。陳太夫人挈之歸,命從檞石先生學。東原先生汝鼎,主靜先生子也。長于東麓先生七歲,亦同學。""檞石先生嚴課程勤,啓誘皆有法度。如是者五年。"(卷中)按:《文端公年譜》所記有誤,先生教錢汝誠僅兩年。見雍正五年譜。

錢汝鼎,字東原,號晴嶼。時年十一,從先生讀書近五年。後以伯陳群官,蔭入國子監讀書,候選州同知。生于康熙五十四年十二月廿四日,卒于乾隆三十一年十一月廿日。以孫楷官,誥贈通奉大夫、河南布政使司布政使。娶應氏,誥贈夫人。子三:濬、淇、涵。女五。(《家譜》卷八)

錢汝誠方四齡,授以《孝經》。

後先生官宫詹,錢陳群寄書有云:"用里馬家小樓,我與太夫人暫憩年餘。足下授東六《孝經》,時盈尺之地,一燈之照,一尚書、一侍郎、一宫詹。至今里人稱為'三學士里'。"(《文端公年譜》卷中)

錢汝誠,字立之,號東麓,又號清恬居士。從先生授讀近兩年。後官居上品,又為長輩,然始終恭敬先生,執弟子之禮。由國子監生舉乾隆九年順天鄉試。十三年會試中式,殿試二甲進士。授翰林院庶吉士,散館授編修。歷官内閣學士兼禮部侍郎、經筵講官、户部侍郎兼順天府府尹、刑部左侍郎、四庫館三通館總裁等。誥授光禄大夫。著有《東麓詩鈔》。生于康熙六十一年三月初十日,卒乾隆四十四年五月初

七日。娶史氏,誥封一品夫人。側牛氏。子三:端、臻、俊。女二。(《家譜》卷八)

先生始隨陳書學畫。

  陳爾士《述訓》云:"時少司寇公甫就傅,少宗伯公授之書,每日課餘上堂問陳太夫人起居,陳太夫人授少宗伯公繪事。"(《聽松樓遺稿》卷二)按:《跋荆氏妹畫册》云:"雍正乙巳,太夫人以文端迎養,歸自京師,始僦居郡城之甪里街。命載授汝鼎、汝誠兩叔經。于是日見太夫人畫。"(《籜文》卷一五)先生固未言從太夫人學畫,耳濡目染之際,于筆法自有所通。

四年丙午(一七二六),先生十九歲。

自夏還京後,錢陳群數致書先生,諄諄教督。

  嘗謂先生曰:工夫不在很,只在整。又曰:知足則遇自安,知不足則學日進。(《文端公年譜》卷中)

五年丁未(一七二七),先生二十歲。

考取生員。浙江時任學政王蘭生,為錢陳群進士同年友。

  《行述》云:"府君年二十受知于督學交河王公諱蘭生,補博士弟子員。"按:去年雖暫停浙江入鄉會試,生員等考試仍照例舉行。

  王蘭生,字振聲,别字坦齋。直隸河間府交河縣人。由生員經大學士李光地薦舉,入内廷校對書籍,並編纂《律吕正義》、《音韵闡微》等書。康熙五十二年賜舉人。六十年賜一體殿試,以二甲第一名進士改庶吉士。雍正元年散館,授編修。四年十月,以國子監司業提督浙江學政。六年,奏言稱兩浙士風丕變,世宗隨令明年鄉試之期,浙省士子准其照舊鄉會試。七年擢侍讀學士,督學安徽。官至刑部右侍郎。生于康熙十八年,卒于乾隆二年,年五十八。(《鮚埼亭集》卷一八《刑部侍郎管禮部侍郎事坦齋王公神道碑》,《耆獻類徵》卷七四)

同補者朱麟應、萬光泰,後皆與先生友善。

  《過汪孟鋗仲鈖兩孝廉寓齋夜話呈祝舍人維誥并簡朱孝廉麟應十首》注云:"余與朱孝廉暨萬孝廉同補儒學生。"(《籜詩》卷一三)

  萬光泰,字循初,一字柘坡。秀水人。乾隆元年舉博學鴻詞,試罷,三年舉順天鄉試。

光泰少年高才,學有根柢,貫穿六藝、排比百家,尤精周髀之學。相國梁詩正續修《通考》,延柘坡董其事。詩正為人醇謹,少所許可,獨醉心于光泰,足徵其才。生于康熙五十一年,卒于乾隆十五年,年僅三十有九。著有《轉注序言》二卷、《漢音存正》二卷、《遂初堂類音辨》一卷、《柘坡居士集》若干卷。(《鮚埼亭集》卷二〇《萬循初墓志銘》)

朱麟應,初名振麟,字潛起,一字梁在,號梧巢。秀水人。朱彝尊姪孫,朱休度從伯。乾隆十五年舉人。著有《耘業齋稿》,又有《耘業齋續鴛鴦湖櫂歌百首》一卷,收入《檇李遺書》。《石瀨山房詩話》云:麟應工詩,善倚聲,足與先生、萬光泰、王又曾抗衡。乾隆元年,當事以鴻博薦,辭不赴,其高致如此。(《續檇李詩繫》卷二一)

夏,錢塘桑調元客居秀水。先生往謁,曾與之徹夜講論。

桑調元去年方舉京兆,因暫停浙人會試,遂携家人客居秀水朱嵩齡邸。其雍正六年所撰《朱母陳太君誄》云"余自去夏至鶴洲,拜太君于堂",又《朱母顧孺人誄》中自謂館鶴洲二年,可知自是年夏至己酉,桑調元館秀水朱氏宅。(《弢甫集》文集卷二三)《桑先生挽詞四首》云:"丁未深秋謁,朱園徹夜論。"(《樗詩》卷三二)

桑調元,字弢圃。浙江錢塘人。敦學尚行,一時號為名師,先生與盧文弨俱出其門。康熙五十九年列副榜,六十一年考補八旗官學教習。雍正四年舉順天鄉試。十一年,會試後遴選舉人之明習性理者,得八人,調元與焉。特賜進士,授工部屯田司主事。乾隆元年舉薦博學鴻詞,報罷。十三年主講大梁書院。調元受業于勞餘山,尤留心宋儒之書。以程朱為法,時舉以教先生。乞養歸里後,闢餘山書屋,友教四方之士。歷主大梁、道山、濂溪諸講席。著有《論語說》二卷、《躬行實踐錄》、《弢甫集》詩十四卷文三十卷、《弢甫五嶽集》二十卷、《弢甫續集》二十卷。生于康熙三十四年,卒乾隆三十六年。(《耆獻類徵》卷一四四,《弢甫集》文集卷二五《先府君行述》)

八月卅日,查慎行卒。年七十八。殁後卅餘年,其孫岐昌至京師謀營葬事,先生致書盧見曾資之。

據陳敬璋《查他山先生年譜》。查慎行因弟嗣庭案牽連,鬱鬱而卒。(《敬業堂詩集》附錄)

按:先生資葬事,見乾隆二十六年譜。

查慎行,初名嗣璉,字夏重。浙江海寧人。因牽連國喪演《長生殿》一案,被革退監生,逐回原籍。後改名慎行,字悔餘,并移籍錢塘。號他山,又號查田,晚取東坡"身行萬里半天下,僧卧一庵初白頭"詩意,築初白庵,故又稱初白。康熙三十一年舉順天鄉試。四十一年奉召入直南書房,四十二年特賜進士出身,授翰林院編修。嗣庭案發,闔門就逮,慎行以年過衰邁被放歸,逾年即逝。浙之詩人,首推朱竹垞,其繼之者,慎行與湯西厓。曾補注蘇詩五十二卷，搜羅甚富。自著《敬業堂集》五十卷，合生平所歷各為一集，多至五十四種，可徵其無時無地不以詩為事也。(《耆獻類徵》卷一二二)

先生于本朝詩人中極推查慎行。

先生曾云："查初白詩集是南宋大家即稍讓放翁而已，壓周益公、范石湖、楊誠齋矣。"(《翁覃溪詩》不分卷稿本，《蘀批》又三)

十月廿二日，友趙翼生。

據《甌北先生年譜》。趙翼傳見乾隆二十六年譜。

十二月十三日，從父錢汝恭生。

據《家譜》卷八。錢汝恭，陳群次子，傳見乾隆十二年譜。母沈恭人，陳群側室。

是年，錢汝誠拜別先生，往京師就外傅。

《文端公年譜》云："太夫人以公長子東麓先生當就外傅，遣俞夫人率孫入都。"(卷中)

六年戊申(一七二八)，先生二十一歲。

正月初七日，友錢大昕生于浙江嘉定望仙橋。

據《竹汀居士年譜》。錢大昕傳見乾隆十九年譜。

冬，與朱沛然、陳向中、祝維誥、王又曾集偶圃，合訂五家詩為一集，曰《南郭新詩》。

《朱大明府沛然歿于江西四月七日靈櫬歸里五月二十日載之聞耗六月晦日久而不能哭之以詩今聞將以十二月八日葬于桐鄉某原賦寄挽詞十五首》自注云："戊申冬，君偕陳二乳巢、祝大豫堂、王五受銘及載，合訂詩卷，曰《南郭新詩》。"(《蘀詩》卷一二) 又《里中》自注云："戊申，嘗集澱湖南煮茶，近處朱君之偶圃，合鈔五家詩為一集，曰《南郭新詩》。"(《蘀詩》卷四七)

詩集不傳，錢世錫稱其風格遒上。

《行述》云："戊申年，合鈔五家詩為一集，曰《南郭新詩》。集中詩雖皆府君及諸先生少作，而緣情綺靡，軒翥風雅，較之前代所謂'北郭十友'、'南園五先生'之屬所作，尤為風格遒上。"

本年，先生詩作僅存一首《王貞女行》，附錄于《蘀石齋詩集》卷一末尾。

詩應從父錢汝翼屬賦。其中有句云："理我玫瑁簪，綴我明月璫。虛窗對朝日，自作嫁衣裳。何為宵夢惡,君耗來踉蹌。委我玳瑁簪,捐我明月璫。虛窗對斜日,忍顧嫁衣裳。"(《擇詩》卷一)吳應和批云:"'委我玳瑁簪'一段,回環反覆,句法從《廬江小吏妻》得來。"按:吳評錄自其與查有新所選之《擇石齋詩》,道光七年紫微山館刊《浙西六家詩鈔》第四卷。吳應和,吳修之兄,初名寧,字子安,號榕園,浙江海鹽人。

七年己酉(一七二九),先生二十二歲。

六月初六日,友朱筠生于陝西。

據朱珪《翰林院編修誥授中憲大夫加二級先叔兄朱公墓誌銘》。(《知足齋文集》卷三)朱筠傳見乾隆十九年譜。

八月初八日,浙江省鄉試始,先生入闈。

考官內閣學士任蘭枝,編修王峻。題目"事君能致"一句,"誠則明矣"二句,"聖人治天"二句。解元仁和陳典。(《清秘述聞》卷五)

凡准送鄉試者,須經科考或學政錄科、錄遺方可,先生亦如之。

清例科考在一、二等及三等大省前十名、中小省前五名之人,准送鄉試。其餘三等及因故未考者、不考科試者,皆須于鄉試年七月下旬,由學政考試錄科,方能送考。有錄科未取及未與錄科者,再考試錄遺與大收一場,取錄有名者准其鄉試。(《清代科舉考試述錄及有關著作》)

八月十六日,鄉試竣,出闈。

既逾十數日,放榜,先生被落。始臨摹陳書畫作三數幅。其時仍為錢汝鼎授課,嘗夜分聽陳書講祖宗遺事。

《畫木筆月季跋》云:"己酉載二十二歲,猶讀書太夫人所。鄉試被落,始臨摹太夫人畫三數幅。"(《擇文》卷一五)《述訓》云:"少宗伯公諱載,亦少受太夫人教。嘗夜分講祖宗遺事,亹亹不倦。宗伯公至老猶為族人言之。"(《聽松樓遺稿》卷二)

冬,朱沛然偶圃梅花盛開,先生過飲,宿于園中,有"正黃昏月蒼苔冷,橫兩三枝數點明"之句,乃夢後所錄。

《朱大明府沛然歿于江西四月七日靈櫬歸里五月二十日載之聞耗六月晦日久而不能哭之以詩今聞將以十二月八日葬于桐鄉某原賦寄挽詞十五首》第五首自注云:

"雍正丁未,君種梅于偶圃。己酉花時,同社過飲,宿焉。載有句云:'正黄昏月蒼苔冷,横兩三枝數點明',蓋夢後所録。"(《萚詩》卷一二)

是年,錢界奉旨赴軍前效力,不復與先生及諸友攜游。

春,有旨命内外各官薦舉人才,錢陳群以弟界名應詔,引見後,撥發軍前效力。(《文端公年譜》卷中)

八年庚戌(一七三〇),先生二十三歲。

七月初十日,從舅朱修永病卒。年五十九。

朱修永于諸妹中獨賢先生母朱夫人,而朱夫人于嫂沈孺人尤相契。先生幼齡時蒙舅恩,歲為求塾師送之就塾,并日過視之。舅母沈孺人亦常常送以果餌。(《萚文》卷二一《朱府君墓志銘》)此恩先生于四十五年後為舅撰碑銘時猶念念不忘。

先生為書銘旌。

應從舅子朱應桃之請。(《萚文》卷二一《朱府君墓志銘》)

八月十八日,友畢沅生于太倉州鎮洋縣。

據史善長《弇山畢公年譜》。畢沅傳見乾隆二十五年譜。

是月,偕王又曾游萬蒼山,相約他日結鄰西磵。

乾隆五十二年,先生年八十,憶及此事,賦詩一首,題曰《憶雍正庚戌八月偕王五入萬蒼山延覽諸勝約結鄰西磵》。(《萚詩》卷四八)

十月十八日,錢陳群來信,教說讀書為人之道,并隨寄數金。

《與從孫載》云:"數年來見汝學業未能大進,心切耿耿。"因而首言學業,云:"汝資行過于江郎,而詩文書法未能成章者,總坐不能玩味熟背、臨摹碑版耳。"力戒先生浮躁,云:"總之,怕窮躁進,是學人大病。"繼言境遇,云:"汝年過二十尚未娶,且父母貧苦日甚,宜思學問長進,人品端方,為救貧上策。"信中責先生經年不寄一首文一句詩請教,并教以做人涉世之道,云:"聞汝侍大人先生前,語言不能明亮,恐此時不習,將來入于寒酸一路,當以'侍于君有三愆'章治之。聞汝于友朋中,輒多諧語滑稽,雖非大病,亦不可任,當以'益者三友'章、'君子不重則不威'章治之。"又言及課訓錢汝鼎,云:"阿鼎年紀長成,務望汝循循善誘。"(《香樹齋文集》卷七)

先生得信後謹遵訓示,將信裝成紙冊,常置案頭,至老年仍善為保存,并請陳兆崙題跋。

　　陳兆崙《為錢籜石跋其從祖香樹先生家書卷尾既畢復次其祖孫倡酬詩韻二首》注云："書是雍正庚戌歲作。"（《紫竹山房詩集》卷一一）

錢陳群又嘗教先生，詩文之根本，在中正和平。

　　錢泰吉《錢文端公論詩》："文端公與籜石少宗伯手札云：'僕嘗與人論詩，不但怨天尤人為非和平之音，每見大學問、大著作，未有不由衷敬感激，尊君親上。即使朋友中有不相知者，形之浩嘆，如《谷風》陰雨之詩，詞氣短縮，終不若《卷阿》《伐木》之醇雅也。僕于詩文一道，無見長處，惟一生只尋自家之過失，從不曾見得親戚朋友之過失，只此一事，平生少多少埋怨人家不是處。久而久之，心上更無一毫塊壘，下筆便覺安適。吾于詩得養生焉。'"（《曝書雜記》卷二）按：此札不知作于何時，暫繫于本年。

是年，繪《半邏村小隱圖》。

　　《自題雍正庚戌所寫半邏村小隱圖》云："賣薪燃草日，負笈賃書年。斯意有同者，古人非偶然。青林擁荒圃，白水泛新田。愧對南山色，何曾手一編。"（《籜詩》卷一四）

九年辛亥（一七三一），先生二十四歲。

三月初三上巳日，隨祝維誥游其袁花故居。

　　《奉簡祝大典籍維誥四首》注云："君舊業龍山，去我澂浦之永安湖數十里。雍正辛亥上巳偕游，曾願卜鄰。"（《籜詩》卷二八）先生預日先入萬蒼山。（見《籜詩》卷二八《憶辛亥春祝大偕余至其袁花故居余先入萬蒼約祝大來山同過禊日》）

是年，茅應奎寓居秀水，偕先生酬唱里中。

　　《紀心齋楚游集序》云："雍正辛亥，詩翁南潯茅渠眉遠游歸，偕載倡酬禾中。"（《籜文》卷八）據《茅應奎年表》，是年至乾隆初，茅應奎寓居秀水，與先生及諸友往來酬唱，交游多見于詩文。（《中華文史論叢》一九八二年第二輯劉世德《〈雙仙會〉傳奇作者考》）

　　茅應奎，字渠眉，號湘客。湖州歸安人。康熙五十九年副貢生。乾隆二十四年選浙江昌化教諭，旋即罷歸。嘗結五湖詩社，與同人唱和。生于康熙十四年，卒于乾隆三十四年，壽九十有五。生平著述甚富，其《五湖詩集》，諸錦、厲鶚為之序，齊召南為之跋，均極傾倒。嘗選近人詩，名《絮吳羮詩選》，寓闡微之意。（同上，鄧長風《明清戲

曲家考略·十四位清代浙江戲曲家生平考略》)

十年壬子(一七三二),先生二十五歲。

夏,同祝維誥、王又曾文會于朱沛然之偶圍。

《集厚石齋二首》注云:"壬子夏,同豫堂、受銘于偶圍文會。"(《蘀詩》卷六)

六月十六日,張廷璐奉命充浙江鄉試正考官,副考官為王瓚。

《世宗實錄》卷一二〇云:"以提督江南學政詹事府詹事張廷璐為浙江鄉試正考官,刑科掌印給事中王瓚為副考官。"(《清實錄》冊八)

張廷璐,字寶臣,號藥齋。江南桐城人。康熙五十二年舉于鄉,五十七年殿試一甲第二名進士,授編修,直南書房,遷侍講學士。兩督江蘇學政,武進劉綸、長洲沈德潛皆出其門。雍正五年陞詹事。壬子浙江試後,晉禮部右侍郎,轉左侍郎。乾隆九年春,以老病乞歸。明年秋卒于鄉。著有《咏花軒詩集》。生于康熙十四年,卒于乾隆十年,年七十一。子二人:若震,雍正元年舉人,官浙江布政使;若需,乾隆二年進士,翰林院編修,先生庶常館師。(《耆獻類徵》卷七四沈德潛撰墓志銘)

王瓚,字爾爵。貴州貴築人。康熙五十七年進士。餘俟考。(《清秘述聞》卷五)

八月初八日,浙江省鄉試始,先生入闈。

初九日,作四書文三篇、《易經》四篇。

四書文題目"君子有三畏"一節,"溥博如天"一句,"聖人之于子也"。(《清秘述聞》卷五)

初十日,首場放牌,出闈。

十一日,次場點名,復入闈。

十二日,作論一首,表一道,判五條。

十三日,次場放牌,出闈。

十四日,後場點名,復入闈。

十五日,作試策五道。

十六日,鄉試竣,出闈。

既逾十數日,放榜,先生中副榜第五名。

是榜解元朱學泗,海寧人。《行述》云:"(房師)李公得府君卷,奇其文,亟呈薦,兩主司亦極激賞。已擬元後,張公微嫌文筆太高奧,衍有江西五家風力,以為此年少振奇，姑抑銳，以養而成之，遂置副榜。"按：鄉試之副榜，可直接解送入國子監讀書，故列于五貢，名曰副貢。《西湖修禊詩》稱先生為國子貢生，實則乾隆十一年時先生尚未入國子監。

房官為候補浙江知縣李其昌。

《桐廬感舊為龍巖李先生》注云："先生諱其昌，字念常，載壬子房師。"（《萚詩》卷一〇）李其昌，字開姚，號念常。福建龍巖人。雍正八年進士。初署淳安，以振興文教為己任。十年分校，所得皆知名士。乾隆四年己未補桐廬，為民懇免糧米六百石，百姓勒碑志德。丁内艱，服闋，銓四川梁山。在任年餘，以疾終官舍。生平一介不苟，嘗謂學者曰："義利關頭不破，不足以言學。"所著有《尚書註解》四卷、《念常外集》若干卷，遺佚。有《念常稿》行世。（《[民國]龍巖縣志》卷二五）

十月，德配張夫人來歸。時張夫人父母俱已下世。

《至安橋張氏二首》注云："雍正壬子冬婚。"（《萚詩》卷四九）又《挽詞為朱大孝廉沛然室張孺人作》有"孟冬我方婚"之句。（《萚詩》卷一）

張夫人，桐鄉人，與先生同齡。父侶劉，太學生，母沈孺人。有六女，夫人其最幼。八年前下聘，今冬始來歸，蓋先生家貧，不能早行婚娶。張夫人性甘淡泊，宛順貞静，孝事公婆。先生父每言曰："巧媳婦難為無米之炊，家如此貧，新婦拮据捋荼，百端彌縫，而從無疾言遽色，以宛順將之，今雖辛苦備嘗，後當有好日耳。"庶母丁孺人及朱氏妹一家上下，亦咸宜于張夫人之賢。先生長子世錫及次子鴻錫方了髻受書，張夫人恒躬自督課，午夜篝燈，命二子讀書案傍，手勤鍼黹不輟。常謂世錫曰："我不望汝富貴利達，厚甘旨以奉我，但願汝讀書毋傲，藹然仁善之氣，我願足矣。"生于康熙四十七年正月初二日，卒于乾隆四十五年七月十二日。誥封夫人。子四：世錫、鴻錫、敏錫、容錫。女一，適嘉善國學生戴秉均。（《行述》）

是年，與汪筠交識。

先生年内嘗與祝維誥、汪筠同游金氏園，又嘗招二人與王又曾集自家回谿草堂。汪筠有《同祝大豫堂錢七坤一過金氏園》、《坤一招同祝大豫堂王五受銘集回谿草堂》詩，俱繫于是年。（《謙谷集》卷一）按：祝維誥為汪筠姻家，先生與筠相交，大約由其引見。汪筠，字珊立，一字幹翁，號謙谷。繼爆幼子。桐鄉人，寄籍秀水。由監生官光禄寺署正，出為甘肅安西廳同知，遷知雲南永北府，旋調開化，再調廣南。後補山東武定府，終于湖南長沙府。工詩善畫，為先生稱許。著有《謙谷集》六卷。生于康熙五十四年，卒年俟考。（《清代人物生卒年表》頁三四七，《浙江省桐鄉縣志》卷一五）

本年存詩一首:《挽詞為朱大孝廉沛然室張孺人作》,附錄于《籜石齋詩集》卷一後。

詩中有句云:"辛亥遘心疾,延及今春正。"(《籜詩》卷一)據《張孺人墓志》,張氏卒于雍正十年十一月。可知先生詩作于本年冬。

十一年癸丑(一七三三),先生二十六歲。

正月初七日,友羅聘生。

據吳錫麒《羅兩峰墓志銘》。(《有正味齋駢體文》卷二三)羅聘傳見乾隆三十七年譜。

春,偕張夫人初至安橋妻氏宅。

《至安橋張氏二首》注云:"雍正壬子冬婚,明春始來安橋,木蘭初種。"(《籜詩》卷四九)

安橋張氏家風純樸,以耕讀孝弟教子孫。

錢寶甫云:"我父嘗語昌齡曰,幼時隨母歸寧平橋張家,見舅氏皆悃愊無文華,舉于鄉為明經而不言仕,兄弟比屋居,門前有田,屋後有竹有桑,教子孫以耕讀孝弟,非應試、納官租不入城市。又言竈南有斗室,室中置機,每侍母及諸舅飯必于此。比長驅馳南北,或數年十餘年一往,古處之風如舊也。此數十年中,人事之興廢,田宅之遷變,紛如弈棋,而張家竈南斗室之機曾未嘗一易處所。"(《文匯》佚名冊《外舅息園先生六十壽序》)

四月初八日,詔徵博學鴻詞之士。

先是,康熙十七年,聖祖特詔內外大臣,薦舉博學鴻詞,召試授職,得人號為極盛。今高宗再興鴻博之徵,欲網羅天下人才。諭旨略云:除見任翰詹官員,無庸再膺薦舉外,其他已仕未仕之人,在京著滿漢三品以上,各舉所知,彙送內閣,在外著督撫會同學政,悉心體訪,遴選考驗,保題送部,轉交內閣。(《清實錄》冊八《世宗實錄》卷一三〇)

夏,與祝維誥讀書桐鄉汪筠華及堂。

汪筠《華及堂八詠·桐花》注云:"癸丑夏,豫堂、坤一讀書小園,同賦華及堂桐華歌。"(《謙谷集》卷五)按:詩已佚,今集中《華及堂桐花歌同汪七署正筠作》作于乾隆二年。

其間,為汪筠畫山茶。

王又曾有《題籜石為汪謙谷畫山茶二首》詩,繫于是年。(《丁辛老屋集》卷一)

八月十一日，長子生，錢炘為取名曰世錫。

　　吳修《武林感錢太史百泉先生世錫二首》注云："大父贈公夢大士送兒至，閱夕而先生生，因名字焉。"（《居易居小草》卷一一）

　　錢世錫，字慈伯，號百泉。乾隆三十三年舉人，四十三年進士，選庶吉士，散館授翰林院檢討。充《四庫全書》分校，武英殿纂修，國史館協修。卒于乾隆五十九年八月初十日。以子寶甫官，晉贈中議大夫、兩淮鹽運史。娶秀水庠生嚴繢祖女，敕封孺人，生于雍正十二年九月廿二日，卒于嘉慶七年十月初八日，晉贈淑人。子二：善元，早夭；寶甫，嘉慶四年進士。女一，適陸費墀子桐鄉候選縣丞陸費元鎮。著有《鹿山老屋詩集》十六卷、《古文》二卷、《蠟履新語》一卷。（《家譜》卷七）乾隆五十九年初春，以子寶甫遠行赴京，書教之者成册，題曰《復齋隨筆》。《文匯》補編册三錢寶甫《祭雲巖從祖文》）未刊，收入錢泰吉所輯錢氏《文匯》中。

　　按：世錫嘗裒集諸先輩及同人詩，曰《英華集》。該集未見刊行，《文匯》中有《英華集論詩十一則》，或取自原書。《兩浙輶軒錄補遺》卷五稱先生手定《十一家英華集》，而卷七又載錢寶甫語，謂世錫曾選《英華集》。則《英華集》出自何人，尚存疑問。前明朱翰嘗輯《檇李英華集》，是書或為其續編耶？

錢世錫工詩，瘦硬通神，不減先生。

　　《蒲褐山房詩話》云："嗣伯長于登臨行旅之作，而博雅足以副之，瘦硬通神，不減其父。"（《湖海詩傳》卷三六）徐世昌云："百泉為籜石侍郎子……詩瘦硬通神，謹守家法。其論祝西澗詩謂幽靜娟秀，深微雋妙，能得古人神韻風味于語句之外。蓋其得力所在，見相似者而為之傾倒也。"（《晚晴簃詩匯》卷一〇一）

八月十六日，友翁方綱生。

　　據《翁氏家事略記》。翁方綱傳見乾隆十六年譜。

秋，與朱沛然游城南陳氏園，大醉園中。

　　乾隆十年，先生故地重游，嘗賦《汪上舍孟鋗招游城南陳氏園憶癸丑秋與朱大沛然醉此漫題》詩，有"故人已罷高安宰，回首秋風一醉醒"之句。（《籜詩》卷七）

是年，應朱沛然之請，為其亡妻張孺人撰墓志銘。

　　張孺人，先生夫人之姐。早年遘心疾，不能有身。雍正七年，朱沛然以五經舉于鄉，明年會試下第歸，張孺人為置妾費氏。然沛然終無子而歿。生于康熙二十九年正月初六日，卒于雍正十年十一月初四日，年四十三。今年會試沛然復下第，歸以其冬月日葬之，先生遂為孺人志墓。（《籜文》卷二三《張孺人墓志》）

十二年甲寅(一七三四),先生二十七歲。

十二月初二日,友陸錫熊生。

據王昶《都察院左副都御史陸君墓誌銘》。(《春融堂集》卷五五)陸錫熊傳見乾隆二十七年譜。

是年,館桐鄉汪筠華及堂,與諸友切劘詩文經史。

汪筠有《偶圃受銘來會坤一遂同飲小園留宿》、《受銘至遂同素村坤一夜飲》詩,繫于是年。(《謙谷集》卷二)《行述》云:"桐鄉汪謙谷先生,府君素交也,館府君于華及堂。而偶圃、乳巢、豫堂、篁園、穀園諸先生,及我從伯蘖堂先生,亦時集桐谿,相與汲古,研覃經史,討論金石,奮筆為歌,詩積有成卷。"

其間,與盧存心交識。

《盧舍人文弨徵為徵君存心六十》有句云:"憶在甲寅秋,俱客于桐鄉。"(《蘀詩》卷一二)汪筠亦有《華及堂早桂同玉巖坤一賦》詩,繫于是年。(《謙谷集》卷二)

盧存心,原名琨,字敬甫,一字玉巖。有《白雲文集》,亦自號白雲,其居曰三益堂。錢塘人。恩貢生。雍正八年應山左學使蔣公聘,十二年復隨蔣督學湖北。乾隆元年應博學鴻詞科,放還仍游漢南。六年九月丁母憂。服闋後佐蔣蔚校士于蜀。與桑調元為總角交,二人并同補諸生。生于康熙二十九年,卒于乾隆二十三年。存心娶錢塘馮景之女,生子文弨。繼娶張氏,生子文韶。所著有《白雲詩集》七卷別集一卷,前有桑調元序。(《清代人物生卒年表》頁一〇四,《二林居集》卷一一《盧太公墓誌銘》,《頻羅庵遺集》卷八《文學匏廬盧君墓誌銘》,《四庫全書總目》卷一八五)

又與桐鄉令蔡可遠友善。

《題桐鄉蔡明府可遠遺像》有句云:"沉思甲寅暮,寒月共燈前。"(《蘀詩》卷三〇)

蔡可遠,號致庵,福建漳浦文勤公世遠季弟,蔡新叔父。康熙五十三年舉人,官桐鄉令。餘俟考。(《紫竹山房詩集》卷一二《為蔡葛山侍郎題其叔桐鄉令致庵遺像》,《綠筠書屋詩鈔》卷七《題蔡先生可遠遺像三首》注)

十三年乙卯(一七三五),先生二十八歲。

二月廿八日,詔令已奏未奏博學鴻詞各省再行遴選。

略云:降旨已及兩年,而外省之奏薦者寥寥無幾,又云江、浙兩省至今未見題達。

（《雍正朝漢文諭旨彙編》冊八）李紱送趙信序云：雍正甲寅時，河東督臣舉一人，直隸舉二人，他猶莫有舉者。踰年，大學士高安朱公舉四人，而封疆大吏所舉猶趑趄不前。
（《詞科餘話》卷三）

夏，先生至杭州應遴選鴻博之試。

《行述》云："雍正乙卯夏，本縣府申府君名于省總督程公諱元章、督學帥公諱念祖，合同考取以入奏。"汪筠是年有《西湖同陳二乳巢朱三沖之王五受銘錢七坤一泛舟小飲席上賦五絕句》詩。其中"一掬湖山那拋撇，却隨金馬賦長楊"二句注云："時錢七被鴻博之薦。"（《謙谷集》卷二）

按：浙省前後有數次考試，以遴選鴻博徵士。據杭世駿《詞科餘話》，其一在雍正十二年九月，友試題有《河清海宴頌》。其一在雍正十三年春，主試者總督程元章、學使帥念祖，詩題為《春雪十二韻》，因試日下雪故也，見《隨園詩話》。又據《詞科餘話》，其一在乾隆元年夏，大學士無錫嵇公署浙江總督，復試多士于院署，題有《春秋三傳異同說》。

試後，程元章再舉八人，與先期選送之十人同應博學鴻詞之徵，先生與萬光泰等名列其間。

《大學士張廷玉等為議復原浙撫程元章等薦舉博學鴻詞事題本》云："該臣等議得，原任總督銜管浙江巡撫事務程元章等疏稱，欽遵諭旨薦舉博學鴻詞，遍加采訪，前經遴選得嚴遂成等十名咨送在案。今復據各屬舉報，臣隨會同學臣帥念祖詳加考試看驗，遴選得山陰縣附生周大樞，秀水縣學增生萬光泰，錢塘縣學增生陳士璠，余姚縣貢生邵昂霄，歸安縣學附生孫詒年，錢塘縣貢生程川，秀水縣貢生李宗潮、錢載等八名，恭候皇上御試錄用。臣謹會同學臣帥念祖合詞保題。""乾隆元年正月二十二日題，本月二十四日奉旨：依議。"（《歷史檔案》總第三九期中國第一歷史檔案館《乾隆元年薦舉博學鴻詞史料》上）按：前經選送十人為嚴遂成、厲鶚、周玉章、杭世駿、沈炳謙、齊召南、張懋建、周長發、汪沆、周琰，備録于此，以著同徵誼。（《詞科掌錄》舉目）

程元章，字冠文。河南上蔡人。康熙六十年進士，授編修。雍正七年六月授少詹事，七月署浙江布政使，十二月實授。十年七月署浙江總督，九月實授。乾隆元年二月，授漕運總督。旋以不勝漕運總督之任，命署理禮部侍郎。復補刑部侍郎，調吏部。五年，高宗以其不肯實心任事，令革職。十五年巡中嶽，賞給侍郎銜。生于康熙二十三年，卒于乾隆三十二年。（《耆獻類徵》卷七四國史館本傳，《清代人物生卒年表》頁七六七）

帥念祖，字宗德，號蘭皋。江西奉新人。雍正元年進士，補選庶吉士。十一年以禮科給

事中任浙江學政。官至陝西布政司使。緣事謫戍軍臺,歿于塞外。生卒年俟考。著有
《樹人堂詩》七卷。能以指頭墨作花草,間寫山水。(《四庫全書總目》卷一八五,《國朝畫續錄》卷上)

八月,陳書起程赴京師就養。與先生一別,便成永訣。

《文端公年譜》云:"八月,陳太夫人復就養京師。"(卷中)

十一月初十日,再令在內大臣及各省督撫,悉心保薦博學鴻詞之士,并定于一年之內齊集京師廷試。

諭旨稱,直省奉詔已及兩年,而所舉人數寥寥。(《清實錄》冊九《高宗實錄》卷六)

十二月廿九日小除夕,與王又曾聯句于壽興橋側萬光泰寓居。

王又曾《正月三日泛舟出北郭過楞伽精舍三首》注云:"亡友萬柘坡徵君舊居在壽興寺橋側,與精舍最近。乙卯小除夕,偕錢籜石編修聯句于此。"(《丁辛老屋集》一三)

是年,次子鴻錫生。

錢鴻錫,先生次子,八齡而夭。見乾隆七年譜。

卷　三

乾隆元年丙辰(一七三六),先生二十九歲。

二月廿三日,詔令自三月始發給赴考先至京師者,每人每月銀四兩,并令未到之徵士,俱于九月以前到京。

　　諭旨稱,其時所舉博學鴻詞,已至一百餘人。(《乾隆朝上諭檔》册一)

三月初七日,曾叔祖母陳書病卒于京。年七十七。

　　據《誥封太淑人顯妣陳太君行述》,元宵後數日,陳太夫人偶感寒疾,旬日而愈。至二月初,竟卧床不起。時錢陳群在畿輔視學,得訃音馳回,已殯後三日矣。(《香樹齋文集》卷二六)

陳書于先生飲食規誨,期待至厚,先生終身感其盛德。

　　先生感陳太夫人之德,屢見于詩文。京師拈花寺有太夫人白描觀世音小幀,乾隆十四年,先生未第客京師,過拈花寺禮觀世音,賦絶句三首。其中一首云:"句句難忘件件思,小來親受佛恩時。春城月落金鐘曉,猶感慈容出夢遲。"(《樗詩》卷一二《拈花寺禮曾叔祖妣陳太淑人白描觀世音小幀有賦三首》)誦此詩,而知先生于懷德感舊,纏綿無盡,大都若此。(《行述》)

五月,先生起程上京,試博學鴻詞科。

　　《題王五秀才又曾石梁觀瀑圖》起句云:"元年五月應詔我北行。"(《樗詩》卷二)

汪筠賦詩贈行。

　　《送坤一應詔北上》有"弟晜得異姓,凤夕雨風傍"之句,言兩人交情深厚。又云:"君才故難儔,君齒方及壯。沉深陋雕篆,特達空輩行。"對先生以國士相期許。(《謙谷集》卷三)

此行與盧存心、張庚結伴同車。二人亦同舉制科。

《盧舍人文詔徵為徵君存心六十》有句云："轉憶同徵時,同車行高岡。"(《籜詩》卷一二)

張庚識《漱上讀書圖》云："雍正十三年乙卯,余與坤一七兄同徵。乾隆元年丙辰同入京師。尋同放還。"(《清芬世守錄》册四《漱上讀書圖》)

張庚原名燾,字浦三,號瓜田逸史,晚又號彌伽居士。秀水人。七歲喪父,因與錢氏為鄰,錢綸光甚愛之,遂令與子陳群同學。綸光妻、先生之曾叔祖母陳書為庚之表姑,善畫,授庚以六法之旨,庚大有悟,陳書益喜之,遂為納婦于南樓之下。康熙五十一年,庚年二十七,授徒吳江之盛澤。越二年,入江西志局。家固食貧,課徒之外,恒以賣畫糊口。庚性嗜畫與詩,尤深于畫,著《國朝畫徵錄》及《續錄》共六卷,其論宗法淵源、造詣深淺,皆確然有據。生于康熙二十四年,殁于乾隆二十五年,年七十六。另著有《強恕齋詩文集》十卷、《圖畫指意識》二卷、《十九首解》一卷、《瓜田詞》一卷、《題跋》二卷等。(《強恕齋文鈔》卷三《先室蔡孺人行述》,《柚堂文存》卷四《布衣張徵君墓志銘》)

途經王瓜園,先生賦騎驢絕句一首。

附錄于《王瓜園》一首自注中,詩云："葛衫草笠趁風輕,驢背青山掠面生。一直柳陰涼似水,亂蟬聲裏出東平。"(《籜詩》卷九)

行月餘,抵京師。

未幾,祝維誥亦抵京,與先生相晤。

祝維誥有《至京喜晤朱大偶圃錢七蘀石》詩,繫于是年。(《綠溪詩鈔》卷一)

其時,桑調元寓京同列薦剡,先生早晚造訪請益。

《飲王光祿鳴盛寓屋邀題其庭前合昏花成十二韻》注云："元年夏,是屋為塗尚書居。我桑師官水部,僦廳事東齋。載早晚造師。"(《籜詩》卷二二)

又與杭世駿一見如故,出《水山二友圖》請題。

杭世駿《題錢蘀石水山二友圖》云："士大夫好形骸而以山水為適,斥羶酪而以酒銘為味,寡田宅而以圖書為富,遠姬侍而以松石為玩,薄名利而以翰墨為能,即無鐘鼎建樹,亦自可千秋不朽,下神仙一等人也。禾中山水靈淑之氣鍾毓,多出異士。坤一七兄應鴻詞科來都下,與余把臂入林,頗稱莫逆,出《山水二友圖》見貽,其殆神仙中人而思建樹者乎?奉題數行,即祈大雅一發軒渠。"(《道古堂集外文》四九)

杭世駿,字大宗,號堇浦。浙江仁和人。雍正二年舉人。乾隆元年試博學鴻詞,列二等,授翰林院編修。開南屏詩社,金志章、丁敬、周京、厲鶚、趙信、梁同書等人相繼入社。八年試翰詹,直言條陳朝廷用人"内滿而外漢,有意見畛域之分",觸怒高宗，罷官。十七年主講粵秀書院，十九年北歸。自三十一年迄三十五年，主講揚州安定書院。李慈銘云："大宗才情爛漫，詩學蘇、陸，頗工寫景。其刻秀之語，同時如厲樊榭、符藥林等往往相近，所謂浙派也。"（《杭世駿年譜》頁一九）生于康熙三十五年，卒于乾隆三十七年，壽七十七。生平勤力著述，經學、史學、詩學皆卓有建樹，有《石經考異》、《榕城詩話》、《三國志補注》、《道古堂詩文集》等行世。（《道古堂文集》卷首應澧《墓志銘》，《定盦全集》文集補編卷四《杭大宗逸事狀》，《國朝詩人徵略》卷二四，《兩浙輶軒錄》卷二一，《清史列傳》卷七一）

其後，杭世駿撰《詞科掌錄》，記錄同徵仕履撰著。書中載《練時日 擬漢樂府》一首，為先生佚作。

《練時日 擬漢樂府》云："練時日。從上辛，皇仁孝，賓百神，霄煙熅。靈之游，橫八極，眷皇州。靈之車，雲龍雷，孔翠張，聲以飛。靈之下，赫婀娜，祥風瀏，涑雨灑。靈之來，驅嶽濆，紫燄熛，雨風肅。靈之至，青靄亭，協氣媚，牲粢馨。靈已坐，浩歌舞，嚴壇熙，備得所，金支樹，纖阿通，樂廣樂，陰陽箮。靈安留，憺融融，四序序，匹乃宗，丹之帷，春鼝鼘，童男女，綽華采，申桂椒，侑歆飫，儌明靈，惟縕豫，景星爛，甘露瀼，萬國光，永未央。"（《詞科掌錄》卷一四）

九月，博學鴻詞之士齊集京師，有裘曰修、沈德潛、袁枚、申甫、王祖庚、張鳳孫、馬榮祖、王會汾、楊述曾、王延年、朱稻孫等。皆與先生結同徵之誼。

裘曰修，傳見乾隆十四年譜。

沈德潛，傳見乾隆十三年譜。

袁枚，字子才，號存齋，一號簡齋，世稱隨園先生。浙江仁和人。乾隆元年應博學鴻詞科，年最少，一時名傳都下。同徵張鳳孫記云：試日，枚得意疾書，吟聲徹大內，衛士呵之不止。正所謂少年得意。既而報罷，館嵇璜邸。三年中順天鄉試舉人。四年成進士，改庶吉士。散館後改發江南為知縣。初試溧水，調江浦、沭陽，再調江寧。既而去職家居。再起發陝西，甫及陝，遭父喪歸，終居江寧。于江寧西城造隨園居之，日以文辭詩歌自喜。四方士至江南，必造隨園投詩文，幾無虛日。枚一生仕雖不顯，而極山林之樂、文章之名，世謂百年來未有及者。生于康熙五十五年，卒于嘉慶二年，年八十二。著有《小倉山房詩文集》、《隨園詩話》，又尺牘、說部之屬若干卷。（《惜抱軒文集》卷一三《袁隨園君墓志銘并序》）

申甫，字及甫，號笏山。浙江西安籍江都人。乾隆元年，舉薦博學鴻詞科。六年順天鄉試中式，授內閣中書、軍機處行走，歷官至都察院左副督御史。乾隆四十三年病卒京寓,年七十三。詩章秀拔,律詩尤妍。《蒲鶴山房詩話》云:"(笏山)為詩抒寫性情,羌無故實,白樂天、楊誠齋、查初白其兔園册子也。"(《兩浙輶軒續錄》卷六)著有《笏山詩集》十卷。(《春融堂集》卷五六《督察院左副都御史申君墓志銘》)

王祖庚,字孫同,號礪齋。江南華亭張溪人。相國項齡冢孫。雍正四年、五年,連捷成進士,任山西興縣知縣。項齡以鴻博起家,祖庚亦由進士列薦,一時傳為佳話。鴻博報罷後,捐部主事,被薦在武英殿校對書籍。充經史館纂修官。乾隆六年,得蔣溥保舉,出知山西隰州。以卓異擢直隸順德府知府,旋調保定。在任八年,膺卓異者再,循例捐升監司,未得缺,改補寧國知府。抵江甫兩月而卒。生于康熙四十一年,卒于乾隆三十年。(《清代人物生卒年表》頁五九,《鶴徵後錄》卷六,《梧門詩話》卷六)

張鳳孫,字少儀,號息圃。江蘇華亭縣人。為諸生時,父以負帑下獄,鳳孫徒步走萬里入都,遍貸為父贖罪。一時有公子、才子、孝子"三子"之稱。乾隆元年,以雍正十年副貢應薦,其後又薦經學,皆不遇。後官貴州貴定知縣,歷官至雲南糧儲道,乾隆四十四年改官刑部郎中。畢沅為鳳孫甥。鳳孫同產妹又為趙懷玉繼室。生于康熙四十五年,卒于乾隆四十八年。著有《寶田詩鈔》、《柏香書屋詩鈔》二十四卷。(《鶴徵後錄》卷六,《柏香書屋詩鈔》趙懷玉序,《耆獻類徵》卷一四四,《清代人物生卒年表》頁三九〇)

馬榮祖,字力本,號石蓮。江都人。乾隆元年,以雍正十年舉人應博學鴻詞,報罷。十五年循例謁選,得令閿鄉,先生有詩送之。旋調鹿邑,未幾引歸。卒於乾隆二十六年,年七十六。榮祖史學淹貫,專治古文,幼為桐城方望溪、金壇王耘渠所重,長與山陰胡稚威、錢塘桑弢甫齊名。著有《亭雲堂》、《石蓮堂》等稿。(《鶴徵後錄》卷六,《道古堂文集》卷三四《馬石蓮傳》)

王會汾,字蓀服,一字晉川。江蘇無錫人。雍正十三年舉人。鴻博報罷後,于乾隆二年成進士,改庶吉士,散館授編修。八年御試翰詹取第一,擢侍讀學士。一歲三遷,不數年洊陟卿貳。歷官吏部侍郎,左遷大理寺卿。兩主浙江鄉試。立朝謇謇,于時事多所陳奏,退而自焚其稿。生于康熙四十三年,卒于乾隆二十九年。著有《梁溪詩鈔》。(《耆獻類徵》卷八二,《湖海詩傳》卷七,《清代人物生卒年表》頁四五)

楊述曾,字二思,號企山。江南陽湖人。雍正十三年舉人。曾侍其父內閣學士楊椿于國史館編纂《明史綱目》三編。召試報罷後,乾隆二年以國史館議叙候選知縣。七年,成一甲第二名進士,授編修。二十三年應御試,左遷編修,與王昶、朱筠、蔣和寧等纂修《通鑑綱目輯覽》。歷八載,將脫稿而卒,詔贈侍讀學士。生于康熙三十七年,卒于乾隆三十二年,年七十。著有《南圃文稿》二十卷。(《鶴徵後錄》卷八,《湖海文傳》卷五六劉綸《給四品銜翰林院侍讀楊君墓志銘》)

王延年,字介眉。浙江錢塘人。雍正四年舉人。後以史編經進,賜國子監學正。乾隆十四年,蔣溥與劉統勳以經學交薦。乾隆十七年予恩科會試,以年至耄耋尚與觀場,諭旨著該部帶領引見,由助教晉司業。年八十餘,進呈所撰《編年紀事》,賜翰林院侍講。生卒年俟考。(《鶴徵後錄》卷六)

朱稻孫,字稼翁,一字芋陂,晚號娛村。秀水人,流寓嘉興梅會里。祖彝尊,翰林院檢討,考昆田,國子監生。稻孫能以詩文翰墨世其家,曾挾其家藏二百七十餘家之書,助春秋館纂修事。鴻詞試報罷,踰年歸鄉。年近七十游揚州,為運使盧見曾座上客,以彝尊所撰《經義考》未刻之後半見示,悉為刻之。晚年貧不能支,曝書亭藏書八萬卷漸至散佚。著有詩集《六峰閣稿》若干卷,又有續稿十餘卷。擅書,楷法在褚、歐間,尤工分隸。生于康熙二十一年,卒于乾隆二十五年除夕,年七十九。(《鶴徵後錄》卷九,《柚堂文存》卷四《娛村朱先生行狀》)

是科具題到部者共二百六十七人。

李富孫《鶴徵後錄》凡例云:"是科內外薦舉共二百六十七人。"又《詞科掌錄》舉目云:"明詔既下,首訖凡四年,合內外所舉,凡二百六十七人,重薦者六人。"

按:據《鶴徵後錄》凡例,此人數僅以具題到部為據。而"《越風》以餘姚鄔希文,《湖海詩傳》以錢塘陳章、江都馬曰琯,《江西詩徵》以臨川李茹旻、南昌戈溥,《兩浙輶軒錄》以錢塘唐樞、歸安沈榮儁、烏程董煟、山陰何晫,《碧溪詩話》以錢塘丁敬,皆為薦舉鴻詞",則為欲舉而未題部者。

與初試者一百七十六人。

《高宗實錄》卷二七云:"御試博學鴻詞一百七十六員于保和殿。"(《清實錄》冊九)按:明年七月,續考胡天游等二十六人。(《鶴徵後錄》卷一二)

九月廿六日,先生試第一場于保和殿。

李富孫引《敬堂隨筆》云:"九月廿六日,保和殿考試一百七十六員,廿八日,二場。閱卷為鄂、張兩相國,邵少宰基。十月初三日,奏名。"(《鶴徵後錄》卷一二)據《高宗實錄》卷二七,閱卷官為大學士鄂爾泰、張廷玉,吏部侍郎邵基。(《清實錄》冊九)

試題:《五六天地之中合賦》、《山雞舞鏡詩》、《黃鍾為萬事根本論》。

《鶴徵後錄》卷首云:"《五六天地之中合賦》,以'敬授民時,聖人所先'為韻;《山雞舞鏡詩》,七言排律十二韻得'山'字;《黃鍾為萬事根本論》。"

九月廿八日,試第二場于保和殿。試題經解、史論、策問各一道。

> 陳玉繩《陳句山年譜》云:"康熙十八年舊例,鴻詞僅試詩賦。考前二日,御史某人奏云,鴻博之學必通天徹地、無所不知,若僅試詩賦,凡屬詞臣所能,不足以窺底蘊。于是試凡二場。第一場:《五六天地之中合賦》、《山雞舞鏡詩》、《黃鍾為萬事根本論》。第二場:經學、史學、策問各一道。"(《紫竹山房詩文集》卷首)而沈德潛只記有經解、史論各一道。(見《沈歸愚自訂年譜》二三)

十月初三日,讀卷大臣鄂爾泰、張廷玉、邵基,擬取一等五名、二等十名進呈。

> 《大學士鄂爾泰等為報明考取博學鴻詞事奏摺乾隆元年十月初三日》云:"臣等奉命閱看博學鴻詞頭場、二場試卷,共一百七十二號,擬取一等五名、二等十名。""再,查從前存貯內閣梅枚等試卷共四本,臣等取出,一并校閱。"(《歷史檔案》總第四〇期中國第一歷史檔案館《乾隆元年薦舉博學鴻詞史料》下)按:所謂從前存貯內閣等試卷,即先行考試之梅枚、陳以綱、許佩璜、徐本仙四人之卷。

> 按:是科取額未及十之一,且多有遺漏,中外咸致不滿。糾其原因,各有說法。杭世駿云:"兩中堂以保舉多有濫觴,取額遂隘。其實赤水遺珠,不關離朱、象罔也。"(《詞科餘話》卷五)蓋閱卷當時,鄂爾泰、張廷玉已具摺,請敕查濫舉博學鴻詞之員,稱:"查有五卷,文理荒謬、俚鄙不堪,似此讕劣之人,何得濫膺鴻博之薦?"(《歷史檔案》總第四〇期,頁二四)可見保舉確有濫觴。鄭崇敬則謂:"張文和以舊臣當國,與方、李二公所學異趨,適奉命主試事,遂假慎重之名,苟繩隘取,以呈御覽。兩侍郎所舉,一士不登,名流獲雋者,僅齊召南、杭世駿輩數人。士林咸失所望,文和之咎大矣。"《〈郎潛紀聞·二筆〉跋》

十月初五日,引見考取博學鴻詞十五員。欽取一等五名:劉綸、潘安禮、諸錦、于振、杭世駿,俱授為翰林院編修。二等十名:陳兆崙、劉玉麟、夏之蓉、周長發、程恂,由科甲出身,授為翰林院檢討;楊度汪、沈廷芳、汪士鍠、陳士璠、齊召南,未經中舉,授為翰林院庶吉士。

> 《大學士鄂爾泰等請對已考取之博學鴻詞者分別授官乾隆元年十月初四日》云:"遵旨查得康熙十八年考取博學鴻詞四十九人,分別授以翰林官。臣等謹擬一等五名,授以翰林院編修,二等十名內由科甲出身者,授以翰林院檢討,未經中舉者,授以翰林院庶吉士。"(《歷史檔案》總第四〇期中國第一歷史檔案館《乾隆元年薦舉博學鴻詞史料》下)

先生與其餘一百六十人皆被斥弗取。

立冬日,張庚為先生小像補景。

  款云:"乾隆元年丙辰立冬日,張庚補圖。"鈐張庚朱文連珠印。像寫先生坐蒲團上,袷衣朱履,手持古鏡,裝于《澂上讀書圖》前,由祝垣繪製,鈐祝垣印、懷素印。張庚補寫桐陰石闌。(《清芬世守錄》册四《澂上讀書圖》錢泰吉識)

十月,又為先生另一幅畫像補景。

  款云:"乾隆元年歲次丙辰冬十月,白苧村桑者張庚補圖。"鈐印二:張庚白文方印、甫山朱文方印。像寫先生立溪岸,袷衣朱履,一手撚鬚,一手持鏡自照。不知出何人之手,今藏嘉興市博物館。張庚為補繪溪岸樹木。繪畢不久即離京南歸。(見《強恕齋詩鈔》卷四《丙辰冬十月歸途次濟寧》)

是年冬,先生留寓京師,與武陵胡期恒并宅而居。

  《入飛來峰諸洞遍觀諸題名得詩六首》注云:"期恒,雍正初甘肅巡撫。元年丙辰冬月,載留京師,適同居止。"(《萚詩》卷八)

  胡期恒,字元方,一字復齋,同徵胡期頤之兄。湖南武陵人,自幼生長揚州。前院長侍郎統虞之孫,江蘇布政使獻徵之子。康熙四十四年舉于鄉。南巡獻詩,授翰林院典籍,與修《佩文韻府》。其父與年遐齡為異姓兄弟,故期恒自少時即與年羹堯相親昵。年氏出為川撫,期恒亦出為遵義通判,擢夔州知府,分守川東。年氏兼督關中,移之分守陝西,逾年而為布政使。雍正元年巡撫甘肅。迨年氏事敗,期恒解任下獄,久之得釋。掌教揚州梅花書院,與馬氏結韓江雅集,稱盛事。生于康熙十年,卒于乾隆十三年,年七十八。(按:生卒年或作康熙七年,乾隆十年。見《清代人物生卒年表》頁五六〇)弟期頤,薦舉博學鴻詞,格于部議,不得試。(《鮚埼亭集》卷一八《故甘撫復翁胡公墓碑銘》,《揚州畫舫錄》卷四)

二年丁巳(一七三七),先生三十歲。

正月,祝維誥離京師往遵化,先生賦詩送之。

  《送祝大上舍維誥之遵化》云:"身非一酒徒,金盡未歸吳。況以雪風別,益令書劍孤。鳳凰難飽食,騏驥有先驅。明夜石門驛,與君清夢俱。"(《萚詩》卷一)

祝維誥別後亦有詩懷先生。

  詩云:"故人不得志,歸去益相思。詞賦黃金擲,功名白髮危。浮雲天未捲,明月意中期。莽莽幽燕北,關山滯客兒。"(《詞科餘話》卷四)

二月，束裝歸鄉。

將南歸，胡期恒為先生筮，得"節之"，勸先生勿歸，曰："苦節不可貞也。"然先生念母心切，謝之而歸。（《籜詩》卷八《入飛來峰諸洞遍觀諸題名得詩六首》注）

同徵友周大樞賦詩送行，兼簡盧存心。

周大樞《送錢坤一載歸秀州兼寄盧玉巖五首》有句云："送送臨歧路，何須涕淚揮。羈心將草色，一片逐君歸。"（《存吾春軒詩集》卷三《鴻爪集》）

周大樞，字元木，一字元牧，又字園牧，號存吾。山陰人。廩生。幼工詞，與萬光泰相友善，嘗自序其《調香詞》一卷即為萬作。十七年與先生同舉京兆鄉試，年已近六十。充咸安官教習，出官平湖教諭。詩文高勁秀出，力追古則，與胡天游在江東詩社中最稱傑出。《蒲褐山房詩話》謂其"學博而才長，滔滔莽莽，動以數百言，蓋其時浙中詩人如胡稚威、桑弢甫皆鬥奇騁異，元木亦如之，然文從字順，自較兩家為優云"。（《湖海詩傳》卷一五）生于康熙三十八年，卒于乾隆三十五年。著有《存吾春軒詩鈔》、《居易堂稿》等。（《兩浙輶軒錄》卷二二，《清代人物生卒年表》頁五〇四）

時海鹽馬維翰復起江南常鎮道副使，遂與先生結伴同行。

《趙北口追憶丁巳春偕馬副使維翰南歸》起二句云："板橋官柳比江村，二月歸鞍得共論。"（《籜詩》卷九）

馬維翰，字墨麟，號侶仙。浙江海鹽人。祖父馬世榮與先生從高叔祖錢瑞徵有詩文贈答。維翰又與先生叔祖錢陳群為進士同年。其人軀幹短小，而為人精悍。康熙五十九年舉于鄉，明年成進士。雍正二年特授為吏部稽勳司主事。陞工科給事中，轉戶科掌印給事中。後以不阿上官意解任。乾隆二年起江南常鎮道副使，旋丁外艱歸。中風疾，乾隆五年卒于家。生于康熙三十二年，得年四十有八。（《海鹽縣續圖經》卷六，《弢甫文集》卷一〇《馬墨麟傳》）按：《清史列傳》載其所著有《舊雨集》二卷，《嘉興府志·經籍》記有詩十二卷。錢泰吉于《嘉興錢氏世藏書畫錄》題識中，詳記維翰詩集之目錄，今轉錄于此，以補志乘之闕。計有：《俯浦偶存稿》、《計偕集》、《歸省集》、《跨驢集》、《司勳集》、《柱下集》、《黃門集》、《劍南集》、《廉訪集》，均為少作。

二人頗稱莫逆。先生歸途所賦詩，馬維翰絕賞為清新俊逸。

馬維翰詩學杜陵，故與先生論詩相得。沈德潛嘗評其詩云：意不肯庸，語不肯弱，莽莽蒼蒼，縱筆揮霍，雖未神來，已梯峭險，生平學杜，可謂循墻而走。（《續槜李詩繫》卷一三）又《行述》云："丁巳春二月，偕馬副使墨林先生南歸。登平山堂，徘徊隋苑，渡江上金陵,詩益富。墨林先生絕賞為清新俊逸,得未曾有也。"

三月初三日,登揚州平山堂,用歐陽修《朝中措・平山堂》句意賦詩。

先生是年有詩《上巳登平山堂》紀其事。(《擇詩》卷一)按:平山堂,在蜀岡上。《揚州畫舫錄》卷一六引《寰宇記》云:"宋慶曆八年二月,廬陵歐陽文忠公繼韓魏公之後守揚州,構廳事于寺之坤隅,江南諸山拱揖檻前,若可攀躋,名曰平山堂。"先生詩云"春風年年柳毿毿,年少行樂我尚堪",即用歐陽文忠《朝中措・平山堂》"手種堂前楊柳,別來幾度春風"、"行樂直須年少,尊前看取衰翁"諸句之意。

行至京口,與馬維翰作別。

錢泰吉《嘉興錢氏世藏書畫錄》載錢陳群詩冊一,乃書以贈馬維翰者,時間在乾隆四年。冊中有錢陳群跋云:"家徵士坤一傳墨麟觀察出都,至京口別之,則曰願得香樹學士詩數卷。坤一為予言之。"錢泰吉注云:將出都至京口,定在建昌罷官後起任江南常鎮道時。

既歸嘉興,旋往桐鄉汪筠華及堂小住。

先生有《掃花游・丁巳春三北裝初卸留止梧桐鄉于綠陰時誦王中仙舊盟誤了又新枝嫩子總隨春老之句輒為和之》詞,可徵其事。(《擇文》卷二六)汪筠亦有《喜坤一南歸》詩,繫于是年。(《謙谷集》卷三)

留寓期間,與汪筠同賦桐花,有"爾何落塵土"句,感懷己之不遇。

先生以桐花自況,云:"丹山萬里仙窟殊,桐生何啻千百株。爾何落塵土,蔽此庭西隅,園丁笑等散材捨。"(《擇詩》卷一《華及堂桐花歌同汪七署正筠作》)

未幾,陸奎勳來府城,留宿回溪草堂,讀先生華及堂桐花歌,極為咨賞。

先生是年有《陸先生歸自粵西蒙貽陸堂易學刻本》詩。(《擇詩》卷一)又《行述》云:"陸陸堂先生,詞林名宿,來郡城恒留宿草堂,與府君極論文史。見府君偶作桐花歌,極咨賞,謂不撫昌谷,而古峭自合,早推作手。"

陸奎勳,字聚侯,一字坡星。平湖人。陸清獻公族弟。自少好譚兵,尤精六壬學及甘石家言。中年後乃潛心經術,自謂在汪琬、朱彝尊之間。康熙五十九年始舉于鄉,年五十八。明年成進士,改庶吉士。雍正元年授檢討,充《明史》纂修官。尋以疾乞休,設帳授徒。朱彝尊題其居曰"陸堂",學者稱陸堂先生。雍正八年,為《浙江通志》總裁。十二年主廣西秀峰書院。以疾歸,卒於家,年七十六。著有《陸堂易學》十卷、《詩學》十二卷、《春秋義存錄》十二卷,以及《文集》等若干卷。(《耆獻類徵》卷一二五,《續檇李詩繫》卷一三錄《石瀨山房詩話》)

七月廿七日,錢陳群為先生跋高祖錢嘉徵《劉朝萊道丈命書道德經第六十三章感而書之》詩墨迹。

  錢陳群跋為佚文,不載《香樹齋文集》、《續文集》中,故盡錄于此,以補其缺。跋云:"季弟界從秦中歸,出伯祖侍御公手迹,云得之華陰道士王某家。朝萊,其高曾輩也。適公元孫載蒐採先集,典玉有人,遺章亦先後畢集,公之靈也。更屬後世孫曾其敬承之,毋為道士所笑,則幸甚幸甚。乾隆二年七月廿有七日,姪孫陳群謹跋。"
（《清芬世守錄》册二卷四《錢氏世守錄》）

八月初三日,與陳向中、王又曾集溪亭茗話,寫花卉四幀并題,陳、王二人亦題詩其上。

  第一幀,設色桃花。壓角有"嫩癡"白文印。款云:"丁巳八月三日與乳巢、受銘茗話谿亭,微雨午涼,輒為點筆。錢載。"鈐"坤一"朱文印。"一蕾一啼痕,一萼一笑靨。買得小紅衣,底復憐根葉。王又曾題。"鈐"受銘"朱文印。"江南根葉自年年,冷煞龍山欲禁煙。總把綠波清照影,纖長穠短倩誰憐。紅深芳塢暖交加,笑破春風面面霞。輕薄何須賣顏色,東君原不愛夭斜。庚申三月十日錄妙果山舊作二首。"鈐印二:"錢載"白文印、"坤一"朱文印。

  第二幀,墨筆辛夷。"□粉筆含尖火艷,紅臙脂染小蓮花。"鈐"向中"朱文印。"暖架瓊枝迥自鮮,晴雲浩浩接晴煙。上元月色中天照,飛下唐昌第一仙。庚申三月寒食後十日燈下,穀原又曾題。"鈐印二:"王又曾"白文印、"受銘"朱文印。"嫩如新竹管初齊,膩粉輕化樣可携。誰與詩人偎檻看,好于箋墨共分題。輕陰淡日,静坐溪莊,牆頭辛夷花正楚楚可愛,因拈出南唐吳子華句書之。"起首鈐"祝"朱文印,後鈐"維誥"朱文印,壓角有"宣臣氏"朱文方印。

  第三幀,榴花。壓角有"檇李"朱文印。"色映朱明開較遲,露叢如火摘來時。迎人未怕紅裙妒,又上金釵壓鬢絲。庚申春暮偶錄舊句于綠溪小築,豫堂誥。"鈐印二:"維誥"白文印、"宣臣"朱文印。"綠葉裁煙翠,紅英動春華。向中。"鈐"陳向中"印。

  第四幀,佛手柑。墨畫略設色。"浸冷泉以摇根,竦逸條以承露。結密葉以舒蔭,滌纖塵以開素。仰清氣以旭晨,流惠飇于薄暮。乳巢陳向中。"起首鈐"乳巢"朱文印,後鈐"向中"朱文印、"書綠"朱文印。"三寸黃柑佈置勞,累垂拳曲結根牢。若教添着麻姑爪,好與仙人背癢搔。海嶠離離夕照殷,西風霜行到禪關。一彈指頃恒河劫,不在人情翻覆間。寒食後十日曉坐又曾題。"壓角有"夢綠居士"朱文印。鈐印二:"王又曾"白文印、"受銘"朱文印。

此畫著録于錢泰吉《嘉興錢氏世藏書畫録》手稿中。紙後有錢泰吉跋云："此為族父撐石少宗伯公三十歲所畫册,集中始存詩之年也。題者陳乳巢明經向中、王穀原秋曹又曾、祝豫堂典籍維誥。署款謂'與乳巢、受銘茗話谿亭'者,祝氏之緑溪小築,今為唐園也。雍正乙巳,公始與朱偶圃明府沛然,及陳、祝、王三公定交,戊申合訂詩卷曰《南郭新詩》。此册雖無朱君作,乳巢所題亦非全篇,然南郭詩未見傳本,賴此僅存。可想見當日同盟之好、異姓之親,(注:語本公哭朱偶圃詩。)非漫然託交者比。翰墨風流,猶其餘事矣。世所傳公畫,多中年以後筆。道光戊申春日,石門沈君藕船寄示此册,或疑為贋作。泰吉不知畫,然公三十歲以前楷法所熟習也。因記公與諸先生訂交大略于册尾,而録題句入《清芬録》,亦南郭詩卷中之吉光片羽也。泰吉謹識于海昌學舍。"

十六日,錢陳群攜錢界,與陳向中、朱沛然、王又曾集先生回溪草堂,分韻賦佛手柑。

王又曾是年有《中秋後一日同香樹先生曉村乳巢偶圃集撐石回谿草堂咏盆中佛手柑得霽字》詩,可徵其事。(《丁辛老屋集》卷一)

是月,嘗應嘉定縣令黄建中之請,至縣署校閲童子試卷,居艮齋。黄建中為錢陳群門下士。

先生寓嘉定縣廨之西齋,庭前壘石,其石蒼然,既有感于艮之義,遂以之名齋,并賦《艮齋石》詩,其起首云:"八月玄鳥歸,錢子嘐城客。"可知事當八月。(《撐詩》卷一)按:黄建中與弟文中,俱錢陳群使秦時所拔士。建中方宰嘉定時,錢陳群曾寓書,薦從孫錢摺入其幕。先生校閲邑卷之任,或亦為陳群所託。

黄建中,字懋德。陝西咸寧人。由諸生中雍正十三年選拔貢,入成均。高宗御極,廷試引見,命往江蘇以知縣用。歷震澤、嘉定、無錫、元和、長洲、陽湖凡七邑,所至皆有惠政。擢海州牧,未之任而卒。生于康熙四十一年,卒于乾隆十四年,年四十八。弟文中,字焕章,號簡齋,追隨官署,力任贊襄。二人皆錢陳群使秦時所識士。(《西莊始存稿》卷三七《海洲知州黄君墓志銘》)

先生得王鳴盛試卷,大加推賞。

《行述》云:"光禄西莊王先生,江左文章巨手也。垂髫應嘉定縣童子試。時元和宰黄公茂德,邀府君于縣署,校閲試卷。拔西莊第一。後以文字相商榷,西莊感府君知,稱府君為先生,數十年如一日。"王鳴盛云:"憶君令嘉定,予方垂髫應童子試,君大加愛賞。"(《西莊始存稿》卷三七《海州知州黄君墓志銘》)

王鳴盛,字鳳喈,一字禮堂,嘗取杜少陵詩句以西莊自號,晚歲更號西沚,曰沚者止也。嘉定人。早慧,有神童之目。年十七補嘉定縣學生,歲科試屢占第一。鄉試中副榜,才名籍甚。巡撫陳大受取入紫陽書院。乾隆十二年中江南鄉試,時沈德潛門下吳泰來、趙文哲、張熙純、錢大昕,皆以博學工詩文稱,而咸推鳴盛為渠帥。十九年成進士,官至光祿寺卿。為詩少宗漢魏盛唐,在都下見先生與蔣士銓等喜宋詩,往往效之,後悔而復操前說。丁母憂後居鄉不復出,日以經史詩古文自娛,撰述等身。所著有《尚書後案》、《十七史商榷》百卷、《蛾術編》百卷,以及《西莊始存稿》三十九卷等。生于康熙六十一年,卒于嘉慶二年,年七十六。(《潛研堂文集》卷四八《西沚先生墓志銘》,《春融堂集》卷六五《王鳴盛傳》)

《蘀石齋詩集》始自本年。有詩:

《太液池曉望》、《古琴》、《雪夜》、《送祝大上舍維誥之遵化》、《敖陽》、《祊河渡口》、《郯城霧》、《紅橋二首》、《上巳登平山堂》、《真州二首》、《秦淮河上二首》、《晚出聚寶門看桃花二首》、《登燕子磯望金陵》、《觀音閣》、《太常公墓松并序》、《璉市》、《華及堂桐花歌同汪七署正筠作》、《永安湖曲二首》、《艮齋石并序》、《練祈雜興五首》、《艮齋曉起懷萬二孝廉光泰》、《謁陸清獻公祠》、《木棉歎》、《夜泊崐山》、《觀李文簡公勾勒竹》、《康里文忠公書柳集梓人傳墨迹》、《陸先生歸自粵西蒙貽陸堂易學刻本》、《題柯敬仲畫》、《穿心罐同汪上舍上塿作》、《茸堧城丙舍》。

其中:

《敖陽》,顧列星評云:"以'迢遙夢'對'四十泉',正如老杜七十尋常四十飛騰之對。"該詩選入嘉慶五年吳文溥選刻之《蘀石齋詩選》三卷中。錢泰吉識云:"淡川刪去後兩聯。"

《上巳登平山堂》,吳應和評云:"江山勝概,'淮岑'四句盡扼其要。一結亦饒有風韻。"

《登燕子磯望金陵》,翁方綱評云:"元氣中聲。"吳應和云:"筆力矯健,辭氣跌宕,極感歎淋漓之致,足與青丘《登金陵雨花臺望大江》之作相匹。"

《華及堂桐花歌同汪七署正筠作》末句"滿地桐陰與草深",朱休度注云:"'草深'元作'恨深'。"吳應和評云:"感士不遇,寓意于咏物,彌覺悽惋蘊蓄。"近藤元粹評云:"歎息中暗占地步,抱負可想。"按:近藤氏評語錄自《評定浙西六家詩鈔》。

《艮齋曉起懷萬二孝廉光泰》,顧列星評云:"絕似老杜幽細之作。"

《謁陸清獻公祠》,又評云:"此題著不得一俊語。拙樸平鈍處,正寫得清獻醇儒氣象出。後半憬慕鄉賢,有高山景行之思。"

《葺塒城丙舍》,吳應和評云:"父母在,不克先營生母之葬。久淹丙舍,已盡焉心傷,復懼傾圮之將壓,而修葺則又恐板築之聲,振驚體魄,種種隱痛,不自知其言之戚也。"

三年戊午(一七三八),先生三十一歲。

仍館桐鄉汪氏。

先生是年有詩《溪館偶題二首》,錢聚朝識云:"原注:汪謙谷華及堂作。"(國圖藏孫承光跋并錄翁方綱等評注《蘀詩》卷二)

正月十五上元日,與從弟錢芬桂、錢受穀、馮氏祖姑夫婦諸人集錢陳群齋,賦踏燈詩。

錢陳群《上元後一日下直閉門懷人時季弟曉村除歸州未赴從姪埜堂觀察居鹽官程氏女馮氏妹聞來敝居度歲舅氏山鶴信至云兩子頗見頭角兼錄百燈詩見示一宦匏繫親串迹疏喟然長嘆間適謹堂尚書從賜園中寄新詩一紙云正月十四夜園居讀蘇詩上元過祥符僧房七絶有一室清風冷欲冰之句因用其韻成七律五首兼寄凝之粵中宇秀家鄉余讀之不覺感觸遂依韻仿體分寄所懷詩成并呈尚書一覽知志各有適而波瀾莫二云》注云:"戊午上元,白海、坤一、受之、黃與諸子集荒齋賦踏燈詩,馮氏妹夫婦與焉。"(《香樹齋詩集》卷一一)按:時錢陳群以母憂歸里。至秋,服闋還朝。(《文端公年譜》卷中)

馮氏祖姑,錢陳群妹,適平湖馮巨欽。雍正二年舉人,四川南部縣知縣。(《家譜》卷七)為政有聲,卒于官。(《香樹齋詩續集》卷二二《嘆逝》注)

錢芬桂,爾復三子,懋德孫。榜名埰,字受之,號邃莊,又號櫟社。乾隆九年廿五名舉人,內廷教習。乾隆十九年明通榜。鎮海某縣教諭。敕授修職郎。生于康熙五十二年二月廿四日,卒于乾隆三十九年八月廿八日,年六十二。娶張氏,側陳氏。子一,鳴謙。女三。(《家譜》卷七)

錢受穀,字黃與,一字沖齋。秀水人,先生宗親。乾隆二十二年南巡,以賦上行在,得召試賜舉人,授內閣中書。蔣溥延之賓館。二十五年成進士,改庶吉士,明年散館授戶部主事兼筦錢法堂。二十八年擢員外郎,二十九年入直軍機處,官至雲南迤東,以積勞卒于官。生于康熙五十四年,卒乾隆三十七年,年五十有八。所著有《燕詒堂詩稿》。(《春融堂集》卷五三《雲南迤東道錢君墓志銘》)

二月，張庚為先生繪《澉上讀書圖》。

  張庚識云："雍正十三年乙卯，余與坤一七兄同徵。乾隆元年丙辰同入京師，尋同放還。余游楚中，坤一則讀書于澉上。澉有兩湖，負山臨海，秘景靈迹，往往潛夫學士，窟宅于此。錢氏之先有魯南孝廉、商隱居士，築樓于萬蒼山麓。坤一其云，仍也紹先業以寄幽。尚愧余風塵拙筆，未能傳之耳。戊午春二月，白苧村桑者張庚并識。"鈐白文"庚"印、朱文"江東布衣"印。(《清芬世守録》册四《澉上讀書圖》)

時先生讀書萬蒼山先人丙舍中，立志紹先業以寄幽，遂有《澉上讀書圖》之作。

  《行述》云："(府君)中年落拓，嘗讀書丙舍中。冬夜夜長，每獨飲村酒一壺，置書一二十册于案傍，且酌且觀書，沉吟咀味。書有疑，則合眼以思。一二十册閱竟，盃乾，壺亦罄。村雞已再號，夜達四更矣。""如此有《澉上讀書圖》二。"

  按：據《紫雲先生年譜》，萬蒼山樓舊名聞雁樓，萬曆十九年七世祖錢與映手闢。樓五楹，堂稱之。順治十一年，錢汝霖偕先生祖錢樾初葺之，顏曰萬蒼山樓。既竣事，雲陽眭先生為題"湖天海月"四字。乾隆五十二年，先生重修湖天海月樓，時年已八十。而踵武先人之心，則數十年如一日矣。

三月，盧存心為撰《澉上讀書圖記》。

  記云："澉上讀書人，圖中吾不之見也。見于樓，于樓右之先塋，于山、于田、于灘、于澗、于南北湖，于登高丘而望之遠海，于古名迹，于錢氏先人游咏之勝地，于樓前山水光景、草樹禽鳥之變態。樓于山麓，名以山名，誰名之，錢氏先人商隱先生，讀書是樓而名之也。樓右塋者，何孝廉淵父，預塋生壙，殁而藏之之所也，抱山履田，裹湖面海。主山曰萬蒼，端凝崟峙，諸峰羅列，蒼蒼萬木。樓以是名，亦名湖天海月。山右幹之傑出者，曰鷹窠。陽月之朔，縱觀合璧處，如雙環掠髻。峰最高仙掌，為孚于侍御讀書所。麂山亦有書屋故址。餘峰嵯嵯，不可計。左幹如鳥鶱翥，曰鳳凰。自此山循折而下，至颺山轉長牆而東去，其後則茶磨諸山，背萬蒼，隱不可見。西澗、東閘，轉流湯湯，下永安湖。湖裏田數頃，湖外海灘，可矖白波。湖之兩界，互以一堤，春時行柳樹中，不知西湖小也。中有墩名養鶴田，田所入僅充鶴料，故以云。樓遠海十里，登高望之，混茫遐曠，有凌陟三山之想。湖一名澉，讀書澉上以此。楊廉夫有句云：'啄花鶯坐水楊柳，雪藕人歌山鷓鴣。'與顧仲瑛皆至正遺民，浮家泛宅，有終老之志。明之高士董蘿石偕孫、許二公觴咏其間，故又名高士湖。許雲村賣田贈孫太初養鶴，今其券猶存。雲村講學別墅曰茶磨浮煙，為八景之一。八景者，淵父之所標。續之又得八，而名人歌咏之者也。某山，先人之樓，某水，先人之游,既以追踪杖履,亦復瀏覽景物,悠然思,超然遠。登是樓,志堂構也,瞻先塋,悄乎悲也。兩湖渟如,象山崱屴,渺渺以清,岹岹以高也。大海動前,吞吐乎襟帶,何其雄也。吾以知讀書其中,行與孝廉、侍御、商隱居士而踵武之也。若是乎,錢氏之樓與塋,與樓前之山水,與目光所射之地,吾見之,而身擁萬卷洛誦聲出林杪之人,又髣髴可睹也。已讀書者何人?名載,字坤一,號壺尊,移家秀州城,而先廬墳墓,則澉上也。"(《清芬世守録》册四《澉上讀書圖》)

按:盧存心之記,詳述澉上風景與錢氏先人遺迹,于先生之志不言而言之最盡。盧存心《白雲文集》未見刊本,此記當不易獲觀。故盡録全文于右,讀之亦如徜徉錢氏先人游咏之勝地矣。

四月,游桐廬,謁房師李其昌。

據上圖藏《擇詩》卷二首唐仁壽録評,以及國圖藏《擇詩》失名録評。先生是年亦有詩《桐廬二首》志感。(《擇詩》卷二)

夏,嘗宿錢塘江,三夕三夢,其一乃壬申金榜題名之兆。

《次韻奉酬少司寇垂寄》注云:"歲戊午嘗宿錢塘江,夢兩水物從沙壖中扛金字榜出,立舟前。蓋三夕而三夢。其一則'上元甲子'四字也。兹以壬申恭遇慈寧六十萬壽恩科,金榜獲名,乃徵先兆。"(《擇詩》卷一三)又《富陽》詩有"孫家墓,錢家江,計年春後夢,十八鯉魚雙"諸句,注云:"江干之夢,戊午夏月也。"按:相傳壬申歲,禮部發榜前夕,有鬼告同徵友王延年,錢先生某中式,則是另一預兆。(《笥河詩集》卷一五《寄錢擇石前輩》注)

此行與陳向中、王又曾、汪筠同游,或為應本省鄉試,故形諸夢寐。

汪筠是年有《西湖同乳巢受銘坤一泛舟小飲》詩,繫于《午睡聞蟬二首》、《食瓜》之後。(《謙谷集》卷四)

冬,馬維翰覆信言覓館事,或為先生前此有托,蓋久困場屋,思有以養親也。

信中云:"近處館地,恐不足以縻名賢之駕。如聊為習靜所,仍希見示,或□以塞命也。"札後有先生識云:"右墨麟先生戊午冬見答之札。"鈐"錢載"白文印。(《昭代名人尺牘》卷一九)

本年有詩:

《聞歌》、《溪館偶題二首》、《茜涇》、《茶磨山》、《濮院》、《竹雞》、《江行》、《桐廬二首》、《吳歌二首》、《湖山神廟》、《望葛嶺》、《過愚庵與朱秀才耽對月》、《吳越武肅王祠》、《回溪草堂集陶公句》、《題秋山白雲圖》、《志略》、《顓頊集阮公句二首》、《飲朱大秀才振麟書齋賦瓶中水仙》。

其中：

《湖山神廟》，顧列星評云："一幅趙千里畫稿。一着筆神廟，便是俗手。"

《題秋山白雲圖》，顧列星評"紙色即雲雲半幅"一句云："紙色七字未經人道。"錢泰吉識云："此首澹川刪改，存六句，似是山行詩，題圖全失。"吳應和評云："起四句非精深畫理者，不能得雲容之妙若此，可謂筆有化工。結語更出意外，畫不能到。"

《志略》，錢儀吉注云："此為呂氏之獄作。"

《飲朱大秀才振麟書齋賦瓶中水仙》，吳應和評云："'研山'七字，咏物小題，乃有此清挺之句。"

四年己未（一七三九）先生三十二歲。

客松江。

  據國圖藏《籜詩》卷二己未年起首失名録錢儀吉評。另據上圖藏本唐仁壽録評，先生時應松江某太守招閱府試卷。按：據《松江府志》卷三七，乾隆四年，正藍旗人甘士瑞在松江知府任。

二月十五日，第三子生，名曰敏錫。

  錢敏錫，嗣從兄錢摺為子。字開仲，號芋塍。府學增廣貢生。善書，精地形家學。傳先生畫派，其畫不常作，然非不能也。有蘭卷，同時若趙懷玉諸公多為題咏，謂能繼先生也。蒯嘉珍更云出先生之上。又云其不欲以畫蘭著，恐掩虔翁盛德。所言未必屬實，亦可見敏錫墨蘭之精彩。生于乾隆四年二月十五日，卒于嘉慶七年五月初一日。娶陳熹女。子三：善揚、善建（嗣伯皐陳）、善言。（《家譜》卷七，《嘉興錢氏世藏書畫録》）

秋日，應茅應奎招，同桑調元、盧存心游姚園。

  先生有《盧徵士存心招陪茅明經應奎弢甫桑先生游姚園分韻得二首復同韻各一首》詩，繫于是年。注云："（桑先生）時以膳部乞終養歸。"（《籜詩》卷二）桑調元亦有《秋日玉巖招同渠眉錢坤一載泛長水游姚園二首》詩。（《弢甫集》詩卷一〇）

芙蓉花時，又與沈運宏、吳嗣廣、鄭尚麟過南湖。

  先生是年有《南湖看芙蓉同沈丈秀才運宏吳秀才嗣廣鄭孝廉尚麟》詩紀其事。（《籜沈運宏,字蒼育。歲貢,舉孝廉方正,嚴州府訓導。有《退翁詩稿》、《息簹詞鈔》。餘俟考。

吳嗣廣,字芑君,號樵石,又號樵史。海寧硤石人。諸生。以詩見知于查慎行。嘗預修《西湖志》、《浙江通志》。未幾病卒。有《抱秋亭詩集》十二卷,沈德潛、查岐昌為之序。(《清人詩文集總目提要》卷一八,《耄餘詩話》卷五)

鄭尚麟,字悦山。乾隆三年舉人,考中書。餘俟考。

是年,得舊坑淺紫石硯。

《舊坑淺紫石硯并序》云:"乾隆己未,得此硯于項襄毅宅東書肆中,碎未斷也。"(《蘀文》卷一七)

本年有詩:

《隔湖望朱大進士沛然所居偶畫》、《滄浪亭》、《金閶雜感三首》、《將游支硎華山天平諸勝先夕繫船獅子山下風雨驟作天明益橫不得登岸而賦長歌》、《望石湖》、《九峰咏十首》、《題朱賴自刻所臨玉刻十三行拓本二首》、《題王五秀才又曾石梁觀瀑圖》、《盧徵士存心招陪茅明經應奎髮甫桑先生游姚園分韻得二首復同韻各一首》、《草堂》、《題朱大振麟松巖採藥圖》、《南湖看芙蓉同沈丈秀才運宏吳秀才嗣廣鄭孝廉尚麟》、《灌園二首》、《題陳丈明經向中西溪書屋圖》、《對雪集陶句》。

其中:

《將游支硎華山天平諸勝先夕繫船獅子山下風雨驟作天明益橫不得登岸而賦長歌》,顧列星評云:"轉筆變換,妙有生趣。"吳應和云:"'王僚墓頭'數句,風雨夜泊是習見習聞,却寫得可驚可愕。'我思'以下,如述夢境,情景歷歷在目。俄而但見煙雲迷離,恍惚不可端倪,雖不待晴而游,奇懷已足償矣。"

《九峰咏十首》,翁方綱批云:"忽而稱謚,忽而稱名,忽而稱字號。"

《題朱賴自刻所臨玉刻十三行拓本二首》,錢聚朝注云:"朱字井叔,行三。"錢儀吉評云:"失韻。"

《題朱大振麟松巖採藥圖》,錢儀吉校朱振"麟"為"鱗",又識"祇應米晡凶年恃"一句云:"'晡',手稿似'脯'。"

《題陳丈明經向中西溪書屋圖》,錢聚朝注末句"水村一幅趙王孫"云:"趙松雪有水村圖。"

五年庚申(一七四〇),先生三十三歲。

三月初一日,茅應奎招同陳經業、盧存心、王又曾游姚園,留飲竟日。

  王又曾是年有《三月一日湘客招同盧敬甫錢籜石陳匏村重游姚園主人陳維新留飲竟日敬甫用余探春八首韻紀事余輒次和敬甫古詩五章并呈諸君》詩紀其事。(《丁辛老屋集》卷二)陳經業亦有《三月朔日茅湘客招同盧敬甫王穀原錢籜石游姚園成斷句八首》詩。(《匏村詩集》卷一)

  陳經業,字毓湉,一字匏村。秀水人。貢生。著有《匏村詩集》八卷,錢世錫曾選入《英華集》。生於康熙五十四年,卒年俟考。(《兩浙輶軒錄補遺》卷七,《清代人物生卒年表》頁四五四)

日前又嘗與盧存心、王又曾等游姚園,過真如寺,至項尚書墓。

  王又曾是年有《湘客招同盧敬甫鄭鏡渟錢籜石探春郊外翼日赴招則湘客他適矣因偕三君出西郭游姚園過真如寺遂至項尚書墓下歸途釀飲村店敬甫賦古詩五章余為成五律八首》詩,繫於《三月一日湘客招同盧敬甫錢籜石陳匏村重游姚園主人陳維新留飲竟日敬甫用余探春八首韻紀事余輒次和敬甫古詩五章并呈諸君》之前。(《丁辛老屋集》卷二)

初九日,雨中泛舟鴛鴦湖。

  先生是年有《清明後一日鴛鴦湖雨泛》詩紀其事。(《籜詩》卷三)

五月初四日,馬維翰病卒里第。年四十八。

  據桑調元《馬墨麟傳》。(《弢甫文集》卷一〇)

六月,請從父錢元昆書《澂上讀書圖記》于卷上。

  記為盧存心所撰。錢元昆識云:"右乾隆三年三月錢塘徵士盧存心記。五年六月,適盧居士元昆應坤一姪請書。"鈐印三:"元昆"白文印、"字少"白朱文印、"適盧"白文印。(《清芬世守錄》冊四《澂上讀書圖》)

  錢元昆,標四子。字少白,號適盧。嘉興附貢生,候選州同知。生於康熙十九年九月初五日,卒於乾隆二十六年十二月十一日。娶長陽縣尉陳子和女。側劉氏。子二:埈,陳出;墉,劉出。(《家譜》卷七)

九月初六日,侍父錢炌同朱琪過朱沛然偶圃賞菊。

  先生是年有《九月六日侍大人同朱丈明府琪重過偶圃賞菊》詩紀其事。(《籜詩》卷四)

  朱琪,字珣叔。拔貢,衢州訓導,擢江南通判,知江都縣。與朱彞尊鄰近,彞尊為作

《芷閒記》。有《東溪詩草》。生卒年俟考。

秋,至元和縣署訪黃建中。時黃建中宰元和,王鳴盛客其署中,遂與先生相晤訂交。

先生是年有《元和縣齋贈黃明府建中》、《立秋夜元和縣樓對月》二詩,可徵其事。(《撢詩》卷四)王鳴盛《金軒來文學招同錢籜石編修韋葯仙舍人謝金圃編修吳杉亭舍人錢辛楣贊善家蘭泉舍人游萬泉莊》注云:"予識籜石、葯仙在庚申、辛酉間,距今二十年。諸公訂交皆在後。"(《西莊始存稿》卷一二)又《海州知州黃君墓志銘》中云:"後游吳門,客君署二載,遇予良厚。"(《西莊始存稿》卷三七)

十二月十七日,塾師曹櫃病卒。年五十九。

據《曹先生墓表》。(《撢文》卷二四)

是年,始館于湖州德清縣徐志巖府邸。徐氏自倬以翰林起家,與工部尚書元正以清節聞,門族盛且久。

《行述》云:"庚申、辛酉間,館于清溪徐氏。"又云:"清溪徐氏昆季,南墅、陶尊、穀函,皆受業於府君。"按:德清縣治南有溪名餘不溪,一名清溪,時人亦稱德清為清溪。徐志巖,字象求,號抑齋。德清人。元正子。康熙五十二年恩科副榜,由教習授江南寶應知縣,後為開封府同知。以子以坤貴,晉贈中憲大夫。子六人:長、次并早卒;三以豐,湖北武昌知府;四以震、五以泰、六以坤,傳見下條。著有《抑齋詩稿》。(《湖州府志》卷七三,《頤綵堂文集》卷一四《國子監博士充四庫全書總校官議叙主事茗花徐君暨配汪朱兩恭人墓志銘》)

徐以震、徐以泰、徐以坤三兄弟,先後受教于先生。

徐以震,字省吾,號南墅。年十七補博士弟子員。乾隆八年丁母憂。服闋後,赴十二年北闈,以五經中順天鄉試。二十三年選刑部山東司郎中,未幾遭父喪。二十六年春,起復補刑部河南司郎中,旋病卒于官。生于康熙五十四年,卒於乾隆二十六年,年四十七。著《南墅小稿》二卷,先刻,餘藏于家。(《頻羅庵遺集》卷九《南墅徐君傳》)

徐以泰,字陶尊,號柳樊,又自號晚聞居士。喜吟詠,著有《綠杉野屋詩集》四卷,採入《四庫全書總目》。屢因南北闈,數薦不售,遂循例授山西絳縣知縣,調陽曲縣。乾隆二十三年,因勞成病,乞請歸里。生于康熙五十五年,卒年俟考。(《德清縣志》卷七穙璜《徐以泰傳》,《清代人物生卒年表》頁六四五)

徐以坤,字穀函,號根苑,又號茗花。乾隆三十三年與先生長子世錫同領鄉薦。連上公車,俱被薦不售。循例授國子監博士需次。以原官充武英殿總校。中年病痿,不能出庭戶。雖入京師為校勘官，一室四面皆護以重帷，往往燒燭檢書。自四十四年至四十九年，六年如一日。《四庫全書》成，議敘以主事用。《蒲褐山房詩話》謂其"好學能詩，與錢籜石、查藥師友善，所作亦如之"。（《湖海詩傳》卷三一）生于康熙六十一年，卒乾隆五十七年。著有《小芳蘭軒詩詞》、《海棠巢類稿》、《喜稻文集》共二十餘卷。別有《茗花山館印譜》十卷。（《頤綵堂文集》卷一四《國子監博士充四庫全書總校官議敘主事茗花徐君暨配汪朱兩恭人墓志銘》）

是年，為桑調元題《抱鐺圖》。

先生有《題抱鐺圖并序》詩，繫于是年。（《籜詩》卷四）

按：調元父桑天顯，字文侯。性至孝，父病膈，天顯合羊脂和粥以進。父死，乃抱鐺而哭，人為繪《抱鐺圖》。《抱鐺圖》題詩若丁敬、厲鶚等，皆一時俊彥，《隨園詩話》稱萬光泰詩最佳。定厂批《籜石齋詩集》云："籜石此作，與其家文端公陳群《自題夜紡授經圖》同一機杼，足知家學淵源也。"（《清詩紀事》頁五四一一）

又自寫杏花小幀并題詩。

《題自寫杏花小幀》云："古銅瓶插半開枝，惱亂春風鬢欲欹。笑問遺山元老子，生紅何似退房時。"（《籜詩》卷三）

又作《十國詞》一百首。

先生有《讀五代史記賦十國詞一百首》詩，繫于是年。（《籜詩》卷三）

按：《昭代叢書》甲集補卷一○始載《十國詞箋略》一卷，題在先生名下。卷前有所謂自序云："吳先生任臣撰《十國春秋》，羅列當年事實，細目宏綱，無所不備。翻閱之餘，偶得詞若干首，惟意所適。然又恐覽者未讀吳書，則不知所謂，故于各詞之下，略采原文注釋之，庶幾瞭然，且以備遺忘焉。"沈楸意為跋後，稱"即以詞紀事，實自籜石先生倡之，今取以補甲集之闕。"光緒四年錢卿鈜重刻《籜石齋文集》，將《十國詞箋略》附錄于後。自此以訛傳訛，專門文章如《錢載生平及其作品的版本流傳》也不省，既言"《十國詞箋略》今南圖藏有稿本"，則應知稿本作者為袁蘭而非先生。檢南京圖書館藏《籜石錢先生十國詞箋略》稿本一卷，卷首"十國總略"，為《昭代叢書》本所無。繼之以袁蘭嘉慶二年丁巳自序，略云："嘉慶元年，丙辰孟秋，赴暨陽歸，殘暑酷甚，案頭有《籜石齋詩集》，藉以消遣。閱至《十國詞》百首，多所不解，益增煩悶。爰檢《五代史》及《十國春秋》讀之，昭然若發矇矣，因隨讀隨摘，逾月而藁就。"稿後有金兆蕃民國十三年甲子跋云："袁氏此書，刻入《昭代叢書》，逕題宗伯自注。幸此遺稿愨存，不難據此以糾正。眉硯盦主其珍藏之。甲子六月兆蕃讀竟記。"取此稿與《昭代叢書》本相較,再參以袁蘭、金兆蕃題識,可證《十國詞箋略》實出袁蘭之手,非先生作。錢儀吉《廬江錢氏藝文略》并未載入,亦可旁證。

本年有詩:

《初二夜聽雪作二首》、《同學諸子過飲回溪王秀才元啓彈琴》、《題自寫杏花小幀》、《清明後一日鴛鴦湖雨泛》、《讀五代史記賦十國詞一百首》、《安橋張氏宅贈德音德本兩秀才》、《藥臼》、《宋無名氏鬥茶圖》、《夜過吳江二首》、《元和縣齋贈黃明府建中》、《觀趙仲穆畫》、《葑門口號三首》、《立秋夜元和縣樓對月》、《題唐子畏畫扇》、《西園四首》、《橫塘曲二首》、《贈朱丈秀才丕襄》、《夜與祝大孝廉維誥坐綠溪小築集陶句》、《九月六日侍大人同朱丈明府琪重過偶園賞菊》、《陳秀才經業招同王五泛舟釣鼇磯南》、《題抱鐺圖并序》、《五石庵觀東主泉》、《慈相寺》、《觀北宋長江圖》、《王叔明山水軸》、《項易庵山水册》、《王石谷洞山圖》、《懷陳丈向中婁東》。

其中:

《同學諸子過飲回溪王秀才元啓彈琴》,錢泰吉識云:"淡川節'杳冥'二句。"

《藥臼》,錢泰吉評云:"是唐人咏物體。"

《觀趙仲穆畫》,又評云:"皆繪事當家語,所以不可及。"

《橫塘曲二首》,吳應和評"橫塘雨"二句云:"後二句古質,唐人不能有。"

《陳秀才經業招同王五泛舟釣鼇磯南》,顧列星評"晚光渾赴水"一句云:"'晚光'五字微妙入神。"

《慈相寺》,吳應和評云:"寺在德清城北,石壁野橋,皆實迹,非泛用也。句亦爽健。"

六年辛酉(一七四一),先生三十四歲。

四月末,母朱夫人病,匆遽自德清歸家。抵家時母病已篤。

《張夫人墓田記》中云:"辛酉,載授讀德清","四月盡,我母病,載匆遽自德清歸。"(《籜文》卷一一)又《僮歸十七首》有句云:"我歸病已篤,湯藥五日周。"(《籜詩》卷一三)

五月初五日,母朱夫人卒。年六十三。

據錢臻《家譜》(卷七)。此後凡至母夫人忌日,先生舉家皆持齋以悼。

先生終身念母恩。後官京師,為外祖墓下置祭田,以備春秋祭掃事。

先生六歲失生母,朱夫人篤愛之,撫養鞠育之恩備至。凡動作起居、寒暖飢飽之節,一一經于心而謹視之。先生年至大耋,仍孺慕追思,形于夢寐,晨夕言及,輒失聲哭

也。(《行述》)

冬,為母朱夫人擇葬地。

《僮歸十七首》有句云:"冬寒求葬地,乃在先壠側。"(《籜詩》卷一三)

又乞桑調元為撰墓誌銘。

其文略云:"禾之士錢載,遭其母夫人之喪,泣踵門,稽顙,乞予為之銘,曰:'不孝載生六歲而生母下世,方兩歲時即育于母之懷。及失生母,父方遠游,留京師六年,門戶惟母是撐。弟妹并幼,撫之均一。家故食貧,母以儉勤精心代匱,日用無由饒,而未嘗輒至于絀。母歸吾父數年,即連居姑舅之喪,哀毁得疾,自是不能有身。為叠置側室,恩意過逮。值家緒糾紛,佐吾父却漂摇之風雨,完故家之牖户,同心黽勉,外内以寧。同居娣姒兩早寡,離肅無間,為助理嫁娶。諸兒無常母。母之舅氏倪,居圩匯,無子,愛女甥特甚。村廬竹木,駢羅桑麻蔚蔭,母嘗喜居之。歲時躬親祀事,必豐必潔。吾高祖孚于公,以諸生疏魏忠賢十大罪,唐藩稱製,擢為御史。所遺綠紗夛袍及犀簪一,居恒展視,勖後昆以忠孝。棄養之日,箱篋無長物,惟存此而已。載年已長,每讀誦至宵分,茗未嘗不温,果餌未嘗不具備也。'言已,聲嗚嗚,涕雨下。予乃喟然曰,信矣,夫母之慈且賢也,于子之戚徵之矣,遂書之。"(《弢甫文集》卷一九《海鹽錢君孺人朱氏墓誌銘》)按:此墓誌銘詳言先生早歲生活,使人若親聞其語,感其哀戚之情,故錄于此。

墓誌既成,錢炘閱而不滿,遂未銘石。

《誥贈通奉大夫提督山東學政内閣學士兼禮部侍郎國子監生錢府君神道碑》云:"乾隆辛酉我母卒,竟得卜吉于先塋之次洲航山麓。時載求銘于桑先生,府君謂汝母之大端不僅于次,舊志石而刻未成。"(《籜文》卷二〇)

是年,汪孟鋗携弟仲鈖歸嘉興,為母卜吉壤。二人始從先生游。

《誥授奉直大夫吏部文選司主事晉贈朝議大夫康古汪君墓誌銘》云:"辛酉母殁,君扶柩携弟歸里卜壤,葬母于海鹽山茶花漾之原。"(《籜文》卷二二)按:雍正十三年,汪孟鋗娶先生執友祝維誥之女為妻。孟鋗之母祝宜人本維誥女弟。伯汪筠又素與先生交好。孟鋗與先生必早已相識,至去年歸鄉葬母,始從先生游。先生對兄弟二人盛加推許,嘗贈句云:"與君兄弟處,使我聰明開。"(《籜詩》卷一一《寄汪上舍孟鋗仲鈖》)

汪孟鋗,字康古,號厚石。時年二十有一歲。

先世休寧,遷桐鄉。祖父繼燡,嗣汪森為後。森,字晉賢,號碧巢,與朱彝尊、周篔選刻《詞綜》。家本有華及堂,復營碧巢書屋,築裘杼樓,藏書萬卷,又于嘉興郡城甪里故址,營小方壺為別業。繼燫,字倬雲,號恬村。考上堉,歷官大理府知府。乾隆十五年,孟鉛舉于鄉,二十七年招試常州行在,入選授內閣中書。充方略館纂修,又兼修《御批通鑑輯覽》、《平定準喀爾方略》、《大清一統志》。三十一年成進士,仍官中書。轉典籍,升吏部文選司主事。著有《龍井見聞錄》十卷、《厚石齋詩集》十二卷。生于康熙六十年,卒于乾隆三十五年,年五十。以子如藻官,誥贈朝議大夫。子四:如藻,乾隆四十年進士;如洋,乾隆四十五年狀元,為仲鈖後;如潮,直隸武清縣丞;如淵,嘉興府學生。(《擇文》卷二二《誥授奉直大夫吏部文選司主事晉贈朝議大夫康古汪君墓志銘》,《浙江省桐鄉縣志》卷一五)

汪仲鈖,字豐玉,號桐石。年方十七。

乾隆十五年與兄同舉于鄉。生于雍正三年,于乾隆十八年病卒里第,年未三十。以兄子如澈為後,殤,復以如洋為後。有《桐石草堂集》九卷。《石瀨山房詩話》謂其"詩筆橫空排奡,取徑自別,大要以生新險僻一救陳腐平庸之習"。(《續檇李詩繫》卷二一)

本年有詩:

《清遠堂古梅》、《白雀寺》、《道場山》、《題蔡叟竹寒沙碧山莊圖》。

其中:

《清遠堂古梅》,錢儀吉注云:"此予外姑蔡恭人家也。堂猶世守,梅亦似無恙在。恭人之姪芳若秀才,大余十數歲。一子足跛。今亦久不通書矣。"評詩云:"接落處用意遣調,皆非常人蹊徑。所謂神出古異,似即以梅格成詩者。"又評"擘山欨遭掌,破竹頓成勢。厄甚群陰仗一陽,抱來白璧呼蒼帝"諸句云:"一陽二語,昌黎、山谷見之,不知如何。山谷必大驚服矣。"又評結句云:"結後數語未稱。"

《道場山》,顧列星評"環觀融結姿,百里實清妙"二句云:"非身親領略者,不知環觀十字之妙。"

《題蔡叟竹寒沙碧山莊圖》,錢聚朝注云:"蔡叟號放逸。"

七年壬戌(一七四二),先生三十五歲。

是年,仍館德清徐氏。

《查天池詩集序》云:"乾隆辛酉壬戌,讀書德清餘不溪上。"(《擇文》卷八)

四月,為父營生壙,并擇母葬地于永安湖萬蒼山祖壠之西洲航山。

《行述》云:"壬戌四月,為葯房府君營壽藏于永安湖萬蒼山祖壠之西洲航山。"

五月廿六日，朱夫人下葬，以生母陸夫人祔葬。

《行述》云："五月二十六日，葬朱夫人。"又《海鹽錢君孺人朱氏墓誌銘》云："卒於乾隆辛酉年某月日，以次年某月日葬于永安湖祖塋之西洲航山麓。先是，太學君以先塋丙舍山水可樂，語孺人百年後當同穴于此。今遂并塋生壙，側室陸氏祔焉。"（《蘀甫文集》一九）

先生營葬事，八晝夜不合眼，以操勞邁疾，幾危。

《行述》云："是時，府君貧不可以支，竭精血以辦大事。山中築壙用三合土，其法以七分石灰、三分砂土，杵工齊力，不可一息之少懈，期無一絲滲漏。府君日夕在山監視杵工，天暑且多雨，松風撼蘆廠，八晝夜不合眼。既克葬，府君憊甚，歸而病，幾危。蓋自朱夫人病中侍湯藥，及斂，以至于葬，府君盡孝盡哀盡禮，殫竭心力。"

七月初四日，次子錢鴻錫殀。年方八齡。

《吳興客夜》注云："次子鴻錫八齡，讀五經將畢，而以七月四日殀。"（《蘀詩》卷四）又乾隆壬寅《得世錫書卜以九月二十六日葬其母夫人于嘉興縣九曲裏之新阡感成追憶詩二十九首寄焚墓前》第十二首注云："鴻錫之殀，四十一年矣。"（《蘀詩》卷四五）《行述》云："我二弟鴻錫，聰明異凡兒，八歲已熟誦五經，亦以送葬山中，歸而病，竟殤。"

是年某月日，過汪氏小方壺，為汪孟鋗、汪仲鈖兄弟作書畫冊子。

汪仲鈖有《錢蘀石過小方壺作書畫冊子奉題二絕句》詩，繫于是年。（《桐石草堂集》卷一）

迄後三年，先生時與兄弟二人過從，得以遍覽小方壺萬卷藏書。

《誥授奉直大夫吏部文選司主事晉贈朝議大夫康古汪君墓誌銘》云："壬戌、癸亥、甲子間，君及弟仲鈖字豐玉同余於小方壺萬卷之儲，豈止觀其大略。"（《蘀文》卷二二）按：汪氏故富于藏書。乾隆三十八年詔求遺書，孟鋗所獻諸書，紀昀評為第二，居范氏天一閣之上。

汪孟鋗、汪仲鈖作詩亦間受先生影響。

《蒲褐山房詩話》云："康古與都御史金公德瑛親戚，得其指教者多。又與萬孝廉光泰、王西曹又曾、錢少宗伯載相麗切。大抵叢書稗說，考核精詳，翹然自異于衆。與其弟仲鈖咸以詩名江浙。仲鈖有《桐石草堂集》，橫空排奡，取徑略與康古同。"（《湖海詩傳》卷三一）《晚晴簃詩話》云："乾隆初，秀水多詩人。諸家皆發源西江，入奧出新，不落畦町。而澤之以典籍，範之以格律，刊落槎枒，獨標名雋。厚石在諸家中，如驂之靳,尤與柘坡居士為近。"(《晚晴簃詩匯》卷九三)法式善云:"汪厚石序其弟豐玉仲鈖《桐石草堂詩》,謂豐玉'于宋中人酷愛山谷、半山二家,視時俗拾何李唾餘,以讒附盛唐者,則心焉薄之。其詩密栗深嚴,叶韻而不為韻叶,使事而不為事使,有獨開生面之妙',今玩其詩,誠然。"(《梧門詩話》卷六)

本年有詩:

《三月五日先孺人生日痛成》、《吳興客夜》。

八年癸亥(一七四三),先生三十六歲。

正月初三日,第四子生,名曰容錫。

> 錢容錫,字承叔,號約齋。秀水庠生。卒于道光二年七月廿三日,壽八十。娶桐鄉國學生陳歷龍女,生于乾隆七年九月十九日,卒于嘉慶二十年八月十七日。子三:善膺、善時、善章。女三:長適乾隆三十六年舉人湖北監利縣知縣山東曲阜孔昭煊子四氏學教授孔憲奎,次適海鹽國學生陶鴻書,次適海寧國學生蔣星采。(《家譜》卷七)

五月十四日,王又曾、陳經業、祝維誥、萬光泰、汪孟鋗、汪仲鈖集先生寓齋,即席同賦。

> 王又曾有《五月十四日匏村招同祝豫堂萬拓坡汪厚石桐石兄弟集擇石齋即席徵題各賦八首》詩,繫于是年。(《丁辛老屋集》卷四)先生是年亦有《祝舍人維誥王秀才又曾萬孝廉光泰陳秀才經業汪上舍孟鋗仲鈖過草堂邀載同賦六首》詩。(《擇詩》卷五)

六月初三,夜不能寐,作詩懷亡兒。

> 《六月初三夜》有"書笈休忘盡,耶孃解喚無。再來知愛惜,鞭扑忍相俱"之句,讀來令人心傷。(《擇詩》卷五)

七月初九日,同萬光泰、陳經業、汪孟鋗、汪仲鈖游城東幻居庵,觀明人書《大方廣佛華嚴經》及董其昌書《金剛經》、金字《法華經》。

> 萬光泰《幻居庵觀明人所書大方廣佛華嚴經六首并序》詩序中云:"嘉興城東幻居庵藏《華嚴經》八十一卷,明季合蘇、松、嘉、湖四府能書之士所書……乾隆八年七月九日過庵飯,老僧素言出以相示……是日同觀者,錢載坤一、陳經業毓恬、汪孟鋗康古、仲鈖豐玉與予共五人"。自注云:"是日又觀董文敏所書《金剛經》及金字《法華經》。"(《柘坡居士集》卷六《江船集》上)先生是年亦有《幻居庵觀明人分寫大方廣佛華嚴

經》詩,可徵其事。(《籜詩》卷五)

中秋後,萬光泰奉母就養廣東陽山縣兄之官署,先生賦詩送之。

《送萬二之陽山》起首云:"陽山漢縣今連州,阿兄作宰遠迎母。便挈全家大庾南,且過明月中秋後,車船幾出虛同里。"(《籜詩》卷五)萬光泰則有《將之陽山連宿小方壺留別宣臣潛起受銘坤一康古豐玉兼寄渠眉毓恬二首》詩留別。(《柘坡居士集》卷六)

九月,長洲縣令馮景曾招閱邑試卷。

據上圖藏《籜詩》卷五首唐仁壽錄評。又先生是年有《長洲縣齋看菊》詩,可徵其事。(《籜詩》卷五)按:馮景曾,字聖錫,陝西長安縣人。舉人。乾隆八年三月至十一年閏三月任長洲知縣。(《長洲縣志》卷八)

既至吳門,為王鳴盛集句題詩卷。

先生是年有《題王秀才鳴盛詩卷後集蘇文忠公和陶句》詩。(《籜詩》卷五)

十月初七日,獨游虎丘,曠然興咏,賦詩十七首。

詩序云:"登斯丘屢矣,或詩或無詩。癸亥十月十七日獨游,曠然興咏,歸而續拈錄存者如左。"(《籜詩》卷五《虎丘詩十七首并序》)

是年,嘗賦詩咏查岐昌行笈。

先生有《查秀才岐昌行笈二咏》詩,繫于是年。(《籜詩》卷五)

查岐昌,慎行孫,與先生論文賦詩甚相得。

桑調元《答查藥師書》云:"曩錢坤一道足下天秉高奇,于門才中特著翹穎……才情湧溢而出,與坤一聯句奇麗,五言高處往往似小庾。"(《弢甫文集》卷一五)按:二人聯句今存《古鏡聯句》一首,先生集中未載,其句略云:"訪古黃金臺,贈我青銅片。時維元年冬,客自寶雞縣(載)。宵來紫珍夢,影落平江甸。寒芒朝發匳,諦視予甚弁(岐昌)。規箴當金人,位置儕鐵硯。一錢扃未遭,不老名難擅(載)。幽幽懸秋水,的的出雲矙。頗疑雷墨鷩,奚類火齊現(岐昌)。背隱雙魚鱗,濤翠鼓渷渶(載)。周以百羅紋,蝕垢起微紋(岐昌)。"可徵弢甫之言。(《湖海詩傳》卷一九)

查岐昌,字藥師,號巖門。浙江海寧人。邑庠生,年三十補博士弟子員。岐昌乃查慎行之孫,按:《嘉興歷代人物考略》誤作查嗣瑮之孫。查克念之子。工詩文,其詩排奡妥帖,不愧其祖。《蒲褐山房詩話》云:"余嘗見其手抄詩文凡四冊,詩句新異,而散體文尤有法度。今求之,僅存詩數十番,餘已散佚矣。曾著《巢經閣讀古記》,亦俱失去。"(《湖海詩傳》卷一九)有《巖門精舍詩鈔》二卷行世。按:據《清人詩文集總目提要》卷二三,中國社會科學院文學研究所藏有《巖門精舍詩鈔》二卷,為清刻本,刊刻年月未詳。《答查藥師書》記周京病卒前一年為查氏詩撰序之事,又言得西穆先生訃,則巖門詩集刊刻當在乾隆戊辰、己巳年間。生于康熙五十一年,卒于乾隆二十六年,年五十。(《海寧查氏族譜》卷四)

是年,茅應奎年六十九,時客嘉興,先生與陳經業諸人分咏吳興故事為壽。

《九華山歌寄壽茅明經應奎八十》有"先生癸亥六十九,我歌石柱以為壽"之句,并注云:"時分咏吳興故事,載得顏魯公石柱記。"(《檞詩》卷一五)陳經業亦有《湘客先生年六十九矣時客嘉興同人拈吳興故事分賦為壽得廣惠寺檜》詩,繫于是年。(《匏村詩集》卷二)

本年有詩:

《祝舍人維誥王秀才又曾萬孝廉光泰陳秀才經業汪上舍孟鋗仲鈖過草堂邀載同賦六首》、《六月初三夜》、《幻居庵觀明人分寫大方廣佛華嚴經》、《綠溪咏二首》、《白蓮禁體二首》、《紹泰甄研歌》、《江上女子周禧天女散花圖》、《題仇實父人物册》四首、《謁明徐少卿祠觀祠後舞蛟石》、《送萬二之陽山》、《登胥山》、《吳江用張子野韻》、《曉過太湖》、《長洲縣齋看菊》、《查秀才岐昌行笈二咏》、《東鄂烈婦行》、《虎丘詩十七首并序》、《游華山》、《題王秀才鳴盛詩卷後集蘇文忠公和陶句》、《宿太常公顯忠祠下》、《夜至永安湖丙舍集陶句》。

其中:

《祝舍人維誥王秀才又曾萬孝廉光泰陳秀才經業汪上舍孟鋗仲鈖過草堂邀載同賦六首》,吳應和評第二首《罱泥》云:"罱泥、扳罾等題,同時作者甚衆,此詩曲盡形容,力與河底爭句,諸君皆為退避三舍。"又評第四首《扳罾》云:"起處于題前補一層,始有興會。從來漁父詞,或言其樂,或言其苦,結句得魚不得食,妙不說破而苦樂自見。"錢儀吉評第三首《插秧》云:"女手句所謂使事如不覺者。"

《幻居庵觀明人分寫大方廣佛華嚴經》,顧列星評云:"在蘇、黃之間。"

《白蓮禁體二首》,顧列星評云:"純以韻勝,不減唐賢"。吳應和評云:"五六一聯,極力刻劃白字,却無痕迹。"

《江上女子周禧天女散花圖》,吳應和評云:"描摹散花情形,筆筆靈活。"

又評《題仇實父人物册四首》云:"四詩句奇重,可當史論。第一首指摘相如之行,穢鄙可憐,他人咏美人,只作艷語了事,豈能具此識見。"

又評《謁明徐少卿祠觀祠後舞蛟石》云:"舞蛟石,李唐時物,籀而字之者,趙松雪也。詩謂忠烈生平愛玩,亦知感奮,足為此石增重。顧名思義,雄姿軒舉,頗與人地相宜,更名蛇蟠,殊覺無謂。"錢儀吉評云:"儒冠句,此詩中似不必。"又云:"真韓詩也。"

《送萬二之陽山》,吳應和評云:"中幅數語,勁氣直達,真如百鍊剛。"錢儀吉評"官無丞尉巷無人,昔者云然今或否"二句云:"活法。"又評末句"頓首尺書還寄某"云:"'某'字可商。"

《曉過太湖》,錢儀吉評云:"收束可玩。"

《虎丘詩十七首并序》,吳應和評第三首《清遠道士養鶴澗》云:"從來學《選》體無此高古。"又評第五首《千人坐蔡忠惠公篆生公講臺字》云:"旨趣閑遠,語不在多,至于'春風'十字,理意尤深。"錢儀吉注第十二首《東山西山二廟》云:"王珣、王珉。"評第十五首《半塘》云:"不住之住,為汝安心竟。"

《題王秀才鳴盛詩卷後集蘇文忠公和陶句》,錢儀吉贊云:"精深之至,不意于集句得之。"

九年甲子(一七四四),先生三十七歲。

夏夜,集小方壺,同祝維誥、汪孟鋗、汪仲鈖賦詩。

汪仲鈖是年有《夏夜小方壺同籜石豫堂先生厚石作》詩紀其事。(《桐石草堂集》卷三)

七月十二日,同徵汪臺復園池上紅板橋新成,招同厲鶚、金農、杭世駿、梁啓心、周京、金志章、祝維誥、汪仲鈖、釋篆玉等二十人分韻賦詩。諸人手書成冊,丁敬為志,釋明中為補圖,即《復園池上紅板橋新成同人分韻詩卷》(一名《復園紅板橋詩畫冊》)。

丁敬志云:"甲子七月十二日,諸名流會復園先生池上。主人首發此題,屬予以小篆揭諸冊首。"(《復園紅板橋詩》卷首)吳修《題復園紅板橋詩畫冊二首并序》云:"復園在杭州武林門內,汪廣文臺故居也。乾隆甲子秋,厲樊榭、丁敬身、金壽門、杭堇浦諸先生讌集于此,分韻賦詩,手書成冊。南屏恒公為補圖。"(《湖山吟嘯集》二)朱休度《吳二以所收杭州汪氏復園雅集唱和詩畫冊屬同人題詞余負諾久矣春暮病中閱樊榭山房集有丁卯復園送春詩又有戊辰題汪復園亭角尋詩圖作因觸鄙懷遂用其送春韻成一律以報吳》注云:"冊中有穆門、敬身、樊榭、江聲、壽門、堇浦、籜石諸老宿以下二十家詩,梁護林太史在焉。今山舟學士時甫冠相隨,替太史寫詩。蓋乾隆甲子事也。"(《俟寧居偶咏》卷下)梁同書《書汪復園臺紅板橋詩畫冊後》識云:"冊內凡二十人,詩皆即席手書,唯先君子續賦八韻,越日命同書補書,因盡讀諸老之作,予甫弱冠也。不意六十年後復于思亭二兄吳修篋中見之,感而有作,遂附録册尾。嘉慶九年七月之朔,同書時年八十有二。"(《頻羅庵遺集》詩卷三)吳錫麒亦有《汪抱樸先生復園為往時諸詩老讌集之地嘗以池上紅板橋新成會同人分韻賦詩牧牛行者為之圖今已六十年矣其册今在家思亭修處梁山舟先生同書有詩即次其韻》詩。(《有正味齋詩集》卷一六《東臯草堂集》)

汪臺,字抱樸,家有復園,因以自號。浙江仁和人。乾隆元年,以廩生應博學鴻詞科,與先生同徵。報罷回鄉。官天台教諭。工吟詠。《詞科掌録》云:"抱樸父翁湯少宰西厓以詩名海内,得其家法,絶句特工。"(《兩浙輶軒録》卷二三)

厲鶚,字太鴻,别號樊榭。錢塘人。康熙五十九年舉于鄉。雍正九年入通志館,十年秋志事告竣,授經于揚州馬氏。乾隆元年應博學鴻詞科,報罷。乾隆五年復館于馬氏。十三年值部銓期近,思得薄禄以養老母,復入京謁選,行至天津,舊友查為仁留之水西莊觴詠數月,不就選而歸。乾隆十七年病卒,年六十一。鶚于書無所不窺,所得皆用之于詩,故其詩多有異聞逸事。又深于言情,故其擅長尤在詞,深入南宋諸家之勝。所著有《宋詩紀事》一百卷、《樊榭山房集》二十卷、《遼史拾遺》十卷等。(《鮚埼亭集》卷二〇《厲樊榭墓碣銘》,《清厲樊榭先生鶚年譜》頁八三)

梁啟心,初名詩南,後改今名。字首存,一字蒄林。大學士梁詩正兄,梁同書嗣父。家世錢塘,自啟心為學官弟子,隸籍仁和。雍正十年舉于鄉。乾隆四年成進士,改庶吉士。旋陳情歸養,上廉其孝,即家授職編修。二十三年父文濂歿,以毀卒于家,年六十四。所著有《南香草堂詩集》四卷。(《道古堂文集》卷三四《梁蒄林傳》)

金志章,初名士奇。字繪卣,號江聲。浙江錢塘人。雍正元年舉人,由内閣中書遷侍讀,出為口北道。于學無所不窺,詞鋒淵穎,標格矜嚴。著有《江聲草堂詩集》八卷等。(《詞科餘話》卷七,《兩浙輶軒録》卷一七)

周京,字西穆,一字少穆,號穆門,晚號東雙橋居士。浙江錢塘人。工于詩,嘗與厲鶚、杭世駿諸人為詩社。乾隆元年舉薦博學鴻詞,姚侍郎薦之,力辭不得,應徵至京,徘徊公車門下數日,稱疾不就試以歸。中年南游閩海、北燕趙、西秦晉,其詩益高岑豪健。後以貢入成均,考授州同知。有《無悔齋集》。穆門與桑調元乃里中舊識,來往素疏,乾隆九年長至日,忽邀桑調元、盧存心論交西湖之四賢閣,三人約為兄弟。後周盧又申之以婚姻,盧文弨之女許字周之孫。生于康熙十六年,卒于乾隆十四年。(《弢甫續集》卷八《感舊十一首并序》,《清代人物生卒年表》頁五〇一,《鶴徵後録》卷四)

金農,字壽門,號冬心。錢塘人。布衣。中歲為汗漫游,足迹半天下,卒無所遇。工詩,其格高簡,非凡近所躋,先生贊其"祇恐過樊榭,終為來者知"。朱彭曰:"壽門不事生産,而癖于好古,寄食維揚者幾二十年。詩格生新,書法尚古,隸書小變漢人,好寫梅竹山石,任意揮灑。"(《兩浙輶軒錄》卷二〇)年五十餘,始從事于畫。其布置花木,奇柯異葉,設色尤異。無子,妻亡,僑寓揚州,賣書畫以自給。卒于乾隆二十八年,距其生康熙二十六年,得年七十有七。所著有《冬心集》四卷等。(《湖海詩傳》卷一一、《國朝畫徵續錄》卷下、《冬心先生續集·乾隆十一年三月廿有二日乃余六十犬馬之辰觸情感事雜書四首非所以自壽也》羅聘跋)

釋篆玉,字讓山,號嶺雲。仁和萬氏子,年十七投净慈寺薙髮受戒。雍正十二年游京師,和碩莊親王招住海淀法界觀心佛堂。十三年引見,奉旨速還,會同永覺禪師清查加封妙圓正修智覺禪師法派,仍住萬峰。善鼓琴,工行草,詩法摩詰。嘗有詩簡先生。(見《話墮集》卷一《過勾留處書贈朱秀才麟應兼簡祝孝廉維誥錢貢士載》)後住龍翔寺,于乾隆三十二年辭世,僧臘四十六,世壽六十三。有詩《話墮集》三集九卷、《南屏續志》一卷。(《道古堂文集》卷四八《住持秀溪龍翔寺嶺雲大師塔銘》)

釋明中,諱演中,字大恒,後改明中,又字烎虛。桐鄉施氏子,生而茹素,七歲出家秀水楞嚴寺。雍正十二年,參方至京師,奉詔選留有根器僧二十二人,明中與焉。乾隆元年還本籍。四年得法于無閡永覺禪師。六年主席西湖聖因寺。二十二年移住净慈。餘事為詩,間涉繪事,妙參三昧,得其片楮者咸知寶重。三十二年退院,次年示寂。僧臘五十一,世壽五十八。(《道古堂文集》卷四八《賜紫住持南屏浄慈禪寺烎虛大師塔銘》)

先生分韻得"青",遂賦詩一首。

詩云:"池闊沙虛雨驟零,急修小竹得園丁。玉鉤未賣仍通屐,雁齒休裝且當舲。綠意恰平荷上穩,涼陰渾罩柳中冥。短闌欲坐鰷魚避,知我從容步乍經。"(《復園紅板橋詩》四)按:詩為佚作,全錄于右。

時杭州詩社稱極盛。

梁同書云:"吾鄉詩社,自癸亥以後稱最盛者十年,每一會,率二三十人,緇袍朱履、布衣韋帶之流靡不畢集。"(《兩浙輶軒錄》卷一九)袁枚云:"乾隆初,杭州詩酒之會最盛。名士杭、厲之外,則有朱鹿田章、吳鷗亭城、汪抱樸臺、金江聲志章、張鷺洲湄、施竹田安、周穆門京。每到西湖堤上,褦襶聯翩,若屏風然。有明中、讓山兩詩僧留宿古寺。詩成傳抄,紙價為貴。"(《隨園詩話》卷三)

此番游杭,先生實與王又曾、祝維誥、汪孟鋗、汪仲鈖同行,并同寓清隱庵。

汪孟鋗《六月二十五日潘南廬訓導招同吳曉亭秀才㐌石吉石二弟兒如藻放船西湖六首》注云:"甲子同穀原、蘀石、蕷堂先生、桐石寓清隱庵,今為梁氏丙舍矣。"(《厚石齋詩集》卷一〇)王又曾是年有《題清隱庵五絕句》詩,其中有"諸君爛漫三旬卧,深却門前没踝泥"之句,并注云:"謂豫堂、擇石、桐石。"(《丁辛老屋集》卷五)先生是年亦有《清隱庵夜雨》、《清隱庵雨》詩,可徵其事。(《擇詩》卷六)

八月,應浙省鄉試,報罷。

據上圖藏《擇詩》卷六首唐仁壽録評。按:是科浙江鄉試主考官内閣學士王會汾乃先生詞科同徵。試題為"詩可以興"七句、"淵淵其淵"一句、"此其大略"一節。(《清秘述聞》卷六)

十月初三日,為經史講學會撰《益集約》。

學會由先生召集,專講經史,"繹文考道,由下而上"。初與會者七人。同學各自看經,通習後兼看諸史。遇講期,先輪講,再掩書抽問。亦可乘閒就劄記所疑者互問。(《擇文》卷一九)

按:《擇石齋文集》中,所謂"約"者僅此一篇,其文殊無可觀,先生擇而存之,當别有用意。先生以詩名于世,摯友翁方綱稱其不懂考證。乙未冬與戴震爭執,世人皆有所誤會。實則先生早年亦嘗苦讀經史,惟後來肆力于詩,不再費心于考證之學。文集收入此約,意為紀實存真。

十二月,與萬光泰、王又曾、汪孟鋗、汪仲鈖分賦歲暮故事。

萬光泰有《同受銘坤一康古豐玉分賦歲暮故事四首》詩,繫于是年。(《柘坡居士集》卷七)

是年,先生仍客德清縣。

汪仲鈖是年有《小方壺夜集遲穀原不至兼簡擇石德清》、《寄懷擇石湖州厚石松江同柘坡限韻二首》詩,可徵其事。(《桐石草堂集》卷三)

應德清縣學生周文吾之請,為其父國璠撰墓誌銘。

周國璠,字美如,一字素庵。德清人。父病劇,體不著床者四十二晝夜,嘗刲臂肉為糜進。父母相繼殁,不飲酒不茹葷三年。康熙五十年舉鄉飲賓。生于順治二年,卒于雍正二年,壽八十。後三年,縣人聞其孝行,于有司請于朝,旌其門,祀忠孝祠。(《擇文》卷二一《周孝子墓誌銘》)

是年,長子錢世錫從吳修道授讀。

錢世錫《挽吳夑齋先生二首》注云:"余年十二從先生授讀。"(《麂山老屋詩集》卷一六)

吳修道,字子謙,號夑齋。山陰人。拔貢生。嘗舉博學鴻詞,以親老辭。惇行博聞,持身敬慎。著有《簪裏集》、《定省餘學集》。生卒年俟考。(《兩浙輶軒録》卷三〇)

本年有詩：

《春夜不寐作》、《城隅》、《題盛子昭山水軸》、《題畫蝶》、《晚游二絕句》、《種桑秧》、《劉松年觀畫圖歌》、《獨游東塔寺》、《長虹橋下買銀魚》、《楊忠愍公壺盧歌并序》、《紹興十八年同年小録》、《集厚石齋二首》、《馬文毅公彙草辨疑歌》、《驟雨過南湖》、《翁莊感舊二首》、《清隱庵夜雨》、《洪忠宣公祠》、《自金沙港沿裏隄尋荷上丁家山眺望南近定香橋而止》、《清隱庵雨》、《張烈文侯墓》、《瑪瑙寺訪後僕夫泉》、《題喜子圖二首》、《明醮壇茶字瑗歌》、《書馬券帖後》、《明皇幸蜀圖》、《伯牙鼓琴圖》。

其中：

《獨游東塔寺》，顧列星評云："清瘦生新，宋人佳境。"

《長虹橋下買銀魚》之"女手將出于絲綱"句，錢聚朝校"綱"字為"網"。

《集厚石齋二首》，錢儀吉評"近草先驅豹脚蝨，話到桂香仙籍句"云："二句中有太息之聲。"

《馬文毅彙草辨疑歌》，顧列星贊云："長短伸縮處，詞氣激昂，音節悲壯，讀之凜凜有生氣。"按：馬雄鎮，以內國史院學士出撫粵西。會孫延齡舉兵應吳三桂叛，被囚，在囚室，集晉漢法帖，依梅氏字彙一一鈎摹之，目曰《彙草辨疑》。後遇害于桂陽，謚文毅。

《翁莊感舊二首》，錢儀吉評云："一字一語，一語一感，是為深細，是為清澈。蘇齋、樊桐正未足語此。壬辰四月記。"又云："漢南之悲，即可悟以上之歎。"

《清隱庵夜雨》，錢儀吉評云："不知為唐為宋，觀物息心，天然偶成，是為好詩。"

《洪忠宣公祠》，顧列星評云："結四語不着議論，老橫絕世。"

《自金沙港沿裏隄尋荷上丁家山眺望南近定香橋而止》，錢聚朝注云："祝人齋同行。"按：祝人齋名淦，傳見乾隆十年譜。

《清隱庵雨》，錢儀吉注云："學士公閱本圈此篇'黑霧'句。此本戊辰送史館時，館上索公集甚急，蓮塘宗伯命即送也。"

《張烈文侯墓》，顧列星評云："銜冤齎恨，千古涕零，妙在不着議論。"

《明醮壇茶字瑗歌》，顧列星評云："括世廟一朝事，小題中絕大感慨。清麗芊綿，婉而多風。"又云："'吽'字韻書未收。《正字通》梵書多念'吽'字叶職容切，音鍾。張昱《輦下曲》：'守內番僧日念吽，御廚酒肉按時供。'"

《明皇幸蜀圖》，翁方綱評"割恩纔得瘞絹囊"一句云："此'瘞'字恐是誤作平聲用矣。"錢儀吉云："覃翁好言山谷，乃有此語，奇哉。"顧列星注云："論本范氏祖禹《唐鑑》。"

《伯牙鼓琴圖》,朱休度評"非無名氏李伯時"一句云:"名氏作名印,似較醒。"又評"兩人對座石在林"一句云:"兩人分背者、面者,則對坐'對'字似宜酌。"

十年乙丑(一七四五),先生三十八歲。

是年,復館德清徐氏,留止苕雲草堂。

《行述》云:"乙丑、丙寅,復館于清溪徐氏。"先生是年亦有《溪山春曉閣》、《苕雲草堂曉起得雪》、《苕雲草堂對雪得月》三詩紀其事。(《籜詩》卷七)按:苕雲草堂為徐志巖所建,堂左有溪山春曉閣。張雲璈《徐氏苕雲草堂記》云:"苕雲草堂,世為徐氏別業,在德清南郭外,舍亭山之陽,臨餘不,面吳羌,冠山為高,若端冕然,居宅在其下,為抑齋司馬所締構。"(《簡松草堂文集》卷七)

正月,萬光泰上京應會試,先生賦詩送之。

《送萬二光泰北上》有句云:"奉詔春官三月改,看君進士十年成。"(《籜詩》卷七)

三月初二寒食日,上塚,訪曾叔祖錢汝霖紫雲庵遺迹。

《訪商隱先生紫雲庵遺迹追和先生草廬八咏》序云:"載以寒食上塚,獨來訪故菜畦桑壠。"(《籜詩》卷七)

錢汝霖于學以居敬窮理為主,與桐鄉張履祥并為儒宗。先生年過八旬,猶為曾孫稱述其事。

錢聚仁《紫雲先生年譜》識云:"聚仁五六歲時,侍先曾祖宗伯公,每述先世舊聞,必稱紫雲先生。"按:據是譜順治四年條,錢嘉徵病卒馬家廟,孤孫橞初年方十四,時受教督,可知錢汝霖實有恩于先生之祖。

錢汝霖,復何姓,原名青,字雲士,一字雲耘,號商隱。先生高祖嘉徵弟山徵之子,出為從祖倉嶼公後。嘉興庠生。躬行孝弟,安貧樂道,嘉言懿行,足為學者楷模。隱居澉湖,人稱商隱先生、紫雲先生。所著多燬于火,僅存《紫雲遺稿》七卷。生于明萬曆四十六年七月十四日,卒清康熙二十八年四月十六日,壽七十二。娶廩生黃廷蓀女,側許氏。無子,以從子杞章、廷機為後。(《海鹽縣續圖經》卷六,《家譜》卷七)

是日,復過頤貞堂,觀從叔錢元昆與兄元昌、父標、祖爾復四人同寫之《普門品經》。

《寄題三世寫普門品經後兼呈從父觀察元昌》起二句云:"寒食上塚歲乙丑,訪第五

叔頤貞堂。"可徵其事。(《籜詩》卷一一)

錢爾復,字仍始,號子湘,一號肯齋,晚年著小圖顏曰半完,亦用以自號。先生七世祖錢與映長子世奎之孫。居海鹽半邏村。庠生,以足疾不與鄉試。詩文雄健,有獨立霞表之概,著有《半完圖詩集》八卷。生于明萬曆四十六年三月廿九日,卒于清康熙四十九年七月廿七日,壽八十一。娶舉人福寧知州俞之泰女。子四:標、樟、懋德、岡林。女二。乾隆十三年崇祀鄉賢祠。(《家譜》卷七,《兩浙輶軒錄補遺》卷一)

錢標,爾復長子。字公卓,號警庵。太學生,應吏部試,考授州判。縱游齊魯趙魏、豫章鄂渚。晚年書《心經》千餘冊。生于順治四年六月初六日,卒于康熙五十七年十二月廿五日,年七十二。以三子元昌官,誥贈中憲大夫、貴州糧驛道按察使司副使。娶進士河口令俞雲來女,誥贈恭人。子四:汝翼、元昂、元昌、元昆。女二。(《海鹽縣續圖經》卷六,《家譜》卷七)

三月廿九春盡日,汪孟銅、汪仲鈖兄弟招同從兄錢德葇、茅應奎、陳經業、陳諒等,游城南陳氏園。

汪仲鈖是年有《三月二十九日同茅湘客錢葉塘陳介亭錢籜石陳匏村陳魚所兄厚石泛舟城南紀游八首》詩紀其事。(《桐石草堂集》卷四)陳經業有《春盡日厚石兄弟招同茅湘客錢葉塘籜石家漁所游城南得三首》詩,亦繫于是年。(《匏村詩集》卷三)先生是年亦有《汪上舍孟銅招游城南陳氏園憶癸丑秋與朱大沛然醉此漫題》詩。(《籜詩》卷七)

錢德葇,從伯錢燿次子。原名慶祖,字眉客,號葉塘。秀水庠生。工書法。生于康熙三十二年九月廿六日,卒乾隆二十五年庚辰十二月初七日。娶庠生朱丕武女。子三:瑛、廷葵、球。(《家譜》卷七)

陳諒,初名梁,字漁所,號鳧棧。嘉興人。廷煒孫,向中子。諸生。著有《鳧棧詩鈔》。(《兩浙輶軒錄》卷二六)卒于乾隆二十二年,年未四十。(見《籜詩》卷一七《寄挽陳秀才諒》)

是年,得東晉咸和四年是戊甎二枚。

《咸和甎歌》有句云:"永安山破蔡叟鋤,寄我古墓甎尺餘。咸和四年八月立,七字我識非虎魚。"(《籜詩》卷七)後官京師,先生以甎文拓本贈錢大昕,大昕有文跋之。張廷濟《晉咸和二年甎》云:"錢籜石宗伯舊藏咸和四年是戊磚,係武康出土,余曾手拓之。其文肥而長,略似白石神君碑。"(《清儀閣題跋》一六九)

又賦詩懷友人祝洤。祝洤為張履祥門人,規言矩行,誦法儒先。

詩題曰《懷祝孝廉佺大理》。錢聚朝校云:"嘗見公手稿題作《懷人齋大理》,人齋名洤,此作佺,疑偏旁誤也。"(《籜詩》卷七)據此改"佺"字為"洤"。

祝洤,初名游龍,字貽孫,號人齋。海昌人。乾隆元年舉人。六經、四子而外,深嗜理學諸書,力守程朱規矩。讀楊園先生張履祥集,謂其昌言貞教,與朱子先後一揆足,以正後儒偏頗之趨,用是蒐輯遺書,手為訂定。雷翠庭視學兩浙,大力表彰履祥,皆洤導揚之也。生于康熙四十一年,卒乾隆二十四年,年五十八。所輯《下學編》十四卷,萃朱熹之言,《淑艾錄》集履祥之言,體同《近思錄》。(《祝人齋先生集》錢馥《祝人齋先生小傳》,《四庫全書總目》卷九八)

本年有詩:

《送萬二光泰北上》、《追憶周秀才昌并序》、《晚步吳羌山下三首》、《織簾先生祠》、《出德清西門看梅宜園池上遂過塵麓齋復至清遠堂上百寮山脚坐蔡家墓松下入開元宮得絕句七首》、《觀蘇文忠公定惠院寓居月夜偶出及次韻前篇二詩墨迹即用其韻》、《北流水上作》、《訪商隱先生紫雲庵遺迹追和先生草廬八咏并序》、《求甘菊苗復至商隱先生書堂遺址集陶句》、《汪上舍孟銅招游城南陳氏園憶癸丑秋與朱大沛然醉此漫題》、《觀聶大年小瀛洲賦墨迹用蘇文忠公病中夜讀朱博士詩韻并序》、《溪山春曉閣》、《倪翁村居錄壁間舊句感述》、《六十七研銘拓本歌并序》、《吳興》、《和白蘋洲二碧衣女子詩》、《觀黃文節公題淡山巖二首墨迹即用其韻》、《懷祝孝廉佺大理》、《觀山僧割蜜》、《咸和甎歌》、《苕雲草堂曉起得雪》、《雪向晚轉驟》、《夜半聽雪》、《聽雪憶永安湖》、《雪止徐上舍以泰在城內有昨夜見懷作答之二首》、《苕雲草堂對雪得月》。

其中:

《送萬二光泰北上》,翁方綱評云:"即令真切,亦不過酬應之作耳。"錢儀吉駁云:"杜詩酬應不少,惟其真切,所以難能。亦惟酬應尚能真切,為尤難也。翁先生晚年全以考古為詩中之能事,誤矣。"

《晚步吳羌山下三首》,顧列星評云:"三詩學杜之拙,而得蘇之俊。"

《出德清西門看梅宜園池上遂過塵麓齋復至清遠堂上百寮山脚坐蔡家墓松下入開元宮得絕句七首》,錢儀吉注第二首云:"南朝宰相嘗投水欲殉矣,已復不果。為官乎,為私乎?負此荒水,愧此蝦蟆。蓋譏之也。此本餘齋先生之說。"

《北流水上作》,錢聚朝評云:"結妙。"

《六十七研銘拓本歌并序》,錢儀吉校序中"顧貞元間會稽呂京題云"一句云:"貞元,底稿作元貞。"按:翁方綱乾隆三十七年為先生整理詩集簽條,鈔錄該詩,仍作"貞元"。翁方綱評詩注"真研不損,蘇文忠公語"二句云:"此八字可無庸注。"又評"宋書規晉蔡薛森"至"躡前諸老來獻琛"諸句云:"此等豈非趁韻。"

《和白蘋洲二碧衣女子詩》,錢聚朝注云:"事見《樹宣録》。"吳應和評云:"起二句便見静女幽閑風致,律似短古,不減柳惲、吳均。"

《懷祝孝廉佺大理》,吳應和評云:"盛唐氣骨。"

十一年丙寅(一七四六)先生三十九歲。

是年,仍館德清,與徐生兄弟唱酬甚密。

先生是年有《同徐秀才以坤沿後湖上蘇堤看桃花入賢王祠得詩三首》《同徐秀才以震上舍以泰游棲霞嶺》《虎跑泉同陳秀才經業徐秀才以坤》《八月十五夜飲徐明經以震上舍以泰家二首》諸詩,可徵其事。(《蘀詩》卷八)

正月,跋吳歷《仿宋元山水册》云:

"畫法之盛,首推宋元。後世如明之沈、唐、文、董諸公,及我朝煙客、墨井、元照、石谷諸先生,皆能遠造宋元之域,而畫法遂以繼傳于天下。尤以墨井天資豪邁,闢境靈險,發筆得峭爽勁逸之氣,較諸煙客輩似當過之。""此册為墨井偶然涉趣仿古,而其筆鋒鬱勃,墨光淋漓,一片化工靈氣,殆無迹象可尋。使宋元諸賢而在,正當發猶龍之慨,視天下畫家者流,何啻相去萬里,鑒者珍之。丙寅春正,萬松居士錢載題。"(《吳漁山集箋注·附録三清人述略》頁七一六、七一七,錢載《吳漁山仿宋元山水册跋》)

按:右跋為先生佚作。據章文欽注吳歷《仿宋元山水册跋》,畫共八幀,藏香港郭氏權宛樓。(《吳漁山集箋注》頁四七一)畫册并有乾隆二十五年蔣士銓題識云:"珍重吳翁畫,峰巒入渺茫。神機磅礴意,不羡愷之良。庚辰秋九月入都,偶得墨井此册,因題以志快幸。蔣士銓。"(《吳漁山集箋注》頁七一九、七二○)但不知先生此跋是為何人而作。

閏三月初三日,集西湖舉禊事。效蘭亭體賦四言、五言詩各一首。

《城南修禊詩二首》注云:"丙寅閏三月三日,杭人邀集西湖,效蘭亭體賦詩。"(《蘀詩》卷三四)其一云:"命屐西村,春赢百二。詩催綿羽,杯落嵐翠。今古殊觀,鵬鷃一致。俯濯清流,我亦高寄。"其二云:"隄陰溼新緑,亭光明淺瀨。介祉述古初,天游遂方外。筆非鼠鬚卓,澗即金沙汰。悠然咏而歸,風林寫襟帶。"(《西湖修禊詩》)按:以上兩詩均為佚作,故盡録于此。

西湖是會為杭州知府鄂敏主事,并彙刊衆人詩為《西湖修禊詩》一卷,釋明中為之圖,周京為之記。

鄂敏《西湖修禊詩序》云:"余守土于杭,期月有餘,愧無古人之詩可彰先王之教。而特以山水清音,此邦為最,又況兩浙東西士大夫彙萃于茲者,指不勝屈。無與合之則調孤,有與倡之則和起,余安得拘俗吏之規規乎?此蘭亭之所由作也。重逢上巳,適值閏餘,不泥古而自堪復古。湖頭風雨,實足詠懷,四言五言,體仍其舊。而分韻抽毫,引商刻羽,各追夫意之所欣,以振其音之所協。"周京後序略云:"江左晏安,群屐是與,誰謂觴咏之不足于用哉。況吾儕生當盛明,人逢閑世,流連日夕,足永千齡,正不必念俯仰之頓殊,勞今昔之致感也。"(同上)

會者凡六十一人,先生弟子徐以坤、徐以泰、徐以震三人皆與焉。

同會者:梁文濂、茅應奎、周京、金志章、金農、厲鶚、汪臺、梁啓心、丁敬、杭世駿、陳兆崙、全祖望、張雲錦、陳兆嵋、徐以震、杭世瑞、趙一清、徐以泰、汪啟淑、施學廉、徐以坤、釋明中、釋篆玉等。又有不及與會者二十二人,亦有詩和之。(同上)

既至湖上,先生偕諸友賞花覽勝,詩作益富。

《籜石齋詩集》始自乾隆二年,至是年詩作大增至六十餘首,其中如《坐蘇堤春曉樓看桃花二首》、《同徐秀才以震上舍以泰游棲霞嶺》、《入聖果寺從寺後登鳳凰山絕頂觀排衙石諸刻遂下慈雲嶺》等,極為翁方綱、顧列星諸人贊賞。

間游西湖聖因寺,觀貫休尊者十六幅。

《梵隆十六羅漢渡水圖》注云:"丙寅觀貫休尊者十六幅于西湖聖因寺。"(《籜詩》卷二九)

四月卅日,觀龍舟,并賦詩二首。

先生是年有《四月晦日觀龍舟二首》詩紀其事。(《籜詩》卷八)

八月十五中秋夜,飲于徐以震、徐以泰兄弟家。

時先生年三十九,適生日在望,因借蘇東坡"龍鍾三十九,勞生已強半"二句,賦云:"若以龍鍾紀年歲,姮娥應怪似蘇髯。"(《籜詩》卷八《八月十五夜飲徐明經以震上舍以泰家二首》)

九月初八生日,應徐志巖招,游上陌埠山。

《風渚湖》注云:"徐抑齋郡丞築生壙于上陌埠山中,值以生日招游其處。"(《籜詩》卷八)

初九日,游德清永和鄉淡竹塢、大壯嶺。

先生是年有《九日游淡竹塢度大壯嶺至妙嚴寺飯轉入保慶寺小憩》詩紀其事。(《籜詩》卷八)

十一月十一冬至日,携王又曾重游東塔寺明秀居。

先生有《冬至日同王五過東塔寺明秀居》詩,繫于是年。起二句云:"蕭颯讀書處,廿年同再來。"(《籜詩》卷八)

本年有詩：

《同徐秀才以坤沿後湖上蘇堤看桃花入賢王祠得詩三首》、《汪上舍仲鈖來湖上同步蘇堤看桃花南至花港五首》、《徐秀才汪上舍同舟小飲沿蘇堤看桃花過净慈寺復憩花港六首》、《入飛來峰諸洞遍觀諸題名得詩六首》、《坐蘇堤春曉樓看桃花二首》、《自净慈寺度第一橋至第六橋看桃花五首》、《蘇堤桃花間有百葉者白沙堤向外湖一面遍種之緋絳白相雜而開較晚雨後步堤上為賦四首》、《同徐秀才以震上舍以泰游棲霞嶺》、《牛輔文侯墓》、《白沙泉》、《無門洞》、《上金鼓洞酌金果泉出覓路松林入懶雲窩》、《徐道士導游紫雲洞》、《烏石山房》、《過湖循南山步行飯于理安寺復歷九溪十八澗出徐村遂并江滸入雲棲寺宿》、《曉起至蓮池塔院用宋余知閣詩韻三首》、《立夏日雨湖樓即事二首》、《湖岸曉立》、《同徹上人徐秀才游花塢放舟》、《洗馬灘》、《飯聽松庵》、《法華亭》、《藕香橋》、《精進林》、《渡澗叩法楞庵不得入》、《宿雪崖》、《曉度招隱橋入在澗庵》、《微雨上樹雪林》、《隱峰庵十餘年無僧住矣》、《普光庵二首》、《肯庵(有僧閉關一室將三年)》、《梅谿庵》、《眠雲室》、《雨止同徐秀才叩下齋即送其先出塢返湖上》、《定慧庵》、《沿古梅庵後山腳轉入石人塢》、《將踰嶺還花塢失道落荒澗雲興雷作比到嶺脊顧望西溪連峰明滅已在白雨中急點東來無處避衣襟淋漓亟下松林乃是普光庵後入焉雨亦止》、《雪崖曉起坐雨繡球花半落》、《微霽出花塢至雲棲別室》、《橋亭避雨》、《映壁禪院》、《鳳凰山下溯澗行憩石橋望聖果寺》、《梵天寺》、《望八卦田》、《月巖石上諸刻讀王文成公嘉靖丁亥九月十九日飲月巖新構別王侍御詩用韻題》、《入聖果寺從寺後登鳳凰山絕頂觀排衙石諸刻遂下慈雲嶺》、《虎跑泉同陳秀才經業徐秀才以坤》、《雨後行北山下》、《四月晦日觀龍舟二首》、《八月十五夜飲徐明經以震上舍以泰家二首》、《風渚湖》、《防風廟》、《九日游淡竹塢度大壯嶺至妙嚴寺飯歸轉入保慶寺小憩》、《冬至日同王五過東塔寺明秀居》、《石臼漾殘雪》、《新城》、《泊南潯》、《吳興客夜寄懷徐上舍樹壁》。

其中：

《坐蘇堤春曉樓看桃花二首》，翁方綱評"紅得青山青欲低"一句云："造語之妙至此。"

《同徐秀才以震上舍以泰游棲霞嶺》，錢儀吉注云："以震號省吾，以泰號陶尊。"又贊"春雨無久湆"及"多生今歲筍，不見昔人桃"數句云："此等乃真唐人之髓，亦是漢魏以來上接風人正脈處。僅以雋妙目之，索解人不得矣。"

《牛輔文侯墓》，顧列星評"天聞免胄聲"一句云："'天聞'五字，其聲破空。"

《白沙泉》,錢儀吉識"厲齒偶然逮"一句云:"'厲'疑作'礪'。"

《無門洞》,錢儀吉注云:"四句竹,八句藤。"

《徐道士導游紫雲洞》,顧列星圈"澗聲我語道士語"及"礙者是壁通者空"數句贊云:"語多生造,機趣盎然"。錢儀吉識"泰山墢垤游即好"一句云:"'墢'疑'蝍'。"

《宿雪崖》,顧列星評末四句"露氣淫松竹,無風滴如雨,陰陰澗響中,已出二僧語"云:"幽絕。"

《雪崖曉起坐雨繡球花半落》,又評首句"冷雨復何遇"及"厨煙澹不遠"一句云:"首句可解不可解。'厨煙'五字更入微妙,不可思議。"

《微霽出花塢至雲棲別室》,錢儀吉識云:"結語未喻。"

《入聖果寺從寺後登鳳凰山絶頂觀排衙石諸刻遂下慈雲嶺》,顧列星評云:"蒼勁似老杜秦州詩。"

《雨後行北山下》,又評云:"中唐名句,妙在截作第一第二句,更妙以三四之拙句接之,則人巧語皆化為天籟矣。此意可為知者道也。"

《防風廟》,朱休度注最後一句云:"'浴'當作'俗'。"

《吳興客夜寄懷徐上舍樹壁》,錢聚朝注云:"徐號耕巖。"吳應和評云:"沉著。"

十二年丁卯(一七四七),先生四十歲。

正月初十日,父錢炌卒。年七十二。

據《誥贈通議大夫提督山東學政內閣學士兼禮部侍郎國子監生錢府君神道碑銘》。(《籜文》卷二〇)

先生貧甚,于百日後別張夫人與諸子,客游京師。

《固節驛晚發》注云:"丁卯正月,先大夫棄諸孤。百日後,不孝載貧不能居,入京師。"(《籜詩》卷三五)又《行述》云:"丁卯,藥房府君捐館舍,府君痛幾絶。謀葬而不能舉,貧無以給饘粥,不得已,徇學徒之請,跨驢入京。"

時徐以震、徐以泰兄弟母喪服闋,赴順天應鄉試,遂延先生一同北上。

先生是年跋錢陳群《和益翁歸來詩》有云:"今夏,徐生兄弟延載北上。"(《清芬世守錄》册三卷一二)據梁同書《南墅徐君傳》,徐以震乾隆八年丁母憂,服闋後赴丁卯北闈,以五經中順天鄉試。(《頻羅庵遺集》卷九)又戴璐《吳興詩話》云:"德清徐柳樊大令以泰,歷任山西絳縣、曲陽令,有賢聲。丁卯與兄南墅以震試北闈,南墅以五經中式,柳樊

下第留京。"(卷七)

起程在即,陳經業等友人集晴樹齋餞行。

陳經業是年有《集晴樹齋送籜石先生入都》詩紀其事。(《匏村詩集》卷三)

六月初,抵京師,訪叔祖錢陳群。

先生有《侍叔祖少司寇陳群齋恭讀皇帝御製玉甕歌時公方恭和元韻命載擬和一篇謹成》、《少司寇公出觀趙文敏公書史記汲黯傳册》二詩,繫于是年。(《籜詩》卷九)

十八日,錢陳群奉命充江西鄉試正考官,副考官為監察御史馮秉仁。

《高宗實錄》卷九四七云:"刑部左侍郎錢陳群,為江西鄉試正考官。監察御史馮秉仁,為副考官。"(《清實錄》册一二)

馮秉仁,字體元,號静山。山東歷城人。乾隆元年舉鄉試,二年第進士,改翰林院庶吉士,授編修。八年擢浙江道監察御史,歷署陝西、山東諸道。十三年巡視北城,未數日轉兵科給事中。乾隆十四年卒,年三十九。先生有詩挽之。(《[乾隆]歷城縣志》卷三八,《籜詩》卷一二《馮給事秉仁挽詞》)

時先生入京甫旬,即隨之南昌。

《僮歸十七首》第八首有句云:"入京甫旬浹,倏復之豫章。"(《籜詩》卷一三)又《紅心驛奉寄太傅公二首》注云:"自第一程固節驛至此,皆丁卯隨公江西之路。"(《籜詩》卷二八)

路途勞頓,先生值正午猶未醒,錢陳群賦詩嘲之。

《嘲坤一》云:"沙泉清淺自淙淙,古廟鐘聲正午摐。馬背憨騰猶未醒,不知已渡二郎江。"(《香樹齋詩集》卷一二)

行月餘,抵南昌。

八月初八日,江西鄉試始。先生隨錢陳群入闈校士。

十一日,馮敏昌生。

據翁方綱《皇清誥授奉政大夫刑部主事魚山馮君墓表》。(《復初齋文集》卷一四)馮敏昌傳見乾隆三十六年譜。

十五中秋夜,錢陳群賦詩,題壁上先生戲筆之畫作。

錢陳群《十五夜喜雨畫壁遣興漫題四絶句》注云:"方伯觀察諸公頻餉時鮮,悉圖于壁以志其意。"(《香樹齋詩集》卷一二)金德瑛有《丙子江西入闈目睹錢司寇丁卯題壁四絶句率和》、《壁間雜畫蔬果酒尊竹石是坤一于丁卯隨司寇時游戲也率題長句以代書款》二詩,可知壁間雜畫蔬果皆為先生闈中所繪。(《金檜門詩存》卷四)

十六日,江西鄉試竣。出闈。

九月初六日,江西鄉試放榜。蔣士銓中式。

  蔣士銓云:"九月初六日,方伯晨遣人召入署。漏三下,榜出。方伯歸,執士銓手曰:'喜也,然名次十八已後矣,奈何。'"(《清容居士行年錄》)

是科,從父錢汝恭舉順天鄉試第一百三十四名。

  錢汝恭,陳群次子。字雨時,號蔬齋。中乾隆十二年京兆試。三試于禮闈不售。二十二年就挑江南河工,以知縣試用,尋署高淳縣事。二十五年補海州沭陽令,在沭邑數年,吏治有聲名。三十七年陞安徽安慶江防同知。三十九年春奔父喪,因不得親含殮為恨,鬱鬱數月而終,年僅四十有八。生于雍正五年十二月十三日,卒于乾隆三十九年七月初六日。著有《謙受堂詩鈔》。配沈氏,心齋先生諱涵孫女,固廬先生諱柱臣女。側陸氏。子五:長豫章,郡學廩膳生;次復,候選府經歷,出嗣三弟錢汝慤為後;次開仕;次福胙。俱嫡出。大椿,殤,側出。女七,其幼適候選同知吳江人蒯嘉珍,側出。(《文匯》補編册二錢汝誠《仲弟蔬齋暨配沈宜人行狀》,《家譜》卷八)

初八生日,登南昌樓賦詩,有"孤兒身是客"之嘆。

  先生有《生日登南昌樓》詩,繫于是年。(《蘀詩》卷一〇)按:錢陳群是日亦登南昌明遠樓,并賦《重陽前一日同諸公晚出至公堂觀屏風所刊御製題貢院詩遂登明遠樓用韋蘇州郡齋雨中與諸文士燕集韻》詩。(《香樹齋詩集》卷一二)則先生或與諸公同行歟?

初九日,同錢陳群、金德瑛、蔣士銓登滕王閣。

  陳述《蔣心餘先生年譜》云:"九月九日,同金德瑛與錢陳群、錢載上滕王閣。"錢陳群《次答從孫蘀石寄懷之作》注云:"丁卯予典豫章試,蘀石以諸生從游,九日同上滕王閣,檜門、心餘皆在,即席賦詩。"(《香樹齋續集》卷二一)

十三日,中丞以下官公讌錢陳群、馮秉仁兩主司,先生或與之

  錢陳群是年有《彭樂君方伯黃訒庵觀察蔣肇予施棠村兩副使李仙蟠參政招同馮靜山侍御開靜庵大中丞金檜門學使高魏公總戎讌集百花洲賦謝二首兼以志別》詩,用"藏"字、"山"字二韻。(《香樹齋詩集》卷一二)按:《清容居士行年錄》云:"十四日,中丞以下官公讌兩主司,金先生置酒百花洲,邀香樹師,再從姪坤一載先生及士銓,小集分韻,各為二詩。"十四日應為十三日,而是日有兩會,金德瑛邀先生與蔣士銓小集,當在公讌之後。

是日,先生應金德瑛之邀,飲百花洲上,與蔣士銓交識。

  蔣士銓有《九月十三日學使檜門師邀錢坤一載先生百花洲雨中小飲召士銓陪侍限

藏山二字各賦兩章》詩,繫于是年。(《忠雅堂詩集·喻義齋少作稿》)金德瑛亦有《九月十三日雨中邀坤一心餘游百花洲同限藏字山字韻二首》詩。(《金檜門詩存》卷一)先生是年有《金學使德瑛邀同蔣孝廉士銓過百花洲》詩,雖僅存一首,仍用"藏"字韻,應即同時所作。(《籜詩》卷一〇)

蔣士銓,字心餘,一字苕生,號清容,晚號定甫。乾隆十二年舉于鄉,十九年考授內閣中書。二十二年成進士,出先生門下。改庶吉士,授編修,充國史館、武英殿、方略館、《續文獻通考》館纂修官,順天鄉試同考官。記名以御史用。在翰林院前後三十年間,再掌揚州安定書院、紹興蕺山書院,一掌杭州書院。詩古文詞負海內盛名,而最擅長者莫若詩。袁枚稱詩,以第一人自負其位置,士銓則第二也。《蒲褐山房詩話》云:"苕生諸體皆工,然古詩勝于近體,七古又勝于五古,蒼蒼莽莽,不主故常……信足以開拓萬古之心胸,推倒一時之豪傑也。"(《湖海詩傳》二一)生于雍正三年,卒于乾隆五十年,年六十一。著有《忠雅堂文集》十二卷、《詩集》二十七卷、《銅絃詞》二卷,又有填詞九種。(《復初齋集外文》卷二《翰林院編修蔣公墓志銘》,《清容居士行年錄》,《揅經室二集》卷三蔣知廉《蔣士銓傳》)

秋夜,隨錢陳群、馮秉仁、金德瑛、彭家屏登北蘭寺之秋屏閣,賦詩一首。

詩云:"沙軟江斜竹逕青,夜遙相喚入禪扃。燭光林影棲鴉起,露氣蟲聲落桂馨。朱閣從容秋士屐,碧霄清切使臣星。待懸曉日闌干上,看盡西山十二屏。"(《籜詩》卷三五《舟發南昌》注)

彭家屏,字青原,一字樂君。河南夏邑人。康熙六十年進士,由刑部郎中考選山西道御史,轉清河道長蘆運使,陞江西、雲南、江蘇布政使。(《國朝御史題名》"雍正八年"條)乾隆二十二年七月,以收藏明季野史、族譜《大彭統記》之名悖謬及犯高宗御諱,賜令自盡。(《清實錄》冊一五《高宗實錄》卷五四二)

仍留南昌,得與朱沛然相見,為題小影而別。

先生有《得與朱明府沛然相見南昌題其小影即以志別二首》詩,繫于是年。(《籜詩》卷一〇)

十六日,先生隨錢陳群自南昌起程歸嘉興省墓。

錢陳群《上塚和飲酒二十首韻序》云:"陳群奉役江右,陛辭日面陳烏私,乞于事竣紆道里門,省先人墳墓,即日得假。"(《香樹齋詩集》卷一三)

十月初二日,過玉山。

錢陳群是年有《十月二日過玉山作和九日閑居韻》詩紀其事。(《香樹齋詩集》卷一三)

初九日，于舟次跋錢陳群《和益翁歸來詩》。

> 跋云："去冬自苕上歸，得觀察伯父歸田詩。況示蹤迹，抒寫性靈，正如白太傅乞身後，寄興述懷，不事雕組，自然蘊藉。諷咏再四，每欲依韻學步，尋侍先嚴湯藥，屏廢紙筆。今夏，徐生兄弟延載北上，謁少司寇從祖于邸第，出近稿相示，讀和詩十首，情致悱惻，渾若天成。時立之、雨時兩叔在側，私謂載曰：'家嚴和觀察兄詩，每得一首必諷咏，移時并命余兄弟同和，既敬諾矣，稿屢屬而未就。他日嘗命余兄弟同咏，無甚難色，此十詩欲和，獨窘澀乃爾。'載因思，古人長律至十首，雖元白《長慶集》亦不多覯。少陵《秋興》，後人和者，轉譏蛇足。非如司寇與觀察出處蹤迹，由同得異，由異得同，必反覆流連，始可理情宣志者，亦何能至于斯耶。此卷錄成時，適載侍舟次，遂跋于尾。十月九日，撢石載。"鈐"勤能補拙"白文印。（《清芬世守錄》冊三卷一二《和益翁歸來詩》）按：跋為佚作，盡錄于右。

十五日，抵家。

> 錢陳群《上塚和飲酒二十首韻序》云："九月既望，由章江泝灘，踰玉山，下富春，過錢塘，于十月望還家。"（《香樹齋詩集》卷一三）

卅日，汪孟鋗、汪仲鈖兄弟招同萬光泰、王又曾，集小方壺飲賦。

> 先生是年有《十月晦小方壺同王秀才萬孝廉汪上舍兄弟分用唐人韻得孟貞曜百憂韻》詩，可徵其事。（《撢詩》卷一〇）萬光泰是年亦有《初歸嘉興康古招同受銘坤一集小方壺效唐人體各用其韻五首時豐玉方病起坤一將入都》詩。（《柘坡居士集》卷一〇）

未幾，先生與錢陳群離鄉返京。

> 《僮歸十七首》第八首有句云："十月返我家，數日離我鄉。離鄉復來京，是時隨侍郎。"（《撢詩》卷一三）

既還京師，館吏部右侍郎蔣溥邸，教其長子蔣檙。

> 蔣溥，字質甫，一字恒軒。江蘇常熟人。大學士廷錫長子。雍正八年進士，選庶吉士，授編修，進侍講。高宗即位，擢左春坊庶子，尋陞吏部侍郎。乾隆八年命署湖南巡撫，旋實授辦理永順等處苗傜軍務。十一年兼戶部侍郎，十三年擢戶部尚書，十七年充《文獻通考》館總裁。十八年協辦大學士，兼署禮部尚書，掌翰林院事。二十四年授東閣大學士。生于康熙四十七年，卒于乾隆二十六年，年甫五旬。（《清代人物生卒年表》頁七五三）贈太子太保，入祀賢良祠，謚文恪。工寫生，筆意秀逸，深得廷錫遺法，兼擅山水，每進呈多蒙御題。子六：長檙，官兵部侍郎；次賜榮，江安糧道；餘俱以官職世其家。（《耆獻類徵》卷二三國史館本傳，《小倉山房外集》卷六《東閣大學士蔣文恪公神道碑》，

《大清一統志》卷八一,《蘇州府志》卷一〇〇)

蔣楙,溥長子,字作梅。乾隆十六年進士,選庶吉士,授編修。尋擢司業。二十四年充雲南鄉試正考官。(《乾隆帝起居注》册一八,頁二二八)二十五年十二月入直內廷,在南書房行走,尋補授翰林院侍講。(《乾隆帝起居注》册一九,頁五五九、五六四)二十八年正月補授都察院副都御史。(《清實錄》册一七《高宗實錄》卷一三〇七)十二月,以左副都御史晉兵部右侍郎。(《清實錄》册一七《高宗實錄》卷一三一九)轉左侍郎。乾隆三十二年以疾卒于官,賜祭葬。(《蘇州府志》卷一〇〇)子蔣日烜。(《清實錄》册一八《高宗實錄》卷一三八八)按:《國朝畫徵補錄》稱其擅寫花卉,頗得祖法。又稱其為蔣洲子,則應為洲之嗣子矣。

十二月,與夏大易晤論畫蘭。

夏大易云:"丁卯嘉平,與籜石先生相見京師,余出畫蘭册相質,深相印可。"(《清芬世守錄》册四《澱上讀書圖》)按:夏大易,字蘭巢。江蘇崑山人。餘俟考。

是年,于京師土地廟購得王時敏臨富春大嶺圖長卷,有董其昌、陳繼儒跋。

《雪後馮相國招飲獨往園》注云:"出觀名畫,予丁卯所購王奉常富春大嶺卷。"(《籜詩》卷三九)又《再題四絕句》第二首注云:"載于土地廟得王奉常臨富春大嶺圖長卷,董文敏、陳仲醇跋。"(《籜詩》卷三七)

本年有詩:

《獨行》、《淮安》、《雨泊二首》、《鐵犀行》、《謁仲子廟》、《王瓜園》、《見拾麥穗》、《五月五日先孺人忌日次商家林痛成》、《趙北口追憶丁巳春偕馬副使維翰南歸》、《晉陽庵》、《題唐希雅水鳩鶄鷯秋景卷子二首》、《南池杜文貞公祠詩為沈侍御廷芳作》、《苑西四首》、《侍從叔祖少司寇陳群齋恭讀皇帝御製玉甕歌時公方恭和元韻命載擬和一篇謹成》、《少司寇公出觀趙文敏公書史記汲黯傳册》、《曉發新城行十里登舟至雄縣用蘇文定公郭熙橫卷韻》、《蓆帽》、《安德驛遇潦過津期店》、《腰站南遇潦》、《謁孟子廟》、《曉行嶧山下》、《柳前雨》、《拜閔子墓》、《臨淮》、《定遠夜雨》、《廬州城外白蓮》、《舒城》、《梅心驛南山行二首》、《桐城》、《天柱峰出雲歌》、《墜馬》、《過黃梅》、《孔壠曉行》、《渡潯陽江》、《東林寺觀王文成公次邵二泉韻詩壁即用其韻》、《南昌旅夜用李參政韻二首》、《生日南昌登樓》、《金學使德瑛邀同蔣孝廉士銓過百花洲》、《得與朱明府沛然相見南昌題其小影即以志別二首》、《守風揚子洲晚眺西山用陶靖節庚子歲五月中從都還阻風于規林二首韻》、《龍津》、《安仁》、《北蘭寺僧送桂華數枝養盆盎中舟行五百里而香未盡曉枕有題用謝宣城懷故人韻》、《貴溪》、《過弋陽六七十里江山勝絕即目成歌》、《琴石行》、《橘林》、《蘭溪晚泊》、《去嚴州十里外泊》、

《八七里瀧三首》、《嚴灘晚泊用陶公和郭主簿二首韻》、《桐廬感舊為龍巖李先生》、《柏林》、《泊舟鐵幢浦觀月用柳柳州贈江華長老韻》、《十月晦小方壺同王秀才萬孝廉汪上舍兄弟分用唐人韻得孟貞曜百憂韻》、《和汪上舍孟銅用陸天隨雜諷九首之一韻》、《邳州村舍》、《汊河二首》、《滕縣》、《鄒縣》、《河間》、《宿雄縣效孟貞曜體》、《宿蔣少宰溥揖翠堂後齋觀倪元鎮小幅即用其自題韻》、《除夕》。

其中：

《鐵犀行》，顧列星評云："胎原老杜《石犀行》，而寓意若有所在。杜責秉鈞，此責治河使者也。"

《趙北口追憶丁巳春偕馬副使維翰南歸》，顧列星評云："少宗伯詩不屑拾人牙慧，有戛戛獨造之致。此首神韻絕世，我覺魏公猶嫵媚也。"

《侍從叔祖少司寇陳群齋恭讀皇帝御製玉甕歌時公方恭和元韻命載擬和一篇謹成》，錢儀吉注云："此即《元史》之大玉海也。"

《曉行嶧山下》，顧列星評"秋心動高柳，上有飲露蟬"二句云："'秋心'二字，不減太白。"錢儀吉注"衆山星共然"句云："'共'音'拱'。"又評詩云："大儒胸次當如是。辛丑冬記。"

《梅心驛南山行二首》，顧列星贊云："二詩可採入漁洋詩話中。"

《天柱峰出雲歌》，錢儀吉評云："勝後祝融峰雲海之作。然無心之雲，似不必有心寫之。一落迹象，工又不可，不工又不可。"按：指《坐祝融峰頂石觀雲海歌》。（見《蘀詩》卷二一）

《東林寺觀王文成公次邵二泉韻詩壁即用其韻》，錢儀吉評先生自注之"用王荊公裴晉公平淮右題名詩句"云："荊公此語譏切晉公也，前人方以為口實，似不必用。"吳應和評云"老氣橫秋"，又謂與王又曾《憩東林寺三笑寺用壁間陽明先生從東林登山石刻詩韻》一首在伯仲間。

《南昌旅夜用李參政韻二首》，翁方綱注云："此鐘今尚存否？"錢儀吉評云："以章法說之，在公集猶非上乘。"

《生日登南昌樓》，錢儀吉批末句"只不解離憂"云："此離憂之離，非別義。太史公曰：'離騷者，猶離憂也。'"

《得與朱明府沛然相見南昌題其小影即以志別二首》，又評云："'群拖六幅湘江水，鬢聳巫山一段雲'，即此起聯對法。"

《北蘭寺僧送桂華數枝養盆盎中舟行五百里而香未盡曉枕有題用謝宣城懷故人

韻》，顧列星評云："《選》體中之淡泊者。"

《貴溪》，顧列星評起四句"灘響枕上流，始知船早行。推篷起盥漱，露色遥峰青"云："在二謝之間"，又評"微火搖孤城"句云："'微火'五字入微，非江行不知其妙。"

《過弋陽六七十里江山勝絶即目成歌》，顧評云："生面獨開，語多杜撰。奇處似昌黎，拗處似山谷。其胎源遠自柏梁得來。"又贊結句"一林紅樹清霜憑，一行白鷺涼煙勝"云："生而穩，健而逸，老氣横秋，却饒姿態。"

《琴石行》，錢儀吉注云："文端公有《琴石銘》。"

《去嚴州十里外泊》，又評云："才遠城門已到山，然此境已不易到。"顧列星評云："刻削似大謝，而幽微過之。"

《八七里瀧三首》，顧評云："不及嚴先生事，是避俗法。山高水長中，令人于言外想見之。"又評"來帆掠峰出，風力雲氣中"諸句云："詩中有畫，且有畫筆所難到。"

《和汪上舍孟鋗用陸天隨雜諷九首之一韻》，翁方綱批詩中論樸學句云："時與康古蓋同志講習于此，然亦非籜石專力所在也。"

《邳州村舍》，顧列星評云："似儲光羲學陶。"

《宿雄縣效孟貞曜體》，錢聚朝校"忽此憑衾裯"句云："'裯'當作'裯'。"

《宿蔣少宰溥揖翠堂後齋觀倪元鎮小幅即用其自題韻》，翁方綱評云："此是吟哦出之。"

十三年戊辰（一七四八），先生四十一歲。

是年，仍館蔣溥邸第。助其編纂《三希堂法帖》。

《項墨林先生硯銘》云："顧其所收晉唐宋元明墨迹，乾隆戊辰載館京師，皆經手叙次，刻帖内府三希堂。"（《籜文》卷一七）按：蔣溥父文肅公廷錫賜第，在内城北城藜光橋，一作李廣橋，枕靜業湖。先生館蔣邸十年，然其間情形幾無述及。據洪亮吉《書裘文達遺事》，蔣溥性闊達，賓客多寡皆不甚措意，有揭薦牘來者，悉館門下，未嘗拒一人。裘曰修嘗薦一人入館，居蔣邸兩年，未嘗為一事。每日兩飯，飯畢即鍵户出游。歲值五日、中秋日及歲盡前數日，有老僕入客館分發歲脩五十。先生當日坐館情形，未必與之盡同，或可借此略窺一二。（《更生齋集》文甲集卷四）

二月十六日，再晤夏大易，出《澂上讀書圖》屬題。

夏大易識云："丁卯嘉平，與籜石先生相見京師，余出畫蘭册相質，深相印可。戊辰二月既望，承以《澂上讀書圖》屬題，因即作畫當詩，蓋此亦鷹窠茶磨間所產也。蘭巢夏大易。"鈐"夏大易"印、"蘭巢"印、"香草山房"印、"青松白石"印,俱白文印。
（《清芬世守録》册四《漵上讀書圖》）

春,獲張庚山東來信,賦詩以答。

先生有《得張徵士庚歷城書走筆寄答》詩,繫于是年。詩中自況曰:"昔年養親各負米,今者豈不因妻孥。依人覓活實厚顔,況君齒豁我淚枯。"（《籜詩》卷一一）

四月,預王氏園之會,晤錢維城。時錢維城方畫山水,愛先生上年所得王時敏富春大嶺長卷,遂携去。

《再題四絶句》注云:"載行七,戊辰王園之會公呼載七哥。""載于土地廟得王奉常臨富春大嶺圖長卷,董文敏、陳仲醇跋。公愛之,遂携去。時方畫山水,猶未直内廷也。"（《籜詩》卷三七）按:京郊豐臺王氏園,地即祖氏園,乾隆初年歸于王氏。"在草橋,水石亭林,擅一時之勝"。（吴長元《宸垣識略》卷一三）彼時游草橋舉禊事,或往豐臺觀芍藥者,往往過焉,今據芍藥花時,擬定王園之會于四月。

錢維城,字幼安,一字宗磐,初名辛來,故又字稼軒,晚自號茶山。浙江武進人。與先生同為吴越武肅王之後。乾隆三年舉順天鄉試。十年中進士,廷試第一人,授翰林院修撰。十四年擢右春坊右中允。未幾,入直南書房。二十二年擢工部右侍郎。二十六年調刑部右侍郎,尋轉左。深邕律意,剖析必歸精審。乾隆三十七年卒,年五十有三。加贈尚書,謚文敏。著有《茶山詩文集》三十卷行世。詩宗李杜,書歸蘇文忠。工山水,學董邦達而好為黄子久一派,深受高宗賞識,所進畫册多蒙御題。子二:中銑,中鈺。女一,孟鈿,工詩畫,通音律。（《錢文敏公全集》附録錢維喬撰家傳,《大清一統志》卷八八）

六月十四日,賦詩題錢元昌、錢元昆、錢標、錢爾復三世合寫之《普門品經》。

自識云:"乾隆戊辰六月十四日製,載脱稿于京師藜光橋之寓齋。"鈐"載"白文墨印。

按:先生時持服。（《清芬世守録》册三卷六《三世寫普門品經册》）所賦詩即《寄題三世寫普門品經後兼呈從父觀察元昌》一首。（見《籜石齋詩集》卷一一）

冬,與蔣溥合畫梅竹一幅,錢陳群為題五言二十字。

錢泰吉《小春之初蔡小硯廣文錫琳寄贈乾隆戊辰冬族父少宗伯公與蔣恒軒相國合畫梅竹上有文端公題句云梅花如美人用儷君子德相對兩相忘無言自怡悦是日為余生朝忽逢林諸友咸集舊藏少宗伯公畫山桃花亦有相國題詩因同展觀雜述舊事以當跋尾并柬小硯》有句云:"今秋西子湖邊逢小硯,為道新得紙本畫出老瓦盆,盆中墨梅我家宗伯所手寫,虞山補竹亦若老梅枝不繁。"（《甘泉鄉人稿》卷二四）據此可知畫為紙本,先生繪盆中墨梅一株,蔣溥為補竹,上有錢陳群題句云:"梅花如美人,用儷君子德。相對兩相忘,無言自怡悅。"

蔣溥得其父廷錫畫法,善以逸筆寫生。先生間受指點,筆法益進。

張庚云:"(先生)游都門,恒軒為其子延主師席,因得親其點染,筆法益進。"(《國朝畫徵續錄》卷下)

是年,應沈德潛徵詩,賦黃公望富春山圖卷及龔開畫馬。

《龔翠巖畫馬歌》注云:"沈歸愚少宗伯徵賦。"《黃子久富春山圖卷》詩注亦云:"沈少宗伯徵賦。"(《籜詩》卷一一)

沈德潛,字確士。晚取韓子"歸愚識夷途"之語以名其齋,又自署歸愚老人。江南長洲人。乾隆三年始舉于鄉,明年成進士,入翰林,年已近七十。不數年由春坊累遷詹事、內閣學士兼禮部侍郎,直上書房。十四年患噎症,高宗命校御製詩稿十二本,校畢起行歸鄉。并賦詩以賜,謂"朕與德潛可謂以詩始,以詩終矣"。而後德潛以所選國朝詩遭責,又因其為徐述夔撰傳,墓碑被撲,也皆不可謂非起于詩而終于詩矣。乾隆三十四年病卒里第,年九十七。贈太子太師,諡文愨。其詩效法盛唐,以溫柔為教,如絃匏笙簧,皆正聲也。所選漢魏六朝唐明詩數十卷,匯千古之風騷,聚一時之壇坫。自為詩集三十卷、古文集三十卷、詩餘一卷,又有《矢音集》四卷,載敕和之詩。(《耆獻類徵》卷八四,《香樹齋文集續鈔》卷三《贈太子太師大宗伯沈文愨公神道碑》,《小倉山房文集》卷三《太子太師禮部尚書沈文愨公神道碑》)

又為章有大題《深柳讀書圖》。

先生有《題章虞部有大深柳讀書圖二首》詩,繫于是年。(《籜詩》卷一一)

章有大,字容谷,號祐庵。世居歸安荻埭村。雍正八年進士,由工部主事歷官御史、禮科給事中。福建、廣東、四川三省主考。著有《息勻小稿》。(沈琨《嘉蔭堂文集》卷三《亡室章恭人傳略》,《兩浙輶軒錄》卷一八)

又為顧鎮題《洞庭秋泛圖》及所著《毛詩劄記》。

先生是年有《題顧孝廉鎮毛詩劄記》、《題顧孝廉洞庭秋泛圖》二詩。(《籜詩》卷一一)

顧鎮,字備九,號古湫,又號虞東。蘇州昭文縣人。乾隆三年舉于鄉。嘗佐蔣溥撫湖南,凡簿書章奏、兵刑錢穀,皆司其成。十四年徵經學之士,蔣溥薦之,授國子監助教。十九年成進士,遷宗人府主事,充玉牒館纂修。年老乞休,以原官卒于家。學有本源,所注《毛詩》者乾隆間推為最善。著有《毛詩劄記》、《虞東學詩》十二卷、《三禮劄記》十帙,又古文詩若干卷。(《小倉山房文集》卷五《虞東先生墓志銘》,《蘇州府志》卷一

〇一)

又為詞科同徵馬榮祖題《玉井蓮圖》。

先生有《題馬孝廉榮祖玉井蓮圖》詩,繫于是年。(《籜詩》卷一一)按:桑調元《玉井蓮歌題玉井蓮圖寄力本》序云:"力本先世根源扶風,既以石蓮名其堂,復倩能手圖玉井蓮,邀同人詩之。"(《弢甫五嶽集·華山集》卷下)

本年有詩:

《拈花寺》、《次韻裘少詹曰修咏走馬燈》、《法源寺》、《月橋作》、《德勝橋東堤柳》、《題蔣上舍橚觀泉圖》、《清明日出德勝門入安定門作》、《題章虞部有大深柳讀書圖二首》、《天寧寺》、《白雲觀》、《善果寺》、《戒壇》、《覃柘岫雲寺四首》、《曉起次韻舍利塔後石壁明昌五年所刻僧重玉從顯宗幸龍泉寺之作》、《化陽洞》、《重宿戒壇》、《萬泉寺同張舍人敬業》、《水頭莊》、《碧水辭》、《得張徵士庚歷城書走筆寄答》、《沈啓南墨鷄》、《吐必落索》、《寄題三世寫普門品經後兼呈從父觀察元昌》、《淨業寺》、《送許吉士焭宰滎陽》、《拈花寺和蔣大司農四言之作兼贈二憨上人》、《祝大舍人請假歸里話別二首》、《觀倪高士水竹居圖即用其自題韻》、《懷陳丈向中西安》、《王五又曾春日金陵書來及秋懷之》、《懷從叔祖界歸州》、《夜過萬孝廉于查農部新齋農部出移居宣南坊用蘇公書王定國所藏煙江叠嶂圖韻詩并孝廉和章見示遂亦和之》、《寄王五》、《寄汪上舍孟鋗仲鈖》、《雪懷陳明經經業三首》、《題顧孝廉鎮毛詩劄記後》、《題顧孝廉洞庭秋泛圖》、《甕水行》、《萬孝廉屬題高生跋漢五鳳二年墨本》、《題馬孝廉榮祖玉井蓮圖》、《龔翠巖畫馬歌》、《唐花》、《黃子久富春山圖卷》。

其中:

《月橋作》,錢儀吉校"蔟蔟人家檐色動"句中"蔟"字為"簇"字。

《題章虞部有大深柳讀書圖二首》,錢聚朝注云:"章字容谷。"

《天寧寺》,顧列星評云:"語涉機鋒,却是儒者講修齊治平實際處,禹稷已飢已溺,皆從此一念出來。"

《覃柘岫雲寺四首》,又評最後一首"丁香雪自明,窗影為頻散"二句云:"十字微妙通禪。"

《水頭莊》,又評云:"詩境亦如一泓清水。"

《碧水辭》,吳應和評云:"數語賅括,詞致古質,而中間仍有跌蕩處,非深于漢魏樂府者不能到。"

《吐必落索》,錢儀吉注云:"即晚香玉。"

《寄題三世寫普門品經後兼呈從父觀察元昌》,錢聚朝校"不虛居士懺題詳"一句云:

"'懴',手校應改'韱'。"

《王五又曾春日金陵書來及秋懷之》,翁方綱評云:"極其匠意,結構出之。"

《寄汪上舍孟鋗仲鈖》,吳應和評云:"語意之真,氣息之厚,近時詩人鮮克有此境界。"

《雪懷陳明經經業三首》,顧列星評第三首"折竹聲中得"一句云:"'折竹'句妙在天然,對句便為人籟矣。"

《題顧孝廉洞庭秋泛圖》,吳應和評云:"起突兀,承接'君不見'二語,抑何宕逸。後一段殊近太白,其源蓋出于《騷》。"

《萬孝廉屬題高生跋漢五鳳二年墨本》,錢儀吉注題目云:"二年下不知應有甄字否?"翁方綱注"甄耶石耶我未見,是篆是隸君能知"二句云:"所以題不說石本也","此刻是篆非隸"。又評云:"然此內既云親拜闕里,則其是石非甄,瞭然矣。而仍不敢質言其為石者,此老不敢違背竹垞也。"

《唐花》,錢聚朝校起句"上擔糊藤脚"云:"手校云,'糊'改作'黏'。"

十四年己巳(一七四九),先生四十二歲。

二月十八清明日,登覺生寺鐘樓。

先生是年有《清明日登覺生寺鐘樓》詩紀其事。(《籜詩》卷一二)

春,桑調元賦詩寄問近況。

桑調元數日內先後寄詩兩首,其一為《張瓜田庚寓齋見坤一寄瓜田詩即用其韻簡寄》。(《弢甫續集》卷七)按:時張庚適自山東行抵大梁,見厲鶚《邗上逢張浦山即送其重游大梁兼寄桑弢甫》,調元所見乃先生上年回復瓜田之作《得張徵士庚歷城書走筆寄答》。(見《籜詩》卷一一)其二為《寄錢坤一載疊韻》,詩中多寬慰先生語,略云:"自春寓書冬始到,知汝今歲僑僧廬。萬人奔波聲洶沸,泛泛只自浮虛艫。古今癖好難理解,有人愛聽長鳴驢。生非彌明脫塵鞿,那得不作人間書。年經憂患雜禪悅,議論略似楊慈湖。機鋒著詩縱橫出,交游萬事何其疏。"(《弢甫續集》卷七)

先生連奉手書,感賦四首酬答。

《仰酬桑先生四首》有句云:"大梁亦何在,十日兩奉書。"(《籜詩》卷一二)

四月初七日,摯友朱沛然歿于江西。時方至鵝湖書院掌教席。

先生是年有《朱大明府沛然歿于江西四月七日靈櫬歸里五月二十日載之聞耗六月晦日久而不能哭之以詩今聞將以十二月八日葬于桐鄉某原賦寄挽詞十五首》詩紀

其事。第十首結尾云：“掌教鵝湖乍，行藏畢一生。”(《樗詩》卷一二)

是月上旬，詞科同徵裘曰修奉命告祭南鎮會稽山，先生賦詩送之。

先生有《送裘詹事曰修告祭南鎮》詩，繫于是年。(《樗詩》卷一二)按：時金川平定，高宗以加皇太后徽號，遣官祭五嶽四瀆及歷代帝王陵寢、先師孔子闕里。

裘曰修，字叔度，一字漫士，號諾皋。江西新建縣人。乾隆元年舉薦博學鴻詞，報罷後旋舉順天鄉試。四年中進士，改庶吉士，散館授編修。九年遷少詹事，十三年晉詹事。歷官至工部尚書，加太子少傅。三十八年閏三月充《四庫全書》館總裁，尋卒于位，諡文達。距其生康熙五十一年，得年六十有二。學品端醇，才猷練達。《蒲褐山房詩話》云：“公神閑氣靜，明敏自然，事無大小，談笑應之，雖盤根錯節，迎刃而解。”(《湖海詩傳》卷九)與纂《西清古鑑》、《錢錄》、《石渠寶笈》、《熱河志》諸書，有奏疏、詩文若干卷。(《耆獻類徵》卷八五，《大清一統志》卷三一〇)

既而使旋，裘曰修以六和塔宋石刻四十二章經拓本相贈。

《集嘉樹齋題六和塔四十二章經拓本二十四韻》注云：“己巳夏，詹事裘公奉命告祭南鎮，載為言塔上真經。使旋，携拓本見贈。”(《樗詩》卷一三)

四月，應盧文弨之請，為其父盧存心六十壽賦詩。文弨少從父翁桑調元問學，與先生早已交識。

先生有《盧舍人文弨徵為徵君存心六十詩》，繫于是年。(《樗詩》卷一二)據桑調元《盧敬甫六十壽序》，存心生日在四月間。(《弢甫集》卷七)

盧文弨，存心長子。字紹弓，號磯漁，又號檠齋，晚更號弓父，人稱抱經先生。浙江餘姚籍仁和人。為馮景之外孫，桑調元之婿。乾隆三年中順天鄉試，七年授內閣中書。十七年以一甲第三人成進士，改庶吉士，散館授編修。歷官侍讀學士、湖南學政。三十三年以條陳學政事降調，旋乞假歸養。先後于鍾山、紫陽、崇文等書院主講席，從游者若方維甸、孫星衍為最著。卒于乾隆六十年，享年七十有九。文弨孝謹篤學，官中書日始篤志校書。出所定《經典釋文》、《孟子音義》、《春秋繁露》諸善本鋟版行世。又合經史子集三十八種，摘字注之，曰《群書拾補》。晚年雅意金石文字之學，著有《鍾山劄記》四卷、《龍城劄記》三卷。又有《抱經堂集》三十四卷。(《經韻樓集》卷八《翰林院侍讀學士盧公墓志銘》，《兩浙輶軒錄》卷二三盧慶鍾《行狀》，《拜經堂文集》卷五《皇清故日講起居注前翰林院侍讀學士先生行狀》)

七月初七日，高宗以秋獮木蘭，自圓明園啟駕。蔣溥隨駕，偕先生同往，亦于是日起程。

《高宗實録》卷三四四云："癸丑,上以秋獮木蘭,奉皇太后自圓明園啟鑾。"(《清實録》册一三)先生是年有《秋曉啟鑾篇七月八日南石槽綦紀》詩,其中述及鑾儀盛况云:"行宫天碧金鐘鳴,山下萬帳紅燈生。人聲馬聲及車聲,肅肅併作清風清。"(《籜詩》卷一二)按:初七日駐蹕南石槽,此詩應作于次日凌晨啟鑾時。以下行程日期皆從《高宗實録》卷三四四至三四九鈔出,不再另行注明。

初九日,駐蹕要亭。

先生賦《要亭》詩紀其事。(《籜詩》卷一二)

十二日,駐蹕喀喇河屯。

先生是年有《度三道梁至喀喇河屯》詩。(《籜詩》卷一二)

十四日,至熱河避暑山莊。

先生有《中關至熱河》詩紀其事。(《籜詩》卷一二)

詞科同徵劉綸亦扈蹕塞上,出《塞上新詩》屬題。

先生有《題劉閣學綸塞上新詩後二首》詩,繫于是年。(《籜詩》卷一二)

劉綸,字繩庵。武進人。乾隆元年召試博學鴻詞,名列第一,以諸生授翰林院編修。歷官户部侍郎兼順天府尹、以户部尚書協辦大學士、文淵閣大學士兼工部尚書、加太子太保。與文正公劉統勳,有南劉北劉中堂之稱。三十八年春病卒,得年六十有三。贈太子太傅,謚文定。為人遇事謹飭,入直樞禁尤清慎自將。著有《繩庵内外集》行世。(《籜文》卷二五《祭劉繩庵相國文》,《寶奎堂集》卷一二《光禄大夫贈太子太傅文淵閣大學士文定劉公墓志銘》,《大清一統志》卷八八)

至山莊後二日雪,有詩紀之。

先生是年有《至後二日雪》詩,繫于《中關至熱河》之後。(《籜詩》卷一二)

九月初十日,高宗自避暑山莊回鑾。

十七日至廿一日,駐蹕盤山静寄山莊。其間,蔣溥偕介福游盤山。先生得于行帳拜見介公。

劉綸有《回次田盤以習懶未遑登陟蔣虞山司農介野園少宰出示紀游之作因次其韻》詩,可知蔣、介二公同游盤山,并皆有詩作紀行。(《繩庵外集》卷三《奉和總裁少宗伯公用深字韻》注云:"己巳秋,今虞山相國隨駕木蘭,載偕游,始見公于行帳。"(《籜詩》卷二二)

介福,姓佟佳氏,字受兹,一字景庵,號野園。滿洲鑲黄旗人。雍正十年舉人,十一年成進士,選庶吉士,散館授檢討。乾隆十三年調吏部右侍郎,明年轉左。十七年三月充順天鄉試副考官,九月任殿試讀卷官,為先生座師。二十年七月兼翰林院掌院學士。二十一年十月管理太常寺事務。二十七年三月充召試閱卷官。(《耆獻類徵》卷四二國史館本傳)四月卒于扈從途次。(《清實錄》册一七《高宗實錄》卷六五八)生年未詳。嘗四主會試,四主鄉試,其他殿廷衡文不可枚舉。于文襄公贈以聯曰:"天下文章同軌轍;門墙桃李半公卿。"(《槐廳載筆》卷一二引《灤陽續錄》)作詩以唐人為圭臬,心摹力揣。所著有《西清載筆錄》、《野園詩集》、《關中紀行草》等。(《八旗詩話》)

廿五日,高宗還宮。先生亦隨蔣溥回京。

十一月初四日,詔舉潛心經學之士。

《高宗實錄》卷三五二略云:崇尚經術,良有關于世道人心。今海宇昇平,學士大夫舉得精研本業,其窮年矻矻,宗仰儒先者,當不乏人。大學士九卿、督撫公舉老成敦厚、純樸淹通之士,不拘進士、舉人、諸生以及退休、閑廢人員。(《清實錄》册一三)

介福、嵇璜同時以先生名應薦。

梁錫璵《辛未保舉經學錄》云:"户部左侍郎嵇璜保舉二人,吳鼎,素行純樸,潛心《易經》;錢載,為人醇謹,殫心經籍。""吏部左侍郎介福保舉一人,錢載,素行醇樸,究心經史。"

嵇璜,曾筠三子。號尚佐,字黼庭,晚自號拙修。江蘇無錫人。雍正七年欽賜舉人,八年中式進士,散館授編修。乾隆十四年由工部調户部右侍郎,尋轉左。三十二年實授禮部尚書,累官至文淵閣大學士。乾隆五十九年薨于位,壽八十四。加贈太子太師,謚文恭。生平習于經世之務,尤善治河。精小楷,能于胡麻上作書。有《錫慶堂詩集》八卷。(《小倉山房文集》卷三《太子太師文淵閣大學士錫山嵇文恭公墓志銘》,《大清一統志》卷八一)

既而為介福繪《田盤松石圖》,并賦長歌。

先生是年有《田盤松石圖為少宰佟公介福畫并賦長歌》詩,可徵其事。其中有句云:"邇承詔舉明經儒,公章薦及山澤臞",言及薦舉經學之事,則畫與詩應作于十一、十二月間。(《蘀詩》卷一二)

按:《田盤松石圖》已失傳。馮敏昌乾隆五十九年仲春題先生《古中盤五松圖》詩自注云:"師曾有《田盤松石圖》,為少宰佟公介福畫,并賦長歌。昌曾見是圖,松凡九株,石法甚奇。後圖為安邑葛雲峰給諫所得。詩見師詩集己巳歲卷内。"又按:葛鳴陽,號雲峰。山西安邑人。由副貢授監察御史,巡視中城。官至吏科給事中。(趙輔堂《光緒安邑縣續志》卷四)有所謂"芸素館",翁方綱乾隆四十一年十月為題額。(《復初齋

文集》[手稿影印本]册一,頁二八七)

歲末,聞亡友朱沛然將于十二月八日下葬,賦寄挽詞十八首。

先生有《朱大明府沛然殁于江西四月七日靈櫬歸里五月二十日載之聞耗六月晦日久而不能哭之以詩今聞將以十二月八日葬于桐鄉某原賦寄挽詞十五首》詩,繫于是年。詩中如"尚有平生意,今成未盡言。輪迴寧再友,夢見已真魂"、"詩皆號南廓,酒即睡東齋。此樂今生過,當時豈不懷"、"天涯遲會合,地下永沉淪。不識他年淚,誰饒後死因"等句,于回憶中夾雜喪友之痛,真切感人。(《籜詩》卷一二)

是年,嘗偕萬光泰過東江米巷,訪周大樞。時大樞撰《鴻爪錄》,欲錄丙辰詞科同徵之詩。

先生是年有《同萬孝廉光泰過周上舍大樞二首》詩紀其事,注云:"上舍撰《鴻爪錄》,錄丙辰同徵二百六十七人之詩。"(《籜詩》卷一二)萬光泰亦有《同坤一訪元木東江米巷即次元木見寄元韻兼簡宗室調玉吉士三首》詩,繫于是年。(《柘坡居士集》卷一二)

又為詞科同徵王延年題紀夢詩後。

先生有《題王學正延年紀夢詩後》詩,繫于是年。(《籜詩》卷一二)按:王延年年少時嘗夢至一室,晤一自稱陳壽之人,手授一卷書俾題六絶句,寤後僅記二句曰:"慚無晉漢春秋筆,敢道前身是彥威。"延年為添足六章,即所謂紀夢詩。事載《隨園詩話》卷二。先生題詩有云:"風寒夢回記其二,一十四字懷珠璣。足成六章章四句,説夢向人人笑譏。"與所載相合。

本年有詩:

《游真覺寺萬壽同申孝廉大年》、《觀蔣文肅公所藏趙子固定武蘭亭五字未損本卷》、《大光明殿》、《清明日登覺生寺鐘樓》、《讀書慧果寺》、《仰酬桑先生四首》、《題諸編修錦高松對論圖》、《盧舍人文弨徵為徵君存心六十詩》、《同萬孝廉光泰過周上舍大樞二首》、《拈花寺禮曾叔祖妣陳太淑人白描觀世音小幀有賦三首》、《馮給事秉仁挽詞》、《留止海淀人家二首》、《西堤二首》、《送裘詹事曰修告祭南鎮》、《題王學正延年紀夢詩後》、《秋曉啓鑾篇七月八日南石槽縶紀》、《九松山》、《要亭》、《出古北口》、《度三道梁至喀喇河屯》、《什巴爾泰》、《木蘭詩十五首》、《金蓮花》、《題劉閣學綸塞上新詩後二首》、《中關至熱河》、《至後二日雪》、《田盤松石圖為少宰佟公介福畫并賦長歌》、《朱大明府沛然殁于江西四月七日靈櫬歸里五月二十日載之聞耗六月晦日久而不能哭之以詩今聞將以十二月八日葬于桐鄉某原賦寄挽詩十五首》。

其中:

《觀蔣文肅公所藏趙子固定武蘭亭五字未損本卷》，顧列星評云："平平鋪叙中，有一唱三歎之音。"翁方綱注"肥本唐搨世希有"一句云："亦不能到唐搨耳。"又圈"中洲誰留要眇望，靜女不見踟躕傷"二句云："頓挫。"

《清明日登覺生寺鐘樓》，顧列星評"帝歌鏗鞳有元音"一句云："雙關語聲大而宏。"

《仰酬桑先生四首》，又評云："四詩真樸，有漢魏氣息。"錢儀吉注"我初從游時"一句云："公丁未從桑先生學。"復圈第四首"日出師曠臺，草生軒轅丘。雍雍書院長，禮教乎中州"四句云："古意盤欝，音節彌亮。"

《題諸編修錦高松對論圖》，錢聚朝校"一松栽故明"句云："手校云，'故明'改'前楹'。"

《盧舍人文詔徵為徵君存心六十詩》，翁方綱注云："時撢石與抱經未作同年進士也。"

《萬孝廉光泰過周上舍大樞二首》，錢儀吉評"川水陸生悲"一句云："陸機《歎逝賦》：'川閲水以成川，水滔滔而日度。世閲人而為世，人冉冉而暮行。'"

《西堤二首》，翁方綱評第一首結二句"欲識東雉村，何處西勾橋"云："五古每于收處見章法。"

《題王學正延年紀夢詩後》，錢儀吉注云："記《隨園詩話》詳述其夢。"錢聚朝校"蓋即寫此吟依俙"句云："手校云，'俙'改'稀'。"

《秋曉啟鑾篇七月八日南石槽縶紀》，顧列星評"肅肅併作清風清"一句云："'肅肅'七字可作蕭蕭馬鳴、悠悠斾旌。"又評"綠楊如雲輦道平，皇帝御馬雲中行"二句云："'綠楊'二句真寫得穆清氣象出，《長楊》、《羽獵賦》未經道過。"

《出古北口》，錢聚朝注云："《池北偶談》：古北口一寺中有石刻潁濱詩云，'亂山環合疑無路，小逕縈回長傍溪'云云，蓋公元祐間使契丹時所題，而遼人刻石者。"

《度三道梁至喀喇河屯》，顧列星評云："聲律偕邕，優柔不迫。齊梁詩實為唐律之祖，徐庾體何可輕薄？"

《木蘭詩十五首》，顧列星評云："章斷而意相承，可作一篇《秋獵賦》讀。"又評第六首"日覺深山深，日忘大漠大"與"翠復數峰外"諸句云："極力摹寫塞外山川寥闊，覺別有天地，而王者一統無外，氣象一併寫出。"吳應和評云："事同岐陽十鼓，而以少陵《北征》、昌黎《南山》筆意出之，雖分十五首，原是一篇章法。"近藤元粹駁吳評云："無首尾、無順序，更不得要領。選者以比《北征》、《南山》，瞽妄之論一至此，可憫笑。"按：楊鍾羲《雪橋詩話續集》云："《木蘭詩十五首》摹寫塞外山川寥闊，覺別有天地，而王者一統無外氣象一併寫出。"（《清詩紀事》頁五四二三）

《田盤松石圖爲少宰佟公介福畫并賦長歌》，錢聚朝注云："田盤松石，蔣一葵《長安客話》。"吳應和評云："中幅實賦松石一段，不假辭彩修飾，彌見筆力清矯。"

十五年庚午（一七五〇），先生四十三歲。

正月，賦詩送馬榮祖出宰閿鄉。

先生是年有《送馬榮祖宰閿鄉三首》詩，繫于《小寒食獨出安定門至一野井小憩賦詩二首》之前。第二首結尾云："人情貴相好，不在暫與常，我行儻來值，一握申慨慷。"（《籜詩》卷一三）

小寒食，獨游京城郊外。

先生是年有《小寒食獨出安定門至一野井小憩賦詩二首》詩紀其事。（《籜詩》卷一三）

春，觀萬光泰所作《寒山舊廬圖》。

《題寒山舊廬圖用張文端公題寒山舊廬韻》注云："憶庚午春，循初孝廉出所作圖使觀。是秋，孝廉歿。"（《籜詩》卷一四）按：圖爲錢塘陸森作。寒山，本宋韓侂冑府所在，後人列爲吳山十景之一，曰鶴步寒山。康熙間，孫子奇依山築廬，榜曰碧山阿，桐城張英曾爲題詩刻石。乾隆初，廬歸錢塘陸文謨。文謨字典三，號芑洲，乃陸森父。據王孫芸《寒山舊廬詩序》，乾隆十四年陸森以舉優北上，寓梁詩正邸第，與萬光泰同館舍，遂有《寒山舊廬圖》之作。以萬光泰所撰《寒山舊廬圖記》推之，作畫時間大約在乾隆十四年十二月間。（《寒山舊廬詩》）

七月，萬光泰病歿京師。年僅三十九。

時館尚書梁詩正邸第，編纂《續文獻通考》。光泰無子，棺殮時，交好者惟先生一人相送。按：萬光泰一生行藏，劉毓崧《書柘坡居士集後》考之甚詳，文中云："乾隆丙辰、丁巳間，循初應博學鴻詞科，就試京師，在同徵諸人中，名望甚著，有異人之目。報罷後留京，戊午順天鄉試中式。己未會試、壬戌會試、乙丑會試、戊辰復會試，前後會試四次加以一試鴻博，凡五赴禮部，故有'五上春司'之目。己巳館于梁文莊公第，庚午春卒，綜計十數年中自留京外，往還天津館查氏最久。""其間又曾兩至廣東連山，省視其兄敬懷于縣署。初至在癸亥、甲子，再至在丁卯。蓋自入都以還，居鄉之時甚少。"（《通義堂文集》卷一三）

先生賦詩痛悼，有"轆轆車行是獨行，獨行穿市爲平生。銜悲宛轉尋餘味，在世蒼茫累此情"之句。入冬復獨至夕照寺,撫棺一慟。

先生有《哭萬孝廉光泰于夕照寺》與《重哭萬孝廉二首》詩,繫于是年。(《檴詩》卷一三)

汪孟鋗乾隆辛未詩《哭柘坡十四首》注云:"檴石去冬獨至夕照寺撫棺一慟。夜歸卧,忽聞窗外大聲者三,同卧盡驚,謂萬先生來矣。"(《厚石齋詩集》卷七)

沒後六年,汪孟鋗序其詩而刊之,題曰《柘坡居士集》。而萬光泰遺著尚夥,其學如周髀之學、古音之學,皆卓然可傳。

汪序略云:"余友萬君循初,計偕北上,館尚書錢塘梁公第,以病卒。方病中,奉書母氏永訣外,薈自定詩十二卷一緘寄余。""已爾刻既成,取循初別字題曰《柘坡居士集》。其古文、詩餘極夥,聞手自燬去。外雜著十六種,則皆其自定緘寄者,俟他日續刻。是為序,時乾隆丙子十二月八日,同里汪孟鋗康古。"全祖望《萬循初墓志銘》略云:"其穿穴六藝、排比百家,如肉貫串,尤卓然獨絕者,則周髀之學也。……上自注疏,旁及諸史,以至明之三歷,呵龐喝利,布算了了,何其神也。"(《鮚埼亭集》卷二〇)據張民權《萬光泰古音學述評》,萬光泰遺著有二十餘種,以史學和語言學為主。大凡周秦古音、漢代音、南北朝音乃至今音(對《類音》的分析)都有研究,尤其在古韻部的研究上有着卓越的貢獻。(《古漢語研究》總第六六期,頁九至一五)

八月,應順天鄉試,落第。

錢陳群有《渡潯陽江閱京兆題名知檴石被放悵然有作》詩,繫于是年。(《香樹齋詩集》卷一六)按:時錢文端公典江西試畢,過潯陽江還朝。

未幾,先生考取八旗教習。

《奉和總裁少宗伯公用深字韻》注云:"庚午考取八旗教習,壬申舉京兆,公為座主。"(《檴詩》卷二二)

八旗教習缺出,向例由現在肄業正途貢生内考取充補,先生既能與試,應已在國子監肄業。

先生為副貢生,依例取同鄉六品以上京官印結,即可入監。到監取列一、二等,便准肄業。然後按六堂内外班額缺分撥。一經傳補,即遷入學舍,月給膏火。每年考課以二月始,十二月為止,有月課,有季考,皆等其優劣,歲終則甄別。如奉旨舉行考職,扣滿得貢後之期,附生之副貢生滿八月者,查驗冊送吏部考職。(《欽定大清會典》卷七六《國子監》)八旗教習凡遇缺出,于五日内傳集應考,彌封試卷,封門出題,即日取定。在乾隆十六年之前,八旗官學漢教習員缺,由監臣負責考取充補,嗣後則須與

欽派大臣會同考取。(《欽定大清會典事例》卷一一〇一)

冬日,于裘曰修座上識周春。

周春曰:"余識籜石于裘文達公處。"又題先生詩集有句云:"憶我見籜石,上章敦牂冬。爾時年長倍(注:籜石年四十三,余年二十二),偶于師門逢。"(《耄餘詩話》卷五)

周春,字芚兮,號松靄。浙江海寧人。乾隆十五年舉浙省鄉試。十九年成進士,官廣西岑溪知縣,以憂去官。父喪服除,侍母七年,母喪服除,年未五十,不謁選,潛心著述三十餘年。嘉慶十五年重赴鹿鳴宴,賜加六品銜。生於雍正六年,卒於嘉慶二十年,壽八十七。其詩不屑屑規行矩步以為能,集為《松靄詩鈔》若干卷、《松靄集外詩》一卷。博學好古,另有《耄餘詩話》、《遼詩話》、《爾雅補注》、《杜詩雙聲疊韻譜》等著述四十餘種。(《清史列傳》卷六八、《兩浙輶軒續錄》卷七)

十二月廿日,吏部覆核保舉經學人員共四十九名,查出夏力恕等無庸保舉者三員,吳廷華等五員均為緣事降革之人,非敦厚純樸淹通經術之士,不准保舉。

據《高宗實錄》卷三七九。(《清實錄》冊一三)

是年,為徐以泰題《綠杉野屋圖》。

先生有《題徐上舍以泰綠杉野屋圖二首》詩,繫于是年。注云:"圖為董閣學丁卯畫於京師,以上舍有《綠杉野屋集》也。"(《籜詩》卷一三)

長子錢世錫補博士弟子員。

錢世錫《朱梓廬六十壽序》云:"乾隆庚午,余與朱君梓廬同補博士弟子員。"(《文匯》冊一)

本年有詩:

《送馬榮祖宰閩鄉三首》、《小寒食獨出安定門至一野井小憩賦詩二首》、《題徐上舍以泰綠杉野屋圖二首》、《觀陳惟允山水用題者韻》、《次韻田少宰懋秋日過蔣宮保後圃之作》、《哭萬孝廉光泰于夕照寺》、《重哭萬孝廉二首》。

其中:

《送馬榮祖宰閩鄉三首》,錢儀吉注云:"榮祖字力本,廣陵人。嘗擬司空表聖《詩品》為《文頌》三十六首。余癸酉歲見之于琉璃廠肆。"錢聚朝校第二首"其地有闐鄉"之句云:"手校云,'闐'改正作'閩'。"

《重哭萬孝廉二首》,錢聚朝校"空無依傍窊淒涼"句云:"手校云,'窊'改'突'。"顧列星評"別來秋雨復秋雨,住處夕陽還夕陽"二句云:"'別來'句暗用'舊雨來今雨不來'語。京師有夕照寺,多停旅櫬,誦'夕陽'句,為之黯然。"

十六年辛未(一七五一),先生四十四歲。

自正月十三日至五月初四日,高宗舉第一次南巡。叔祖錢陳群扈從,并充行在召試閱卷官。

據《高宗實錄》卷三八〇、三八八。(《清實錄》冊一四)《文端公年譜》卷中。

此次南巡召試,浙江得三人,江南得六人,其中王又曾、錢大昕、陳鴻寶、謝墉等,皆與先生交好。

九人由獻賦召試授內閣中書,其後相繼入京供職,職餘無事輒小集飲酒賦詩,先生亦時預焉。錢大昕《中書舍人吳君墓誌銘》記其事云:"于浙江得士三人,曰嘉善謝墉崑城、錢塘陳鴻寶位人、秀水王又曾穀原。于江南得士六人,曰懷寧蔣雍植秦樹、全椒吳烺荀叔、長洲褚寅亮攜升、休寧吳志鴻沁可、常熟孫夢逵中伯,而予以譾劣亦與數中。""其六月置酒于崑城寓邸,九人者皆至,痛飲甚樂。嗣後或一月或半月輒小集。"(《潛研堂文集》卷四三)

陳鴻寶,字衛叔,一字位人,號寶所。浙江仁和人。縣學生,乾隆十六年南巡召試,欽賜舉人,授內閣中書。由內閣侍讀考選江南道御史,轉刑科掌印給事中、工科掌印給事中。(《國朝御史題名》)《蒲褐山房詩話》云:"寶所風神蕭散,舉止頗似晉魏間人。"(《湖海詩傳》卷一四)乾隆十七年,先生與鴻寶相識于京師,後請于其父,以鴻寶妹字三子敏錫。

謝墉,字崑城,號金圃,又號東墅。浙江嘉善人。乾隆十七年與先生同成進士,選庶吉士,散館授編修。累官吏部侍郎。因外間傳言有"謝墉抽身便討,吳玉綸倒口即吞"之語,降為內閣學士,再降編修。六十年正月以原品休致,四月卒。年七十七。《晚晴簃詩話》云:"東墅迭掌文衡,所識拔多知名士。嘗謂論學當北面汪容甫,至今士林誦之。"(《晚晴簃詩匯》卷八一)著有《安雅堂文集》十二卷、《詩集》十卷等。(《耆獻類徵》卷九一國史館本傳,《揅經室二集》卷三《吏部左侍郎謝公墓誌銘》)

正月,先生偕詞科同徵申甫游萬壽寺。

先生是年有《首春同申孝廉出西直門重游萬壽寺登藏經閣復沿柳堤而西至一村肆飲得詩四首》詩紀其事。(《蘀詩》卷一三)按:萬壽寺,在西直門西,廣源閘附近。明萬

曆五年建。殿宇雄麗。(《宸垣識略》卷一四)

三月十五日雪,賦詩紀之。

先生是年有《三月十五日雪二首》詩。(《籜詩》卷一三)

廿日,為盛錦題《巖東草堂讀書圖》,即送其還吳。

詩云:"朱邸授經雙鬢蒼,去尋木瀆舊山鄉。畔漁軒似寫元鎮,皮陸句非吟辟疆。東谷樹分西谷翠,下園花接上園香。閉門祗辨游春屐,暇即橫塘走馬塘。"落款云:"辛未三月廿日,秀水錢載拜稿。"鈐印四:"載"白文方印、"坤一氏印"朱文方印、"壺尊"朱文方印、"籜石齋"朱文方印。按:巖東草堂在木瀆山堂,盛錦所居。是圖由汪宸作于乾隆十五年四月,今藏楓江書屋。先生題詩未收入集中,為佚作。

盛錦,字庭堅,一字青嶁。江南吳縣人。諸生。客京師,王公以下多折節下之,不耐冗雜歸。沈德潛歸田後,時引為同調,選其詩入《國朝詩別裁集》,并評曰:"青嶁詩從大曆下入手,後層累而上,風格漸高,至入蜀詩得江山之助,沉雄頓挫,直欲上摩

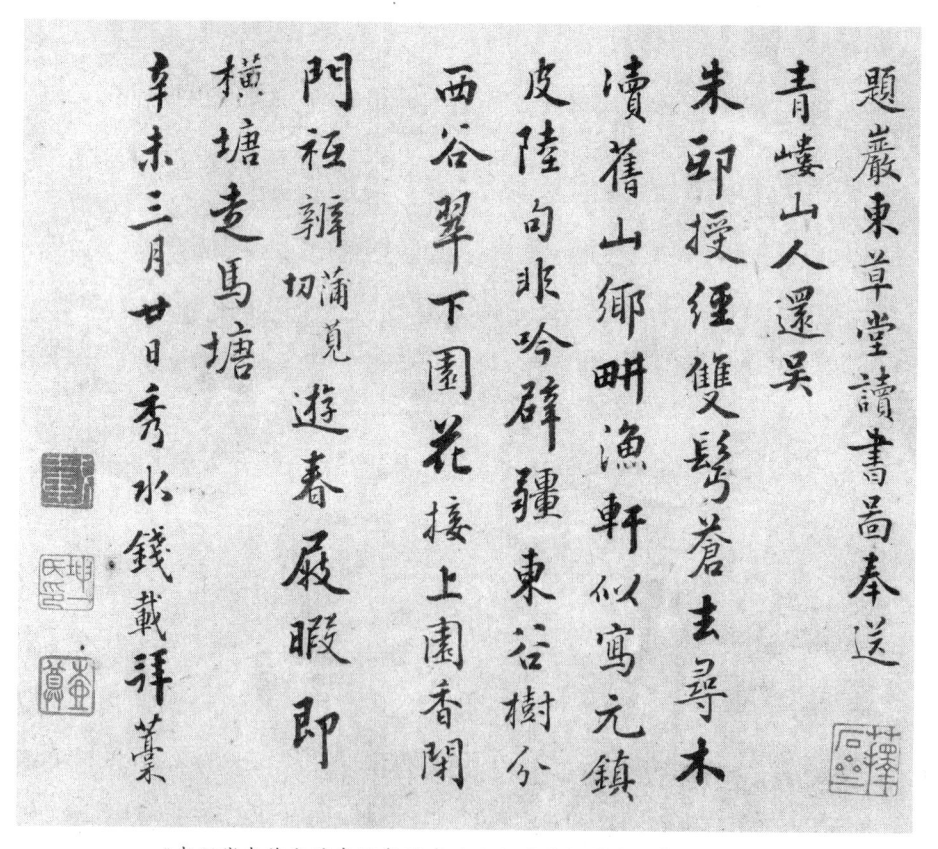

《書題巖東草堂讀書圖奉送青嶁山人還吳》,墨迹紙本,1751年

王漁洋之壘,以仰窺少陵。"(《欽定國朝詩別裁集》卷三〇)歿于乾隆二十一年。著有《青嶁詩鈔》。(《晚晴簃詩匯》卷七八)

春日,過汪孟鋗、汪仲鈖寓齋話舊,賦詩呈祝維誥兼簡朱麟應。

先生是年有《過汪孟鋗仲鈖兩孝廉寓齋夜話呈祝舍人維誥并簡朱孝廉麟應十首》詩,繫于《三月十五日雪二首》之前。(《蘀詩》卷一三)

閏五月十六日,詔命大學士、九卿再行覈核保舉經學之士。

《高宗實錄》卷三九一云:"(辛巳)此所舉內,果有篤學碩彥,為衆所真知灼見,如伏生之流者,即無庸調試,朕亦何妨降旨,問難經義,或加恩授以官階,示之獎勵乎?著大學士、九卿,將現舉人員再行虛公覈實,無拘人數,務取名實相孚者,確舉以聞。如果衆所共信,即可不必考試。"(《清實錄》冊一四)

經大學士、九卿公同覈核,得吳鼎、梁錫璵等四人。先生被落。

吳鼎,字尊彝,號易堂。金匱人。乾隆九年舉人。十六年舉薦經學,以國子監司業用,即著補授該職。洊擢翰林院侍講學士,轉侍讀學士。大考降左春坊左贊善,遷翰林院侍講,旋休致。生于康熙三十九年,卒于乾隆三十三年。著有《易例舉要》二卷、《十家易象集說》九十卷等。(《耆獻類徵》卷一二七國史館本傳,《清代人物生卒年表》頁三〇五)梁錫璵,字魯望,號確庵。山西介休人。由錢陳群舉薦,與先生亦有交往。授國子監司業,一體食俸辦事,不為定員。乾隆十七年命直尚書房。累遷少詹事,大考降左庶子,擢祭酒。因遺失書籍鎸級。生平胸懷渾浩,與古為徒,唐宋以下書非闡發六經有關誠正之學者,悉屏不觀。于諸經亦多論著,而尤精于易。著有《易經揆一》等。生于康熙三十五年,卒于乾隆三十九年。(《耆獻類徵》卷一二七國史館本傳,《〔光緒〕山西通志》卷一三四,《清代人物生卒年表》頁七三六)

廿六日,詔于明年舉行皇太后六旬萬壽恩科鄉、會試。

三月鄉試,八月會試。稍後將外省鄉試改于二月舉行,順天鄉試仍以三月。(《清實錄》冊一四《高宗實錄》卷三九一、三九二)

八月廿日,手錄高祖錢嘉徵七言古詩《劉朝萊道士乞書道德經第六十三章感而書之》,并識後。

識云:"右先高祖侍御公七言古詩一首。乾隆丁巳,從祖界官陝西,奔太夫人喪,過華陰,宿于廟,見道士几陳明人詩册,先公墨迹一葉在焉,亟取以南,而歸諸先君,付載藏之者。"(《蘀文》卷一五《錄先高祖侍御公七言古詩一首書後》)

九月十三日,過王延年齋。

先生是年有《重九後四日集王學正齋》詩紀其事。(《籜詩》卷一三)

秋，錢陳群病起，招同李中簡、戈濤、汪孟鋗集飲賦詩。錢汝誠、錢汝恭侍坐。

先生有《少司寇公病起招同戈吉士濤李編修中簡汪孝廉孟鋗飲從叔編修汝誠孝廉汝恭侍坐分韻》詩，繫于是年。(《籜詩》卷一三)錢陳群是年亦有《秋日病起李廉衣編修戈芥舟庶常汪康古孝廉家坤一鴻博集香樹齋小飲汝誠汝恭侍坐分韻得唅字》詩，可徵其事。(《香樹齋詩集》卷一八)

戈濤，字芥舟，號遽園。直隸獻縣人。錢陳群督學時所拔士。乾隆十四年舉薦經學。十六年成進士，散館授編修。考選湖光道御史，官至刑科給事中。《紅豆樹館詩話》："乾隆中畿輔詩人，盛于河間一郡，而必以芥舟先生為巨擘。"(《國朝畿輔詩傳》卷三八)著有《獻邑志》、《坳堂詩集》、《坳堂雅著》等。生于康熙五十六年，卒于乾隆三十三年。(《耆獻類徵》卷一三七李中簡撰傳、《清代人物生卒年表》頁七三)

李中簡，字廉衣，號子静，一號文園。直隸任丘人。年十五受知于錢陳群，補廩膳生。乾隆九年舉人，十三年成進士，改庶吉士，散館授編修。官翰林院侍講學士，改編修。詩清新遒上，有《嘉樹山房集》十八卷，孫星衍序云："先生在詞館與同里朱笥河先生兄弟及紀曉嵐大宗伯齊名，相切劘，一時文譽冠海內。"(《國朝畿輔詩傳》卷三六)生于康熙六十年，卒乾隆六十年，年七十有五。(《清代人物生卒年表》頁二七一)

十月，先生補鑲藍旗覺羅教習。

《行述》云："辛未十月，府君補鑲藍旗覺羅教習。"先生是年有《冬日鑲藍旗覺羅學書堂作》詩，可徵其事。(《籜詩》卷一三)

按：清太祖之父為顯祖，順治入關，定顯祖以下之本支子孫稱宗室，用黃帶，顯祖之伯叔兄弟各支子孫稱覺羅，用紅帶。覺羅學專教覺羅子弟，與八旗官學不同，受制于宗人府而非國子監。雍正七年設滿漢學各一，漢學負責教習漢文。

十一月初八日，與祝維誥、汪孟鋗、周澧、周翼洙、姚晉錫諸君集保安寺街釃飲，喜王又曾、謝墉二人到京。

汪孟鋗有《十一月初八日喜王穀原謝金圃兩舍人至京同舅氏祝豫堂舍人周松皋孝廉錢籜石徵士周東皋編修姚蘆涇庶常招集保安寺街分體賦詩得九言》詩，繫于是年。(《厚石齋詩集》卷七)先生是年亦有《喜王舍人又曾謝舍人墉至京同祝舍人維誥周孝廉翼洙編修澧汪孝廉孟鋗姚吉士晉錫釃飲》詩。(《籜詩》卷一三)

周澧，字苢東，自號東皋。浙江嘉善人。乾隆十五年舉人，十六年會試第一名，殿試一甲第三名。十八年冬十月卒，得年四十有五。(《章學誠遺書》頁一五〇《翰林院編修周府君墓志銘》)《續檇李詩繫》云:"東皋沉潛好學,與兄迪文互相師友,專攻馬、鄭、賈、孔諸書。旁通天文、輿地、兵農經世之務,晚尤究心《通典》、《通考》二書,拾遺糾繆不下萬餘條。"(《兩浙輶軒續錄》卷六)

周翼洙,字迪文,自號松巖。浙江嘉善人。周灃之兄。乾隆七年拔貢生,充國子教習。留京師日,受經義于宛平黃崑圃,受詩法于長洲沈文愨,學益進。十九年成進士,官衢州府教授。乾隆二十一年三月殁,年五十一。有《香草居近稿》。(《章學誠遺書》頁一六六《周松巖先生家傳》,《兩浙輶軒錄補遺》卷五)

姚晉錫,字安伯,係出廬涇張氏,自號廬涇,識不忘先人。浙江嘉興縣人。乾隆十五年浙江鄉試舉人。十六年成進士,改庶常,散館授禮部主事。調刑部,官比部十餘年,擢御史。乾隆三十二年三月在福建道御史任。尋以養母乞歸,侍養凡十五年。卒年六十五。久負詩名,《鴛湖櫂歌》尤膾炙一時。著有《閑家述要》、《廬涇集》若干卷。(《頤綵堂文集》卷一三《姚廬涇先生傳》,《兩浙輶軒錄補遺》卷五)

十二月廿日立春,錢陳群招王又曾、謝墉、祝維誥、汪孟鋗集雙樹軒咏香櫞。

汪孟鋗是年有《立春日香樹先生招同穀原金圃豫堂先生擇石集雙樹軒咏盤中香櫞分韻得盤字》詩紀其事。(《厚石齋詩集》卷七)

廿四日,王又曾、祝維誥、汪孟鋗集城南謝墉、姚晉錫寓邸,先生因事未至,賦詩以答。

汪孟鋗是年有《十二月廿四日同穀原豫堂先生集東皋廬涇寓遲擇石不至用東坡韻》詩,可徵其事。(《厚石齋詩集》卷七)先生是年亦有《奉答諸君南城小集遲余不至同用蘇公韻之作》詩。(《擇詩》卷一三)

冬,與祝維誥、汪孟鋗、周翼洙、周灃、姚晉錫作銷寒會,咏考具十題。

《考具詩》序云:"辛未冬,同里諸君聚都下銷寒,分考具十題,載拈賦其九。既閱歲,夏五,雨窗理帙,補第十而錄于是。"(《擇詩》卷一四)祝維誥《戲咏試場諸物十首》注云:"同作者周孝廉松嵒編修、東皋,錢徵士,姚庶常廬涇,汪甥厚石。"(《綠溪詩鈔》卷二)按:《海嶼詩話》云:"擇石考具詩,不獨善摹物狀能,使用物之人亦有聲有色。"(《全浙詩話》卷四八)

是年,始于錢陳群座上識翁方綱。明年二人同登進士,交垂二十餘年,尤稱莫逆。

據翁方綱《擇石齋詩鈔序》,與先生相識于通籍前。又《坳堂集序》中云:"乾隆辛未,予始從香樹錢先生論詩。"(《復初齋文集》卷四)以此推之,則二人初晤應在本年。

翁方綱,字正三,號覃溪,又自號蘇齋。順天大興人。乾隆十二年舉人,十七年成進士,選庶吉士,散館授編修。二十九年奉命視學廣東,在任凡八年。四十一年充文淵閣校理。嘉慶四年授鴻臚寺卿。十二年賜三品銜。十九年加二品銜。嘉慶二十三年卒,年八十六。方綱精心汲古,宏覽多聞,于金石譜錄、書畫詞章之學,皆能抉摘精審。所著《兩漢金石記》,剖析毫芒,折中至當。"書法初法顏平原,繼學歐陽率更,隸法史晨、韓勒諸碑。生平雙鉤摹勒舊帖數十本,是以北方求書碑版者畢歸之。"(《湖海詩傳》卷一五)論詩謂漁洋拈"神韻"二字固為超妙,但其弊恐流為空調,故特拈"肌理"二字,蓋欲以實救虛也。所為詩多至六千餘篇,有《復初齋詩集》七十卷、《文集》三十五卷。又有《蘇米齋蘭亭考》八卷、《小石帆亭著錄》六卷、《米海岳元遺山年譜》二卷、《蘇詩補注》八卷、《石洲詩話》八卷等。(《清碑傳合集》頁四四〇—國史館儒林傳稿,《〔光緒〕順天府志》卷一〇二,《國朝畿輔詩傳》卷三九)

是年,嘗賦詩自題《蔬筍圖》。

詩云:"春風上塚憶停船,村塾門開對菜田。安得飽嘗為學究,歸歟挑煮竹陰邊。一竿常放萬竿春,青筍攙雲日日新。我主東家須自種,不妨治地任西鄰。連雨都辭襏襫朋,涼軒點筆竟何憑,此情不供梅溪較,却向廬山帶葛藤。"(《籜詩》卷一三《自題蔬筍圖三首》)

又為許道基題《竹人圖》。

先生有《題許秋曹道基竹人圖》詩,繫于是年。(《籜詩》卷一三)

許道基,字勛宗,號竹人,又號霍齋。浙江海寧人。雍正四年舉浙江鄉試,八年成進士。乾隆十七年二月,以刑部員外郎充河南鄉試副考官。歷官戶部郎中。十八年九月奉命出任廣西學政。著有《春隰吟》、《冬隰吟》等。(《兩浙輶軒錄》卷一九)

本年有詩:

《首春同申孝廉出西直門重游萬壽寺登藏經閣復沿柳堤而西至一村肆飲得詩四首》、《過汪孟鋗仲鈖兩孝廉寓齋夜話呈祝舍人維誥并簡朱孝廉麟應十首》、《三月十五日雪二首》、《題許秋曹道基竹人圖》、《次韻諸編修錦繡纓花》、《自題蔬筍圖三首》、《少司寇公病起招同戈吉士燾李編修中簡汪孝廉孟鋗飲從叔編修汝誠孝廉汝恭侍坐分韻》、《游王氏園同儲進士兆豐》、《再游王氏園三絕句》、《望景山二首》、《廣濟寺觀鐵樹》、《重九後四日集王學正齋》、《冬日鑲藍旗覺羅學書堂作》、《喜王舍人又曾謝舍人墉至京同祝舍人維誥周孝廉翼洙編修澧汪孝廉孟鋗姚吉士晉錫釀飲》、《韓介玉仿董北苑山水》、《奉答諸君南城小集遲余不至同用蘇公韻之作》。

其中：

《題許秋曹道基竹人圖》，翁方綱評結句"努力志行秋旻高"云："'志行'收篇，首'德'字得無重滯。"吳應和評云："此種七古，奪少陵之神而不襲其迹，極規矩準繩之作，應為有目者所共賞。"

《重九後四日集王學正齋》，錢儀吉注云："畢卓，銅陽人。"

卷 四

乾隆十七年壬申（一七五二），先生四十五歲。

二月初二花朝日，諸錦招同祝維誥、王又曾、周灃、周翼洙、謝墉、汪孟鋗、姚晉錫，集嘉樹齋分韻賦詩。

　　錢陳群有《壬申花朝日諸草廬編修約同人集嘉樹齋以白樂天庭槐詩樹木猶復爾況見舊知親為韻是日與會者祝豫堂舍人王穀原舍人周松崿孝廉周東臬編修謝金圃舍人汪厚石孝廉姚蘆涇吉士家擇石鴻博九人予以啓事未赴分得樹字》詩，可徵其事。（《香樹齋詩集續編》卷一）汪孟鋗是年亦有《花朝日同諸草廬編修周松崿孝廉王穀原舍人錢擇石徵士周東臬編修謝金圃舍人姚蘆涇庶常家舅氏祝豫堂舍人集嘉樹齋用香山庭槐詩樹木猶復爾況見舊知親為韻分得見字賦八韻是日少司寇錢香樹先生啓事未至》詩，并注云："草廬先生為周姚三君顏齋曰嘉樹，蓋以槐得名也。"（《厚石齋詩集》卷八）

　　諸錦，字襄七，號草廬。浙江秀水人。年十五與錢陳群同應童子試，後同官翰林。甫冠，由舉人考授内閣中書。雍正二年成進士，由庶吉士改知縣，就金華府教授。乾隆元年應博學鴻詞科，名列一等，授編修。官至左贊善。生于康熙二十五年，卒于乾隆三十四年。入鄉賢祠。生平博聞強識，詩法山谷、後山。留心耆舊著作，嘗手輯浙人諸家之詩，題曰《國朝風雅》，凡十二册，未經編定付刊。著有《毛詩説》、《饗禮補亡》、《夏小正注》及《絳跗閣詩稿》十一卷。又有文集數卷未刻。（《嘉興府志》卷五二，《燈窗瑣談》卷一，《兩浙輶軒錄》卷一七，《湖海詩傳》卷五）

三月初六日，工部尚書孫嘉淦奉命充順天鄉試正考官，介福為副考官。

　　據《高宗實錄》卷四一〇。（《清實錄》册一四）

　　孫嘉淦，字錫公，號懿齋。山西興縣人。康熙五十二年進士，選庶吉士，散館授檢討。升國子監司業,遷祭酒,累遷刑部侍郎。乾隆元年晉尚書,總督直隸,移制湖廣。十五年八月擢工部尚書,署翰林院掌院學士。生于康熙二十二年,卒于乾隆十八年,年七十一。諡文定。嘉淦自諸生時潛心經學,著有《近思錄輯要》、《春秋義》、《詩經補注》等。(《耆獻類徵》卷一八國史館本傳,《紫竹山房文集》卷一六《光禄大夫吏部尚書協辦大學士諡文定孫公神道碑銘》,《大清一統志》卷一三七)

初八日,首場點名,先生入闈。

鄉試共分三場,以初九日為第一場正場,十二日為第二場正場,十五日為第三場正場。先一日(初八、十一、十四)點名發給試卷入場,後一日(初十、十三、十六日)交卷出場。每場點名,順天在東、西四磚門內點入。寅正開點,監臨點中門,提調、監視點東、西門,限終日點畢。士子所携考具、衣物俱有定制。領卷經過搜檢後,依照號數入闈。每號有號軍數名,照應士子茶水飯食。號柵于士子入闈後封鎖,限制出入,同時貢院大門、龍門亦由監臨加封,封門時鳴炮三響。(《清代科舉考試述錄及有關著作》第二章)

初九日,先生落筆成四書文三義、經文四義。

四書題"夫子莞爾"二句,"故天之生"二句,"交聞文王 以長"。由高宗欽命。按:五經每經出四題。士子認習某經,即作本經之四題。子時散發題紙。(陳國霖等《國朝貢舉年表》卷二,《清代科舉考試述錄及有關著作》第二章)

初十日,首場放牌,出闈。

十一日,中場點名,復入闈。

十二日,先生作論一篇、判五道、表一道。

試論一篇,專用《孝經》。

十三日,中場放牌,出闈。

十四日,末場點名,復入闈。

十五日,先生作對策五道。

策問五道,題問經史、時務、政治。

十六日,末場放牌,出闈。

闈後,蔣溥招飲西堂,與蔣楒、周大樞等分韻賦詩。

同坐者蔣溥次子賜榮、櫨村公德齡、曾恒德。後榜發,先生與曾恒德、周大樞俱雋。先生列三十五名,曾五十一名,周二十五名。(《存吾春軒詩集》卷八《吹谷集》,《櫨村公招陪虞山蔣尚書飲西堂小序》)

既逾十數日，順天鄉試放榜，先生中式第三十五名。房考官為宗人府主事眭朝棟。

《行述》云："壬申春，恭遇皇太后六旬萬壽恩科，中式順天鄉試三十五名。"按：同榜共二百三十名舉人。解元田玉，字鳳翊。大興人。乾隆十九年進士。（《清秘述聞》卷六）

眭朝棟，字樹人，號曉章。江南山陽人。乾隆七年進士。二十年十二月，以刑部湖廣司員外郎，奉命提督貴州學政。二十二年九月奉命留任。二十六年任陝西道御史，以上疏將恩科會試應行迴避之卷，一體收試，下刑部治罪。部以結交近侍例，坐以大辟。明年准予贖罪。乾隆三十年六月，以南巡接駕，著到京引見候旨。生卒年俟考。（《國朝御史題名》）

四月廿日，同里諸君集嘉樹齋，觀先生所藏六和塔宋石刻《四十二章經》拓本。與者諸錦、王又曾、周翼洙、周澧、謝墉、姚晉錫、祝維誥、汪孟鋗、汪仲鈖。

汪孟鋗是年有《四月二十日同草廬先生穀源宋畾撰石東阜金圃蘆涇豫堂先生桐石集嘉樹齋觀六和塔宋石刻四十二章經拓本各賦五言排律二十四韻得十二文》紀其事。（《厚石齋詩集》卷八）先生亦有《集嘉樹齋題六和塔四十二章經拓本二十四韻》詩，繫于是年。（《蘀詩》卷一三）

六月初三日，錢陳群獲准解任回籍，調理疾病。長子錢汝誠奉旨侍行。先生同王又曾、周澧、周翼洙、謝墉、姚晉錫、祝維誥、汪孟鋗賦詩送之。

錢陳群于四月間得反穀疾，踰月未平，連疏乞解任回籍調理。（《文端公年譜》卷中）又據《高宗實錄》卷四一六。（《清實錄》冊一四）汪孟鋗是年有《送香樹先生予告歸里同穀原松畾撰石東阜金圃蘆涇豫堂先生作分得四言》詩，可徵其事。（《厚石齋詩集》卷八）

八月初六日，大學士陳世倌、禮部右侍郎嵩壽奉命充會試正考官，內閣學士鄒一桂為副考官。

據《高宗實錄》卷四二〇。（《清實錄》冊一四）

嵩壽，字茂承，一字雲依。滿洲正黃旗人，大學士希福曾孫。雍正元年進士，改庶吉士，散館授編修。乾隆元年升侍讀。十四年擢禮部右侍郎。十五年兼漢軍鑲白旗副都統，調鑲黃旗。十九年襲三等子爵。二十年卒。詩清脫穩適，不求難澀，有《以

約堂焚稿》。(《耆獻類徵》卷七六國史館本傳,《八旗詩話》)

陳世倌,禮部尚書詵第四子。字秉之,號蓮宇。浙江海寧人。康熙四十二年進士,選庶吉士,散館授編修。雍正初,由內閣學士巡撫山東,興利除害,多有善政。未幾,以被劾罷職。乾隆元年起副都御史,歷官左都御史、工部尚書、文淵閣大學士。二十三年冬,以衰老乞休,進太子少傅,予告回籍。將就道,卒于賜第,諡文勤。年七十九。(《耆獻類徵》卷一六國史館本傳,《大清一統志》卷二八六,《兩浙輶軒錄》卷一五,《清代人物生卒年表》頁四四二)

鄒一桂,字元褒,號小山,晚更號二知。(按:乾隆二十四年暮春《歸舟述懷》詩有"新著頭銜號二知"之句,復自注云:"知足不辱,知止不殆。"見《小山詩鈔·修初集》四。)常州無錫人。雍正五年二甲第一名進士,改庶吉士,散館授編修。乾隆十五年升內閣學士。十七年十二月升禮部右侍郎,十八年轉左。二十一年降補內閣學士。二十三年十二月致仕。生于康熙二十五年,卒于乾隆三十六年,壽八十七。工繪事,花卉分枝布葉,條暢自如,設色明净,清古冶艷,張庚稱其為惲南田後僅見。其畫深邀睿賞,嘗繪菊百種,各題詩其上以進,高宗賜額四字,曰"黃華知己"。著有《小山詩鈔》、《小山畫譜》等。(《大雅堂續稿文》卷六、七《誥授資政大夫加禮部尚書鄒公墓志銘》、《行狀》,《梁溪文鈔》卷三二張泰開《贈文林郎鄒耐庵先生家傳》,《國朝畫徵續錄》卷下)

初八日,首場點名,入闈。

初九日,先生落筆,成四書文三義,經文四義。

  四書三題:"君子有三畏"一節,"果能此道"一節,"孟子之滕 瘦也"。由高宗欽命。(《清秘述聞》卷六)按:試題"君子有三畏"一節,乃雍正十年壬子先生中浙江鄉試副榜題。故錢陳群謂與"退之不貳過"論題相類。

初十日,首場放牌,出闈。

十一日,中場點名,復入闈。

十二日,先生作論一篇、判五道、表一道。

十三日,中場放牌,出闈。

十四日,末場點名,入闈。

十五日,先生作對策五道。

十六日,末場放牌,出闈。

廿三日,禮部以會試中額奏請。浙江取中二十九名。

  是科會試中額共二百二十八名。(《清實錄》冊一四《高宗實錄》卷四二一)

九月初十日，會試榜發，先生中式第七十二名。房官為禮部祠祭司郎中黃師範。

　　據秦鐄《石研齋主年譜》，是日榜發。（卷上）《行述》云："是秋會試，連捷第七十二名。"

　　黃師範，字任箕，一字梧岡。江西金谿人。雍正八年進士。餘俟考。（《清秘述聞》卷一五）按：先生乾隆己卯詩《灘江晚思》注云："會試房師祠部黃公視載于桂林。昨臨涯送登舟歸金谿。今年七十有八矣。"（《籜詩》卷二〇）可知師範本年七十有一歲。

錢陳群聞捷音，賦詩來賀。

　　詩云："琢成楮葉廿年遲，著論韓公伸紙時。（注：今年欽命題即廿年前載中副車題也，與"退之不貳過"論題相類。）朵殿爭看和氏璧，瓊筵笑插菊花枝。雲邊獨鳥終先到，澗底寒松受晚知。華國文章從此大，二廳風月屬經師。""經學鴻詞舉核真，群公一日薦書頻。詩篇早識歸宗匠，姓氏曾將達聖人。門下同官修後進，（注：兒子汝誠、蔣庶常楠皆受業門下，今先入翰林。）月中通籍悟前身。病夫自分還家塾，舊學商量話苦辛。"（《香樹齋續集》卷二《喜聞從孫載南宮捷音即次誠兒韻》）

先生次韻答之。

　　《次韻奉酬少司寇公垂寄》云："海石家風澹泊真，年來京國聽公頻。文章要使關經術，姓氏曾將達聖人。（注：即用原韻句）天上壬申花底宴，江頭甲子夢中身。（注：歲戊午，嘗宿錢塘江，夢兩水物從沙壖中扛金字榜出，立舟前。蓋三夕而三夢。其一則"上元甲子"四字也。茲以壬申恭遇慈寧六十萬壽恩科，金榜獲名，乃徵先兆。）尚煩數與諸宗從，舊德雖長劇苦辛。"（《籜詩》卷一三）

鄒一桂繪墨菊一軸相贈，并題詩祝賀。

　　鄒一桂《錢坤一以裝軸囑畫墨菊并題》詩云："松柏貴後知，貞修契彌遠。桃李雖成谿，榮華知春返。所以達識人，愛此黃花晚。煌煌燿金采，詎謂秋容淡。根枝葉并馨，擷芳不可選。濂溪號花隱，其說近膚淺。不見瀛洲畔，雲霞捲亭幔。燦然黃鶴翎，供奉宸西苑。近讀絳跗稿，多和青錢詩。知君風雅場，早擅英杰姿。詞科與經目，不愧兩薦推。天子聞曰俞，公卿無間辭。才大用不易，利見終遲遲。今秋試春官，巍然掇高枝。青年半耕穫，舊畬復新菑。咄哉胥天命，命定非人為。榮君持晚節，不羨春華滋。"（《小山詩鈔》卷六《琯吹集》）

鄒一桂花鳥宗徐黃。先生以裝軸囑畫墨菊，頗堪玩味。

　　據鄒方鍔《跋歲朝圖卷》，鄒氏畫學不始自一桂，其父卿森，從父顯吉、芩、鼎臣以及從兄登恒,皆工繪事。(《大雅堂續稿文》卷五)一桂以繪事供奉内廷十餘年,聲名最著。晚年撰《小山畫譜》,亟論花鳥當以生理為尚。評明人畫有"要皆落墨淡色,寫意而不能工"之語。先生作畫步武陳淳、沈周,而上追元人,與之好尚有別。

是科會元為太倉邵嗣宗。秦黌、蔣宗海、張坦亦同登進士,後皆與先生友善。

邵嗣宗,字鴻箴,别號蔚田。江南太倉人,原籍海陽。乾隆六年以選拔貢生舉于鄉。是科會試既冠第一,殿試列二甲第十名,改庶吉士。散館授翰林院編修,充咸安宫官學總裁。擢左春坊左中允,進翰林院侍讀。嗣宗秉性嚴正,人不敢干以私心,篤事本生父母及嗣母極孝敬。生于康熙四十九年,卒于乾隆三十二年,年五十八。入鄉賢祠。著有《洗心録》一卷、《筮仕金鑑》二卷、《舊鄉行紀》一卷、《葬考》一卷,皆刻入《婁東雜著》。又有《一枝庵吟稿》、《養餘齋吟稿》。(《潛研堂文集》卷四三《翰林院侍讀邵先生墓志銘》,毛咏《舊鄉行紀序》,《湖海詩傳》卷一四,《大清一統志》卷一○四)

張坦,字芑田,自號松坪、蓮勺、拙娛老人。先世著籍臨潼,以籌鹽筴僑江都。與仲兄馨同舉于鄉,年三十成進士。一試中書,再任編修,一典湖南鄉試。生于雍正元年,卒于乾隆六十年,年七十三。(《章學誠遺書》頁一五六《為畢制軍撰翰林院編修張君墓志銘》)

蔣宗海,字星巖,號春農,晚號冬民,所居曰歸求草堂,復號歸求老人。江蘇丹徒人。乾隆十七年舉江南鄉試,會試連捷成進士。十九年應廷試,授内閣中書,入軍機處行走。年甫四十即乞養歸里,吟詩作畫以自娱。主梅花書院多年。又嘗入盧見曾幕,修金山、焦山及平山堂志。精賞鑒,工篆刻。又善丹青,具蕭疏古淡之趣。著有《索居集》二卷、《南歸叢稿》二卷、《春農吟稿》若干卷。生于康熙五十九年,卒于嘉慶元年,壽七十九。(《中華歷史人文别傳集》册三六蔣㻋《蔣春農舍人行狀》,《飛鴻堂印人傳》卷五)

秦黌,字序堂,號西巘、石研齋主。江南江都人。乾隆十七年成進士,選庶吉士,二十二年授編修。八年中七持文衡。後改官御史,外轉湖南岳常澧道。旋賦遂初。卒于乾隆五十五年,年七十三。著有《石研齋詩鈔》。(《湖海詩傳》卷一四,《石研齋主年譜》卷上,《淮海英靈續集》庚集卷一)

十二日,先生與新科貢士赴瓊林宴。

據《石研齋主年譜》卷上。

十四日,梁同書奉旨一體殿試。是科殿試人數遂增至二百二十九人。

據《高宗實錄》卷四二三。(《清實録》册一四)

梁同書,字元穎。浙江錢塘人。嘗得元人貫酸齋書"山舟"二字顏其齋,海内因稱山舟先生。晚歲自署不翁。九十外又署新吾。梁詩正長子，嗣伯啟心為後。乾隆十二年舉鄉試。十七年殿試成進士，改庶吉士，二十一年散館授編修。二十三年丁嗣父艱，服闋後引疾不復出。嘉慶十二年重宴鹿鳴，恩加翰林院侍講學士。生雍正元年，卒嘉慶二十年，壽九十三。同書雖生富貴，性儉約如寒人子。與弟敦書趣尚不同而友愛甚篤。工書法，少法顏、柳，中年用米法。年踰八袠，猶能運筆，人謂唐歐陽信本、明文衡山之比也。有《頻羅庵遺集》十六卷等著作行世。（《鑑止水齋集》卷一七《學士梁公家傳》，《簡松草堂詩文集》卷三《翰林學士梁公傳》，《晚晴簃詩匯》卷八一）

十五日，先生與新科貢士于國子監釋褐。

十六日，上表恭謝欽賜表裏恩。

> 據《石研齋主年譜》卷上。

廿六日，赴太和殿前丹陛，殿試策問。

> 策問由內閣預擬，恭候選定。是日，貢士袍服官靴，由禮部鴻臚寺官導于丹陛排立。按中式名次，單名左，雙名右。上升殿，授題。鑾儀衛軍舉試桌列于丹陛東西。禮部官散題，貢士跪受。禮畢，乃各就試桌對策。試畢，交檐下受卷掌卷等官。（《清代殿試考略》頁二，《欽定大清會典事例》卷三六一，《清代科舉考試述錄及有關著作》頁一三四）

卅日，高宗御養心殿，召讀卷官來保等入，親閱進呈十卷甲第，并引見前十名貢士。先生以第六卷進呈，欽定二甲第一名。

> 讀卷大臣有十四人：大學士來保、史貽直、陳世倌，吏部尚書孫嘉淦，戶部尚書蔣溥，刑部尚書阿克敦、劉統勳，戶部侍郎裘曰修，禮部侍郎介福，刑部侍郎勒彌森、秦惠田，工部左侍郎何國宗，內閣學士鄒一桂、錢維城。九月廿五日奉命。閱卷三日。是日進呈擬定前十本，在御前拆封。標甲第于卷面，然後傳集前十名引見。（《清實錄》冊一四《高宗實錄》卷四二三）又《行述》云："廷對以第六卷進呈。上親加批閱曰，此卷亦可第一。欽定第二甲第一名。"

既成進士，先生賦《僮歸》十七首以寄慨。

> 《僮歸》十七首乃先生名作之一。此詩如翁方綱所評，并非為僮作，而是借"僮歸"為題，抒發胸中欲說之事。"雖拉雜寫來，總覺語語沁入心脾。"（語出查有新）"元氣淋漓，直欲雁行杜、韓。"（語出錢仲聯）

秋，于廟市購得王冕《萬玉圖》，遂以"萬玉"額齋。

> 乾隆癸酉詩《長歌代書復朱丈丕襄》有句云："去秋曾獨閱廟市，《萬玉圖》逢王處士。"（《蘀詩》卷一四）又《王進士嵩高屬題其曾祖樓村修撰十三本梅花書屋圖五首》之

四有句云："會稽《萬玉圖》嘗得,遂自軒題萬玉眉。"(《籜詩》卷三三)按:《萬玉圖》長卷為絹本,稍有破損,與王冕另一幅墨梅布帳同為先生平生極珍賞之物。嘉慶間猶藏錢氏寶澤堂。(見《愛日吟廬書畫錄》卷一《元王冕墨梅軸》錢善揚、戴光曾題識)

十月初一日,先生具公服,冠三枝九葉頂冠,于太和殿前跪聽制書。一甲秦大士、范棫士、盧文弨,賜進士及第。

據《高宗實錄》卷四二四。(《清實錄》冊一四)

秦大士,字魯一,號澗泉。江南江寧人。壯歲舉于鄉,三試南宮,成狀元,授翰林院修撰。十九年散館,旋充咸安宮官學總裁,入直武英殿。以母憂歸。二十二年服闋,復官,命教習庶吉士,冬入直上書房。二十三年擢翰林院侍講學士。二十七年充福建鄉試正考官。明年復充會試同考官,既竣事,遂請終養不復出。卒于乾隆四十二年,年六十三。(《抱經堂文集》卷三三《翰林院侍講學士秦公墓志銘》)

范棫士,原名同,字祖年,號芃野。江南華亭人。乾隆元年舉于江南,十七年以一甲二名及第,與先生同入翰林。二十一年改福建道監察御史。三十一年轉兵科給事中。再轉工科掌印給事中。居官二十年囊橐蕭然,而座客常滿。有以緩急求者,雖極艱窘,或質典庫以應,無難色。工八法,擅岐黃術,兼善青烏家言。生于康熙四十九年,乾隆三十四年卒于京邸,年六十。(《籜文》卷二一《工科掌印給事中范君墓志銘》、《一樓集》卷二〇《工科掌印給事中芃原范公墓表》)

二甲第一名錢載,賜進士出身。同列二甲有沈作霖、梁同書、邵嗣宗、秦黌、翁方綱、謝墉、吳懋政、紀復亨、蔣宗海、張坦等六十九人。三甲一百五十八名,賜同進士出身。

沈作霖,字雨蒼,號榆村。浙江歸安人。乾隆十二年舉人。十七年進士,奉旨以知縣用。十八年選授四川雅州府名川縣知縣。明年丁父憂。二十二年補廣西潯州府平南縣知縣。二十四、二十五年兩充同考官。《吳興詩話》云:"賦《菊影》八首,膾炙人口。作《潯州土風詞》四十餘首,可補郡志。其詩集因在省捐館,不知遺亡何處。"(《兩浙輶軒錄》卷二七)生于康熙五十二年正月十八日,乾隆二十六年八月初七日卒于任。(沈玉椿《竹溪沈氏家乘》卷一二)

吳懋政,傳見乾隆五十年譜。

紀復亨,字元稱,號心齋。浙江烏程人,河南商丘籍。乾隆十七年進士,選庶吉士。丁母憂,服闋後,改官御史。歷官吏科掌印給事中,升太僕寺少卿。善書,兼工山水,皆超逸有致。著有《心齋集》、《楚游集》。艱于子嗣,乾隆二十九年忽夢竹生笥,

為有子息之兆，先生作《一枝春》詞祝之。生卒年俟考。(《湖州府志》卷七六，《籜文》卷八《紀心齋楚游集序》)

初二日，預恩榮宴。

即瓊林宴。設于禮部，讀卷官、禮部尚書及侍郎、受卷、彌封等咸與。(傅增湘《清代殿試考略》頁三)

初四日，赴午門前領表裏各一端。

傅增湘云："按會典載臚傳後五日，于午門前領賞，賜狀元六品朝冠、朝衣補服帶靴韈，進士各銀五兩。雍正元年，又定殿試進士二名以下，所賞銀物改給表裏各一端。"(《清代殿試考略》頁三)

初五日，狀元率諸進士上表謝恩。

表式由上一科狀元授之，內閣供事繕表。表文典麗聿煌，相傳為黃岡劉子壯所作，其文載《養吉軒叢錄》中。(《清代殿試考略》頁三、四)

初八日，狀元率諸進士，謁先師孔子廟，行釋褐禮。

先師孔子及四配，以一甲第一名主獻；東西哲位，以一甲第二三名分獻；東西廡，以二三甲第一名各分獻。禮畢，釋褐，更補服，詣彝倫堂，拜祭酒、司業。(《清代殿試考略》頁四)

初九日，先生赴保和殿朝考。

據《石研齋主年譜》卷上。按：朝考專為翰林院遴選庶吉士而設。雍正元年，定新科進士于引見之前，先行考試，再行引見選拔。考試題目，將詩文四六各體出題，視其所能，或一篇，或各體皆作，悉聽其便。(《欽定大清會典事例》卷三六一)又，龔自珍《干祿新書自序》云："先殿試旬日為覆試，遴楷法如之。殿試後五日，或六日、七日，為朝考，遴楷法如之。三試皆高列，乃授翰林院官。"(《龔自珍全集》第三輯)則朝考固然緊要，尚需綜合其他而定。例如，翁方綱朝考未入選，王大臣驗看後亦列二等引見，并得館選。(《翁氏家事略記》一九)

初十日，一甲三人授職。

秦大士授為翰林院修撰，范棫士、盧文弨授為翰林院編修。(《清實錄》冊一四《高宗實錄》卷四二四)

十二日，先生于乾清宮引見，選翰林院庶吉士。

內閣翰林院帶領新科進士引見。除一甲三名已經授職外，先生與同年三十七人俱改為庶吉士。(《清實錄》冊一四《高宗實錄》卷四二四)按：清于翰林院設庶常館，令翰林官教習。經三年課程，據成績優劣授職，此稱為散館。學習課程者，稱庶吉士。同館選者有蔣和寧、邵嗣宗、張模、梁同書、謝墉、吉夢熊、張坦、鄭岱鍾、盧毂、趙佑、吳以鎮、紀復亨、董元度、景福、秦燮、翁方綱、博明等。

蔣和寧，字用安，一字畊叔，號蓉龕。江南陽湖人。乾隆十七年連捷鄉會試，殿試二甲第三人賜進士出身，改庶吉士。丞請假歸，旋丁父憂。服闋散館，授翰林院編修。改湖廣道監察御史。充貴州鄉試正考官，未復命，復丁母憂。將補官，因事落職。歸主休寧講席。乾隆五十一年卒，年七十八。（《抱經堂文集》卷三二《湖廣道監察御史蔣公墓表》）

張模，字元禮，號晴溪。順天宛平人。乾隆十七年進士，選庶吉士，散館授刑部主事。二十一年主湖南鄉試。二十四年陞員外郎，主廣東鄉試。二十七年充順天鄉試同考官，旋奉命督學廣東。明年陞吏部稽勳司郎中，後被劾落職。主講天津問津書院，教士讀書務為根柢之學。詩琅然清圓，不失雅音。著有《貫經堂詩鈔》。生于雍正三年，卒乾隆五十年，年六十一。（《知足齋文集》卷三《吏部稽勳司郎中張君墓志銘》，《國朝畿輔詩傳》卷四〇）

吉夢熊，字毅揚，號渭厓。江南丹陽人。乾隆十七年春秋連捷，由編修入御史，轉兵科給事中，歷鴻臚、光祿、太僕三寺少卿，擢順天府府尹，多有惠政。乾隆三十八年六月，陞太僕寺卿。終于通政使。三與分校，一典省闈，兩督閩學。生于康熙六十年，卒乾隆五十九年。著有《研經堂集》。（《耆獻類徵》卷九一朱珪撰傳，《光緒順天府志》卷七四，《清代人物生卒年表》頁一三三）

趙佑，字啟人，號鹿泉。浙江仁和人。乾隆十七年成進士，二十二年散館，授編修。二十六年改京畿道監察御史。歷任工科給事中、鴻臚寺少卿、太常寺少卿、太僕寺卿，官至左副都御史。四典鄉試，五視學。長于論文，每卷必署其得失。視學所至，嚴行月課。《晚晴簃詩話》謂其以善制舉業名，性不耐聲律，故詩平實少風韻。生于雍正五年，嘉慶五年卒于位。著有《清獻堂集》。（《耆獻類徵》卷九一國史館本傳，《大清一統志》卷二八六，《晚晴簃詩匯》卷八一，《清代人物生卒年表》頁五三六）

吳以鎮，號涵齋。江南歙縣人。乾隆十七年進士，官至編修。晚客淮揚。餘俟考。

董元度，訥之孫。字寄廬，號曲江。山東平原人。乾隆十二年舉人，十七年成進士，年已四十餘。改庶吉士後乞假南游，來往蘇、揚間。寓盧見曾署中最久，與宋弼輔盧輯山左詩。散館後改外，始授江西小邑，僅一年歸。後官東昌府教授，主教鐸者十年。詩清婉中多感慨之作。《晚晴簃詩匯》稱其"根柢于義山而歸宿于放翁"。（卷八一)有《舊雨草堂詩集》。生于康熙四十八年,卒年俟考。(趙佑、胡德琳《舊雨草堂詩集》序,《湖海詩傳》卷一四,《清代人物生卒年表》頁七四八)

景福,字仰亭,一字介之。滿洲人。乾隆十七年進士,改庶吉士,散館授編修,累官兵部侍郎。卒于乾隆四十八年,生年俟考。(《八旗詩話》,《清代人物生卒年表》頁七六四)

博明,字希哲,一字西(晰)齋。滿洲人。乾隆十七年進士,改庶吉士,散館授編修,累官雲南迤西道,降兵部員外郎。卒于乾隆五十四年,生年俟考。記誦絕人,博學多識,于經史詩文、書畫圖書、蒙古唐古忒文字,無不貫串嫻習。于朝廷掌故、世家大族譜系尤能口授指畫。著《鳳城瑣錄》、《西齋偶得》,多述遺聞逸事。詩援筆立就,渾脫流轉中輒合繩墨。有《晰齋詩》。(《八旗詩話》,《晚晴簃詩匯》卷八一,《清代人物生卒年表》頁七四〇)

介福、劉統勳奉命教習庶吉士。

《槐廳載筆》云:"十七年壬申科,命禮部侍郎介福、刑部尚書劉統勳教習庶吉士。"(卷九)與《翁氏家事略記》所記相合。

劉統勳,字延清,號爾鈍。山東諸城人。雍正二年進士,散館授編修,入直南書房。洊升尚書,為軍機大臣,授東閣大學士。為人練達端方,秉公持正,有古大臣之風。乾隆十五年兼管翰林院掌院學士,二十八年再兼翰林院掌院學士,并命為尚書房總師傅。三十八年卒。高宗親臨其喪,見室無長物,深為嘆息,賜諡文正,不待禮臣議請也。懷舊詩列五閣臣中。贈太傅,入祀賢良祠。有《劉文正公集》。(《耆獻類徵》卷二一國史館本傳,《大清一統志》卷一七二,《晚晴簃詩匯》卷六六)

是日引見,沈清任、陶其愫、顧光旭等著分部學習。

據《高宗實錄》卷四二四。(《清實錄》冊一四)

沈清任,字萊友,一字莘園,號澹園,又號疥憨。浙江仁和人。乾隆十七年進士,分部學習。二十五年官儀部,三十三年秋奉命觀察皖江,三十四年落職來京師。三十八年復官司馬從軍西川,任敘永廳同知,四十一年任潼川知府。四十七年任川東道。引疾歸里,以書畫自娛,尤工寫梅。著有《澹園紀年詩編》。生卒年俟考。(《樂山歷代詩集》頁八四,《清畫家詩史》丙下)

陶其愫,字孚中,號簡夫。柴桑人。乾隆十五年得鄉舉,十七年成進士。授刑部奉天司額外主事,補陝西司主事兼奉天、直隸、廣東三司事。遷福建員外,充律例館纂修官。晉雲南司郎中,辦理大庫及秋審。秩滿出守彰德,在官年餘,以勞卒。生于雍正四年,卒于乾隆三十一年,年四十一。著有《栗亭文集》若干卷、《宣化勸懲錄》

一卷。(《忠雅堂文集》卷五《彰德府知府簡夫陶公墓誌銘》)

顧光旭,字華陽,一字晴沙。江蘇無錫金匱人。乾隆十七年恩科鄉、會試連捷,分戶部學習,以額外主事用。三年後,實授山東司主事,尋擢員外郎。二十四年授浙江道監察御史。三十二年擢工科給事中。出為寧夏知府,旋調平涼。三十七年,陝甘總督文綬移任四川,時方有金川軍事,奏請以光旭隨往。署四川按察使。四十一年告病回籍。主講東林書院十餘年。生平詩文而外,尤精書法。其詩音節興象直逼唐人,以隴蜀諸作為最勝。卒于嘉慶二年,年六十七。有《響泉集》若干卷。又輯《梁溪詩鈔》五十八卷,錄自漢晉至清中葉凡一千一百餘人。(《春融堂集》卷五四《甘肅涼莊道署四川按察使司顧君墓誌銘》,《無錫金匱縣志》卷二〇,《大清一統志》卷八八,《晚晴簃詩匯》卷八一,《湖海詩傳》卷一五)

既入庶常館,先生與邵嗣宗、謝墉、張坦、紀復亨、博明、盧毂、張模等,俱分習漢書。翁方綱、吳以鎮、梁同書、吉夢熊、鄭岱鍾等,分習清書。分課先生之小教習,為贊善張若需。

《侍講張先生若需挽詞》注云:"乾隆壬申,載入館,屬張先生分課。"(《萚詩》卷一四)

張若需,字樹彤。江南桐城人。文端公英之孫,伯廷玉,父禮部左侍郎廷璐。年二十八成進士,選庶常,授翰林院編修。充日講起居注官,進侍講,官至左春坊左贊善。卒于乾隆十八年,年四十有五。性至孝,居喪茹素,廬墓三年。其學研究諸經,邃于《周禮》,文甚宏富而長于詩歌,入選《國朝詩別裁集》。著有《見吾軒詩集》、《行邁集》。(《海峰文集》卷七《翰林院侍講張君墓誌銘》,《〔光緒〕重修安徽通志》卷二二三)

在館期間,先生被派點校《文選》新鈔縮本。

《行述》云:"先是,府君未散館。前院長太傅劉文正公與汪文端派定校點《文選》新鈔縮本。"

館課之暇,嘗與翁方綱同作七古,賦庶常館後廳所挂《欹器圖》。

翁方綱《庶常館示兒二首》注云:"初入館,與萚石題後廳欹器圖。"(《復詩》卷六二)

又嘗偕翁方綱、盧文弨等翰林同年游王家園。

翁方綱《乾隆癸丑翰林同年雅集圖卷為潘芝軒司空題》有句云:"憶我壬申館課暇,王家園亭齒席俱。或臨清流或倚石,笑語擬約錢(注:萚石)與盧(注:抱經)。"(《復詩》卷六六)

冬,先生晤張宗蒼,請作《澂上讀書圖》第二圖。

張宗蒼云:"乾隆壬申寒夜,聞萚石先生談海鹽永安湖巖壑之勝,蒙出舊所圖橫卷并記二篇見示,因復乞余作圖。"(《清芬世守錄》冊四《澂上讀書圖》)

張宗蒼，字墨岑，一字漢臣，又字蔗翁，號廋竹。世居吳縣天池山之篁村，用以為自號。村濱太湖，故又自號太湖漁人。少有奇才，六法工妙。從虞山黃鼎游，得思翁正脉，所造益上。用筆沉着，山石皴法多以乾筆積累，惟稍嫌筆墨細碎。雍正間因河員需才，任外河廳，調裏河廳，河使高斌雅重之。乾隆十六年南巡，獻吳山十六景，入都供奉內廷。十八年賜給戶部額外主事。踰年以老告歸，年六十八。晚年臥疾，錢維城往視之，囑曰：畫法今不絕如綫矣，用力之道通于神明，思之思之。生于康熙二十五年，卒年七十。（《張篁村詩》[一名《墨岑遺稿》]附錄王澍《雍正十三年楚游圖卷序》、姪孫茂根《述祖德詩》，《國朝畫徵續錄》卷下，《竹初詩鈔》卷一二《呂秀才森峰以魯思姪書册索跋為題古詩一首即寄魯思》自注）

是年，諸錦為先生題松樹桃花卷。

諸錦有《錢坤一庶常松樹桃花卷》詩，繫于是年。（《絳跗閣詩稿》卷一〇）

本年有詩：

《謝舍人新居置酒邀少司寇公諸編修錦祝舍人維誥王舍人又曾周孝廉翼洙編修澧汪孝廉孟鋗仲鈖姚吉士晉錫梁水部敦書過法源寺看海棠各賦長篇載以雨阻不至續賦奉簡》、《與汪孝廉孟鋗仲鈖招范明經同治小坐聽明經話萬孝廉病中事》、《集嘉樹齋題六和塔四十二章經拓本二十四韻》、《奉題座主少宗伯佟公試院詩卷後用蘇文忠公次韻黃魯直畫馬試院中作韻四首》、《次韻奉酬少司寇公垂寄》、《僮歸十七首》。其中：

《與汪孝廉孟鋗仲鈖招范明經同治小坐聽明經話萬孝廉病中事》，翁方綱注"遺書高可尺"一句云："柘坡手著，今尚未盡裒輯也。"

《僮歸十七首》，翁方綱評云："借僮歸為題，以發揮其胸中所欲說之前後事迹。絮絮縷縷，有情有味，非小可所辦。"顧列星評云："以責人之心責己，以恕己之心恕人，使誦之者忠厚之意油然而生。布帛菽粟詩，正不易作。"又評第七首"禮在忘其衍"、"獨行僮惘然"二句云："一善必錄，仁人用心應如是。亦所以引誘此輩人良知也。"錢儀吉校第一首"明旦忽有秏"句之"秏"字為"耗"，又校第三首"囪忙亦兼事"句之"囪"字作"恩"字。評第四首云："此十七首之真脉也。乃知此詩非為僮作。至前後瑣屑敘事，此獨悲唱淋漓，其氣愈振。而'僮歸'題字即先點明，章法之妙，不可思議。"又評第五首結句"哭應破喉嚨"云："喉嚨，記明人詩中用之矣。"又評第十三首云："又敘吳忠一首，法本龍門。"又評第十四首云："應弟四首，全與僮無涉。末章云作詩匪告僮，是也。"又批第十六首起句"昔去無所喜"云："喜字疑。"錢泰吉評云：

"十七篇非為僮而作也,所以可傳。澹川刪成四首,則真為僮作矣。一僮之去來,何足道,公口瑣屑言之耶。此泰吉所以有'細讀僮歸十七篇'之句。為《蒲褐山房詩話》而發,亦為澹川也。道光丁酉夏五記。"又注第五首結句"喉嚨"二字云:"《黃庭經》,還坐陰陽門侯陰陽下于喉嚨。《史記·天官書》,七星顯為員官。《索隱》案宋均云,頸,朱鳥頸也,員官,嚨喉也。"查有新評云:"十七首借僮歸以寄慨,歷敘往事,情境如繪。浸淫于古樂府,所以拉雜寫來,總覺語語沁入心脾,可歌可泣。古詩至此,東南壇坫,莫與抗行矣。"近藤元粹批查有新云:"全采僮歸詩猶全采樊榭悼姬詩,選者非無意,然竟是失書體矣。"又云查評為"瞽評,抹殺為是"。評詩曰:"此等惡作,非詩非文,囈語焉耳。"

十八年癸酉(一七五三),先生四十六歲。

正月初二日雪,賦詩一首紀之。

《二日雪》有句云:"元日立春春已迴。"又云:"敬業湖高西岸寺,藜光橋暖北城杯。六年留客成今度……"謂客寓蔣邸已六年矣。(《撢詩》卷一四)

元宵後,學王元章梅花為朱丕襄畫扇。

先生是年有《長歌代書復朱丈丕襄》詩,繫于正月《二日雪》一首之後。詩中有"去秋寄扇索詩畫……扇留又過元宵燈,今晨微寒硯水冰,梅花一枝偶學寫……去秋曾獨閱廟市,萬玉圖逢王處士……意欲背臨難與匹,扇頭不是圖中筆"等句。(《撢詩》卷一四)

朱丕襄,字東軒,號古思。秀水人。先生友麟應之父。餘俟考。

二月十五日,汪仲鈖病歿里第。年僅二十九。

《宜亭新柳六首》之五注云:"孝廉歿以二月十五日。"(《撢詩》卷一四)

至三月十八日,先生始聞汪仲鈖耗。明日又得陳向中訃,悲懷莫勝,遂未赴留保宜亭之招。

《宜亭新柳六首》序中云:"完顏松齋少宰含青樓後臨積水潭,縛茅曰宜亭,蒙招以三月十九日雅集。載昨得汪孝廉豐玉里門耗,是日走問孝廉兄康古于南城,又為言陳明經乳巢歿涼州矣。孝廉年三十,而明經六年不歸,悲懷莫勝,不能赴招。明日聞席上分韻咏宜亭新柳,載當補作勉成三章,其一呈少宰,其二三自述衿臆也。次夕不寐,又成二章,復結一章,併以送覽。"(《撢詩》卷一四)

次日賦宜亭新柳詩，傷二君之逝。

《宜亭新柳六首》其三有"桃李蹊邊愁獨立，(注：哭孝廉)風流賞處倚天知。(注：哭明經)但令相送還相見，敢向人間恨別離"之句。（《籜詩》卷一四）按：《宜亭新柳六首》詩乃先生名作之一。論者以王漁洋秋柳詩比之，謂句句賦物，却句句是悼人，性情風調，一氣鎔成。其中警句如"驅車欲去驚寒食，走馬歸來已夕陽"、"豈意公家園裏樹，翻為賤子卷中騷"，皆非凡之筆。（《聽松廬詩話》、《香石詩話》）

三月廿一日，同王又曾、諸錦、李因培、周澧、周翼洙、謝墉、陳鴻寶、梁敦書、汪孟鋗、周震榮法源寺觀海棠賦詩。

汪孟鋗是年有《三月廿一日同編修諸草蘆先生閣學李鶴峰先生周孝廉松崿編修東阜王舍人穀原錢籜石庶常陳舍人寶所梁秋曹沖泉周孝廉笤谷集謝庶常金圃寓齋同至法源寺觀海棠分體得六絕賦十首》詩，可徵其事。（《厚石齋詩集》卷八）先生是年亦有《同諸編修錦李閣學因培周孝廉翼洙王舍人又曾周編修澧謝吉士墉汪孝廉孟鋗梁秋曹敦書陳舍人鴻寶周孝廉震榮法源寺看海棠分賦》詩。（《籜詩》卷一四）

梁敦書，詩正仲子，同書弟。字幼循，號沖泉。浙江錢塘人。乾隆十二年舉人。由一品廕生分部學習。十八年補刑部員外郎。二十年授知府，歷任銅仁、遵義、常州。四十一年升福建按察使，數年間洊擢卿貳。嗜學好古，詩得家學，抒寫性靈，研深工力。其服官敭歷中外，懋著廉聲。卒于乾隆五十一年，生年俟考。（《耆獻類徵》卷二三梁詩正國史館本傳附，《湖海詩傳》卷一三）

李因培，字其才，號鶴峰。雲南晉寧人。乾隆三年五經舉人，十年成進士，入詞館。十八年陞兵部右侍郎，兼管順天府尹。出為學政，先江後浙，更歷四任。旋開府楚中。三十二年初，馮其柘虧空事發，查出李因培在湖南巡撫任內曾令張宏燧代為彌補，欲圖掩飾。十月秋省，賜令自盡。距其生康熙五十六年，得年五十有一。高宗曾稱其人素好高自是，而復有沽名習氣。（《滿漢名臣傳》頁二一三二至二一三九，《晚晴簃詩匯》卷九三，《清代人物生卒年表》頁二七七）

是日，先生寫海棠一幅留謝墉齋，眾人并題詩其上。

《同諸編修錦李閣學因培周孝廉翼洙王舍人又曾周編修澧謝吉士墉汪孝廉孟鋗梁秋曹敦書陳舍人鴻寶周孝廉震榮法源寺看海棠分賦》注云："住僧為折一枝，同游要載作圖。"（《籜詩》卷一四）又《同邵編修嗣宗秦學士大士翁中允方綱秦吉士承恩過法源寺看海棠有感壬申癸酉舊游却次諸贊善錦壬申韻》注云："癸酉游後，載畫花一幅，同人寫詩其上，留寺東謝編修齋。"（《籜詩》卷二四）

四月初六日，梁同書、梁敦書兄弟招同謝墉、張映辰、馮浩、倪承寬、陳兆崙等于清勤堂賞藤花。先生為寫紫藤花卷，衆人并題詩其上。

《陳兆崙年譜》云："四月六日，庶常梁元穎同書，秋部幼循敦書，招同閣學潤亭徐以烜，廷尉藻川張映辰，給諫驥超程鍾彥，編修時翔許集、馮夢亭浩，庶常錢籜石載，中翰倪敬堂承寬，集清勤堂看藤花，即席賦詩。""時錢籜石精繪事，畫藤花于絹素，在座諸公題詩其上。一時傳為美觀。至今畫軸尚存梁氏。"(《紫竹山房詩文集》附錄)先生是年亦有《梁吉士同書秋曹敦書招同諸友飲紫藤花下并屬圖之因題四首》詩，可徵其事。(《蘀詩》卷一四)按：謝墉《梁山舟編修招飲紫藤花下不得赴為詩以謝并志懷相國夫子暨令弟沖泉三首》注云："乙亥歲山舟沖泉招飲花下，同人各有詩，倩籜石繪一枝于絹素，而以詩題其上。是日，盤中設藤花餅，色香味并絕，沖泉出新意所造也。今藤花圖猶懸味初齋，而藤花餅則山舟亦常以餉客云。"(《聽鐘山房集》稿本卷之一五)乙亥歲先生居鄉上冢，至冬始旋京，謝墉所記有誤。

陳兆崙，字星齋，號句山。浙江錢塘人。雍正八年進士，福建即用知縣。舉鴻博科，授翰林院檢討。歷官左春坊左中允、順天府尹、太常寺卿、太僕寺卿，充《續文獻通考》總裁，入直尚書房。生平以古文為時文，故制義縱橫排奡，自成一家。居京師，士大夫奉為文章宗匠。工行書，書法蘭亭，取意簡遠。生康熙三十九年，乾隆三十六年卒于位，年七十二。著有《紫竹山房文集》二十卷、《詩集》十二卷。(《紫竹山房詩文集》卷首顧光《皇清中憲大夫通政使司副使例授通奉大夫太僕寺句山陳公暨元配封恭人例封夫人周夫人合葬墓志銘》、陳玉繩《陳句山年譜》、《全浙詩話》卷四七)

倪承寬，字餘疆，號敬堂。浙江仁和人。雍正十三年舉人。乾隆十九年以一甲第三名成進士。由編修歷官太仆寺少卿、内閣學士兼禮部侍郎、倉場侍郎。後以内監高雲從牽連被逮。仍以編修入直上書房。四十三年授鴻臚寺卿，明年轉太僕寺卿，又明年授太常寺卿。性精敏，善決事。旁通繪事，其書法尤為人珍重。生于康熙五十一年，卒乾隆四十八年，年七十二。著有《春及堂詩集》。(《南江文鈔》卷一一《誥授光禄大夫太常寺卿倪公墓志銘》、《兩浙輶軒録》卷二二)

張映辰，字星指，號藻川。浙江仁和人。雍正十一年進士，選庶吉士，散館授編修。乾隆十一年遷太僕寺卿，旋被議歸。十七年補大理寺少卿。官至督察院左副都御史。《雲夔齋詩話》云："藻川工詞賦，矢口而吟，集中《捉騾行》一篇，尤得風人之旨。"(《兩浙輶軒録》卷一八)著有《露香書屋集》。生于康熙五十一年，卒于乾隆二十八年，年五十二。(《耆獻類徵》卷八〇國史本傳、嵇璜撰墓志銘)

八月初五日，陪祀釋奠先師孔子。

　　先生是年有《八月五日上釋奠太學陪祀恭紀》詩紀其事。(《籜詩》卷一四)

廿二日，館師張若需卒于京。年僅四十五。先生賦詩挽之。

　　據劉大櫆《翰林院侍講張君墓誌銘》。(《海峰文集》卷七)《侍講張先生若需挽詞》有句云："舊是先公門下士，晚爲教習館中生。千秋鑑自傳忠孝，萬石風元飭性情。"(《籜詩》卷一四)

又撰祭文。

　　文中追憶歿前教習諸生之事，云："曷極月之二日，館課諸生，先生聿來，揖于東榮。命賦《廣寒賦》未成，何蟾兔之乍缺兮，獨沆寥而上征。上丁陪祀釋奠，辟癰松陰翔步，諸生亦從。昨朝侍直待漏，益何歸第而伏枕兮，甫及旬以告凶。"(《籜文》卷二五《祭張侍講文》)

廿五至廿九日，偕諸友游西山。

　　乾隆甲戌詩《題凌郡丞西山詩後八首》序云："去秋八月廿五日，偕凌郡丞、孫上舍、汪上舍、蔣編修游西山。過萬壽寺，借禪人竹杖以行。沿西隄望昆明湖，度青龍橋，經玉泉山陰至壽安山，宿隆教寺。曉起坐退翁亭，望澗西嶺半古松，意即是金章宗看花臺畔物。登五華寺，復下臥佛寺，撫娑羅樹。飯畢，跨驢至碧雲寺前槐徑小憩。緣麓而南，立雲衢坊下，仰瞻香山行宮。過寶勝寺，度杏子口，冒雨上秘魔崖。次日午晴，登香山寺，上寶珠洞，下歷龍泉庵、翠微寺，望清涼寺。蓋往返四日。而郡丞賦詩十二首。冬暮，同游者各南還，郡丞乃屬序于余。今春又將南下，因綴詩當序，悵舊迹之難忘，聊取觀于他日爾。"(《籜詩》卷一五)

是月，鄒一桂爲《本朝應制琳琅集》撰序。先生有《賦得日向壺中特地長》、《鶯囀上林賦》、《荷珠賦》三篇選入集中。

　　《本朝應制琳琅集》十卷，鄒一桂選評，乾隆十九年付梓。序中云："詩賦之學與八股制藝相爲表裏，但習八股而不通詩賦者，其文必膠滯腐敗而不可以傳世，不徒諧聲比偶之未工也。""是編也，集本朝近科應制諸體，取其典則輝煌、詞旨雅秀，不越乎規矩，而不汩乎性靈者，就訪客所持請而裒輯之。"(《本朝應制琳琅集》附前)

　　《賦得日向壺中特地長得壺字八韻》云："晷刻添銅漏，居游占畫圖。昌辰當化日，樂境即蓬壺。戀雨涼縈午，溪煙澹未晡。簾香遲碧藕，亭蔭卓丹梧。靜許秋枰換，慵休筍簟俱。挈量年小大，摹繪世唐虞。歲月諸天有，神仙一事無。紫皇勤訪道，甄影直文儒。"(《本朝應制琳琅集》卷三)。

　　按：《賦得日向壺中特地長》乃佚作，另兩篇《鶯囀上林賦》、《荷珠賦》收入《籜石齋文集》,惟文字稍有出入,大約曾經鄒一桂點定。《鶯囀上林賦》,鄒一桂評云:"文瀾湧態,筆彩生香,敷華掞藻外別具一種情味。"(《本朝應制琳琅集》卷八)《荷珠賦》,原評云:"按節赴音,與道大適,頌聖處亦靈緒獨抽。"鄒一桂評云:"工錯俱極,自然切近而涵遠意。"(《本朝應制琳琅集》卷八)據凡例言,文集皆館選之作,有朝考,有館課,有御試。先生此時尚未散館,三篇或出自朝考,或為庶常館課之作。則所謂"原評"應是館師所寫。

秋日,賦詩答茅應奎書信及詩。

先生是年有《喜得茅明經應奎書兼蒙惠詩次韻寄酬二首》詩,繫于《八月五日上釋奠太學陪祀恭紀》之前。可知接茅應奎書信大約在七八月間。詩中注云:"先生方選錄故交之詩。"按:茅應奎嘗選近人詩,名曰《絮吳羹詩選》。(《籜詩》卷一四)

十月,賦詩送周澧假歸嘉善。未幾,澧于金山舟次無病而逝。年僅四十五。

先生有《送周編修澧假歸嘉善為封公太君壽》詩,繫于是年。(《籜詩》卷一四)《翰林院編修周府君墓誌銘》云:"先生卒季冬十月,春秋四十有五。"(《章學誠遺書》頁一五一)按:汪孟鋗乾隆甲戌詩《三月初六日感賦二首》注云:"十二月東皋道卒。"(《厚石齋詩集》卷九)此處仍依章學誠所撰墓誌銘。

明年正月,同鄉設位遙祭,先生賦長詩挽之。

先生乾隆甲戌有《挽周編修澧十四韻》詩,其中有"元昆令子留京在,夾巷同鄉設位從"之句。(《籜詩》卷一五)

十二月初六日,座主孫嘉淦病卒。年七十一。先生賦詩挽之。

據陳兆崙《光祿大夫吏部尚書協辦大學士諡文定孫公神道碑》。(《紫竹山房文集》卷一六)

先生有《座主孫文定公挽詞二首》詩,繫于明年正月。(《籜詩》卷一五)

冬,張宗蒼為先生繪山水一幅,是為《澉上讀書圖》第二圖。

張宗蒼識云:"乾隆壬申寒夜,聞籜石先生談海鹽永安湖巖壑之勝,蒙出舊所圖橫卷并記二篇(錢泰吉按:今卷中但有一篇。)見示,因復乞余作圖。余固屐齒未經,烏能意揣,明年冬夜復相聚,乃趣成之,正未知澉上青山脉絡何如。他日南歸,携短節往游,尋先生讀書處小憩,當更為展拓真本,以償夙諾。篁村張宗蒼于京邸寫。"鈐印二:"篁村"白文印、"太湖漁人"白文印。(《清芬世守錄》册四《澉上讀書圖》)

是年,為陸森題亡友萬光泰所繪《寒山舊廬圖》。

先生是年有《題寒山舊廬圖用張文端公題寒山舊廬韻》詩,可徵其事。(《籜詩》卷一四)

按：陸森，字守之，號明溪。浙江錢塘人。乾隆十四年以優貢入太學，六年無所遇，後官義烏訓導。萬光泰《寒山舊廬記》云："寒山舊廬者，陸芑洲先生所居宅也，在城南瑞石山下，相傳宋韓平原南園故址。奇木怪石，櫛比鱗次，石壁有龍眠張文端公題寒山舊廬詩，因仍其名宅。……文端詩，湖上和者凡數十人。先生令子守之來都，又將遍求都下之能詩者，寄歸勒諸石，為先生娛。曰，是不可以無圖。……因為點染屋木，遙紀其略，而并繫以詩。乾隆己巳嘉平下浣，秀水萬光泰柘坡識。"（《寒山舊廬詩》）

又奉題鄒一桂畫頁。

先生有《潛溪緋歌奉題座主少宗伯鄒公畫頁》詩，繫于是年。詩中云："舊譜闃然今始見……寫花按譜進玉宸，石渠寶笈留其真。家藏復寫近百幅，中有一幅緋衣新。"則所題畫頁或為進呈花譜之底稿。（《萚詩》卷一四）

本年有詩：

《二日雪》、《長歌代書復朱丈丕襄》、《春游曲六首》、《宜亭新柳六首并序》、《同諸編修錦李閣學因培周孝廉翼洙王舍人又曾周編修澧謝吉士墉汪孝廉孟鋗梁秋曹敦書陳舍人鴻寶周孝廉震榮法源寺看海棠分賦》、《題寒山舊廬圖用張文端公題寒山舊廬韻》、《自題雍正庚戌所寫半邏村小隱圖》、《梁吉士同書秋曹敦書招同諸友飲紫藤花下并屬圖之因題四首》、《夢陳明經向中》、《題凌上舍應熊竹谿讀書圖》、《興隆店并序》、《考具詩并序》、《潛溪緋歌奉題座主少宗伯鄒宮畫頁》、《喜得茅明經應奎書兼蒙惠詩次韻寄酬二首》、《八日五日上釋奠太學陪祀恭紀》、《借萬壽寺憨上人杖入西山》、《侍講張先生若霈挽詞》、《慈仁寺禮甃觀音像》、《送周編修澧假歸嘉善為封公太君壽》、《寒夜作四首》。

其中：

《春游曲六首》，顧列星評云："生趣洋溢，可作一幅春滿皇州長卷。"

《宜亭新柳六首并序》，翁方綱注序"完顏松裔少宰"云："留保。"評詩云："六詩皆深情逸韻。昔嘗以為勝漁洋秋柳之作。今日細讀，亦不能即如此説。"又評第四首云："前首之雙對談，尤可也。此首之明對關，則不可。"又評第六首云："律詩不應出韻。"顧列星評云："神韻絕世，視漁洋秋柳，可謂異曲同工。"又云："中四章粉墨蕭瑟，如聽雍門子鼓琴，令人淚下承睫，不但聞清歌，喚奈何也。"張維屏評第四首云："句句賦物，却句句是悼人。性情風調，一氣鎔成。尤須看其真氣貫注。"（《聽松廬詩話》）黃培芳《香石詩話》錄張南山評云："聲氣、格調、神韻，無美不具，而實在心窩裏一團心血與性情一滾而出,乃與一味在屋瓦上發聲者迥別。其中警句如'驅車欲去驚寒食,走馬歸來已夕陽'、'豈意公家園裏樹,翻為賤子卷中騷',皆非凡之筆。"黃培芳評云:"阮亭秋柳之作,以風神取勝,膾炙一時,然訾之者亦不少。其實細按不免有稍空處,若撑石宜亭新柳詩,即景思人,言中有物,則洵得騷人之旨矣。"查有新云:"至情綿邈,音節蒼涼,語語自抒悲懷,却語語不脱新柳,洵稱絶唱,足與新城尚書《秋柳》四章并有千古。"

《同諸編修錦李閣學因培周孝廉翼洙王舍人又曾周編修澧謝吉士墉汪孝廉孟鋗梁秋曹敦書陳舍人鴻寶周孝廉震榮法源寺看海棠分賦》,錢聚朝校題目云:"梁秋曹名應居中寫。"

《梁吉士同書秋曹敦書招同諸友飲紫藤花下并屬圖之因題四首》,翁方綱評云:"紅雲、紫雲、紫霄、紫霞,不嫌執著耶?"錢儀吉注云:"梁氏舊宅,今為煤市街西永豐店。古藤尚存。"

《題凌上舍應熊竹谿讀書圖》,錢聚朝校第一首"搗虀研硃何日竟,斷虀畫粥古人云"二句云:"'虀'應'虀','虀'應'齏'。"

《興隆店并序》,顧列星評云:"繾綣情深,具見心交,非泛泛之作。"

《考具詩并序》,錢儀吉注云:"史家以考囚之具為考具,此題可商。"翁方綱識《號舍》一首之注"庚午應順天鄉試,見號舍甎多隆慶款者"云:"兒子樹培拓此,予嘗有詩。"

《喜得茅明經應奎書兼蒙惠詩次韻寄酬二首》,錢儀吉評第二首"飽閲星霜拄杖前"一句云:"活法。"

《借萬壽寺憨上人杖入西山》,翁方綱評云:"直似偈子,然似有後半而以前半湊入者。"

《侍講張先生若需挽詞》,翁方綱評第一首"相見斯須憶至誠"句中"憶至誠"三字云:"此等字終是不必有者。"

十九年甲戌(一七五四),先生四十七歲。

二月十六日,從父錢元昌卒。壽七十九。

> 據錢臻《家譜》。(卷七)

三月,先生識王昶于金德瑛一經齋。

> 王昶《跋坤一詩鈔》云:"乾隆甲戌,余會試在京師。金檜門先生時時招余言讌,始與康古、心餘兩孝廉及坤一編修定交。"(《春融堂集》卷四四)按:是年,禮部侍郎無錫秦蕙

田招其纂修《五禮通考》之《吉禮》，遂束裝上京，于二月抵京。(《述庵先生年譜》卷上)王昶，字德甫，號述庵。又因有蘭泉書屋、琴德居，故時亦以為號。早年從沈德潛游，為"吳中七子"之一，名傳海外。乾隆十九年成進士，歸班銓選。二十二年南巡召試，授內閣中書。升刑部主事員外郎。三十三年以漏洩查辦兩淮鹽引一案革職，往雲南軍營效力。四十一年回京，升鴻臚寺卿。累官刑部侍郎。五十八年以原品休致。歸主婁東、敷文書院。嘉慶十一年病卒，壽八十三。生平以勤慎自持，敭歷中外三十餘年，并著懋績。經學以鄭康成為宗，自名其齋曰鄭學齋。詩初學六朝初唐，後宗杜、韓、蘇、陸。袁枚以詩鳴江浙，從游者趨之若鶩，昶痛詆之，隱然樹敵。著有《春融堂詩文集》六十八卷，編有《金石粹編》一百六十卷、《湖海詩傳》四十六卷，流傳最廣。又著有《續修西湖志》、《青浦縣志》等。(《述庵先生年譜》，《揅經室二集》卷三《誥授光祿大夫刑部右侍郎述庵王公神道碑》，《耆獻類徵》卷九二國史館本傳，《大清一統志》卷八四，《晚晴簃詩匯》卷八三)

春，寫山桃小幀。

翁方綱嘉慶甲子詩《錢籜石山桃小幀》有句云："花時二三月，四十九年前。此老欄凭處，銜杯態宛然。繁紅迫萼破，素絹補絲連。尚記孫枝發，濃垂粉墨顛。"注云："籜石作畫用絹、孫枝發筆。"(《復詩》卷五七)

按：先生喜用散卓水筆，尤喜京師孫枝發、劉必通兩家筆。翁方綱《董文敏書劉必通賣筆木牌》注云："坤一作墨花、竹，必用劉家筆。"(《復詩》卷六四)潘奕雋《錢籜石宗伯折枝花卉卷》亦注云："先生書畫皆用劉必通筆，云其家匾字係董文敏所書，其筆圓健，迥勝湖穎也。"(《三松堂續集》卷一)孫枝發筆，即梁同書《筆飲銘引》所云京師孫氏製水毫筆，一染翰可二百字不竭不暈。(《頻羅庵遺集》卷七)劉必通與孫枝發齊名，乃乾隆京師製散卓水筆最擅名之一家。(《頻羅庵遺集》卷一六)先生嘗與翁方綱言，寫字必用羊毫筆之散得來者，羊毛筆軟，則轉折如意，愈軟則腕愈提得起。(《翁覃溪詩》稿本《籜批》又三)并曾請人專製散卓筆。(《愛日吟廬書畫別錄》卷二《翁方綱致錢載札》)

四月，友王又曾廷試列三甲，賜同進士出身。先生以"同進士"、"如夫人"作對相嘲。

海寧周春是年亦成進士，晚年嘗撰詩話云："甲戌廷對，穀原以策誤五段置三甲，時籜石已壬申二甲第一入翰林矣，于大眾中以'同進士'、'如夫人'作對相嘲，聞者莫不軒渠。穀原大有不平之色，然籜石胸無城府，意所欲言，輒信口而出，不顧其忤人也。"(《耄餘詩話》卷五)

閏四月初八日，先生散館，考試。

《翁氏家事略記》云："閏四月初八日散館。"（二一）按：庶吉士例應教習三年，方予散館。恩科會試之庶吉士，因與下科館選者衝突，故提前散館。考試內容為一賦一詩。

十二日，勤政殿引見，授職翰林院編修。

《翁氏家事略記》云："十一日引見于勤政殿。"據《高宗實録》卷四六二，引見日期當在十二日。（《清實録》册一四）按：翰林院編修一職，在修撰之下、檢討之上，官位正七品。

先生旋即告假回鄉葬父。

《行述》云："甲戌散館，授編修，府君即請假，歸葬藥房府君。蓋府君自丁卯至甲戌，八年京師，以未葬藥房府君，絰帶繫腰，痛不釋，亟歸謀葬。"

五月，山東鹽運使吴士功致書金德瑛，延王昶主其邸。先生與蔣士銓、汪孟鋗集金德瑛一經齋送王昶往濟南。

《述庵先生年譜》云："仍寓秦氏味經軒月餘。山東吴凌雲運使士功以書幣來請，乃赴濟南。運使使其子廷韓玉綸及楊星標懷棟受業署中。"（卷上）先生是年有《飲閣學金先生德瑛齋送王進士昶之濟南》詩。（《萚詩》卷一五）蔣士銓亦有《一經齋小集送王德甫之山左同金檜門錢籜石二先生汪康古孝廉限經字齋字二首》詩，可徵其事。（《湖海詩傳》卷二一）

六月十八日，同諸錦、謝垣、謝墉、汪孟鋗、姚晉錫、錢汝恭、周翼洙、周升桓父子游南新門外，飲王氏園分賦。時諸錦、周翼洙、汪孟鋗、王又曾與先生俱將南歸。

王又曾有《六月十八日諸草廬中允周松巖廣文錢籜石編修謝東君孝廉金圃編修汪厚石孝廉姚蘆涇比部錢蔌齋孝廉周稚圭庶常游南新門外集飲王氏園分賦得今字》詩，繫于是年。詩中注云："時草廬、松巖、籜石、厚石暨余俱將南歸。"（《丁辛老屋集》卷一二）

謝垣，字再東，號東君，又號漫叟。浙江嘉善人。乾隆三十一年進士，官刑部員外，年近七旬歸里。性情蕭曠，雅尚清幽。與其弟崐城少宰比屋而居，一則丹穀盈門，一則青苔滿院。畫山水花果得蕭散趣。善鑒古，又善琴。著《壺領山房前後集》。生卒年俟考。（《兩浙輶軒録》卷二七，《湖海詩傳》卷三一）

周升桓，翼洙子。字穉圭，別號山茨。浙江嘉善人。乾隆十八年鄉試中式。十九年成進士,改庶吉士。二十四年散館授檢討。二十八年擢侍講,充武英殿撰修官。二十九年補授廣西蒼梧道,旋署按察使。因事獲咎,效力阿爾泰軍臺,凡六年。請歸養。歷主天津問津、揚州安定、本郡鴛湖諸講席。生于雍正十一年,卒于嘉慶六年,年六十九。有《皖游詩存》若干卷,未刊。(《春融堂集》卷五四《廣西蒼梧道周君墓志銘》)

時諸錦以宮贊乞休歸里。歸後,先生嘗修書一通拜問。

據《耄餘詩話》卷二。先生札云:"自別老前輩,將五年矣。非不時欲修侯,而弗敢以虛文輒瀆。比來伏惟起居安吉,闔第康寧。京師後進之能欽挹風範者,南望德星,常聞讚頌。想作述益深醇,而大集之刻,必已就緒。聞里中後起英彥,頗復陪奉杖履,屬賦分賤,而教育之仁,常被及之。載既羨且感,何日還朝,使落殖如載者,終仗春風披拂,于有意無迹之間得小成。遂蓋年歲已晚,會面不知其樂,而遠隔久思之,思之殆如飢渴。斯皆真實語,不誑語也。郵便肅此,奉達不備。晚生錢載頓首,草廬老前輩大人講席。"(《昭代名人尺牘》卷二一)

七月,坐雨雙樹軒繪桃花一幅。

識云:"遮莫江頭柳色遮,日濃鶯睡一枝斜。女郎折得殷勤看,道是春風及第花。甲戌新秋,坐雨雙樹軒作此,并錄唐賢句。籜石錢載。"畫為設色,紙本,立軸。縱123厘米,橫52厘米。今藏廣東省博物館。(《中國古代書畫圖錄》册一三,頁二七九)

秋夜,同翁方綱、范棫士、邵嗣宗、江聲、秦大士、盧文弨、紀復亨、張坦、謝墉、吉夢熊,集鄒一桂虎坊橋邸第,題其牡丹册。

翁方綱《座主錫山宗伯畫牡丹册為蘇門明府題》有句云:"丙寅暮春奉詔作,我初見之甲戌秋。虎坊橋東邸第夜,燒燈賞菊爛繡球。花間品花出花譜,三十二種一氣收。"注云:"門下士題句者,范芃野、邵蔚田、江西齋已下世,秦磵泉、盧抱經、紀心齋、張松坪皆家居,錢籜石、謝金圃、吉渭厓皆奉使視學,無在都門者。"(《復詩》卷一八)江聲,字希哲,號西齋。烏程人。乾隆十七年連捷鄉會試,成進士,改庶吉士,散館以知縣用。餘俟考。(《霞外攟屑》卷五)

未幾,先生起程歸里葬父。

《重哭王五秋曹》有句云:"甲戌之秋我歸葬,甲戌之冬君歸養。"(《籜詩》卷二五)

于津門舟次,寫花卉一幅。

識云:"甲戌新秋,津門舟次,為琴齋老先生清賞。秀水錢載。"鈐"錢載"白文印、"萬松居士"朱、白文印。畫為設色,紙本,立軸。高四尺六寸七分,闊三尺三分。(《雪堂

類稿‧戊‧長物簿錄》頁八五八)

八月十五日,抵東平境。

先生是年有《十五夜月蝕次東平境》詩紀其事。(《撢詩》卷一五)

既至揚州,汪棣招游平山堂。

先生是年有《汪博士棣招游平山堂》詩,可徵其事。詩中"再游近二紀"之句,指乾隆二年三月游平山堂事。(《撢詩》卷一五)

汪棣,字韡懷,一號碧溪,自號對琴。江蘇儀徵人。入資得國子監博士,久之補刑部員外郎。嗜詞章,喜賓客。居揚州,為四方舟車之會,名流翕集。及游京師,與先生、秦黌、沈業富游潭柘寺、萬柳堂,聯吟紀事,為都下所稱。生于康熙五十九年,卒于嘉慶六年,壽八十二。著有《對琴初稿》、《春華閣詞》、《持雅堂集》等。(《春融堂集》卷五六《刑部員外郎汪君墓志銘》,《耆獻類徵》卷一四五,《揚州足徵錄》卷三《誥封中憲大夫韡懷汪君墓志銘》)

馬曰琯、馬曰璐兄弟招同沈大成、程夢星、全祖望、張四科、朱稻孫等集行庵,題王穀祥梅花水仙卷。

沈大成是年有《馬嶰谷半查招同程午橋全謝山錢撢石三太史朱稼翁徵君陳竹町閔玉井張漁川諸同學集行庵分題王穀祥梅花水仙卷即效其體》詩,可徵其事。(《學福齋詩集》卷一二)先生亦有《集行庵題王西室水仙梅花卷》詩,繫于是年。(《撢詩》卷一五)按:行庵,馬曰琯家廟也,在天寧寺西園下院枝上村西偏。(《揚州畫舫錄》卷四)

馬曰琯,字秋玉,別字嶰谷。祁門人,業鹺差于揚州。年二十三歸試祁門,充學官弟子。乾隆元年舉博學鴻詞。性好交游,與杭董浦、厲太鴻、陳授衣為友,結詩文社,有《韓江雅集》諸刻。酷愛典籍,所藏書畫碑版甲于江北。著有《沙河逸老集》六卷、《嶰谷詞》一卷、文集若干卷。乾隆二十年病卒,年六十八。(《道古堂文集》卷四三《朝議大夫候補主事加二級馬君墓志銘》,《淮海英靈集》乙集卷三,《晚晴簃詩匯》卷七二)

馬曰璐,曰琯弟。與兄齊名,稱"揚州二馬"。字佩兮,家藏朱碧山銀槎僅及其半,遂自號半槎(半查)。祁門人。監生,候選知州。乾隆元年舉博學鴻詞,不與試。與兄皆嗜古能詩,詩筆清削,見于《韓江雅集》、《林屋唱酬錄》者最多。生于康熙四十年,卒乾隆二十六年。所著有《南齋集》。家藏書籍極富,貯叢書樓。四庫開館,其家進呈備采者七百七十六種。(《湖海詩傳》卷六,《廣陵詩事》卷三,《淮海英靈集》乙集卷三,《晚晴簃詩匯》卷七二,《清代人物生卒年表》頁一七)

程夢星,原字伍喬,後易午橋,號香溪,又號汧江。江南江都人。康熙五十年舉人。五十一年成進士,選翰林院庶吉士,授編修。丁內艱歸,終身不出。家有篠園,擅水竹之勝,日與賓客吟咏其中,主詩壇幾數十年。詩兼法唐宋,好李商隱詩,曾重為箋注。著有《今有草堂詩集》六卷等。生于康熙十八年,卒于乾隆二十年,年七十七。(《四庫全書總目》頁一六七一,《清代人物生卒年表》頁七七一,《湖海詩傳》卷一)

全祖望,字紹衣,一字謝山。浙江鄞縣人。以援貢生入京,與侍郎方苞論禮,苞大異之,由是聲譽騰起。乾隆元年薦舉博學鴻詞科。是春會試先成進士,改庶吉士,不再與鴻博試。二年散館,歸班以知縣用,遂歸不復出。主蕺山、端溪書院,為士林仰重。乾隆二十年卒于家,年五十一。曾修《宋儒學案》,校《水經注》。其答弟子所問經史,錄為《經史問答》十卷。卒後,董秉純等裒其文為《鮚埼亭集》。又有《漢書地理志稽疑》、《困學紀聞三箋》等著,皆卓然可傳,學者稱謝山先生。(《儒林傳稿》卷三,《兩浙輶軒錄》卷二二)

沈大成,字學子,號沃田。江南華亭人。家道中落,屢應幕府徵,前後四十年。晚游淮揚,客運使盧見曾官廨,旋館江春家。自經史外,旁通天文地理、六書九章算學,覃精研思,粹然成一家之學。其校定《十三經注疏》、《史記》、前後《漢書》等,尤為一生精力所萃。其詩出入唐宋,杭世駿謂以學人而兼詩人者。著有《學福齋文集》二十卷、《詩集》三十八卷。生于康熙三十九年,卒于乾隆三十六年,年七十二。(《湖海文傳》卷六〇汪大經《沈沃田先生行狀》,《湖海詩傳》卷一八)

張四科,字喆士,號漁川。臨潼人。貢生,寓居揚州,官候補員外郎。有《寶閑集》。(《湖海詩傳》卷三〇)《晚晴簃詩話》云:"漁川僑居揚州,得隙地于天寧寺旁,築讓園,與馬嶰谷昆季行庵為鄰,并有竹木亭館之勝,互集詩社,一時名流觴咏所聚,風雅好事,兩家蓋如驂靳。"(《晚晴簃詩匯》卷七八)生于康熙五十年,卒年不詳。(《清代人物生卒年表》頁三九二)

九月初九日,偕馬曰琯馬曰璐兄弟、沈大成、程夢星、全祖望、朱稻孫、張四科等人,登竹西亭,分韻賦詩。

先生有《九日竹西亭登高》詩,繫于是年。詩中云:"復迹倚勝情,攜壺發遐賞(注:亭為諸吟社重構)……歌吹定如何,清言屬吾黨。"(《萚詩》卷一五)據此可知,是日同游諸人乃淮上吟社詩友。馬曰琯是年有《竹西亭登高錢坤一太史沈學子上舍同作得笑字》詩。(《沙河逸老小稿》卷六)沈大成是年亦有《九日漁川招同程午橋全謝山三先生朱稼翁陳竹町閔玉井馬嶰谷半查樓于湘方西疇洪曲溪汪恬齋張嘯齋竹西亭登高分得初字》詩,雖未提及先生,其事則必一矣。(《學福齋詩集》卷一二)

按:竹西亭,在上方禪智寺左。《揚州畫舫錄》卷一云:"亭名本取小杜詩'誰知竹西路,歌吹是揚州'句,因建亭于北岸皂角樹下。後改名'歌吹',屢燬屢復。"

未幾,程夢星又招同沈大成,遍游禪智寺諸古迹。

沈大成是年有《午橋先生攜同籜石太史遍游禪智寺諸古迹即用壁間石刻蘇文忠蜀崗送李孝博韻》詩紀其事。(《學福齋詩集》卷一二)

按:禪智寺,即上方寺,在城北五里蜀岡上。《揚州畫舫錄》卷一云:"門中建大殿,左右廡序翼張,後為僧樓,即正覺舊址。左序通芍藥圃,圃前有門,門內五楹,中為甬路,夾植槐榆。上為廳事三楹,左接長廊,壁間嵌'三絕碑',為吳道子畫寶志公像、李太白讚、顏魯公書,後有趙子昂跋。""又蘇文忠公次伯固韻送李孝博詩石刻。廊外有呂祖照面池,由池入圃,圃前有泉,在《石隙志》曰'蜀井',今曰'第一泉'。"

秋日,與江昱、沈大成等泛舟平山堂。

江昱是年有《秋日同錢籜石沈學子吳恒齋泛舟平山堂分韻得平字》詩,可徵其事。(《松泉詩集》卷五)

江昱,字賓谷,一字松泉。江南江都人。初名旭,字才江,後更今名。年二十八,補邑庠生。乾隆元年舉薦博學鴻詞,力辭不應。又歷十七年,始食廩。為人至孝,其弟恂以拔貢生起家,歷官湖南常寧、清泉令,乾州同知,昱皆奉母就養。生于康熙四十五年,卒于乾隆四十年,得壽七十。讀書嗜古,以詩名于時,最工詠物。著有《松泉詩集》六卷、《韻岐》四卷、《瀟湘聽雨錄》八卷等。(《忠雅堂文集》卷四傳二《江松泉傳》,《淮海英靈集》丙集卷四)

既離揚州,再行數日抵家。

十一月初四日,從兄錢摺卒。

錢摺,從伯燀之子。燀,栻初五子,字少咸。秀水學廩貢生。生于康熙十二年八月十八日,卒于康熙三十三年十月初一日。(按:《家譜》云卒于康熙甲戌,有誤。)娶沈氏,生于康熙十四年,卒于乾隆十六年。守節五十八年,乾隆九年題旌。摺,原名壽王,字虞田。國學生,考職州同。生于康熙三十一年九月二十九日,卒乾隆十九年。娶吳氏,繼娶譚氏,側黃氏。子皋陳,元配出,早卒。女一,適李界文,側出。(《家譜》卷七)

先是,錢摺已請于族長錢陳群,願以先生三子敏錫為嗣子。其後,先生又以敏錫子善建,為摺子皋陳後。

錢摺子皋陳早歿,摺老且病,無子,有寡媳,無孫。是年冬,嘗請于族長,願以敏錫為子。先生受錢陳群教,即以敏錫為兄嗣。(《行述》)

錢皋陳,摺子。原名廷謨,字念茲。秀水庠生。生于康熙五十二年五月初六日,卒

乾隆五年十一月十九日。娶譚氏,生于康熙五十四年,卒嘉慶三年,守節五十九年。無子,以敏錫次子善建為嗣。(《家譜》卷七)

十一日,葬亡父錢炌于萬蒼山西洲航山預營之壙。

《誥贈通奉大夫提督山東學政內閣學士兼禮部侍郎國子監生錢府君神道碑銘》云:"洲航山之麓,府君豫營壽藏。乾隆七年五月二十六日,葬朱夫人,陸氏祔。府君之葬,載假歸以乾隆十九年十一月十一日。"(《籜文》卷二〇)

是年,為查禮題重建龍溪宋黃文節公祠詩。時查禮初任廣西太平府知府。

先生有《寄題查郡丞禮重建龍溪宋黃文節公祠用公前集詩觴字韻》詩,繫于是年。(《籜詩》卷一五)按:龍溪為黃庭堅謫守之地,查禮嗜黃公詩與書法,遂于龍溪重建黃公祠。(見《籜詩》卷二七《查太守禮見貽其粵西石刻拓本詩以酬之》)

查禮,為仁弟,原名為禮。字恂叔,一字儉堂,號鐵橋,又號藕汀,別號榕巢。順天宛平人。由監生捐納主事。乾隆十三年選授戶部主事。十八年升廣西太平府知府。三十二年授四川寧遠府知府。四十四年遷四川按察使,明年升布政使。四十七年擢湖南巡撫,入覲,卒于京。查氏為宛平望族,文士名流日聚水西莊,流連觴咏。先生與查禮即未謀面,亦必早通姓名。能吟咏,喜賓客,襟抱與兄蓮坡相似。尤嗜古印章、金玉、銅瓷,藏唐宋人名迹及金石碑刻最多。所著有《銅鼓書堂遺稿》三十二卷。(《耆獻類徵》卷一八一國史本傳,《湖海詩傳》卷一三)

又為蔣溥題《并頭蕙花圖》。

先生有《題虞山相國并頭蕙花圖》詩,繫于是年。(《籜詩》卷一五)

又賦九華山歌,寄祝茅應奎八十壽。

先生是年有《九華山歌寄壽茅明經應奎八十》詩,可徵其事。(《籜詩》卷一五)

本年有詩:

《座主孫文定公挽詞二首》、《挽周編修澧十四韻》、《題凌郡丞西山詩後八首并序》、《觀劉松年畫中興四將像卷子》、《九華山歌寄壽茅明經應奎八十》、《寄題查郡丞禮重建龍溪宋黃文節公祠用公前集詩觴字韻》、《飲閣學金先生德瑛齋送王進士昶之濟南》、《題虞山相國并頭蕙花圖》、《貞女詩四首》、《尹兒灣》、《德州至故城》、《野泊》、《望武城》、《歸舟述六首》、《周家店》、《棗市行》、《十五夜月蝕次東平境》、《阻風靳家口》、《山東秋》、《柳林閘南村舍》、《水鄉二首》、《汪博士棅招游平山堂》、《集行庵題王酉室水仙梅花卷》、《九日竹西亭登高》、《鶴林寺》、《竹林寺》、《招隱寺》、《登多景樓》、《毘陵曉望》、《酌第二泉》。

其中：

《座主孫文定公挽詞二首》，顧列星評云："詞氣渾穆，想見正色立朝時。"識云："雍正元年，公以檢討上言三事，曰親骨肉、停捐納、罷西兵。時有偽奏疏，托公所為，語甚悖。上察公忠，弗問。而公自訟甚力，至廢寢食。"

《挽周編修澧十四韻》，錢儀吉注云："周東皋編修游金山，俄頃而逝。後人達夫大人令名以焯，為余述其事甚異。"

《題虞山相國并頭蕙花圖》，顧列星評云："莊重而不入于腐，溫柔而不失之媚，義益比興，穆如清風。"

《尹兒灣》，顧列星評云："都疑催老信，半與記秋痕"二句云："頷聯語淡而悲。"

《野泊》，顧列星評云："秋深木落，故人語林間，其聲蕭爽，體會入微。"翁方綱評云："莽蒼、曠瀁、蕭爽，亦是應商處。"錢儀吉駁云："中四語對也，覃翁未之覺耳。"

《歸舟述六首》，翁方綱評云："此皆不可磨滅之作。"評第三首"衆中實强笑，靦面餘七年"之句云："真語，惟余知之。"評第四首"所憐素帶知"一句云："此等語，惟余深知之。"評第六首"青陽滋萬族，各奮為雄英。白藏已戒塗，幸不與歲更"、"煌煌聖垂訓，乃疢在幽明"諸句云："天地之中聲也。"錢儀吉注云："此翁評應録入詩滙。"

《柳林閘南村舍》，錢儀吉評云："結法、對法皆自作者。"

《汪博士棣招游平山堂》，錢聚朝校"曾見初栽時"一句云："'裁'應'栽'。"

《九日竹西亭登高》，顧列星評云："《選》體。"吳應和評云："仿《選》體，亦極就規矩。"

《酌第二泉》，翁方綱評"到山不見山，雲氣欲專壑。淫葉響重堦，虛亭決孤雀"諸句云："實皆字字滌盡浮塵志矣。"

二十年乙亥（一七五五），先生四十八歲。

二月初一日，王又曾、陳諒、張庚、張敬業、祝維誥暨子祝喆、錢陳群携子錢汝恭過回溪草堂飲，以"拔山傳諫草，遵海重清門"十字分韻賦詩。長子錢世錫侍坐。

《自題澂湖二圖》序云："張徵士瓜田嘗為載寫《澂上讀書圖》，既又得張農部篁村寫第二圖，春日并挂于回溪草堂西壁。值張舍人篁園、祝舍人豫堂携令子秀才明甫、王秋曹穀原、陳秀才漁所、從祖少司寇香樹先生携從叔雨時過載飲，兒世錫侍坐。徵士後至，飲次，少司寇指壁上二圖，顧徵士曰：'盍偕諸子賦之。'因即以竹垞朱先生為先子題草堂聯'拔山傳諫草,遵海重清門'十字分韻,載得'門'字。"(《籜詩》卷一六)錢陳群是年亦有《二月朔集迴谿草堂觀張徵士庚張農部宗蒼所畫澂湖二圖用竹垞先生題迴谿草堂聯語拔山傳諫草遵海重清門十字為韻分得草字》詩,可徵其事。(《香樹齋詩續集》卷六)又可參乾隆二十二年譜正月廿八日條。

十二日,隨錢陳群、錢汝恭父子放舟海鹽,分賦范石湖《田園雜興詩》。

錢陳群有《二月十二日携恭兒并約從孫載放舟之武原經半邏璵城皆故里也撫景言情檢得石湖詩選本有四時田園雜興三十一首余分得十一首恭載各得十首》詩,繫于是年。(《香樹齋詩續集》卷六)先生是年亦有《少司寇公携汝恭從叔及載至海鹽舟經半邏璵城撫景言情檢得范石湖詩選本田園雜興三十一首用韻分賦公得十一首從叔及載各得十首》詩。(《籜詩》卷一六)

廿四日清明,往洲航山麓祭掃亡父母墓。

乾隆三十九年撰《洲航山墓告文》有"乙亥清明,隔十九年乃趨墓下"之句,可知乙亥清明日先生曾去祭掃。(《籜文》卷二五)

未幾,又陪張夫人祭掃張氏先墓。

《至安橋張氏二首》注云:"乙亥春,陪張夫人祭其先墓。"(《籜詩》卷四九)

七月初一日,為金陳登編次詩集,并撰序。

《金先生蔗餘集序》云:"既客京師七年,歸,登留餘之堂,而先生病矣。學超司鐸昌化。今年春,病少差,載請得詩集編次焉。先生欿然曰:'吾本志不在是,是烏足以言詩哉。'蓋平生所作不多存,今所存者僅一百五十四首,謹釐為四卷,曰《蔗餘集》。"(《籜文》卷八)按:金陳登《蔗餘集》有乾隆二十年留餘堂刻本,即由先生編次。

八月初九日,從舅母沈孺人卒,先生為執事喪次。

《朱府君墓志銘》云:"乾隆二十年八月九日,而沈孺人卒……是歲,載請假于家也,執事孺人喪次。"(《籜文》卷二一)

沈孺人,嘉興縣學生功尚女,年二十歸于先生從舅朱修永。生康熙十年八月六日,得年八十四。(《籜文》卷二一《朱府君墓志銘》)

孺人孤子朱榮桐又請志墓。

《朱府君墓志銘》云:"孤子榮桐求志墓。又二十年奉命江西,假歸拜先人壟,過州東之居。既還朝,思先夫人思府君思孺人,而乃為之志。"(《籜文》卷二一)則至乾隆三十九年冬,先生始應此諾。

九月初六日,從嫂沈孺人六十,先生撰文壽之。

是文應從子錢策之請而作,要在述孺人之賢且明也。(《籜文》卷九《從嫂沈孺人六十序》)

是月,為履老大親翁繪《萱草長春圖》。

題云:"履老大親翁先生賞定。乙亥九秋,萬松居士錢載寫于寶澤堂之東軒。"畫為墨筆,絹本,立軸。縱98厘米,橫41厘米。鈐印四:"載"朱文圓印、"坤-父印"朱文方印、"兩舉制科"朱文方印、"萬松居士"白文長方印。藏楓江書屋。

居鄉期間,為同郡楊烈女撰傳。

楊烈女,嘉興縣梅里楊汝雯女,許同里陳學澍。未婚而陳生亡,遂絕粒吞鉛粉死。事在康熙五十八年,越三十六年,先生為烈女撰傳。(《籜文》卷一二《楊烈女傳》)

又為致仕侍郎范璨題《松巖樂志圖》。

先生有《題范侍郎璨松巖樂志圖》詩,繫于是年。(《籜詩》卷一六)

范璨,字電文,一字約軒。江蘇吳縣人。高宗賜其"松巖樂志"額,因以松巖自號,《松巖樂志圖》亦由是作。康熙五十二年舉人。雍正二年進士,改庶吉士,散館以知縣用。官至工部侍郎。乾隆十一年請假回籍,尋以年老休致,寄寓秀水。三十一年病卒,享年八十七。(《切問齋集》卷一〇《資政大夫工部侍郎范公璨神道碑》,《耆獻類徵》卷七六國史館本傳)

深秋,先生起程還京,三子錢敏錫隨行。

錢陳群《杉青閘送壺尊姪孫北上并示誠兒》有句云:"橙黃橘綠深秋候,楓白杉青遠別時。"(《香樹齋詩續集》卷六)《行述》云:"葬畢即赴京師供職,不孝敏錫隨侍北上。"

旋京後,即往會試座師嵩壽墓前祭拜。

先生是年有《拜座主世襲子少宗伯赫塞里公墓二首》詩,其中有"假歸纔一歲,生別竟千秋"之句。(《籜詩》卷一六)按:據國史館本傳,嵩壽卒于本年。

本年有詩:

《自題澉湖二圖并序》、《少司寇公携汝恭從叔及載至海鹽舟經半邏璵城撫景言情檢得范石湖詩選本田園雜興三十一首用韻分賦公得十一首從叔及載各得十首》、《檢先孺人遺篋得載己亥康熙五十八年雪夜詩》、《題范侍郎璨松巖樂志圖》、《瘞鶴詩為曹明經庭棟作》、《題項東井幻居庵雙柏圖》、《渡江》、《寶應有述》、《兗州》、《曉寒》、《拜座主世襲子少宗伯赫塞里公墓二首》。

其中:

《少司寇公携汝恭從叔及載至海鹽舟經半邏璵城撫景言情檢得范石湖詩選本田園

雜興三十一首用韻分賦公得十一首從叔及載各得十首》，吴應和評云："情景夾寫，太平豐樂氣象都于言外見之。"

《渡江》起二句"秋野日疏蕪，寒江動碧虛"，自注云："今年春夕夢中所得句，蓋杜句也。"翁方綱識云："蘀石嘗爲予言，得此夢中句後，始悟杜公接聯之妙。此亦詩家關捩也。"錢儀吉注云："此評應録。"

二十一年丙子（一七五六），先生四十九歲。

是年，居編修職，仍赴鈔書處校點《文選》新鈔縮本。校點事畢，蒙御賜紗、葛等。

《行述》云："先是，府君未散館前，院長太傅劉文正公與汪文端公派令校點《文選》新鈔縮本。授職後，仍赴抄書處。校點畢，蒙恩賜紗二、葛紗二、香囊二、香珠一。"

三月初五日清明，至萬壽寺尋鄉僧憨上人。

先生是年有《清明日同宋明經樹穀至萬壽寺尋憨上人》詩，中有"鄉僧相見説鄉山"之句。（《蘀詩》卷一六）

初夏，賦詞一闋，題鄒一桂畫菊。

題識云："丙子初夏，應老夫子大人命，奉題畫菊，即和乙亥九日對花偶吟《江城子》一闋原韻。受業錢載。"詞云："去年菊候唱還酹。寫霜球，對庭幽。不用門生，同訪筍輿秋。倘憶歸人天外遠，方越釀，作吴游。　今年塵海又浮漚。夢江舟，與山樓。待到登高，風雨恐難收。珍重好花開一幅，頻入手，算盈頭。"鈐印二："載"朱文圓印、"兩舉制科"朱文方印。畫藏楓江書屋。

五月初七日，圓明園當值，蒙高宗召見于勤政殿。

《行述》云："丙子，官編修。五月七日，輪班于圓明園。勤政殿引見，蒙上垂問云：'汝是錢主敬何人？'回奏云：'錢陳群是臣之叔祖。'上又問云：'汝曾保舉博學宏詞麽？'回奏云：'臣在世宗憲皇帝時，曾保舉博學宏詞。皇上詔舉經學，臣亦被薦。隨中壬申進士。'上又顧問掌院臣介福。介公復將兩次保舉詳悉回奏。上頷之。"

八月十九日，叔祖母任孺人卒。先生作挽詩四首。

先生有《節孝叔祖母任孺人挽詞四首》詩，繫于是年。（《蘀詩》卷一六）錢陳群是年亦有《爲賦節孝弟婦任安人挽詩》詩。（《香樹齋詩續集》卷六）

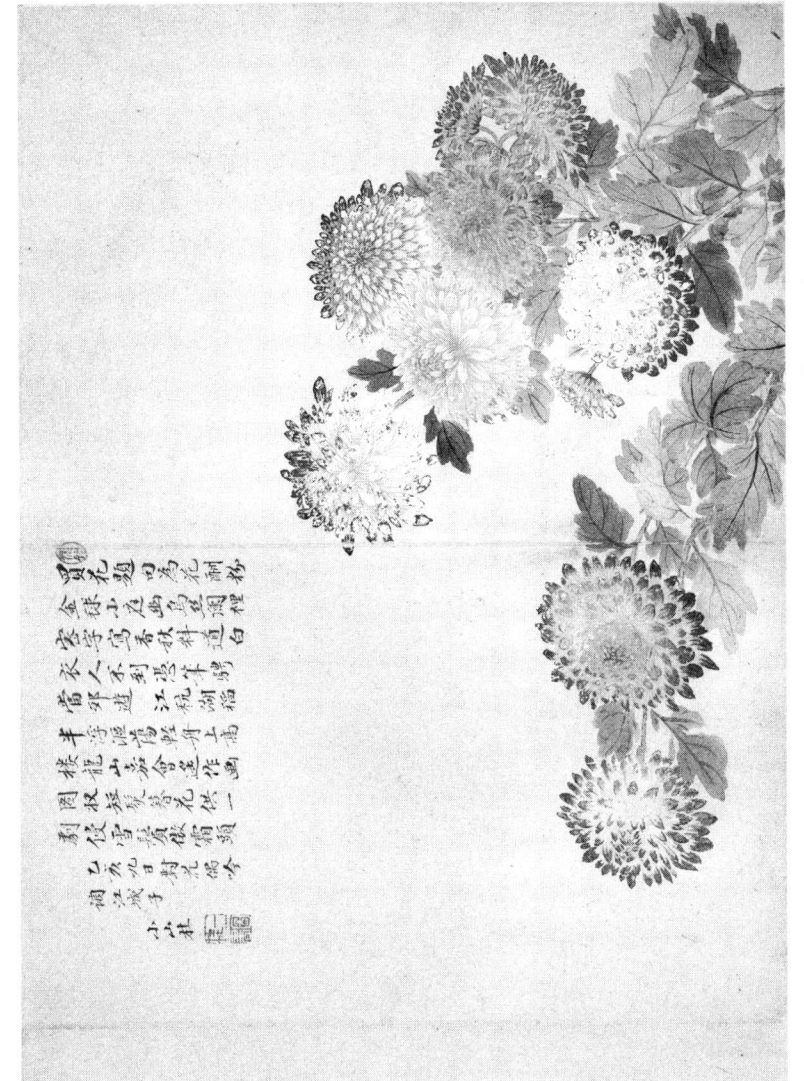

《书丙子初夏应老夫子夫人命奉题画菊即和乙亥九日对花偶吟江城子一阕原韵》墨迹纸本,1756年

去年菊绽闲庭外,逢天气,雨初晴。球封露湿,鸾鸣忆归人。手挽筠篮盈畚,频到处,海棠风。

还同访菊典山樓,待一语,对灯檠。酬唱秋兴,今年又高吟。珍重好花须驻赏,方越甲,仲吴中。

去年丙子初夏应老夫子夫人命奉题画菊即和乙亥九日对花偶吟江城子一阕原韵 女弟子锡嘉载拜

任孺人,叔祖錢峰德配,從父錢汝鼎之母。海鹽廩貢生候選教諭任施閎第六女。峰早逝,任氏守節事姑,撫孤子成立。乾隆六年題旌,崇祀節孝祠,建坊府城西門外三塔塘。以曾孫錢楷官,貤贈夫人。生于康熙二十年,卒乾隆二十一年。(《家譜》卷八)

秋,寫《餐秀圖》。

款云:"餐秀圖。丙子新秋,錢載寫。"畫為墨筆,絹本,立軸。縱106厘米,橫54厘米。鈐印三:"載"朱文圓印、"兩舉制科"朱文方印、"萬松居士"白文長方印。今藏楓江書屋。

十一月廿三日,弟錢星卒。年僅三十八。

據錢臻《家譜》。後葬祔西洲航山葯房公塋之西。子錢保錫,字穀方,號西厓。生于乾隆十五年四月初二日,卒于嘉慶二十一年八月廿八日。(《家譜》卷七)

十二月廿四日,先生始聞耗,悲慟不已。

先生是年有《探春慢·丙子臘月廿四日聞季弟星病卒于家而家書未至未知其卒日除夕孤坐不能長歌聊以當哭亦自哀也》詞。(《蘀文》卷二六)

是年,長子錢世錫舉一子,名曰善元。

錢善元後以病早夭。

先生為諸孫命名,以善字為行,蓋先生平生好善,以為善讀書望子孫。

嘗曰:為善而不讀書,可也;為善而讀書,可也;讀書而為善,可也;讀書而不為善,不可也。(《行述》)

是年,于蔣溥邸第畫山桃花一幅。

錢泰吉《小春之初蔡小硯廣文錫琳寄贈乾隆戊辰冬族父少宗伯公與蔣恒軒相國合畫梅竹上有文端公題句云梅花如美人用儷君子德相對兩相忘無言自怡悅是日為余生朝忽逢林諸友咸集舊藏少宗伯公畫山桃花亦有相國題詩因同展觀雜述舊事以當跋尾并束小硯》有"憶余童時曾見虞山山桃二律宗伯畫"之句,注云:"乾隆丙子畫于恒軒相國邸第。"(《甘泉鄉人稿》卷二四)

又繪《箬溪圖》并自題。

《自題所畫箬溪圖》云:"長興溪,窈而曲,上若下若都是竹。采茶時節筍成林,煮繭人家煙遠屋。我今畫之,却未曾見山,意中岸影蒼灣灣。墨戲平生凡幾度,置身願學不能閑。"(《蘀詩》卷一六)

《餐秀圖軸》，絹本墨筆，1756年

又為王鳴盛題《西莊課耕圖》。

先生有《題王編修鳴盛西莊課耕圖》詩,繫于是年。(《蘀詩》卷一六)按:《西莊課耕圖》繪于乾隆二十二年丁丑,據陳鴻森《王鳴盛年譜》,先生詩也應編入丁丑年。然而繪圖徵詩原不必圖一定在詩之前,如乾隆二十三年為韋謙恒題《翠螺讀書圖》,詩即先于圖而成。此處仍依先生詩集編次,繫于是年。

本年有詩:

《擬恭和御製趙孟頫吹簫士女用宋濂韻》、《清明日同宋明經樹穀至萬壽寺尋憨上人》、《觀倪高士松亭山色即用其自題韻》、《題觀書士女》、《憶去歲過揚州所見名畫三首》、《節孝叔祖母任孺人挽詞四首》、《自題所畫箬溪圖》、《題趙文毅公尺牘墨迹》、《曉月三首》、《南塘辭》、《題鍾進士》、《題板橋吟詩圖即用曹能始詩韻》、《題王編修鳴盛西莊課耕圖》、《嚴君平》、《寇萊公》、《立春後二日對雪三首》、《劉三妹詞三首》。

其中:

《擬恭和御製趙孟頫吹簫士女用宋濂韻》,吳應和評云:"不是一味橫空盤硬語,相題措詞,應得宛轉流麗,西崑體亦何可廢也!"

《清明日同宋明經樹穀至萬壽寺尋憨上人》,錢儀吉校"冷節出游偕泠伴,鄉僧相見說鄉山"二句云:"泠應冷。"顧列星評云:"宛轉闢生,神韻絕似韋、杜。"又評第六、七、八句"去歲扁舟上塚還。又向日邊春一度,商量茶事到松關"云:"第六句倒插,却好接下二句。"

《觀倪高士松亭山色即用其自題韻》,錢儀吉評"齋粥三生詎絕緣"句中"詎絕緣"三字云:"三字稍費力。"

《題觀書士女》,翁方綱評"張萱周昉娛此情,底須絕異誇才明"二句云:"此則如何收裹,如何出路?"錢儀吉評云:"首言婦職不在觀書,中還題,末以班姬結,言觀書正所以成婦德也,與起作呼應。公集中從無無收裹、無出路之詩。翁評殊鹵莽。"

《憶去歲過揚州所見名畫三首》,吳應和評第二首《王叔明一梧軒圖》云:"幽景可掬,風調亦佳。"又評第三首《王安道華山圖》云:"結二語現身說法,不啻金針度人,作詩文作畫者不可不知。"近藤元粹云:"七言古詩轉韻之首句,古無不用韻者。在唐以前,只有江總詩二處耳。唐七古,李、杜詩中有五六處。雖然,是皆其疵瑕。後人不可效顰。此篇末解,首句不用韻,不啻不成詩體。我故曰囈語也。"

《題趙文毅公尺牘墨迹》,錢儀吉評云:"似未稱題。"又校題注"召還北部"為"召還北都"。

二十二年丁丑(一七五七),先生五十歲。

正月十一日,乾隆帝第二次南巡始。先生賦詩紀其事。

至四月廿六日迴鑾,第二次南巡畢。(《清實錄》冊一五《高宗實錄》卷五三〇、五三七)先生有《聖駕南巡恭紀二十首》詩,繫于是年。(《籜詩》卷一七)

廿八日,梁同書錄乙亥二月初一日先生與王又曾、錢陳群等分韻詩作于《漵上讀書圖》卷後。

梁同書識云:"乾隆丁丑一月二十又八日,梁同書為錄于味初齋。"鈐印二:"元穎"白文印、"梁同書印"朱文印。(《清芬世守錄》冊四《漵上讀書圖》)

三月初六日,劉統勳奉命充會試總裁,副總裁為介福、金德瑛。是日,介福由行在馳驛至京,即宣旨入闈。先生奉命充同考官,亦于是日入闈。

據《高宗實錄》卷五三四。(《清實錄》冊一五)《聚奎堂早起》注云:"少宗伯介公,自揚州行在賚旨及詩題,以三月初六日馳至京,宣旨,即奉充總裁官入闈。"(《籜詩》卷一七)又《奉和總裁少宗伯公用深字韻》注云:"丁丑,公總裁,載亦同考。"(《籜詩》卷二二)

從父錢汝恭以先生分校回避,不與試。既而就挑知縣,赴江南河工效力。

《文端公年譜》云:"安慶公自丁卯舉順天鄉試後,三試禮闈不售,是歲以從姪籜石先生載分校迴避,就挑知縣,赴江南河工效力。"(卷下)

十一日,選韻總裁屬同考官寫明日第二場詩韻。

《聚奎堂後東房宿次》有"煎茶方欲賦,寫韻孰如仙"之句,注云:"上欽定二場經文四首,改表為詩八韻一首。先日,選韻總裁屬同考寫之以刻。"(《籜詩》卷一七)按:詔命自是科會試始,裁去表、判,用五言八韻詩一首。

廿日,先生于聚奎堂作分校界尺銘。

《聚奎堂分校界尺銘》注云:"丁丑三月二十日。"(《籜文》卷一七)

廿八日,劉統勳接旨出闈,馳赴行在。先生有句及之。

《聚奎堂早起》有"祝河亟召試官前"之句,注云:"上迴蹕閱河工,召總裁大司寇劉公馳赴行在。旨以廿八日至,即出闈。"(《籜詩》卷一七)

未幾,會試畢,先生出闈。是科取中貢士蔡以臺等二百四十二人。先生分校所得有蔣士銓、袁鑑、施培應、常紀、曹錫寶、彭冠等凡二十七人,皆知名士。

《行述》云:"丁丑,充會試同考官。所得如蔣編修士銓、曹侍御錫寶、鄭侍御爔、施編修培應、袁方伯鑑、彭學士冠,共二十七人,皆知名士。"

袁鑑,一名袁鋆,傳見乾隆三十三年譜。

施培應,傳見乾隆二十七年譜。

常紀,傳見乾隆四十五年譜。

曹錫寶,字鴻書,又字劍亭。江蘇上海人。乾隆二十二年進士,改庶吉士,授刑部主事。歷官至御史。乾隆五十一年參奏和珅家人劉全倚勢營私,以查無實據革職留任。越八年,仁宗親政,特下明詔,追贈錫寶副都御史,給子廕生。生康熙五十八年,卒于乾隆五十七年,年七十四。(《知足齋文集》卷四《掌陝西道監察御史特恩贈副都御史曹公墓志銘》,《耆獻類徵》卷九三國史館本傳)

彭冠,字六一。河南夏邑人。前禮部左侍郎樹葵子。乾隆二十二年進士,選庶吉士,散館授編修。歷官中允、侍講學士。(《清秘述聞》卷一六)乾隆三十九年九月在阿哥書房行走。嗜古好收藏。家藏李唐畫黃山谷《廬山觀瀑圖》,圖名係先生審定。(《虛白齋存稿》卷七《彭六一學士前輩以所藏李唐畫黃山谷廬山觀瀑圖見示為賦長句(圖名係錢籜石少宗伯審定)》)又曾購得趙文敏摹李將軍《明皇幸蜀圖》贈先生。(《籜石齋文集》卷一三《題趙文敏摹李將軍明皇幸蜀圖》)

春,新琢宋澄泥硯一方。先生試墨新硯,繪墨花卷子一幅,并題詩二首。

《宋澄泥硯銘》云:"右詩,乾隆丁丑春琢此硯時所作。"(《籜文》卷一七)按:詩即《籜石齋詩集》卷一七《自寫墨花卷子二首》。乾隆辛亥仲秋,先生復録此詩于硯背,時年已八十有四矣。《自寫墨花卷子二首》云:"澄泥新琢研微凹,試墨頻添萼與苞。座過重三好時節,雙輪却未碾青郊。""静餘翻自愛矜持,小院鉤簾夕照時。何似硬黃臨舊帖,正裁矮本畫烏絲。"(《籜詩》卷一七)

七月,賦詩送憨上人還杭州。

《送憨上人還杭州四首》有"拈花寺中見,忽忽十年來。今朝分手處,七月秋荷開"之句。(《籜詩》卷一七)

八月初九日,為查昌圖詩集撰序。

《查天池詩集序》末云:"乾隆丁丑八月九日,題于藜光橋之寓舍。"(《籜文》卷八)據該序云,先生自雍正三年與朱沛然、陳向中、祝維誥相交,已聞查君名。乾隆十八年查君子祖香以拔貢到京,與先生相見,嘗詢君起居。去年祖香來應順天鄉試,奉查君近詩兩集,請為撰序。先生是年再接查君悼内詩,方撰詩序以報。(《籜文》卷八《查天池詩集序》)

查昌圖,字天池,號半莊。浙江海寧人。府學廩生,乾隆十五年副榜,候選教諭。學問淵雅,門徒鼎盛,孫士毅其高弟也。生于康熙三十七年,卒于乾隆四十二年,壽八十。子祖香,字蒼林,號妙聞。(查元翶《海寧查氏族譜》卷四、《耄餘詩話》卷一〇)

九月初七日,鄒一桂招同張坦、謝墉、張模、秦大士、邵嗣宗、紀昀、吉夢熊、顧光旭、盧文弨、董元度、甘立功、趙瑗、陳荃、馬錦文、紀曉嵐等,賞菊聯句。

據鄒一桂《丁丑重陽前二日招同人看菊席間聯句得五十二韻》詩,是日賞菊聯句諸人有:松坪、鳳巖、守園、香巢、金圃、養田、晴溪、梅阿、蔚田、澗泉、蓉龕、春帆、渭厓、晴沙、淡泉、漁湖、天亭、磯漁、畊堂、鹿薇、檢齋、寄廬、啟堂以及先生。(《小山詩鈔·孚缶集》一六)

紀昀,字曉嵐,一字春帆,晚自號石雲。直隸獻縣人。乾隆十二年解元。十九年成進士,改庶吉士,授編修。乾隆三十八年入《四庫全書》館充纂修官,旋為總辦。累擢禮部尚書、協辦大學士,加太子少保。卒于嘉慶十年,年八十二。謚文達。學問淹貫,詞章敏捷,乾嘉間凡大著作皆出其手。校理秘書,博綜群籍,才力宏富。有《文達公遺集》十六卷、《閱微草堂筆記》等小說數種。(《耆獻類徵》卷三一、《大清一統志》卷二三、《晚晴簃詩匯》卷八二、《國朝畿輔詩傳》卷四二)

甘立功,字惟叔,號淡泉(澹泉)。江西奉新人。乾隆十七年進士,選庶吉士,散館授編修。己卯典陝西鄉試,以疾卒于官邸,年僅二十九。(《奉新縣志》卷八)

趙瑗,字蓮叔,號檢齋。雲南昆陽人。乾隆十七年進士,選庶吉士,散館改工部主事。擢員外郎。己卯充湖北鄉試副考官,辛巳為會試同考官。歷任衛輝、歸德、開封知府,遷河南陝汝道,年四十七歸田。有《檢齋遺集》二卷存世。生于雍正六年,卒年俟考。(《清代人物生卒年表》頁五三八、《清人詩文集總目提要》卷二七、《雲南通志》卷一六九)

陳荃,字漁湖,號兆璜。直隸安州人。乾隆十七年進士,選庶吉士,散館授編修。二十一年充江西鄉試副考官。二十四年任四川學政。三十年復督學貴州。三十四年回籍終養。生卒年俟考。(《清秘述聞》卷六、《高宗實錄》卷五九七、七四四、八三八)

馬錦文,字梅阿。雲南雲龍人。乾隆十七年進士,選庶吉士,散館授檢討。歷廣西道監察御史,戶科掌印給事中。卒于京師,年三十有八。(《雲南通志》卷一六九)

仲秋,許謙為先生寫半身小像。

此像裝入《澱上讀書圖》卷中。款云:"乾隆丁丑仲秋,許謙。"鈐"謙"白文印。(《清芬世守錄》冊四《澱上讀書圖》)

秋日，為蔣溥題蔣廷錫墨花册。

  楊廷枏《蔣文肅墨花册》録先生題詩及識文云："藥塢香連蕙畝香，辛夷竹石致相當。病餘偶此成遺墨，展閱長懷政事堂。長慶詩篇白傅才，硯池時見墨花開。兒童傾聽公名日，回首春秋四十來。康熙戊戌，載生十二齡，先子以屢試京兆不得舉南還，即嘗為載道公愛士，樂汲引寒畯，示載以江右十五子詩，即知公名。雍正壬子，載中副榜，本房李師為公庚戌榜所取士。乾隆壬申，載成進士，出黃師門，又為公庚戌所取士。而今相國夫子又為讀卷師。又載居相國師賓舍者，先後將十年矣。兹承師命題公遺墨。回憶幼時初聞公名時，怦然觸緒，不自覺其言之不足也。丁丑秋日，小門生秀水錢載拜題。"（《藤花亭書畫跋》卷三）按：右詩及題識若果出先生筆下，則屬佚作，故全録于此。

十一月十八日，叔祖錢界卒于施南任所。年六十七。

  據錢臻《家譜》。（卷八）然據《文端公年譜》，卒于乾隆二十三年正月。（卷下）此處仍從《家譜》。

冬，為進士同年張坦跋新居古藤書屋。

  《過張侍御馨出示古藤花下憶弟編修坦用曝書亭集檐字韻詩歸而和之簡侍御寄編修》注云："丁丑冬，編修初居此，仿舊題曰古藤書屋，予跋之。"（《萚詩》卷一九）

又賦長歌詠側理紙。

  先生有《恭讀御製詠側理紙詩敬賦長歌》詩，繫于是年冬。（《萚詩》卷一七）按：側理紙由趙信獻于行在。（見《硯林詩集》卷四）丁敬《側理紙歌》叙云："曩于南華堂酒次，出觀海紙一枚，詫其奇詭。予曰：'此紙紋理傾側，一斜百隨，古所云"側理"，殆目徵之矣。'時谷林撫掌稱快，亟鏨予論，遂為鑒定。今已進于天府，諸生遭際，古所未有也。"（《硯林詩集》卷二）

又賦詩挽符大紀。

  先生有《符歸安大紀挽詞》詩，繫于是年冬。其起句云："薄宦東西浙，貧交一十年。"（《萚詩》卷一七）

  符大紀，字協五，號東橋、穆齋。陝西涇陽人。乾隆四年進士，十九年任歸安知縣，二十二年卒于任。（《清人室名別稱字號索引（增補本）》册下頁五八三，《明清進士碑錄題名索引》頁二七一一，《湖州市志》頁一五四一）

是年，嘗與邵嗣宗集張坦寓齋，題董其昌《鶴林春社圖》。

  先生是年有《同邵編修嗣宗集張編修坦寓齋題董文敏公鶴林春社圖》詩，可徵其事。（《萚詩》卷一七）

又為吳華孫題《洗竹圖》。

先生有《寄題吳學使華孫洗竹圖》詩,繫于是年。(《蘀詩》卷一七)

吳華孫,字冠山。安徽歙縣人。雍正八年進士。有《翼堂文集》。餘俟考。

又題曹洛禋《天下名山圖》。

《曹學士洛禋畫天下名山圖二百四十頁題之》有句云:"學士今年八十有六歲。"(《蘀詩》卷一七)

曹洛禋,字鱗書。當塗人。國子監助教。乾隆十八年正月,以年逾大耋,加恩授為司業,額外行走。自言五十歲時,臥床不起者五六載,妻子俱逝。後游黃山遇異人,飲以百花酒。歸而應試登科,續娶連舉五丈夫子,皆六十歲以後事。官至侍讀學士,行走尚書房。二十三年冬乞休。生于康熙十一年,卒年俟考。善畫山水,學王麓臺。(《耄餘詩話》卷三,《隨園詩話》頁二七八)

是年,陳諒卒。年未四十。先生挽以長詩。

陳諒為亡友陳向中子,先生聞訃挽以長詩,其中有"奈何未四十,奄作芳蘭委"之句。(《蘀詩》卷一七《寄挽陳秀才諒》)王又曾是年亦有《挽陳漁所茂才四首》詩。(《丁辛老屋集》卷一五)

本年有詩:

《同邵編修嗣宗集張編修坦寓齋題董文敏公鶴林春社圖》、《春社詞三首》、《題自寫墨花卷子二首》、《聚奎堂後東房宿次》、《夜風》、《聚奎堂早起》、《聖駕南巡恭紀二十首》、《題無名氏畫》、《寄挽陳秀才諒》、《送憨上人還杭州四首》、《重游覺生寺》、《紀編修復亨近以詩與秦修撰大士黏于壁一夕為偷兒取去編修又送詩修撰和之于是周學士長發盧編修文弨皆有作載過飲修撰于其右壁盡讀之歸亦和焉》、《靜夜》、《寄題吳學使華孫洗竹圖》、《曹學士洛禋畫天下名山圖二百四十頁題之》、《仲冬二首》、《恭讀御製咏側理紙詩敬賦長歌》、《對雪用宋延清剪綵花韻》、《不寐》、《海子雪晴》、《題王仲山畫潙山水牯牛册子八斷句》、《符歸安大紀挽詞》、《觀閣右相畫》、《咏水仙》、《韓康銷寒集分咏》。

其中:

《聚奎堂早起》,翁方綱注"明旦欽承尚勉游"句云:"'明旦'用《詩經》也。"

《紀編修復亨近以詩與秦修撰大士黏于壁一夕為偷兒取去編修又送詩修撰和之于是周學士長發盧編修文弨皆有作載過飲修撰于其右壁盡讀之歸亦和焉》,又評云:"實甚無謂。"錢聚朝校"今顧西壁翻耽耽"句云:"'耽',手校本作'眈'。"

《恭讀御製咏側理紙詩敬賦長歌》，顧列星識云："文安庫中恭貯行營，陳設側理紙一匣，厚一古蚨高許，淡碧色，縐紋為縠。觀詩中一兩幅勝萬番云云，則係內府所藏，真稀世之寶也。"

二十三年戊寅（一七五八），先生五十一歲。

正月初一雪夜，携三子錢敏錫同祝維誥、從弟錢端賦詩迎新年。

先生是年有《春正雪夜同祝舍人維誥從弟端兒敏錫作限新字》詩，可徵其事。（《蘀詩》卷一八）

錢端，汝誠長子。字履正，號圭田，一號雲芝。國子監生，歷官直隸固城縣縣丞、玉田縣知縣，署江南山陽、溧水、寶應等縣，清河縣縣丞調補丹陽縣縣丞。生于乾隆五年九月廿六日，卒于嘉慶十八年十月十六日，年七十四。娶海鹽人內閣中書查其昌女，敕封孺人，生于乾隆六年，卒于嘉慶十九年，年七十四。子一：景文。女二：長適金壇人東河州同借補武城縣縣丞于慶長，次適海寧人江西候補縣丞祝志裘。（《家譜》卷八）

二月初二日，同鄉鄭虎文奉命視學湖南。先生賦詩相送。

據《高宗實錄》卷五五六。（《清實錄》冊一六）《送鄭贊善虎文視學湖南》有句云："知君真靜者，緒論使淳還。"（《蘀詩》卷一八）按：先生嘗送弟錢星從鄭虎文讀書。

鄭虎文，字炳也，號誠齋。秀水人。乾隆七年進士，選庶吉士，散館授編修。直武英殿，與修國史、會典、《續文獻通考》。二十三年官左春坊左贊善。歸主安徽紫陽書院十年，又主杭州紫陽、崇文兩書院五年。素以經濟自負，嘗願為知縣，謂縣令切近民，易知民間疾苦，一令賢則一縣治，天下之令賢則天下治，人以為名言。卒于乾隆四十九年，年七十一。著有《吞松閣集》四十卷。（《吞松閣集》前附錄王太岳撰墓志銘，《兩浙輶軒錄》卷二五）

三月十九日，試于正大光明殿。

《高宗實錄》卷五五九云："乙巳，考試翰詹諸臣于正大光明殿。"（《清實錄》冊一六）《槐廳載筆》云："乾隆二十三年戊寅春三月，御試翰詹于正大光明殿。擢王鳴盛等官，餘降調、休致有差。試題：《瑾瑜匿瑕賦》，以'隱惡揚善，執其兩端'為韻；《河防得失疏》；《野舍時雨詩》，五言六韻，得'和'字。"（卷九）按：考試為五年一次，專為翰林院詹事府官員而設。

是日，高宗問先生名，并特加宣唤。

> 《行述》云："戊寅三月十九日，御試翰詹諸臣于正大光明殿。時諸臣詞賦方屬草，上顧諸臣，問誰是錢載者三，特加宣唤。"

先生試列二等，著于應升缺出，具名題奏。

> 據《高宗實錄》卷五五九。（《清實錄》册一六）

春，益都朱承煦招同蔣溥諸人集宛平王氏憶園賞海棠。

> 翁方綱《跋憶園雅禊圖》云："此圖，益都朱鶴亭明府戊寅春將之官大冶，邀虞山蔣相國暨錢蘀石諸君，集宛平王氏憶園，賞海棠而作也。"（《翁方綱題跋手札集錄》頁四三六）先生是年亦有《飲王氏園海棠花前用壁間王右丞詩韻》詩，可徵其事。（《蘀詩》卷一八）
>
> 朱承煦，號鶴亭，又號天門，山東益都人。由舉人考補正白旗覺羅宗學教習。乾隆二十二年分籤得陝西漢中府略陽縣缺。改湖北大冶縣。後主懷玉書院。又主京口海岳書院，年已七十。生于康熙五十二年。（按：《清人別集總目》所記有誤，不應在一六七五年。）卒年未詳。著有《鶴亭詩稿》四卷。（《中國第一歷史檔案館藏清代官員履歷檔案全編》册一八頁六九，《清人別集總目》頁四三九，《鄉園憶舊錄》卷二）

四月十五日，座師陳世倌病卒京師賜第。年七十九。先生賦詩二首挽之。

> 據史貽直《予告光祿大夫太子太保特進太子太傅文淵閣大學士兼工部尚書兼管禮部事務加二級文勤陳公世倌墓志銘》。（《清碑傳合集》頁四〇四、四〇五）先生有《座主陳文勤公挽詞二首》詩，繫于是年。（《蘀詩》卷一八）

七月，充功臣館纂修官。

> 據《清史列傳》卷二五。

十一月初五日，南苑大閱。進《聖武詩一百二十韻》。

> 《高宗實錄》卷五七四云："戊子，上大閱，命右部哈薩克使臣卓蘭等及布嚕特起等從觀。"（《清實錄》册一六）《聖武詩一百二十韻》起首云："乾隆戊寅冬，我皇建大常。大閱于南苑，八旗開正鑲。"（《蘀詩》卷一八）

十二月初五日，奉旨以原銜署日講起居注官。

> 《乾隆帝起居注》："又翰林院奏請欽點署理日講起居注官一摺，奉諭旨：錢載著以原銜署日講起居注官。"（册一七，頁五六五）

十六日，友盧存心卒。年六十九。

> 據彭紹升《盧太公墓志銘》。（《二林居集》卷一一）

十七日，高宗御乾清門聽政。先生以署理日講起居注官侍直。

　　《乾隆帝起居注》云："十七日己巳辰刻，上御乾清門聽政。""是日起居注官：沈棫、德保、博明、錢載。"（册一七，頁六〇七、六一一）先生是年有《上御乾清門聽政侍直恭紀》詩紀其事。其中有"天言容近聽"之句。（《蘀詩》卷一八）

廿二日，座師鄒一桂疏請致仕。

　　《高宗實錄》卷五七七云："據内閣學士鄒一桂奏稱，年逾七旬，精力衰頹，入冬以來復患腰疾，懇乞罷斥等語。著照所請，鄒一桂准以原品休致。"（《清實錄》册一六）又鄒一桂《己卯朝元》注云："時已予告。"（《小山詩鈔·修初集》一）

廿五日，以署日講起居注官侍直。

　　《乾隆帝起居注》云："是日起居注官博明、錢載。"（册一七，頁六三一）

廿八日，又侍直中和殿。

　　先生是年有《上視祫祭太廟祝版中和殿侍直恭紀》詩紀其事。（《蘀詩》卷一八）《乾隆帝起居注》云："二十八日庚辰辰刻，上御中和殿，視祫祭太廟祝版禮畢，回齋宫。""是日起居注官：德爾泰、圖輅布、盧文弨、錢載。"（册一七，頁六三二）

除日，侍宴保和殿。

　　先生是年有《除日保和殿宴侍宴》詩紀其事。（《蘀詩》卷一八）《乾隆帝起居注》云："三十日壬午，上詣壽康宫請皇太后安，巳刻，上御保和殿賜朝正外藩筵宴。"（册一七，頁六三三）

冬，介福以太常寺仙蝶卷屬同人題詩，先生詩先成。

　　翁方綱《太常寺仙蝶圖爲金蘭畦尚書題》注云："乾隆戊寅冬，介野園少宗伯攝太常事，以仙蝶卷屬同人題之，蘀石詩先成。"（《復詩》卷六五）先生是年有《題太常寺仙蝶圖》詩，可徵其事。（《蘀詩》卷一八）按：太常寺仙蝶，麟慶《鴻雪因緣圖記·仙蝶證緣》述之甚詳。

是年，吳烺、謝墉、韋謙恒嘗治具豆花精舍，招同秦大士、梁同書、王鳴盛、陳鴻寶、吳寬、王昶、吳省欽、蔣士銓、錢大昕飲賦。

　　先生是年有《秋圃九咏》詩，自注云："吳舍人杉亭、謝編修金圃、韋舍人約軒治具豆花精舍，招同秦學士澗泉、梁侍講山舟、王學士禮堂、陳舍人寶所、吳舍人二匏、王舍人蘭泉、吳舍人白華、蔣吉士莘畬、家贊善辛楣賦。"（《蘀詩》卷一八）按：上年南巡，王昶、韋謙恒、吳寬、吳省欽以獻詩行在，召試，考授内閣中書。（《清實錄》册一五《高宗實錄》卷五三五）

　　吳烺，字荀叔，號杉亭。全椒人。吳敬梓之子。乾隆十六年南巡召試，賜舉人，官内閣中書。在京師,與梁同書、陳鴻寶、王又曾等友善。直綸閣數年,出為山西同知。署府篆,以疾歸,又數年而歿。生于康熙五十八年,卒年俟考。工詞賦,兼勾股旁要之學。著有《杉亭集》、《五音反切圖說》、《句股算法》行世。(《湖海詩傳》卷一四,《〔光緒〕重修安徽通志》卷二二九,《清代人物生卒年表》頁三〇四)

韋謙恒,字慎旃,號約軒,又號木翁。安徽蕪湖人。乾隆二十二年迎鑾獻詩,召試行在,賜舉人,授內閣中書。二十八年以一甲第三名中進士,授編修。升左春坊左庶子,督學山東。晉侍讀學士,歷雲、貴二省按察使,晉貴州布政使。以失察謫戍軍臺,旋蒙恩宥補編修。歷贊善、中允,充武英殿《四庫全書》提調。遷翰林侍讀,升國子監祭酒。因公鐫級,復補鴻臚寺少卿。以疾告歸,未及束裝,卒于京邸。生于康熙五十九年,卒嘉慶元年,得年七十有七。為詩專主性靈,與隨園、藏園詩派相近,不以馳騁見長。著有《傳經堂文集》十四卷、《詩鈔》十卷、《瓦卮山房館課鈔存》二卷、《古文輯要》八十卷。(《〔光緒〕重修安徽通志》卷二二七,《晚晴簃詩匯》九二,《清代人物生卒年表》頁七一,《湖海詩傳》卷二八)

吳寬,字袒芳,因與前明匏庵先生同姓名,故自號二匏。歙縣人。乾隆十六年南巡獻賦,旋貢成均。二十二年春再召試,賜舉人,授內閣中書。工作勤苦,積數年而眚一目。少工文詞,兼擅倚聲,內府雅樂多其手定。官中書十餘年,充玉牒纂修官及平定西域方略館編纂。秩滿,遷汀州同知,到任半月而卒。與兄寧同著有《蘭蕙林文鈔》及《拗蓮詞》。生卒年俟考。(《棕亭古文鈔》卷一《汀州司馬吳君二匏傳》,《〔光緒〕重修安徽通志》卷二二五)

吳省欽,字沖之,號白華。南匯人。乾隆二十二年南巡召試,授內閣中書。二十八年成進士,改庶吉士,散館授編修。三十七年視學四川,三十九年留任。官至左副都御史。因與和珅有私,于嘉慶四年革職回籍,越四年卒于鄉,年七十五。少學漁洋、竹垞,既而別開蹊徑,句壁堅凝、意歸清峻。散體文亦復戛然自異。著有《白華前稿》六十卷、《後稿》四十卷、《白華詩鈔》十三卷行世。(《春融堂集》卷五六《前經筵講官都察院左都御史吳君墓志銘》,《吳白華自訂年譜》,《湖海詩傳》卷二九)

錢大昕,字曉徵,一字及之,號辛楣,又號竹汀居士。嘉定人。乾隆十九年成進士,改庶吉士,散館授編修。二十三年擢右贊善,尋遷侍讀。二十八年擢侍講學士。三十七年冬升詹事府少詹事。三十九年授廣東學政。明年夏以丁父憂歸,遂引疾不復出。歸田三十年,先後主鍾山、婁東、紫陽三書院。嘉慶九年卒于書院,年七十七。覃研經史,根柢精深。著有《潛研堂文集》五十卷、《潛研堂詩集》二十卷、《廿二史考異》一百卷、《潛研堂金石文跋尾》二十五卷等(《竹汀居士年譜》,《春融堂集》卷五五《詹事

府少詹事錢君墓志銘》，《湖海詩傳》卷一六）

是年，為盧文弨題《檢書圖》。

先生有《題盧中允文弨檢書圖》詩，繫于是年。詩中概言與盧氏治學取徑之同異，云："書亦復何異，況同桑氏徒。我讀了大義，豈不辨陶魚。第弗為前人，譬責剞劂初。君書必刊誤，改字甚揀珠。本朝若閻(注：若璩)何(注：焯)，其足相先驅。我嘗閱萬卷，善本宋元俱。近始返章句，聊用畢迂愚。"（《籜詩》卷一八）

又為韋謙恒題《翠螺讀書圖》。

先生有《題韋舍人謙恒翠螺讀書圖》詩，繫于是年。（《籜詩》卷一八）按：據吳省欽乾隆甲申詩《戊寅秋為葯軒題李遂堂所作翠螺讀書圖圖實未作也頃以索書李尚客晉未歸感作》，此圖實未作也。（《白華前稾》卷三五）

丁丑、戊寅年間，張庚撰《國朝畫徵續錄》。

《續錄》分上、下二卷，附《國朝畫徵錄》後。其卷下謂鄒一桂"今官內閣學士兼禮部侍郎"，又謂錢界"以同知用，未及任而歿"，并云先生官翰林院編修。可知《續錄》應撰于丁丑、戊寅年間。《國朝畫徵錄》脫稿于雍正乙卯，乾隆四年付梓，其時張庚客居睢州。二書前後相隔近二十年，有論者仍以《續錄》為乾隆四年刻，謬矣。

其中為先生列有小傳。

文附《蔣溥傳》後，略云："穎敏好學，工詩，善寫生。游都門，恒軒為其子延主師席，因得親其點染，筆法益進。"（《國朝畫徵續錄》卷下）

是年，三子錢敏錫聘陳鴻寶妹為室。

先生《星垣陳封公像贊》有云："戊寅，蒙締兩家之好。"（《籜文》卷一六）

本年有詩：

《春正雪夜同祝舍人維誥從弟端兒敏錫作限新字》、《和酬院長相國見贈》、《城西》、《原心亭敬觀聖祖仁皇帝御書龍飛鳳舞四大字刻石》、《題畫牡丹蕙萱鳳仙菊五種》、《動靜交相養并序》、《雜憶舊蹤拾舊時殘句以綴就張叔夏詞自序云渺渺兮余懷也錄存六首》、《送鄭贊善虎文視學湖南》、《飲王氏園海棠花前用壁間王右丞詩韻》、《德勝橋東堤柳》、《初夏憶家三首》、《座主陳文勤公挽詞二首》、《擬恭和御製咏葫蘆筆筒元韻》、《觀真晉齋圖》、《題盧中允文弨檢書圖》、《金水橋曉月》、《驟涼》、《擬恭和御製幻花八咏用張鵬翀韻元韻錄存四首》、《集陳舍人鴻寶獨樹軒賦秋聲》、《郊西》、《秋圃九咏》、《移居》、《聖武詩一百二十韻》、《題太常寺仙蝶圖》、《題韋舍人謙恒翠螺讀書圖》、《上御乾清門聽政侍直恭紀》、《上視祫祭太廟祝版中和殿侍直恭紀》、

《除日保和殿宴侍宴》。

其中：

《和酬院長相國見贈》，錢儀吉評結句云："得體。"

《城西》，錢儀吉評首聯"樹引通橋市，山迎出郭車"云："唐人'鳥啼當戶竹，花繞傍池山'，首聯句法所本。"

《雜憶舊蹤拾舊時殘句以綴就張叔夏詞自序云渺渺兮余懷也錄存六首》，錢儀吉注第三首"據梧高閣心雙鳥，洗硯清潭面一僧"二句云："三四句成邸屢書為楹帖。"

《送鄭贊善虎文視學湖南》，翁方綱披云："空無實際。"

《飲王氏園海棠花前用壁間王右丞詩韻》，翁方綱評云："此等存之何必？"

《德勝橋東堤柳》，翁方綱識云："刪。"

《觀真晉齋圖》，翁方綱評云："此題惜只如此了云。"

《驟涼》，錢儀吉評"化應終古是，身漸一生非"、"問君安所希"諸句云："小宛遺音也噫。"

《秋圃九咏》第二首《牽牛花》，吳應和評云："《曝書亭十二韻》意專咏物，而此五六一聯中有人在，纔覺情味雋永。"

二十四年己卯（一七五九），先生五十二歲。

正月十三日，以署日講起居注官侍直。

《乾隆帝起居注》云："十三日乙未，上奉皇太后同樂園，侍早晚膳。酉刻，上幸山高水長，觀火戲，同樂園觀燈。""是日起居注官景福、錢載。"（冊一八，頁一二、一三）

十五日上元，侍宴正大光明殿。

先生是年有《上元日圓明園正大光明殿侍宴》詩紀其事，并注云："講官筵側侍寶座右，殿西北隅藉座。"（《蘀詩》卷一九）《乾隆帝起居注》云："十五日丁酉，上詣安佑宮行禮，奉皇太后同樂園，侍早膳。巳刻，上御正大光明殿，陞座，賜朝正外藩筵宴。""是日起居注官：景福、沈棫、德保、錢載。"（冊一八，頁一四、一六）

二月初二日花朝，金啓南招同謝墉、韋謙恒、吳烺、王鳴盛、王昶、錢大昕游王氏園。

先生是年有《花朝金秀才啓南招同謝編修墉韋舍人謙恒吳舍人烺王學士鳴盛王舍人昶家贊善大昕游王氏園遲褚舍人寅亮陳侍讀鴻寶曹舍人仁虎不至分賦十六韻》

詩，可徵其事。(《籜詩》卷一九）謝墉是年亦有《春日偕錢籜石編修王西莊學士吳樾亭韋藥軒王蘭泉三舍人錢辛楣宮贊金佩霞茂才出右安門游王氏園林遲陳寶所侍讀褚鶴侶曹漁庵兩舍人不至分賦得五律四首》詩，并注云："籜石于酒酣建議，以後兩人為耦，各于花時治具來此。"(《聽鐘山房集》稿本卷一五）按：金啓南俟考。

廿八日，王鳴盛以同游王氏園五言詩見示，先生賦十六韻答之。

先生是年有《王學士見示同游王氏園五言長篇復賦十六韻》詩，并注云："昨日廿七社。"(《籜詩》卷一九）按：《統天萬年曆》云，以立春後第五个戊日為春社，祭祀土神。（《歲時廣記》卷一四）是年正月初七日己丑立春，至二月廿七日為春社。

三月初三日，以署日講起居注官侍直。

《乾隆帝起居注》云："上詣大高殿行禮。""是日起居注官：良誠、錢載。"(冊一八，頁一一一、一一二）

初六日，又侍直中和殿。

先生是年有《上視耕籍祭先農祝版于中和殿侍直恭紀》詩紀其事。(《籜詩》卷一九）《乾隆起居注》云："初六日丙戌卯刻，上御中和殿，視祭先農祝版，并閱穀種、農具，畢，回齋宮。""是日起居注官：景福、德保、積善、錢載。"(冊一八，頁一一三、一一四）

十五、廿五和廿七日，俱以署日講起居注官侍直。

同值者三日依次有德保、德爾泰與圖轄布。(《乾隆帝起居注》冊一八，頁一二六、一四四、一四九）

是月，張夫人攜長子錢世錫、四子錢容錫、孫錢善元起程進京。王又曾賦詩送世錫，兼簡先生。

《行述》云："三月，不孝世錫、容錫，隨我母張夫人進京。"王又曾有《送錢慈伯奉母入都并簡錢籜石編修二首》詩，繫于是年。(《丁辛老屋集》卷一六）

春，先生由藜光橋移居宣南坊繩匠（一作丞相）胡同。

據翁方綱《籜石齋詩鈔序》，先生于是年春由藜光橋移居宣南繩匠胡同。(《復初齋文集》[手稿影印本]冊一，頁二三八、二三九）蓋為迎接家人而移居。

春暮，鄒一桂陛辭歸鄉，御製詩二章賜之。旋買舟南下，先生送其出廣渠門。

乾隆帝《賜鄒一桂》詩云："懷鄉念率老年縈，弗許翻嫌不近情。一晌陛辭雙淚下，原猶戀闕可憐生。""簪纓歸里榮依舊，花鳥怡情樂正賒。吳下詩人應好在（注：謂沈德潛），白頭相聚話煙霞。"(《御製詩二集》卷八五）鄒一桂有《春暮買舟南歸恭和賜詩元韻》詩和之。(《小山詩鈔·修初集》二）又先生《座師予告禮部侍郎鄒公八十壽序》有云："己卯春南歸,送先生出廣渠門。"(《揅文》卷九)而翁方綱嘗語秦瀛,謂鄒小山先生致仕歸里,郭門外送行者只覃溪一人。(見《小峴山人詩文集》詩卷二一《三月十八日送駕後出廣渠門赴通潞登舟雜咏六首》注)

四月初十日、廿一日,以署日講起居注官侍直。

  同值者二日依次有博明和德爾泰。(《乾隆帝起居注》册一八,頁一六八、一八九)

是月,考試差于乾清宮。

  與試者,閣部、翰詹、科道各衙門進士出身者,凡一百五十餘人。(《述庵先生年譜》卷上)

五月初四日,以署日講起居注官侍直。

  《乾隆帝起居注》云:"是日,吏部帶領本年京察一等官禮部郎中素敏等引見。""是日起居注官景福、錢載。"(册一八,頁二〇七)

初五、初八日得雨,先生喜而賦詩。

  《五日晚雨二首》注云:"上以望雨亟,命御園勿陳龍舟。"《八日雨》有"北省大田今亟種"之句,并注云:"揚州斗米六十錢。"(《揅詩》卷一九)按:三月以來,直省各屬雨水稀少。高宗望雨心切,先令虔申祈禱,復下旨清理刑獄。京畿州縣米價雖稍昂,江省米價却甚屬平減。

初十日,以京察一等引見,准予一等加一級。

  此次引見京察一等之人,共四十二員,俱准一等加一級。(《清實錄》册一六,頁五〇六)
  按:京察,三年一舉。三品以下,由各部院堂官,將所屬官員分別等第。陞調未滿半年者,則仍由原衙門堂官出具考語,移咨新衙門辦理。乾隆二十六年正月擬定,各部院郎中員外郎以上,俱令各堂官詳加察看,填註切實考語,分一二三等,遵旨于京察前一年十月內,具摺密奏。至內閣侍讀,與員外一體較俸陞轉,雖秩止六品,應由內閣具奏。科道由都察院密奏。宗人府副理事官以上,由宗人府密奏。編修檢討以上,由掌院密奏。贊善以上,由詹事府密奏。(《清實錄》册一七《高宗實錄》卷六二九)

十五日,以署日講起居注官侍直。

  《乾隆帝起居注》云:"是日起居注官諾敏、錢載。"(册一八,頁二二四)

廿二日,高宗步詣社稷壇祈雨。先生跪午門,與眾官同祈。

  先生是年有《五月辛丑旦上御雨纓冠素服步詣社稷壇祈雨午門跪次恭紀》詩,可徵其事。(《揅詩》卷一九)按:春夏以來,京師少雨。各廟壇屢經祈禱,未沐霑霈。是日,高宗戴雨纓冠,素服,乘轎至金水橋,御輦,步行至壇行禮。(《清實錄》册一六《高宗

實錄》卷五八七)

廿九日,以署日講起居注官侍直。

《乾隆帝起居注》云:"是日起居注官景福、錢載。"(册一八,頁二四一)

六月初四日,又侍直勤政殿。

《乾隆帝起居注》云:"初四日癸丑寅刻,上御勤政殿聽政。""是日起居注官少詹德爾泰、庶子沈栻、中允博明、編修錢載。"(册一八,頁二五〇、二五三)

十一日,圜丘行大雩禮。翼日得透雨,先生以署日講起居注官侍直,并賦詩紀其事。

《乾隆帝起居注》云:"十一日庚申寅刻,上御兩纓冠素服,自齋宮步禱圜丘,行大雩禮。"(册一八,頁二六一)先生是年有《六月庚申上虔行大雩禮成辛酉雨恭紀》詩。(《蘀詩》卷一九)《乾隆帝起居注》云:"是日起居注官博明、錢載。"(册一八,頁二六四)

十三日,奉命充廣西鄉試正考官。副考官為户部主事于雯峻。

據《高宗實錄》卷五八九,先生于是日奉旨,出任廣西鄉試正考官。(《清實錄》册一六)而據《婦攜家至京》自注所云,先生于兩日前已接到任命。此處則仍以《實錄》為准。

于雯峻,字次公,號小沽。江蘇金壇縣人。乾隆十九年進士,歷任編修、户部主事、户部山東司郎中。由户部郎中考選陝西道御史。餘俟考。(《國朝御史題名》)

是日,張夫人攜子錢世錫、錢容錫與孫錢善元抵京。

《婦攜家至京》注云:"十三日奉典試廣西命,而家人十五日至。"(《蘀詩》卷一九)

未幾,先生起程往廣西。

途中宿錢界祠下。

先生是年有《蒲圻義學謁攝縣事施南同知叔祖界祠宿祠下賦四首》詩紀其事。(《蘀詩》卷一九)

七月十五日,行抵祁陽。

先生是年有《七月十五夜祁陽對月》詩,可徵其事。(《蘀詩》卷二〇)

八月初六日,入闈。

撫臣鄂寶協同點名。副榜同年徐良,以慶遠府理苗同知任内簾監視。進士同年沈作霖,以知縣充同考官。(《蘀文》卷六《廣西鄉試録序》)按:試題:"請益曰無"一節;"人一能之"四句;"孔子也皆 所願";"賦得月中桂樹"得"秋"字。(《清秘述聞》卷六)

闈中,先生盡心校士,取中正榜劉彥鍾以下四十五名,副榜九名。

> 此次鄉試士子共二千四百有奇,先生率副考官于雯峻,同考官知縣王曰賡、沈作霖等合三場試之,取中正榜四十五名,副榜九名。(《礫文》卷六《廣西鄉試錄序》)

既放榜,錄詩文進呈,并撰《廣西鄉試錄序》。

> 放榜後,先生錄文十九首、詩一首呈高宗御覽,并序言簡端。(同上)

九月初六日,赴巡撫鄂寶宴。時已撤闈。

> 《行述》云:"撤闈。九月六日,巡撫鄂公諱寶燕府君于七星山。"先生是年亦有《七星山燕席》詩,可徵其事。詩中有注云:"九月六日。"(《礫詩》卷二〇)
> 鄂寶,鄂謨託氏,字霽堂。滿洲鑲黃旗人。鄂爾泰子。自官學生授内閣中書。乾隆二十年任廣西巡撫,官至漕運總督。生卒年俟考。(《欽定八旗通志》卷三四〇、《樞垣記略》卷一六)

未幾,會試房師黄師範來桂林與先生相晤。

> 《灕江晚思》注云:"會試房師祠部黄公,視載于桂林。昨臨涯,送登舟歸金谿。今年七十有八矣。"(《礫詩》卷二〇)

十三日,先生携于雯峻自桂林起程返京。

> 《奏報奉命典試廣西事峻自省城起程及到京日期》云:"臣等奉命典試廣西,事竣,于九月十三日自廣西省城起程。"(中國第一歷史檔案館藏朱批奏摺,檔號 04-01-12-0097-013)

過石鼓書院,尋唐李吉甫、齊映題刻不得,蒙江昱另贈二拓本。

> 《石鼓書院》注云:"尋唐李吉甫、齊映題刻不得,江秀才松泉贈兩拓本。"(《礫詩》卷二〇)按:乾隆二十一年,析衡陽縣東南鄉置清泉縣。江昱之兄恂時任清泉知縣,昱奉母就養,亦住清泉。(《清泉縣志》叙、卷二〇)

途中携于雯峻登衡山,謁南岳廟,上祝融峰觀雲海,搜索禹碑。

> 先生是年有《飯衡岳廟》、《坐祝融峰頂石觀雲海歌》二詩紀其事。(《礫詩》卷二一)江昱亦有《己卯九月衡山大令高君道錢礫石太史于次公民部舍驂從登嶽不禁艷羨紀以長句》詩,可徵其事。(《松泉詩集》卷六)

重過蒲圻義學,再謁錢界祠。

> 先生是年有《重謁叔祖施南府君祠》詩紀其事。(《礫詩》卷二一)

途經許州,遇同年周天度,贈詩以别。

> 先生是年有《贈周許州天度》詩,起二句云:"頻年畿縣數賢侯,幾月農曹即外州。"(《礫詩》卷二一)

周天度,字讓谷,一字西陳,號心羅。本塘西里人,後以部郎出為太守,歸遂遷于杭。乃陳兆崙表弟。未第前,極為同郡杭世駿稱許,謂其熟于史事,尤詳勝國掌故。乾隆十五年以第一名舉浙江鄉試,出裘曰修門下。十七年成進士。二十四年夏出任許州,未幾卒。論詩主少陵,于近人喜翁山,詩亦樸厚,無浮光凡豔。生于康熙四十七年,卒年未詳。著有《九華日錄》、《十誦齋集》等。(《耐冷譚》卷一六,《十誦齋集》附前,《詞科餘話》卷七,《晚晴簃詩匯》卷八一)

先生此次奉命典試廣西,沿途覽勝登臨,詩境益拓。

《行述》云:"五月,府君奉命典廣西鄉試。于是渡湘江,沿浯溪,訪漫郎宅,觀大唐中興頌刻石;過永州,尋西山,游朝陽巖;渡瀟水,游澹山巖,摩挲洞中諸石刻,過鈷鉧潭。府君每言:零陵江山,迤邐滙秀,未易名狀。唐宋名賢,若次山、子厚,若涪翁感遇,題美紛然,騷雅遺迹,幸得仰荷主恩,以皇華驛使,攬勝登臨,詩境益拓矣。"

十月廿三日,西師奏捷報,回部平定。先生後有詩句及之。

是日,定邊右副將軍富德等奏到,巴達克山素勒坦沙,獻逆賊霍集占首級,全部納款捷音。(《清實錄》冊一六《高宗實錄》卷五九九)又《皇太后萬壽上謁慈寧門率諸王公大臣行慶賀禮侍直恭紀》注云:"十月二十三日西師奏報,拔達山汗素爾坦沙,全部納款稱臣。上謁春暉堂請安,以捷音聞。"(《籜詩》卷二一)

十一月初一日,先生抵京,并具摺奏報。

《奏報奉命典試廣西事峻自省城起程及到京日期》云:"編修臣錢載、主事臣于雯峻謹奉為恭復恩命事。臣等奉命典試廣西,事竣,于九月十三日自廣西省城起程,今已到京。為此繕摺,恭復恩命,謹奏。乾隆二十四年十一月初一日。"(中國第一歷史檔案館藏朱批奏摺,檔號 04-01-12-0097-013)

旋復署日講起居注官。

《行述》云:"十一月,蒙恩復署日講起居注官。"先生是年亦有《蒙恩復署日講起居注官》詩紀其事。(《籜詩》卷二一)

初五日,以平定回部行慶賀皇太后禮。先生列班行禮,并賦詩紀其事。

《乾隆帝起居注》云:"初五日辛亥辰刻,冬至令節,上以平定回部、西師凱旋,率諸王貝勒子公、內大臣侍衛、公侯伯子男、大學士尚書都統、侍郎副都統等,詣皇太后宮,行慶賀禮。百官俱于午門外隨行禮。"(冊一八,頁五五〇)先生是年有《皇太后萬壽上謁慈寧門率諸王公大臣行慶賀禮侍直恭紀》詩,并注云:"十一月初五日長至,上以平定回部,率諸王公大臣,謁壽康宮行禮,宣讀慶賀表,迺御太和殿受賀,頒恩詔于天

下。"(《籜詩》卷二一)

是日，頒詔宣示中外。先生蒙恩加一級，旋恭進《聖武樂歌三十章》。

在京文武各官，俱加一級。(《清實錄》冊一六《高宗實錄》卷六〇〇)《行述》云："是時，平定回部，西師凱旋，皇上告功郊廟，稱慶慈寧，歡洽寰宇。府君叨職史官，上紀德功，恭進《聖武樂歌三十章》。先是，冊未進呈，蔣文恪公召見，上垂詢及之，公即奏曰，錢載作樂歌三十章。蓋府君當編修時，早蒙聖心垂眷，屢被清問之及也。"

十二日，錢汝誠、秦蕙田等奉命覆勘順天、江西、湖北、福建、廣西等省鄉試卷。

《高宗實錄》卷六〇〇云："禮部奏請欽點大臣，覆勘順天等省鄉試試卷，得旨，著派秦惠田、觀保、錢汝誠、孫灝。"(《清實錄》冊一六)

既而，先生主考之廣西省鄉試卷，勘出失檢數卷，奉旨交部照例議處。

同時議處之各省考官，尚有錢維城、王鳴盛、翁方綱、裘曰修等。(《清實錄》冊一六《高宗實錄》卷六〇六)

其後，御史朱丕烈又以磨勘疏漏，參奏錢汝誠、秦蕙田、觀保，瞻徇考官鄉情世好。

經特派大臣會同軍機大臣核對，確有朱丕烈原已簽出而覆勘大臣誤行指駁者一卷，及未經列入奏單者二卷。廣西省蕭鼎揆一卷，即未經列入奏單。(《乾隆帝起居注》冊一九，頁三六)

十八日，以署日講起居注官侍直。

《乾隆帝起居注》云："是日起居注官德保、錢載。"(冊一八，頁五八一)

廿五日，行慶賀皇太后聖壽禮。先生以署日講起居注官侍直，并賦詩紀其事。

《乾隆帝起居注》云："二十五日辛未，皇太后萬壽聖節。辰刻，皇太后陞慈寧宮座，上率諸王……等行慶賀禮。""巳刻，上奉皇太后靜怡軒，侍早膳。重華宮，侍晚膳。是日起居注官：德保、圖轄布、邊繼祖、錢載。"(冊一八，頁五九六)先生是年有《皇太后萬壽上謁慈寧門率諸王公大臣行慶賀禮侍直恭紀》詩，并注云："是日，上進早膳於靜怡軒，晚膳于重華宮。"(《籜詩》卷二一)

卅日，以署日講起居注官侍直。

《乾隆帝起居注》云："是日起居注官德爾泰、錢載。"(冊一八，頁六〇五)

十二月十一、十四日，均以署日講起居注官侍直。

同值者前日有德保，後日有景福、博明及張裕犖。(《乾隆帝起居注》冊一八，頁六三〇、六三八)

廿九日，侍直太廟。

先生是年有《上祫祭太廟侍直恭紀》詩紀其事。(《蘀詩》卷二一)《乾隆帝起居注》云："二十九日乙巳，上以歲暮祫祭，躬詣太廟行禮，禮畢回宮。是日起居注官：德保、圖轄布、積善、錢載。"(册一八，頁六六一)

卅日除日，侍宴保和殿。

先生是年有《除日保和殿侍宴》詩紀其事。(《蘀詩》卷二一)《乾隆帝起居注》云："三十日丙午，上詣壽康宮請皇太后安，巳刻，上御保和殿，賜朝正外藩筵宴。"(册一八，頁六六一)

冬，先生購置新居。

錢世錫《雜詠十八首》注云："邸舍為家君己卯冬所置，今世錫將賣此屋以歸。"(《麓山老屋詩集》卷一四)

是年，為起居注戊寅册撰後序。

起居注戊寅册奏成，先生撰《乾隆二十三年起居注册後序》，歷叙戊寅年大事。(《蘀文》卷五)

又為詞科同徵王祖庚題《春江歸釣圖》。

先生有《題王太守祖庚春江歸釣圖》詩，繫于是年。(《蘀詩》卷一九)

又為陳孝泳題曹溶硯。

先生是年有《題陳學正孝泳硯二首》詩，并注云："兩足分篆'己丑曹溶'四字，蓋吾鄉倦圃先生物，學正購之琉璃廠書攤。"(《蘀詩》卷一九)先是，孝泳贈牡丹一盆，先生賦詩有"牡丹却喜陳家至"之句，并注云："學正齎言適惠一盆。"(見《蘀詩》卷一九《王學士見示同游王氏園五言長篇復賦十六韻》)

陳孝泳，字齎言，晚號研石老人。松江婁縣人。游學京師，請業董邦達之門。乾隆十一年命修《西清古鑑》，汪由敦以名薦入。十七年，恩科鄉試舉人。《西清古鑑》成，仍供奉懋勤殿。二十一年，裘曰修薦授國子監助教。三十一年特旨加恩，以户部主事用。補户部廣西司主事，升員外郎，晉陝西司郎中，尋授陝西道監察御史。歷陞光祿寺卿。卒于乾隆四十四年三月廿八日，年六十五。(《師友淵源録》卷二〇《光祿寺卿陳公行略》)

又和張馨懷弟詩，兼簡張坦。

先生有《過張侍御馨出示古藤花下憶弟編修坦用曝書亭集檐字韻詩歸而和之簡侍御寄編修》詩，繫于是年。(《蘀詩》卷一九)按：張坦去年大考列三等，著休致，是年已歸

鄉。(《清實錄》册一六《高宗實錄》卷五五九)

張馨,坦兄。字琢聞,號秋芷。陝西臨潼人。乾隆九年陝西省解元。十年成進士,選庶吉士,散館授檢討。十七年在山東道御史任。二十五年十一月補授户科掌印給事中。假歸不復出,築十畝園延接名流,如王梅沜、金壽門、秦西巖等詩酒往來,殆無虛日。叔父四科與先生有舊交。生于康熙五十八年,卒年俟考。(《國朝御史題名》,《淮海英靈續集》庚集卷三)

本年有詩:

《上元日圓明園正大光明殿侍宴》、《花朝金秀才啓南招同謝編修埔韋舍人謙恒吳舍人烺王學士鳴盛王舍人昶家贊善大昕游王氏園遲褚舍人寅亮陳侍讀鴻寶曹舍人仁虎不至分賦十六韻》、《觀王文成公書所作君子亭記卷》、《王學士見示同游王氏園五言長篇復賦十六韻》、《題陳學正孝泳研二首》、《上視耕籍祭先農祝版于中和殿侍直恭紀》、《題盆牡丹》、《吳舍人齋金秀才治具》、《丁香曲》、《有懷故園親戚》、《過張侍御馨出示古藤花下憶弟編修坦用曝書亭集檐字韻詩歸而和之簡侍御寄編修》、《五日晚雨二首》、《八日雨》、《題王太守祖庚春江歸釣圖》、《晨起題齋壁》、《五月辛丑旦上御雨纓冠素服步詣社稷壇祈雨午門跪次恭紀》、《六月庚申上虔行大雩禮成辛酉雨恭紀》、《入院》、《婦攜家至京》、《飯高碑店》、《大激店避雨同于農部雯峻》、《望都》、《定州值水》、《聞鵜鴣》、《漢光武帝廟》、《内丘》、《臨洺驛》、《謁岳忠武王廟》、《過嵇忠穆公墓碑》、《鄭州》、《渡洧》、《郾城曉行》、《西平村舍》、《渡淮》、《信陽》、《平靖關曉發》、《應山道中二首》、《弔楊忠烈公》、《德安山北行雨》、《楚稻》、《雲夢》、《黃陂》、《聶口二首》、《武昌》、《行江夏作農歌四首》、《咸寧至圻口二首》、《蒲圻義學謁攝縣事施南同知叔祖界祠宿祠下賦四首》、《入湖南》、《岳州》、《并洞庭東岸行》、《渡汨羅》、《長沙》、《湘江買魚行》、《行楚野見草花都不能名感賦二首》、《夜渡湘江》、《將至柘塘二首》、《楚山歌》、《夜半乘月發排山驛至大營市五首》、《度熊羆嶺》、《七月十五夜祁陽對月》、《漫郎宅歌》、《觀大唐中興頌刻石》、《度黃牯嶺》、《永州》、《尋西山誤投芝巖却下南麓見小石城山》、《游朝陽巖》、《渡蕭水游緑天庵剛筍》、《游澹山巖》、《零陵二絶句》、《過鈷鉧潭未及游》、《宿湘山寺》、《出全州行松林間六十里至山棗口占四首》、《將至興安》、《衡鑑堂》、《望獨秀峰用先太常韻》、《七星山燕席》、《灕江晚思》、《發靈川》、《海神廟歌詞二首》、《興安至全州四首》、《全州北作二首》、《易家山》、《石鼓書院》、《謁南岳廟》、《赤帝峰》、《見相塿》、《望蓮花峰》、《歷磴上南臺寺》、《明道山房》、《飯衡岳寺》、《最勝輪塔》、《坐祝融峰頂石觀雲海歌》、《下觀音巖少憩上高臺寺》、《宿上封寺》、《岳頂夜起》、《吸雲寺》、《湘潭》、《乘風出歸義驛向大荆驛二首》、《飲望湖亭》、《重謁叔祖施南府君祠》、《洪山女歌》、《望漢陽二首》、《楚樹》、《麻穰市》、《霧度平靖關二首》、《夜雪發信陽》、《贈周許州天度》、《淇縣》、《謁端木子祠》、《望銅雀臺積雪》、《謁冉子祠》、《蒙恩復署日講起居注官》、《皇太后萬壽上謁慈寧門率諸王公大臣行慶賀禮侍直恭紀》、《聖武樂歌三十章謹序》、《上袷祭太廟侍直恭紀》、《除日保和殿侍宴》。

其中：

《題盆牡丹》，顧列星評云："'苞嫩坼紅圓'五字，移詠庭院牡丹不得。"

《吳舍人齋金秀才治具》，顧列星評云："字字秀潤，却不落晚唐一派。"

《丁香曲》，錢儀吉注結二句"君不見數（注：上聲）日高槐陰滿院，安巢乳燕語交飛"云："此是公自造之格。"

《過張侍御馨出示古藤花下憶弟編修坦用曝書亭集檐字韻詩歸而和之簡侍御寄編修》，翁方綱評起二句"移居劇喜藤壓檐，癡蚓蟠雪無鬢髯"云："此則趁韻，不必存。"又注"一架纍纍縣花添"云："此'纍纍'二字于字書無所考，惟唐人李郢張郎中宅戲贈詩云，釵垂簾籔抱香懷，陳眉公秘笈引此句云，籦籔，下垂之貌，一作'麗毅'。"又注"愛而不見涎涎尾"一句云："涎涎燕尾，從廷不從延，亦近人誤用。"錢儀吉云："顏監云：光澤之貌，徒見反。《廣韻》：涎，美好貌。《集韻》：涎涎，光澤貌。俱係電紐下，是音義悉與顏同，疑即本《漢書》注為說，知今本'涎'字誤也。"

《題王太守祖庚春江歸釣圖》，錢儀吉注"緬惟文恭公"一句云："文恭，他詩已見。"

《漢光武帝廟》，顧列星評云："長短伸縮，音節鏗鏘，此于熟題中有意求新者。"錢儀吉評云："自有時文，而明人以其說評漢唐作者，近人併以之論詩，此評雖賢者不免習之，移人可畏哉。"

《內丘》，顧列星評云："蕭散。"

《臨洺驛》，顧列星評"澹坐得虛堂"一句云："五字得王、韋之神。"

《謁岳忠武王廟》，顧列星贊云："句句是鄂王故里之廟。松雪岳墓詩固為絕唱，尚似泛詠南渡事，無此親切。"

《過嵇忠穆公墓碑》，顧列星評云："傳中忠節無待表彰，只渾渾寫來，自爾生色。老杜懷古詩，不屑屑鋪敘，古人事每于氣象間得之。"

《弔楊忠烈公》，錢聚朝校"先公竟裭逆"句"裭"字為"褫"字。

《黃陂》，顧列星評云："起處頗放，須接以蒼老之筆。如米鯨書法，欹仄中自見圓勁方妙。此詩前四句頗見排宕不羈之致,惜後半用平調,壓不住。結更俚俗。"錢儀吉云:"吾嘗思之,蓋莫難于結,初不在五六也。"

《聶口二首》,錢注云:"先學士公作灄口。"

《武昌》,吳應和評云:"切題不可移置他處,氣體大方,屬對又極靈活,允稱傑作。"

《岳州》,錢儀吉評結句"撫手闌干獨立成"云:"'成'字未喻。"吳應和評云:"三四壯闊,通體亦稱。"

《長沙》,吳評云:"以上七律三首,皆力追盛唐,可為空同、大復後勁。"

《楚山歌》,翁方綱評"望岳如閶闔"句云:"'閶闔'字有否?"

《夜半乘月發排山驛至大營市五首》,顧列星評"若無天上月,豈不警我心"、"露涼故有聲"諸句云:"五六句寫出山谷間陰森景象,覺寒氣撲人,毛髮為之森然。'露涼'句體會入微。"

《度熊羆嶺》,又評云:"似老杜秦州詩。"翁方綱譏云:"'主考有營兵跪接',亦何必如此賣弄。"錢聚朝校"峰沓駛秋濤"句"沓"字為"沓"字。

《觀大唐中興頌刻石》,翁方綱批"與唐家國誠哉忠。江深山荒風露溽,不語之語精猶充"諸句云:"呆滯語。"又批云:"尚未知有宋人聖傳頌耳。"吳應和評云:"肅宗取復兩京,平定安史之亂,與周宣、漢光武爭烈。至遷上皇于西,內張良娣間之,父子不得相見,此特後來宮闈中事,不應追咎馬嵬傳位、靈武踐阼之非。中興作頌,社稷為重也。此詩本旨在觀石刻,摩挲荒野,殊見興會淋漓。後段略涉議論,亦不免為衆儒之說所淆。"近藤元粹評云:"'與唐'句生硬。"又評"乘輿歸來自傅老"句云:"'乘輿'句單句。時時插入單句,炫亂人目,是山陽翁所謂狡獪手段也。"又評詩結尾云:"以靈武即位為非,是迂儒不知時勢之論。下評分析太明。"

《永州》,顧列星評云:"極力摹初唐格調,却落宋人氣息。太白《鳳凰臺》詩學崔灝《黃鶴樓》。初盛間人魄力近似,非後人所能仿佛,亦風會使然耳。"

《渡蕭水游綠天庵剛笱》,錢儀吉注"不蔫更不薾"句云:"'蔫'、'薾'似一字。"

《游澹山巖》,錢儀吉注"小石紛連競邀顧"句後之注云:"詩不見佳。"又注"乘輿孰如邂逅遇"句後長注中語云:"'朝陽巖刻有盧藏',此'盧藏'下有'預'字,不知是一人否。"又云:"詞可。"

《衡鑑堂》,錢儀吉評"朱邸重階舊"句云:"'朱邸'句可以證明下首(案,望獨秀峰用先太常韻)煎茶院改句(案,煎茶院改憶高吟)。"

《坐祝融峰頂石觀雲海歌》,又識云:"雲海似奇,實亦尋常耳。寫雲海,黃山嶺要錄極佳。琴隖嘗望泰山雲氣,為余言其倏忽變化之狀,欲作一文紀之未果,至今以為憾。"

《岳頂夜起》,顧列星評云:"詩思清寒入骨,萬籟俱寂,此際可以明心見性。"

《楚樹》,錢儀吉評云:"五六乘上風葉。"

《霧度平靖關二首》,翁方綱評"帶刀見戍兵,夾道為鳴金"二句云:"只管借重營兵為主考賣弄,實可不必。"

《淇縣》,錢聚朝校"淇澳煙中瑎"句云:"手校云,'瑎'改'塿'"。

二十五年庚辰(一七六〇),先生五十三歲。

正月十四、廿五日,均以署日講起居注官侍直。

> 前日同值者有德保,後日則有景福。(《乾隆帝起居注》冊一九,頁一〇、二二)

二月初二日,上年磨勘試卷疏忽之錢汝誠、秦蕙田等奉旨交部議處,朱丕烈所奏不實亦著交部議處。是日適逢先生以署日講起居注官侍直。

> 《乾隆帝起居注》云:"今秦蕙田等既無此等情弊,則疏漏各條所謂公過,非朕所深恤矣。朱丕烈以'心疑'、'或然'之語彈劾屬虛,朕亦不能為之匿其所短。正所謂瑕瑜各不相掩者也。""是日起居注官:景福、博明、積善、錢載。"(冊一九,頁三七、三九)

十二日,吏部議錢汝誠、秦蕙田等覆勘試卷并無遺漏,應照例議敘。諭旨依議,著給與紀錄二次。

> 《乾隆帝起居注》云:"又吏部議刑部尚書秦蕙田,兵部侍郎觀保、錢汝誠覆勘江南等六省試卷,并無遺漏,應照例議敘一疏,奉諭旨:依議,秦蕙田、觀保、錢汝誠俱著給與紀錄二次。"(冊一九,頁五二)

廿七日,先生隨王公大臣至良鄉城南,迎接西師凱旋。

> 《乾隆帝起居注》:"二十七日壬寅辰刻,將軍兆惠、富德,參贊大臣明瑞、巴祿等,平定回部,振旅凱旋。上幸良鄉城南,行郊勞禮。"(冊一九,頁七四)先生是年有《呂村》詩,其中有"楊柳春郊路,西師正凱旋。上陵鴻祐答,勞師盛儀宣"之句,可徵其事。(《蘀詩》卷二二)

春日,偕朱筠、翁方綱、朱垣、朱棻元游王氏園。

> 先生有《春日偕朱明府垣編修筠翁編修方綱朱編修棻元游王氏園翁編修有詩載和

之而以務輟筆夏日足成五首奉簡諸君》詩,繫于是年。(《萚詩》卷二二)翁方綱是年亦有《同錢籜石朱竹君春浦三編修仲君明府王氏園六首》詩。(《復詩》卷一)

朱筠,字竹君,一字美叔,號笥河。順天大興人。乾隆十二年舉人。十九年成進士,選庶吉士,散館授編修。三十一年授贊善。三十六年秋視學安徽。時詔求遺書,筠奏言翰林院庫貯明《永樂大典》中多逸書,宜就加採錄,又請立校書之官。高宗嘉之,乃命開《四庫全書》館。三十八年以事降授編修,在《四庫全書》處行走。四十四年督學福建。卒年五十三。尤喜汲引人才,陸錫熊、程晉芳、任大椿等,皆筠所取士。而戴震、邵晉涵、汪中、章學誠、黃景仁等,亦先後入其學幕。著有《笥河詩集》二十卷、《文集》十六卷,又有《纂詁》、《方音》、《禮意》等若干卷、《十三經文字同異》若干卷,又為《安徽金石志》三卷。(《[光緒]順天府志》卷一〇二,《耆獻類徵》卷一二八,《國朝畿輔詩傳》卷四一,《湖海詩傳》卷一七)

朱垣,筠兄。字維豐,一字仲君,晚號冬泉居士。乾隆十五年舉于鄉,十六年成進士,分發山東,試令濟陽。二十一年調知長清縣。有仁聲,尤長于折獄。二十四年夏,因疾返里,侍父左右克孝而悌于兄弟。父歿,不出。生于雍正元年,卒于乾隆三十八年,年五十一。子錫田,娶李中簡女。(《笥河文集》卷九《先兄仲君行狀》,卷一三《先兄仲君墓志銘》)

朱棻元,字雨森,號春浦。仁和人。年十七入鄉校,旋以高等補廩膳生。乾隆十七年舉于鄉。十九年成進士,選庶吉士,二十二年散館,授編修,充會試同考官。壬午、戊子、甲午并充順天鄉試同考官。三十三年大考列優等,擢國子監司業。乾隆四十七年春卒,年五十六。(《章學誠遺書》頁一四六、一四七《國子監司業朱君墓志銘》)

是日,繪墨竹一幅。

自題云:"庚辰春日,偕朱竹君、翁覃溪兩編修游王氏園。覃溪有詩,云'竹弱如春柳,山遥錦色旁。舞蛟篔簹谷,亦合費時光'之句,載遂作此,以成佳話。秀水錢載。"乾隆五十五年庚戌又重題云:"此載于京師王氏園作,至今已三十年,人老而學不進,惜竹君、覃溪未見今日之作,為一悶事。復識數語,以知載之學也。八十三老人錢載,庚戌三月十一日記。"鈐"錢載"白文印。畫為墨筆,紙本,立軸。高3尺6寸1分,廣1尺3寸7分。容庚識云:"此軸于乾隆五十五年重題,翁方綱尚存,而朱筠已于乾隆四十六年前卒矣。《復初齋詩集》一·九有《同錢籜石朱竹君春浦三編修仲君明府王氏園六首》,其三作'穠李沿蹊白,垂柳拂水黃。總無間樹石,盡占好風光。携榼茆亭下,鋪茵淺渚旁。縈迴隨坐卧,領略未教忙'。與載所錄者異,乃

改定本也。"(《伏廬書畫録》)

三月初三日,長子錢世錫以幕客隨金德瑛赴趙州任直隸學政。

錢世錫有《余于庚辰三月三日從金檜門先生渡滹沱河赴趙州今先生歸道山余以落拓浪游過此河愴然有作》詩,可徵其事。(《麓山老屋詩集》卷三)汪孟鋗是年有《送錢慈伯赴直隸學幕三首》詩。(《厚石齋詩集》卷一○)按:乾隆二十三年二月,金德瑛奉命督學順天等處。明年留任。(《忠雅堂文集》卷七《左都御史檜門金公行狀》)

初四日,錢汝誠因覆勘試卷瞻徇不公,罰俸三个月。朱丕烈著銷去紀録一次。

《乾隆帝起居注》云:"初四日己酉,吏部議江南道監察御史朱丕烈參奏刑部尚書秦蕙田等,覆勘試卷瞻徇不公,應照例議處一疏,奉諭旨:觀保著罰俸三个月,秦蕙田、錢汝誠俱著罰俸三个月,注于紀録抵銷。朱丕烈著銷去紀録一次,其從前罰俸一个月,仍注于紀録抵銷。"(冊一九,頁八九)

初六日,侍直觀耕臺,蒙高宗襃獎所進《聖武樂歌》,并獲諭已派會試同考官。

先生是年有《上耕籍御觀耕臺侍直恭紀》詩,并注云:"是刻,蒙上襃所進平定回部詩。復諭已派會試同考官。"(《萚詩》卷二二)據《高宗實録》卷六○八,耕籍禮于是年三月初六日舉行。(《清實録》册一六)

是日,蔣溥、秦蕙田奉命充會試正考官,介福、張泰開為副,即率同考官入闈。

據《高宗實録》卷六○八。(《清實録》册一六)

秦蕙田,松齡孫。字樹峰,號味經。江蘇金匱人,世居無錫,為右族。乾隆元年進士第三人,累官太子太保、刑部尚書。在西曹官最久,綜核名法,所治有聲。生平覃心經術,尤熟禮經,仿徐健庵尚書《讀禮通考》,廣為《五禮通考》二百六十二卷。"彙自來諸儒聚訟之説,為之疏通解駁,又附以歷朝史志,使後來者折衷損益,可以坐言而起行。"(《湖海詩傳》卷五)其詩篤雅沖和,醇而不腐,有《味經窩詩文類稿》若干卷。乾隆二十九年病卒滄州。年六十有三。諡文恭,入祀鄉賢祠。(《潛研堂文集》卷四二《光禄大夫經筵講官太子太保刑部尚書秦文恭公墓志銘》,《晚晴簃詩匯》卷七四)

張泰開,字履安,一字有堂,晚號樂全。江蘇常州無錫人,改隸金匱。乾隆五年授內閣中書,七年成進士,改庶吉士,散館授編修。十四年授禮部侍郎。十九年以保舉鄒一桂之子為學正,被革職,旋賞給翰林院編修,在尚書房行走。二十年胡中藻一獄,以助貲刊版,出名作序,大學士九卿議擬斬立決,高宗竟從寬免其治罪,釋放後仍在尚書房行走,真謂眷注有加。二十三年授左副都御史。三十一年擢禮部尚書。三十三年六月以老病乞休,加恩賞給太子少傅、禮部尚書銜。性謹慎,平生章奏削稿不留一字。生康熙十八年，卒乾隆三十九年，壽八十六。謚文恪。(《耆獻類徵》卷八七國史館本傳，《大雅堂續稿文》卷七《太子少傅禮部尚書張公墓志銘》、卷六《誥授光祿大夫太子少傅禮部尚書張文恪公行狀》，《梁溪文鈔》卷三二鄒應元《太子太傅禮部尚書張文恪公行狀》)

初八日，首場夜雨，先生賦詩紀事。

先生有《初八日晚雨》詩，繫于是年。詩中有句云："首場歸號半，偏省點名纔。"(《撐詩》卷二二)

闈中，嘗賦詩奉題蔣溥詩後。

先生有《奉題總裁虞山相國用聚奎堂壁間韻詩後即和韻》詩，繫于是年。(《撐詩》卷二二)

又賦詩奉和介福。

先生是年有《奉和總裁少宗伯公用深字韻》詩。(《撐詩》卷二二)

又為秦蕙田題張若澄所繪《仿王叔明秋堂講易圖》。

先生是年有《奉題同考張庶子若澄為總裁大司寇仿王叔明秋堂講易圖即和用深字韻》詩。(《撐詩》卷二二)

張若澄，字鏡壑，一字鍊雪，號默耕。若靄弟。乾隆十年進士，改庶吉士，命直南書房。十二年授編修。三充鄉會試同考官，一主湖南鄉試。累遷內閣學士。工畫梅，亦擅山水。御題有"鍊雪齋中弟繼兄"之句。其畫韶秀撲人眉宇，非俗筆所能到。生于康熙六十年，卒于乾隆三十五年。著有《瀟碧軒集》。(《國朝畫識》卷一一，《國朝先正事略》卷一三，《〔光緒〕重修安徽通志》卷二二三，《晚晴簃詩匯》卷七九，《東南文化》總第二〇七期周崇雲、吳曉芬《英年早逝的清代宮廷畫家張若澄》)

闈中，先生嘗用藍筆繪牡丹，遍贈同事。

紀昀云："庚辰會試，錢籜石前輩以藍筆畫牡丹，遍贈同事，遂遞相題咏。時顧晴沙員外撥出卷最多，朱石君撥入卷最多，余題晴沙畫曰：'深澆春水細培沙，養出人間富貴花。好是艷陽三四月，餘香風送到鄰家。'……又題石君畫曰：'乞得仙園花幾莖，嫣紅姹紫不知名。何須問是誰家種，到手相看便有情。'"(《閱微草堂筆記》卷二〇)又翁方綱《曉嵐少司馬充武會試知貢舉兵部侍郎惲君執事闈中仿南田法為寫春風桃李圖曉嵐題云桃李何曾屬老夫隔墻花影枉描摹春風還幸曾相識權當先生為補圖蓋曉嵐今春典會試也屬題三首》注云："同考官例用藍筆，因憶庚辰春，與曉嵐同題鏡壑、籜石畫卷事也。"(《復初齋集外詩》[以下簡稱《復外集》]卷一八)又《梧門詩話》云："錢籜石侍郎庚辰分校禮闈，以藍筆為秦復堂畫牡丹一枝，陳紫瀾題其上云：'翠結仙雲映玉沙，眼明喜見洛陽花。畫圖本自來蓬島，顏色何須數魏家。'"（卷四）按：據《清秘述聞》卷一五，是科同考官有錢大昕、紀昀、翁方綱、顧光旭、張若澄、朱珪、秦大士、吉夢熊、張馨、邊繼祖、錢大經、秦百里、諾敏、沈栻、汪永錫、朱棻元、陳聖時。確知得贈藍筆牡丹者，有顧光旭、朱珪、秦百里，餘未詳。

又藍筆繪蘭石贈張泰開。

翁心存有《乾隆庚辰錢籜石先生載分校禮闈以藍筆寫蘭石贈總裁張文恪公泰開并繫以詩公依韻和之題于幀首荔門山人式文恪從孫也重臨一幅索題用元韻二首》詩，可徵其事。（《知止齋詩集》卷一三）

四月初六日，復用藍筆寫梅蘭一幅。

題云："庚辰四月六日，分校既竣，寫于試院，籜石錢載。"鈐印二："錢載"白文方印、"坤一氏"白文方印。畫為紙本，立軸。縱 2 尺 8 寸 2 分，橫 9 寸 3 分。（《百梅集》）

初八日，為張泰開題張若澄所繪《樂泉精舍圖》。

題云："奉題大前輩《樂泉精舍圖》，即請教定。春園寓直甃新泉，短樹疏籬倩筆傳。絕勝九龍山過雨，鬥茶人到竹爐邊。　講幄年深晚遇殊，樂泉應比樂全無。即看放榜歸園去，泉畔來多大小蘇。庚辰試院浴佛日，後學錢載呈。"

按：《樂泉精舍圖》為墨筆，紙本，手卷。引首長 90 厘米，高 26.5 厘米，題"樂泉精舍圖"五字。鈐印二："若溪"朱文方印、"世芳"白文方印。本幅長 58 厘米，高 24.5 厘米。張若澄自題云："有堂世老先生前輩命寫《樂泉精舍圖》，爰法大痴筆意應教。侍張若澄。"題跋長 335 厘米，高 26.5 厘米。起首張泰開識云："庚辰二月，予于澄懷園賜廬東山之麓，鑿井得泉，飲而甘之，因闢地兩弓為池，甃以文石。退直之暇，與書齋諸公烹泉啜茗，意甚樂之，遂名曰樂泉。三月，奉命校士禮闈，桐城張世叔鏡壑適與分校，為予寫《樂泉精舍圖》，因題七絕二首于其上。時大學士蔣恒軒、大司寇秦味經、少宗伯介野園及分校諸同人，各有和章，裝成一卷，以紀其事。此泉為不朽矣。時揭榜前二日，為四月初九，錫山張泰開識。"鈐印二："臣"朱文方印、"泰開"白文方印。時分校諸同人除先生外，尚有諾敏、張馨、邊繼祖、紀昀、沈栻、錢大昕、朱珪、顧光旭、吉夢熊、陳聖時、翁方綱、錢大經、汪永錫、朱棻元、秦百里題詩卷上。先生詩為佚作。此卷今藏楓江書屋。

十一日，會試揭榜。先生此次分校得士有孫維龍、陳高飛等十一人。

據《樂泉精舍圖》張泰開題識，是科會試于四月十一日放榜。《行述》云："庚辰三月，充會試同考官，得士陳君高飛以下共十一人。"

孫維龍,字晉田,號昴堂。本浙江餘姚人,寄籍順天宛平。乾隆二十五年進士。簡發安徽以知縣用。凡一攝潁州府通判,授黟縣知縣,調知鳳陽,題署亳州知州。以公事降調,奉旨仍以知縣用。候補四年,適金川請能事官佐戎事,遂往。乾隆三十八年木果木潰敗,于途拔刀自引決,年四十三。詔贈道銜。工書,嗜學若性命。官黟縣時,公餘樂與士人談文論藝。邑志久不修,為加意蒐輯,裒然成書。又博采精擇邑中自宋迄今人之詩,名《樵貴谷詩選》,皆版行。(《勉行堂文集》卷六《四死事傳》,《[光緒]順天府志》卷一〇二)

陳高飛,字孝騰,號玉川。廣東澄海縣人。乾隆二十一年舉于鄉。二十五年成進士,不能殿試。二十九年邑令聘修邑志。明年陳公延為院長,文風一時丕振。為文喜馳騁,下笔千言,未嘗起草。所為詩文隨手散去,惟有《風簷制義》行世。(《澄海縣志》卷一九)

十七日、廿八日,均以署日講起居注官侍直。

前日同值者良誠,後日同值者德保。(《乾隆帝起居注》册一九,頁一六八、一七〇、一九一)

五月初十日,太和殿傳臚。一甲畢沅、諸重光、王文治。是日適逢先生以署日講起居注官侍值。

《乾隆帝起居注》云:"初十日癸丑卯刻,上御乾清宫,覽玉牒。御太和殿,陞座,賜貢士畢沅、諸重光、王文治三人一甲進士及第,曹文埴等五十人二甲進士出身,陳開基等一百一十一人三甲同進士出身。駕幸圓明園,駐蹕。是日起居注官:良誠、德保、盧明楷、錢載。"(册一九,頁二一六)

畢沅,字纕衡,一字秋帆,自號靈巖山人。江蘇鎮洋人。乾隆十八年舉順天鄉試。二十五年會試中式第二名,殿試拔置一甲一名,授翰林院修撰。三十年升侍讀。明年轉左庶子。三十二年冬出任甘肅鞏秦道。自是歷任封疆,官至湖廣總督、兵部尚書。生平有幹濟材,在陝重建省城,修涇渠,在豫開賈魯河。好汲引後進,開府秦豫,江左人才半歸其幕府。嘉慶二年病卒辰陽行館,年六十八。嘉慶四年,以從前辦理軍需有侵吞銀兩營私之事,革去子孫所有承廕,并追產入官。性好著書,有《續資治通鑑》二百二十卷、《關中勝迹圖記》、《西安府志》,以及《關中》、《中州》、《山左金石記》等,自著有《靈巖山人詩集》四十卷《文集》八卷。(《潛研堂文集》卷四二《太子太保兵部尚書湖廣總督世襲輕車都尉畢公墓志銘》,史善長《弇山畢公年譜》)

諸重光,字申之,一字桐嶼。浙江餘姚人。乾隆十八年以副榜貢生舉于鄉。後以舉人考授內閣中書,直軍機處。乾隆二十五年殿試第二人及第,授翰林院編修。典試山東。以京察一等出守辰州。會辰溪水發，被劾罷歸。生于康熙五十九年，卒乾隆三十四年。著有《二如亭詩集》、《二研齋遺稿》。(《兩浙輶軒錄》卷三一，《白華後稿》卷二三《賜進士及第湖南辰州府知府諸公墓志銘》)

十三日、廿四日，均以署日講起居注官侍直。

前日同值者圖輅布，後日同值者德保。(《乾隆帝起居注》冊一九，頁二二四、二四八)

六月初二日，新科進士授職。吳泰來歸班銓選，將回蘇州，先生賦詩送之。

據《乾隆起居注》。(冊一九，頁二五二、二五九)先生是年有《送吳進士泰來歸蘇州》詩，其中有句云："名聞七子詩，乍見上春司。却為探花使，翻成折柳枝。"(《蘀詩》卷二二)

吳泰來，字企晉，號竹嶼。長洲人。為"吳中七子"之一。少由副榜選校官，然不樂仕途，旋以病歸家。其祖父築遂初圃于木瀆，其父復購書數萬卷于其中，遂與江浙諸名士流連觴咏，如是十餘年。乾隆二十五年成進士，歸班銓選。二十七年南巡召試，授內閣中書，不赴補。同年畢沅招主關中書院，携家而往。又隨至開封，主大梁書院。生于康熙六十一年，卒于乾隆五十三年。作詩大旨本王漁洋，吳中數十年來自沈德潛外，無能分手抗行者。中年自定其詩十卷為《硯山堂集》，另有《净名軒集》。(《耆獻類徵》卷一四五，《湖海詩傳》卷二三，《清代人物生卒年表》頁三二〇)

孫維龍簽發安徽以知縣用，亦送之以詩。

先生有《送孫進士維龍之令安徽二首》詩，繫于是年。(《蘀詩》卷二二)

六月初六日，侍直勤政殿。

先生有《上御勤政殿聽政侍直恭紀》詩紀其事。(《蘀詩》卷二二)《乾隆帝起居注》云："初六日戊寅寅刻，上御勤政殿聽政。""是日起居注官：德爾泰、德保、邊繼祖、錢載。"(冊一九，頁二六六、二七〇)

明日仍當值。

《乾隆帝起居注》云："是日起居注官諾敏、錢載。"(冊一九，頁二七一)

六月十八日與七月初一、十一、十九、廿二日，俱以署日講起居注官侍直。

同值者先後有德爾泰、良誠等。(《乾隆帝起居注》冊一九，頁二九三、三〇九、三二三、三三三、三三八)

七月廿八日，先生侍直，旋奉諭旨以原銜充日講起居注官。

《乾隆帝起居注》云："又翰林院奏請補充日講起居注官一疏，奉諭旨：張裕犖、錢載俱著以原銜充日講起居注官。""是日起居注官良誠、錢載。"(冊一九，頁三五

○、三五三）

八月初，賦詩自題南岳藤杖。

> 先生是年有《題南岳藤杖》詩，其中有句云："壽嶽之陽赤帝居，道人劚贈冰雪餘……紀在萬壽月吉初，欲銘而詩復自書。"（《㧑詩》卷二二）

十一日，同年盧毅喪母，來乞墓志銘。

> 盧毅母管宜人，卒于乾隆二十五年八月十一日。毅聞母訃，將奔歸卜葬，乞先生為母志墓。（《㧑文》卷二三《盧室管氏墓志銘》）
>
> 盧毅，字魯南，一字琢軒。貴州貴陽人。乾隆十五年舉于鄉。十七年恩科會試中式三甲第五十三名，入翰林院。十九年散館，授職檢討。二十五年任國子監司業。三十二年在洗馬任。餘俟考。（《黔詩紀略後編》卷九）

十三日，慈寧門行萬壽慶賀禮。先生侍直，并賦詩紀其事。

> 先生是年有《上萬壽詣慈寧門率諸王公大臣行慶賀禮侍直恭紀》詩。（《㧑詩》卷二二）《乾隆帝起居注》云："十三日甲申，皇上五十萬壽節。卯刻，上詣奉先殿行禮。禮畢，率諸王貝勒貝子公、內大臣侍衛、公侯伯子男、大學士尚書都統、侍郎副都統等，詣皇太后宮，行慶賀禮。百官俱于午門外隨行禮。"（冊一九，頁三七三）

又獻《昇平詞》十二章。

> 《昇平詞十二章》序云："臣載誠歡誠忭，稽首頓首上言。乾隆己卯，綏定西域，今年庚辰二月凱旋，大告成功。八月恭遇我皇上五十萬壽……臣叨恩珥筆，恭際慶辰，謹齋心盥手，撰《昇平詞》十有二章以獻。"（《㧑詩》卷二二）

十四日，直起居注。

> 《乾隆帝起居注》云："十四日乙酉，上詣壽康宮，請皇太后安。奉皇太后駕還暢春園凝春堂，駐蹕。駕幸圓明園，駐蹕。""是日起居注官諾敏、錢載。"（冊一九，頁三七五、三七六）

八月鄉試，摯友祝維誥子祝喆登浙榜，賦詩寄賀。

> 先生有《聞祝喆舉浙榜走筆奉簡其尊甫舍人四首》詩，繫于是年。（《㧑詩》卷二二）
>
> 祝喆，字明甫，號西澗。秀水人。幼秉家學，垂髫工文翰。乾隆二十五年浙江鄉試舉人。屢試南宮不第。晚以貧游滄州，主渤海書院講席，數年歸。與先生長子錢世錫交最篤，性情亦相近，但一矜潔一通脫，而恬淡真率則一也。詩嗜山谷，去澀之習，所作淡折幽峭中有紆徐往復之致。《晚晴簃詩話》云："秀水詩派源出西江而變其面目，諸子皆能世其家業。"（《晚晴簃詩匯》卷八九）善畫梅，與陳楞山、金壽門輩異曲

同工。生于雍正七年，卒于乾隆四十九年，年五十六。著有《西澗詩鈔》四卷。(《耆獻類徵》卷四四〇丁子復撰傳，南京圖書館藏本金兆蕃手識《西澗詩鈔》、《兩浙輶軒錄》卷三四、《湖海詩傳》卷二三)

九月十一日，友張庚卒。年七十六。

據盛百二《布衣張徵君墓志銘》。(《柚堂文存》卷四)

十月初九日，從子錢楷生。

據錢臻《家譜》。(卷八)錢楷傳見乾隆五十五年譜。

十五日，欽點磨勘庚辰科鄉試試卷人員。先生與其役。

《乾隆帝起居注》云："又禮部奏請磨勘庚辰科鄉試試卷開列人員，請旨欽點一疏，奉諭旨：這磨勘著點者去。奉硃筆點出宗人府府丞儲麟趾等四十人。"(册一九，頁四四二)先生是年有《磨勘試卷》詩，可徵其事。(《籜詩》卷二二)

廿九日，直紫光閣。

先生是年有《上御紫光閣閱武舉騎射侍直恭紀四首》詩紀其事。(《籜詩》卷二二)《乾隆帝起居注》云："是日，上御紫光閣，閱武舉騎射。是日起居注官：德保、博明、積善、錢載。"(册一九，頁四六七)

是月，奉命充《續文獻通考》纂修官。

《行述》云："十月，充《續文獻通考》纂修官。"

按：宋馬端臨《文獻通考》，因杜佑《通典》而廣之，析分二十四門，所述事迹，上溯黃虞，下迄南宋嘉定。乾隆十二年，敕儒臣采宋遼金元明及當朝制度，彙纂成《續文獻通考》。嗣古今同述，例難盡一，奏請各自為書，故又有《皇朝文獻通考》，實一時所成。後《續通典》、《通志》皆然。書中分門，五朝依馬氏之舊，清朝增《群廟考》一門，子目各有增損。通考館位于宣武門內，地處西偏。先生在任期間，于常俸外，每月可領餐錢。

明年，因古今體例迥殊，將自開國以後別為《皇朝文獻通考》。先生所纂稿本，歸屬其中。

《欽定皇朝文獻通考·總目》云："初與《續文獻通考》共為一編。乾隆二十六年，以前朝舊事例用平書，而述昭代之典章，錄列朝之詔諭，尊稱、鴻號，禮應敬謹抬行。體例迥殊，難于畫一。遂命自開國以後，自為一書。"

十一月初三日，直起居注。

《乾隆帝起居注》云："是日起居注官諾敏、錢載。"(册一九，頁四七九)

十六日冬至令節,直太和殿。

先生是年有《冬至上御太和殿受朝賀侍直恭紀》詩紀其事。(《籜詩》卷二二)《乾隆帝起居注》云:"御太和殿,陞座,諸王貝勒貝子、文武大臣官員進表,行慶賀禮。禮畢,上回宫。是日起居注官:良誠、景福、邊繼祖、錢載。"(册一九,頁四九八)

十八日,又直起居注。

《乾隆帝起居注》云:"是日起居注官諾敏、錢載。"(册一九,頁五○三)

廿五日,皇太后萬壽聖節。再直起居注。

《乾隆帝起居注》云:"二十五日乙丑,皇太后萬壽聖節。辰刻,皇太后陞慈寧宫座,上率諸王……等行慶賀禮,百官俱于午門外隨行禮。""是日起居注官:德保、博明、錢載、積善。"(册一九,頁五一五、五一六)

廿九日,復直起居注。

《乾隆帝起居注》云:"是日起居注官博明、錢載。"(册一九,頁五二○)

是月,補授右春坊右中允。

《行述》云:"十一月,補授右春坊右中允。"按:例以官編修六年可得坊局。左右春坊大夫稱為中允,朝廷任用滿人和漢人各一名,官位正六品。

十二月十五日,高宗御太和殿視朝。先生與文武陞轉各官謝恩。

《高宗實錄》卷六二六云:"(乙酉)上御太和殿視朝,文武陞轉各官謝恩。"(《清實錄》册一六)

十九日,直起居注。

是日,蔣櫛奉命補授翰林院侍講。(《乾隆帝起居注》册一九,頁五五九、五六四)

廿七夜,宿起居注館,并賦詩紀其事。

先生是年有《起居注館宿次》詩,并注云:"後日廿九立春。"又云:"館列太和門西,熙和門南。"(《籜詩》卷二二)

明日,復直起居注。

《乾隆帝起居注》云:"二十八日戊戌辰刻,上御中和殿,視祫祭太廟祝版,禮畢回齋宫。""是日起居注官:德保、博明、錢載、積善。"(册一九,頁五七一)

冬暮,先生戒表姪朱休度,場期近,不可作淒苦詩。

朱休度是年自記云:"余既就曹慕堂太史之招,課其子錫齡、祝齡,秋冬孜孜講習舉業,遂無詩。惟冬暮有寫懷數絶,籜翁表叔見曰:'詩忒苦,且場期近矣,不作可

也。'"（《小木子詩三刻》之《梓廬舊稿》八）

朱休度，彝尊曾姪孫。字介裴，號梓廬，別署小木子、范湖病漁、新愈病人、壼山舊史等。先世自吳江遷秀水。乾隆十八年舉人。三十一年大挑二等。三十四年委署安吉州學正，借補嵊縣訓導。四庫書館開，詔求遺書，韓城相國王杰時任江西學政，知其博聞厚學植，令襄浙西書局事。遂渡江訪范氏天一閣，閱其藏書，讀之幾遍。四十一年俸滿，膺薦以知縣用，隨先生至山東學幕。五十四年，部選江西之新喻，引見，調山西廣靈。嘉慶元年引疾歸鄉。其詩不為俗語、熟語、凡近語、公家語，戛然以響，潦然以清，先生宗風，此其繼起云。生于雍正十年，卒于嘉慶十七年冬，年八十一。入祀名宦祠。著有《皇本論語經疏考異》、《天竺志》十六卷、《小木子詩》三刻，另有《學海觀漚錄》、《紫荊花下閑鈔》及《游記》等若干卷。（《文匯》冊一《朱梓廬六十壽序》，《衎石齋記事槀》卷八《山西廣陵知縣名宦朱君事狀》，《冷廬雜識》卷八，《靈芬館詩話》卷八）

是年，三子錢敏錫贅婿于杭。

《星垣陳封公像贊》云："庚辰遣我子贅婿于杭。"（《籜文》卷一六）

是年，同年秦大士庭產芝草，先生為寫瑞芝圖。

翁方綱乾隆壬辰詩《同籜石辛楣魚門姬川習庵耳山集道甫散木庵同賦》有句云："一十二年前，秦家瑞芝軒。錢公為芝圖，我作賀芝言。"（《復詩》卷一〇）又戴璐《藤陰雜記》云："秦鑑泉大士寓半截胡同，庚辰庭產芝草，長君承恩中式，作瑞芝詩。"（《京師坊巷志》卷一〇）

又為秦大士題《種樹》、《柴門稻花》二圖。

先生有《題秦學士大士種樹圖》、《題秦學士柴門稻花圖》二詩，繫于是年。（《籜詩》卷二二）

又為汪棣題《後譚藝圖》。

先生有《題汪博士棣後譚藝圖》詩，繫于是年。（《籜詩》卷二二）

己卯、庚辰年間，揚州江春之水南花墅連開并蒂芍藥，盧見曾為賦詩紀勝，和者甚衆。先生為寫行看子。

沈廷芳《題并蒂芍藥畫卷四首》序云："乾隆己卯庚辰，淮陽鹺署連開并蒂芍藥。盧雅雨運使為賦詩紀勝，和者甚衆，不減當年金帶圍也。辛巳元夕，余作張燈之讌，適查藥師文學自都門至，出示同年錢坤一中允所寫行看子，因書卷尾，亦如花之殿春云爾。"（《隱拙齋集》卷二六）按：《揚州畫舫錄》卷一二云："徐寧門外鬵隙地以較射，人稱為江家箭道。增構亭榭池沼、藥欄花徑，名曰水南花墅。乾隆己卯，芍藥開并蒂一枝,庚辰開并蒂十二枝,枝皆五色。盧轉使為之繪圖徵詩。"又盧見曾《芍藥》四絕詩序云:"江子穎長水南花墅芍藥甲于揚州。宴賞之餘,忽開并蒂一枝。京口蔡晴江工于繪事,為寫生焉。題四絕句,奉求教和。"(《雅雨堂詩集》卷下)據此可知,衆人宴集水南花墅時,芍藥開并蒂一枝,蔡晴江對花寫生,盧見曾為題四絕句。一時名流爭相和詩,沈廷芳《題并蒂芍藥畫卷四首》即盧所用之韻。蔡晴江不知何人,芍藥畫卷既出其手,先生所寫行看子當近行樂圖一類。沈詩作于乾隆辛巳元夕,先生寫行看子必在之前,故繫于此。

盧見曾,字抱孫,號澹園。山東德州人。嘗為四川洪雅縣令,故以雅雨自號。康熙五十年舉于鄉,六十年成進士。乾隆二年,在兩淮鹽運使任,被控植黨營私,落職。九年召還,以直隸知州用,期年轉長蘆鹽運使。十九年復調兩淮。在兩淮任十年,以老得請還家。乾隆三十三年九月廿八日,以任内提引案下獄死,時年七十有九。見曾短小精悍,有吏才。夙慕其鄉王士禎風流文采,故前後任兩淮運使各數年,接納文人惟恐不及。金農、陳撰、厲鶚、惠棟、沈大成等前後數十人,皆為座上客。時地主馬曰琯、曰璐及張四科,咸與扶輪,一時文酒稱為極盛。(按:李斗《揚州畫舫錄》卷一〇謂先生嘗居盧見曾使署一年多唱和,未為可信。據盧文弨《故兩淮都轉鹽運使雅雨盧公墓誌銘》,見曾初任兩淮鹽運使,未滿一年旋即去職,復調兩淮時,先生已成進士入翰林院,前後俱無交接,二人集中亦未見唱和之作。惟乾隆十九年秋,先生回鄉營葬,游淮揚數日,嘗與沈大成、馬氏兄弟諸人雅集。)所著有《出塞集》,又校刊高氏《戰國策》、鄭氏《尚書大傳》諸書,補刊行朱彝尊《經義考》,并輯《國朝山左詩》行世。(《湖海詩傳》卷二,《清碑傳合集》盧文弨《故兩淮都轉鹽運使雅雨盧公墓誌銘》,《明清江蘇文人年表》)

沈廷芳,字畹叔,一字萩林,號椒園。浙江仁和人。乾隆元年由監生舉博學鴻詞,試列二等,授翰林院庶吉士。二年散館,授編修。改御史,以言事被黜。十年復起,任山東道監察御史。十四年觀察萊州。十九年正月,由山東登萊青道陞河南按察使。二十七年奉命休致。廷芳為查聲山外孫,得其詩法。好獎掖後進,為風雅宗。事方望溪學為古文,所作皆準繩墨。著有《隱拙齋詩集》三十卷《文集》二十卷、《十三經注疏正字》八十一卷等。生于康熙三十七年,卒于乾隆三十七年,年七十一。(《耆獻類徵》卷一七七國史館本傳,《萚詩》卷三二《為沈按察廷芳七十》、《沈按察挽詞》,《鶴徵後錄》卷一,錢儀吉《碑傳集》卷八四汪中《廷芳行狀》)

本年有詩:

《呂村》、《上耕籍御觀耕臺侍直恭紀》、《聚奎堂後西房宿次》、《初八日晚雨》、《奉題總裁虞山相國用聚奎堂壁間韻詩後即和韻》、《奉和總裁少宗伯公用深字韻》、《奉題同考張庶子若澄為總裁大司寇仿王叔明秋堂講易圖即和用深字韻》、《春日偕朱明府垣編修筠翁編修方綱朱編修棻元游王氏園翁編修有詩載和之而以務輟筆夏日足成五首奉簡諸君》、《送吳進士泰來歸蘇州》、《飲王光祿鳴盛寓屋邀題其庭前合昏花成十二韻》、《上御勤政殿聽政侍直恭紀》、《孫進士維龍之令安徽二首》、《題南岳藤杖》、《昇平詞十二章謹序》、《觀李營邱寒林圖》、《上萬壽詣慈寧門率諸王公大臣行慶賀禮侍直恭紀》、《法源寺看菊》、《題秦學士大士種樹圖》、《題秦學士柴門稻花圖》、《題汪博士棟後譚藝圖》、《聞祝喆舉浙榜走筆奉簡其尊甫舍人八首》、《乾州寧氏》、《詠德昌門外柳》、《上御紫光閣閱武舉騎射侍直恭紀四首》、《觀文待詔歸去來圖》、《冬至上御太和殿受朝賀侍直恭紀》、《端範堂有題》、《磨勘試卷》、《起居注館宿次》。

其中：

《上耕籍御觀耕臺侍直恭紀》，錢聚朝校題目"籍"字為"藉"字。

《題南岳藤杖》，吳應和評云："前凝重而後疏宕，欲銘而詩，體應如是。"

《聞祝喆舉浙榜走筆奉簡其尊甫舍人八首》，翁方綱識第一首云："何必。"

《觀文待詔歸去來圖》，翁方綱評"克成所寶貴"句云："'克成'與注中'克承'岐誤。"錢儀吉駁斥云："克成，人名。覃翁粗疏誤解耳。"翁方綱又識詩注所引文肅跋云："文肅跋內竟不檢其祖諱。"錢聚朝校"鵷頰戀君恩"句云："'頰'應'鵶'訛。"

卷　五

乾隆二十六年辛巳（一七六一），先生五十四歲。

正月初一日午時，日月合璧，五星聯珠。先生有詩及之。

　　上年十二月，欽天監奏，明年元日午時，日月合璧、五星聯珠，并繪圖呈覽，請宣付史館。高宗令所奏不必行。（《清實錄》册一六《高宗實錄》卷六二七）先生嘗言及此事。《上視祈穀祝版于太和殿侍直恭紀》注云："欽天監奏，辛巳元旦午時，日月合璧，五星聯珠，請宜付史館。上諄諭不行。"（《蘀詩》卷二三）後琢合璧連珠硯以紀異。

初七日，直起居注。

　　《乾隆帝起居注》云："是日起居注官德保、錢載。"（册二〇，頁五）

初十日，侍直太和殿。

　　先生是年有《上視祈穀祝版于太和殿侍直恭紀》詩紀其事。（《蘀詩》卷二三）《乾隆帝起居注》云："初十日庚戌。卯刻，上御太和殿，視上辛祈穀于上帝祝版。禮畢，回齋宮。巳刻，上詣圜丘壇齋宮，齋宿。是日起居注官：諾敏、德保、錢載、宋弼。"（册二〇，頁七）

廿日，復直起居注。

　　《乾隆帝起居注》云："二十日庚申，上奉皇太后同樂園，侍早膳、晚膳。是日起居注官德爾泰、錢載。"（册二〇，頁一四）

廿五日，偕嘉興在朝諸公與會試諸君集宣南坊。

　　先生是年有《燈花》詩紀其事，并序云："正月二十五日，嘉興在朝諸公與會試諸君集于宣南坊屋。酒半點燈，蠟花蓓蕾若張蓋然，喜而賦之。"（《蘀詩》卷二三）

廿九日，直起居注。

　　《乾隆帝起居注》云："是日起居注官景福、錢載。"（册二〇，頁二二）

二月初四日，文華殿行仲春經筵。先生直起居注，并賦詩紀其事。

是日，講官暨侍班之大學士、九卿、詹事等，行二跪六叩禮，分班入殿內序立。直講官伍齡安、秦蕙田，進講《孟子》"舜明于庶物，察于人倫，由仁義行，非行仁義也"四句。直講官介福、劉綸，進講《周易》"益動而巽，日進無疆"二句。講畢，諸臣出就拜位，行二跪六叩禮。上還宮，賜講官及侍班官等宴于協和門。(《清實錄》冊一七《高宗實錄》卷六三〇)《乾隆帝起居注》云："是日起居注官：德保、博明、錢載、翁方綱。"(冊二〇，頁三〇)先生是年有《上御經筵于文華殿侍直恭紀》詩。(《籜詩》卷二三)

三月初三日，以上年磨勘庚辰科鄉試卷并無挂漏，紀錄二次。

錢大昕、錢汝誠、裘曰修等亦著紀錄二次。(《乾隆帝起居注》冊二〇，頁七三)

十一日，會試房師眭朝棟以迎合上官，交刑部治罪。

先是二月十七日，眭朝棟曾上奏，請將本年恩科會試應行迴避之卷，一體收試。(《高宗實錄》卷六三一)是日諭旨稱："朕意以為，若總裁大員中查無應行迴避之人，則該御史所奏，不過博一時虛譽，其罪尚屬可原。今據知貢舉熊學鵬查奏，應行迴避士子則有總裁劉統勳之胞弟、胞姪二人，于敏中之堂姪一人。劉統勳、于敏中既係軍機大臣，而眭朝棟現係軍機處行走之員，此次劉統勳、于敏中二人不令隨駕外間，已揣其預典試事，而軍機處之人固不待言矣。況朕向劉統勳等曾面諭及之，眭朝棟豈有不知之理，則其所奏顯屬迎合上官。"(《乾隆帝起居注》冊二〇，頁八一)眭朝棟遂交刑部治罪，部以結交近侍例，坐以大辟。(《曝簷雜記》卷二"辛巳殿試"條)

廿二日，直起居注。

《乾隆帝起居注》云："是日起居注官圖輅布、錢載。"(冊二〇，頁九一)

春，為平湖卜烈婦撰傳。

烈婦楊氏，平湖縣人。夫卜錢熹于乾隆二十四年秋病卒，烈婦于二十五年正元投繯自盡。今春，先生聞烈婦事，為撰傳，以俟請旌之有徵。(《籜文》卷一二《卜烈婦傳》)

四月初四、六日，均直起居注。

《乾隆帝起居注》云："自是日始，上以孟夏常雩御齋宮，致齋三日。是日起居注官博明、錢載。"又云："初六日乙亥。卯刻，上御太和殿，視孟夏常雩祝版。""是日起居注官：良誠、諾敏、錢載、蔡以臺。"(冊二〇，頁一〇四至一〇六)

初十日，蔣溥卒。年甫五旬。

先是二月初三日，高宗曾幸蔣邸視疾，其時病已重。三月廿日，蔣溥以病重奏請解任,未許。四月初一日,又親往蔣溥第視疾。卒後加贈太子太保,入祀賢良祠,并賞銀二千兩治喪。十三日,高宗親往奠醊。乾隆二十八年,江蘇巡撫莊有恭請入祀江蘇鄉賢祠。(《清實錄》册一七《高宗實錄》卷六三〇、六三三、六三四)

十五日,直起居注。

《乾隆帝起居注》云:"是日起居注官德爾泰、錢載。"(册二〇,頁一一五)

廿四日,乾清宮進呈殿試前十卷,并引見前十人。先生直起居注,賦詩紀其事。

《乾隆帝起居注》云:"上親定甲乙:第一卷,王杰,陝西人;第二卷,胡高望,浙江人;第三卷,趙翼,江南人;第四名,蔣雍植,江南人。上命大學士來保等,照所定前後名次,填寫卷面。諸臣捧卷出,隨帶領貢士王杰等十人引見。畢,各退出。是日起居注官:景福、錢載、博明、翁方綱。"(册二〇,頁一二五、一二六)先生是年有《上御乾清宮引見殿試貢士十人侍直恭紀》詩,起句云:"人與卷同進,才因身可甄。"(《蘀詩》卷二三)

按:引見前十名,別稱"小傳臚"。舊制殿試在太和殿,小傳臚在中和殿。後改于保和殿試,則在乾清宮引見。

王杰,字偉人,號惺園,別號畏堂,後又以"葆淳"二字刻私印。先世居山西洪洞縣,遷陝西韓城縣。嘗入尹繼善、陳宏謀幕。乾隆二十五年陝西鄉試第六名舉人。二十六年會試中式第十名,殿試以第三卷進呈,親拔第一。由翰林院修撰四轉得詹事府少詹事,直南書房。旋晉內閣學士。歷工、刑、禮、吏四部侍郎,都察院左副都御史。三督浙學。五十一年拜東閣大學士。為人廉靜質直,誠于奉職,其居位與和珅同列公,而遇所當執,終不與和珅附。生于雍正三年,嘉慶十年卒于京邸,壽八十一。晉贈太子太師,入祀賢良祠,諡文端。著有《葆淳閣集》。(《惜抱軒文後集》卷六《光祿大夫東閣大學士王文端公神道碑文并序》、《王文端公年譜》)

胡高望,字希呂,號崑圃,又號豫堂。浙江仁和人。乾隆十八年領鄉薦,二十二年補內閣中書。二十六年進士一甲第二人及第,授編修。陞翰林院侍讀,充日講起居注官。三十九年視學湖北。四十三年四月充殿試讀卷官,六月奉命閱福建等省拔貢朝考卷。官至左都御史。居官清介,擢處顯位,彬彬有儒者風。嘉慶三年卒,諡文恪。(《耆獻類徵》卷九五國史館本傳、《兩浙輶軒錄》卷三三)

趙翼,字耘松,號甌北。常州府陽湖縣人。乾隆十五年順天鄉試舉人。十九年會試中明通榜,用為內閣中書。才調縱橫,而機警過人,所遇名公卿無不折節下之。初受知于汪文端公,及入中書直軍機處,傅文忠公尤愛其才。二十六年中一甲第三名进士,授编修。三十一年冬授广西镇安府知府。后奉旨入滇参军。三十五年调守广东广州府。明年擢贵州贵西兵备道。以母老请归,遂不复出。翼同时与袁枚、蒋士铨友善,才名亦相等。诗最繁富,才雄学博,驰骋不羁。嘉庆十九年疾终里第,寿八十八。著有《陔余丛考》四十三卷、《廿二史劄记》三十六卷、《瓯北诗集》五十三卷等。(《瓯北先生年谱》,《湖海诗传》卷二四,《晚晴簃诗汇》卷九〇)

廿七日,直起居注。

《乾隆帝起居注》云:"是日起居注官景福、钱载。"(册二〇,页一三〇)

五月初七日,复直起居注。

《乾隆帝起居注》云:"是日起居注官德保、钱载。"(册二〇,页一四一)

廿一日,再直起居注。

《乾隆帝起居注》云:"是日,上御山高水长校射,中十四矢。是日起居注官德尔泰、钱载。"(册二〇,页一七一)

廿七日,补授翰林院侍讲。

《乾隆帝起居注》:"二十七日乙丑。卯刻,上御勤政殿听政。""吏部奏请补授翰林院侍讲员缺一疏,上曰:钱载补授翰林院侍讲。"(册二〇,页一八一至一八三)

六月初三、十三、廿三日,俱直起居注。

三日同值者有德保、图辖布、博明、景福等。(《乾隆帝起居注》册二〇,页一九三、二一二、二二九)

廿五日,高宗太和殿受朝。先生与文武陛转各官谢恩。

《高宗实录》卷六三九云:"(壬辰)上御太和殿视朝,文武陛转各官谢恩。"(《清实录》册一七)

廿九日,以磨勘会试硃墨卷加纪录一次。

钱大昕、翁方纲、介福、钱汝诚等俱著纪录一次。(《乾隆帝起居注》册二〇,页二三五)

七月初六日,直起居注。

《乾隆帝起居注》云:"是日起居注官德尔泰、钱载。"(册二〇,页二四八)

八月初,蒋溥榇归原籍,先生送丧出朝阳门。

据是年七月十一日起居注,蒋楫陈奏将于八月初旬扶送父榇回籍。谕旨著照从前蒋廷锡之例,命沿途文武官弁在二十里以内者,俱至榇前吊奠,并差人护送。(《乾隆帝起居注》册二〇,页二五四)先生是年有《送蒋文恪公丧出朝阳门》诗纪其事。(《萚诗》卷二三)

廿日,擢右春坊右庶子。

《乾隆帝起居注》云:"二十日丙戌,吏部奏請補右春坊右庶子員缺一疏,大學士傅恒奉諭旨:錢載補授右春坊右庶子。"(冊二〇,頁三〇八)

是日,同王昶、錢大昕、曹仁虎、蔣雍植過大葯延福宮。

錢大昕是年有《中秋後五日同錢坤一侍講王琴德舍人曹來殷蔣漁村二庶常過大葯延福宮》詩,可徵其事。(《潛研堂詩集》卷五)

曹仁虎,字來殷,別號習庵。嘉定人。少而好學,王鳴盛于儕輩中獨稱仁虎與大昕為二友。乾隆二十二年南巡召試,賜內閣中書。二十六年成進士,改庶吉士,散館授編修。擢右春坊右中允,充日講起居注官,遷翰林院侍讀,晉右春坊右庶子,擢侍講學士。仁虎詞賦久為海內傳誦。乾隆十八年沈德潛選刻"吳中七子"詩,王鳴盛、吳泰來、王昶、黃文蓮、趙文哲、錢大昕,而以仁虎殿焉。詩宗三唐,而神明變化。七律尤高華工整,獨出冠時。乾隆五十一年奉命視學廣東,明年病卒官署,年五十七。詩有《宛委山房》、《秦中雜稿》、《轅韶鳴春》諸集。另有《蓉鏡堂文稿》、《二十四氣七十二候考》、《轉注古音考》等。(《潛研堂文集》卷四三《日講起居注官翰林院侍講學士曹君墓志銘》,《湖海詩傳》卷二五)

蔣雍植,字秦樹,號漁村,又號待園。安徽懷寧人。乾隆十六年召試賜舉人。二十六年成進士,授編修,在方略館最久。方略者,載西事始末,中間歷時五年,闢地二萬餘里,端緒千百,雍植總辦稿本,書成而卒。生于康熙五十九年,卒乾隆三十五年,年五十有一。著有《待園詩文集》。(《笥河文集》卷一二《編修蔣君墓志銘》,《〔光緒〕重修安徽通志》卷二二三,《湖海詩傳》卷二五)

又應同僚蔡以臺之請,為嘉善尊德會賦詩。

《尊德會詩》序云:"嘉善縣清風涇,蔡封君所居堂曰尊德。乾隆二十六年,封君七十八歲,同縣諸耆德以四月十日會于其堂。""載郡人也,樂聞鄉之風,敦禮教,式後賢,且今歲恭遇慈寧萬壽七旬大慶,海寓多三朝長養身被國恩者,歌咏優游,洵足以佐太平景象。爰用唐會昌五年七老詩體紀其事。封君令嗣修撰,載同官,屬寄奉堂上并諸耆德。時八月二十日也。"(《蘀詩》卷二三)董邦達是年亦有《尊德會詩并序》詩。(《國朝杭郡詩輯》卷七)則當時長歌短引,不止先生一人歌咏太平矣。

蔡以臺,字季實,號蘭圃,又號小栖真樵者。浙江嘉善人。家素封,折節讀書,入成均,名噪都下。乾隆二十二年,會試、殿試皆第一。是科禮闈首場始用五言八韻排律一首,欽命題"賦得循名責實 得先字",其詩傳誦一時。官翰林院修撰。與先生同充日講起居注官。有《三友齋遺稿》。生卒年俟考。(《續槜李詩繫》卷二五,《兩浙輶軒錄》卷二九,《晚晴簃詩匯》卷八八)

廿五日秋分,酉時,西郊月壇祭月。先生陪祀,并賦詩紀事。

先生是年有《夕月壇陪祀》詩,其中有"秋分祭夜月"之句。(《籜詩》卷二三)是日,高宗遣履親王允祹行禮。(《高宗實錄》卷六四三)

按:夕月壇在阜成門外西郊。壇制方形,朝東。凡丑、辰、未、戌年親祭,餘年遣官祭。每年以秋分日酉時行禮。壇上黃版素書夜明之神位,東向;綠版金書二十八宿之神位、周天星辰之神位、木火土金水星之神位,俱向南。(《宸垣識略》卷一三)

九月初五日,查岐昌病卒里第。年五十。卒前嘗至京師,為祖謀葬事,先生與王昶作書致盧見曾資之。

據查元翱《海寧查氏族譜》。王昶云:"藥師為初白先生孫,初白卒,久之未葬,藥師至京師,欲期麥舟之助,而無有應者。籜石與余作書致盧雅雨運使,所以資之者頗厚。會藥師歸家大病,盡斥其貲,喪不克舉。未幾,藥師亦卒。"(《湖海詩傳》卷一九《蒲褐山房詩話》)又《聞查上舍藥師岐昌訃感悼二首》注云:"此述辛巳歲藥師在京時事。"(《春融堂集》卷九)據此可知,查岐昌即于是年至京師謀資。

廿八日,齋宿詹事府。

先生是年有《詹事府齋宿》詩紀其事,并注云:"九月廿八日。"(《籜詩》卷二三)

卅日,齋宿主簿廳,聞僕程以皋述割股救母事,為作長歌。

先生有《主簿廳作》詩,繫于是年。其中有句云:"蘇州程童,塾師名以皋。皋年十八,父住梅家橋。其年六月,母袁病不瘳。姐家橋南近,皋避姐家割股肉,以肉作湯,進母橋北。……奈何婦翁,挈之入京,教之為傔從。初投于我,百不更中。庭花手所植,召皋鋤土,見皋臂。風雨九月晦,齋宿主簿廳,問皋,皋泣述母病,皋泣不止語忍聆。"(《籜詩》卷二三)

十月初四日,秋獮迴鑾,御駕駐蹕密雲縣行宮。翼日駐蹕南石槽行宮。先生隨百官至板橋迎鑾。

《乾隆帝起居注》云:"是日駐蹕密雲縣行宮。"又云:"(初五日庚午)是日駐蹕南石槽行宮。"(冊二〇,頁三五四、三五六)先生是年有《板橋》詩,可徵其事。其起句云:"秋獮迎旋蹕。"(《籜詩》卷二三)

初八日,浙江遂昌縣訓導壽人王世芳得賜六品頂帶。

《乾隆帝起居注》云:"實年九十一歲,堪以留任之浙江遂昌縣俸滿訓導王世芳引見,奉諭旨:王世芳著賞給六品頂帶,在京恭祝皇太后萬壽,領賞後回任。"(册二〇,頁三六〇)王世芳,一字徽德,又字芝圃,號南亭。浙江臨海人。別無長處,以長壽得官。生于順治十六年。(按:若依起居注所記,乾隆二十六年王世芳實年九十一歲,則其生當在康熙九年。見《乾隆帝起居注》册二〇,頁三六〇。而據《高宗實録》卷八六四,乾隆三十五年王世芳行年百有十二歲,又與沈傳相同。見《清實録》册一九。)年四十九入膠庠,八十貢成均。乾隆十九年九十餘,始以歲貢選遂昌縣訓導。越六年辛巳,循資引見,上以其年老,特進階六品。三十二年致仕家居。次年戊子,年百歲,御賜建坊。三十五年秋,以祝萬壽朝京師,欽授國子監司業。壽終百十七歲。(《學福齋集》卷一八《王先生傳》,《耆獻類徵》卷一二九,《兩浙輶軒録》卷二八)

王世芳留京祝壽,其間嘗過繩匠胡同先生寓居,屬書堂額。

《追記百二十六歲壽人王世芳》序云:"浙東秀才王翁,以百歲祝釐,初來京,尋載于繩匠胡同,屬書堂額,記其祖、父皆年逾九十。其時穩步不像百歲人。又十年復來,亦不扶杖。又十年復來,寓全浙會館。載先過之,見其兩子隨侍,皆八十歲外。載既歸里,久莫能詳,尚記蒙恩賜國子監學正,而里人謂其歸後復活六年云。"(《蘀詩》卷五〇)按:對于先生此處所記之事,錢儀吉嘗識云:"沈傳:辛巳,訓導引見,進階六品,在京恭祝慈壽。然則屬書堂額在辛巳也,時年九十餘耳。庚寅、庚子,公兩見之,當無誤耳。"又云:"王君為遂昌訓導,見沈先生大成撰傳。據沈傳,戊子百歲,建坊,庚寅授司業銜。沈為作傳後二十年,又六年,則在乙卯、丙辰間矣。公没于癸丑,次序有誤。庚戌慶典,公遣長子入都,身病未能北上也。"(《蘀詩》[國圖編號9446]卷五〇失名録錢泰吉識語)又按:沈傳云"其生在順治十六年己亥,距今乾隆三十五年庚寅,百有十二歲",所謂戊子百歲建坊,乃舉成數而已。衍石未細讀沈傳,故計算有誤。

十一、廿二、廿六日,俱直起居注。

十一日同值者圖轄布,廿二日為諾敏。廿六日,乾清門聽政。(《乾隆帝起居注》册二〇,頁三六八、三八九、三九六、四〇〇)

廿八日,直紫光閣。

先生是年有《上御紫光閣閱武舉技勇侍直恭紀》詩紀其事。(《蘀詩》卷二三)《乾隆帝起居注》云:"二十八日,上幸紫光閣,閱武進士技勇。""是日起居注官景福、錢載、博明、翁方綱。"(册二〇,頁四〇二、四〇四)

十一月初八日,直起居注。

　　《乾隆帝起居注》云:"是日起居注官景福、錢載。"(册二〇,頁三八九)

十九日,高宗御中和殿,閱加上皇太后徽號奏書。先生以起居注官侍直。

　　先生是年有《十一月癸丑上恭閱加上皇太后徽號奏書于中和殿侍直恭紀》詩紀其事。(《蘀詩》卷二三)《乾隆帝起居注》云:"十九日癸丑,恭上皇太后徽號奏書。卯刻,上御中和殿恭閱奏書。""是日起居注官:景福、錢載、博明、宋弼。"(册二〇,頁四三二、四三四)

廿日,太和殿閱加上皇太后徽號册、寶。再直起居注。

　　所上徽號曰"崇慶慈宣康惠敦和裕壽純禧恭懿皇太后"。是日,諸王、都統與大學士、尚書、侍郎等俱隨皇帝行禮,而衆官俱于午門外隨行禮。(《乾隆帝起居注》册二〇,頁四三五、四三六)先生是年有《甲寅上恭閱加上皇太后徽號金册金寶于太和殿侍直恭紀》詩紀其事。(《蘀詩》卷二三)

是日,高宗以加上皇太后徽號禮成,頒恩詔于天下。

　　《乾隆帝起居注》云:"是日,以皇太后七旬萬壽加上徽號禮成,上御太和殿,頒詔天下。""是日起居注官:諾敏、哈靖阿、盧明楷、錢載。"(册二〇,頁四三七、四四〇)先生賦詩一首紀其事。(見《蘀詩》卷二三《甲寅恭上皇太后徽號禮成上御太和殿頒詔于天下侍直恭紀》)

先生奉詔加一級。并循例誥贈先生父錢炘為朝議大夫,母朱氏、生母陸氏為恭人。又以本身及妻室貤贈祖父錢櫨初為朝議大夫,祖母陸氏、繼祖母吴氏、生祖母全氏為恭人。

　　據恩詔,在京滿漢文武各官,俱加一級。内外大小各官,除各以現在品級已得封贈外,凡陞級及改任者,著照新銜封贈。(《清實録》册一七《高宗實録》卷六四九)又錢陳群《族孫載請貤贈其祖父母及父母例贈封典屬予書之并識于尾》云:"恭遇聖母七旬萬壽,覃恩例贈其父母,復以本身及妻室貤贈其祖父母,感激榮幸,乞陳群手書副本一,并識于後。"(《香樹齋文集》卷一八)

封典既下,先生遣子錢敏錫請主祇受改題,并敬奉制詞于父母墓次,及祖祀焚黄以告。

　　《洲航山墓焚黄文》云:"今官春坊,恭遇崇慶慈宣康惠敦和裕壽純禧恭懿皇太后萬壽,仰荷皇恩,加級推榮所生,得誥贈我考蒻房府君為朝議大夫,妣朱氏為恭人,生妣陸氏為恭人。謹遣載子為從子擂後敏錫,請主祇受改題,敬奉制詞,焚黄墓次以告。"(《蘀文》卷二五)《祖祠告文》云:"仰荷皇恩,加級追榮其先,得貤贈祖考又鶴府君為朝議大夫,祖妣陸氏為恭人,繼祖妣吳氏為恭人,生祖妣全氏為恭人。敬書誥詞,遣曾孫敏錫,請主祗受焚黃改題,奉祀謹告。"(《籜文》卷二五)

廿一日,直起居注。

《乾隆帝起居注》云:"是日起居注官錢載、圖轄布。"(册二〇,頁四四一)

廿二日,豫行皇太后聖壽節慶賀禮,衆官于午門行禮。先生獻詩九章恭賀皇太后七旬萬壽。

《高宗實錄》卷六四九云:"丙辰,上以二十五日詣南郊齋宫齋宿,豫行慶賀皇太后萬壽節,詣壽康宫行禮。王大臣于慈寧門,衆官于午門行禮。"(《清實錄》册一七)先生是年有《慈聖萬壽詩九章謹序》詩,可徵其事。(《籜詩》卷二三)

廿六日冬至,圜丘祀天。復以起居注官侍直。

《乾隆帝起居注》云:"二十六日庚申,上大祀天于圜丘,禮畢回宫。詣壽康宫請安,奉皇太后幸壽安宫,侍膳。是日起居注官:哈靖阿、盧明楷、錢載、博明。"(册二〇,頁四四六)

十二月初四日,再直起居注。

是日降旨,于明年正月十二日起駕巡幸江浙。(《乾隆帝起居注》册二〇,頁四六二、四六三)

初五日,高宗御太和殿受朝。先生隨文武升轉各官謝恩。

《高宗實錄》卷六五〇云:"己巳,上御太和殿視朝,文武升轉各官謝恩。"(《清實錄》册一七)

十一日,從父錢元昆卒。壽八十二。

據錢臻《家譜》。(卷七)

十五、廿六、廿七日,俱直起居注。

《乾隆帝起居注》云:"是日起居注官景福、錢載。""自是日始,上御齋宫,致齋三日。是日起居注官錢載、圖轄布。""二十七日辛卯,上御齋宫。是日起居注官錢載、博明。"(册二〇,頁四九二、五二五)

廿九日,陪祀太廟。

先生是年有《上祫祭太廟陪祀恭紀》紀其事詩。(《籜詩》卷二三)

是年,為張馨題《年非圖》。

先生有《題張給諫馨年非圖》詩,繫于是年。(《籜詩》卷二三)據《廣陵詩事》卷八,張馨取東坡"回頭四十九年非"之句,作《年非圖》。

本年有詩:

《上視祈穀祝版于太和殿侍直恭紀》、《燈花并序》、《上御經筵于文華殿侍直恭紀》、

《上御乾清宮引見殿試貢士十人侍直恭紀》、《天佑助威大將軍歌謹序》、《題張給諫馨年非圖》、《原心亭齋宿》、《送蔣文恪公喪出朝陽門》、《尊德會詩并序》、《夕月壇陪祀》、《詹事府齋宿》、《主簿廳作》、《板橋》、《上御紫光閣閱武舉技勇侍直恭紀》、《十一月癸丑上恭閱加上皇太后徽號奏書于中和殿侍直恭紀》、《甲寅上恭閱加上皇太后徽號金冊金寶于太和殿侍直恭紀》、《甲寅恭上皇太后徽號禮成上御太和殿頒恩詔于天下侍直恭紀》、《慈聖萬壽詩九章謹序》、《以吾郡李翁琪枝蘭竹貼齋壁款云七十三人康熙甲戌秋也賦之》、《上祫祭太廟陪祀恭紀》。

其中：

《天佑助威大將軍歌謹序》，錢聚朝校"鍛桃"云："'鍛'，《周禮》作'段'。"

二十七年壬午（一七六二），先生五十五歲。

正月初一日，慈寧門行慶賀皇太后禮。先生侍直。

先生是年有《元日上詣慈寧門率諸王公大臣行慶賀禮侍直恭紀》詩紀其事。（《籜詩》卷二四）

初五日，同梁錫璵齋宿。

先生是年有《齋宿同梁少詹錫璵》詩，自注云："時享太廟，孟春則諏吉，孟夏孟秋孟冬以朔。"（《籜詩》卷二四）據《乾隆帝起居注》，享太廟日在正月初五。（冊二〇，頁四八三）

初七日，陪祀祈年殿。

先生是年有《上祈穀于祈年殿陪祀恭紀》詩紀其事。（《籜詩》卷二四）據《高宗實錄》卷六五二，正月初七日行祈穀禮。（《清實錄》冊一七）

十一日，金德瑛病卒。年六十二。先生製挽詞二首。

據蔣士銓《左都御史檜門金公行狀》。先生是年有《左都御史金先生挽詞二首》詩，其一云："贅壻來同郡，論交倚至情。師于施侍御，晚列小門生。際聖儒風古，超塵道骨清。詩篇黃魯直，著處見攄誠。"（《籜詩》卷二四）

自正月十二日至五月初四日，高宗舉第三次南巡。

據《高宗實錄》卷六五四、六六〇。（《清實錄》冊一七）

正月，為進士同年紀復亨《楚游集》撰序。

時紀復亨服闋還朝，出示詩一卷，俾先生作序，乃薄游南昌、漢口、武昌等地之作。（《籜文》卷八《紀心齋楚游集序》）

二月初三日,祭先師孔子。先生以陪祭入國子監,賦詩咏古槐。

高宗遣平郡王慶恒于二月初三日行禮,兩廡遣翰林官二員各分獻。(《清實錄》冊一七《高宗實錄》卷六五四)先生有《國子監古槐歌》詩,繫于是年,其中有句云:"讀碑撫樹占好春,以陪祭入丁卯辰。"(《萚詩》卷二四)

初四日,祭大社、大稷。復陪祀社稷壇,賦詩咏古樹。

是日,高宗遣果親王弘瞻代為行禮。(《清實錄》冊一七《高宗實錄》卷六五四)先生有《社稷壇雙樹歌》詩,繫于是年,其中有"曉趨闕右陪祀壇,禮畢巽隅觀古樹"之句,可徵其事。(《萚詩》卷二四)

廿五日春分,祭朝日于東郊。先生陪祀。

是日,高宗遣恒親王弘晊代為行禮。(《清實錄》冊一七《高宗實錄》卷六五五)先生是年有《朝日壇陪祀畢謁東嶽廟》詩,可徵其事。(《萚詩》卷二四)按:朝日壇,在朝陽門外。壇制方形,朝西。壇上金版朱書大明之神位。凡甲、丙、戊、庚、壬年,由皇帝親祭。其餘各年遣官祭。時間在每年春分日卯時。(《宸垣識略》卷一二)

陪祀既畢,謁東嶽廟,尋虞集、趙世延二碑不得。

《朝日壇陪祀畢謁東嶽廟》有"脫活塑傳劉正奉,宗師碑剩趙王孫"之句,先生注云:"尋虞集、趙世延所書二碑不得。"按:東嶽廟,在朝陽門外。元延祐中建,康熙三十九年重建,乾隆二十六年修葺。像為元正奉大夫劉元塑。廟內有三碑,其一張天師神道碑,趙孟頫書;其二仁聖宫碑,虞集隸書;其三昭德殿碑,趙世延書。虞、趙二碑在乾隆朝時已無考。(《宸垣識略》卷一二)

廿九日,復陪祀歷代帝王廟。

先生是年有《歷代帝王廟陪祀有賦》詩紀其事。(《萚詩》卷二四)據《高宗實錄》卷六五五,高宗遣官于二月廿九日祭歷代帝王廟。(《清實錄》冊一七)

是月,嘗與錢大昕尋春郊外,游弘善、法藏、長椿、善果、歸義諸寺,并有詩。

先生是年有《尋春同家侍讀大昕三首》、《尋春復同家侍讀大昕三首》二詩,可徵其事。(《萚詩》卷二四)

三月初三日,摯友王又曾以喉癬病歿于里。年五十七。時王又曾居鄉營葬雙親,未畢工而殤。

據《王五秋曹三月初三日歿于里閏五月初八日為位法源寺如意寮而哭之》詩,中有"歲五十七已壽康"之句。又有《重哭王五秋曹》詩,中云"二年輸君長我差"。均可證。(《籜詩》卷二五)武億撰王復行狀,稱其卒于乾隆二十六年。(《授堂文鈔》卷八《偃師縣知縣王君行實輯略》)周春亦云:"君素有咯血症,晚而愈劇,遂成羸瘵,年五十六患喉癬而卒。"(《耄餘詩話》卷五)二人恐誤。《校王五丁辛老屋集鈔本寄還其令子攝知縣事復于鄢陵》注云:"君之歿,封君之喪未終治,命以衰絰殮。"(《籜詩》卷四八)

是日,先生與同年夏蘇、孫夢逵游陶然亭,途遇金甡,三人遂至法源寺。

先生是年有《上巳二首》詩,其一為《孫主事夢逵夏進士蘇約游陶然亭適金詹事甡亦至遂同游法源寺》。(《籜詩》卷二四)金甡亦有《陶然亭遇同年孫鍾柏夢逵主事暨錢坤一載庶子夏更生蘇進士皆至遂同過愍忠寺柬孫邀和》詩,可徵其事。(《静廉齋詩集》卷八)

金甡,字雨叔,號海住。浙江仁和人。雍正元年舉于鄉。乾隆七年會試、廷試皆第一,授翰林院修撰。二十二年由翰林院侍講學士陞詹事府詹事,奉旨入尚書房行走。由是直講席者十七年,諸皇子皇孫皆心重之。官至禮部左侍郎。三十八年以疾乞休。學淹貫,長于論文,穿穴諸經,時有創解。生于康熙四十一年,卒于乾隆四十七年,壽八十一。入祀鄉賢祠。有《静廉齋詩集》。(《知足齋文集》卷四《上書房行走禮部左侍郎加二級金公墓志銘》,《兩浙輶軒錄》卷二五)

孫夢逵,字中伯。江蘇昭文人。乾隆元年應博學鴻詞之徵。三年舉順天鄉試。游京師,以副榜補宗學教習,受業陶正靖,器識日充。七年成進士。十六年南巡召試,授內閣中書。十八年在軍機處行走,以勤慎著稱。升宗人府主事,以祖母喪去官。服滿赴京師,分纂準噶爾方略。二十八年病卒于官,年五十有八。(《耆獻類徵》卷一四五邵齊燾撰墓志銘)

夏蘇,字更生。浙江蕭山人。乾隆十七年進士。餘俟考。

游後應夏蘇之請,錄詩作遺之。

題識云:"承更兄同年以素頁屬書,即呈同游之作請教定。年弟秀水錢載。"鈐印三:"錢載"白文印、"坤一"朱文印、"兩舉制科"朱文印。按:所錄詩即《籜石齋詩集》卷二四《上巳二首》之一《孫主事夢逵夏進士蘇約游陶然亭適金詹事甡亦至遂同游法源寺》。兩處詩注與刻本稍有不同,其一云:"是日亭後同觀遼佛頂尊勝陁羅尼幢,是壽昌五年立。"其二云:"及宮詹偕行,為説介師海淀寓園昨歲棠花盛開。又道倪廣文濤,字山友,錢塘人,遺書數百卷尚未刻。"詩頁墨迹今藏浙江省博物館。

是日,又與翁方綱訪聖安、崇效二寺。

《上巳二首》之一為《過翁編修方綱偕訪聖安崇效二寺》,可徵其事。(《潛詩》卷二四)

初六日,陪祀先農壇。

先生是年有《先農壇陪祀有賦》詩紀其事。(《潛詩》卷二四)據《高宗實錄》卷六五六,祭先農于三月初六日。(《清實錄》冊一七)

春,孫錢善元就對門孫公塾。

《寄善元櫺于南窊僧屋過而撫之雜寫五首》有句云:"今春汝七歲,孫公對門居。携汝數步往,就塾猶勝我。"(《潛詩》卷二五)

四月,座師介福病卒扈從途次。先生聞訃,制詞四首挽之。

《高宗實錄》卷六五八云:"介福扈從前來,在途病故,殊甚憫惻,加恩賞給都統銜,并賞銀五百兩,准其靈柩進城治喪。"(《清實錄》冊一七)先生有《座主佟公挽詞四首》詩,繫于是年。(《潛詩》卷二五)

是月,長子錢世錫挈孫錢元及家人輩至豐臺看芍藥。

錢世錫乾隆癸未詩《憶善元六首》注云:"去歲四月,曾携妹挈兒及家人輩看豐臺芍藥。後月餘而兒亡。"(《麓山老屋詩集》卷三)

五月初二日,先生赴涿州迎駕。

道經弘恩寺,賦《迎駕涿州過良鄉縣南弘恩寺》詩,可徵其事。(《潛詩》卷二四)據《高宗實錄》卷六六〇,五月乙未日車駕至涿州,并駐蹕涿州行宮。(《清實錄》冊一七)

十九日,以京察保送一等帶領引見,得旨准予一等。

據《高宗實錄》卷六六一,是日吏部帶領先生與錢大昕、翁方綱等京察保送一等之人引見,得旨准予一等。(《清實錄》冊一七)

按:京察無考試之例。官三品以下,俱由引見分等級。在引見之前,由王大臣驗看,擬定等級。引見後,再由高宗欽定。

廿九日夏至,孫錢善元夭。時方七齡。錢世錫懷殤子之痛,寢食不甘者月餘。

《閏端午》注云:"前五月二十九日晦,夏至,孫善元七齡夭。"(《潛詩》卷二五)按:善元染重病,門生蔣士銓急為送醫,却為庸醫所誤,終不治。錢世錫《寄西澗滄州二首》有"余亦京華苦憔悴,揚彪舐犢語傷神"之句,注云:"余有殤子之痛,眠食不甘者月餘。每一觸發,竟不能制淚也。"(《麓山老屋詩集》卷三)

其後數年,錢世錫苦無子嗣,常欲納姬,而終不果。

祝喆《余以雜果餉百泉戲作長句謝余時薛補山編修寓禾中見而稱善次韻贈余因即用原韻答補山兼答百泉》注云："百泉常欲納姬，而終未果，故以此語謔之。"(《西澗詩鈔》卷四)

閏五月初八日，召蔣士銓等人，為位法源寺哭王又曾。

先生是年有《王五秋曹三月初三日歿于里閏五月初八日為位法源寺如意寮而哭之》詩。(《蘀詩》卷二五)蔣士銓亦有《王穀原比部又曾三月某日卒于里蘀石先生于閏五月八日為位法源寺邀同人哭之》詩，可徵其事。(《忠雅堂詩集·壽萱堂詩鈔》)

既而寓書王又曾子王復，囑祔君墓于考妣墳側，以慰其孝。

《王五秋曹三月初三日歿于里閏五月初八日為位法源寺如意寮而哭之》有句云："……終養太公甫居喪。以衰絰殮淚在眶，母嬪三十三秋霜。卜壤卜壤井槨將，我昨書示君兩郎。考妣中兆君祔旁，用慰君孝毋彷徨。"(《蘀詩》卷二五)

十八日，進呈分修《皇朝文獻通考》之《宗廟考》一門。

《群廟考序》云："《皇朝文獻通考》內《宗廟考》稿本，于乾隆二十七年閏五月十八日恭進。"(《蘀文》卷五)

十九日，高宗命改《宗廟考》下半部為《群廟考》。

諭曰："《續文獻通考》館纂進稿本，朕閱《宗廟考》一門，內附入祀歷代帝王及本朝臣下家廟，顧名思義，于輯書體例何居？蓋既以宗廟冠部，則惟太廟時祫，典有專崇，方稱經常不易。至奉先殿之禮重家庭，壽皇殿、安佑宫、永佑寺之虔奉神御，于《宗廟考》中敬從附載，尚為不失禮以義起之文。若攛入歷代及臣下，非獨其制絕不相蒙，揆之分門本意，亦復何取？即云承用宋臣馬端臨原編舊式，而往世儒生之職，于大典未克折衷盡善，類此者政復不少，又豈得違禮而曲泥之。朕意當于《宗廟考》專門備詳定制外，其餘不應附入者，別立《群廟考》一門隸之。俾名義既得所安，而其書亦足垂遠。"(《清實錄》冊一七《高宗實錄》卷六六三)

六月初十日，為蔣士銓題金德瑛遺像。

先生是年有《蔣編修士銓畫左都御史金先生像以藏并記下方永示其後而屬載題》詩，并注云："先生卒于正月十一日，載以六月十日題。"(《蘀詩》卷二五)

七月，進呈改正之《宗廟考》與《群廟考》，奉旨再詳定《壽皇殿》一卷。

《行述》云："七月，又進《宗廟考》改正之本暨改修之《群廟考》，奉旨再將《壽皇殿》一卷詳定。"

《皇朝文獻通考》纂修，先生雖未始終其事，然所纂《宗廟考》、《群廟考》二門稿本，悉入書中。

  據《欽定皇朝文獻通考》，《宗廟考》十二卷、《群廟考》六卷至乾隆五十年纂成。先生或于是年完稿，或因乾隆三十二年別開三通館，不再預其事。而《群廟考》前按語，仍為先生所撰《群廟考序》。

八月十五中秋，與翁方綱觀同年董元度家藏蘇、文、柯、王四家畫竹卷，為題詩一首，并寫竹于卷後。

  款云："壬午中秋，籜石載。"鈐"壺尊"白文印。題識云："觀曲江董吉士同年所攜畫竹卷有賦，即請教定。年弟秀水錢載。"鈐"錢載"朱文印。翁方綱題引首曰"舊雨詩盟"。在先生畫之後，有羅聘畫竹一幅，并識云："庚子春日客居上谷，偶過蓮池書院，獲觀此卷于曲江太史齋中，因寫一枝于卷尾，以見流風之未絶也。并用卷中王詩韻應教。"其後為翁方綱《六君子圖歌并序》以及《後六君子圖歌》。畫為墨筆，紙本，手卷。今藏上海博物館。（《中國古代書畫圖目》宋蘇軾等《六君子圖》）

  按：翁方綱乾隆甲辰《六君子圖摹本序》云："壬午之冬，同年董曲江吉士來謁選京師，携其家藏蘇、文、柯、王四家畫竹卷，同觀于錢籜石同年之木雞軒。籜石為賦長歌，并寫竹于王彦貞竹幅之後。予未及賦詩。後十有八年庚子之秋，羅兩峰自保定來，携所作臨本示予。則兩峰既臨四家之竹，又臨籜石之詩與竹，又自寫竹于後，予題曰'六君子圖'，而作歌于後。今又四年，而曲江逝矣。其孫肇彤携是卷來予齋中。因屬趙貢父復臨其前五幀，而綴以趙自寫竹，亦命之曰'六君子'。"（《復初齋文集》[手稿影印本]册六，頁一四八七）又翁方綱乾隆庚子《六君子圖歌》序云："平原董曲江藏蘇東坡、文湖州竹卷。至正乙未高昌伯顏不花蒼巖裝，識題曰'二妙'。又柯敬仲臨湖州竹，明建安元穀道人王右彦貞亦作竹于後。前後有鮮于伯幾、周伯温、邢子願題記。而籜石為曲江題詩，并寫竹卷末。兩峰羅君臨之，亦自為竹附焉。予題曰'六君子'，而繫以詩。"（《復詩》卷二一）

時董元度謁選來京。

  先生有《觀董元度吉士所携畫竹卷》詩，繫于是年。其中有"君方謁選將出宰"之句。

  （《籜詩》卷二五）

八月，王汝璧來京應順天鄉試，出其父王恕遺像請題。

  先生是年有《題王中丞恕瑟齋圖遺像》詩，其中有"長安值賢子，有斐見家風"之句。

  （《籜詩》卷二五）

  王汝璧，字鎮之。四川銅梁人。其父恕與錢陳群友善。恕早卒，乾隆二十五年汝璧年十四，即入贅錢陳群家，與陳群割宅而居。二十七年上京應順天鄉試，出父遺像屬先生題。三十一年成進士，復出先生門下。授吏部主事，洊擢郎中。嘉慶間歷官至安徽巡撫、刑部侍郎。卒于嘉慶十一年。著有《銅梁山人詩集》。服官內外，每移一地、擢一官，皆自為集。（《銅梁山人詩集》附錄國史館本傳，《大清一統志》卷三八九，《晚晴簃詩匯》卷九三）

九月初七日，為同年鄭岱鍾繪竹菊石圖。

題識云："東侯年長兄清賞。壬午重陽前二日，籜石載寫。"畫為墨筆，絹本，立軸。縱約114厘米，寬約55厘米。鈐印三："錢載"白文方印、"兩舉制科"朱文方印、"壺尊"白文方印。邊綾上有張瑋跋云："籜石侍郎不畫山水，故于石法非其所長。然筆墨清俊，無煙火氣，在臺閣中尤為罕見。前此惟南沙、天瓶時有此境，穀齋、小山猶遜一籌也。己亥秋中收得并題。敬園時年七十有八。"今藏楓江書屋。

鄭岱鍾，字東侯。山西文水人。父廷楫，官至刑科掌印給事中。乾隆十五年，岱鍾與兄嶽鍾同舉于鄉。嶽鍾于二十四年成進士，官福建崇安縣知縣。岱鍾于十七年成進士，授翰林院檢討。二十八年五月，因考試入低等，著休致。三十二年春，御駕巡幸天津，前往接駕，加恩命其自行到京考試。六月試軍機處，被落，賞紗葛一匹。嘉慶庚午科，重宴鹿鳴，時年八十一，賜國子監司業銜。卒年八十有四。（《文水縣志》卷九，《復初齋文集》[手稿影印本]册六《皇清誥授朝議大夫刑科掌印給事中濟川鄭公墓志》）

十月十二日，眭朝棟准予贖罪。其得免一死，或云有先生之功。

《高宗實錄》卷六七二云："眭朝棟前因妄奏迴避官生，有意沽名，取悅于眾，按律定擬，罪由自取。但尚與納賄營私者究屬有間，即入情實，原不予勾。眭朝棟著加恩准其贖罪。"（《清實錄》册一七）錢泰吉識云："長白西清《樺葉記聞》，錢籜石先生載徵時館大學士蔣文恪公家，後為翰林，文恪公招飲，偶語及勾到期，御史眭公恐不免。眭先生，房師也，時以上書得罪論死。先生聞之大哭欲絕，不終席離去。文恪心動，明日召對，為眭乞恩放還鄉。眭名朝棟，福建人。西清為鄂文端公族孫，由筆帖式陞任黑龍江主事。咸豐丁巳二月，仁和友人邵懿辰以樺葉記見示，得此條因錄。泰吉。"（《文匯》補編册一錢泰吉識錢世錫《皇清誥授資政大夫尚書房行走禮部左侍郎恩予原品休致顯考籜石府君行述》）按：眭朝棟獲罪時，蔣溥已重病在身。且上年皇太后七旬萬壽，秋讞停勾。所云招飲、語及勾到期等事，皆甚可疑。

十一月初七冬至前夜，齋宿端範堂。

先生是年有《雪夜端範堂齋宿》詩，其中有"大駕群靈竢，圜壇上瑞書"之句。（《籜詩》

《竹菊石圖軸》，絹本墨筆，1762年

卷二五)可知齋宿是在冬至前夜。

初八日冬至,圜丘祀天。

先生是年有《冬至上大祀天于圜丘陪祀恭紀》詩紀其事。(《蘀詩》卷二五)《高宗實錄》卷六七四云:"丙寅,冬至,祀天于圜丘,上親詣行禮。"(《清實錄》冊一七)

初十日,秦蕙招同紀復亨、蔣士銓、戴文燈,集寓齋分賦。

秦蕙是年有《長至後二日招錢宮庶載紀侍御復亨蔣編修士銓戴儀部文燈集飲齋中分體得七古》詩,可徵其事。(《石研齋集》卷三)

戴文燈,字經農,一字光林,號匏齋。浙江歸安縣人。永椿子。藏書甚富,皆撮其典要,辨其同異。為文千言立就。乾隆九年舉順天鄉試,出董邦達房。十六年,邦達延其課子誥。二十二年成進士,官禮部員外郎。沉于禮部郎署八年,為汪由端、金德瑛所倚重。以子璐官累贈中議大夫。著有《靜退齋詩集》八卷、《甜雪詞》二卷。生卒年俟考(《重修兩浙鹽法志》卷二五,《兩浙輶軒錄》卷三一)

廿日,為趙升繪蘭石通景四屏。

題識云:"昉林老先生清賞。壬午十一月廿八日,秀水錢載。"畫為紙本,四屏合攏縱約145厘米,橫約168厘米。以墨筆寫蕙花數叢,石骨突兀。花叢間以空地,若可穿行。鈐三印:"蘀石"朱文方印、"壺尊"白文方印、"蘀石之印"白文方印。今藏楓江書屋。乾隆四十二年丁酉,先生應趙升婿徐秉敬之請,重題此畫,其文見乾隆四十二年譜。

趙升,字書三,號昉林。浙江仁和人。父大鯨,官至左副都御史。升以官生舉乾隆九年鄉試,二十五年成進士,改庶吉士。二十八年散館,授户部主事,補江南司。旋擢四川司員外郎,再轉雲南司郎中。出知雲南沅州府數月,聞兄訃,感傷得疾而卒。生于康熙五十九年,乾隆三十九年卒於任,年五十有五。女二,長適徐秉敬。(《清獻堂集》卷五《家昉林家傳》)

十二月廿二日癸未年立春,同范棫士、紀復亨、邵嗣宗、秦大士、秦蕙集戴文燈寓。是日,乾隆辛巳起居注册奏成。

先生是年有《立春日同範侍御紀侍御邵編修秦學士秦編修集戴儀部齋》詩紀其事,自注云:"乾隆辛巳起居注册,適以今旦奏成。"(《蘀詩》卷二五)

冬,長子錢世錫赴太原,入景福山右學幕。

錢世錫有《壬午冬將之太原留別都門同好》詩,可徵其事。(《麂山老屋詩集》卷三)按:先生進士同年景福于是年九月初三日奉命提督山西學政。(《清實錄》冊一七《高宗實錄》卷六冬，賦詩奉和張坦、馨兄弟寒齋三詠。

先生有《和張給諫馨編修坦寒齋三詠》詩，繫于是年。（《蘀詩》卷二五）按：張坦前以大考休致返鄉，壬午南巡接駕，蒙恩准其自行來京，候御試定奪。（《清實錄》册一七《高宗實錄》卷六六四）先生乾隆癸未詩《和張編修坦庭前垂柳十二韻》注云："君僑居揚州，舊冬應召來京。"（《蘀詩》卷二六）可知張坦于壬午冬到京。

是年，賦詩送門生施培應歸養昆明。

先生有《送施編修培應乞養還昆明》詩，繫于是年。

施培應，字起東，號芳谷。雲南昆明人。乾隆二十二年進士，官編修。壬午典試山西，稱得人。請終養歸，旋致仕。歷主五華、育材、曲陽、九峰諸書院講席，多所成就。居家以孝弟聞。為人樂易，無疾言遽色。生于雍正七年，卒年俟考。（《清秘述聞》卷七，《清代人物生卒年表》頁五七九，《昆明縣志》卷六下）

又賦詩述游貞女事。

先生有《游貞女詩》詩，繫于是年。（《蘀詩》卷二四）按：《水曹清暇錄》云："臨川游氏有女，字皖平。張生既冠而夭，魂化蝴蝶飛入游氏之室，集女掌上，女大慟，過門送殯，矢志柏舟。籜石錢侍郎載有詩紀其事。"（卷一二）

又題周灃遺像。

先生有《題周編修遺像》詩，繫于是年。（《蘀詩》卷二四）按：金德瑛《題周東皐編修遺像》注云："東皐以癸酉冬請假省親，游金山登舟，無疾而逝。其子孝廉震榮請題。"（《金檜門詩存》卷四）則先生亦當是應其子震榮之請而作。

是年，嘗與紀復亨、秦黌飲戴文燈寓齋，賦沈存周錫斗。

先生有《戴儀部文燈齋飲沈存周錫斗作歌》詩，繫于是年。（《蘀詩》卷二五）按：《耐冷譚》云："元明以來，如朱碧山銀槎、張鳴岐之銅鑪、黃元吉之錫壺，皆勒工名以垂後世，不聞其能詩也。若存周者，尤不可及矣。存周字鷺雛，居嘉興之春波橋。"（卷一二）

當日所賦詩，先生曾寫一紙付戴文燈。今與紀復亨、秦黌詩作一併裝入《邵蔚田先生同人投贈詩卷》。

詩卷今藏楓江書屋。其中"匏樽王周"之"樽"字與刻本異。又，刻本"是歲僕齡"一句，手卷中"齡"字作"年"字。

又嘗與邵嗣宗、翁方綱、秦大士、秦承恩父子過法源寺賞海棠。

先生是年有《同邵編修嗣宗秦學士大士翁中允方綱秦吉士承恩過法源寺看海棠有

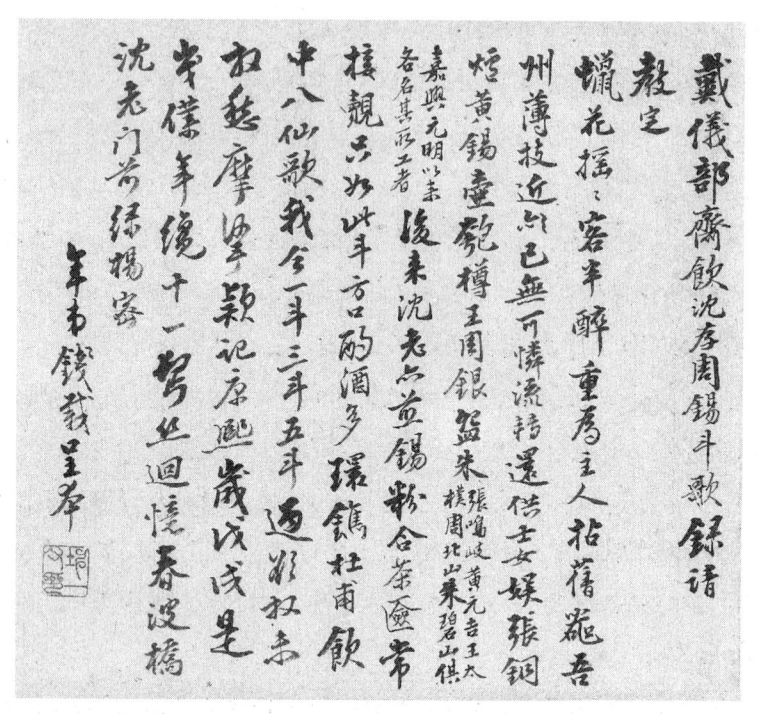

《書戴儀部文燈齋飲沈存周錫斗作歌》，墨迹紙本，1762年

感壬申癸酉舊游却次諸贊善錦壬申韻》詩，可徵其事。（《籜詩》卷二四）

秦承恩，字慎之，號芝軒。江寧人。秦大士長子。乾隆二十六年進士，改庶吉士，散館授編修。三十四年擢侍講。三十六年授江西廣饒九南道。歷任封疆。嘉慶年間官至工部尚書。緣事革職留任。加恩賞給三品卿銜。于嘉慶十四年病卒，年六十八。子燿曾，戊辰舉人，兵部候補員外郎；念曾，六品廕生，工部候補主事。（《師友淵源錄》卷二一《司經居洗馬秦公行略》）

又集邵嗣宗養餘齋飲賦。

先生是年有《集邵編修養餘齋咏白丁香花禁體》詩紀其事。（《籜詩》卷二四）按：翁方綱云："休寧會館，徐尚書故宅也，蔚田僦居于此，每歲院中丁香盛開時，約同人為文酒之會。"（《復外集》卷四《聞蔚田侍讀謝病歸太倉寄懷二首》）

又集陶其愫新居飲賦。

先生有《陶郎中其愫移居招飲海棠花下分韻得氣字》詩，繫于是年。（《籜詩》卷二四）

又招范棫士、紀復亨、邵嗣宗、秦大士、戴文燈、秦甕過飲。

先生是年有《范侍御棫士紀侍御復亨邵編修嗣宗秦學士大士戴儀部文燈秦編修甕過飲》詩，可徵其事。（《籜詩》卷二五）

是年,趙佑置酒新居,先生畫梅以謝。

先生是年有《飲趙侍御佑齋歸畫梅以謝》詩紀其事,其起句云:"閑房僦居又新遷。"(《蘀詩》卷二四)

又應宋弼之請,畫秋葵一幅。

先生是年有《宋編修弼屬畫秋葵》詩,可徵其事。(《蘀詩》卷二五)

宋弼,字仲良,別字蒙泉。山東德州人。乾隆三年舉順天鄉試,十年成進士,改庶吉士,散館授編修。出錢陳群門下。《香樹齋詩集》成,為排纂并制序。二十八年大考下等,原品休致,奏請得留書局。三十三年陞甘肅按察使,旋卒于洛陽寓舍,年六十六。著有詩集八卷、《思永堂文稿》四卷,另輯《山左詩》百餘卷、《廣川詩鈔》二十卷、《州乘餘聞》二卷。(《潛研堂文集》卷四一《甘肅提刑按察使司按察使宋公神道碑》)

又應蔣和寧招飲,畫墨花一幅相送。

先生是年有《蔣侍御和寧招飲先畫墨花以送》詩紀其事。(《蘀詩》卷二四)

又為蔡以臺畫柳枝一幅,送其假歸嘉善。

先生是年有《畫柳枝送蔡修撰以臺歸覲》詩,可徵其事。(《蘀詩》卷二四)

本年有詩:

《元日上詣慈寧門率諸王公大臣行慶賀禮侍直恭紀》、《齋宿同梁少詹錫璵》、《上祈穀于祈年殿陪祀恭紀》、《題周編修遺像》、《左都御史金先生挽詞二首詩》、《飲趙侍御佑齋歸畫梅以謝》、《蔣侍御和寧招飲先畫墨花以送》、《國子監古槐歌》、《社稷壇雙樹歌》、《尋春同家侍讀大昕三首》、《題齋壁》、《題金員外羔小影即送假歸太倉》、《尋春復同家侍讀大昕三首》、《朝日壇陪祀畢謁東嶽廟》、《畫柳枝送蔡修撰以臺歸覲》、《乍暖》、《歷代帝王廟陪祀有賦》、《慈仁寺禮甆觀音敬瞻御詩書畫并序》、《上巳兩首》、《先農壇陪祀有賦》、《獨游四首》、《寒食六韻》、《右安門外踏青》、《保定陳節婦》、《城西春游四首》、《同邵編修嗣宗秦學士大士翁中允方綱秦吉士承恩過法源寺看海棠有感壬申癸酉舊游却次諸贊善錦壬申韻》、《集邵編修養餘齋咏白丁香花禁體》、《端範堂齋宿對丁香花》、《陶郎中其愫移居招飲海棠花下分韻得氣字》、《觀褚中令臨蘭亭序第十九本墨迹》、《盧孝子詩》、《游貞女詩》、《迎駕涿州過良鄉縣南弘恩寺》、《宿王瓜塍農舍》、《埋白驢》、《閏端午》、《王五秋曹三月初三日歿于里閏五月初八日為位法源寺如意寮而哭之》、《晚飯哭善元二首》、《重哭王五秋曹》、《座主佟公挽詞四首》、《寄善元櫬于南窪僧屋過而撫之雜寫五首》、《善元小衣》、《晴》、《和許宣平庵齋壁韻》、《哀善元》、《種草花作》、《述懷》、《曉課》、《蔣編修士銓畫左都御史金先生像以藏并記下方永示其後而屬載題詩》、《不寐》、《早起》、《戴儀部文燈齋飲沈存周錫斗作歌》、《觀董元度吉士所携畫竹卷》、《哭善元槠南》、《小南城》、《邵編修招同年飲養餘齋分賦二首》、《詹事府晚步》、《題王中丞恕瑟齋圖遺像》、《觀前蜀王鍇書妙法蓮華經殘葉》、《弘仁寺同博爾濟特中允博明》、《觀唐貞觀淤泥寺心經石幢于鷲峰寺》、《高麗營農舍與吳學士鼎夜話》、《觀顧阿瑛畫罌粟》、《宋編修弼屬畫秋葵》、《送施編修培應乞養還昆明》、《雪夜端範堂齋宿》、《冬至上大祀天于圜丘陪祀恭紀》、《蘇文忠公墨貓歌》、《上御太和殿受朝侍直恭紀》、《范侍御棫士紀侍御復亨邵編修嗣宗秦學士大士戴儀部文燈秦編修饗過飲》、《和張給諫馨編修坦寒齋三咏》、《立春日同范侍御紀侍御邵編修秦學士秦編修集戴儀部齋》、《秋瓜紋潔硯歌為姚員外晉錫賦》。

其中：

《題齋壁》，翁方綱識起二句"近務營雖寡，前修讓已多"云："坤一嘗以此二句題屋楣。"

《慈仁寺禮甓觀音敬瞻御詩書畫并序》，顧列星評云："端莊流麗，應制上乘。"

《上巳兩首》，其一《孫主事夢逵夏進士蘇約游陶然亭適金詹事姓亦至遂同游法源寺》，翁方綱評云："此种清真七律，今人罕有。"

《端範堂齋宿對丁香花》，顧列星評云："精深華妙，似王荆公晚年詩。"

《觀褚中令臨蘭亭序第十九本墨迹》，翁方綱識云："此是僞物，如何可以作詩。并無褚臨第十九本之事，此馮氏《快雪堂帖》之不考耳。"

《閏端午》，錢儀吉校"呼旻奠一杯"之"旻"字為"穹"字。

《寄善元槠于南窪僧屋過而撫之雜寫五首》，錢泰吉評云："此詩五首全讀，章法首尾乃備，且命意在第四第五兩首，僅選此首未為能知家宗伯也。泰吉。"

《和許宣平庵齋壁韻》，又評云："章法、句法、氣象、神意，無類不備，而選家都未及之。"

《戴儀部文燈齋飲沈存周錫斗作歌》，吳應和評云："此題無典可徵，方物伴說，亦難生發興趣，忽憶舊游之地，情境俱到目前，不覺感慨繫之矣。"

《觀董元度吉士所携畫竹卷》，顧列星評云："真是一則有韻畫跋，結處關合妙在絕不黏滯。"

《觀唐貞觀淤泥寺心經石幢于鷲峰寺》，翁方綱注云："此碑非真。"

二十八年癸未(一七六三),先生五十六歲。

正月初六日,孫錢善膺生。為錢容錫長子。

> 錢善膺,字得甫,號一齋。秀水學廩貢生。生乾隆二十八年正月初六日。娶陳氏,乾隆丁丑進士湖南辰州府同知署常德府知府陳經禮女,生乾隆二十九年。子四:聚升,殤;聚仁、聚文、聚穎(嗣叔善章)。(《家譜》卷七)

十三日,侍直祈年殿。

> 先生是年有《上祈穀于祈年殿侍直恭紀》詩紀其事。(《籜詩》卷二六)據《高宗實錄》卷六七八,正月十三日行祈穀禮。(《清實錄》冊一七)

是日,蔣士銓于琉璃廠購得史可法遺像并家書。未幾,先生得觀畫卷并賦詩。

> 明史可法畫像與手簡二通,是年正月十三日,蔣士銓購于琉璃廠。十四日裘承露割去一簡,蔣乃取其靖難家書及顧梁汾跋,重裝像卷之前,吟三詩以藏之。(《蔣心餘先生年譜》頁一八)乾隆三十九年,蔣託同年彭元瑞以像、書入奏。高宗大喜,題七律一首,并令內廷諸臣屬和,即發原卷令兩淮鹽政泐石,又建祠及御書樓。(《清容居士行年錄》)先生有《觀史閣部像及家書》詩,繫于是年。(《籜詩》卷二六)

十五日上元,侍宴正大光明殿。

> 先生是年有《上元日圓明園正大光明殿侍宴》詩紀其事。(《籜詩》卷二六)

二月初十日,陪祀社稷壇。

> 先生是年有《上祭社稷壇陪祀恭紀》詩紀其事。(《籜詩》卷二六)據《高宗實錄》卷六八〇,二月初十日祭大社、大稷。(《清實錄》冊一七)

十九日,高宗啟蹕謁東陵。

> 《高宗實錄》卷六八一云:"(丁未)上自圓明園啟蹕,謁東陵。"(《清實錄》冊一七)按:二月廿二日為清明節。

三月初一日,先生赴湯山迎駕。

> 先生是年有《湯山迎駕恭紀》詩紀其事。(《籜詩》卷二六)據《高宗實錄》卷六八二,帝駕自東陵迴蹕,于三月初一日駐蹕湯山行宮。(《清實錄》冊一七)

初六日,陪祀先農壇行耕籍禮。

> 先生是年有《上耕籍祭先農壇陪祀恭紀》詩紀其事。(《籜詩》卷二六)據《高宗實錄》卷

六八二,是年三月初六日行耕籍禮。(《清實錄》册一七)

十一日,為張坦畫庭前垂柳,并題詩卷端。

蔣士銓是年有《張松坪坦前輩手植庭前新柳題句十六韻錢籜石先生補畫橫幅同人和之》詩,可徵其事。(《忠雅堂詩集·壽萱堂詩鈔》)先生是年亦有《和張編修坦庭前垂柳十二韻》詩。(《籜詩》卷二六)

按:即浙江省博物館藏《諸家題咏錢籜石新柳軸》(編號25778)。畫為紙本,中幅,以淡墨寫垂柳枝數根,枝上輕點新芽,柔嫩似弱不經風。題識云:"松坪五兄以庭前垂柳十六韻之作見示。既為和之,復成是圖,而錄句于旁,并就正。乾隆癸未三月十一日,年弟秀水錢載。"鈐印二:"戊子錢載"朱文印、"坤一氏印"朱文印。畫上方,自右至左為張坦、陳筌、翁方綱、張馨四人詩。張馨復識云:"去夏陰霖過甚,賃宇就敧。時寧擎家觀察之任蜀中,松坪弟適應召北來,因即觀察之屋葺而居之。庭隅隙地空曠,頗可雜蒔花木,秋杪天寒,弗及也。今年春,松坪讀書餘暇,買種群卉,復植垂柳一樹。見其姿致濯濯,攀條顧慕,作五言長律十六韻,錢籜石庶子繫之以圖。余方驅馳賑務,未克竣事,亦次原韻于云溝僧舍,并志數言于左。荔門張馨識。"畫下方,自右至左為紀復亨、蔣士銓、邵蔚田三家詩。

四月初四日,侍直圜丘。

先生是年有《上親常雩于圜丘侍直恭紀》詩紀其事。(《籜詩》卷二六)據《高宗實錄》卷六八四,是年四月初四日圜丘祀天,行常雩禮。(《清實錄》册一七)

廿一日,太和殿策試天下貢士。先生掌彌封一職。

《高宗實錄》卷六八五云:"戊申,策試天下貢士孫效曾等一百八十七人于太和殿前。"(《清實錄》册一七)先生《恩榮宴上作》詩有"還因糊卷預三杯"之句,可知是日掌管彌封。(《籜詩》卷二六)

廿六日,禮部預恩榮宴。

先生是年有《恩榮宴上作》詩,可徵其事。(《籜詩》卷二六)

按:清制,傳臚翌日,于禮部賜新進士宴,曰恩榮宴。是年四月廿五日傳臚,(《清實錄》册一七《高宗實錄》卷六八五)廿六日賜宴。恩榮宴之日,讀卷大臣、禮部尚書大臣,以及受卷、彌封、收掌、監視等各官,咸與宴。"席備,光祿寺官請赴宴,排班贊拜如儀。儀制司官請簪花,精膳司官視席,和聲署作樂,序班引諸進士拜主席及以次各官。光祿寺官捧壺注酒,先獻主席三爵,及各就座,行酒供膳,和聲署升歌啓天門之章。"(《清代科舉考試述錄及有關著作》頁一五一)可與《恩榮宴上作》之"大官官祿鋪筵定,小隊和聲薦樂來"二句相參照。

五月十二日夏至,陪祀方澤。

先生是年有《夏至上祭地于方澤陪祀恭紀》詩紀其事。(《萚詩》卷二六)據《高宗實錄》卷六八六,是年五月十二日方澤祭地。(《清實錄》册一七)

十三日,試于正大光明殿。

據《高宗實錄》卷六八六,五月十三日在正大光明殿考試翰林。(《清實錄》册一七)《槐廳載筆》引《翰詹源流編年》云:"乾隆二十八年癸未夏五月,御試翰詹于正大光明殿。擢王文治等官,餘降調、休致有差。試題:《江漢朝宗賦》;《結網求魚詩》,五言八韻,得'賢'字;《畿輔水利疏》。"(卷九)

十六日,以考試列三等罰俸一年。

《高宗實錄》卷六八七云:"其三等之侍講饒學曙降為編修,庶子錢載、中允翁方綱、侍講圖轄布、中允朱佩蓮、修撰畢沅、中允福明安、編修勵守謙,俱罰俸一年。"(《清實錄》册一七)

六月初九日,同圖轄布、博明、翁方綱至城南觀荷。

先生是年有《觀荷同圖塞里侍讀圖轄布博爾濟特中允博明翁中允方綱》詩紀其事。翁方綱乾隆甲申年詩《同裕軒學士游城南二首》注云:"去年夏與學士來此,學士歌'茨菇葉兒尖,荷花葉兒圓',撝石有詩記之。"即指此首。又翁方綱甲申年另一首詩《同蘊山城南看荷》注云:"去年六月九日來此遇雨。"(《復外集》卷一)因定城南之行在六月九日。

圖轄布,姓佟氏,字裕軒,一字丹崖,又號枝巢。滿洲鑲紅旗人。乾隆六年舉人,初仕翰林院筆帖式。十三年成進士,改庶吉士,散館授檢討。累官至翰林院侍講學士。居詞垣二十年,養疾家居者十有八年。生性恬淡,于釋道兩家言無所不參。卜築于郊西之釣魚臺,有茅舍八九椽,題曰"野圃",其屋曰菜香草堂。先生與諸友常集飲其寓。生于康熙五十九年,卒于乾隆五十年,年六十六。著有《枝巢詩集》四卷。(《知足齋文集》卷三《日講起居注官翰林院釋講學士加一級裕軒先生墓志銘》,《復初齋文集》卷六《裕軒學士從獵泛舟二圖卷記》,《八旗詩話》)

九月廿六日,紀復亨、邵嗣宗、戴文燈、秦鑅、張坦、顧光旭、蔣士銓過飲賞菊,先生繪墨菊一幅,并請諸君各書其詩于卷上。

題識云:"小庭叢菊盛開,承心齋侍御、蔚田編修、鮑齋儀部、西壖編修、松坪編修、晴沙侍御、心餘編修過飲,各有所賦。因圖是卷,而請諸君子書之以見貽。癸未九

月廿六日籜石載。"鈐印二:"錢載"朱文方印、"壺尊"白文方印。并自題詩二首,即《庭菊盛開諸君過飲有賦因寫墨花卷請各書之題後二首》(《籜詩》卷二七)。鈐印三:"館臣"白文方印、"錢"朱文方印、"載"白文方印。後紙有秦蕙、顧光旭、蔣士銓、紀復亨、戴文燈、邵嗣宗、張坦、錢大昕、吳省欽、程晉芳、趙文哲、朱筠、趙湛若、王昶、陳鍾琛題詩。隔水綾心有王存善題跋兩段。畫曾著錄于《清芬世守錄》册四,并云卷高八寸,長一丈四尺三寸,紙凡四接,每幅約長三尺五六寸之間。今藏楓江書屋。

秋,友金農卒于揚州三竺庵。年七十七。

羅聘跋《冬心先生續集》云:"癸未秋,先生沒于揚州佛舍。"又《題歸帆圖送羅聘歸揚州》注云:"冬心歿于揚州三竺庵,乙酉九月歸葬于臨平黃鶴川。"(《籜詩》卷三三)

十二月初八日雪,與顧光旭集秦蕙慕道齋。

先生是年有《臘月八日雪集慕道齋賦》詩紀其事。(《籜詩》卷二七)顧光旭亦有《臘月八日雪集秦西巖慕道齋限八字》詩。(《響泉集》卷五)

是月,為蔣士銓題《歸舟安穩圖》。

先生是年有《題蔣編修歸舟安穩圖》詩,繫于詩集癸未年卷末尾。(《籜詩》卷二七)按:乾隆二十八年十二月初一日,蔣士銓撰《歸舟安穩圖記》。先生題詩應在其後。時蔣士銓欲奉母南歸,故請華冠作此圖。圖中繪蔣士銓與母鍾氏,婦,三子知廉、知節、知讓,一家人坐舟中,旁立僮婢,置琴書、酒樽、茶竈。岸樹着花,春波淡蕩,游麟不驚,汀鷗相戲。(《忠雅堂文集》卷二)

時蔣士銓欲于來春奉母出都,卜居南京。先生又嘗招同范棫士、紀復亨、邵嗣宗、吉夢熊、秦蕙集壽蔭堂,分賦金陵故事。

先生是年有《集蔣編修士銓壽蔭堂分賦得攝山》詩,起二句云:"請假奉慈母,卜居向

《墨菊圖卷》局部，紙本墨筆，1763年

秣陵。"(《萚詩》卷二七)顧光旭亦有《錢蘀石招同范芚原紀原穉邵蔚田吉渭厓秦西巖蔣心餘集寓齋即送心餘南歸分賦金陵故事得邀篴步》詩，可徵其事。(《響泉集》卷五)按：《蔣心餘先生年譜》云："裘師穎薦予入景山為内伶填詞，或可受上知。予力拒之。八月遂乞假去。"《年譜》誤將乞假事記在乾隆二十九年甲申。

是年，為蔣士銓題母鍾安人《繡詩圖》。

先生有《題鍾安人繡詩圖》詩，繫于是年，其中云："子昨官翰林，奉母來京師。還張舊所圖，頭角諸孫嬉。"(《萚詩》卷二七)按：鍾安人，名令嘉，晚號甘荼老人。所繡詩，乃蔣士銓父堅生前所作咏梅十首。(《婉雅堂詩續集》卷一)蔣堅，字非磷，號適園。由太學生考授州同。生于康熙十七年，卒于乾隆十三年，年七十一。娶故南昌處士鍾志順女。(《忠雅堂文集》卷七《先考府君行狀》)

又題戴第元《負米圖》。

先生有《題戴編修第元負米圖即送假歸南安》詩，繫于是年。(《萚詩》卷二六)

戴第元，字正宇，號良圃。江西大庾縣人。乾隆十八年舉于鄉。二十二年成進士，改庶吉士，散館授編修。由御史歷官至太僕寺少卿。生雍正六年，五十四年以疾終于旅，年六十二。(《知足齋文集》卷四《太僕寺少卿加三級戴公墓志銘》)

又題阮葵生《秋雨停樽圖》。

先生有《題阮舍人葵生秋雨停樽圖》詩，繫于是年。(《萚詩》卷二六)

阮葵生，字寶誠，又字安甫，號吾山。淮安山陽人。乾隆十七年舉于鄉。二十六年會試取中正榜，授內閣中書。充方略館、通鑑輯覽兩館纂修官，在軍機司員處行走。三十六年補刑部主事。官至刑部右侍郎。好為詩，設消寒、吟秋兩會，與京朝士大夫雍容嘯咏。乾隆五十四年病卒，年六十三。所著有《七録齋集》二十四卷、《茶餘客話》三十卷等。其《茶餘客話》記前型，搜逸事，考證典物，多有未經人道者。(《揅經室二集》卷三《刑部侍郎吾山阮公傳》，《晚晴簃詩匯》卷八一)

又題陳鍾琛《讀書圖》。

先生有《題陳孝廉鍾琛讀書圖》詩，繫于是年。（《籜詩》卷二六）

陳鍾琛，字紫岱。廣西臨桂縣人。陳宏謀季弟宏議子。乾隆二十四年廣西鄉試舉人，出先生門下。歷任直隸撫寧、河南原武縣知縣，以卓異推陞雲南麗江府鶴慶州知州。擢山東布政使，護理山東巡撫。特旨授內職，補內閣侍讀學士，轉太常寺卿。生于乾隆四年，卒于嘉慶十四年，年七十。（《中國第一歷史檔案館藏清代官員履歷檔案全編》冊二一頁三五〇，《清代人物生卒年表》頁四五六，《臨桂縣志》卷二九）

又為吳巖題畫冊。

先生有《題吳秋曹巖畫范氏古趣亭冊子》詩，繫于是年。（《籜詩》卷二六）

吳巖，字懷峰，號桐村。浙江烏程人，家湖州。乾隆六年舉人，任仁和教諭。二十二年成進士，授邢部奉天司主事。三十年充貴州鄉試副考官。洊歷山東司郎中。三十三年提督山西學政，所拔多知名士。卒年六十三。工繪事。（《烏程縣志》卷一八）

又為諸重光題王翬畫。

先生有《題王石谷臨郭恕先湖莊秋霽圖》詩，繫于是年。其中有"坊西桐嶼購嘉本"之句，并注云："諸編修重光。"（《籜詩》卷二六）

又賦詩送吳寬南歸。

先生有《送吳舍人寬南歸兼懷陳侍讀鴻寶》詩，繫于是年。（《籜詩》卷二六）

是年，范棫士贈以蘇州褐黃石硯。

《范給諫硯銘并序》云："同年范芃野給諫，癸未歲贈我蘇州褐黃石硯。"（《籜文》卷一七）

又蒙查禮贈廣西石刻拓本十數種。

先生是年有《查太守禮見貽其粵西石刻拓本詩以酬之》詩，可徵其事。（《籜詩》卷二七）

又與蔣士銓集顧光旭寓齋，觀王原祁《富春秋色卷》。

先生是年有《集顧侍御光旭齋酒罷觀王侍郎富春秋色卷二首》詩紀其事。其中有"麓臺石谷兩南宗，畢竟何人是一峰"之句。（《籜詩》卷二七）

又觀趙孟頫《柳孃圖》。

先生是年有《觀趙文敏倚柳仕女圖》詩。（《籜詩》卷二六）按：趙文哲《柳孃圖歌》序云："右松雪翁畫一幅，老柳毿毿，一女郎倚徙其側。卷端楊鐵崖書絕句一首。楊視松雪稍後出，好事者殆以詩與畫景色適相類，遂合裝以眩世。亦可見我友龔鑒成收藏頗富，特愛此卷，竟顏曰《柳孃圖》。"（《媕雅堂詩續集》卷一）

本年有詩：

《題金山人農為袁舍人匡肅畫香影庵圖》、《上祈穀于祈年殿侍直恭紀》、《上元日圓明園正大光明殿侍宴》、《燒宣德香爐歌酬紀侍御》、《上祭社稷壇陪祀恭紀》、《題劉忠肅公石鼓山題名後三首》、《湯山迎駕恭紀》、《上耕籍祭先農壇陪祀恭紀》、《和張編修坦庭前垂柳十二韻》、《西頂春行二首》、《上親常雩于圜丘侍直恭紀》、《恩榮宴上作》、《題陳孝廉鍾琛讀書圖》、《夏至上祭地于方澤陪祀恭紀》、《題孫上舍景元遺像四首》、《題齋壁》、《觀荷同圖塞里侍讀圖轄布博爾濟特中允博明翁中允方綱》、《重過萬泉寺》、《飯田舍》、《大慈觀音寺拜瞻聖主仁皇帝御書藥師經敬賦》、《雨止移葵》、《問紀侍御病起》、《答紀侍御示新咏》、《漢敦煌太守裴岑祠刻石拓本》、《送吳舍人寬南歸兼懷陳侍讀鴻寶》、《齋日對雨》、《教習庶常館欹器圖歌和翁中允》、《秦二世刻琅琊臺始皇刻石詔書》、《題戴編修第元負米圖即送假歸南安》、《題阮舍人葵生秋雨停樽圖》、《松石軒圖》、《讀明鳳陽碑》、《觀敦交集冊子》、《題顧侍御光旭春風啜茗圖》、《題王石谷臨郭恕先湖莊秋霽圖》、《觀史閣部像及家書》、《題蘇文忠公墨迹卷》、《題吳秋曹巖畫范氏古趣亭冊子》、《范侍御棫士出觀高舍人奮生所藏明錢郎中貢畫陶靖節歸舟泊岸竹扇用題者韻咏之三首》、《觀趙文敏倚柳仕女圖》、《湘江過雨卷歌》、《小華陽歌》、《觀文待詔忍齋圖即用其題忍齋詩韻》、《倪文貞公畫冊歌》、《題鍾安人繡詩圖》、《題沈啓南桃花書屋圖》、《題沈獅峰山水卷二首》、《觀米南宮虹縣詩墨迹》、《鄭遂昌小瀛洲記墨迹》、《泛舟至慶豐閘》、《庭菊盛開諸君過飲有賦因寫墨花卷請各書之題後二首》、《題紀侍御復亨滌硯圖》、《題張編修坦荷净納涼圖》、《集顧侍御光旭齋酒罷觀王侍郎富春秋色卷二首》、《臘月八日雪集慕道齋賦》、《查太守禮見貽其粵西石刻拓本詩以酬之》、《集蔣編修士銓壽蘐堂分賦得攝山》、《題蔣編修歸舟安穩圖》。

其中：

《燒宣德香爐歌酬紀侍御》，翁方綱評云："迂而無味。"

《飯田舍》，顧列星評云："皇都野趣，頷聯寫出如畫，妙在以古體句入律中，淡泊自然，似人之口頭語。頸聯則晚唐人能為之。'藕香'五字亦煞住。"

《教習庶常館欹器圖歌和翁中允》，翁方綱識云："此在癸未予教習庶吉士時作。不但壬申初入館所作已刪，即癸未之作，拙草亦刪矣。是年邵鴻箴亦同充教習，坤一却未同充，只和作耳。"

《答紀侍御示新咏》，吳應和評"紅塵難歇馬，青鏡不消霜"二句云："'紅塵'十字極老錬,饒有感愴,不同尋常贈答。"

《秦二世刻琅琊臺始皇刻石詔書》,翁方綱評云:"實不成章。"又圈"泐餘幸免太武摧"句中"幸免"二字云:"不是。"

《觀敦交集册子》,錢儀吉識云:"此即訂正竹垞之誤。覃翁謂公不敢背竹垞者,何必然。"

《題王石谷臨郭恕先湖莊秋霽圖》,翁方綱批云:"是日在坤一齋同讀蔣作。今日與蔣作又同讀,皆不佳。庚午八月三日。"

《觀史閣部像及家書》,錢儀吉注"生後文山母夢曾"句云:"'後'字商。辛丑。"

《題蘇文忠公墨迹卷》,翁方綱識云:"此卷是何家郎持來,無收藏印,未必真。"錢儀吉評云:"公于禪語不甚經意。公自言喜禪,亦寓意云爾。"

《范侍御棫士出觀高舍人奮生所藏明錢郎中貢畫陶靖節歸舟泊岸竹扇用題者韻咏之三首》,第二首自注"董文敏題云:恨殺潯陽江上水,隨潮還過石頭東",錢儀吉識云:"香光有此十四字,不愧大名矣。"錢聚朝校第三首結句"藏弆猶多故物佳"之"佳"字為"嘉"字。

《觀趙文敏倚柳仕女圖》,錢儀吉注云:"後語本義山。"

《湘江過雨卷歌》,翁方綱識云:"此卷朱竹君持來。此詩亦未寫入卷内。"

《倪文貞公畫册歌》,吳應和識云:"文貞仕思陵朝,為時宰所忌,退歸,閑居之日居多。此時求治雖急,而正人君子不得與聞國政,漫圖樹石,以遣窮愁。作詩者所以深惜之。"

《題沈啓南桃花書屋圖》,自注引沈啓南乙未補題"阿弟同居四十年"一句,錢儀吉識云:"十四年,原作'四十年'。恬齋嘗見是圖于余姚諸氏,告余云然。己巳九月二十六日記。"又云:"今修版改四十年。"評詩云:"五六未免闌入,幸有第四句領起。"

《觀米南宮虹縣詩墨迹》,錢儀吉評"國尊小學人徒老,心恝膚公首重迴"二句云:"借古語寫今情,昔之作者皆如是。"

《庭菊盛開諸君過飲有賦因寫墨花卷請各書之題後二首》,錢儀吉識云:"卷今藏于家。"又云:"三四親栽。"

《題蔣編修歸舟安穩圖》,錢儀吉評"空言僕寤寐,實際君規矩。單舸判行藏,百憂恬仰俯"諸句云:"深厚。"注結句"頗各圖建樹"云:"'頗'字未喻。"

二十九年甲申（一七六四），先生五十七歲。

二月十七日，同博明、翁方綱、錢大昕、周升桓游萬壽、昌運、雙林、大正覺諸寺。時博明將出守慶遠，同人請先生作紅蘭圖而未就。

  翁方綱是年有《二月十七日同錢籜石庶子辛楣學士博晰齋洗馬周稚圭侍講自西苑歸沿長河一帶游萬壽寺昌運宮雙林寺大正覺寺凡四首》詩，可徵其事。（《復外集》卷一）翁方綱乾隆乙酉詩《寄懷西齋時守慶遠》注云："慶遠多紅蘭。去年曾約作紅蘭圖，而予與蔚田、漁湖、松坪題詩以贈西齋之行。後籜石未及畫，數人詩亦未就。"（《復詩》卷二）

三月初二日，陪祀歷代帝王廟。

  先生是年有《三月癸丑上親祭歷代帝王廟陪祀恭紀》詩紀其事。（《籜詩》卷二七）按：時值易用黃瓦，工竣一新，故詩中有"巍峨方飾宇"之句。（見《清實錄》册一七《高宗實錄》卷七〇五、七〇六）

四月初六日，程晉芳招同劉星煒、朱筠、曹仁虎、汪孟鋗、錢大昕飲紫藤花下賦詩。

  先生是年有《程舍人晉芳招同劉學士星煒朱編修筠曹編修仁虎汪舍人孟鋗家學士大昕飲紫藤花下分韻得紫字》詩。（《籜詩》卷二七）程晉芳亦有《四月六日同飲藤花下分得作字》詩，并注云："錢籜石庶子謂藤花下忌食鱗魚。"（《勉行堂詩集》卷一六）

  程晉芳，初名廷鐄。字魚門，號蕺園。高祖自歙遷揚，以鹽筴起家，饒于財。晉芳獨尚儒術。乾隆二十七年南巡召試，授內閣中書。三十六年成進士，授吏部文選司主事。入四庫纂修，書成，改授編修。任武英殿分校官、庚子會試同考官。四十八年秋以積逋避請假出京，病卒于畢沅官署。少問經義于從叔程廷祚，篤守程朱，著有《周易知旨編》三十卷、《尚書今文釋義》四十卷、《尚書古文解略》六卷、《詩毛鄭異同考》十卷、《春秋左傳翼疏》三十二卷、《禮記集釋》二十卷、《諸經答問》十二卷，又有《群書題跋》六卷、《蕺園詩》四十四卷、《勉行齋文》十六卷、《桂宦書目》二卷。（《勉行堂詩集》前附錄翁方綱及袁枚撰墓志銘）

十三日，朱筠招同程晉芳、錢大昕、汪孟鋗、趙文哲、劉星煒過呂氏宅看紫藤花，歸飲擷英書屋，觀所藏法帖。

  程晉芳是年有《四月十三日笥河太史招同人呂氏宅觀古藤歸飲擷英書屋同用三字》

詩,并注云:"太史藏帖最富,是日與辛楣學士、籜石庶子、厚石舍人同賞。"(《勉行堂詩集》卷一六)先生是年亦有《朱編修筠招同人過給孤寺東呂家看紫藤花歸飲其宅限三字賦長歌》詩。其中歷數京師古藤云:"靜思帝里人舊植,先數吏部廳曾探。海波寺傍亦仿佛,竹垞屋處餘髬髵。呂家謂真元代物……"(《籜詩》卷二七)又乾隆甲午詩《朱編修筠招同人看呂家紫藤花即飲花下為作歌》注云:"甲申之會,劉侍郎圃三、汪選部厚石俱逝矣,而趙舍人璞函被難木果木軍。"(《籜詩》卷三五)

劉星煒,字映榆,號圃三。江蘇武進人。乾隆九年中順天鄉試舉學錄。十三年成進士,改庶吉士,習國書,散館授編修。洊歷學士,直上書房,官至工部左侍郎。生于康熙五十七年,卒于乾隆三十七年,年五十五。星煒文筆博贍,精《選》學,尤工駢體。有《思補堂集》。(《忠雅堂文集》卷五《資政大夫工部左侍郎圃三劉公暨夫人余氏趙氏合葬墓志銘》,《晚晴簃詩匯》卷八〇)

趙文哲,字損之,又字升之,號璞函。世為上海人。博學擅詩詞,為"吳中七子"之一。乾隆二十七年以南巡獻詩,考取內閣中書。入京供職,分修《平定準噶爾回部方略》、《大清一統志》、《熱河志》諸書。三十三年,以原任兩淮運使盧見曾查抄案,通信寄頓,遭革職。時大軍征緬甸,署雲南總督阿桂奏請帶往軍營。三十八年六月被難木果木。年四十九。詔贈光祿寺少卿,入祀昭忠祠。所著有《群經識小錄》若干卷、《媕雅堂詩集》十二卷、《文集》若干卷等。(《耆獻類徵》卷三五三國史館本傳、《白華前稿》卷二二《贈中憲大夫光祿寺少卿前戶部河南司主事趙公墓碑》、《春融堂集》卷五三《卹贈光祿寺少卿戶部主事趙君墓志銘》、《勉行堂文集》卷六《四死事傳》、《湖海詩傳》卷二六)

十九日,題博明所贈傅山手札。

識云:"傅徵君此束,同年博晢齋得之容城鄧氏。晢齋出守慶遠,瀕行以之見贈。甲申四月十九日,錢載記。"鈐印三:"錢"、"載"、"籜石齋"。(《昭代名人尺牘》卷一)

廿一日,與詞科同徵陳兆崙、申甫、劉綸、楊述曾集王祖庚錫壽堂。

《陳兆崙年譜》云:"(四月)二十一日,同徵楊二思述曾、劉繩庵綸等七人集王蔗村太守祖庚邸寓。"又陳兆崙是年有《四月廿一日同徵七人雅集于王蔗村祖庚邸舍即席次蔗村韻二首》詩。(《紫竹山房詩集》卷一〇)先生是年亦有《錫壽堂燕席作四首》詩,并注云:"同徵劉相國繩庵、陳通政句山、申光祿笏山、楊中允屺山暨載集王太守礪齋宅。"(《籜詩》卷二七)

按:錫壽堂之會,知者甚衆,然記述各異,有云六人、七人、八人,乃至九人者。據先生言,當日王會汾以病未至,曹秀先亦以期服不至,只有同徵六人相聚。《祭劉繩庵相國文》有句云："甲申之夏,錫壽之堂,同徵六人,以咏以觴。"(《樨文》卷二五)陳兆崙《謙集之明日蔗村復見投古體大篇再次奉酬》亦注云："王廷尉以病不至……曹通參以服不至。"(《紫竹山房詩集》卷一〇)足證先生之言。然申甫乙未詩《七月朔日籜石招同地山少宰小集山齋為鴻博同年之會兩公各賦七律六章予亦如數和之書于籜石所畫歲寒三友圖後以志一時盛事》有"八人尚有三人在"之句,并注云："庚辰初夏,劉繩庵相國邀同裘漫士司空、王晉川廷尉、陳勾山太僕、楊二思侍讀、王孫同觀察,會于華亭相國舊邸之錫壽堂。時余與少宰、閣學亦與焉。"時間記錯,且人數由八變作九,多出裘曰修一人。先生言只有六人,陳兆崙與袁枚均言七人,不知第七人是裘曰修,抑或另有其人。

時王祖庚將出任寧國知府,先生作《七清圖》付之,同人并各賦數詩題卷上。

袁枚《錫壽堂公謙詩》序云："乾隆元年,余與王生同太守偕昇名于鴻詞科。今年入都領郡宣州,亞相劉繩庵率諸徵士餞諸錫壽堂,堂為生同大父文恭公故第。三十年來同人寥落,與者七人,庶子錢坤一為寫《七清圖》,各賦數詩。"(《小倉山房詩集》卷一八)

四月,與翁方綱、積善、謝啓昆泛舟二閘。

翁方綱《曹定軒招同蓼堂時帆蓮府泛舟二閘二首》注云："甲申四月與粹齋、籜石、蘊山泛舟于此。"(《復詩》卷五一)

謝啓昆,字蘊山,自號蘇潭。江西南康人。乾隆二十五年進士,改庶吉士。三十一年散館,授編修。三十七年授江蘇鎮江府知府,旋調揚州。歷任江南河庫道、浙江按察使、陝西布政使,官至廣西巡撫。嘉慶七年卒于位,年六十六。啓昆為翁方綱入室弟子,篤信師說。著有《粵西金石志》,與方綱《粵東金石志》并行。為詩詳于論史,足資後來考證,有《樹經堂集》若干卷。又有《雜古文》四卷、《小學考》若干卷等。(《惜抱軒文集》卷七《廣西巡撫謝公墓志銘并序》,《湖海詩傳》卷二二)

積善,字宗韓,號粹齋。鑲白旗漢軍人。乾隆十年進士,選庶吉士,散館授編修。十七年升授詹事府中允。十八年充日講起居注官。二十三年以大考四等降編修。二十七年主四川鄉試,官御史。三十年主廣西鄉試,官吏部主事。三十六年充河南鄉試副考官。餘俟考。(《清實錄》冊一二、一四、一六,《清秘述聞》卷七)

又屬梁同書錄高祖錢嘉徵《劉朝萊道丈命書道德經第六十三章感而書之》七言古詩一章手迹,并《松龕剩稿》一卷,凡二十一首詩。

梁同書識云："秀水籜石錢丈,先君同年友也。偶出所藏前明侍御公手迹見示,并《松龕稿》一卷,凡二十一首,屬同書錄之,附詩幅後。乾隆甲申四月,錢塘後學梁同书谨识。"(《清芬世守録》册二卷四《錢氏世守册録》)又梁同書《録明錢孚于嘉徵松龕詩稿跋》云:"秀水籜石錢丈載,出其高祖前明侍御孚于先生手迹見示,并《松龕稿》一卷凡若干首,屬同書録之,附詩幅後。自惟後進小生,得充古人鈔胥之役,以藉不朽,何幸如之。"(《頻羅庵遺集》卷一一)

按:錢樾初《松龕剩稿跋》云:"先大父于馬家廟疾革時,命樾初曰:'人死留名,予甚薄其語。所著詩歌、古今文,前三日盡焚之矣。'爾時童騃,未知先人手澤之足重。比長稍涉文史,檢故篋得《劾魏瑺滔天十大罪疏》稿,日必一讀以為快。詩則遍搜不可得。向所記憶,僅《戊辰中秋》一絶句、《病中》三絶句而已。最後于舅氏齋頭,乃得見《松龕剩稿》,喜而索歸,挑燈洛誦。合前四絶,共得詩二十一首。"(《廬江錢氏年譜續編》卷一)

又屬曹秀先録錢嘉徵《劾通政吕圖南疏》。

曹秀先識云:"大清乾隆甲申夏杪,後學曹秀先録。公之玄孫載與秀先齊年,又同官京師,數典念祖,屬書此書。噫,公可敬也,秀先書之,可感也,并識。"(《清芬世守録》册二卷四《錢氏世守册録》)

曹秀先,字芝田,一字冰持,又字恒所,號地山。江西新建人。雍正十年順天鄉試舉人,官内閣中書。與先生同舉博學鴻詞,旋中式進士。由進士改庶吉士,散館授編修。歷任鴻臚寺少卿、内閣學士、工部右侍郎,充浙江鄉試正考官、江南鄉試正考官、四庫館副總裁,官至禮部尚書。工書法,讀書務砥礪為有用之學。沉默厚重,歷任部職,謹慎恪勤。生康熙四十七年,乾隆四十九年卒于位,得年七十七。諡文恪。所著有《賜書堂稿》若干卷等。(《耆獻類徵》卷八一國史館本傳、《恩餘堂輯稿》卷二《光禄大夫太子太傅禮部尚書曹文恪公墓志銘》、《大清一統志》卷三一〇)

是月,梁同書以自書維摩詰所説經觀衆生品册贈先生。

梁同書《跋自書維摩詰所説經觀衆生品册》云:"裝潢徐翁以仿宣紙界烏絲闌册子為贈,偶試孫枝發散卓筆寫此品,計十四葉。籜石錢丈見而許之,欲携去,以為與古人用筆有少分合處,因出所藏董文敏小楷書《黄庭内景經》見示,其所以教我深矣。留案頭三日歸之,此册并勝去,長者前亦不敢自匿其醜也。"(《頻羅庵遺集》卷一三)

又臨先生所藏董其昌書《黄庭内景經》。

梁同書《臨董文敏書黄庭内景經跋》云:"甲申四月,于京師見籜石翁藏董香光書《黄庭内景經》册,繭紙書也,筆法全用靈飛經,而遒逸過之。適案間有界就烏絲高麗紙,一番偶然欲書,對册臨三十五行,楮盡而止,未嘗作意仿摹也,而見者或以為頗

得神似,姑不即棄去,識其歲月于別幅。"(《頻羅庵遺集》卷一三)

是月,彭冠觀先生所藏吴鎮竹卷、王冕梅花卷、屈杓松卷及陳淳水仙卷。

彭冠記云:"甲申四月,籜石師齋閱梅道人竹卷,神采飛動,用筆奇矯入化,每一段後題詩一首,書法逸健,令人撫摩不能釋手。王元章梅花卷,首題詩一道,花本不過兩三株,而枝花不下數萬,卷長幾兩丈,皆布滿無隙,凌空□舞,生氣奕奕,濃排密布,細按之,無不層次分明,信天下之奇觀也。屈處誠松卷,蟠屈有奇勢,松針亦不下數萬,與前之二卷信可媲美。又陳白陽水仙卷,秀勁中有奇氣,亦非塵世中物也。"(《雜錄》)

初夏,為蕙圃老先生寫丁香花一幅。

款云:"蕙圃老先生清賞。乾隆甲申初夏日,秀水弟錢載。"鈐印四:"館臣"白文印、"錢"朱文印、"載"白文印、"壺尊"白文印。畫為墨筆,紙本,立軸。縱91厘米,橫36厘米。今藏上海博物館。(《中國古代書畫圖錄》册五,頁二九七)

五月十九日,屬徐良錄錢嘉徵《劾魏忠賢滔天十大罪疏》。

款云:"乾隆二十九年五月十九日,徐良錄。"(《清芬世守錄》册二卷四《錢氏世守册錄》)又先生是年有《送徐太守良之任夔州二首》詩,其中云:"乞君為寫先公疏,贈我教留後代看。"(《籜詩》卷二七)按:先生又嘗屬從叔祖錢陳群手錄此疏。錢陳群《跋先侍御遺疏》云:"公玄孫載屬群手錄遺疏,因識于尾,使後之讀者知士君子側目權奸,非操心危而慮患深若此,當必無所成就。"跋中并記蒼頭徐某所言錢嘉徵上疏始末,可補史乘之闕,謹節錄如下:"一日論逆瑼魏忠賢勢焰,楊、左諸君子先後被戮,至茶棚酒肆皆其私人,道路以目,無敢言時事者。因問曰:'先侍御公又何以獨免,且既劾忠賢又劾圖南,若行所無事耶?'先王父曰:'善哉,問也。予于昆弟中最幼,侍御公長予三十餘歲,抗疏時予尚孩穉,不及記憶。蒼頭徐某者,事公最久,知上疏始末,言公屬草時初列二十餘罪,後芟至十大罪,大指株連多人,及詞涉椒房掖庭者,悉汰去。嘗獨處一室,室中掘地數尺,甃以瓦,藏疏稿其中,置榻于上,每夜分取出改竄,如是者歲餘,始成。先是,有舊館人以急難告公,傾篋中金救之,又以五喪未葬告公,復飲之。館人感焉,乃令變姓名,為菜傭,賃居京城,鑿地營室,可容一榻,疏入,即入隧室。忠賢大索不得,後見思陵旨,則曰腐儒何能為耶!怒稍解。數日,忠賢被逮。'群所聞于先王父者若此。"(《香樹齋文集》卷一八)

徐良又為《澉上讀書圖》書引首。

題云:"澉上讀書圖。徐良題。"鈐印二:"臣良"白文印、"徐氏鄰哉"。(《清芬世守錄》册

四《漵上讀書圖》)

時徐良方自粵西入都,將出任夔州知府,先生為賦詩送行。

先生有《送徐太守良之任夔州二首》詩,繫于是年。(《蘀詩》卷二七)陳兆崙是年亦有《送徐夔州鄰哉之任》詩。(《紫竹山房詩集》卷一○)

徐良,字鄰哉,號又次。其先吳縣,後遷婁縣。雍正十年江南鄉試舉人,榜名觀光,與先生同年。乾隆六年以考取補內閣中書,明年充玉牒館謄錄。十三年監督通州裕豐倉。十六年陞廣西慶遠府同知,二十五年授太平府同知。二十八年陞四川夔州府知府,明年涖任。逾一年而病假歸里。三十四年赴京補闕,僦居法源寺三年,先生時與過從。工書,絕似董其昌,晚年借書其昌款識售之琉璃廠中。三十七年方補原缺需次而病作。三十九年扶病南歸,病卒舟次。生康熙四十三年,得年七十有一。(《蘀文》卷二二《知夔州府事徐君墓志銘》,《笥河文集》卷六《徐鄰哉書跋尾》)

七月初六日,題自藏李應楨致徐德輝札。

題識云:"文待詔《甫田集》云:'李少卿謂徵明曰,吾學書四十年,今始有得,然老無益矣,子其及目力壯時為之。因極論書之要訣,累數百言。凡運指凝思,吮毫濡墨,與字之起落轉換,小大向背,長短疏密,高下疾徐,莫不有法。蓋公雖潛心古迹,而所自得為多,當為國朝第一。其尤妙能三指搦管,虛腕疾書,令人莫能及也。'乾隆甲申七月六日錄。"鈐印一:"埶"朱文方印。(《明人尺牘》頁一一)

初十日,友翁方綱奉命提督廣東學政。于廿六日出都,至九月廿一日抵粵。

據《高宗實錄》卷七一四(《清實錄》冊一七)及《翁氏家事略記》。又翁方綱《九月二十一日內子攜兒輩北歸二首》注云:"甲申九月二十一日到粵。"(《復詩》卷五)

九月,先生接鄒一桂書,屬為明年八秩誕辰撰壽序。

《座師予告禮部侍郎鄒公八十壽序》云:"乾隆乙酉六月二十一日為誥授資政大夫少宗伯小山鄒先生八秩誕辰。今年九月,門下士官于朝者,預謀所以壽,而先生書适至。"謂"明年已八十,又何所道哉。惟是君賜之間遭逢景運,宜有以記之。子齒長,其為之辭。"(《蘀文》卷九)

秋,同王顯曾出右安門看秋色。

先生是年有《王祠部顯曾邀出右安門看秋色先夕得句》詩紀其事。(《蘀詩》卷二七)

王顯曾,字周謨。松江金山人。項齡曾孫。乾隆二十五年進士。由庶常改主事,薦擢湖廣道監察御史,晉禮科掌印給事中,巡視南漕及巡臺灣移疾歸。晚年修《華亭

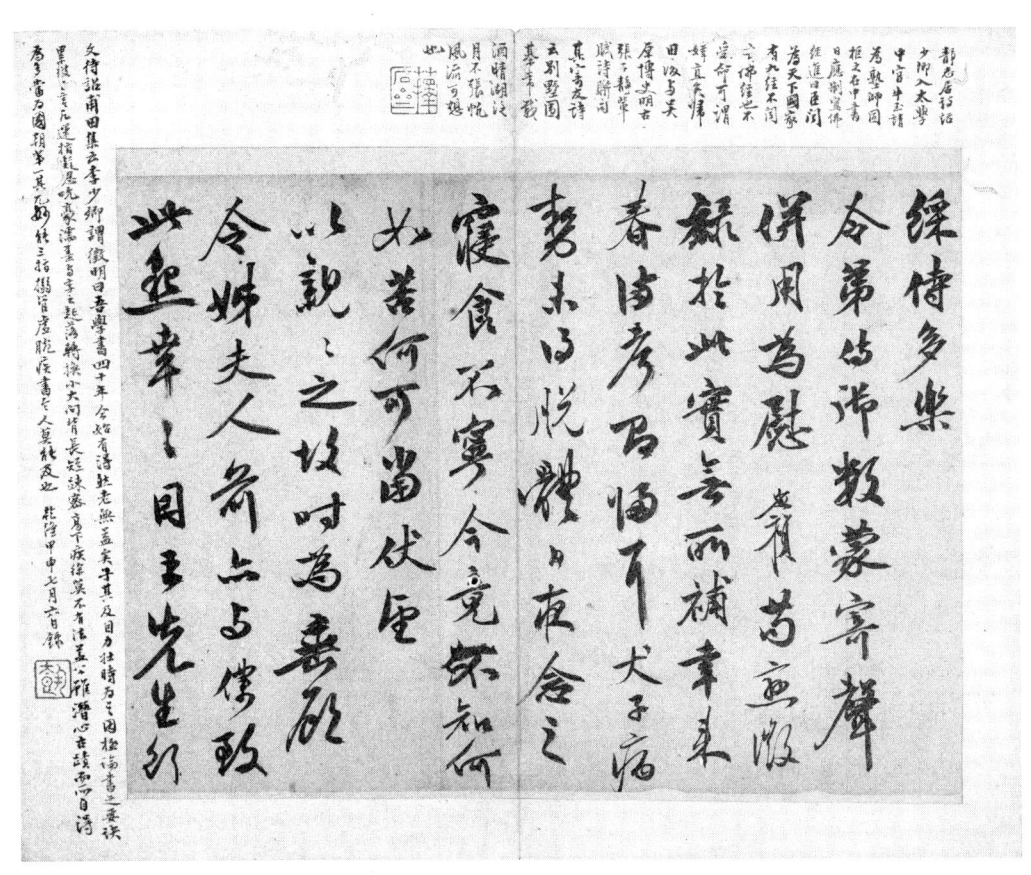

《題李應禎書致徐德輝札》(局部),墨迹紙本,1764年

志》成,又自輯家譜,年七十卒,著有《傳硯堂全集》、《雙峰草堂詩稿》。(《松江府志》卷六〇)

十月,商盤服闋至都,畢沅招同劉星煒、趙文哲、嚴長明、程晉芳、陸錫熊、童鳳三、吳璜集聽雨樓飲賦。

王昶是年有《商太守寶意盤至都畢秋帆招同劉映榆錢坤一趙升之嚴東有程魚門陸健男童梧岡鳳三吳鑑南璜集聽雨樓和寶意韻》詩。(《春融堂集》卷八)據《弇山畢公年譜》,甲申十月畢沅始移居宣武門外聽雨樓。此會當在其入住新居之後。又王昶《雲南沅江府知府商君墓志銘》云:"乾隆二十九年冬,君服闋朝京師,上特擢為雲南府知府。于是輦下知名之士喜君之見用,而惜其有萬里之行,相與招邀,置酒賦詩以贈之。"(《春融堂集》卷五六)按:聽雨樓,在繩匠胡同,為明嚴介溪別墅。國初徐健庵尚書居之,繼歸于溧陽史文靖公,其後分為數處。畢秋帆得之,為燕會觴咏之地。及秋帆出為觀察,遂歸周立崖少卿。(《湖海詩傳》卷一四)

商盤,字蒼羽,號寶意。會稽人。胸羅玉笥,筆有錦機,髫齡所作《新蟬詩》、《紅葉》、

《白燕》等賦，已為時艷稱。雍正七年舉人。明年成進士，改庶吉士，散館授編修。乾隆三年，以養親老乞外補，授江蘇鎮江府同知。官至雲南沅江府知府。乾隆三十一年病卒于位，年六十六。生平作詩及萬，刪存三千首，著有《質園詩集》三十二卷。晚年採清朝同郡人詩，題曰《越風》。盤以詩名海內者垂四十年，與先生亡友王又曾、萬光泰交最善。(《春融堂集》卷五六《雲南沅江府知府商君墓志銘》，《忠雅堂文集》卷三《寶意先生傳》，《湖海詩傳》卷四，《晚晴簃詩匯》卷六七)

嚴長明，字冬友，號道甫。江寧人。乾隆二十七年以生員獻詩，召試行在，賜舉人，授內閣中書。充方略館纂修，入軍機處行走。擢內閣侍讀。歷充《通鑑輯覽》、《一統志》、《熱河志》纂修官。以父憂去官，尋丁母憂。服闋後引疾不出。畢沅巡撫陝西，召至官齋，撰次《西安府志》八十卷、《漢中府志》四十卷。卒于乾隆五十二年，年五十七。主廬陽書院。著述宏富，尤長于金石之學。所著有《歸求草堂詩文集》，及論辨經史書算、文藝金石文字等，凡二十餘部百餘卷。(《惜抱軒文集》卷一三《嚴冬友墓志銘》，《潛研堂文集》卷三七《內閣侍讀嚴道甫傳》，《湖海詩傳》卷二七，《晚晴簃詩匯》卷九〇)

陸錫熊，字健男，一字耳山。世為江蘇上海縣人。乾隆二十四年舉于鄉。二十六年成進士，歸班銓選。二十七年南巡召試一等，賜內閣中書。三十三年充浙江鄉試副考官，錢世錫出其門下。會《四庫全書》開館，命司總纂。由刑部郎中授翰林院侍讀，文字受知，馭馭嚮用。官至左副都御史。歿于乾隆五十七年，得年五十九。奉敕編輯有《四庫全書》、《通鑑綱目》、《契丹國志》、《勝朝殉節諸臣錄》、《唐桂二王本末》、《河源紀略》、《歷代職官表考》等二百餘卷。自著有《寶奎堂文集》、《篁村詩集》若干卷。(《春融堂集》卷五五《都察院左副都御史陸君墓志銘》，《耆獻類徵》卷九六國史館本傳，《湖海詩傳》卷二四，《晚晴簃詩匯》九〇)

童鳳三，字鶴皆，一字梧岡。浙江山陰人。乾隆二十五年進士，改庶吉士，二十六年散館，授編修。歷坊局、詹事，官至吏部左侍郎。嘉慶六年病卒。有《慎獨齋吟剩》。(《耆獻類徵》卷九四國史館本傳，《兩浙輶軒錄補遺》卷五，《晚晴簃詩匯》卷八九)

吳璵，字方匋，號鑑南。浙江山陰人。乾隆二十四年舉京兆鄉試。二十九年成進士，授戶部雲南司主事。三十四年出知湖南澧州，未至而父卒于途。三十七年待選至京師。既而四川總督劉秉恬以方用兵攻大金川，請簡文員十餘人聽指揮，璵與同年孫維龍適與斯選，遂一同被難木果木。生于雍正五年，卒乾隆三十八年，年四十七。詔贈道銜，入祀昭忠祠。璵為商盤之甥，從之受詩法，句律和雅綿麗，一以寶意為宗。所著有《蘇門紀游》及《黃琢山房詩》六卷。(《勉行堂文集》卷六《四死事傳》，《忠雅堂文

集》卷三《樸庭先生傳》、《入祀昭忠祠鑑南吳公傳》,《晚晴簃詩匯》卷八九)

聚會前日,商盤與先生話及亡友胡天游、王又曾、萬光泰遺稿事。

《飲商太守盤于聽雨樓》注云:"昨語次及胡三稚威、王五受銘、萬二循初遺稿。"(《籜詩》卷二七)

十二月十二日,為紀復亨寫蔬筍圖,并題《一枝春》詞。

題識云:"《一枝春》,昨見紀侍御同年有綠意題筍之作,亦成此調,即以就正。'是竹初生,燕來時,慣濕驚雷霄雨。猫頭迸處,最好引鞭深土。村娃喚劇,也須避、棟風薔露。還只怕,竄過東家,却近蘇堦無數。　成笋未成休誤。憶連泥,脱殻僧樓同煮。參回玉版,半似鬥茶佳趣。蠶孃更穩,甚多忌,小名親付。看幾日,繡裓于菟,夢占定許。'(注:陸佃《埤雅》:"旬内為笋,旬外為竹。"禾俗,蠶時忌笋,音同損。呼笋為蘿蔔。贊寧《笋譜》引占夢書:"夢竹生笋者,有子息也。"侍御望得子甚切,藉以祝之。)載既作詞,適有紙,遂呵凍畫之,并以送侍御。甲申十二月十二日,年弟秀水錢載頓首。"畫為墨筆,紙本,立軸。縱121.1厘米,橫35.2厘米。卷上所題《一枝春》與《籜石齋文集》卷二六《一枝春·心齋侍御有綠意題筍之作亦成此咏甲申秋日》字句相同,惟詩注多出三字。今藏上海博物館。(《中國古代書畫圖錄》册五,頁二九七)

冬,長子錢世錫與同鄉陸費墀一道南歸。

汪孟鋗是年有《病中雜詩二十首》,其中注云:"陸丹叔、錢慈伯南歸來別。"(《厚石齋詩集》卷一一)又祝喆乾隆乙酉詩《正月抄百泉從杭來留宿園中復邀同人叠前韻》注云:"去冬百泉自山右歸,後余二日抵里。"(《西澗詩鈔》卷三)

陸費墀,字丹叔,號頤齋。本姓費,先世由吳興分支贅桐鄉之陸氏,遂為桐鄉人,以陸費為姓。頤齋為諸生時,先生稱其不凡,時以文字就正,輒嗟賞不已。後與錢世錫結為兒女姻家。乾隆三十年南巡召試,由廩貢生賜舉人,授内閣中書。三十一年成進士,改庶吉士,散館授編修。《四庫全書》開館,充總校官。歷任文淵閣直事、内閣學士、四庫館總裁,官至禮部侍郎。五十五年病卒,得年六十。平生閱覽博物,彝鼎圖書、碑刻縑素,過目即能鑒別。所著詩集《枝蔭閣詩集》外,尚有《經典同文》、《歷代月朔考》、《歷代帝王廟諡名諱譜》。(《耆獻類徵》卷九八國史館本傳,《浙江省桐鄉縣志》卷一五,《兩浙輶軒錄補遺》卷六)

未幾,孫女錢善安夭。

錢善安,世錫女,生在京師,時方一齡。先生是年有《哀女孫善安》詩云:"兄已七齡萎,迢遥弱妹隨。一年嬰此疾,百藥問誰醫。我子南行乍,家山夕夢遲。傷心願歸骨,汝産在京師。"(《籜詩》卷二七)

是年，嘗于董邦達齋觀米友仁《海嶽庵圖》。

先生有《董大司空齋觀米敷文海嶽庵圖》詩，繫于是年。（《蘀詩》卷二七）

董邦達，字孚存，號東山，又號非聞。浙江富陽人。雍正元年拔貢。七年鄉試中式。十一年成進士，改庶吉士，散館授編修。時方修《石渠寶笈》、《秘閣珠林》、《西清古鑑》諸書，以邦達博學精考核，命入內廷襄事。累官至禮部尚書。生康熙三十八年，卒乾隆三十四年，得年七十有一。諡文恪。善篆隸書，妙得古法。工山水，取法元人，為乾隆朝第一名手。時稱三董相承。好用枯筆皴擦，蒼潤勁秀。甚為高宗嘉賞，所作皆藏石渠。長子誥，傳見乾隆四十三年譜。（《耆獻類徵》卷八〇國史館本傳，《師友淵源錄》卷六引《杭州府志》、《西清筆記》、《清代人物生卒年表》頁七四九，《兩浙輶軒錄》卷一八）

又同查禮、曹秀先、楊述曾、申甫、饒學曙、許道基、蔣士銓、吳省欽、汪孟鋗、趙文哲接葉亭賞丁香花并賦詩。

先生是年有《查太守禮招同曹參議秀先楊中允述曾申光祿甫饒編修學曙許農部道基蔣編修士銓吳吉士省欽汪舍人孟鋗趙舍人文哲接葉亭看丁香花分韻得落字》詩，可徵其事。（《蘀詩》卷二七）

饒學曙，字霽南，號筠圃。廣昌人。乾隆十六年一甲二名進士，授編修。歷右中允、侍講，再降編修，再升右中允。充武英殿及通考館、功臣館、禮器館纂修官。生于康熙五十九年，卒于乾隆三十五年。與蔣士銓為鄉試同年，又結姻親。（《忠雅堂文集》卷五《左中允筠圃饒公墓志銘》）

又為陶其愫題陶成《歸去來館圖》。

先生有《為陶太守其愫題其先祖內翰成歸去來館圖》詩，繫于是年。（《蘀詩》卷二七）

按：陶成，號吾廬。為陶靖節三十六世孫。康熙四十四年五經解元，四十八年翰林。告養回籍，遂不出。依其先世歸去來館以居，而祀靖節其中。（《紫竹山房詩集》卷一〇《寄題陶吾廬先生歸去來館遺迹序》）

又為王昶題《三泖漁莊圖》。

先生有《題王農部昶三泖漁莊圖》詩，繫于是年。（《蘀詩》卷二七）

按：《三泖漁莊圖》，王玖繪，并題云："打槳入空明，橫橋出秋嶼。人在釣魚汀，如聞隔煙語。"王玖字次峰，號二癡，為石谷曾孫。少曾游黃尊古門，蒙親授秘法。山水兼宗南北，能以奇傑變其家學。（《海虞詩話》卷五，《桐陰論畫三編》上卷）乾隆四十四年，陳鴻寶弟鴻賓又為蘭泉寫另一幅《三泖漁莊圖》。陳鴻賓，字用儀，錢塘縣學生。（《湖海詩傳》卷三〇陳鴻賓《己亥臘日為述庵廷尉畫三泖漁莊圖并題》）

癸未、甲申年間，先生集有《銷寒集詞》一卷。其後曾書與張模。

＞＞＞翁方綱《跋銷寒集詞》(注：錢籜石自書)云："右籜石自書《銷寒集詞》與張晴溪者。芄野、松坪、心齋、渭厓、華陽、晴溪皆予壬申同榜、同官京師之友。籜石最喜搜集明人尺牘，此幅紙即仿明人尺牘樣自造者。觀其詞翰筆意，正是癸未甲申間所作也。"
（《復初齋文集》[手稿影印本]册一三，頁三六一二）

本年有詩：

《試燈詞八首》、《董大司空齋觀米敷文海嶽庵圖》、《次韻寄答德州沈倅天基去年留別之作二首》、《三月癸丑上親祭歷代帝王廟陪祀恭紀》、《查太守禮招同曹參議秀先楊中允述曾申光祿甫饒編修學曙許農部道基蔣編修士銓吳吉士省欽汪舍人孟鋗趙舍人文哲接葉亭看丁香花分韻得落字》、《程舍人晉芳招同劉學士星煒朱編修筠曹編修仁虎汪舍人孟鋗家學士大昕飲紫藤花下分韻得紫字》、《題文君印》、《朱編修筠招同人過給孤寺東吕家看紫藤花歸飲其宅限三字賦長歌》、《觀李伯時畫驪山老母與李筌論陰符秘文紈扇》、《趙希遠荷亭煙柳紈扇》、《錫壽堂燕席作四首》、《題王農部昶三泖漁莊圖》、《前湖觀荷》、《為韋編修謙恒題其先教喻鐵夫授經圖》、《送徐太守良之任夔州二首》、《古意四首》、《題祝京兆吴郡沈氏良惠堂銘拓本》、《張給諫馨編修坦邀同諸君郊游》、《次韻金詹事入府丁祭畢與諸公飲福之作》、《為陶太守其愫題其先祖內翰成歸去來館圖》、《王祠部顯曾邀出右安門看秋色先夕得句》、《訪菊》、《題藥根上人江干送行圖》、《飲商太守盤于聽雨樓》、《哀女孫善安》。

其中：

《董大司空齋觀米敷文海嶽庵圖》，翁方綱評"亦知天地猶人寰"句云："句不可通。"又批云："'纔'、'嘗'等字押入句尾，畢竟不好。"

《程舍人晉芳招同劉學士星煒朱編修筠曹編修仁虎汪舍人孟鋗家學士大昕飲紫藤花下分韻得紫字》，錢儀吉批云："低徊流連，風神掩映。句法亦多可學。"又評結句云："一結未安。"

《朱編修筠招同人過給孤寺東吕家看紫藤花歸飲其宅限三字賦長歌》，錢儀吉批云："此勝紫字篇。"

《觀李伯時畫驪山老母與李筌論陰符秘文紈扇》，吳應和批云："高宗信用秦檜，君臣契合，安于湖山一角，無恢復中原之志。意深責之，語特含蓄。"

《題王農部昶三泖漁莊圖》，翁方綱斥云："似老婆孃厨下鬥嘴聲。"

《為韋編修謙恒題其先教喻鐵夫授經圖》，錢儀吉識云："劉文定有鐵夫墓銘。"翁方綱批"儒家六經天下術"句中"天下術"三字云："不通。"

《送徐太守良之任夔州二首》，又批云："此即其詩之可存者。"

《古意四首》，錢儀吉注云："四首至今不得其解。不知何人可以就教。"

《張給諫馨編修坦邀同諸君郊游》，錢儀吉評"鋪席頻依密樹清"一句云："第六句應前步行。"

《次韻金詹事入府丁祭畢與諸公飲福之作》，翁方綱評"減于牛俎供羊豚"一句云："俗呼薦俎謂之上供，此可以入詩乎？"

《為陶太守其愫題其先祖內翰成歸去來館圖》，詩注"內翰為靖節三十八世"，錢儀吉注云："似失一字。"

《王祠部顯曾邀出右安門看秋色先夕得句》，錢儀吉贊結二句"菊黃壓擔都趨市，恐即盈籬半蕊頭"云："曲折奧衍如石然，皺、瘦、透。"

三十年乙酉（一七六五）先生五十八歲。

正月十五日上元，侍宴箭亭。

先生是年有《上元日箭亭侍宴》詩紀其事。是日上辛，行祈穀禮。前一日立春，順天府進土牛春山寶座。故詩中有"上辛禮協上元辰，昨進春牛乍立春"之句。（《籜詩》卷二八）《高宗實錄》卷七二六云："（辛酉）御箭亭賜朝正外藩等宴。"（《清實錄》冊一八）

自正月十六日至四月廿一日，高宗舉第四次南巡。

據《高宗實錄》卷七二七、七三五。（《清實錄》冊一八）

是月初春，張馨、張坦兄弟招同戴文燈飲賦。

先生有《玲瓏玉·乙酉初春張給事編修兄弟治具酌諸君酒闌戴儀部指几上盆梅同賦之》詞，可徵其事。（《籜文》卷二六）

二月十四日，孫錢善揚生。為錢敏錫長子。

錢善揚，字順甫，晚自號几山。府學增廣生。工書畫，書法神似董其昌，畫竹石花卉，淵源家學，得寫生趣。先生晚年作畫，往往屬其代筆，并親為屬款，即鑒賞家不能辨，其精到可知。尤擅鐵筆，為清朝治印大家，與同郡曹山彥世模、文後山鼎、孫桂山三錫并稱"四山"。（《鴛湖四山印集》）為人高簡如其父。母陳孺人力貧訓子，族黨稱之。善揚濡染母教，終身未嘗妄于人，不獨其畫可貴也。生于乾隆三十年，卒于嘉慶十二年三月廿四日。著有《几山吟稿》。娶桐鄉候選員外郎金惟論女。側張氏。子三,聚英、聚寶、聚朝;女一,適章桐,俱側出。(《家譜》卷七,《甘泉鄉人稿》卷一二《跋几山文學善揚畫蘭》,《兩浙輶軒續錄》卷二〇)

先是,錢敏錫夫婦已隨陳鴻寶至京師。

先生《星垣陳封公遺像贊》云:"庚辰遣我子贅婿于杭,而明年翁以考終。越五年辛酉(按:應為乙酉),長公今侍讀奉母夫人挈吾子與婦來京師。"(《籜文》卷一六)據錢善揚《揚生長于京都年十一隨先少宗伯之山左學政任十二旋里杜守江鄉二十餘年回憶曩時情境徘徊不能去懷寒夜不寐遂拉雜寫之》,善揚誕在京師。(《几山小稿》)則鴻寶與敏錫夫婦來京當在二月十四日之前。

先生并為陳鴻寶父陳熹遺像撰贊。

《星垣陳封公遺像贊》云:"長公今侍讀奉母夫人挈吾子與婦來京師,乃見翁于圖中。"(《籜文》卷一六)

陳熹,字星垣,一字允文。浙江仁和人,陳兆崙族兄。海寧監生。從姚江黃梨洲徵君講學。年十三游栝蒼,適學使按部至,即與試,冠軍,遂寄籍焉。後入北雍,名日盛。屢蹶場屋,寄情吟咏,晚尤嗜昌黎集,手為輯註,刊刻行世。生于康熙三十年,敏錫贅婿次年,即乾隆二十六年卒于里第,年七十有一。以子鴻寶官,誥贈中憲大夫、刑科給事中。子二:鴻寶,仁和縣學生,歷官工科掌印給事中;鴻賓,仁和縣學生。季女陳氏適先生三子錢敏錫。(《籜文》卷二一《誥贈朝議大夫工科掌印給事中陳君墓志銘》,《兩浙輶軒錄》卷八)

是月,先生擢侍讀學士。

《行述》云:"乙酉二月,陞授翰林院侍讀學士。"又《江南鄉試錄後序》云:"今年聖駕南巡。二月,奉行在旨擢學士。"(《籜文》卷六)

閏二月,長子錢世錫應南巡召試,不售。

錢世錫《秋日武康高明經文照過訪出所著七峰草堂詩集見示奉題三首》注云:"乙酉春,余與明經同應南巡召試,始相識。"(《麂山老屋詩集》卷七)

三月初四日,同錢大昕、畢沅、趙翼、曹仁虎、沈初、褚廷璋、吳省欽、王昶、程晉芳、趙文哲、汪孟鋗、嚴長明、陸錫熊、沈世煒集陶然亭展上巳。

先生是年有《三月四日展上巳集陶然亭》詩紀其事,其中有"接席十數輩,職多奉絲綸。迎鑾歲召試,吳越才邁倫"之句。(《籜詩》卷二八)畢沅是年亦有《三月四日學士錢籜石辛楣兩前輩編修趙雲松曹來殷沈景初庶常褚左莪吳沖之中翰王蘭泉程魚門趙損之汪康古嚴冬友陸健男沈吉甫諸同人重展上巳修禊陶然亭即席有作》詩,可徵其事。(《靈巖山人詩集》卷一八)

褚廷璋,字左莪,號筠心。江蘇長洲人。乾隆二十二年迎鑾獻賦,召試賜舉人,以內閣中書用。充方略館纂修,又奉敕纂《西域圖志》、《西域同文志》等。二十八年成進士,選庶吉士,散館授編修。三十五年十月奉命提督湖南學政。官至翰林院侍讀學士。生于雍正六年,卒于嘉慶二年。雅擅詩文,為"吳中七子"之一。書法出入右軍,嘗為先生題王冕梅卷及錢仲和竹石幛子。(《耆獻類徵》卷一二九國史館本傳,《大清一統志》卷八一,《湖海詩傳》卷二九,《清代人物生卒年表》頁八〇七)

沈初,字景初,號萃岩,別號雲椒。平湖人。乾隆二十七年召試,授內閣中書。明年以第二人及第成進士。由編修、侍講學士、詹事洊擢禮部兵部侍郎。視學福建、順天、江蘇、江西諸大省,所拔皆績學士。進左都御史,尋授兵部尚書,又調戶部。遭遇之隆,數十年如一日。生于雍正七年,卒于嘉慶四年。諡文恪,賜祭葬。著有《蘭韻堂集》。(《兩浙輶軒錄》卷三一,《晚晴簃詩匯》卷九二,《清代人物生卒年表》頁三五六)

沈世煒,廷芳子。字吉甫,號南雷,又號沈樓。浙江仁和人。乾隆三十一年進士,改庶吉士。歷官禮部郎中,保舉御史。生于雍正十年,卒年不詳。善楷法,酷似顏平原。尤嗜吟咏,詩學淵源得之廷訓為多。著有《澹俱齋詩集》。(《晚晴簃詩匯》卷九三,《兩浙輶軒錄》卷三一,《清代人物生卒年表》頁三六〇)

四月十九日,與錢大昕、曹學閔、積善赴涿州迎駕,還宿良鄉,入清涼寺。

錢大昕《清涼寺題名》云:"乾隆乙酉四月,予與錢籜石學士,曹慕堂、積粹齋兩侍御赴涿州恭迎大駕。還宿良鄉之豆店,薄暮入清涼寺。"(《潛研堂文集》卷一八)據《高宗實錄》卷七三五,四月甲子高宗駐蹕涿州行宫。(《清實錄》冊一八)

曹學閔,字孝如,號慕堂。山西汾陽人。乾隆六年舉于鄉。十九年成進士,二十五年散館,授檢討。改御史,遷工科給事中。歷任光祿寺少卿、太僕寺卿、內閣侍讀學士等,官至宗人府府丞。乾隆五十二年終于京邸,年六十九。歿後朱珪為墓志,錢大昕為神道碑,翁方綱為傳。為人敦本行,篤于友愛,北京故宫博物院藏有先生尺牘一通,乃求助學閔之信。為學以養性為功,精導養之術。有《紫雲山房詩鈔》若干卷。又嘗手自核定汾河諸老詩集刻之。(《知足齋文集》卷四《宗人府府丞曹公墓志銘》,《潛研堂文集》卷四一《宗人府丞曹公神道碑》,《湖海詩傳》卷一七,《復初齋文集》卷一三《曹慕堂小傳》)

是月,考試試差。

據《高宗實錄》卷七三四,四月初五日奉諭旨,將應行開列人員照例通行考錄,以備簡用各省鄉試正副考官。(《清實錄》冊一八)先生經考試于六月奉命充江南鄉試副考官。

五月初十日，以京察保送一等引見，得旨准其一等。

《高宗實録》卷七三六云："甲申，吏部帶領京察保送一等之翰林院侍讀盧文弨等五十七員引見。得旨，盧文弨、錢大昕、李中簡、謝墉、觀文、德風、觀光、錢載、楊述曾、汪永錫，俱准其一等。"（《清實録》册一八）

十五日，與文武陞轉各官太和殿謝恩。

據《高宗實録》卷七三六。（《清實録》册一八）

六月廿四日，奉命充江南鄉試副考官。正考官為工部右侍郎李宗文。二人即馳驛往南京。

據《高宗實録》卷七三九，先生于是日奉旨出任江南鄉試副考官。（《清實録》册一八）《江南鄉試録後序》云："復荷天奬，畀以大省司衡，感激益切。宗文偕臣，馳驛入闈。"（《籜文》卷六）

李宗文，字延彬，號郁齋。福建安溪人。少宗伯李清植子，文貞公李光地曾孫。乾隆六年舉于鄉。十三年以迴避卷中式，殿試二甲，選庶吉士，授編修。官至禮部左侍郎。乾隆四十二年卒于賜第。詩文雜著皆和平中正，有儒臣大雅之致，凡若干卷藏于家。（《孟亭居士文稿》卷三《禮部左侍郎加一級李公墓碑》）

途中重謁孟子廟。

先生是年有《重謁孟子廟》詩紀其事。（《籜詩》卷二八）

至紅心驛，齋三日，禱江而渡，復賦詩奉寄錢陳群。

先生是年有《紅心驛奉寄太傅公二首》詩，并注云："載齋三日，將禱于江。"（《籜詩》卷二八）又《江南鄉試録後序》云："臣齋沐渡江，禱于江之神，上惟祖宗朝以來培養深厚，聖天子文德隆盛、思賢若渴，大江南北山川出雲，必有端碩之士，應昌運而以歲發軔者，願神之默佑其愚，不爽鑒別。"（《籜文》卷六）

錢陳群有詩答之。

錢陳群《次答從孫籜石學士寄懷之作》注云："江南上屆兩科皆誠兒主試，今籜石又繼新命。"又云："時銜命典試江南，行至彭城郡郵亭所寄。"（《香樹齋續集》卷二一）

七月卅日，抵江浦。

先生是年有《江浦見收早稻四首》詩，其中有"今朝是七月，明朝是八月"之句。（《籜詩》卷二八）

八月初六日，入闈。

十三日,外簾進卷。先生競競蒞事,盡心校閱。

《江南鄉試錄後序》:"宗文偕臣,馳驛入闈,率十八房同考官祇慎將事。八月十三日,外簾進卷。""宗文暨臣先分經以校同考官所薦,各合二三場詳定,亦即互較。第憑本房之薦,固不敢,輒以薦為不足憑,亦不敢。故有盡搜其所落者,亦有不盡搜其所落者。江以北之文多樸,江以南之文多秀,斯則山川之風氣然矣。樸者去其窒,秀者去其浮,樸而秀則惟望其人之質有文也,秀而樸則惟望其人之文有質也。"(《籜文》卷六)

九月十一日,放榜,先生出闈。循例撰《江南鄉試錄後序》。是科江南鄉試,得士有孫登標等一百十四人,副榜二十二人。

《江南鄉試錄後序》云:"九月十一日放榜。舉江蘇六十有九人,安徽四十有五人,副榜者共二十有二人。錄文恭呈御覽,臣循例謹序于後。"(《籜文》卷六)又《行述》云:"得士正榜自孫君登標以下,共一百十四人,副榜二十二人。"

將離南京,先生過訪袁枚不值。

先生乾隆庚子題《隨園雅集圖》有云:"乾隆乙酉秋,奉命江南。試事竣,至隨園謁簡齋前輩。時以送文端公、望山相國還朝于淮上,不得見。"(《隨園雅集圖題咏》)

未幾,起程返京。途經東平,與副榜同年沈維基飲于州廨。

先生是年有《東平》詩,其注云:"乙酉寒夜,江南使還,同年沈太守時為州牧,觴我于州廨。"(《籜詩》卷四○)

沈維基,字心齋,一字抑恭。海寧人。年十七與先生同附雍正壬子鄉試副車。乾隆十五年北闈下第後,入武英殿校書。復考補教習,留京九年。初令湖南永興縣,以勤吏治得民。未幾,移治長沙知東平州,亦有善政。三十六年擢甘肅平涼守。三十七年以親老奏請補近省,部議赴京銓選。于明年仲春重赴都中。升延平府,以服喪歸。生于康熙五十五年,卒年不詳。著有《紫薇山人詩鈔》。(《紫薇山人詩鈔》自識及葉觀國、鄭虎文序,《兩浙輶軒錄》卷一九,《大清一統志》卷三七八,《清代人物生卒年表》頁三六六)

秋日,為質甫老先生作牡丹蘭竹圖。

款云:"質甫老先生清賞。乾隆乙酉秋日,秀水錢載。"畫為墨筆,絹本,立軸。縱113厘米,橫54厘米。(《中國古代書畫圖錄》冊六頁三二八)

逾月,先生抵京復命。

是年,應進士同年黃恩錫之請,為其子媳黃烈婦撰傳。

烈婦蔣氏,以乾隆三十年五月十一日自經殉夫,年二十一。(《籜文》卷一二《黃烈婦傳》)

黄恩錫,號素庵。雲南永北人。乾隆十七年進士,引見以知縣用。令甘肅,後官禮部主客主事。生卒年俟考。(同上)

又觀王顯曾所藏夏昶《蒼筠泉石畫卷》。

先生是年有《王祠部携示夏太常蒼筠泉石卷》詩紀其事。(《萚詩》卷二八)

又答袁枚書,言及亡友王祖庚。

札云:"礪齋去年在京師日,來往相愛之情如兄弟,蓋彼此無客氣也。別去後,今年春雪時,曾賦詞一闋寄之,不及見而已接其訃矣。念同徵友二百餘人,死亡殆盡。人琴之痛,又及礪齋。自後欲更作一詞,寄呈其總閫,已復感觸無已,不能握管。今讀公詩,重為淚落。已令人鈔此卷留篋中,俟稍閑即寄去,為礪齋一哭,并序公札作引。然礪齋固已不知也。世宙維此情所繫,可以至于無窮耳。草草不肅。"(《續同人集·文類》)按:右《答隨園先生書》一通,為先生佚作。

是年,翁方綱鈔錄自甲申七月離京後所作詩,寄往京師請先生批閱。

翁方綱致先生云:"詩內紕繆,乞逐細揀出。務祈于年內,撥冗一辦。至開歲初旬,即有便使入京,尚人走領,仍乞封付伊帶回。詩甚淺稚,不可以示人也。拜托,拜托。"又自識云:"此乙酉年萚石所批。"(《翁覃溪詩》稿本《萚批》一封面)

先生一一為其點批,并細論詩律云:

"詩以骨力成,勝于浮詞浮采固已,但骨力太過,露了出來,亦非必該。如此終以肉采相附者為妙。但頭路清楚、根據結實,則必挺挺然見骨力也。要于此隨其吞吐、自生肉采,實難實難。惟其難,所以要觀古人詩多,要書卷多,要路頭開闊得多,則無一字無來歷,而仍自興會飆舉、寬然有餘、伸縮自如,讀之令人生趣勃勃,津乎其有味焉。此所以無盡境也。王半山七古亦太緊直,然筆力直躋顛頂,一筆可抵十筆,一聲可抵十聲。骨勝之難如此。元遺山'馬蹄一蹴荊門空'諸篇,有間架、有聲調、有色澤,規規矩矩,何嘗不好?然如小試考卷,其忌一格不寫。然則非遺山之難于寫,正見遺山之謹守繩尺耳。所以七古且作七言之長調,則自然不能不有許多避忌生發。若有意為之,即不真,然若無意為之,即又不健。題目有貼骨之典切,此不希罕,全視運用吞吐何如。題目有旁面側畫之可以典切,此則全在胸次。得之古人者深,則一經驅使,確切不移,觸景生情,無乎不妙矣。五古必以小謝為斷,此則古調也。唐之王、孟、韋、柳皮膚語,亦聊可支吾。有難叙述處,不得不攔入宋人。大概以小謝以上為斷,已觳難宋法耳。一題本一題之情景與取材,吐屬不死于句下;一體本一體之宗法格局、佈置剪裁,而取材生發總以有來歷為主。杜話從不許也。生發是第一。不能,則寧可靠定取材之博。取材之典,取材之雅,無一字無來歷為主。然須參活句,不死于句下。如此亦足自拔一隊矣。甚矣,大家之難矣!作詩到七律清淡、首尾通透之時,不填唐人廓落話,此便有此之路頭了。然太薄、太弱,不能免也,……所以學力貴矣。"

翁方綱使粵八年間,每隔數月鈔寄詩作,請先生批閱,彙為一集,題曰《蘀批》。《蘀批》即《翁覃溪詩》不分卷手稿本。前後鈐翁方綱之印有:"別裁偽體親風雅"長方白文印、"轉益多師"長方白文印、"石州草堂"朱文方印、"神韻"(見《中國書畫家印鑒款識》頁七八四,翁方綱第五十六號印)、"乃復其初"白文方印。又鈐先生"蘀石齋"、"檇李"二印(見《中國書畫家印鑒款識》頁一四九四、一四九五,錢載第十四、三十三號印)。據首頁所鈐"鹽官蔣氏衍芬草堂三世藏書印",此本曾藏海寧蔣氏。今藏北京國家圖書館,編號9440。該本殘缺較多,從方綱自注觀之,原本應分作上下兩卷,上卷為一到十二,下卷為又一到又十二,今上卷僅存一、五、七、八、九、十二,下卷存又二、又三、又四、又八、又九、又十、又十一,散佚殆半。方綱既以"蘀批"冠名,自然意在薈集先生批語。先生所批,或針對方綱某詩某句而發,或統言詩律,偶爾亦附手札一通,存問近況。先生批方綱詩作之語,另行薈錄他書。其餘詩論及書信,則依照年份繫入本譜。

本年有詩:

《王祠部攜示夏太常蒼筠泉石卷》、《上元日箭亭侍宴》、《三月四日展上巳集陶然亭》、《觀林和靖二帖墨迹曾為沈啓南所藏》、《趙仲穆雲松仙館》、《趙北口》、《景州次韻答李少司空宗文夜雨見簡》、《重謁孟子廟》、《宿州曉行》、《紅心驛奉寄太傅公二首》、《輿丁採山花》、《清流關》、《游醉翁亭》、《江浦見收早稻四首》、《試院登樓》、《重謁明孝陵》、《阜城晚行》。

其中:

《上元日箭亭侍宴》,起二句"上辛禮協上元辰,昨進春牛乍立春",翁方綱圈句中"乍"字。錢儀吉批云:"覃翁能解'上辛'句意,即不以'乍'為剩字矣。"

《輿丁採山花》,錢儀吉評云:"公詩屢用簪花語,是古人事。"

《清流關》,吳應和評云:"一氣旁薄,筆亦雄健,畫家寫關山行旅無此長卷。"

《游醉翁亭》,吳應和評云:"讀結句,知官無德政欲立去思碑者,可以感愧。"

《重謁明孝陵》,顧列星評云:"前半蒼涼悲壯、老氣橫秋,後半頌揚本朝盛德之事,足以一洗故陵衰颯之氣。第六句更見我朝忠厚開基,垂為家法。七字該括南巡煌煌盛典,可謂巨筆如山。"錢儀吉識云:"顧評二條擬入《詩匯》。"

三十一年丙戌（一七六六），先生五十九歲。

正月初二日，湖廣、江西、浙江、江蘇、安徽、河南、山東各省奉旨分年免漕一年。群臣具表赴圓明園謝恩。

> 先生亦與之，并有《乾隆三十一年正月詔湖廣江西浙江江蘇河南山東分年免漕一年群臣具表赴圓明園謝恩恭紀》詩紀其事。（《撣詩》卷二八）按：康熙三十年，聖祖曾下旨將各省起運漕糧，通行蠲免一週。高宗仿其例，于是日命諸省應輸漕米，從本年開始，按年分省通行蠲免。本年免山東、河南二省，三十二年免江蘇省，三十三年免江西省，三十四年免浙江省，三十五年免安徽省，三十六年免湖南省，三十七年免湖北省。（《清實錄》冊一八《高宗實錄》卷七五二）

十五上元夜，題文天祥鮑氏譜像跋墨迹。

> 先生有《上元夜題文信國鮑氏譜像跋墨迹》詩，繫于是年。（《撣詩》卷二八）

二月初八日，侍直社稷壇。

> 先生是年有《上祭社稷壇侍直恭紀》詩紀其事。（《撣詩》卷二八）據《高宗實錄》卷七五四，二月初八戊申日祭大社、大稷。（《清實錄》冊一八）

三月初六日，尹繼善奉命充會試正考官，副考官為裘曰修、陸宗楷。先生亦入闈充同考官，分校《易經》。

> 據《高宗實錄》卷七五六。（《清實錄》冊一八）《河間過陳太守基德不值》詩注云："丙戌會試分校《易經》，得太守卷以薦，被落。"（《撣詩》卷三九）

同年友秦鐄分校《易經》二房，得汪孟鋗卷薦之。

> 《石研齋主年譜》云："余分《易經》二房，得士汪孟鋗。"（卷下）按：汪孟鋗旋以二甲第五十一名成進士。（《明清進士題名碑錄索引》頁一○三九）

闈中，嘗賦詩奉和尹繼善。

> 先生是年有《奉和總裁尹相國用聚奎堂壁間韻詩》詩。（《撣詩》卷二八）
> 尹繼善，大學士尹泰子。字元長，晚自號望山，本姓章佳氏。滿洲鑲黃旗人。雍正元年進士，改庶吉士，散館授編修。雍正七年授江蘇巡撫。乾隆二年授刑部尚書兼管兵部事。五年授川陝總督。八年署兩江總督，協理河務，十年實授。凡四督江南，前後三十餘年，頗有政績。三十年九月召入京，入閣辦事，兼管兵部事務。生康

熙三十三年,乾隆三十六年卒于位,得年七十有六。贈太保,入祀賢良祠,諡文端。有《文端公集》。(《小倉山房文集》卷三《文華殿大學士尹文端公神道碑》,《八旗詩話》,《湖海詩傳》卷二,《晚晴簃詩匯》卷六五,《清代人物生卒年表》頁八八)

三月廿八日,傅用藍筆寫蕙花一叢。

舒位《錢籜石侍郎藍筆畫蕙為何芸生秀才恩照屬題》注云:"上有自題云:'乾隆丙戌科,載蒙恩點入內簾校士,閱卷已竣,循用藍筆寫蕙花一叢以自賞。三月廿八日,翰林院學士秀水錢載。'又墨筆題云:'癸卯之秋予告歸里,重九後三日,雨窗無事,檢閱舊篋中得見此幅,丙戌所寫,已十有八年矣。邇來年邁捥弱,不能有此勁挺之筆,故重識數語存之。'"(《瓶水齋詩集》卷一四)按:乾隆癸卯先生予告歸里,十一月方抵家,九月十二日尚在途中,此墨筆題識顯然有疑。另據陳文述《題錢籜石侍郎藍筆畫蘭是分校禮闈所作》注,此卷尚有王鐵夫、郭麐、彭兆蓀諸家題跋。(《頤道堂詩外集》卷五)

既逾十數日,先生校士畢,得士有王汝璧、王寬、管幹貞等十餘人。

《行述》云:"丙戌三月,充會試同考官。如王太守汝璧、王侍御寬、漕運總督管公幹珍,皆所得士,共十餘人。"

王寬,字光大,又字栗人、千仞子,號西園。江蘇金匱縣人。乾隆三十一年成進士。由兵部郎中考選浙江道御史,降兵部主事。出知狄道州,力請大吏入告豁免通省積欠通賦,民勒碑頌其事。又修楊忠愍公祠。陞秦州知州。乞養歸。餘俟考。(《國朝御史題名》,《無錫金匱縣志》卷二〇)

管幹貞,一名管幹珍,成進士時禮部改貞為珍,乾隆六十年奉旨仍改原名。字陽復,號松崖。江蘇陽湖人。乾隆二十四年舉人。三十一年中進士,改庶吉士,散館授編修。由翰林改官御史,又巡漕天津、瓜儀。五十三年擢工部右侍郎,五十四年授漕運總督。嘉慶三年病卒,年六十五。有《松厓集》。(《亦有生齋集》文集卷一八《資政大夫兼兵部侍郎都察院右副都御史總督淮揚等處地方提督漕運海防軍務兼理糧餉管公墓誌銘》,《晚晴簃詩匯》卷九三)

五月十五日夏至,侍直方澤。

先生是年有《夏至上祭地于方澤侍直恭紀》詩紀其事。(《籜詩》卷二八)據《高宗實錄》卷七六〇,五月十五日方澤祭地。(《清實錄》册一八)

九月初四日,錢世錫夫婦南歸嫁女。進士同年邵嗣宗亦一同南歸。

乾隆丁亥先生致翁方綱信有云:"邵二兄原有下午不飯之病,日久而不能支。所以上年九月初四日,同大兒一同南歸。弟之大兒及兒媳及女,俱今南歸,蓋為嫁女也。而邵二兄同舟,則一切亦放心。倘有中途之事,大兒亦可料理,此則弟之心而不說出者也。"(《翁覃溪詩》稿本《萚批》七末)按:錢世錫之女适桐鄉候選縣臣陸費元鎮,即陸費墀之子。

行前,先生為邵嗣宗題《收綸圖》。

先生有《題邵侍讀嗣宗收綸圖即送假歸太倉四首》詩,繫于是年。(《萚詩》卷二八)按:邵嗣宗素清羸善病,年未及者,輒有懸車之思。嘗屬工畫者繪己小像,取"陰鏗釣晚欲收綸"之句,題曰《收綸圖》。一時名流為賦詩,送其南歸。(《潛研堂文集》卷四三《翰林院侍讀邵先生墓志銘》)

廿四日,同程晉芳等集查禮澹安居,觀宋謝枋得橋亭卜卦硯,并賦長歌。

先生是年有《宋謝文節公橋亭卜卦硯歌并序》詩,其序云:"天津周上舍月東購得此,而太平守查恂叔心愛之,月東臨歿,遺書萬里以贈。今藏恂叔所。"(《萚詩》卷二八)又程晉芳《謝疊山橋亭卜卦硯歌》序中云:"乾隆三十一年丙戌九月二十四日,同秀水錢宮詹載等觀于宣南坊之澹安居。"(《勉行堂詩集》卷一八)按:周上舍月東名焯。此硯先後有近三十人賦詩,并由畢沅彙集梓行,名曰《卜硯集》。集中有查禮、陳兆崙、金文淳、錢載、紀復亨、錢大昕、王昶、彭元瑞、戴第元、劉芬、畢帆、吳璜、陸錫熊、吳省欽、劉斌、程晉芳、吳省蘭、管世銘、萬光泰、趙文哲、嚴長明、洪亮吉、姚汝金、鄭王臣、吳燏文、趙秉淵、汪翊、劉光緒諸人詩。(《卜硯集》)

秋,摯友祝維誥病卒于京,年屆七十。

先生乾隆丁亥有《追哭祝典籍四首》詩,其序云:"去秋,豫堂之歿,載哭之而不欲以詩也。靈櫬歸海寧,未克葬。當春黯傷,雜然寫之,并將歗康古誦之。"(《萚詩》卷二九)又祝喆是年有《歲暮過花溪了園感作四首示姪康宇》詩,并注云:"今秋予遭府君喪,扶櫬出都。"(《西澗詩鈔》卷三)按:先生是年有《奉簡祝大典籍維誥四首》詩,其中有"羨君七十試南省,一子兩甥偕外孫"、"我今何以壽先生"之句。(《萚詩》卷二八)又《祝大舍人請假歸里話別二首》注云:"舍人今年五十有二,余四十有一。"(《萚詩》卷一一)可知祝維誥長先生十一歲,今年適滿七十。

十月,擢詹事府少詹事。

《行述》云:"十月,陞授詹事府少詹事。"

十一月初五日,弟錢莊卒。年五十四。

據錢臻《家譜》。(卷七)

廿日,從父錢汝鼎病卒。年五十二。

據錢臻《家譜》。(卷八)

廿六雪夜，招吉夢熊等集寓齋，舉消寒第四會，咏席上糟蟹。

> 吉夢熊是年有《十一月二十六日雪夜飲少詹錢載席上食糟蟹戲作小詩》詩，可徵其事。（《研經堂詩集》卷一〇）先生是年亦有《華胥引·消寒第四會諸公過飲小齋咏糟蟹》詞。（《籜文》卷二六）

前此，第一會集范棫士齋，咏玻璃燈。第二會集張坦齋，咏香櫞。第三會集張模齋，題吳鎮竹譜不全卷。

> 先生有《菩薩蠻·丙戌消寒第一會芃野給諫咏齋玻璃燈》、《逍遥樂·消寒第二會松坪編修齋咏香櫞》、《水龍吟·消寒第三會晴溪學使宅題吳鎮竹譜不全卷》三詞，可徵其事。（《籜文》卷二六）

廿七日雪霽，又招程晉芳、查禮、紀復亨、錢大昕、畢沅、曹文埴集寓齋飲賦，并出觀王冕萬玉圖長卷。

> 程晉芳是年有《長至後六日雪霽籜石宮詹招同儉堂太守心齋侍御辛楣學士秋帆侍讀竹虛太史集寓齋分得六字》詩紀其事。（《勉行堂詩集》卷一八）錢大昕亦有《冬至後六日錢籜石少詹招同查儉堂太守紀心齋侍御程魚門舍人畢秋帆侍講曹竹虛編修小飲分韻得日字》詩，并注云："席間出王元章萬玉圖長卷傳觀。"（《潛研堂詩集》卷八）先生亦有《紀侍御復亨查太守禮程舍人晉芳畢侍講沅曹編修文埴家學士大昕集小齋分韻》詩，繫于是年。（《籜詩》卷二八）

> 曹文埴，字竹虛，一字近薇，號薺園。安徽歙縣人。乾隆十七年舉人。二十二年南巡召試二等。二十五年進士，改庶吉士，明年散館授編修。入直懋勤殿、南書房，充四庫館總閱，并閱辦《大清一統志》等。充三通館、四庫館副總裁、武英殿總裁，提督江西、浙江學政。官至户部尚書。五十二年陳請終養。生于雍正十三年，卒嘉慶三年。謚文敏。以子振鏞貴，贈武英殿大學士。有《石鼓硯齋詩文集》。（《耆獻類徵》卷九五國史館本傳，《大清一統志》卷一一三，《晚晴簃詩匯》卷八九，《清代人物生卒年表》頁七一〇）

十二月初六日，與范棫士、紀復亨、顧光旭集吉夢熊齋，舉消寒第五會。

> 吉夢熊《釵頭鳳》注云："十二月初六日，給諫范棫士、少詹錢載、侍御紀復亨、顧光旭過寓齋小飲。時水仙破萼，故末句及之。"（《研經堂詩文集》卷一三）先生亦有《釵頭鳳·消寒第五會渭厓侍御齋即席同賦》詞。（《籜文》卷二六）

第六會集紀復亨齋，咏紙燈。第七會集顧光旭齋，題沈周山水卷。

先生有《行香子·消寒第六會心齋侍御齋咏紙燈》、《卜算子·消寒第七會華陽侍御齋題沈啟南山水卷》二詞,可徵其事。(《萚文》卷二六)

十五日,以陞授詹事府少詹事,與文武陞轉各官太和殿謝恩。

《高宗實錄》卷七七四云:"上御太和殿視朝,文武陞轉各官謝恩。"(《清實錄》册一八)

十九日,趙翼出守廣西鎮安府。先生題《鷗北耘菘圖》送之。

趙翼不願外放吏職,嘗欲乞留翰林,而未果。《甌北先生年譜》云:"十一月,特授廣西鎮安府知府……以十二月十九日挈家人出都。"先生是年有《趙編修翼出守鎮安屬題其所謂鷗北耘菘圖即以送别》詩。(《萚詩》卷二八)按:圖中"石壁廻抱,竹樹陰翳。一茅亭露林罅,編修科頭坐其側。一奴負未而行。稍前,溪流瀠洄,有三白鷗戲溪岸。其北,菜畦數棱,一童作耘蒔狀。"即所謂鷗北耘菘者。(《媕雅堂詩續集》卷四)

冬,翁方綱自廣東寄示所作趙孟堅東坡笠屐圖硯歌。

先生乾隆丁亥詩《趙子固東坡笠屐圖硯歌》注云:"去冬丙戌,廣東學使翁侍讀見此硯于試院,作歌寄示。"(《萚詩》卷二九)

是年,為傅為詝賦來鶴堂詩。

先生有《來鶴堂詩為傅鴻臚為詝賦》詩,繫于是年。(《萚詩》卷二八)按:甲申冬,傅為詝邸寓有鶴乘風自至,遂馴而不去。為詝喜而字之曰"壽翁",作詩三章紀其事。先後和詩者甚衆。(《紫竹山房詩集》卷一〇《和來鶴堂詩三章次主人韻并序》)

傅為詝,榜名為竮,又作箸。字佳言,號謹齋。雲南建水人。雍正四年舉于鄉。十一年成進士,改庶吉士。乾隆元年散館,授檢討。後改御史,請為明御史趙譔補謚,又條奏國計民生利弊五事萬餘言,風節稜稜。官至左副都御史。乾隆三十五年以原品予告,旋卒。得年七十。著有《藏密詩鈔》《文鈔》、《斯文易簡錄》、《明儒四家纂》,藏于家。(《香亭文稿》卷一一《傅中丞傳》,《大清一統志》卷四七九)

又為吳以鎮題《秋林對弈圖》。

先生有《題吳編修以鎮秋林對弈圖》詩,繫于是年。(《萚詩》卷二八)

又為吳巖題《飛雲洞圖》。

先生有《題吳秋部巖飛雲洞圖即和其自題用王文成公華嚴洞韻》詩,繫于是年。(《萚詩》卷二八)

是年,得漢仙人不老鑑。

乾隆丙戌詩《奉簡祝大典籍維誥四首》有注云:"載近得漢仙人不老鑑。"(《萚詩》卷二八)

本年有詩：

《乾隆三十一年正月詔湖廣江西浙江江蘇河南山東分年免漕一年群臣具表赴圓明園謝恩恭紀》、《游摩訶庵慈壽寺》、《上元夜題文信國鮑氏譜像跋墨迹》、《上祭社稷壇侍直恭紀》、《奉和總裁尹相國用聚奎堂壁間韻詩》、《會經堂感舊二首》、《憶瀛洲亭丁香》、《南陵辭》、《來鶴堂詩為傅鴻臚為訏賦》、《韓烈婦并序》、《奉簡祝大典籍維誥四首》、《觀周益公所藏歐陽文忠公墨迹譜圖序一段夜宿中書東閣詩一首并中書所錄裕陵出閣指揮兩行》、《夏至上祭地于方澤侍直恭紀》、《題吳編修以鎮秋林對弈圖》、《題邵侍讀嗣宗收綸圖即送假歸太倉》、《宋謝文節公橋亭卜卦硯歌并序》、《紀侍御復亨查太守禮程舍人晉芳畢侍講沅曹編修文埴家學士大昕集小齋分韻》、《題吳秋部嚴飛雲洞圖即和其自題用王文成公華嚴洞韻》、《端範堂齋宿》、《趙編修翼出守鎮安屬題其所謂鷗北耘菘圖即以送別》。

其中：

《游摩訶庵慈壽寺》，第四句"墻玲空憶薦冥祉"，錢儀吉圈"冥祉"云："二字未安。"

《奉和總裁尹相國用聚奎堂壁間韻詩》，第三句"固知上意崇經術"，翁方綱圈"固知"二字云："此等虛字，皆隨手寫入，初無理法。"錢儀吉評結句云："猶有典型。"

《會經堂感舊二首》，顧列星評云："文生于情，愴焉欲涕。"第一首"撩人祗覺東風太"一句，翁方綱圈"太"字云："坤一每用虛字在句尾，如'纔'字之類，畢竟非宜。"又圈第二首"卜生雙足昔何如"、"長短箋開且欲書"二句云："謂趁韻又非趁韻，謂塞白又非塞白，實在無說以處此。"

《憶瀛洲亭丁香》，顧列星評云："寫憶字極靜細，無一句是丁香，無一句不是丁香，當于神韻間求之。"翁方綱評云："院廨丁香花亦不至于令人纏綣如此，若以為別有托意，坤一于院廨并未日日修書，日日辦事，何至有情如此，實不可解。"

《來鶴堂詩為傅鴻臚為訏賦》，翁方綱評"在陰易既觀其象，于野詩應樂且謠"二句云："呆滯迂腐。"

《韓烈婦并序》，錢儀吉評"清魂飄凍雨"一句云："'凍雨'不知所本。"

《奉簡祝大典籍維誥四首》，第四首"王官壙仿司空圖"一句，翁方綱評云："'司空''司'字忽平，可乎？"

《宋謝文節公橋亭卜卦硯歌并序》，翁方綱評"物關節義情尤關"一句云："二關事復來無謂。"又總評云："不及萬柘坡作。"吳應和評云："此篇不專咏硯，得硯、贈硯面面都到。其轉接敷陳、整散頓挫處,皆見筆意。歌行若此,可謂斂才就法,極方圓之至。"
《題吳秋部巖飛雲洞圖即和其自題用王文成公華嚴洞韻》,吳應和評云:"遒健生新,黃山谷佳處都從少陵得來。"
《端範堂齋宿》,翁方綱評末句"敢不藉專精"云:"空句無謂。"

三十二年丁亥(一七六七),先生六十歲。

正月十六日,屬熊為霖錄高祖錢嘉徵行狀。

熊為霖識云:"公嗣孫擇石宮詹屬為手鈔一通,以重世守。因附記于左方。乾隆三十有二年上元後一日,鶴嶠後學心松熊為霖書。"(《清芬世守錄》冊二卷四《錢氏世守冊錄》)
熊為霖,字浣青,號鶴嶠,又號心松居士。江西新建人。乾隆六年舉于鄉,七年成進士,十年授翰林院編修,乞省歸。二十三年再入都供職。二十五年、三十六年奉命典試黔南秦西試事。三十七年病目,幾失明,乞歸。生于康熙五十四年,卒年俟考。著有《紀行詩》若干卷。(《紀行詩》自序)

二月初四日,侍直中和殿。

先生是年有《上視祭社稷祝版于中和殿侍直恭紀》詩紀其事。(《擇詩》卷二九)《高宗實錄》卷七七八云:"(戊戌)祭大社、大稷,上親詣行禮。"(《清實錄》冊一八)

廿五日,高宗巡幸天津。先生有詩紀其事。

高宗巡幸天津,閱視淀河、子牙河堤,于是日啓鑾。(《清實錄》冊一八《高宗實錄》卷七七九)
先生是年有《聖駕巡幸天津恭紀》詩。(《擇詩》卷二九)

三月十二日,高宗回鑾。先生赴南紅門迎駕。

先生是年有《南紅門迎駕恭紀》詩紀其事。(《擇詩》卷二九)據《高宗實錄》卷七八〇,三月十二日丙子駐蹕南紅門行宮。(《清實錄》冊一八)

十三、十四、十五三日,皆侍直南苑。

先生是年有《南苑曉直》詩,可徵其事。(《擇詩》卷二九)據《高宗實錄》卷七八〇,三月十三丁丑、十四戊寅、十五己卯三日,高宗幸南苑行圍。(《清實錄》冊一八)

十九日,同查禮、畢沅、陳本敬、馮廷丞、吳烺、汪孟鋗、陸錫熊等法源寺看海棠,過飲冗寄廬。

程晉芳是年有《三月十九日同擇石宮詹儉堂太守秋帆侍講仲思編修紉蘭司直杉亭

厚石耳山三舍人調夫孝廉法源寺看海棠過耳山寄廬留飲作》詩紀其事。(《勉行堂詩集》卷一九)

陳本敬,字仲思。順天昌平人。乾隆二十五年進士。(《明清進士題名碑錄索引》頁二一五一)官翰林院檢討(《清代人物大事紀年》頁七二六),二十八年因考試休致。(《清實錄》冊一七《高宗實錄》卷六八七)三十二年春往天津接駕,加恩准其到京考試。六月試軍機處,被落。(《清實錄》冊一八《高宗實錄》卷七八三、七八六)卒于乾隆四十三年二月,生年俟考。(《清代人物大事紀年》頁八三六)

馮廷丞,字均弼,號康齋。山西代州人。從二品蔭生。乾隆十七年舉于鄉。二十一年由蔭生授光祿寺署正。二十三年丁父憂。服除補官,遷大理寺寺丞。累官至湖北按察使。乾隆四十九年病卒官署,年五十七。廷丞少從周長發讀書,在都下與朱筠、朱珪、錢大昕、王昶、程晉芳、汪孟鋗往來論文。有《敬學堂詩鈔》。(《知足齋文集》卷三《湖北按察使司按察使馮君墓志銘》,《述學外編》卷一《大清誥授通議大夫湖北提刑按察使司按察使兼管驛傳馮君碑銘并序》,《晚晴簃詩匯》卷八一)

春,賦詩悼亡友祝維誥。

《追哭祝典籍四首并序》云:"去秋豫堂之歿,載哭之而不欲以詩也。靈櫬歸海寧,未克葬,當春黯傷,遂雜然寫之,并將與康古誦之。"(《蘀詩》卷二九)

四月初六日,與程晉芳、馮廷丞等至呂氏宅看紫藤花,歸飲朱筠齋。

先生有《呂氏宅看紫藤花歸飲朱編修筠書屋限六字》詩,繫于是年。(《蘀詩》卷二九)又《朱編修筠招同人看呂家紫藤花即飲花下為作歌》注云:"丁亥之會,馮觀察紉蘭今官浙江。"(《蘀詩》卷三五)程晉芳是年亦有《四月六日呂氏宅看紫藤花同得六字》詩,并注云:"蘀石宮詹擬作藤花圖。"(《勉行堂詩集》卷一九)

十六日雨後,程晉芳招同朱筠、查禮、陳本敬、馮廷丞看芍藥,賦詩限"雨"字。

先生是年有《得雨後程舍人晉芳招過看芍藥限雨字》詩。(《蘀詩》卷二九)程晉芳亦有《得雨後邀蘀石宮詹榕巢太守紉蘭司直筠河仲思兩太史看芍藥同用雨字》詩。(《勉行堂詩集》卷一九)據《高宗實錄》卷七八三,四月十六日己酉高宗于黑龍潭禱雨。(《清實錄》冊一八)是日即得雨。(按:四月十八日高宗諭崔應階云:"現在京師于四月十六日,甘霖霑渥。"見《清實錄》冊一八《高宗實錄》卷七八三)故先生詩有"至尊禱雨天即雨"之句。

五月初三日,門生蔣楒卒。

據《高宗實錄》卷七八四,五月初三日丙寅高宗聞其訃,大約即卒于是日。(《清實錄》冊一八)

初五日，桑調元自序《弢甫續集》，言及先生。

> 序中云："前既刻《弢甫詩集》十四卷。年來所作尤多，鴛湖錢載謂予曰：'惟《五岳集》單行，餘當收拾作一處。'予是之，合台蕩、洞庭、中州、閩嶠諸游草及居恆所作，都為一集。"（《弢甫續集》自序）

七月十九日，嵇璜授河東河道總督。將之任，先生賦詩贈行。

> 據《高宗實錄》卷七八九。（《清實錄》冊一八）先生有《奉送大宗伯嵇先生視河河東》詩，繫于是年。（《蘀詩》卷二九）

閏七月初三日，友邵嗣宗病歿于家。年五十八。

> 據錢大昕《翰林院侍讀邵先生墓誌銘》。（《潛研堂文集》卷四三）

廿一日，詞科同徵楊述曾病卒于京。年七十。

> 據劉綸《給四品銜翰林院侍讀楊君墓誌銘》。（《湖海文傳》卷五六）

廿七日，與畢沅、馮廷丞、朱筠、陳本敬、吳省欽、陸錫熊集程晉芳齋，食社糕同賦。

> 先生是年有《閏七月廿七日程舍人晉芳齋社糕小集》詩紀其事。（《蘀詩》卷二九）程晉芳是年亦有《閏七月廿七日邀同壺樽宮詹紉蘭司直秋帆庶子竹君仲思白華編修崟山同年社糕小集得程字》詩，可徵其事。（《勉行堂詩集》卷一九）

八月，乞陳兆崙跋高祖錢嘉徵墨迹詩。

> 陳兆崙識云："乾隆丁亥秋八月，奉跋故明侍御孚于先生遺墨，即次其贈劉道士韻。錢塘後學陳兆崙。"（《清芬世守錄》冊二卷四《錢氏世守冊錄》）按：所作詩《跋故明侍御錢孚于先生遺墨即次其書道德經贈劉道士韻》載入《紫竹山房詩集》。其序云："先生名嘉徵，崇禎初首發魏忠賢十大罪。後由松溪令為隆武侍御史。隆武既滅，遁歸故里，盡焚其著述。病卒僧舍。此卷其玄孫載得之于陝西道觀，墨迹精彩，詩尤奧博倔奇。用次其韻，以志敬仰。"（《紫竹山房詩集》卷一一）

兆崙又跋錢陳群家書卷尾。

> 陳兆崙《為錢籜石跋其從祖香樹先生家書卷尾既畢復次其祖孫倡酬詩韻二首》注云："書是雍正庚戌歲作，詩是乾隆乙酉籜石奉使江南歸後作也。"（《紫竹山房詩集》卷一一）按：所題家書即雍正八年十月與先生之信。（見《香樹齋文集》卷七《與從孫載》）

九月初八日，六十壽辰。翁方綱寄詩祝賀。

> 翁方綱有《寄祝坤一六十壽二首》詩，繫于是年。其中有"不算聲名與官職，即詩足

壓小長蘆"及"經術研覃老更深"之句。(《復外集》卷四)

秋,邵嗣宗訃至,偕同人為位法源寺哭之。又畫蘭、柳、菊、蓼、丁香、紫藤、白蘋、梅、松九種寄付其子。

《題畫哭邵侍讀嗣宗九首》序云:"侍讀嘗屬為畫冊。去秋以病歸太倉,闕然未及還,而今秋訃至。檢冊心傷,乃雜寫得蘭、柳、菊、蓼、丁香、紫藤、白蘋、梅、松,則各繫詩。累欷莫釋,仍寄其孤,復于帷次。"注云:"昨偕同人為位法源寺如意寮哭之。"(《籜詩》卷二九)按:先生平生于交誼至重。官京師三十餘年,戚友之殁于京師,為之買棺收殮、送柩以歸、為位于法源寺以哭、歙購贈寄其家以葬,如此之事未易一二數。(《行述》)

十月,錢大昕乞假歸省嘉定。先生賦詩送之。

據《竹汀居士年譜》,是年六月其妻王恭人病殁于京,錢大昕已有歸田之志,十月始得准假之旨,乃買舟南下。先生有《送家學士大昕省親嘉定二首》詩,繫于是年。(《籜詩》卷二九)

初冬,仿元人筆意作枯木寒鴉圖。

款云:"丁亥初冬,仿元人筆意,籜石錢載。"今藏首都博物館。(《中國古代書畫圖錄》冊一,頁三〇四)

十一月十一日,翁方綱接到先生寄還所批詩兩本。

翁方綱識云:"論詩自論詩耳,卷尾總批忽云:'祖宗讀得幾分書,其應在數世而後。'在籜石,此語亦不自知其所以然。昨于十一月九日,適有持先十一世祖醉庵公、十世祖襄敏公畫像而來者,今甫三日之內即接籜石札,寄還所批詩,內有此言。此非籜石之言,此蓋默默中有使之為此言者,以勵小子耳。自揣曷以克當從今更要加倍努力,行好事、讀好書,勿忘勿怠。十一日篝燈時,舟自三水入南海,敬書。"(《翁覃溪詩》稿本《籜批》)按:兩本詩集,其一是《籜批》五,先生選定三十餘首;其二是《籜批》七,先生選定十餘首。

前一本《籜批》五附有先生回札云:"弟亦隨手看,不能看第二遍。今五古亦好,七律亦解活動。但七律須充實,又須平正中見活動。五律如'東壁圖書府'等大手筆,到底須研極一番。摩詰、少陵自不可廢,雖至老不能廢也。大抵必以古來大家之明理正人為之師,則心與力俱在正大處用。正者必勝偏,大者必勝小,且真者必勝偽,雅者必勝俗,有卷軸古今者必勝空疏,夫豈可限量哉?申之以歲月,由生得熟,由熟得生,有自然進、自然轉之機,非可預必也。同年相好中,得兄進精如此,弟何足言。

山川之間,氣必有所歸,歸亦歸于能用心與力者耳。此等文墨之成,所關在鄉里,且所關在一家之運。祖宗讀得幾分書,其應在數世而後,此亦天道,非弟迂闊也。語長不能盡,專此奉覆不一。弟載頓首。"

後一本《擇批》七載先生論詩云:"七古仍以對為佳,又必以整為佳,不可專作長短句,此也要緊說話也。今已入妙境,有味之至。此後只要準繩穠郁,以情勝,則更妙矣。從前之作,可存者須即挨次存之。其有長序者,略節之,否則改為題下注。又有成題,詩後有一段記出者,此皆非本例,況亦不可煩言。詩所以不注而自明,不多注而易明者為上,不得已而注,則亦不可少。挨次存之,古詩多,亦無碍,存真而已。再從前之作,不可寸之中,或有一二可寸者,改寸之,否則竟斷自何年始? 此皆須定意,則從此易于加功結構也。意之所到、心之所欲,即猛力精進,積久而厚且大矣,何患不成家。"又附先生回札云:"邵二兄原有下午不飯之病,日久而不能支。所以上年九月初四日,同大兒一同南歸。弟之大兒及兒媳及女,俱今南歸,蓋為嫁女也。而邵二兄同舟,則一切亦放心。倘有中途之事,大兒亦可料理,此則弟之心而不説出者也。舟行甚久,邵二兄竟抵家矣,于是乎弟遂放心。夫人之修短生死,不可強也。及秋而二兄病劇,于閏七月初三日歿于家矣。訃來京師,弟將酌,暇日為位于法源寺,集分以助其葬資。二兄病與喪,皆金涵齋同年所幫,已至三四百金。今其葬,京師分子亦不無有濟,弟將寄存于金涵齋處以俟之。非不托其嗣也,蓋寧可存起,以免其世兄出門尋費之難。同年相好,説也傷心,草草綴此。兄若有分寄來,弟當亦寄存于金涵齋處湊之耳。弟載頓首。"

繼云:"弟詩將存千六百之局。八月中却無矣,所以尚有二百餘首須看出,而尚未看出,實在難極。一時那得有許多精神貫注耶,只好將就掇拾,亦補苴不來也。俟看出此二百首後,再通身看題目。題目要自家體例,又須畫一中有參差。少陵題目最佳,其偶有多一二字者,此傳寫之訛也。題目最須講究,不可草率。存詩須寫出自家所缺少者在何處,及時力追之,則到得一分,即是一分。及乎大成,亦仍是謹慎小心,以發揮盡致耳。弟載拜復。"

年内,先生又另為翁方綱選定補錄詩集兩本,即《翁覃溪詩》不分卷稿本之《擇批》八與九。

《擇批》八封面注云"補錄丁亥第一本",并載翁方綱手書云:"此係春間詩,前所錄剩者,不知尚有一二可存否。乞嚴削。"《擇批》九注云"補錄丁亥第二本",亦載翁方綱手書云:"此係年内自己作詩之餘功,有舍親陸象兄初學七古,間以考試古學題擬一二首示之,非本心欲作也。或將此種另歸入昔年初學擬古册子内,可否？抑或隨時編入,不必另歸耶？求教。"

是月,先生奉命稽查左翼宗學。

《行述》云:"十一月,奉旨稽查左翼宗學。"

十二月十一日,寫蘭石一幅。

款云:"丁亥嘉平之十一日,雪窗呵凍,秀水錢載。"鈐印三:"錢載"白文印、"坤一書畫"白文印、"翰林學士"白文印。鈐收藏印二:"乾王齋藏"、"虛齋審定真迹"。畫為墨筆,紙本,立軸。今藏北京故宫博物院。

十六日,陞詹事。

十二月初二日,詹事汪廷璵擢内閣學士兼禮部侍郎。十二月十日,大學士傅恒開列詹事府少詹事十員職名,題請簡用一員補授詹事。(見臺灣中研院藏清内閣大庫檔,登錄號063427-001)先生遂于是日奉旨擢詹事。(《清實錄》册一八《高宗實錄》卷八〇〇、八〇一)

十二月,畢沅出任甘肅鞏秦道。先生賦詩贈行,有"宏才少定程"之句。

《弇山畢公年譜》云:"冬十月,特旨補授甘肅鞏秦道。十二月出京,請假歸省。"(八)《送畢庶子沅觀察隴西四首》有句云:"壯齒多全力,宏材少定程。宣驢原第一,慎重此聲名。"(《蘀詩》卷二九)按:翁方綱批先生詩集,圈出"少定程"三字。錢儀吉識云:"'少定程'三字正有深意,畢公惜未悟此,無怪覃翁也。"

冬日,出西華門望晴雪,賦詞一首。

先生有詞《一萼紅·丁亥冬日出西華門馬上望晴雪賦》,可徵其事。(《蘀詩》卷二六)按:乾隆五十三年,先生復以此首詞鍥諸石硯。(《蘀文》卷一七)

是年,合高祖錢嘉徵詩墨迹、《松龕剩稿》、行狀、墓志銘,以及各家題識,裝為《錢氏世守册》。

先生乾隆庚戌自識云:"載久藏公墨迹詩一紙。厥後求善書諸公,并書公《松龕剩稿》、行狀、墓志銘,遂蒙各有題識,最後求題于勾山陳公。乾隆三十二年丁亥,合裝為《錢氏世守册》。"(《清芬世守錄》册二卷四《錢氏世守册》)按:《錢氏世守册》内容依次為:錢嘉徵《劉朝萊道丈命書道德經第六十三章感而書之》詩墨迹、錢陳群乾隆二年七月跋、梁同書乾隆二十九年錄《松龕剩稿》一卷二十一首并梁同書識文、徐良乾隆二十九年錄《劾魏宗賢滔天十大罪疏》、曹秀先乾隆二十九年夏錄《劾通政司圖南疏》并曹秀先識文、錢嘉徵自閩還里初批家人稟帖三十五字墨迹、熊為霖乾隆三十二年録錢嘉徵行狀并熊為霖識、錢嘉徵墓志銘、陳兆崙乾隆三十二年跋、錢陳群跋。

又為紀復亨題所輯友人墨迹卷。

先生有《紀侍御哀輯其先友墨迹裝卷屬題》詩,繫于是年。(《籜詩》卷二九)

又賦詩送儲麟趾假歸宜興。

先生是年有《送儲宗丞麟趾假歸宜興》詩。(《籜詩》卷二九)

儲麟趾,字釗復,一字梅夫,號薇齋。故江蘇宜興人,分縣為荆溪人。宜興儲氏世以制舉文名天下,至麟趾始好為詩古文辭。乾隆三年舉順天鄉試。四年迴避卷中式,殿試二甲,改庶吉士,授編修。遷御史、給事中。居諫院,伉直敢言。二十四年,以太常寺卿任宗人府宗丞,旋奉命以平定回部致祭長白山等處。引疾歸,主講安徽揚州書院。又十餘年而終,年八十三。生于康熙四十年,卒于乾隆四十八年。有《雙樹軒詩稿》、《心鑑樓文稿》。(《清碑傳合集·碑傳集》頁七三七陸繼輅撰《宗人府丞儲公麟趾別傳》,《宜興豐義儲氏分支譜》卷七之二,《湖海詩傳》卷九)

又嘗與程晉芳等過法源寺看牡丹,并繪圖徵詩。

程晉芳是年有《和望山相國德壽寺看牡丹元韻四首》詩,其注云:"近與錢籜石宮詹輩法源寺賞牡丹,宮詹繪圖徵詩。"(《勉行堂詩集》卷一九)先生是年亦有《法源寺看牡丹歸飲王秋曹昶齋》詩。(《籜詩》卷二九)

是年,高宗欽賜世宗憲皇帝硃批上諭全部。

先生是年有《祗領世廟硃批諭旨一百十二册恭紀二首》詩紀其事。(《籜詩》卷二九)又《行述》云:"丁亥,蒙恩賜世宗憲皇帝硃批上諭全部。"按:高宗御賜先生之詩文典籍,計有《古稀說》、《戒得堂記》、《知過論》、《蘭亭八柱帖》、《快雪堂法帖》等,歸田後悉數藏于家。吳懋政《次韻答錢籜石宗伯》有"架上賜書千卷在"之句。(《八銘堂詩稿》卷四)

本年有詩:

《二硯歌并序》、《上視祭社稷祝版于中和殿侍直恭紀》、《趙子固東坡笠屐圖硯歌》、《靜宜園曉直》、《重至卧佛寺後院婆羅樹下題》、《梵隆十六羅漢渡水圖》、《趙仲穆為楊元誠畫竹西草亭圖》、《追哭祝典籍四首并序》、《邵文莊公温硯歌》、《錢舜舉洪巖先生移居圖》、《出右安門得詩三首》、《南紅門迎駕恭紀》、《南苑曉直》、《聖駕巡幸天津恭紀》、《呂氏宅看紫藤花歸飲朱編修筠書屋限六字》、《法源寺看牡丹歸飲王秋曹昶齋》、《得雨後程舍人晉芳招過看芍藥限雨字》、《查太守禮澹安居看芍藥分韻》、《送儲宗丞麟趾假歸宜興》、《雨後乞戴侍御第元齋前菊苗既數十本復送長歌因即用韻奉酬》、《清漪園曉直》、《起居注館宿次》、《静明園曉直》、《奉送大宗伯嵇先生視河河東》、《閏七月廿七日程舍人晉芳齋社糕小集》、《題畫哭邵侍讀嗣宗九首》、《祗領世廟硃批諭旨一百十二册恭紀二首》、《送畢庶子沅觀察隴西四首》、《紀侍御衷輯其先友墨迹裝卷屬題》）。

其中：

《二硯歌并序》，翁方綱注云："坤一最尊朱竹垞，而此未留意照顧。以此為真，則竹垞之玉帶生非真矣。"又識詩注"信國硯銘云，礲爾之堅兮"云："玉帶生硯銘，此無心字，與竹垞所賦不同。"又圈"墨而搨銘即鐘鼎"句中"墨而搨"三字評云："總不莊敬。"錢儀吉駁翁評云："此是刻誤，非與竹垞為難。"顧列星評云："竹垞先生玉帶生歌頗近俳諧，此詩莊重不佻，如與端人正士晤對一堂。"

《趙子固東坡笠屐圖硯歌》，翁方綱圈"印各刻"、"識其趣"、"嗟此情"諸處評云："不問何題，總帶頹逸。"

《静宜園曉直》，翁方綱評結句"華裾猶自帶星光"云："此句'自'字作何義用之？"

《趙仲穆為楊元誠畫竹西草亭圖》，錢儀吉識詩注"仲穆借王荊文鍾山即事題云"一段云："公屢稱介甫為荊文，以國名及諡合之而無公字，此亦同耳。"

《邵文莊公溫硯歌》，錢儀吉評"東林微尚將無同"一句云："'微尚'字未喻，豈為高顧謙詞耶？"吳應和評云："聽松庵竹爐作此題陪襯，真是天造地設。前半篇疏散平衍，結一段故作整鍊崛強語以救之，筆力可以扛鼎。"近藤元粹注云："是溫硯爐，而非硯也。硯或欠妥。"按：方士庹藏有溫研爐一，同為明無錫邵寶物。銘云："暑有發冰，寒有輻火。既濟且和，燮理在我。彼鼎我研，制殊義同。汝革汝從，惟金在鎔。功成斯文，而不自有。左右置之，歲寒良友。二泉邵寶著，錫山安國製。"即先生所賦溫硯。江都馬氏兄弟與同游諸名士皆有詩賦之，詩載《韓江雅集》，事載阮元《廣陵詩事》卷七。硯形方而橢，高約四寸，橫一尺一寸，縱減尺之四，加寸之三。上穴方圓二孔，方者受硯，圓者受水盂。乾隆十一年方士庹得之，以三十二年夏呈之儀徵縣公用，官書移至無錫，歸聽松山房。邵寶，成化二十年進士，官南京禮部尚書，百疏辭歸，築臺九龍山麓，潛心《易》理，號其臺曰點易臺。聽松山房，故邵氏香火院也。(《大雅堂續稿文》卷三《溫硯爐記》)故先生詩中有"形方而橢橫尺強，二百春秋閱如傳。聽松庵裏今復歸，點易臺前我未見"之句。(《籜詩》卷二九)

《南苑曉直》，顧列星評"七十二橋三海子，青蒼老樹舊衙門"二句云："本句對老健。"

《查太守禮澹安居看芍藥分韻》，又評結二句"惱殺閑情天不管，綠槐陰裏自疏慵"

云:"結句微露和而不同之意。"

《送儲宗丞麟趾假歸宜興》,翁方綱評起句"叙族糾宗贊月卿"云:"糾,上聲,誤作平。"

《清漪園曉直》,顧列星評"乳鴉聲裏宮門啓,緑樹陰中口勅傳"二句云:"'乳鴉'一層,唐人早朝詩未經道及。"又評結句"一心常在衆心先"云:"末句心法為治法,乃本朝聖聖相承之家法也。"

《題畫哭邵侍讀嗣宗九首》,吳應和批詩序云:"有至性人,不負死友蓋如此。"

《送畢庶子沅觀察隴西四首》,翁方綱圈'少定程'三字。錢儀吉識云:"'少定程'三字正有深意,畢公惜未悟此,無怪覃翁也。"

卷　　六

乾隆三十三年戊子（一七六八），先生六十一歲。

正月十二日，陪祀祈年殿。

　　先生是年有《上祈穀于祈年殿陪祀恭紀》詩紀其事。(《萚詩》卷三〇)據《高宗實錄》卷八〇二，正月十二日行祈穀禮。(《清實錄》册一八)

二月初五日，侍直文華殿。

　　先生是年有《上御經筵于文華殿侍直恭紀》詩紀其事。(《萚詩》卷三〇)按：是日，先生與侍班之大學士九卿詹事等，行二跪六叩禮，分班入殿內序立。直講官觀保、裘曰修，進講大學"是以君子有絜矩之道也"一句。直講官奉寬、王際華進講尚書"一日二日萬幾"一句。宣御論。大學士尹繼善、劉統勳奏。奏畢，諸臣出就拜位，行二跪六叩禮。(《清實錄》册一八《高宗實錄》卷八〇四)

十三日，高宗啓鑾謁泰陵。先生奉旨扈從。

　　《高宗實錄》卷八〇四云："(辛未)自圓明園啟鑾，謁泰陵。"(《清實錄》册一八)《行述》云："戊子二月，上恭謁泰陵，府君奉旨隨駕。"按：以下行程日期皆從《高宗實錄》卷八〇四、八〇五鈔出，不再另行注明。

是日，駐蹕黃新莊行宫。

十四日，駐蹕半壁店行宫。

十五日，駐蹕梁格莊行宫。

十六日寒食，謁泰陵。先生侍直。

　　先生是年有《上躬謁泰陵侍直恭紀》詩紀其事。詩中有"寒食沿常俗，明衣致潔衷"之句。(《萚詩》卷三〇)《高宗實錄》卷八〇五云："(甲戌)上謁泰陵……王以下文武大

臣官員隨行禮。"(《清實錄》册一八)

是日，駐蹕秋瀾村行宮。

十七日，駐蹕半壁店行宮。

十八日清明拂曉，侍直半壁店行宮。

先生是年有《清明日半壁店行宮曉直》詩紀其事。(《萚詩》卷三〇)

是日，駐蹕黃新莊行宮。

十九日，高宗迴鑾。先生亦回京。

廿三日，侍直勤政殿。

先生是年有《上御勤政殿聽政侍直恭紀》詩紀其事。其中有"躬禱龍潭雨"之句。(《萚詩》卷三〇)據《高宗實錄》卷八〇五，二月廿二日庚辰遣官祭黑龍潭、玉泉山龍王之神，廿三日辛巳高宗御勤政殿聽政。(《清實錄》册一八)

四月初一日，因開送試差贊善路斯道年已衰邁，奉旨交部議處。

《高宗實錄》卷八〇八云："本年鄉試，應開試差人員，降旨令各該衙門堂官，量其年力學殖揀選，帶領引見。今贊善路斯道一員，年逾七旬，久經衰邁，乃詹事府堂官仍行開送，顯係瞻徇情面。所有該堂官，著交部議處。"(《清實錄》册一八)按：乾隆二十八年四月，程景伊上奏，請令嗣後各該堂官，于開送外簾官時，將老疾者驗明扣除。諭旨命開送時，該堂官等務宜公同驗看，不得視為具文。(《清實錄》册一七《高宗實錄》卷六八四)

既而部議降調，得旨革職留任。

《行述》云："府君任詹事時，于戊子年因開送試差人員年已衰邁，奉旨交部議處。部議降調，蒙恩革職留任。"又國史館本傳云："三十三年四月，以開送試差贊善路斯道年力就衰，上責其瞻徇情面，交部議處，尋降二級調用，得旨革職，從寬留任。"(《耆獻類徵》卷九一)

初八日，與朱筠賞花，并賦七律一章。

褚廷璋是年有《四月十二日謝蘊山招飲偕袁春浦陳松山稺晴軒秦芝軒游法源寺觀牡丹已謝惟殘花二朵嫣然有致春浦前輩拈江佳元刪肴蒸覃鹽八韻屬同人共賦斷句》詩，其注云："前四日錢籜石、朱竹君前輩看花，賦詩各七律一章。"(《筠心書屋詩鈔》卷四)

是月，試于正大光明殿。

《槐廳載筆》引《翰詹源流編年》云："乾隆三十三年戊子夏四月，御試翰詹于正大光明殿。擢吳省欽等官，餘降調、休致有差。試題：《擬張華〈鷦鷯賦〉》；《紫禁朱櫻出

上欄詩》，七言八韻；《新疆屯田議》。一等三人，編修吳省欽陞侍讀，褚廷璋陞侍講，少詹事張曾敞賞緞四疋。"（卷九）

六月，兩淮預提鹽引餘利隱匿不報案發。先生友前任運使盧見曾因此案下獄死，紀昀、王昶、趙文哲亦牽連受罰。

  自乾隆十一年起，兩淮有預提綱引之例。其中有餘利，即各商每引繳公費若干，歷任鹽政等并未奏報。經查，除歷年辦貢及預備差務，尚有未繳餘利銀六百餘万兩，歷任鹽政均有營私侵蝕等弊。盧見曾以隱匿提引銀兩，營運寄頓，獲罪絞監候。王昶、趙文哲以漏洩通信，照例擬徒。紀昀以瞻顧親情，擅行通信，發往烏魯木齊效力贖罪。（《清實錄》冊一八《高宗實錄》卷八一三、八一五、八一七，《清史編年》卷六）

七月廿六日，孫錢善時生。為錢容錫次子。

  錢善時，字欽甫，號竹田。秀水庠生。生于乾隆三十三年。娶海寧國學生蔣肇基女，生于乾隆三十六年。子一：聚德。女二：長適平湖庠生屈廷慶，次適海寧庠生蔣履祥。（《家譜》卷七）

八月，長子錢世錫舉浙江鄉試第二十一名。考官為博卿額、陸錫熊。

  《盧江錢氏年譜續編》云："乾隆三十三年戊子秋，百泉先生舉鄉試本省第二十一名舉人。是科浙江鄉試考官，詹事府庶子滿洲公博卿額、內閣中書上海陸公錫熊。"（卷三）

九月初八日，友翁方綱奉命再留廣東學政任。

  據《高宗實錄》卷八一八。（《清實錄》冊一八）又《翁方綱年譜》云："十月，報滿。奉旨仍留廣東學政任，時已遣家眷先北上，至嶺聞留任信，復回廣州。"（頁四四）

廿九日，侍直中和殿。明日，再值太廟。

  先生是年有《孟冬朔上親享太廟陪祀恭紀》詩紀其事。其中有"昨直中和陛，雍容親視虞"之句。（《蘀詩》卷三〇）《高宗實錄》卷八二〇云："乾隆三十三年戊子冬十月乙卯朔，享太廟，上親詣行禮。"（《清實錄》冊一八）

十月初二日，侍直乾清門。

  先生是年有《上御乾清門聽政侍直恭紀》詩，繫于《孟冬朔上親享太廟陪祀恭紀》之後。（《蘀詩》卷三〇）據《高宗實錄》卷八二〇，十月初二日丙辰，高宗御乾清門聽政。（《清實錄》冊一八）

十一月初三日，再跋門生袁鑒所藏神龍蘭亭。

  《神龍蘭亭跋》云："戊子十一月三日再跋。"又云："春圃獲此于官翰林時。"（《蘀文》卷

一四)

袁鑒,榜名袁鑑,字汝甘,一字春圃。浙江錢塘人。乾隆十八年舉于鄉。二十二年成進士,出先生門下。選庶吉士,散館授翰林院編修。考選江南道御史,轉刑科掌印給事中。出歷江寧布政使,降補江寧知府。鑒為杭堇浦、張無夜高弟,故詩律俱有淵源,尤工七絕。暮年獨好松雪雁門之詩。生卒年俟考。(《樗文》卷二二《誥贈中憲大夫尋甸州知州袁公墓誌銘》,《國朝御史題名》,《兩浙輶軒錄補遺》卷五)

是年,盧文弨還京,以方竹相贈。

先生賦詩謝之,見《盧學使文弨還自湖南見貽方竹製為竹杖賦詩以謝》。(《樗詩》卷三〇)按:上年十二月,盧文弨以奏事不稱旨,奉命撤回湖南學政之任,并交部嚴加議處。(《清實錄》冊一八《高宗實錄》卷八〇一)

是年,嘗與吳熾文、吳璜父子過英廉齋,飲海棠花下。

英廉有《錢籜石吳樸庭過訪草堂海棠正放置酒欣賞再用前韻》詩,繫于是年。(《夢堂詩稿》卷一一)吳璜亦有《英少農夢堂招同錢籜石宮詹賞海棠明日用東坡喜劉景文至韻寄示依韻奉答》詩,可徵其事。(《黃琢山房集》卷八)

英廉,姓馮,字計六,號竹井,又號夢堂。內務府漢軍鑲黃旗人。雍正十年壬子舉人,由筆帖式授內務府主事。歷任內務府大臣、戶部左侍郎、刑部尚書、直隸總督,充纂修《日下舊聞考》總裁、四庫館總裁、翰林院掌院學士,官至保和殿大學士。乾隆四十八年八月卒,年七十七。(《欽定八旗通志》卷一九三)入祀賢良祠,諡文肅。著有《夢堂詩稿》十五卷。詩自漢魏以來大家名家,皆沉潛探討,掇菁遺粕,當為元之遺山、明之青丘後先較勝。(《八旗詩話》)

先生年過六十,始與英廉交識,其後十餘年間,詩酒交往,逾老益密。

《題馮少司農小影卷子》有"我年行六十,相見各忻然"之句。(《樗詩》卷三四)按:《蒲褐山房詩話》云,英廉初通籍時,雅嗜芸緗,尤敦車笠,與厲鶚、吳熾文、符曾、查為仁為酬和友,詩壇酒社,翰墨飛騰。既而職長六曹,殫心時務,或舉舊稿為言,輒遜語謝之,蓋不欲以文人自命。(《湖海詩傳》卷五)此言亦不盡是。蓋先生與英廉相交十數年,即以詩文翰墨為緣。英廉極賞先生之詩,謂于近日詩人東南推第一:"不名一家,大約以樸老之筆,抒幽麗之思,于古淡中寫生峭之致,得少陵、香山、山谷之神與韻與髓,而遺其貌者也。"(《三松堂集》文集卷一《張青在寒坪詩鈔序》)

又應徐以坤、徐以泰兄弟之請,賦元門十子圖。

先生有《德清縣元開元宮所嘗藏元門十子圖歌》詩,繫于是年。其中有"迢遞作歌報

二徐"之句,并注云:"陶尊、穀函。"(《籜詩》卷三〇)

又題蔡可遠遺像。

先生有《題桐鄉蔡明府可遠遺像》詩,繫于是年。(《籜詩》卷三〇)按:題詩或應蔡新之請而作。(參見《紫竹山房詩集》卷一二《為蔡葛山侍郎題其叔桐鄉令致庵遺像》)

又集舊搨碑帖殘本之字題小影册子。

《自題小影六首》序云:"藏有舊搨碑帖之殘本。戊子歲嘗集其字以題小影册子,而裝于後。今册子已失之,拾廢稿錄于此。"(《籜詩》卷三九)

又自題《碎金帖》。

先生有《封禪頌碎金帖歌》詩,繫于是年。(《籜詩》卷三〇)按:錢泰吉云:"宋紹興時,集褚河南字為奉禪頌,名《碎金帖》,族父籜石宗伯公所藏,今在公曾孫剛中所。"(《甘泉鄉人餘稿》卷一《為蔣寅昉書扇題跋》之四)

是年,為翁方綱選定年內所作詩約八十餘首,即《籜批》十二。

翁方綱自識云"戊子",又云:"此內約存八十餘首。"(《翁覃溪詩》稿本《籜批》十二封面)

先生論七律云:"七律第一要親切、第一要明亮,有親切明亮之思路以取逕矣,而引用又不淺泛,而接轉又發得開,此則穩穩寫入,不在于過求深遠。蓋凡事以實為主,容不得一分客氣也。然而超則元要超。"(《翁覃溪詩》稿本《籜批》十二末)

又論七古云:"七古依經傍注,則路在親切一邊矣。然骨勝則必至乏味而後矣,所以原要有肉采,原要是七古之正調,不可多用文章之虛字眼而縱筆長短以湊勢。一面謹嚴,一面充拓,原是愈進而愈難也,然却需適可而止,一過火即入旁門耳。"(同上)

本年有詩:

《上祈穀于祈年殿陪祀恭紀》、《上躬謁泰陵侍直恭紀》、《清明日半壁店行宮曉直》、《上御經筵于文華殿侍直恭紀》、《盧學使文弨還自湖南見貽方竹製為杖賦詩以謝》、《靜明園曉直》、《上御勤政殿聽政侍直恭紀》、《端範堂齋宿》、《觀吳興山水清遠圖》、《題桐鄉蔡明府可遠遺像》、《觀曹雲西西隱圖》、《陸包山桃花塢圖》、《八月十五夜》、《題管夫人寄子昂君墨竹》、《四烈婦圖歌》、《德清縣元開元宮所嘗藏元門十子圖歌》、《觀錢舜舉桃花源圖用題者錢思復韻》、《唐子畏明皇教笛圖》、《觀王右丞精能圖》、《董北苑瀟湘圖》、《趙文敏公寄右之兄札墨迹》、《王叔明停琴聽阮圖》、《封禪頌碎金帖歌》、《孟冬朔上親享太廟陪祀恭紀》、《上御乾清門聽政侍直恭紀》。

其中:

《上躬謁泰陵侍直恭紀》,顧列星評前兩聯"一氣肇于東,維西更鬱葱。靈山盤上谷,厚地閟玄宫"云:"一起簡括超妙,何等筆力。"

《清明日半壁殿行宫曉直》,顧列星評"春人總愛天"一句云:"'春人'五字寫出熙皞氣象。"

《靜明園曉直》,顧列星評云:"山莊清曠之景,儒臣閒適之致,淡寫自足。"

《八月十五夜》,翁方綱評"天非無皓月,人自有煩憂"二句云:"'煩憂'對'皓月'畢竟未工。"

《題管夫人寄子昂君墨竹》,翁方綱評云:"題甚妙。"又識云:"此作愚有改本,撐石未知也。"復圈結二句"寄言妙得温柔解,韻戞琅玕神理超"中"温柔解"、"神理超"兩處云:"呆滯可笑。"

《董北苑瀟湘圖》,又評"浸岸不畫水,盈盈已淼淼"二句云:"此撐石擅場。"

《趙文敏公寄右之兄札墨迹》,顧列星評云:"婉而多風。"吳應和評云:"極好周旋,語亦典重。"錢儀吉評"髐來玉馬朝周客,未絶銅盤别漢心"二句云:"'玉馬'、'銅盤'亦習見。"近藤元粹評云:"漁洋題子昂畫牛作已用此典矣。以'銅盤'、'别漢'為之對,稍為換面耳。"

三十四年己丑(一七六九),先生六十二歲。

正月初一日,侍直太和殿。直後過同年友范械士齋慰問。

先生是年有《元日上御太和殿受朝侍直恭紀》詩紀其事。(《撐詩》卷三〇)《工科掌印給事中范君墓誌銘》云:"己丑,于是君年六十矣。元日五更入朝,市門爆竹驚其羸車奔幾覆,朝回,載過之,猶心悸也。"(《撐文》卷二一)

初七日,侍直祈年殿。

先生是年有《上祈穀于祈年殿侍直恭紀》詩紀其事。(《撐詩》卷三〇)《高宗實錄》卷八二六云:"辛卯,祈穀于上帝,上親詣行禮。"(《清實錄》册一九)

二月初四日,祭先師孔子。先生侍直。

先生是年有《修先師廟成上親詣釋奠侍直恭紀九章》詩紀其事。(《撐詩》卷三〇)據《高宗實錄》卷七八一及八二八,三十二年三月廿一日下旨重修太學文廟,于三十四年二月初一日修成,并于二月初四日丁巳祭先師孔子。(《清實錄》册一八、一九)

三月初七日,高宗巡幸湯山、盤山。先生奉旨扈從。

《高宗實錄》卷八三〇云:"(庚寅)自圓明園啟鑾,幸湯山、盤山。"(《清實錄》册一九)《盤山筍銘》云:"己丑扈蹕于京之東,春之三。"(《蘀文》卷一七)《行述》云在二月,有誤。

按:以下行程日期皆從《高宗實錄》卷八三〇、八三一鈔出,不再另行注明。

是日,駐蹕湯山行宮。

初八日,駐蹕三家店行宮。

初九日,駐蹕大新莊行宮。先生賦詩一首。

先生是年有《上扈蹕宿大辛莊》詩。(《蘀詩》卷三〇)

初十日至十四日,皆駐蹕盤山行宮。

其間,先生游盤山千像寺、天成寺、萬松寺、古中盤、少林寺。

先生是年有《上千像寺》、《過天成寺上萬松寺復度西甘澗東甘澗踰嶺入古中盤回憩少林寺外》二詩紀其事。(《蘀詩》卷三〇)

十五日,自盤山啓鑾回京。是日,駐蹕大新莊行宮。

十六日,駐蹕三家店行宮。

十七日,高宗回鑾。先生亦抵京。

四月初三日,陪祀圜丘。

先生是年有《上親常雩于圜丘陪祀恭紀》詩紀其事。(《蘀詩》卷三〇)據《高宗實錄》卷八三二,四月初三日乙卯常雩,祀天于圜丘,高宗親詣行禮。(《清實錄》册一九)

十三日,友范棫士病卒京邸。年六十。先生賦詩挽之。

據《工科掌印給事中范君墓志銘》。(《蘀文》卷二一)先生是年有《范給諫棫士挽詞五首》詩。(《蘀詩》卷三〇)

其後,又為范棫士及其父范甫霆撰墓志銘。

范棫士子錫圭、穉圭兄弟將奉其祖考妣、考妣暨其叔考妣,于明年正月六日葬金山縣,遂以考銘及祖考銘來請先生。(《蘀文》卷二一《誥贈朝議大夫掌福建道監察御史范公墓志銘》)范甫霆,字耕南,號苧田。江南華亭人。松江府儒學生。生于康熙十一年,卒于乾隆九年。子二:長棫士;次穎士,華亭縣儒學生。(同上)

五月十六日,徐良為《澉上讀書圖》題詩。

徐良識云:"己丑五月十有六日,合卷中十韻為句,應蘀石七兄命,并請教定。年愚弟徐良拜手。"鈐印二:"徐良草稿"白文印、"又次居士"白文印。(《清芬世守錄》册四《澉上讀書圖》)

先是,徐良至京,先生嘗喜賦一首。又請徐良書"木雞"二字額寓屋。

先生有《喜徐太守良至》詩,繫于是年。(《蘀詩》卷三〇)又乾隆庚寅詩《哭汪選部孟鋗六首》注云:"余于去歲乞徐太守書'木雞'二字額寓屋。"(《蘀詩》卷三一)按:據《工科掌印給事中范君墓志銘》,范楼士卧病在床時,徐良曾朝夕視之,則其抵京之日應在三、四月間。(《蘀文》卷二一)徐良來京師謁選,僦居法源寺,先生暇輒過之,兩人"老而益相得也"。(《蘀文》卷二二《知夔州府事徐君墓志銘》)

徐良則以舊裝貪貧居賤詩卷屬題。又請題王宸《法源寺銷暑圖》。

《喜徐太守良至》注云:"時以舊所裝貪貧居賤詩卷屬題。"(《蘀詩》卷三〇)時徐良僦居法源寺,因請王宸作《法源寺銷暑圖》。圖後有王宸、張模、紀復亨等題咏。先生題識云:"大麥秋時,客獨涼蟬,語外風炎,高閣相看,尺咫西齋,自了甕鹽。碎金借輿,褚迹群玉,同觀宋摹,銷夏一灣,鄉夢白荷,惟少萬株。奉題鄰哉太守三兄法源寺銷暑圖,即請教定。年弟秀水錢載。"鈐印二:"錢載"白文方印、"坤一書畫"白文方印。

十八日夏至,侍直中和殿。

先生是年有《上視祭方澤祝版于中和殿侍直恭紀》詩紀其事。(《蘀詩》卷三〇)《高宗實錄》卷八三五云:"己亥夏至,祭地于方澤,上親詣行禮。"(《清實錄》册一九)

廿一日,跋《澉上讀書圖》。

跋云:"甲申夏,鄰哉徐先生自粵西入都,將出守夔州。時乞其題卷首五大字。今年復來都,則自夔州乞歸者已三年,又為余題五言詩一首于卷尾。蓋前後所書中間相隔且五年餘也。己丑五月廿一日,錢載記。"鈐印二:"秀水錢載坤一書畫記"白文印、"翰林學士"白文印。(《清芬世守錄》册四《澉上讀書圖》)

按:道光六年十月,從子錢泰吉從先生冢孫錢寶甫處鈔記《澉上讀書圖》長卷,錄入所輯《清芬世守錄》。依其所錄,《澉上讀書圖》長卷前後依次為:引首,徐良題"澉上讀書圖"五大字,鈐有"臣良"白文印、"徐氏鄰哉"方印;先生小像兩幅,一為祝垣畫像張庚補景者,一為許謙畫半身小款像;張庚乾隆三年畫澉上讀書第一圖,鈐有白文"庚"印、朱文"江東布衣"印;從父錢元昆分書錄盧存心所撰《澉上讀書圖記》,鈐有"好此不倦"白文印、"以學愈愚"白文方印、"元昆"白文印、"字少白"朱文印、"適廬"白文印;夏大易畫蘭一幅,鈐有"夏大易印"、"蘭巢印"、"香草山房印"、"青松白石印",俱白文;張宗蒼畫澉上讀書第二圖,鈐有"篁村"白文印、"太湖漁人"白文印;梁同書錄乾隆二十年分韻題咏之作,依次為:張庚得"傳"字,張敬業得"遵"字,祝維誥得"重"字,王又曾得"諫"字,陳諒得"山"字,祝喆得"清"字,錢陳群得"草"字,錢汝恭得"海"字,先生得"門"字,錢世錫得"拔"字;先生乾隆二十二年跋語,鈐有"錢載"白文印、"坤一父印"朱文方印;徐良題詩并記,鈐有"徐良草稿"白文印、"又次居士"白文印;末為先生乾隆三十四年跋語,鈐有"秀水錢載坤一書畫記"白文方印、"翰林學士"白文方印。

六月十六日,跋《永思卷》。

所謂《永思卷》者,乃先生五世祖錢珍仲弟錢琦,"痛其禄不逮養,恭録朝之敕命暨墓志銘,求當世賢士大夫之詩文,彙為卷而乞題曰'永思',以志其昊天罔極者也"。先生四世祖朴庵公諱達字景孚,卒于明弘治九年,而子琦正德三年方登進士,此即所謂痛其禄不逮養而永思之也。先生雙親殁,而始邀一第,所以感其感,思其思,于此卷心有戚戚焉。(《蘀文》卷一五《跋永思卷》)

廿二日,接到翁方綱鈔寄本年二月半後至四月半所得詩六十六首。

先生為其選定數十首,即《翁覃溪詩》不分卷稿本,《蘀批》又二。

即為批定,并回復。

文云:"捧到新詩,即為讀畢。真實力量、真實用功,敬服敬服。此後有作,希即再寄與也。弟近來心不在此,焉能有精力全注于此耶?自前年偶閱地理之真詮,今年意理略領會之,而書尚未鈔全,尚貫通不來。若一兩日後貫通之,則可以破世間術士之疑矣。此是暮年增此一知覺也。又上年得定武石本與褚河南真迹後,至今無整工夫精學之。而畫理亦須整頓,則日日見舊迹,而筆底又未能如意。此兩件事不過略為整頓,大約在九秋以前耳。此後亦不及再費時日也。而讀古文甚要緊,真真無工夫。齋中之書讀之不了,焉得有餘工夫耶?拙詩今春又看過一番,三月停止後不曾付鈔,俟鈔出則再商量。詞則竟棄去矣,白白用過工夫。凡此皆容易撥遣,惟是來日若少窮之一字,亦無暇憂之,只好向着開心境處求生趣。而讀古文一事甚難,整頓無處問,亦無處説。而一切酬應仍來混人,一日有得幾刻工夫耶。幸心境總尚好,夜眠一覺直到天明,看來還要活也。安得再有十年精力,則豈不甚樂耶!"

繼云:"兄詩在所必成。如今要將充實工夫隨時做去。亦多做不得,多做則容易不長進。而少做又難,此處最費心力。第一原要氣厚。虞伯生之比諸人,原覺得厚,甚難甚難。須知虞一時名流皆甚出色,極不容易,而虞能于其中獨老蒼,此原不僅僅是詩人也。其時之書家、畫家、文章家皆規規矩矩,後人望之俱是難及。所以小則成小,大則成大,只要成就,且莫驚廣也。同年相好漸稀,京職不過十四五人。十八年來,談學問者本無多人。今惟得兄奮力于學,將來北方之能者惟兄矣。此是一快事。而范大兄之殁,實為心傷。今柩尚未歸,葬又甚難,奈何奈何。今日是六月廿二日,謝老先生持新詩來,即讀畢,不另作札,希恕之。年弟載頓首,覃溪大兄同年左右。"

又云:"天籟閣印章本多。其所以篆筆不同者,贋刻之多,無所不有。于其名貴之迹所用印章,重重複複多至數十者,有之,只要真便是矣。此後。"

七月初六日,侍直清漪園。

先生是年有《清漪園曉直》詩,并注云:"明日七夕,今日立秋。"(《蘀詩》卷三〇)

廿三日,逢亡友范械士百日祭,撰文記癸未歲贈硯事。

《范給諫硯銘并序》云:"同年范芃野給諫,癸未歲贈我蘇州黃褐石硯。乾隆己丑七月廿三日,秀水錢載記于宣南坊齋。"(《蘀文》卷一七)

是月,董邦達病故。年七十一。

據《高宗實錄》卷八三九,七月十八日戊戌高宗聞董邦達遺疏,則知其于是月病故。(《清實錄》册一九)

是月,先生為汪啓淑《漢銅印原》撰序。

序云:"昔司馬子長之編史也,藏之名山,傳之其人。類而推之,即古之名物珍玩,其秘而不宣者,亦必待真知篤好之士,庶可傳諸不朽。造物乃巧為遇合,以名于世。不然,縱獲片麟寸甲,亦不能廣蓄以成一家之物。夫乃歎:聚于所好、相得益彰,古言為不誣也。如秀峰汪子所輯印譜之富是已。秀峰嗜古名流,弱冠弄柔翰,觀群書,工吟咏,八法而外,恣其餘力,復專心于印典。凡海內名手所鎸及累朝巨公所佩,輯為《飛鴻堂印譜》四十卷、《訒庵集古印存》三十二卷、《退齋印類》十卷、《靜樂居印娛》四卷、《秋室印粹》二卷,洋洋大觀,盛行于世。更不稍懈,擴論古尚友之義,遇兩漢印,必羅而至之,集為《漢銅印叢》十二卷。一時名公大雅,侑以弁言,令閱者展卷驚奇。譬彼夜光之珠,不脛而走,宇內流傳殆遍。裒集以還,日新月盛,又得漢銅古印若干顆,薈為《印原》十六卷,以公同好。官印自王侯將相遞至令丞,私印則以姓氏依詩韻為編次,最後悉以閑印附焉。縷析條分,原原本本,殫見洽聞,較諸《印叢》各譜,尤為明備。因歎千餘年古人手澤,不至没于荒煙蔓草之間,淪于兵燹劫灰之燼而流失敗壞者,是古人之大幸,抑亦秀峰之深幸也。則造物之所以既其苦心搜求者,豈淺鮮哉!余深嘉秀峰之淹博,嗜古不置,而樂為之序云。乾隆三十四年歲在己丑秋七月,弟錢載拜撰并書。"(《漢銅印原》附)按:右序為先生佚作,故盡錄于此。汪啓淑,字慎儀,一字秀峰,號訒庵。安徽歙縣人。治鹽于浙,寓居錢塘。好為詩,與厲鶚、杭世駿交善。以貲為工部郎,擢兵部職方司郎中。生于雍正六年,卒年俟考。好古成癖,尤嗜印章,編有《訒庵集古印存》三十二卷、《飛鴻堂印譜》四十卷、

《漢銅印叢》十二卷、《漢銅印原》十六卷等二十餘種行世。藏書甲江南，乾隆三十七年應詔進獻精醇秘本五百餘種。所著尚有《訒庵詩存》、《水曹清暇錄》、《印人傳》。(《皖志列傳稿》卷四金天翮《汪啓淑傳》，《清代人物生卒年表》頁三五二)

九月初四日，庶母丁孺人卒。壽八十四。

丁孺人，錢炌側室，生于康熙二十五年八月初八日。生二子，莊、星。女二，長適南城朱氏舊家，貧甚。先生妻張夫人迎歸，供饘粥。妹歿後，先生盡哀殯殮。妹有女幼，先生撫育以成，擇婿而嫁。(《行述》)

初七日，沈德潛病卒里第。年九十七。

據袁枚《太子太師禮部尚書沈文愨公神道碑》。(《小倉山房文集》卷三)

初九日，先生應劉綸之邀，與王際華、蔣元益登大光明殿之天元閣，未赴英廉獨往園之會。

先生是年有《馮少司農英廉預日招過其獨往園作重九至日為南劉相國邀登大光明殿之天元閣遂不果赴明日送句以謝》詩，可徵其事。(《蘀詩》卷三〇)劉綸亦有《重九日同人集光明道院遲英夢堂司農不至越日折柬會飲尊齋次粘壁韻二首》詩，注云："王白齋司農、蔣希園閣學、錢蘀石宮詹并急趨門鑰，避席先歸。"(《繩庵外集》卷四)

王際華，字秋瑞，號白齋。浙江錢塘人。乾隆十年第三人及第，授編修，入直南書房。三十年調戶部右侍郎，署吏部侍郎。三十一年兼署工部侍郎。三十四年擢禮部尚書。四十一年卒于位，年六十。謚文莊。治事敏覈，為時名臣。于文事尤加意，詩未見全集。(《耆獻類徵》卷八八國史館本傳，《兩浙輶軒錄補遺》卷五)

蔣元益，字希元，號時庵。江蘇長洲人。乾隆十年進士。十八年由陝西道監察御史出任山西學政。三十三年擢都察院左副都御史，旋升內閣學士兼禮部侍郎。四十三年以兵部右侍郎休致。歸主婁東書院，移朱紫陽書院。乾隆五十三年卒于家，年八十一。生平著述甚富，有《廿一史訂誤》、《周易精義》、《清雅堂詩餘》藏于家。(《耆獻類徵》卷八八國史館本傳，《大清一統志》卷八一，《蘇州府志》卷八九，《國朝御史題名》)

十一月初二日，翁方綱鈔寄本年四月至十月詩一百十八首乞批示。

先生未能定其必刪存，請方綱自酌之，謂必存者存，可不存者刪。即《翁覃溪詩》不分卷稿本，《蘀批》又三。

十二月十七日，先生批定，并回復。

文云："詩境亦是與年俱進，隨時、隨地、隨題取書卷灌注之。所以看書要多，則書味益然。不可純將虛實字轉換出清新尖薄之趣，是要字字有來歷。第一層頂真詞頭充實之,不可趁手將第四五層平常字眼搬弄充數,則積之久而真實堅厚。若更大得來,則更妙矣。讀書亦焉能一口吸盡西江,只得隨時勉力。三代兩漢之書,韓公已說定。而後人則更有宋人書應看,所以難也。然而須度德量力,若不能兼顧,只須併力做一件。厲樊榭即是如此,一生灌注都在詩詞。若看出蹊徑,亦覺得太累氣。然不累氣不能,容易輕輕鬆縛了也。查初白詩集是南宋大家即稍讓放翁,而已壓周益公、范石湖、楊誠齋矣。厲樊榭之精詣,如皮、陸等固已掃去,然後來亦似楊鐵崖,蓋其游歷神氣不得不近鐵崖耳。所以先要定做人之忌。如元遺山已小于蘇、黃,而尚有大之處。所以第一元要喉嚨大而圓。'我祖東山'之聲音,自然中和極矣。'月出皎兮',如何拖得長?厲樊榭有味,都在兩片嘴唇上見書味。蓋生得如此質地,不勉強而成就之,即是必傳,亦不全靠大也。取材是要刻刻取材的,不取頂真之材料而趁手轉換,不如不做。然總要會做,厲樊榭亦大不足,而會做却會做,從不杜撰,此是真家數。現放着一樊榭,不能突過之,則如何可多多寫出來乎?(按:覃谿作詩貪多,雖經先生告誡,積習依舊不改。嘗批曹振鏞詩謂作詩有四多,其一即為多作。見《今傳是樓詩話》頁三五七、三五八)十月末、十一月初看樊榭詩,覺得清深密微,實不可及,其傳于後無疑也。而樊榭同時諸人俱無一個如之耳。初白同時諸人亦然,只有一初白。昨接大兒南邊寄所作詩,都是七古用故事硬接硬轉者,甚崛奇兀傲,似山谷。所以總要從源頭上通來,而亦要會做。況各體要尋得來路出路,而總要是我之詩,此則可傳矣。而再將人品配上去,若做壞了人,便不足校也。"(《翁覃溪詩》稿本《擇批》又三)

又云:"兄近詣自然更進,而太纖太新處亦不可。總要心心念念將古書灌注,而得大家風範、老成口氣。從前所作一綫抄出來,再自定之,則虛實即自見,而隨時可灌注耳。寫字必用羊毫筆之散得來者,此竟須叫人做散卓。若湖州筆,此乃非古法,鹿角菜膠得堅實,則斷不可提起腕來矣。羊毛軟筆則轉折如意,愈軟則腕愈提得起,所以云腕力也。此事今年更講明白矣。紙則凡紙必硾。米元章十紙說中之法,至今秋而始得之。弟做一根長木棍,勻圓磨光,用紙包好。將要硾之紙卷上,再用紙包之。用棗木椎,叫人着實勻打,打到緊密之至。雖新紙而寫字見轉折,并不滲矣,畫更得味。若用漿硾,則先用糯米炒黃煮粥,取湯勻染一遍。俟乾,然後打,打到整千杵,則與宣德紙無異。此筆與紙二法奉送,極妙也。日來小孫出痘,幸而都恭喜之至。然歲暮多費,甚覺心煩,草草不更具札。弟載頓首,覃溪同年大兄執事,十二月十七日。"(同上)

是年,與王杰聯名奏請修葺詹事府署。

《行述》云:"府君任詹事共六七年。詹事府署因歲久,屋宇欹頹。時我師今相國韓城王公方任少詹事,與府君同官,遂聯名奏請修詹事府署。奉旨俞允,即發帑金修治。"據《王文端公年譜》,王杰是年自福建學政任回京,旋陞詹事府少詹事。

又琢合璧連珠硯,紀乾隆辛巳年元日日月合璧、五星連珠之天象。

乾隆二十六年辛巳元日午時,合璧連珠。欽天奏請宣付史館,高宗諭不行。時先生直史館,任《續文獻通考》撰修官。是硯之刻,適以紀當日天象異數。乾隆五十五年庚戌,先生又題銘于匣。(《萚文》卷一七《合璧連珠硯銘》)

又為徐堅題《夏山煙靄圖》。

先生有《題徐上舍堅夏山煙靄圖》詩,繫于是年。(《萚詩》卷三〇)

徐堅,字孝先,又字俔園,號友竹。吳縣光福人。少貧苦而好學,凡詩文書畫橅印,皆能自闢門徑,追蹤古人。嘗臨董其昌《夏山煙靄》、江參《秋山雨霽》諸卷,海內名公鉅卿俱有題贈。乾隆四十年春復入京,後去游三晉。四十一年轉入咸陽羅公幕府。年八十八而卒。(《夢堂詩稿》卷一四《人日即事懷萚石孝先》,《履園叢話》卷一一下)

又為周景柱題《湖舫倡和圖》,送其歸養嚴州。

先生是年有《題周學士景柱湖舫倡和圖即送其乞休歸嚴州二首》詩。(《萚詩》卷三〇)

周景柱,字西擎。遂安舉人,由內閣中書出為潮州同知。餘俟考。(《板橋詩鈔》卷二)

又為褚廷璋題王寵券。

先生是年有《題王雅宜券後》詩,其中有"遂令街西褚學士,持以索詩如索逋"之句,并注云:"筠心。"(《萚詩》卷三〇)

按:該券為元和馬紹基所藏。朱筠是年十二月廿日撰《雅宜山人王履吉借券跋尾》有云:"右券為王雅宜山人寵手迹,而有是券者,為袁與之,作中者為文壽承,嘉靖七年四月書。神宗後,此券歸顧元方氏,歸文休昌世,趙凡夫宧光為跋其尾。今為元和馬生羣斠名紹基之所有。"(《笥河文鈔》卷二)

又題王祖庚遺像。

先生有《題王太守祖庚遺像》詩,繫于是年。(《萚詩》卷三〇)

是年,從朱筠處乞得馬琬山水一幅。

先生有《乞得朱學士筠所購馬文璧山水小幅賦謝》詩,繫于是年。(《萚詩》卷三〇)

本年有詩:

《元日上御太和殿受朝侍直恭紀》、《上祈穀于祈年殿侍直恭紀》、《修先師廟成上親詣釋奠侍直恭紀九章》、《扈蹕宿大辛莊》、《村杏》、《上千像寺》、《過天成寺上萬松寺復度西甘澗東甘澗踚嶺入古中盤回憩少林寺外》、《上親嘗雩于圜丘陪祀恭紀》、《喜徐太守良至》、《范給諫棫士挽詞五首》、《圓明園曉直》、《題王太守祖庚遺像》、《上視祭方澤祝版于中和殿侍直恭紀》、《題苦瓜上人餘杭看山圖》、《清漪園曉直》、《題王雅宜券後》、《題趙文敏公五花圖》、《題徐上舍堅夏山煙靄圖》、《馮少司農英廉預日招過其獨往園作重九至日為南劉相國邀登大光明殿之天元閣遂不果赴明日送句以謝》、《乞得朱學士筠所購馬文璧山水小幅賦謝》、《題周學士景柱湖舫倡和圖即送其乞休歸嚴州二首》。

其中：

《范給諫棫士挽詞五首》，翁方綱評"庚子已庚子，九州還九州"、"俄教涕泗流"、"居然在一貧"等處云："竟是不通，如此通人而造此不通之境候。"

《題苦瓜上人餘杭看山圖》，錢儀吉注云："苦瓜僧即大條子，見板橋題畫。"

《題王雅宜券後》，翁方綱評云："不好之極。"

《題趙文敏公五花圖》，近藤元粹評云："畫致宛然。叙五馬處，似學東坡咏韓幹十四馬詩。"吳應和評云："既簡練，亦復遒勁。老杜咏馬圖，虞道園具體而微。此則道園之嗣響也。"

三十五年庚寅（一七七〇），先生六十三歲。

正月初一日，侍直太和殿賜宴。

先生是年有《皇上六旬萬壽詩謹序》詩，其中有"今年廣被尤滋繁，元會太和列慶筵"之句，并注云："元日太和殿賜宴，臣載侍直。"（《蘀詩》卷三一）《高宗實錄》卷八五〇云："乾隆三十五年庚寅春，正月己卯朔……御太和殿，賜王公臣工等宴。"（《清實錄》册一九）

二月初九日，同年吉夢熊母錢宜人八十壽辰。先生為撰壽序。

《吉母錢太宜人八十壽序》云："通政司副使吉君奉賢母錢太宜人于京邸，今歲庚寅八十歲矣……二月初九日誕辰，同朝稱觴，屬載為文以壽。"（《蘀文》卷九）

三月廿二日，病起，偕紀復亨、朱筠、褚廷璋、曹學閔、馮廷丞、錢大昕法源寺賞海棠，發得遼石刻一方。

先生是年有《法源寺看海棠于旁院破瓷缸下發得遼大安十年燕京大憫忠寺觀音菩薩地宮舍利石函記刻石一方紀太僕復亨有詩家學士大昕和之輒亦用韻》詩，其中有"病起值今辰"之句。（《蘀詩》卷三一）錢大昕是年亦有《三月廿二日同錢宮詹紀太僕心齋朱學士竹君褚學士左峨曹給事慕堂馮刑部君弼入法源寺觀海棠偶見旁院牆角支甕方石有異撤而視之則遼大安十年觀音菩薩地宮舍利石函記也心齋有詩紀其事即次韻》詩，可徵其事。（《潛研堂詩集》卷一〇）

是月，傳寫山水一幅。

題識云："家藏九龍山人《萬竿煙雨卷》，約丈許，惜于京邸失去，山色雨聲，常隨筆想，二十年不能復舊觀。寄語朗夫，若遇之，請留以報我。乾隆庚寅春三月，錢載。"鈐印一："錢載"白文方印。畫為墨筆，紙本，手卷。縱27.5厘米，橫105厘米。隔水有題詩云："江上春風又八年，老人眠食可依然。逢辰能否登山屐，憶昔過往出郭船。陽里病忘心自惜，子猷乘興事徒傳。墨華亦見風流劇，露頂揮毫在眼前。"并跋云："籜石先生告歸後，甲辰在秀州一晤，于今又壬子矣。展圖懷舊，而作此詩。九十老翁更患風痺，想向來好事無復能為，令人曷勝憮然。皇十一子。"（《廈門市博物館藏品集粹》頁四〇、四一）。按：據《詒晉齋集》，隔水題詩乃成哲親王永瑆乾隆五十七年題先生《四時墨花圖》所作。乾隆四十九年，翠華南巡，二人相晤於常州昆陵驛，并非秀州。又，先生是年居京城，題中謂"寄語朗夫"，可知朗夫不在京城，若朗夫不在京城，又當於何處去尋失于京邸之《萬竿煙雨卷》耶？

春，王漁洋故宅古藤抽蔓復花，吳玉綸因繪《古藤詩思卷》，先生題詩其上。

先生有《題吳鴻臚玉綸古藤詩思卷》詩，繫于是年。（《籜詩》卷三一）其中"畫人只畫袷衣寒，畫花并畫雕欄曲"兩句最為張維屏激賞，謂能寫出紫藤風致。（《國朝詩人徵略》卷三八）另據翁方綱《吳香亭古藤詩思圖》，圖作于是年春。圖中"繪藤，亦繪竹，亦繪槐，次其類也。繪藤于左檻之左，繪竹數十竿于亭之後，繪槐于別院，有枝斜撐于亭之上，如翠幕然，紀其地也。"（《復初齋文集》[手稿影印本]冊一，頁二〇二）按：京師琉璃廠北巷，向為王漁洋故宅。有紫藤一株，為漁洋山人手植，舊本久枯。乾隆三十四年，吳玉綸寓此，古藤于春抽蔓復花，因繪《古藤詩思圖》。一時名流題咏殆遍，先生題詩亦錄卷上。（《國朝詩人徵略》卷三八）

吳玉綸，初名琦，字廷韓，改今名，號香亭。河南光州人。乾隆二十一年舉于鄉。二十六年成進士，選庶吉士，散館授檢討，充武英殿纂修。三十三年遷貴州道監察御史。後轉刑科給事中，歷任鴻臚寺少卿、都察院左副都御史、兵部右侍郎。以督學福建時聲名狼藉，左遷內閣學士。之後連降至檢討，命在武英殿修書處行走。六十年命以原官休致。生于雍正十年，卒于嘉慶七年，年七十一。有詩集六卷、《香亭文稿》十二卷。（《春融堂集》卷五六《翰林院檢討前兵部右侍郎吳君墓志銘》）

先生嘗為吳玉綸點評古文,俱刻入《香亭文稿》中。

評語計三條。評《記青山夜談》云:"寥寥數語,却將千古文人著作根柢面目詳確分剖。此老吏斷獄手。"評《記病目》云:"本東坡存之之意,以養心習静為良藥,入後得風詩比法,筆具化工。"又評《續詩説二》云:"胸中有把握,所以次第畢清。此種題,朱子之前自當尋蹤于南豐,然歐公尤平正通達,此文在歐、曾間矣。"(《香亭文稿》卷五)

四月初五日、初六日,撰文記舊硯。

《庚寅所記硯銘》云:"臣載恭承正大光明殿御試,乾隆甲戌散館,戊寅、癸未大考翰林,丙子、己卯、壬午考差,皆携此硯。庚寅四月五日記。閲卷丁丑、庚辰、丙戌,三充會試同考官,己卯廣西正考官,乙酉江南副考官,皆携此硯。六日載又記。"(《孽文》卷一七)

廿九日,接到錢陳群手書及所寄蒲酒四尊。五月初二日,先生回信。

信云:"今日是五月二日,前月廿九日接到叔祖大人手信,并又承蒲酒四尊之寄。在叔祖盛德之心,能行人之所不行,而載則彌不安矣。載病,嘗畏風,此乃循序漸進之消息。幸已至六十三歲,人而無德,焉能望如叔祖之福壽,此固無足怪者。日前纔與友人借得十金,而三頭牲口喫草快,廿九日買草乃買了四千餘文,而分子又即去其二。所以昨日即將所寄兑其三錠。先母忌辰是五日,載寓不過節。然四日必與家中人葷酒,今則已有其資矣。堅坐一室,摩挲舊硯,此刻微雨清涼,復讀叔祖所寄信,人生至六十三歲,尚得蒙教訓之言及之,載之得于天者厚矣。雖窮,不敢曰造物者之何以使我至于此極也。三兒之子痘後未令讀書。三孫隨其父五兒,到王文園給諫家權管而讀,已逾月未曾歸一次,此載一綫之生機也。四孫隔屋唤人,聲音響亮。頃有江南門生之館京師者,送節敬五錢。而昨日親眷送四色禮,載老師即住對門,即移送老師。別人一日過一日,今載一刻過一刻,身雖病,而心尚可以不病也。今載寄此信,求即付世錫看,而奉寄大叔二叔之信亦即寫在後,此禀。姪孫期載頓首,叔祖大人尊前。(叔祖要連珠稿子,記得曾録寄,則是曾鈔出于本子上者。此本子有四本,已于丙戌年大兒携其婦與妹歸時,盡教破本子之書令其携歸,載處無有存者,可即令大兒尋出鈔送,至便也,此禀。)"

"蒙大叔信示云,接載前長信,與世錫讀,而神氣不甚領會。蓋在大叔此番覆我,而世錫信來未嘗提及一字,則又難將此長信之言落他到空裏去也。丙戌春,載未進會試房之前寫定一信,俟其秋大兒來面付之。今已落空,不提起。丁亥夏,載有長信,原寄存于……(按：此後佚。)"

按：先生致錢陳群尺牘一通，為佚文，全錄于上。信中謂"奉寄大叔二叔之信，亦即寫在後"，則後半所缺應為致錢汝誠、錢汝恭之信，今只存起頭一段，甚為可惜。錢汝誠于乾隆三十年奏請歸養，此時仍居鄉侍父。信末鈐有"坤一氏"朱文方印。該札今藏楓江書屋。

先生不僅擅畫，書法亦具秀逸之致，從尺牘即可觀之。

《墨林今話》云："余又見孫少迂大令跋萚翁書云：'先生以畫重于世，八法雖小遜，然其秀逸之致亦自超乎筆墨畦町之外，有意作書者焉能臻此。'"(卷三)包世臣《國朝書品》將先生行書列入逸品。(《藝舟雙楫》卷五)

先生又嘗與翁方綱論撥燈之法。

文云："撥燈之法，謂如對油燈之燈心，挑撥便起，則此人之手，不重不輕，實指虛掌，微微運掌以起之，以此之手，執筆運腕，即可寫字耳。"(《中國書法理論史》頁一八五，引《與翁覃溪手札》)

闰五月廿八日，友汪孟鋗卒。年五十。先生追憶曩時同學讀書，賦詩六首痛悼。

> 據《誥授奉直大夫吏部文選司主事晉贈朝議大夫康古汪君墓誌銘》。(《蘀文》卷二二)
> 先生是年有《哭汪選部孟鋗六首》詩，其中有"插架圖書鄴侯軸，滿庭風露趙昌化"之句，并注云："二語，君家書齋朱竹垞先生所題楹帖，里中同學嘗晨夕于此，今且三十年矣。"(《蘀詩》卷三一)

是月，為施學濂畫《西溪半樹圖》。

> 款云："為耦堂先生寫西溪半樹。庚寅閏五月，蘀石錢載。"鈐印二："錢載"、"萬松居士"。畫為墨筆，紙本，立軸。有乾隆三十六年二月三日及十二月施學濂題詩兩首。又有黃易、王嘉曾、余集題詩。今藏北京故宮博物院。

六月廿七日，為上海敬承會賦詩。

> 《敬承會詩并序》云："乾隆己丑十一月，上海曹君錫年百歲，大吏請旌之。于是梧州太守李君方家居，集里中高年亞曹君者十九人，會于敬承之堂。……歲在辛巳，吾

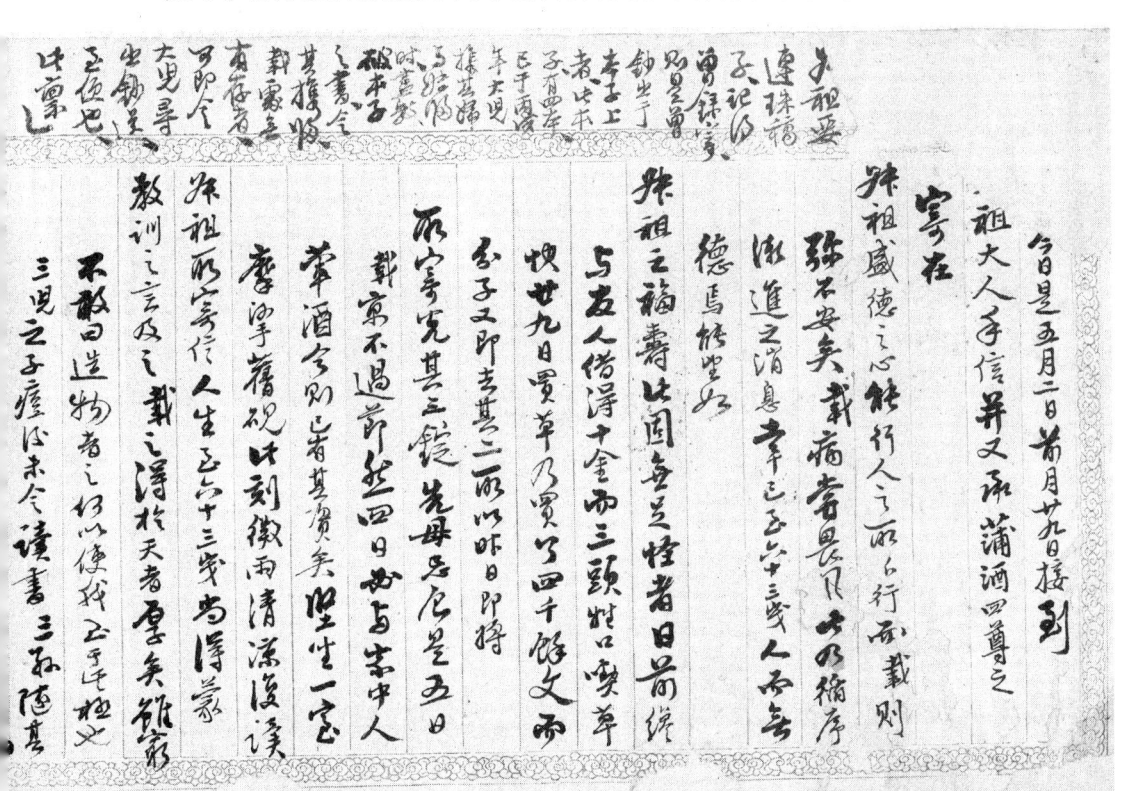

《致錢陳群札》，墨迹紙本，1770年

郡嘉善尊德堂九老之會,嘗仿七老詩體紀之,茲者盛事再逢,仍用七言六韻。庚寅六月廿七日。"(《萚詩》卷三一)

七月十四日,壽人王世芳到京祝釐,蒙恩賞國子監司業職銜,并予在籍食俸。到京後嘗與先生一晤。

> 據《高宗純皇帝實錄》卷八六四。(《清實錄》冊一九)據《追憶百二十六歲壽人王世芳并序》,王世芳與先生初晤在乾隆二十六年,越十年復來京師,又曾相見。(《萚詩》卷五○)

八月十三日,高宗六旬大壽。先生恭獻七言古詩一章。

> 《高宗實錄》卷八六六云:"丙辰,萬壽節……御太和殿,王以下文武各官進表行慶賀禮。"(《清實錄》冊一九)先生有《皇上六旬萬壽詩謹序》詩,繫于是年。(《萚詩》卷三一)按:聖壽節,大小臣工多有獻詩冊。除大臣例得奏進,其餘品秩小者,由吏部彙交軍機處,開單進呈。先生此詩并選入董誥所輯《皇清文穎續編》。

九月初九日,過獨往園。適英廉次子中式順天鄉試。

> 先生是年有《九日馮少司農獨往園登高》詩紀其事。其注云:"順天是日放榜,次君得雋。"(《萚詩》卷三一)

秋,觀錢大昕所藏鳳墅殘帖卷。

> 先生是年有《觀家學士大昕所藏鳳墅殘帖第十三十四兩冊》詩。(《萚詩》卷三一)又錢世錫《山右胥明府(注:繩武)以所藏鳳墅殘帖索題率成十韻》云:"昨訪滄浪亭,學士出藏篋。宰執書兩卷,光采照目睫。與此米家字,卷第恰相接。彼冊庚寅秋,京師盛燕集。獨樹軒留題,廿年墨猶溼。"注云:"家學士竹汀所藏皆宋南渡宰執之書,為第十三、十四兩卷。燕亭所藏乃米南宮父子書,則第十二卷也。"又云:"竹汀學士所藏,先君子曾題之。今燕亭來,以不及見先君子為恨,出冊索題,謂'子雖廢絃誦,然質言叙述以慰余思慕先師之心,固無傷也。'遂泣而書之。"(《麃山老屋詩集》卷一六)錢大昕《鳳墅殘帖釋文後》:"鳳墅法帖者,南宋曾宏父幼卿所刻。正帖二十卷,皆宋人書。其云鳳墅者,鎸于廬陵郡之鳳山別墅故也。予所得僅兩卷,一為南渡名相帖,一為南渡執政帖。"(《嘉定錢大昕全集》冊八)

十月初六日,高宗秋獮迴鑾,駐蹕密雲縣行宮。翼日駐蹕南石槽行宮。先生隨百官至板橋迎鑾。

> 《高宗實錄》卷八七○云:"(戊寅)是日,駐蹕密雲縣行宮。"又云:"(己卯)是日,駐蹕

南石槽行宫。"(《清實錄》册一九)先生是年有《宿板橋同紀太僕》詩,其中有"瓦燈迎輦侣"之句,可徵其事。(《揅詩》卷三一)

廿七日,跋汪士鋐《瘞鶴銘考》稿。

據《題汪退谷瘞鶴銘考稿後》,此稿爲蔗畦所有,或即江恂。(《揅文》卷一三)

十一月十七日,爲羅暹春跋《自送出守德安序》。

《跋羅旭莊自送出守德安序》云:"羅旭莊前輩將出守德安,自作序以自送其行……庚寅十一月十七日跋。"(《揅文》卷一三)

羅暹春,字泰初,號旭莊。世爲江西吉水水南堡人。乾隆六年舉于鄉。七年成進士,改庶吉士,十年散館,授編修。十六年在右贊善任。二十五年改官福建道御史。二十九年以參奏大僚落職。命以六部主事用,選授刑部貴州司主事。在刑部六年,三十五年任滿,外除湖北德安府知府。易黃州府。遷山東鹽運使。年六十四乞休。生於康熙五十六年,卒於乾隆四十七年,年六十六。(《水南灌叟遺稿》卷一《水南灌叟自撰墓志銘》及補注)著有《水南灌叟遺稿》六卷。先生評其《新修忠孝祠碑記》云:"位置經營,頗費一片婆心,其序事詳密,仍復委折而達,饒有閑趣,詞語尤爲簡老。"(《水南灌叟遺稿》卷五)

是月,爲陳宏議七十壽辰撰壽序。

陳宏議,榕門相國宏謀季弟。《臨桂縣志》有傳。據陳鍾珂《先文恭公年譜》,陳宏議生於康熙三十九年十一月,今年十一月恰逢七十大壽。其子陳鍾琛爲先生乾隆二十四年己卯主考廣西鄉試所拔士,是序即應鍾琛之請。(《揅文》卷九《陳汝定先生七十壽序》)

是年,翁方綱鈔寄上年十一月、十二月共三十一首及本年正月至三月共六十五首詩,乞批定。又五言聲調一本,乞正論之。

先生選定約七十首,即《翁覃溪詩》不分卷稿本,《揅批》又四。

先生爲批定,并回復。

文云:"七律單字領句,工部如:魚吹細浪、燕蹴飛花、盤剥、飯煑、香飄、花覆、雲斷、天晴、風含、雨裛、畫引老妻、晴看稚子、我已無家、君今何處、川合東西、地分南北、山連越嶲、水散巴渝、路徑、天入、盤出高門、菜傳纖手、身過花間、醉于馬上、雲移、日繞、波漂、露冷、石出、櫓摇、風飄、月傍,未嘗無之。然大半接下第二個字劈實,或熟透不纖碎,所以讀去仍健。然此不多作可也,弟懊悔從前有之。所以雙實字、雙直下字、雙虛字、雙直下虛字,突兀領起,接他上去便是了,此最喫緊。樂天才大,亦少此句法,至若'病共樂天相伴住,春隨樊子一時歸'、'静逢竺寺猿偷橘,閑看蘇家女採蓮'、'汝異下殤應殺禮,吾非上聖詎忘情',此又不當入此例算。總之渾成而不弱,或有別趣,則亦不妨也,然畢竟不多作為妥。"(《翁覃溪詩》稿本《籜批》又四)

是年,借自藏無名氏溪山晚照卷作小影。

先生是年有《借明無名氏溪山晚照卷作小影而自題》詩云:"儒冠儒服愧非儒,可道今吾勝故吾。草木陽春欣所遇,溪山晚照問誰圖。主恩十九年還渥,鄉夢三千里合無。却遣長謡付橫卷,水窗如在永安湖。"(《籜詩》卷三一)

又為沈清任畫蘭。

先生有《為沈觀察清任畫蘭復屬題》詩,繫于是年。詩云:"多叢亦愛陳元素,少萼真愁項子京。焉得魏公三轉筆,如傳楚客九歌情。德芬芳與零陵似,山寂寥隨衆草生。一幨秋齋權作供,可無竹影夜窗橫。"注云:"嘗見松雪書彝齋蘭譜云,葉忌齊長,三轉而妙。"(《籜詩》卷三一)

又為秦大士題《柴門稻花圖》。

先生是年有《秦學士大士又作柴門稻花圖屬題》詩,其中有"君何獨賞柴門句,一再圖之總成趣"之句。(《籜詩》卷三一)

又為施學濂題《九峰讀書圖》,及華喦《黃山歸老卷》。

先生有《題施儀部學濂九峰讀書圖》、《施儀部屬題華山人喦送其外舅吳雪舟所寫黃山歸老卷子》二詩,繫于是年。(《籜詩》卷三一)

又為陳朗題《閉門覓句圖》。

先生有《題陳秋曹朗閉門覓句圖》詩,繫于是年。(《籜詩》卷三一)

陳朗,字泰暉,號青柯,又號琴思。平湖人。乾隆二十四年鄉試解首。三十四年成進士,改刑部主事。長于案牘,深得劉墉倚重。四十六年循例出為撫州知府。年近五十而卒。工詩善畫,著有《青柯館詩集》。(《湖海詩傳》卷三一,《雙桂堂續稿編》卷一二《縣志名宦傳補》,《兩浙輶軒録》卷三三)

先生嘗為其繪《江鄉寒柳圖》。

陳朗有《錢籜石宮詹為余作江鄉寒柳圖即題于右》詩,可徵其事。(《兩浙輶軒續録》卷一〇)

是年,嘗兩過英廉南淀新構之借山樓。

先生是年有《馮少司農獨往園中有借山樓可眺城西諸山今春復于南淀構小樓仍曰借山暇日過之為賦長句》、《重過借山樓叠前韻》二詩紀其事。(《籜詩》卷三一)英廉是

年亦有《雨後攜石過借山樓》詩。(《夢堂詩稿》卷一一)

本年有詩:

《法源寺看海棠于旁院破瓷缸下發得遼大安十年燕京大憫忠寺觀音菩薩地宮舍利石函記刻石一方紀太僕復亨有詩家學士大昕和之輒亦用韻》、《諸君游潭柘有姚少師庵之作紀太僕邀余和之》、《題陳秋曹朗閉門覓句圖》、《借明無名氏溪山晚照卷作小影而自題》、《憶永安湖》、《題施儀部學濂九峰讀書圖》、《題陸編修費墀新購靈壁石硯》、《馮少司農獨往園中有借山樓可眺城西諸山今春復于南淀構小樓仍曰借山暇日過之為賦長句》、《哭汪選部孟鋗六首》、《重過借山樓疊前韻》、《題雨林圖》、《敬承會詩并序》、《題陳明經耕讀圖》、《小庭》、《觀家學士大昕所藏鳳墅殘帖第十三十四兩冊》、《皇上六旬萬壽詩謹序》、《秦學士大士又作柴門稻花圖屬題》、《施儀部屬題華山人嵒送其外舅吳雪舟所寫黃山歸老卷子》、《題萬孝廉光泰詩畫冊》、《題魯治春滿江南卷》、《九日馮少司農獨往園登高》、《為沈觀察清任畫蘭復屬題》、《為秋試被放南歸者題畫》、《太尉之印歌并序》、《宿板橋同紀太僕》、《枕上得雪》、《圓明園雪曉趨直二首》、《題吳鴻臚玉綸古藤詩思卷》、《五更趨郊壇恭候大駕》、《喜雪》。

其中:

《憶永安湖》,吳應和評云:"元人度曲海鹽腔本,楊宣慰十間樓教歌姬,在漵浦永安湖之東。金粟山人游永安湖詩:'啄花鶯坐水楊柳,雪藕人歌春鷓鴣',為一時絕唱。繁華終歸寂歷,勝地不常,古今同慨。"

《題施儀部學濂九峰讀書圖》,吳應和評云:"直筆揮灑,一氣盤旋,似此律法,專工琢句者不能夢見。"

《馮少司農獨往園中有借山樓可眺城西諸山今春復于南淀構小樓仍曰借山暇日過之為賦長句》,吳應和評云:"三四兩句咏小樓,典實確切,可書楹帖。"

《皇上六旬萬壽詩謹序》,錢儀吉注云:"《皇清文穎續編》入選。"又評"如萬佛讚優曇花"一句云:"佛語似可不入此。"

《秦學士大士又作柴門稻花圖屬題》,吳應和評云:"首尾回環,應帶中間,景語亦頗修整,可謂安詳合度。"近藤元粹評"南畦葉綠轉東畦,東溪水白入西溪"二句云:"自白樂天天竺寺詩調脫化來。"

《為沈觀察清任畫蘭復屬題》,翁方綱評"德芬芳與零陵似,山寂寥隨衆草生"二句云:"此五六句非呆滯乎?"

《枕上得雪》,錢儀吉評云:"下半是杜,其音安以樂,則遭時不同也。"

《題吳鴻臚玉綸古藤詩思卷》，近藤元粹評云："四句一解，平仄互用，七古正體。"吳應和評云："緬懷芳躅，情致低徊，聲調色澤并佳，新城見之定當歎賞不置。"

三十六年辛卯（一七七一），先生六十四歲。

正月初九日，侍直祈年殿。

先生是年有《上祈穀于祈年殿侍直恭紀》詩紀其事。（《籜詩》卷三二）據《高宗實錄》卷八七六，正月初九日行祈穀禮。（《清實錄》冊一九）

廿六日，詞科同徵陳兆崙卒于位。年七十二。

據陳玉繩《陳句山年譜》。（《紫竹山房詩文集》卷首）

二月，尹繼善薨于位。年七十七。

據袁枚《文華殿大學士尹文端公神道碑》。（《小倉山房文集》卷三）按：卒前遺命，墓勿為碑，奏稿盡焚，密勿語外。乾隆四十四年御製懷舊詩，尹繼善列之五督臣中，詩中云："政事既明練，性情復溫厚。所至皆妥帖，自是福量輳。"（《耆獻類徵》卷二一國史館本傳）

三月初三日上巳，飲蔣賜棨揖翠堂，與劉綸同賦几上菜花。

先生是年有《蔣少司農賜棨招飲見菜花于几上南劉相國約咏之得二首》詩，其中有"上巳人來揖翠堂"之句。（《籜詩》卷三二）

蔣賜棨，蔣溥次子。字戟門。由貢生捐知府。乾隆二十一年授雲南楚雄府知府。三十年調江安糧道。三十三年擢兩淮運使。三十四年加恩補授倉場侍郎。明年調戶部右侍郎，兼管錢法堂事，襲一等輕車都尉世職。三十九年轉戶部左侍郎。四十年授順天府府尹。四十二年復任倉場侍郎。五十二年復任戶部左侍郎，仍兼順天府府尹。賜棨附和和珅，因與其家人劉全等聯為友誼，分庭抗禮，頗自墮其家聲。嘉慶六年京察降四品銜，往裕陵守護。七年在京卒。（《耆獻類徵》卷九三國史館本傳，《嘯亭雜錄》卷九《錢量美人》）

四月初一日，自題紫瓊硯。

硯為宋末元初舊製。（《籜文》卷一七《紫瓊硯銘》）

初二日，翁方綱寫信請批定三月之詩。

札云："弟因署幕乏人，愈形忙冗，所以件件荒廢，竟無開卷之暇。謹錄三月一個月之詩，呈批定，亦欲下半年一刪舊詩抄之，而大費手，奈何。《粵東金石略》十二卷亦要付梓。而寫字一事寢興,以之實無功夫,奈何。似必須從大小篆八分得手,然後有定見也。近已能用弱筆學懸腕,尊製散卓乞幾枝。不一不一。擇翁七兄宮相同年閣下,愚弟方綱頓首。四月二日。"(《愛日吟廬書畫別錄》卷二)

廿七日,先生回信。

信云:"來札之言,句句真言,具見兄真實得力處。金石略先刻出,極妙極妙。詩集須鈔定,此固難事。第一,前後題目須畫一而差參。畫一,則多今例;參差,則略見其大,蓋必不得不參差而後參差也。詩宜少存,與其累墜,則寧可潔淨為主。弟拙詩亦不得不刪存,雖不好,亦且存之。然自上年一年,不曾有整工夫寓目一過,甚難甚難。今年春月已過矣,厚石之詩文,其令子尚未鈔清。一鈔清,即當為之看定。而王穀原之詩六本,已于今春寄到,亦須為之看出,甚難甚難。從前桐石、柘坡刻集時,原曾一口氣看之,今無此精神,而又無康古幫助,甚難甚難。今年但得定出王、汪兩稿,而弟之詩亦鈔定,則此後甚閑,可從容領略耳。相見在邇,望切望切,并問賢嫂夫人、賢子近祉。弟載頓首。四月廿七日。"末鈐"橋李"朱文圓印。(《翁覃溪詩》稿本《擇批》又九)

按:《擇批》又九之詩,據翁方綱卷首自識,乃三十五年十二月十九日至三十六年二月廿四日所作。《擇批》又十之詩,為三十六年二月底至三月底所作。翁方綱札謂"謹錄三月一個月之詩,呈批定",所指非《擇批》又九,而是《擇批》又十。《翁覃溪詩》不分卷稿本,散佚頗多,次序亦錯亂,先生此信當繫于《擇批》又十之後。

四月會試,馮敏昌落第,以詩進質先生。

馮士鏞《先君子太史公年譜》云:"是年春,至京師應恩科會試,不第留京。時錢宮詹擇石先生以學問詩書鳴一時,仰之者有龍門之想。先君因得以詩進質,大承擊節。手書云:實有天才,加以博學,在所必傳。若嶺南諸先生皆得偏方之音,而此獨否。精進不已,橫絕古今。固當拔戟于三家之上,并驅中原,扶輪中原。幸不以博取功名而自小之云云。"(《小羅浮草堂文集》卷首附錄)

馮敏昌,字伯求,號魚山。世居廣東欽州。乾隆三十年蒙翁方綱選拔,貢入國學。三十五年舉鄉試第三人,主考陸錫熊。四十三年中進士,改庶吉士,散館授編修。先生是科奉命磨勘會試卷,又教習庶常,敏昌實出門下。四十八年冬入戶部江西司行走。五十九年選河南司主事。丁憂乞歸,歷主端溪、粵秀、越華三書院。與順德張錦芳、胡亦常有"嶺南三子"之稱。(按:張錦芳字粲夫,號藥房,乾隆五十四年進士。擅分隸,兼擅繪事。嘗得先生畫幅,愛玩不已。)工詩,兼善書畫。著有《孟縣志》、《河陽金石錄》、《小羅浮草堂文詩集》等。生于乾隆十二年,卒于嘉慶十一年,年六十。(《復初齋文集》卷一四

《皇清誥授奉政大夫刑部主事魚山馮君墓表》,《小羅浮草堂詩集》附錄謝蘭生《魚山先生傳》,《桐陰論畫三編》上卷,《晚晴簃詩匯》卷一〇一)

五月初一日,寫富貴平安圖。

款云:"寫祝樸齋太老先生暨德配王太夫人六十雙壽。乾隆辛卯五月朔,秀水錢載。"(《支那南畫大成》卷五)

八月,沈廷芳滿七十。先生賦詩慶賀。

先生有《為沈按察廷芳七十》詩,繫于是年。中有"接歲朝京際泰辰,纔過六十九回春"之句,注云:"生日在八月。"(《萚詩》卷三二)據汪中《廷芳行狀》,沈廷方自去年到京祝高宗壽,是年仍居京邸,與祝皇太后壽。(《碑傳集》卷八四)

又為沈廷芳題陳仲仁山水卷。

《為沈廷芳按察七十》注云:"行笈携有元陳仲仁山水卷。"(《萚詩》卷三二)按:先生是年有《題陳仲仁山水卷》詩,當為沈廷芳作。題詩稱陳仲仁"人物花鳥皆至精",其畫不苟作,故傳世絕少,否則"何減四家元季名"。(《萚詩》卷三二)

九月初七日,查禮得先生手書。

查禮是年有《重陽前二日得錢坤一宮詹書却寄》詩,注云:"書云得宋硯甚夥。"(《銅鼓書堂遺稿》卷一七)

初九日,寫竹石圖一幅。

款云:"辛卯重九日,萚石載寫。"鈐印三:"載"、"坤一書屋"、"萚石齋"。畫為墨筆,紙本,中軸。(《筆嘯軒書畫錄》卷上)

廿日,冢孫錢寶甫生,為錢世錫獨子。初名昌齡,字寶甫,道光元年以字為名。

錢寶甫,一字子壽,號恬齋,又號榆庭。乾隆五十九年恩科舉人。嘉慶四年二甲進士。選庶吉士,散館,授翰林院編修。歷任咸安宮總裁,國史館、會典館總纂,教習庶吉士,辛未會試同考官,雲南澂江府知府,雲南府知府,湖北鹽法道,兩淮鹽運使,陝西按察使,山西布政使。誥授中議大夫。曾參訂《鶴徵後錄》。"敷歷中外,聲施爛然,詩畫皆有家法。"(《晚晴簃詩匯》卷一一三)娶國學生沈翼鵬女。側曹氏、吳氏。子二:懷祖,殤,嫡出;聚彭。女二:俱曹出。長適沈翼鵬孫祐子慶熊。次即錢斐仲,號餐霞。善繪小品,工詩詞,著有《雨花庵詩餘詩話》。適德清戚嗣曾子庠生戚士元。《嘉興府志》有傳。(《家譜》卷七)

十月十六、十七日,高宗御紫光閣,校閱武舉騎射技勇。先生充讀卷官。

先生是年有《十月癸未甲申上御紫光閣閱武舉騎射技勇以充讀卷官侍直恭紀二首》

詩紀其事。(《萚詩》卷三二)按：是科武進士有一甲林天彪、薛殿元、鄭敏三人，二甲何永清等五人，三甲利振綱等四十二人。(《清實錄》册一一九《高宗實錄》卷八九五)

十月廿九日，友沈大成卒。年七十二。

據汪大經《沈沃田先生行狀》。(《湖海文傳》卷六〇)

十一月十一日，翁方綱接到先生寄回所批詩集，即《萚批》又十。

翁方綱手書謂："拙詩自二月底至三月底，凡廿四首，求批定。"又自識云："辛卯十一月十一日育嬰坊公廨接到。"(《翁覃溪詩》稿本《萚批》又十封面)

十七日冬至，圜丘祀天，先生于三更赴郊壇陪祀。

先生是年有《冬至陪祀三更赴郊壇》詩紀其事。(《萚詩》卷三二)《高宗實錄》卷八九七云："癸丑，冬至，祀天于圜丘。上親詣行禮。"(《清實錄》册一一九)

廿日，上皇太后徽號册寶。高宗詣慈寧宮，恭進册寶行禮。先生侍直。

先生是年有《十一月丙辰上恭慶聖母皇太后八旬萬壽加上徽號詣慈寧宮恭進册寶行禮侍直恭紀》詩紀其事。(《萚詩》卷三二)

廿五日，行慶賀皇太后八旬萬壽禮。高宗御太和殿受賀，頒詔天下。先生侍直，并獻詩九章。

先生是年有《辛酉上行慶壽禮成御太和殿受賀頒恩詔于天下侍直恭紀》詩紀其事。又有《恭慶聖母崇慶慈宣康惠敦和裕壽純禧恭懿安祺皇太后八旬萬壽詩九章》詩。(《萚詩》卷三二)

蒙恩賞紵、貂。又荷覃恩加一級。

《行述》云："十一月，恭遇慈寧八旬萬壽，蒙恩賞内紵五疋、貂七個。"據《高宗實錄》卷八九七，在京滿漢文武各官，俱加一級；内外大小各官，除各以現在品級，已得封贈外，凡陞級及改任者，照新銜封贈。(《清實錄》册一一九)

追榮二世，得誥贈父錢炘為通奉大夫，母朱氏、陸氏為夫人。并誥贈祖父錢樞初為通奉大夫，祖母陸氏、吳氏、全氏為夫人。

《洲航山墓告文》云："男載備官詹事，乾隆三十六年辛卯恭遇聖母崇慶慈宣康惠敦和裕壽純禧恭懿安祺皇太后八旬萬壽，復荷覃恩加級，追榮其先，得誥贈我考葯房府君為通奉大夫，妣朱氏為夫人，生妣陸氏為夫人。"又《嶼城楊家橋先墓告文》云："歷官詹事，辛卯恭遇聖母崇慶慈宣康惠敦和裕壽純禧恭懿安祺皇太后八旬萬壽，天子推恩群臣，復以加級，追榮二世，得誥贈祖考又鶴府君為通奉大夫，祖妣陸氏為夫人，繼祖妣吳氏為夫人，生祖妣全氏為夫人。"（《籜文》卷二五）

十二月，為周震榮畫玉蘭一幅。

款云："筤谷年長兄清賞。辛卯嘉平寫于宣南坊，同郡弟錢載。"鈐印三："萬松居士"白文印、"載"朱文方印、"坤一書畫"白朱印。（《清芬世守錄》冊四《畫菊詩卷》九下補記之《籜石先生墨筆大幅玉蘭》）按：先生是年有《周明府震榮屬寫墨花》詩，或即同一事。（見《籜詩》卷三二）又按：《清芬世守錄》冊四末尾，錢振聲光緒二十五年己亥校對手記云："甲午年，大人編纂文端公年譜函，新甫叔由山西寄來，抄吏倉卒多譌，己亥四月初三日燈前對，振聲。尚須借甘泉公手定之本重校也。同時，謹記。"此幅墨筆玉蘭大約由其增補錄入。錢振聲，志澄子，字伯英。錢志澄于光緒二十年增訂《文端公年譜》。新甫叔，即錢駿祥，泰吉孫。

周震榮，字青在，一字筤谷。浙江嘉善人。周升桓從兄，周澧子。乾隆十七年舉人，授江南青陽知縣，移劇合肥，以罣誤去。再起直隸清苑縣丞，遷永清知縣，擢永定河南岸同知。生雍正八年，卒于乾隆五十七年，年六十三。"嗜書好古，留心金石文字之學。又愛禮賢士大夫，如章進士學誠，徐藹坡、陳以綱兩明經，皆延之賓館。"（《湖海詩傳》卷一五）覃研經術，尤致力于三《禮》。著書十餘種，悉未刊行。（《章學誠遺書》頁二二九《周筤谷別傳》、頁一七九《周筤谷五十初度屏風題詞》，《晚晴簃詩匯》卷八一）

是年，師桑調元病卒。年七十七。先生賦詩挽之。

據《清史列傳》卷六七，卒于是年。先生是年有《桑先生挽詞四首》詩，其中云："書來甫旬浹，猶奉手題編。"又云："諸郎雖早世，遺澤在諸孫。"（《籜詩》卷三二）

是年，畫梅一幅贈福增格。

先生是年有《伊副都統福增格惠海物畫梅以謝》詩，可徵其事。（《籜詩》卷三二）

福增格，字贊侯，一字松巖，伊爾根覺羅氏。滿洲正黃旗人。官至廣州將軍，盛京兵部侍郎。祖相國伊桑阿，父制府伊都立，俱以勳業顯。松巖為怡邸儀賓館散秩大臣，生平屢典戎行，而吟誦不輟，填詞尤工，詩多天趣。有《酌雅齋詩餘》、《酌雅齋詩集》。（《白山詞介》卷三，《八旗詩話》，《梧門詩話》卷四）

又為張塤題《瓊花綴玉蘂圖》。

先生有《張舍人塤為瓊花說二篇倩薛鱗寫瓊花綴玉蘂于後來索詩》詩，繫于是年。（《籜詩》卷三二）

張塤，字商言，號吟薌，又號瘦銅。江蘇吳縣人。乾隆三十四年進士，官內閣中書。

著有《竹葉庵文集》。酷嗜金石文字,與翁方綱友善。生于雍正九年,卒乾隆五十四年。(《耆獻類徵》卷一四六,《清代人物生卒年表》頁三七九)

又應錢維喬之請,題錢維城山水卷。

先生有《家少司寇儤直之暇合元四家法作山水卷以與弟孝廉維喬裝成屬題》詩,繫于是年。(《籜詩》卷三二)

錢維喬,字樹參,號竹初。父鑄庵公,母吳氏,有三子,長維城,次即維喬。二十四登賢書,與程晉芳為同年。六赴禮闈不第,遂以例入貲為縣令。簡發越中,屢攝丞倅及邑事。補遂昌,旋調鄞。在任七年,以疾歸。得唐荊川舊園之半,葺而居之,自號半園逸叟。工詩文,擅畫。所作山水,丘壑幽靜,樹石秀潤,無一煙火氣,微嫌筆力稍弱也。生于乾隆四年,卒于嘉慶十一年,年六十八。(《竹初文鈔》卷六《自述文》,《桐陰論畫三編》上卷)

又應劉松齡、劉柏齡兄弟之請,為其母孔氏撰墓志銘。

孔氏,鳳臺縣康熙乙酉武科解元孔興鈞女,適同邑雍正壬子科舉人劉滋善,卒于乾隆三十六年三月初二日。其子分巡廣東南韶連兵備道松齡,刑部貴州清吏司員外郎柏齡,具狀來請先生志墓。(《籜文》卷二三《誥封恭人劉母孔氏墓志銘》)

本年有詩:

《王文成公驛丞署尾硯歌為大宗伯裘先生作》、《上祈穀于祈年殿侍直恭紀》、《題陶舫硯銘冊子二首》、《謝葉侍講觀國惠南海香》、《出右安門郊行二首》、《蔣少司農賜榮招飲見菜花于几上南劉相國約咏之得二首》、《桑先生挽詞四首》、《漫興》、《家少司寇儤直之暇合元四家法作山水卷以與弟孝廉維喬裝成屬題》、《張舍人塤為瓊花說二篇倩薛鱐寫瓊花綴玉蘂于後來索詩》、《靜明園曉直》、《籬壞》、《十月癸未甲申上御紫光閣閱武舉騎射技勇以充讀卷官侍直恭紀二首》、《冬至陪祀三更赴郊壇》、《十一月丙辰上恭慶聖母皇太后八旬萬壽加上徽號詣慈寧宮恭進冊寶行禮侍直恭紀》、《辛酉上行慶壽禮成御太和殿受賀頒恩詔于天下侍直恭紀》、《恭慶聖母崇慶慈宣康惠敦和裕壽純禧恭懿安祺皇太后八旬萬壽詩九章》、《周明府震榮屬寫墨花》、《為沈按察廷芳七十》、《伊副都統福增格惠海物畫梅以謝》、《題陳仲仁山水卷》。

其中:

《王文成公驛丞署尾硯歌為大宗伯裘先生作》,錢儀吉識"戊辰一記殊逶迤"一句云:"'逶迤'擬寫'委蛇'。"

《蔣少司農賜榮招飲見菜花于几上南劉相國約咏之得二首》,錢儀吉識云:"二詩余翁嘗喜誦之,覃翁亦選鈔,知前輩着眼處,非時人所及。"錢聚朝校第二首"豆花夾又麥稍翻"一句云:"'稍',手校改'梢'。"吳應和評云:"三四絶不裝點,自得幽野意趣。"

《周明府震榮屬寫墨花》,顧列星評前四句云:"一氣層折,老筆紛披。"

三十七年壬辰(一七七二),先生六十五歲。

正月廿九日,翁方綱自廣東還京。既而出繼次子翁樹培為先生子。先生名之曰申錫,幼學時常往來先生家。

  翁方綱于上年十一月廿日自廣州起程,是年正月廿九日抵京,暫寓孫公園前街之青棠書屋。(《翁氏家事略記》三四、三五)翁方綱《次兒樹培小傳》云:"兒生于乾隆甲申臘月十三日。余方渡海試瓊州府,其夕夢筆端若有光。訊之占者,謂是文字之祥。占者曰,此兒壽命不長,宜出繼異姓為子,或可免。及北歸,以語同年錢蘀石。蘀石曰:'是宜為吾子。'遂携至錢家。蘀石名之曰申錫,字曰申之。幼學時往來錢氏家。"(《復初齋文集》卷一三)

  翁樹培,字宜泉。方綱次子。乾隆五十一年舉順天鄉試。五十二年成進士,改庶吉士,肄國書。五十四年授檢討,充國史館、會典館纂修官。嘉慶二年補刑部主事,十四年陞貴州司郎中。長于校勘,癖好古泉,有《錢録》若干卷。詩多題咏書畫金石之作,有《翁比部詩鈔》一卷。生于乾隆二十九年,卒于嘉慶十六年。樹培年幼時常往來先生家。翁方綱《哭培兒三首》注云:"昔蘀石號之曰小石峰,以所藏石峰小印付之,蓋期望其成也。"(《復詩》卷六四)方綱與先生交惡後,不再往來錢家,成年後亦不見一語提及先生。(《復初齋文集》卷一三《次兒樹培小傳》、《晚晴簃詩匯》卷一○五)

翁方綱寓青棠書屋時,常與先生及馮敏昌商訂所編次之《虞道園詩集》。

  翁方綱嘉慶十二年詩《愚所編次虞道園詩十卷得鋟本于揚州賦示手山蓮裳蘭雪二首》注云:"三十年前于所寓青棠書屋,錢蘀石、馮魚山往復商訂。"(《復詩》卷六一)又《青棠書屋稿》自識云:"壬辰春還都,賃孫公園屋以居,中有合歡樹一株,因以名是卷。"

二月初旬大雪後,偕翁方綱訪羅聘于萬明寺僧舍。

  翁方綱嘉慶丁巳詩《兩峰畫二首》注云:"'故人近日全疏我,折一枝兒贈與誰',此兩峰之師金冬心句也。壬辰二月初旬大雪後,予與蘀石訪兩峰于萬明寺僧舍,挂冬心此幅。題句其上,即贈予携歸。今廿有五年矣。"(《復詩》卷五一)

時羅聘游京師,謀刊師金農遺稿。因先生與師有舊,遂投帖拜訪,于木雞軒初晤翁方綱。

> 翁方綱《朱草詩林集序》云:"壬辰春,予自粵北歸,始晤羅子兩峰于錢籜石之木雞軒。眸子炯炯,有曠古之懷。手冬心前後集,迫然作鸞嘯聲。籜石笑曰:如見冬心復生矣。"(《復初齋文集》卷四)按:據程晉芳乾隆辛卯詩《十二月十九日為東坡生日王縣倅秋山招羅上舍兩峰繪坡公小像甚工同人設筵致禮分體得中調祝英臺近一闋》,羅聘已于上年抵京。(《勉行堂詩集》卷二四)

> 羅聘,字遯夫,號兩峰。揚州人。隨金農學畫,詩亦如之。金農云:"聘學詩于余,稱入室弟子。又愛畫……筆端聰明,無毫末之舛焉。"(《梧門詩話》卷四)乾隆三十六年至京師,抱師前後遺集,欲并梓之。繼而南歸,又再北上。先後二十餘年,三至京師。在京時常與翁方綱游,方綱請其作畫,無不應允。筆情古逸,思致淵雅,人物佛像尤奇而不詭于正,王昶稱其足與陳洪綬、崔丹頑頡頏。畫《鬼趣圖》為時所重,題咏者甚多。墨梅蘭竹亦極超妙,古趣盎然。垂老歸揚州。生于雍正十一年,卒于嘉慶四年,年六十七。著有《香葉草堂詩》。(《復初齋文集》卷一二《送羅兩峰南歸序》、卷一四《女士方氏墓志銘》,《有正味齋駢體文》卷二三《羅兩峰墓志銘》,《桐陰論畫》卷下)

十五日,英廉招與沈廷芳作花朝,廷芳抱病未至。

> 先生是年有《馮少司農招作花朝》詩紀其事。又《沈按察挽詞》注云:"馮少司農招公及余二月十五日花朝會,先之五言云'庶乎作三老'。公病不赴,乃越三日而長逝。"(《籜詩》卷三二)英廉是年亦有《以詩招椒園籜石小集》詩。(《夢堂詩稿》卷一二)

十九日,沈廷芳病逝長子世煒寓所。年七十有一。先生聞訃,賦詩挽之。

> 據汪中《廷芳行狀》,沈廷芳于是日病卒京師之椿樹三條胡同長子禮部主事世煒之邸。(《碑傳集》卷八四)與先生所記相同。又先生有《沈按察挽詞》詩,繫于是年。(《籜詩》卷三二)

逝前嘗借觀先生所藏明人尺牘。

> 《沈按察挽詞》注云:"旬日前借觀余明人墨迹十二册,留印册端。"(《籜詩》卷三二)按:沈廷芳鈐印今日尚見之。(見《明人尺牘》頁八五《陸森寄張道立詩札》)

三月初六日雪,賦詩一首。

> 先生是年有《三月六日雪》詩。(《籜詩》卷三二)

廿三日,曹學閔招同嵇璜、申甫、竇光鼐、錢大昕、程晉芳、紀復亨、徐良、曹仁虎、范鏊、梁夢善集法源寺賞海棠。

程晉芳是年有《三月廿三日曹慕堂光禄招同嵇拙修司空申拂珊光禄寶東臯銀臺錢籜石宫詹錢辛楣學士紀悝齋少僕徐鄰哉太守曹習庵編修范叔度舍人梁午樓孝廉法源寺看海棠得長歌一首》詩,可徵其事。(《勉行堂詩集》卷二四)

梁夢善,字兼士,號午樓。文莊公梁詩正之弟。乾隆十八年舉人。六上春官不第。乾隆二十八年、三十一年計偕北上,嘗寓王昶蒲褐山房。出宰蠡縣知縣。生于乾隆四年,年過四十而卒。有《木雁齋詩鈔》。(《湖海詩傳》卷一五,《兩浙輶軒録》卷二七,《清代人物生卒年表》頁七三六)

范鏊,字叔度,號攝生。祖籍江寧,入籍順天大興。乾隆三十三年順天鄉試舉人。三十四年中正榜,授内閣中書,直軍機處。四十五年成進士,改庶吉士。散館,授刑部貴州司主事。五十四年擢陝西道監察御史。官至光禄寺卿。生于乾隆八年,卒于嘉慶七年,年六十。(《知足齋文集》卷五《光禄寺卿范君墓志銘》)

竇光鼐,字元調,號東臯。山東諸城人。乾隆七年進士,授編修。十三年累官内閣學士。丁憂歸,起補副都御史,尋授順天府尹。任府尹四年,丁外艱歸。服除,再補原官。三十五年再尹順天。官至左都御史。生于康熙五十九年,卒于乾隆六十年。有《東臯先生詩集》、《省吾齋集》。(《〔光緒〕順天府志》卷七四,《湖海詩傳》卷九,《晚晴簃詩匯》卷七七,《清代人物生卒年表》頁八〇五)

廿七日,座師鄒一桂病卒南歸途次。壽八十七。

據鄒方鍔《行狀》。按:鄒一桂去冬到京祝釐,今春由水路起程南歸,行至山東汶上縣而逝。卒後,詔加尚書銜,照尚書應得卹典賜祭葬如例。(《清實録》册二〇《高宗實録》卷九〇七)

春夏間,錢陳群來札,稱先生孫錢寶甫神氣豐下,能繼錢之先澤。

錢儀吉《奉文端公手札遺兄子寶甫書後》云:"右札為我曾大父文端里居日,寄我從父少宗伯公京師者,時在乾隆壬辰春夏間。札中稱慈伯之兒神氣豐下,必有後于吾宗者,謂從兄檢討之子子壽也。子壽生上年辛卯九月,時纔十數旬耳,追長而力學砥行,仕舉其職,人皆曰能繼我錢之先澤也,而文端公固已許之于強葆之日者如此。"(《衎石齋記事稿》卷五)

五月廿九日,翁方綱為先生臨蘇軾書蔡君謨詩卷,即所謂《天際烏雲帖》。

翁方綱識云:"蘇文忠書《天際烏雲帖》,舊藏檇李項氏。跋稱尚有吴文定跋,今已失去。又柯丹丘跋末失去十八字(注:經長安莫浩至正三年夏五月丹丘柯九思書)。張貞居詩失去前五首。原是卷子,不知何時改為册。方綱于乾隆戊子十月八日購得之,今壬辰五月廿九日,為宮詹錢七兄籜石先生臨此。又倩古歙羅兩峰繪君謨夢中詩首二句為圖而詩之,庶以髣髴前賢往復嗟賞之意。是日識于孫公園寓舍之青棠書屋。"(《愛日吟廬書畫錄》卷四《翁方綱臨天際烏雲帖卷》)

按:翁方綱戊子年得此蘇書,嘗作《蘇文忠天際烏雲帖歌》請先生批定。先生批云:"此詩亦全然不能解釋。'天際烏雲含兩重,樓前紅日照山明。嵩陽居士今何在,青眼看人萬里情。'此乃蔡君謨夢中詩也,坡公嘗跋之。在蔡帖,謂之夢詩帖。惟其是夢中詩,所以迷離惝怳,可解不可解,而一種名貴之氣如仙人,然此之謂絕唱也。今乃以屬之坡公,豈坡公又書之乎?則題亦不得云蘇文忠天際烏雲帖也,而詩亦不能明白其所以然。"(《翁覃溪詩》稿本《籜批》十二)可知先生不欲以"天際烏雲"名此帖。然先生又嘗為翁方綱識帖後云:"有謂此帖似摹者,余曰:子亦欲學叔孫武叔之毀仲尼乎?不思此是蠟高麗紙。自宋迄今,凡一千又數百年,其蠟卷紙方如此也。憶前在內府親見王之《快雪帖》墨迹,用玻璃匣盛之,其紙字如灰拋成。若當日使子見之,更不知又如何臆説矣。古云,不作詩亦是藏拙之一道,余謂論帖亦然。覃溪是之,囑書其後。錢載記。"則仍以此書為真迹矣。(《蘇文忠天際烏雲帖》)

未幾,先生賦詩題之。

先生有《題翁學使方綱臨蘇書卷九首》詩,繫于是年。其序云:"蘇文忠書蔡君謨夢中詩,守居閣中舊題,及和作周韶落籍三首,虞奎章見于柯敬仲所,為賦詩四首,後敬仲乃盡和卷中韻,為九首。于是題者倪瓚、馬治、張雨,皆如其數。此迹翁學使購之粵東,攜歸京師。載既乞臨付一本,遂亦盡和以題之。"(《籜詩》卷三三)

夏,翁方綱得漢建初銅尺拓本,邀先生同觀并同賦。

先生是年有《漢建初銅尺歌》詩,注云:"孔尚任得之江都閔義行。"(《籜詩》卷三三)翁方綱《漢建初銅尺考》記云:"乾隆壬辰夏,得建初尺拓本,即孔東塘作記者也。"附記云:"昔與籜石同賦建初銅尺。愚詩以周尺十寸八寸二説并存,蓋用《王制》鄭注語也。坤一笑曰,何必以八寸一説并存哉,真好古之癖耳。蓋坤一每以考訂為厭,故其言如此。"(《復初齋文集》卷一五)吳錫麒《仿鑄漢建初銅尺歌》序云:"建初銅尺,篆文曰'慮俿銅尺建初六年八月十五日造',凡十四字。舊在江都閔義行家,後歸闕里孔東塘尚任處。翁覃溪先生曾借得,以木摹之,與錢籜石前輩、程魚門同年皆有詩。"(《有正味齋詩續集》卷七《韓江酬唱集》三)

先生亦藏有此銅尺拓本。

張廷濟《又漢慮俿銅尺》云:"曲阜孔氏所藏建初銅尺,真原刻寬,紙拓本。秀水錢坤一宗伯舊物。余甥徐壽臧明經同柏(注：原名大椿)，從其孫順父善揚易得以見貽者。此本摹本甚多，孔氏亦有復刻本。此從真漢刻拓出，可貴也。道光丁亥十一月五日。"（《清儀閣金石題識》卷一）

七月初七日，曹學閔、錢大昕集程晉芳寓齋為紀復亨餞行，先生與翁方綱坐陪，并以"同心之言如蘭"分韻賦詩。

先生是年有《七夕曹少卿學閔家學士大昕集程選部晉芳齋餞紀太僕招翁學使方綱及載奉陪分韻得同字》詩，可徵其事。（《籜詩》卷三三）曹學閔亦有《七夕同錢籜石閣學翁覃溪錢辛楣兩學士集程魚門吏部寓餞紀心齋太僕南歸以同心之言如蘭分韻得言字》詩，然誤繫在丙申年。（《慕堂詩鈔》卷二《灤陽詩鈔》）

時紀復亨請假南歸，同人數度集飲，為其送行。翁方綱嘗招與錢大昕、程晉芳、陸錫熊、羅聘集陶然亭分賦吳下勝迹。

先生是年有《紀太僕復亨請假南歸將居吳郡翁學使方綱邀同人分賦勝迹以餞載得甫里》詩紀其事。（《籜詩》卷三三）翁方綱亦有《同籜石辛楣魚門耳山兩峰集陶然亭各賦吳下故事送紀心齋南歸分得樂圃》詩。（《復詩》卷一〇）

先生又嘗邀吉夢熊、張模、翁方綱、錢大昕集寓齋餞行。復為其題《心齋坐忘》、《石湖春釣》二圖。

先生是年有《餞紀太僕供荷花邀吉京兆夢熊張學使模翁學使方綱家學士大昕共賞之翁學使有作次其韻呈諸君》詩，可徵其事。又有《題紀太僕二圖》詩，繫于是年。（《籜詩》卷三三）

八月十六日，熊為霖假歸新建。行前，先生題其《秋圃分甘圖》。

熊為霖《歸帆紀咏》序云："壬辰春假，乞歸省先壟，且以目告，故謀就金鑼也。八月既望，秋漸涼，買舟發潞河。"（《紀行詩》）先生有《題熊編修為霖秋圃分甘圖即送其假歸新建二首》詩，繫于是年。（《籜詩》卷三三）

九月初九日重陽，與紀昀、施學濂、鮑之鍾、羅聘、高秉、僧墨禪集英廉獨往園登高。

英廉是年有《九日作雨錢籜石紀曉嵐施耦堂鮑雅堂羅兩峰過獨往園登高》詩紀其事。（《夢堂詩稿》卷一二）鮑之鍾亦有《壬辰九日夢堂夫子招陪錢籜石紀曉嵐兩先生施耦堂高青疇羅兩峰墨禪僧同諸同人讌集賦呈二首》詩，可徵其事。（《論山詩選》卷五）

鮑之鍾，字雅堂，一字禮鳧，號論山。江蘇丹徒人。乾隆三十年召試舉人，授內閣中書。三十四年成進士,歷官戶部郎中。生于乾隆五年,卒于嘉慶七年。著有《論山詩稿》。在都門與洪亮吉、吳錫麒、趙懷玉唱酬最密,稱為"詩龕四友"。(《耆獻類徵》卷百四六,《晚晴簃詩匯》卷九三,《清代人物生卒年表》頁八〇三)

高秉,字青疇,號澤公,一字蒙叟。漢軍鑲黃旗人。其佩孫。秉生于華閥,幼即穎敏好讀書,不染紈綺習。由官學生得恩監。屢試棘圍,不遇,遂逍遙詩酒,託興丹青。擅鐵筆。著有《青疇詩鈔》若干卷。生卒年俟考。(《飛鴻堂印人傳》卷七)

廿日,赴密雲迎駕。

先生是年有《密雲》詩,其中有"朝曦迓回蹕,悅豫仰天顏"之句。(《萚詩》卷一三)據《高宗實錄》卷九一七,九月廿日高宗以秋獮回鑾,駐蹕密雲。(《清實錄》冊二〇)

廿八日,以孟冬朔享太廟,齋宿詹事府,臨元蘇弘道書延祐甲寅科江西鄉試石鼓賦八篇并跋後。

《鈔元蘇宏道書延祐甲寅科江西鄉試石鼓賦李丙奎徐汝士王與玉陳祖義李路羅曾吳舜凱及宏道八篇卷跋》末云:"載借得此卷,壬辰九月廿八日恭屆孟冬朔太廟時享,齋宿詹事府,遂依式鈔之。"(《萚文》卷一三)按:文集所刻跋文,與錢泰吉《清芬世守錄》鈔錄者小有出入。(見《清芬世守錄》冊四卷一五《石鼓賦卷》)又按:此卷乃延祐甲寅江西鄉試第二場賦。其人則李丙奎、徐汝士、王與玉、陳祖義、李路、羅曾、吳舜凱、蘇弘道。其題則石鼓,其書則蘇弘道。墨迹自李以下名序,或即試中次第,或為弘道所次,未可知矣。

既而招翁方綱、吳省欽、曹仁虎、程晉芳、錢大昕、姚鼐等集木雞軒,同觀并同賦。

先生是年有《觀元蘇弘道書延祐甲寅科江西鄉試石鼓賦李丙奎徐汝士王與玉陳祖義李路羅曾吳舜凱及弘道八篇墨迹卷》詩紀其事。(《萚詩》卷三三)錢大昕亦有《萚石詹事招同覃谿學士白華侍讀習庵中允魚門吏部夢穀百山兩刑部集木雞齋觀元延祐甲寅鄉試石鼓賦真迹卷》詩,可徵其事。(《潛研堂詩續集》卷一)

姚鼐,字姬傳,一字夢穀。嘗顏其所居曰惜抱軒,學者稱之曰惜抱先生。安徽桐城人。乾隆十五年舉于鄉。二十八年成進士,改庶吉士。散館以主事用,選授禮部儀制司主事。三十三年改員外郎。三十六年擢刑部廣東司郎中。四庫館開,大臣薦入,以非翰林而充纂修官,記名御史。年餘,乞病歸。主講于梅花、敬敷、紫陽、鍾山各書院四十餘年。安徽桐城,自方苞以經學古文名天下,同邑劉大魁繼之,天下言古文者咸稱桐城矣。鼐既工為古文,又探源于經訓,論者以為其辭邁于方氏,而理深于劉氏。詩亦用古文之法,七律勁氣盤折,獨創一格。論學兼治漢宋,而宗于程朱,與翁方綱、程晉芳趨尚相近,數年間往來尤密。嘉慶二十年卒,年八十五。著有《九經説》十七卷、《惜抱軒文集》二十卷、《詩集》二十卷、《三傳補注》三卷、《法帖題跋》二卷、《筆記》四卷。(《耆獻類徵》卷一四六國史館本傳、毛嶽生撰墓志銘,《湖海詩傳》卷二八,《晚晴簃詩匯》卷九一)

復鈔諸人詩作于臨本後。

自識云:"同人集小齋觀蘇君墨迹,約為賦。載請于同人,詩成亦付載鈔于此卷。于是隨得隨鈔,無有所序。"(《清芬世守録》册四卷一五《石鼓賦卷》)按:卷上有翁方綱、錢大昕、姚鼐、程晉芳、吳省欽、嚴長明六人詩。

是月,與程晉芳、曹仁虎、嚴長明、錢大昕、吳省欽集翁方綱潘家河沿新寓,賦詩題其蘇米齋。

先生是年有《翁學使招同程選部嚴侍讀曹中允吳侍讀家學士飲即題其蘇米齋二首》詩,并注云:"'蜀人蘇軾子瞻南遷惠州,艤舟巖下,與幼子過同游聖壽寺,遇隱者石君汝礪,器之,話羅浮之勝,至暮乃去。紹聖元年九月十二日書。'此刻在韶州英德南山後石壁。'藥州,米黻元章題',此刻石高三尺許,今在布政司廨後堂東竹叢中。學使皆摹石携歸,今置齋壁。"(《蘀詩》卷三三)又翁方綱《蘇米齋詩》序云:"壬辰九月,移居潘家河沿,置所刻蘇題英德南山、米題藥洲二石于齋壁,邀蘀石、辛楣、白華、習齋、魚門、道甫小集同賦。"(《復詩》卷一〇)

按:今遼寧省博物館藏《八柏遐齡圖》一幅。卷右録有先生當日所賦詩,即《翁學使招同程選部嚴侍讀曹中允吳侍讀家學士飲即題其蘇米齋二首》。卷左墨筆繪古木一株,枝左立鵲一只,枝右生芝一叢。無款,姑隨詩作繫于此。畫為紙本,手卷,縱26.8厘米,橫94.1厘米。取卷上詩作與刊本相校:第一首詩注中,"元章"與"題"之間多出"題時仲公翊積中同游元祐丙寅季春八日"十七字,餘俱同。落款"錢載",鈐印二:"載"朱文印、"坤一書畫"白文印。右下壓角鈐"蘀石齋"朱文印。卷後另裝有乾隆三十八年閏三月晦日翁方綱書《送道甫侍讀歸江寧二首》詩稿。(《中國古代書畫圖録》册一五,頁一九三)

秋,同翁方綱、吳省欽、錢大昕、曹仁虎、程晉芳、嚴長明集城南分賦。

先生是年有《同程選部晉芳嚴侍讀長明翁學使方綱曹中允仁虎吳侍讀省欽家學士大昕集城南分賦》詩紀其事。(《蘀詩》卷三三)吳省欽亦有《秋日同蘀石覃谿辛楣習庵魚門冬友集城南分賦》詩,可徵其事。(《白華前稿》卷四〇)

又為王嵩高題《十三本梅花書屋圖》。

先生有《王進士嵩高屬題其曾祖樓村修撰十三本梅花書屋圖五首》詩，繫于是年。（《撣詩》卷三三）翁方綱乾隆丙申詩《海寧陳文勤公兩孫來游都門漁湖侍講亦適入都同年集話小齋賦此二首一以贈兩陳君一以贈漁湖》注云："前秋，與撣石同題王樓村《十三本梅花書屋圖》，因有師門之感。樓村、初白皆文勤公同年也。"（《復詩》卷一四）按：阮元《廣陵詩事》有記云：王式丹，號樓村，嘗夢至一處，梅花滿庭，一老人以杖數樹云，此十三本以付汝，覺而屬禹尚基繪《十三本梅花書屋圖》。畫旋失去，曾孫嵩高復購得之。（卷一〇）

王嵩高，字少林，號海山。江蘇寶應縣人。乾隆二十八年進士。謁選湖北利川縣，補武黃同知，署施南知府。緣事降，補直隸河務同知。升廣西平樂府知府，丁內艱。一為安定書院院長而卒。生于雍正十三年，卒于嘉慶五年，年六十六。著有《小樓詩集》。詩多淵雅，間有縱筆為瑰麗，亦無輕薄習。（《清代人物生卒年表》頁六六，《湖海詩傳》卷二八，《師友淵源錄》卷一四引《揚州府志》，《晚晴簃詩匯》卷九一）

先生嘗自言題詩意旨云：

"前輩王樓村先生之遺照十三本梅花，某未出世時查初白先生題者。其令孫來求題。某細思，此一榜即錢炯齋先生、查初白先生、何義門、汪紫滄先生、蔣文肅、陳文勤公也。所以第二首有句云'六十年來春可念，東南名第幾先型'，蓋諸公可謂名第矣。然既有我座師，不得不及第三首接上云云，注云云。首句不過豆點之句，然已約略是虞道園一輩人，且不是虞道園以下。而'六十年'二句身分溫存，而東南一望可是幾家人家。此如何說與讀者知之。"（《撣詩》[國圖編號9446]卷三三失名錄錢泰吉錄先生家書中語）

秋，羅聘欲南歸，為題《歸帆圖》贈行。

先生是年有《題歸帆圖送羅聘歸揚州》詩。（《撣詩》卷三三）羅聘《癸巳閏春出齊化門至潞河登舟口占》自記云："去秋余畫《歸帆圖》，以詩贈行者六十有五人。"（《香葉草堂詩存》二一）按：詩中又有"隔歲歸期今始決，秋帆不挂挂春帆"之句，蓋其至明年閏三月始買舟南歸。

十月初六日，與翁方綱、圖轄布、羅聘、錢大昕城西訪菊。時羅聘持畫一幅贈圖轄布，竟為先生舊藏，遂以此卷歸先生，復請畫折枝一幅以償圖轄布。

先生是年有《翁學使邀同圖塞里學士羅山人家學士城西訪菊山人買得杜東原仿荊關山水卷贈學士展觀乃余舊所藏者不知何時失之蓋更有三卷并失之矣學士既不欲得此

山水索余畫折枝以償而山人竟以歸余明日學使有詩用蘇集仇池石韻家學士繼之余亦和焉》詩紀其事。(《籜詩》卷三三)錢大昕是年亦有《十月六日覃谿學士招同籜石宮詹裕軒學士兩峰山人城西訪菊兩峰山人所買杜瓊畫卷贈裕軒籜石謂是己所藏頃為偷兒攫去者乃以此卷歸籜石仍請籜石別作一幅以償裕軒覃谿作詩記之用東坡集中王晉卿欲奪海石軾欲以韓幹馬易畫詩韻予亦繼作》詩,可徵其事。(《潛研堂詩續集》卷一)

十三日,圖轄布邀同翁方綱、錢大昕飯于菜香草堂。四人摘葉題詩,方綱為裝册。

翁方綱有《壬辰十月十三日裕軒學士摘葉題詩招同坤一詹事辛楣學士飯于菜香草堂予裝其葉為冊一時和者甚衆其後每值秋晚邀同人小集或摘落葉輒粘于冊今年裕軒逝矣展冊懷人而丹黄如故也題此泫然去裝册時十三年矣乙巳十月十三日》詩,可徵其事。(《復詩》卷三一)又翁方綱嘉慶甲子詩《書題葉詩册》前半云:"乾隆壬辰九秋葉,三十三載重開緘。依然籬間翠初拾,街西款戶題同拈。籜石辛楣二錢子,笑此城北詩老函。裕軒晚作菜圃主,菜香小扁當酒簾。相招四人敗蒲榻,坐到新月穿蘆簾。那用瑤華緗素束,只就落葉青圓尖。野圃天然風露意,裝成配我書畫籤。"(《復詩》卷五八)

是日至十六日,翁方綱為先生鈔錄《籜石齋詩集》初稿所粘簽條。

翁方綱識云:"乾隆三十七年十月十三日,為籜石看起其所粘簽條,并有影鈔記者,俱錄于此本內。十六日燈下記。已三日不暇者矣。"(《翁覃溪先生讀書札記》)手稿今藏海上容軒。

是月,友錢維城病卒里第。年五十三。先生聞訃,為位于法源寺哭之。

據錢維喬《家傳》,錢維城素有消渴疾,今春聞父訃奔喪回鄉,病增劇。十月,吳門有弔者,維城扁舟往謝,途遇驟雨,益感寒疾,歸後病革,遂不起。(《錢文敏公全集》附錄)《再題四絕句》注云:"公訃至京師,載為位于法源寺東寮。"(《籜詩》卷三七)

按:乾隆壬申殿試,錢維城為讀卷官,先生卷進呈,禮當師生見,而維城以同姓義仍呼七哥。先生後居城南,與公邸相近。丁亥年,維城曾數借先生所藏吳鎮墨竹譜長卷,賦詩謂欲并宅而居。乾隆丙申,《錢文敏公全集》刻成,先生名列參閱人。足見二人交情之深。

十一月十五日,與翁方綱、曹學閔、陸錫熊、錢大昕登陶然亭看雪。回至姚鼐寓舍,與程晉芳、曹仁虎、吳省欽飲賦。

先生是年有《登陶然亭後閣看雪同翁學使方綱曹少卿學閔陸秋曹錫熊家學士大

昕》、《雪止集姚秋曹肅寓堂分賦得畫雪》二詩紀其事。(《萚詩》卷三三)姚鼐亦有《十一月十五日雪翁正三學士偕錢籜石詹事辛楣學士登陶然亭回至肅寓舍與程魚門吏部曹來殷贊善吳白華侍讀陸耳山刑部同飲至夜翁用東坡詩清虛堂韻作詩垂示輒依奉和并呈諸公》詩,可徵其事。(《惜抱軒詩集》卷二)

冬,先生開復原職。

《行述》云:"戊子年因開送試差人員年已衰邁,奉旨交部議處,部議降調,蒙恩革職留任。壬辰冬,開復。"

冬,與曹學閔、翁方綱、圖轄布法源寺訪朱垣。羅聘繪《寒林訪友圖》,諸人皆題詩其上。

翁方綱《跋慕堂碑銘志傳逸事册》云:"又追憶壬辰之冬,先生邀裕軒、籜石及予同訪朱仲君于法源寺,雲寒欲雪,携手步林木外,兩峰羅君繪《寒林訪友圖》,各題以句,此幀為辛楣持去矣。"(《翁方綱題跋手札集錄》頁一六)

又與陸錫熊等集翁方綱蘇米齋作消寒會。

先生是年有《飲蘇米齋是銷寒第三會以同人姓惟陸秋曹仄聲限陸字成五言仄體》詩紀其事。(《萚詩》卷三四)

復集陸錫熊冗寄廬,觀文裕公玉舜詩墨迹卷。

先生是年有《雪夜集陸秋曹冗寄廬出觀文裕公玉舜詩墨迹卷疊至累十首玉舜白槿花也公題之為玉舜云遂次韻》詩,可徵其事。(《萚詩》卷三四)

是年,寫蘭竹一幅酬張曾敞。

先生有《張少詹曾敞將歸桐城賦長歌致酒雙壜屬畫蘭竹即題以答送》詩,繫于是年。詩云:"師門先達又同官,官罷廬居歲幾闌。國慶蹌蹌來甚暫,春熙碌碌別尤難。缺于治具翻相餉,速為成圖且奉觀。早晚咨才應薦起,龍眠山好好加餐。"(《萚詩》卷三二)按:張英,曾敞曾祖,字敦復。康熙六年進士,官翰林院學士兼禮部侍郎。康熙二十年,以葬父乞假歸,築室龍眠山,居四年,起故官。曾敞前因任内望誤,罷官居鄉,去年以聖母皇太后八旬慈壽祝釐來京,先生特援其曾祖事以勉之。後果以萬壽加恩,復五品頂帶。

張曾敞,字壒似,號檀庭。桐城人。文端公英之曾孫,禮部侍郎廷璐之孫,翰林院侍講若需之子。才器通敏,博識古今。年二十一中乾隆十六年進士,改庶吉士,授翰林院檢討。二十八年進侍讀。四遷至詹事府少詹事。三十四年會試充同考官,榜發磨勘,有摘其所薦舉人梁泉卷疵類數十,竟由是而廢。後以萬壽加恩,復五品頂帶,歸主晉陽、江漢、大梁三書院。乾隆四十二年卒于大梁書院,年四十七。(《惜抱軒文集》卷一二《原任少詹事張君權厝銘并序》,《〔光緒〕重修安徽通志》卷一八一,《晚晴簃詩匯》卷八〇)

又為英廉畫海棠一幅并題。

先生有《為馮少司農家海棠寫影并題》詩,繫于是年。(《萚詩》卷三二)羅聘《英夢堂相國招飲海棠花下》詩注云:"是日,錢宮詹萚石先生作海棠長幅。"(《香葉草堂詩存》一九)

又為圖轄布題野圃。

先生有《題圖塞里學士野圃》詩,繫于是年。(《萚詩》卷三三)按:翁方綱《野圃記》略云:"野圃者,學士裕軒圖塞里先生養疴之所,在平則門外三里釣魚臺址。昔金人王飛伯垂釣于此,其後為丁氏玉淵亭者也……取少陵詩而總名之,所謂'野圃泉自注'者也。"(《復初齋文集》卷六)

又為秦廷塈題《秋山讀杜圖》。

先生有《題秦郡丞廷塈秋山讀杜圖三首》詩,繫于是年。(《萚詩》卷三三)

秦廷塈,字復山,號石公。漢軍人。乾隆十七年舉人,官杭州知府。作詩刻意工部。有《山曉堂詩集》。生卒年俟考。(《八旗詩話》)

又賦詩送沈清任官四川。

先生有《送沈郡丞清任赴官四川》詩,繫于是年。(《萚詩》卷三二)按:上年沈清任以慈壽覃恩復起。(《清實錄》冊一九《高宗實錄》卷八九九)

又賦詩咏明鞏都尉兩印。

先生是年有《琉璃廠肆見小方玉印一刻鞏固私印四字橋紐葫蘆樣玉印一刻帝甥二字虎紐明鞏都尉物也輒為咏之》詩,并注云:"樂安公主小玉印在揚州,錢塘厲鶚嘗作歌。"(《萚詩》卷三三)

兩印旋為嚴長明購得,遂與翁方綱集散木庵同觀。

先生是年有《集嚴侍讀散木庵已買得鞏忠烈公兩玉印出觀復為歌之》詩紀其事。(《萚詩》卷三四)翁方綱《樂安公主玉印歌為朱野雲題扇作》云:"鞏公兩印玉亦完,散木庵同錢七觀。"(《復詩》卷六三)

又為羅聘題所畫鬼圖。羅聘復以《探梅圖》相贈。

先生有《題羅山人聘畫鬼二首》詩,繫于是年。有《羅山人為余作探梅圖題以謝之》詩,可徵其事。(《萚詩》卷三二)

是年，嘗偕翁方綱、錢大昕、馮敏昌過法源寺賞海棠。

先生是年有《翁學使方綱歸自粵東法源寺海棠花開連日偕過有詩亦賦一首》詩紀其事。(《撲詩》卷三二)翁方綱是年亦有《晨起同撲石宮詹辛楣學士魚山孝廉憫忠寺海棠花下作》詩。(《復詩》卷一〇)

又應紀復亨、秦鑅之邀，過給孤寺東呂家看紫藤花。

先生是年有《飲呂家紫藤花下五首》詩，并序云："紀太僕、秦按察邀余過給孤寺東呂家看紫藤花。至則太僕小門生、按察令子編修、去年辛卯典河南試所取公車兩孝廉呂氏之族，為兩公置酒花下。"(《撲詩》卷三二)按：時紀復亨尚未南歸。另據《清秘述聞》，乾隆三十六年河南鄉試考官為編修秦潮。(卷七)

秦鑅，字廣和。無錫金匱縣人。潮父，尚書秦惠田從子。乾隆十二年舉人。由湘潭知縣遷歸州知州，累遷至湖北按察使，降長蘆鹽運使，終刑部郎中。生卒年俟考。(《無錫金匱縣志》卷二〇)

又與翁方綱、錢大昕、曹學閔至法源寺賞菊，晚過崇效寺觀漁洋、竹垞諸公所題畫卷。

翁方綱是年有《同撲石辛楣慕堂憫忠寺訪菊晚過崇效寺觀漁洋竹垞諸公所題畫卷》詩紀其事。(《復詩》卷一〇)

又數與友人文會。

一集曹仁虎齋分斅雜體。一集程晉芳齋分題南宋人集。一集嚴長明散木庵與程晉芳、曹仁虎、姚鼐、錢大昕同賦。(見《撲詩》卷三三《集曹中允齋分斅雜體得江常侍清思》、《集程選部齋檢南宋人集分題之載得香溪集》、《同程選部晉芳曹中允仁虎姚秋曹蕭家學士大昕集嚴侍讀散木庵》)

自是年後，翁方綱每月與先生及程晉芳、姚鼐、嚴長明作詩課。

《翁氏家事略記》云："自癸巳、壬辰以後，每月與錢撲石、程魚門、姚姬川、嚴東友諸人作詩課。"(三七)

本年有詩：

《送沈郡丞清任赴官四川》、《題羅山人聘畫鬼二首》、《馮少司農招作花朝》、《宿小店》、《沈按察挽詞》、《張少詹曾敞將歸桐城賦長歌致酒雙坛屬畫蘭竹即題以答送》、《羅山人為余作探梅圖題以謝之》、《三月六日雪》、《翁學使方綱歸自粵東法源寺海棠花開連日偕過有詩亦賦一首》、《為馮少司農家海棠寫影并題》、《飲呂家紫藤花下五首并序》、《熏爐二首》、《周文忠公銘雷氏琴歌》、《東書堂硯歌》、《題圖塞里學士野圖》、《題熊編修為霖秋圃分甘圖即送其假歸新建二首》、《題翁學使方綱臨蘇書卷九首》、《紀太僕復亨請假南歸將居吳郡翁學使方綱邀同人分賦勝迹以餞載得甫里》、《漢建初銅尺歌》、《題紀太僕二圖》、《顏氏所藏魯公名印歌》、《觀鄭所南畫蘭》、《題歸帆圖送羅聘歸揚州》、《餞紀太僕供荷花邀吉京兆夢熊張學使模翁學使方綱家學士大昕共賞之翁學使有作次其韻呈諸君》、《七夕曹少卿學閔家學士大昕集程選部晉芳齋餞紀太僕招翁學使方綱及載奉陪分韻得同字》、《同程選部晉芳嚴侍讀長明翁學使方綱曹中允仁虎吳侍讀省欽家學士大昕集城南分賦》、《同程選部晉芳曹中允仁虎姚秋曹鼐家學士大昕集嚴侍讀散木庵》、《翁學使招同程選部嚴侍讀曹中允吳侍讀家學士飲即題其蘇米齋二首》、《密雲》、《觀元蘇弘道書延祐甲寅科江西鄉試石鼓賦李丙奎徐汝士王與玉陳祖義李路羅曾吳舜凱及弘道八篇墨迹卷》、《翁學使邀同圖塞里學士羅山人家學士城西訪菊山人買得杜東原仿荊關山水卷贈學士展觀乃余舊所藏者不知何時失之蓋更有三卷并失之矣學士既不欲得此山水索余畫折枝以償而山人竟以歸余明日學使有詩用蘇集仇池石韻家學士繼之余亦和焉》、《題秦郡丞廷堃秋山讀杜圖三首》、《集曹中允齋分敦雜體得江常侍清思》、《羅山人造程選部門有繫馬跳傷其右手選部乃叠前韻以謝山人而屬和之》、《集程選部齋檢南宋人集分題之載得香溪集》、《王進士嵩高屬題其曾祖樓村修撰十三本梅花書屋圖五首》、《觀宋徽宗題南唐王齊翰勘書圖》、《泰忠介公篆書陋室銘墨迹卷》、《賜詹事府欽定重刻淳化閣法帖恭紀》、《登陶然亭後閣看雪同翁學使方綱曹少卿學閔陸秋曹錫熊家學士大昕》、《雪止集姚秋曹鼐寓堂分賦得畫雪》、《琉璃廠肆見小方玉印一刻鞏固私印四字橋紐葫蘆樣玉印一刻帝甥二字虎紐明鞏都尉物也輒為咏之》、《觀趙文敏公所書道德經墨迹册》、《任明府震遠餉陽羡茶賦謝》、《題劉文靖公屏山集》、《題馮少司農小影卷子》、《姚秋曹寓堂分賦之題曹中允盡賦之遂如數以和而存其二》、《題僧永聞為母櫛髮圖》、《飲蘇米齋是銷寒第三會以同人姓惟陸秋曹仄聲限陸字成五言仄體》、《集嚴侍讀散木庵已買得鞏忠烈公兩玉印出觀復為歌之》、《雪夜集陸秋曹冗寄廬出觀文裕公玉舜詩墨迹卷叠至累十首玉舜白槿花也公題之為玉舜云遂次韻》。

其中：

《送沈郡丞清任赴官四川》，錢聚朝校"洪恩録用必騰騫"句中"騫"字為"鶱"字。

《沈按察挽詞》，錢儀吉注"天女維摩元是幻"一句云："似有所諷。"

《張少詹曾敞將歸桐城賦長歌致酒雙坛屬畫蘭竹即題以答送》，翁方綱評"速為成圖且奉觀"一句云："不成說。"錢儀吉云："此等俱出于老杜，然不無流弊。所以西江一章一句皆欲自成結構,正有鑒于此也。昔人謂學杜莫不善于黃魯直,豈其然哉。公于西江得力已深,特性愛真平,不欲多為槎枒生硬。而一二酬應之作,定稿時刪汰亦未盡耳。"

《羅山人為余作探梅圖題以謝之》,翁方綱評云:"總帶老顛光景,亦實可厭。"

《題紀太僕二圖》,賦第一幅《心齋坐忘圖》有"畫靜坐如宵"之句,錢聚朝校云:"'畫',手校改'晝'。"

《題歸帆圖送羅聘歸揚州》,錢儀吉校"奈此芙容采"句"容"字為"蓉"字。又識云:"詩為冬心作也。"

《同程選部晉芳嚴侍讀長明翁學使方綱曹中允仁虎吳侍讀省欽家學士大昕集城南分賦》,錢儀吉評結尾"我今在桑榆,我本為鶯鳩。未免對清尊,輒用銷煩憂"諸句云:"退然自處,公之心如此。"

《觀元蘇弘道書延祐甲寅科江西鄉試石鼓賦李丙奎徐汝士王與玉陳祖義李路羅曾吳舜凱及弘道八篇墨迹卷》,佚名注云:"此題辛楣先生亦作之,與公詩皆樸實紀事之作。然此試卷似未得闌入吟壇耳。"錢儀吉云:"此語似陋,然體裁自有師承。宋元以後題目,唐人不肯作者多矣。"

《翁學使邀同圖塞里學士羅山人家學士城西訪菊山人買得杜東原仿荊關山水卷贈學士展觀乃余舊所藏者不知何時失之蓋更有三卷并失之矣學士既不欲得此山水索余畫折枝以償而山人竟以歸余明日學使有詩用蘇集仇池石韻家學士繼之余亦和焉》,錢聚朝校"要予荷來歸,旁觀成歎服,頃步一橙償,有墅十年卜"四句云:"'頃步荷來歸,旁觀成歎服,要予一橙償,有墅十年卜',手校本如此。"

《登陶然亭後閣看雪同翁學使方綱曹少卿學閔陸秋曹錫熊家學士大昕》,錢儀吉評首句和第五句"日照中天三殿迥"云:"第五句不似雪。'臨'字亦可商。"錢聚朝校"市煙青斷還相指"句云:"'還',手校作'遙'。"

《題劉文靖公屏山集》,錢儀吉注云:"此題辛楣先生亦作之,甚妙。"

《題馮少司農小影卷子》,錢聚朝校"老來詩更好"句云:"'好',手校作'健'。"

《姚秋曹寓堂分賦之題曹中允盡賦之遂如數以和而存其二之二堆雪》,又校"竹爆劇生歡"句云:"手校作'爆竹'。"

《題僧永聞為母櫛髮圖》,吳應和評云:"儒者闢二氏,但知人其人、火其書、廬其居而已,不知孤貧無告藉作逋逃藪,亦可補仁政之不逮,至能孝養其母、不廢大倫若永聞者,四民轉有愧焉。結二句,純孝人發大慈悲願,永錫爾類,天下幸甚。"

《集嚴侍讀散木庵已買得鞏忠烈公兩玉印出觀復為歌之》，錢儀吉注云："此似少意。仍鈔之。"

三十八年癸巳(一七七三)，先生六十六歲。

正月十五上元夜，集曹仁虎齋。

先生是年有《上元夜集曹中允齋》詩紀其事。(《萚詩》卷三四)

二月初二日花朝，飲于英廉小墅，晚集翁方綱蘇米齋。

先生是年有《花朝集蘇米齋限雪字》詩，并注云："先飲于夢堂小墅。"(《萚詩》卷三四)

十一日，詔開《四庫全書》館。先生後以總閱預其事。

《高宗實錄》卷九二六云："昨據軍機大臣議復朱筠條奏校覈《永樂大典》一摺，已降旨派軍機大臣為總裁，揀選翰林等官，詳定規條，酌量辦理。""朕意從來四庫書目，以經史子集為綱領，裒輯分儲，實古今不易之法。……將來辦理成編時，著名《四庫全書》。"(《清實錄》冊二〇)按：朱筠奏摺參見《纂修四庫全書檔案》頁二〇、二一。

十六日，翁方綱將所鈔香山、山谷、道園三家七律共八十六首乞點評。

札云："弟之前鈔，蓋猶滯于唐人間架色相，而未能各指所之。(所鈔七絕亦然，所以皆似束緊而乾者。)承兄細批後，已處處水落石出。其中最需補者，則白香山、陸放翁也。然放翁七律甚多，弟此時未得通徹幹當。因去年已來，頗就香山、山谷、道園三家七律之未經前鈔者，摘出題目，以俟補入。今且未及補他家，而先將此三家所鈔之七律共八十六首，今日一天草草鈔一底本，務求兄動筆一遍，附前三冊之後。弟數日在家靜味此理，如再得此本尋繹互證，不特受益更深，而亦將從自定下手之法。蓋既見及此，其間業更不可稍緩者矣。癸巳二月十六日，愚小弟方綱敬懇敬懇。"

又云："擬候此本批回後，即將自己七律通看刪改之，非敢遽比于兄之功，而其實在着際，亦不得不如此。"(《翁覃溪詩》稿本《七律補鈔》)

先生回復。

文云："選本亦何必補，亦何必改，不過心目之間明白即是矣。正要這些不甚活相而生疏者，在心目間以為自戒之圭臬，尚且難進，況各體雖分，其實一理也。即如七絕'昨夜風開露井桃，未央殿前月輪高。平陽歌舞新承寵，簾外春寒賜錦袍'固是絕唱，而'雨淋鈴夜却歸秦'之清薄也要的。阮亭先生之'結髮從戎老戰爭，揮鞭立就十三城。涼風堂側桃枝戲,絕勝平陽九道兵'固是要的,而'盤塘江上是儂家,郎若聞時來喫茶。黃土築牆茆蓋屋,庭前一樹紫荆花'之鬼詩,也是要的,蓋鬼詩亦合調也。今兄欲弟再讀來本,此亦何妨,但不知何以要改選? 若改選後,昨本與弟存之,借以時時翻閱,大可熟也。此復不具。"

又云:"熟則不但手段容易,即改一字兩字亦自然入拍。若生則越湊越不足,徒然塞了許多客氣字眼。所以諸前哲皆是熟者,非爛之謂。未見有生而成功者,此事竟假造不來。一分力量只得一分力量,不能勉強也。又紙。"(《翁覃溪詩》稿本《七律補鈔》)

先生為翁方綱批諸家七律補選本,即《翁覃溪詩》所附之《七律補鈔》。

此本非原稿,乃後人抄存,附于《翁覃溪詩》之後者,應同為海寧蔣氏衍芬草堂所藏。

三月十四日,應蔣賜棨之招,與英廉同集蔣文肅公賜第北臺。

先生是年有《清明後一日蔣少司農招集文肅公賜第北臺馮少司農有望積水潭一帶柳色之作次其韻》詩,可徵其事。(《蘀詩》卷三四)

閏三月初三日,偕幼孫與翁方綱、阮葵生、錢大昕、曹學閔、曹仁虎、嚴長明、程晉芳、姚鼐、姚頤、王嘉曾、錢坫至城南草橋舉修禊事,歸飲蘇米齋并賦。

先生是年有《城南修禊詩二首》詩,其中有"閏三語復聆,諸孫幼隨侍"之句。(《蘀詩》卷三四)翁方綱《跋曹慕堂邀同人咏詩卷》云:"先是癸巳春,方綱嘗集諸君修禊于此,亦有唱和詩成册。此籜石、吾山諸詩中所云去年修禊者也。"(《復初齋文集》[手稿影印本]册一三,頁三六六三)王嘉曾亦有《癸巳閏三月三日翁學士覃溪招同錢宮詹籜石錢學士辛楣曹光祿慕齋曹中允習庵嚴侍讀冬友程吏部魚門姚禮部姬傳姚編修雪門城南修禊歸飲覃溪蘇米齋》詩紀其事。(《聞音室詩集》卷三)

姚頤,號雪門。江西太和人。乾隆二十四年領鄉薦。三十一年以一甲第二名成進士,出翁方綱門下。三十九年奉命在阿哥書房行走。視學湖南,校士公明。復出任湖南按察使,亦以清惠稱。遷甘肅,卒于任。生于乾隆四年,卒乾隆五十三年。詩多放筆為大篇,氣勢浩瀚。所著有《雨春軒詩草》。(《耆獻類徵》卷一八六,《晚晴簃詩匯》卷九三,《大清一統志》三五三,《清代人物生卒年表》五九一)

王嘉曾,字漢儀,一字寧甫,別號史亭。初名廷商,改楷曾,通籍後復改今名。武英殿大學士王頊齡曾孫。乾隆十八年舉順天鄉試。三十一年成進士,改庶常。三十六年散館,授編修,充《四庫全書》館暨方略館纂修、文淵閣校理。四十五年為山西副考官。既復命,俄而疾作,于乾隆四十六年卒于城西里第。享年五十三歲。曾手校《十三經注疏》、《昭明文選》、《山海經》、許氏《說文》、顧氏《音學》、梅氏《算法》諸

书,皆有定本,自著有《闻音室诗集》。(《闻音室诗集》卷前许行《诰授奉政大夫文渊阁校理翰林院编修加五级王公墓志铭》)

钱坫,字献之。江苏嘉定人。大昕从子。家至贫,乃入都依大昕以生。以副榜贡生就职直隶州州判。从陕西巡抚毕沅游,遂官于陕二十余年,历署文山县、乾州、华州事。引疾归,囊橐萧然,以左手作篆自给。著有《汉书地理志注》、《许氏说文解字注》若干卷,已版行。又有《补史记注》百二十卷、《十六国地理志》及诗文集,皆藏于家。嘉庆十一年卒于吴,年六十有六。(《艺舟双楫》附录二《钱献之传》)

是日,衆人有唱和诗成册。

叶名澧《上巳日不出游偶阅乾隆癸巳三月三日诸老辈禊饮诗册漫成一律》注云:"翁覃溪先生招集一时名流讌饮终日,与会者十二人,钱箨石、姚姬传、程鱼门、钱十兰诸公皆有诗,而严道甫先生为之序。"(《敦夙好斋诗全集》续编卷九)

十一日,新任《四库全书》馆正总裁刘统勋,奏请将纂修纪昀、提调陆锡熊作为总办,请派郎中姚鼐,主事程晋芳、任大椿,学正汪如藻,降调学士翁方纲为纂修,又请调取进士余集、邵晋涵、周永年,举人戴震来京,令在分校上行走。

所奏俱得允行。(《清实录》册二○《高宗实录》卷九三○)

春,赋诗题程晋芳三长物斋。

先生是年有《题程选部三长物斋》诗云:"借宅朱公岂定居,笑人题额照春初。田园别后黄金尽,科第成来白发疏。六尺箪旁真富有,五经笥外太纷如。愁他砚墨随佳刻,只是先生不善书。"注云:"三长物者:怀仁集右军书宋搨本,吾乡项子京所曾藏;苏文忠东井砚;明宣德龙香御墨及罗小华以后诸家所造墨。"(《箨诗》卷三四)按:程晋芳《三长物斋记》云:"壬辰之春,移居房师朱竹君斋中,所谓椒花吟舫是也。……乃即吟舫之旁为小扁,额曰三长物斋。"(《勉行堂文集》卷三)

翁方纲谓先生题诗颇令程晋芳不满。

翁方纲手批《题程选部三长物斋》云:"程兄是日得诗颇怒。"(《箨诗》[国图编号09444]卷三四翁方纲批)按:"田园别后黄金尽,科第成来白发疏"二句正切鱼门。程晋芳以考宦成贫,蓰务渐衰,而高谈性命。(《小仓山房尺牍》页三○)后以积逋避游关中,竟病卒毕沅官署。

又作画送钱汝恭之安庆郡丞任。

从叔钱汝恭以陞任安徽安庆府江防同知引见到京。(《文汇》补编册一钱汝诚《仲弟蕺斋暨配

沈宜人行狀〉)將出都時,先生作畫贈行。翁方綱《送錢雨時之安慶郡丞任》注云:"令姪籜石將作畫贈行。"(《復詩》卷一〇)

四月廿三日,孫錢善初殀。

先生是年有《哭第五孫》詩,其注云:"善初殀以四月廿三日,明夕夢于其兄云,去李家也。"(《籜詩》卷三四)

五月初一日,裘曰修病卒。年六十二。

四月,患噎症,其病與當年錢陳群相同。數日前詔加太子少傅銜,是日遂不起。(《清碑傳合集》頁四八〇于敏中《府尹事諡文達裘公曰修墓志銘》)

是月,與程晉芳、翁方綱、曹仁虎游右安門外小圃。

先生是年有《右安門外小圃偕程選部翁學使曹中允》詩紀其事。其注云:"時余第五孫善初殀甫踰旬。"(《籜詩》卷三四)翁方綱是年亦有詩《右安門西野圃同籜石魚門習庵三首》。(《復詩》卷一〇)

六月初十日,西師潰木果木。吳璜、趙文哲、孫維龍諸人被難。

六月廿三日,海蘭察奏云:"初十日,後面木柵亦被搶奪。溫福率臣乘賊占踞未定,帶兵攻擊。綠旗兵紛紛散亂。忽有賊千餘,直犯溫福。臣迎上鏖戰。而溫福胸左著鎗,殉節。賊眾即入大營放火。"(《清實錄》冊二〇《高宗實錄》卷九三七)按:據蔣士銓《入祀昭忠祠鑑南吳公傳》,趙文哲被賊斷臂死,吳璜為炮石飛擊,人馬墜溪河中死。又孫維龍為自盡,見乾隆二十五年譜中小傳。

廿三日,詞科同徵劉綸病卒阜城門賜第。年六十三。先生撰文祭之。

據陸錫熊《光祿大夫贈太子太傅文淵閣大學士文定劉公墓志銘》。(《寶奎堂集》卷一二)《祭劉繩庵相國文》注云:"同通政申公甫。時尚未賜諡。"(《籜文》卷二五)按:當日同徵二百六十七人,相繼謝世,先生感舊友之逝,能不愴然傷懷也歟。

是月,于法源寺寫墨梅一幅。

款云:"癸巳六月法源寺避暑寫。籜石錢載。"畫為紙本,立軸,高三尺七寸,闊一尺四寸。鈐印二:"錢載"白文方印、"萬松居士"朱白文方印。壓角印一:"籜石書畫"白文方印。(《愛日吟廬書畫錄》卷四)

時與蔣榮昌入法源寺避暑。

先生是年有《蔣農部榮昌招入法源寺避暑設齋》詩,可徵其事。(《籜詩》卷三四)按:蔣榮昌俟考。

七月初七日,同錢大昕、程晉芳、曹仁虎、姚鼐、陸錫熊、陸費墀集翁方綱蘇米齋,觀陸費墀所藏唐張萱《祈巧圖》。

> 翁方綱有《七夕擇石辛楣魚門習庵姬川耳山丹叔小集蘇米齋丹叔携所藏唐張萱祈巧圖同賦》詩,繫于是年。(《復詩》卷一〇)

九月初九日,與翁方綱、施學濂、吳省蘭、鮑之鍾至英廉獨往園登高。

> 英廉是年有《九日錢擇石翁覃溪施耦堂吳泉之鮑雅堂過獨往園登高》詩紀其事。(《夢堂詩稿》卷一二)

> 吳省蘭,字泉之,號稷堂。江南南匯人。吳省欽弟。乾隆二十七年舉人。三十九年充《四庫全書》館分校官。四十三年因在四庫館校刊群書得力,加恩准與一體殿試,尋列二甲,改庶常。散館,授編修。歷任侍講、詹事、內閣學士。和珅以罪伏誅,省蘭係和珅引用之人,由禮部侍郎降為編修。嘉慶八年擢侍講學士。旋以原品休致。生于乾隆三年,卒于嘉慶十五年,年七十三。著有《聽彝堂詩文全集》等。(《耆獻類徵》卷九七國史館本傳,《桂馨堂集·感逝詩》)

十二日,孫錢善建生。為錢敏錫次子。

> 錢善建,嗣從兄摺之子皋陳為後。字具甫,號雨塘。生于乾隆三十八年,卒于道光元年十月初三日。娶國學生沈廷楷女。子一,聚堂。(《家譜》卷七)

秋,同鮑之鍾、施學濂集英廉齋飲桂花下。

> 英廉是年有《擇石耦堂雅堂過草堂飲桂花下》詩紀其事。(《夢堂詩稿》卷一二)

十月初二日,補授內閣學士兼禮部侍郎銜。

> 據《高宗實錄》卷九四四,是日先生與候補內閣學士署禮部侍郎索琳、少詹事彭元瑞俱奉旨升任內閣學士兼禮部侍郎。(《清實錄》冊二〇)按:內閣學士為內閣大學士下屬,司掌敕命傳達及奏章諸事。官位從二品。兼禮部侍郎銜。通稱閣學。

初五日,與文武陞轉各官太和殿謝恩。

> 《高宗實錄》卷九四四云:"庚寅。上御太和殿視朝,文武陞轉各官謝恩。"(《清實錄》冊二〇)

十一月十六日,劉統勳卒。年七十五。先生賦詩挽之。

> 《高宗實錄》卷九四七云:"(辛未)今晨肩輿入直,至東華門,忽嬰痰疾,比聞之,即遣御前大臣尚書公福隆安,齎藥馳往看視,至則業已無及,遽聞溘逝。"(《清實錄》冊二〇)
> 先生有《劉文正公挽詞二首》詩,繫于是年。其中云:"乙巳迴思切,迢遙仰止崇。南

歸家太傅，冬夜說明公。教習壬申見，編摩丙戌充。"又云："內閣纔趨直，中堂數與言。"（《籜詩》卷三四）按：乾隆壬申，劉統勳任大教習，教先生及同年庶常。翁方綱《跋劉文正公手迹文稿》記云："方綱壬申進士，改庶吉士四十一人。時文正為館師。文正初入館日，庶常謁翰林于後堂寶春亭。亭中設大床一，諸生席列左右。文正曰，吾與諸君師生也，宜共坐一榻細論文。于是庶常四十一人，皆更迭坐于床左，文正坐床右。文水鄭東侯，邸客與文正對宇，而文正未識也。及東侯自言姓名，文正厲色曰，若豈對門鄭庶常耶？前輩為館師，而不余謁，豈余不足教若耶？復娓娓申警數十百言。其莊詞毅氣，甚于塾師之訓童子。"（《復初齋文集》[手稿影印本]冊四，頁八七四、八七五）先生當日受教之情形，于此可稍見一斑。

劉統勳，字延清，號爾鈍。山東諸城人。雍正二年進士，改庶吉士。散館，授編修，入直南書房。累官至東閣大學士。生康熙三十八年，卒乾隆三十八年，得年七十有五。謚文正。子墉，禮部尚書。乾隆四十四年，御製《懷舊詩》，列五閣臣中，詩有云："遇事既神敏，秉性原剛勁。進者無私感，退者安其命。得古大臣風，終身不失正。"（《清史列傳》卷一八、《清代人物生卒年表》頁一九〇）

十二月初八夜，先生致信姻家陳經禮。

札云："往時知老先生之工于文也，今乃知老先生之工于詩也。禾諺有云：'世上無難事，只怕有心人。'夫有心人之于難事，古者不知其幾矣，況于詩文！老先生之詩，消息真、筆力真、音節真，蓋不真無一而可也。鮑老當年笑郭郎，笑他舞袖太郎，當此，則傀儡之真。傀儡不真尚猶不可，況于詩文。如老先生與令兄之詩，皆所謂真實力量，然則吾里吾黨果可信乎？弟老矣，一無成就，鄉里之感，于老先生兄弟不能不依依也。十二月八日，夜燈下酒後書，呵凍草草，歉甚歉甚。實則已讀至四鼓矣，請以質之令兄。"（《檢齋詩集》）按：右先生書信一封，附陳經禮《檢齋詩集》前。信為佚文，盡錄于此。

陳經禮，字慶旋，一字檢齋。秀水人。乾隆十八年中鄉試。二十二年成進士，歸班銓選。三十一年赴都謁選，明年三月選湖南桂東令。三十八年大計卓異，赴都引見，陞湖南永綏同知。生于雍正十一年，卒于乾隆五十五年，年五十三。女一，適先生孫錢善膺。著有《檢齋詩集》三卷，其中自《渡洞庭》至《涿州》二十二首，經先生評定。（《檢齋詩集》陳紹謨識後）

時陳經禮以大計卓異赴京引見，以途中詩稿就正于先生。

陳紹謨云："先祖《年譜》：'乾隆癸巳年。入都，途中詩稿就正于錢籜石先生。'籜翁此札即在是年。令兄謨之,從祖匏村先生也。"(《檢齋詩集》)又陳經禮是年有《束錢籜石閣學二首》詩,其中云:"我朝振風雅,藻火燿文儒。新城為大宗,同里推曹朱。公又克繼之,力厚思尤殊。"(《檢齋詩集》卷一)

是年,嘗與同人集法源寺分咏得海棠。

先生有《同人法源寺分咏得海棠》詩,繫于是年。(《籜詩》卷三四)

所咏海棠詩,後來鐫入《法源八咏》。

翁方綱《送述庵南歸二首》注云:"予與述庵、籜石、冬友諸君相約同賦《法源八咏》,其艸尚在予篋,至今未鐫石也。"(《復詩》卷五三)按:嘉慶丙寅春,始摹勒《法源八咏》,凡四石,吳縣支雲從鐫。其中有先生所賦《海棠》、余集《蘇靈芝寶塔頌》、翁方綱《唐景福元年重藏舍利記》、王昶《遼幢》、吳錫麒《象槐》、趙懷玉《真武畫像》、嚴長明《大安十年觀音地宮舍利函記》及羅聘《文官果花》。(《法源八咏》[國圖編號北京813]拓片)又按,楊芳燦《題法源八咏後》注云:"八咏者,唐至德二載寶塔頌、景福元年藏舍利記、宋真武畫像、遼幢、金大安十年藏舍利記及象槐、海棠、文官果也。乾隆辛巳,覃溪先生偕錢籜石、王述庵兩先生始游,訂分咏之約。續同游者為嚴冬友、吳穀人、趙味辛、余秋室、羅兩峰諸君,而八咏成。迄今距始游時,閱四十年矣。先生以前詩刻石陷于寺壁,并作詩紀之,命余繼作長句。"(《芙蓉山館全集》卷八)

又畫柏一幅送嚴長明南歸。

嚴觀云:"乾隆三十八年,先君奉諱南歸,先生畫柏贈行,題詩一律。"(《師友淵源錄》卷一〇"錢坤一先生"條後案)按:嚴觀錄先生題畫詩云:"閏春春駐又闌春,踽踽憂歸向去津。掌誥十年曾不達,收書萬卷竟非貧。心依屋角鐘山老,手種墳頭柏樹新。文會城南猶寡侶,奈何先托寄言頻。"按:此詩即先生集中《送別嚴侍讀長明一首》,但有兩處不同:"向去津",集作"問去津";"寄言頻",集作"寄將頻"。(見《籜詩》卷三四)

又為陳朗題質莊親王永瑢所寫綠牡丹圖。

先生有《質郡王畫綠牡丹并題陳秋曹朗持示屬次韻題》詩,繫于是年。(《籜詩》卷三四)質莊親王永瑢,皇六子,號九思主人,又號西園主人。乾隆八年生,純妃蘇氏(即純惠皇貴妃)出,為皇三子永璋同母弟。二十四年出繼為慎靖郡王允禧孫,降襲貝勒。三十七年晉質郡王,兼總管內務府。四十九年以事被議。五十四年晉質莊親王。五十五年卒,年四十七。諡莊。善書,工畫山水,守宋元矩矱。著有《九思堂詩鈔》。(《清皇室四譜》卷三,《晚晴簃詩匯》卷六)

又為鄒夢皋題鄒一桂山水小幅。

先生有《奉題座主贈尚書鄒公為侍御夢皋山水小幅遺墨》詩,繫于是年。(《撢詩》卷三四)

鄒夢皋,字贊元,號雨洲。江蘇無錫金匱人。乾隆二十五年進士,官工部,歷郎中。改御史,典試滇南,轉戶科掌印給事中,巡視中南北城。年七十二乞歸。乾隆五十六年卒于家,壽八十。以仲子炳泰貴,誥封內閣學士兼禮部侍郎。(《無錫金匱縣志》卷二〇,《梁溪詩鈔》卷四四)

又數與友人讌集。

一應申甫之招,送張鳳孫之任滇南。一集嚴長明散木庵。一集姚鼐寓所。一集圖轄布野圃,同翁方綱、程晉芳、曹仁虎。一偕沈維基過法源寺賞海棠。再同曹學閔法源寺看海棠,晚過徐良寓所飲。一飲英廉檀欒草堂海棠花下。(《撢詩》卷三四《送張太守鳳孫之任滇南》、《散木庵茶話》、《集姚秋曹寓堂》、《圖塞里學士野圃同程選部翁學使曹參議》、《沈太守維基寓居法源寺招看海棠飲其齋》、《曹少卿學閔招看法源寺海棠設齋晚過徐太守良寮西寓居飲》、《飲馮少司農檀欒草堂前海棠下賦》)

本年有詩:

《端範堂賦》、《散木庵茶話》、《題程選部三長物齋》、《上元夜集曹中允齋》、《集姚秋曹寓堂》、《題吳州牧璜蘇門聽泉圖》、《花朝集蘇米齋限雪字》、《次韻馮少司農舊養盆梅初花》、《次韻馮少司農春雪》、《送張太守鳳孫之任滇南》、《清明後一日蔣少司農招集文肅公賜第北臺馮少司農有望積水潭一帶柳色之作次其韻》、《飲馮少司農檀欒草堂前海棠下賦》、《沈太守維基寓居法源寺招看海棠飲其齋》、《城南修禊詩二首》、《曹少卿學閔招看法源寺海棠設齋晚過徐太守良寮西寓居飲》、《奉題座主贈尚書鄒公為侍御夢皋山水小幅遺墨》、《同人法源寺分詠得海棠》、《靜宜園曉直飯于馮少司農山舍》、《送別嚴侍讀長明》、《質郡王畫綠牡丹并題陳秋曹朗持示屬次韻題》、《右安門外小圃偕程選部翁學使曹中允》、《哭第五孫》、《蔣農部榮昌招入法源寺避暑設齋》、《圖塞里學士野圃同程選部翁學使曹參議》、《為陳秋曹朗題其曾祖虞山逸叟澳湘江圖粉本》、《再哭善初》、《內閣曉坐》。

其中:

《散木庵茶話》,錢儀吉評"昭文鼓亦龍鍾罷,定武瓷還雀舌斟"二句云:"五六句屬對似未渾成。"

《題程選部三長物齋》,吳應和評云:"'田園'十四字,貧老宦成者,鮮不有此慨歎。"

《集姚秋曹寓堂》，"游韁覓共春天句，畫楹看多閏月花"二句，錢聚朝校云："'覓共'，手校作'共覓'，'看多'作'多看'。"

《次韻馮少司農春雪》，錢聚朝校"贏得鳳城傳句入，玉花不謂此翁寒"句中"贏"字為"羸"字，又云："'寒'，手校作'頑'。"

《清明後一日蔣少司農招集文肅公賜第北臺馮少司農有望積水潭一帶柳色之作次其韻》，吳應和評云："頷聯風致楚楚，莫謂得力杜、韓者不能作綺語。"

《同人法源寺分咏得海棠》，顧列星評"佛香深與染，人意老為顛"二句云："'佛香'一聯煞費匠心，妙在以淡墨出之。"

《靜宜園曉直飯于馮少司農山舍》，顧列星評云："山莊詩固著不得臺閣氣，亦作不得郊島寒瘦語。此詩可謂清華。"

《送別嚴侍讀長明》，錢聚朝校"掌詰十年曾不達"句中"達"字為"逵"字。

三十九年甲午(一七七四)，先生六十七歲。

正月初七日午時，叔祖錢陳群卒于里第。壽八十九。

《文端公年譜》云："三十九年甲午。八十九。春正月初七日午時，公卒。"(卷下)按：去年十月，錢陳群胃部舊症復發，至是遂不起。卒後晉贈太傅，入祀賢良祠，并于浙江藩庫內賞銀一千兩，經理喪事。(《清實錄》冊二〇《高宗實錄》卷九五一)

自正月以來，先生為亡友王又曾、汪孟鋗編次詩集。并邀翁方綱同定《厚石齋集》。

先生是年有《小庭桃樹作花翁編修方綱朱編修筠曹贊善仁虎程選部晉芳姚秋曹鼐過飲翁編修有詩并及余正月以來為丁辛老屋厚石齋編次遺集奉答二首》詩，可徵其事。(《籜詩》卷三四)翁方綱云："嘉興汪君，則予及與其尊人厚石，常論詩于錢籜石齋。厚石詩集，籜石所手定。一日，籜石抱其草稿數大束，來吾齋曰：'吾定故友之集，一氣貫注，到極用心時，兩手為之交顫。子盍助我乎？'于是予與籜石同商定之，即今所刻本是也。"(《復初齋集外文》卷四《跋法時帆庚子三鼎甲手迹冊》)按：後乾隆四十一年九月，翁方綱重校《厚石齋集》，分為十卷。時先生出任山東學政。

諸友遺稿，先生為之收拾刪定者，不一而足。

《行述》云："穀原先生有《丁辛老屋集》、謙谷先生《謙谷集》、晴初先生《柘坡集》、厚石吏部《厚石齋集》、桐石孝廉《桐石草堂集》、匏村明經《匏村集》、徐氏《南墅集》、

《綠杉野屋集》,皆經府君手為之裁定付梓。而豫堂先生集、朱梧巢先生集,府君已亦整齊訂存,尚未刊刻。"

二月廿九日,應蔣賜棨之招集北臺,有詩懷亡友劉綸、裘曰修。

先生是年有《清明後四日蔣少司農招集北臺感懷劉文定公裘文達公》詩。(《萚詩》卷三四)

三月初三日上巳,與朱筠、翁方綱、姚鼐、程晉芳、林樹蕃、任大椿、周永年、陸錫熊、阮葵生、紀昀等二十八人集城南右安門外草橋,舉修禊事。歸飲曹學閔寓邸。

先生是年有《草橋修禊詩十二首》,并注云:"歸飲于曹慕堂太僕邸。"又云:"座有紀曉嵐、陸耳山兩侍讀,為《四庫全書》總纂。翁覃溪、朱竹君、林于宣三編修,姚姬川、程魚門、任子田三部曹,周書倉進士,皆《四庫全書》纂修。"(《萚詩》卷三四)朱筠《草橋修禊序》云:"出右安門十里曰草橋。以乾隆甲午之歲三月三日,舉祓禊故事于此者二十有八人。其幼而詩不成者八人,不及至而入集飲于太僕少卿曹君之廳詩者又三人,是日會者凡三十有九人。"(《笥河文集》卷五)按:草橋,在右安門外十里,衆水所歸。土近泉宜花,居人以蒔花為業。據翁方綱《跋曹慕堂邀同人詠詩卷》,與會者尚有曹學閔二嗣君錫齡、寶齡。(《復初齋文集》[手稿影印本]册一三,頁三六六三)而是會不僅有詩、有序,還有當塗黃戊所繪圖。(《復初齋文集》[手稿影印本]册一《跋甲午三月修禊詩册》)

林樹蕃,字于宣。福建侯官人。乾隆三十六年進士,朝考第一人,改庶吉士。三十九年秋奉命充浙江鄉試副考官。生于乾隆十四年,卒于乾隆四十一年,年僅二十八。(《笥河文集》卷一二《編修林君墓誌銘》)

周永年,字書昌,自號林汲山人。濟南歷城人。乾隆三十六年進士。特詔徵修四庫書,改翰林院庶吉士,授編修,充文淵閣校理。四十四年貴州鄉試考官。生于雍正八年,卒于乾隆五十六年,年六十三。好書,聚書至十萬卷。(《章學誠遺書》頁一八一、一八二《周書昌別傳》)

任大椿,字幼植,又字子田。江蘇興化人。乾隆二十五年舉人。三十四年中二甲一名進士,分禮部為儀制司主事。四庫館開,薦任纂修官。其時非翰林而為纂修官者八人,大椿與焉。禮經裒輯為多,提要多出其手。遷員外郎郎中,保御史。乾隆五十四年授陝西道監察御史,甫一月而卒,年五十二。少工文詞,詩工樂府及五言。既而專究經史傳注,尤長名物,其考訂論説多精當。著有《深衣釋例》三卷、《釋繒》一卷、《字林考逸》八卷、《小學鈎沉》二十卷、《吳越備史注》二十卷,又有《詩集》四卷、《雜文集》若干卷。(《惜抱軒文集》一三《陝西道監察御史興化任君墓志銘并序》,《晚晴簃詩匯》卷九三,《儒林傳稿》卷四《任大椿傳》)

是日,先生向嵇璜借一車,偕諸孫同行。

《草橋修禊詩十二首》有"一輛諸孫難雜坐,借車先乞老尚書"之句,并注云:"無錫嵇先生借一車。"(《籜詩》卷三四)

三月廿四日,偕朱筠游城南餞春。

先生是年有《城南餞春四首》詩紀其事。其序云:"出永定門十里,登土山上野亭,于以延眺,于以餞春。斜日迴車,僕夫携酒,憩飲于何氏丙舍。期我同人者,朱編修竹君。三月廿四,是為甲午之春盡日。"(《籜詩》卷三五)

是月,庭院桃樹花開,招翁方綱、朱筠、曹仁虎、程晉芳、姚鼐集寓齋同飲。

先生是年有《小庭桃樹作花翁編修方綱朱編修筠曹贊善仁虎程選部晉芳姚秋曹鼐過飲翁編修有詩并及余正月以來為丁辛老屋厚石齋編次遺集奉答二首》詩紀其事。(《籜詩》卷三四)

春,壬子同年徐良告假扶病南歸。先生為之悵然。

先生有《徐太守良寓居法源寺五年昨扶病南歸今晨入寺海棠已謝復至其處感賦》詩,繫于是年。(《籜詩》卷三四)

四月初三日,徐良病卒舟次。明年二月將葬青浦,先生為其撰墓志銘。

徐良生前嘗謂先生曰:"我死,子必葬我。"故《知夔州府事徐君墓志銘》有"諾銘以泣"之句。(《籜文》卷二二)

初五日,試于正大光明殿。

《高宗實錄》卷九五五云:"今年鄉試屆期,所有應行開列試差之進士出身人員,著于四月初五日在正大光明殿考試。仍著吏部照例按各衙門次序,于初七日帶領引見。"(《清實錄》冊二〇)

初十日,先生自序詩集。

序文落款云:"乾隆三十九年歲次甲午,四月十日,錢載書于宣南坊屋,時年六十有七。"(《籜詩》)

按:據《籜批》七、又二、又九與翁方綱信,掇拾舊詩一事先生早已著手進行。乾隆三十七年十月,翁方綱并為看起詩集內所粘簽條。自康熙癸巳生母陸夫人下世,至去年乾隆癸巳,適過一甲子。先生于此時自序詩集,其用心可知矣。所序之詩集即翁方綱《籜石齋詩鈔序》所謂"三十有六卷"者。乾隆丙申,翁方綱摘取為四卷,并序之。繼而王昶又為跋之。

繼而，編次存稿，以所居宣武門南，題曰《宣南篋存稿》，并自序。

序文落款云：「乾隆甲午夏，秀水錢載自序，年六十有七。」序中云：「今者以筐篋之尤存也，連而錄之。誠欲書其座主、總裁、本房舉主之姓氏、官職，藏于家，志不忘，而固無當于外人。」此「存稿」之所謂，即「無可取也，僅不棄之」之意。又云：「乃如清貞石臼，少輒好之。最後見錢塘厲徵君之筆，而爽然于年力之不可追而及。」似可與《籜石齋詩集》斷自乾隆丁巳相質。（《籜文》卷八）

六月十三日，奉命充江西鄉試正考官。副考官為檢討蕭廣運。先生隨具摺告假十日，歸鄉省視墳墓。

據《高宗實錄》卷九六〇。（《清實錄》冊二〇）《行述》云：「甲午，奉命為江西正考官，隨具摺告假，歸里十日，省視墳墓。蒙恩准給假。」

蕭廣運，字省齋。湖北黃陂人。乾隆三十四年進士，選庶吉，散館授檢討。出任江西鄉試副考官。提督貴州學政，衡文取士，風清弊絕。以母老乞終養。居家十餘年，以教讀自給。服闋，陞河南、雲南等處監察道御史。卒于京，年六十餘。（《黃陂縣志》卷八）

旋起程赴南昌。翁方綱為餞行。

翁方綱是年有《送籜石典試江西》詩，并注云：「席間重訂汪厚石詩集。」（《復詩》卷一一）

發固節驛。

先生是年有《固節驛晚發》詩紀其事。（《籜詩》卷三五）

途中，謁孟子廟。

先生是年有《三謁孟子廟》詩，可徵其事。（《籜詩》卷三五）

復宿濠梁驛。

先生是年有《濠梁驛宿乙酉典試江南宿處》詩，并注云：「驛今屬鳳陽。廣西于生萬培令此。」（《籜詩》卷三五）

過舒城，賦詩感懷母朱夫人。

《宿舒城》有「再到朱公治，長懷母氏恩」之句。（《籜詩》卷三五）

重游東林寺，觀錢陳群墨迹，畫蓮并題丁卯同作詩于牋上，付寺僧藏之。

先生是年有《重游東林寺王文成公次邵二泉韻詩已刻石墨迹已壞寺僧出觀文端公丁卯次韻詩庚午再過所錄碧牋因取畫蓮幅寫丁卯同作詩于上付之再用韻》詩紀其事。（《籜詩》卷三五）按：所題丁卯同作，即《東林寺觀王文成公次邵二泉韻詩壁即用其韻》。詩云:"奎章之記没碧草,集賢之書失完好。白蓮色壞似僧衣,只有廬山不知老。松聲泉聲秋自哀,林中取徑橋邊開。年餘二百壁一丈,讀詩有客今朝來。墓上征西空俛首,二豪且侍東皋酒。時命適與功名偕,手勒紀功公不朽。陽明洞深即金庭,三洲何必島與汀。西林鐘晚莫催去,山色墨光吾眼青。"(《萚詩》卷一〇)

重過楊柳津,憶及丁卯渡此有"飛來幾點鷺鷥雪,問取皆云楊柳津"之句。

先生是年有《楊柳津》詩,并注云:"'飛來幾點鷺鷥雪,問取皆云楊柳津。'丁卯渡此句。"(《萚詩》卷三五)

此番赴南昌主考,先生詩作多有追懷錢陳群者。

錢儀吉云:"是歲先文端公薨于里,而公適奉使。道中諸詩多追挽之作,不獨《紅心驛》二律矣。"(《萚詩》[國圖編號9446]卷三五失名録錢儀吉識語)

七月初六日,從父錢汝恭病卒里第。年四十八。

據錢臻《家譜》。(卷八)按:錢汝恭是年春奔父喪,因不得親與含殮為恨,鬱鬱數月而終,年僅四十有八。

十一日,王元啓六十壽辰。先生為撰壽序。

時山東巡撫徐績延王元啓主濼陽書院,次子王尚玨隨侍,千里寓書請先生為撰壽序。(《萚文》卷九《王惺齋六十壽序》)

王元啓,字宋哲,號惺齋,別號祗平居士。先世自杭遷嘉興。娶沈氏,嘗讀書妻兄家中,與先生家鄰近,故雍正間即已相識。乾隆九年舉于鄉。十六年成進士,署福建將樂縣知縣,三月而罷。歷掌講席。為學以宋五子為宗,説經尤精于《易》。為文一本韓子,多有著述。又長于推步。所著有《祗平居士集》。生于康熙五十三年,卒于乾隆五十一年,年七十三。子三,尚玨其季,字若農,附監生,《四庫全書》館謄録、廣西候補縣丞。(《復初齋文集》卷一四《皇清例授文林郎賜同進士出身署福建將樂縣知縣惺齋王君墓志銘》,《湖海詩傳》卷一三)

八月初一日,先生行抵南昌。

據《奏為奉命典試江西已于九月初十日揭曉并回浙江省墓事》,于八月初一日抵南昌。(《宮中檔乾隆朝奏摺》輯三六,頁六七一)

館百花洲上,有詩感懷金德瑛。

《至南昌館于百花洲上》有"當年共話有知音"之句,并注云:"感總憲金先生。"(《萚詩》卷三五)

初六日,偕副考官蕭廣運及十四房同考官入闈。

> 十四房同考官為程化鵬、邊學海、鄒朝陽、梁鳴岡、汪志仁、鄧廷輯、朱廷基、李三聘、張念淳、米錦、韓泗、錢大章、蘇遇龍、黃應超。時秦大士長子秦承恩以江西分巡廣饒九南兼管水利兵備道,任內簾監視。(《籜文》卷六《江西鄉試錄序》)按:試題:"長沮桀溺"三句;"必得其壽"一句;"昏暮叩人　足矣";"賦得廬山觀瀑"得"瀑"字。(《清秘述聞》卷七)

于試院重見錢陳群當年手植雙桂,感而有賦。

> 先生有《西江試院雙桂歌》詩,繫于是年。(《籜詩》卷三五)《行述》云:"文端手植雙桂于奎宿堂前,至是枝葉扶蘇,已高出屋櫩。府君感激君恩,且追憶太傅之風流,纏綿往事,有《西江試院雙桂歌》。"

十三日,外簾進卷。先生盡心校士。

> 《江西鄉試錄序》云:"敬謹將事,悉心校閱,三場并重,已落之卷,搜閱不敢不盡。"
> (《籜文》卷六)

九月初七日,為汪啟淑寫蘭竹一幅。

> 題識云:"乾隆甲午,奉命江西,得與秀峰老先生相聚論文,既竣事,寫此以奉大雅鑒之。重陽前二日,秀水弟錢載記于奎宿堂。"畫為墨筆,紙本,立軸。縱139厘米,橫35.1厘米。今藏旅順博物館。

初十日,校士畢。取中正榜自龔應麟以下九十四名,副榜十八名。循例撰《江西鄉試錄序》于進呈試卷簡端。

> 據《奏為奉命典試江西已于九月初十日揭曉并回浙江省墓事》。(《宮中檔乾隆朝奏摺》輯三六,頁六七一、六七二)又《江西鄉試錄序》云:"循例取中正榜者九十四名,副榜者十八名。選錄其卷恭呈御覽,臣載例得颺言簡端。"(《籜文》卷六)

既放榜,赴百花洲宴席并賦詩。

> 先生是年有《百花洲宴席感賦二首》詩,可徵其事。其中有"詩好仍煩素壁留"之句,并注云:"丁卯、庚午,文端公兩燕百花洲,皆有詩刻于壁。"(《籜詩》卷三五)

十一日,赴鹿鳴宴。

> 清例于鄉試揭曉之次日,宴主考以下各官及中式舉人,謂之鹿鳴宴。例應在布政司衙門,後改在巡撫衙門,以巡撫主其事。

十二日,偕副考官蕭廣運具摺,奏報江西鄉試揭曉并回浙江省墓事。

> 《奏為奉命典試江西已于九月初十日揭曉并回浙江省墓事》云:"臣錢載、臣蕭廣

運謹奏為奏聞事。竊臣等蒙皇上天恩，典試江西，于八月初一日抵南昌，屆期入闈。臣等率十四房同考官悉心校閱，取士如額，于九月初十日揭曉。經撫臣海成題報，臣等謹循例繕摺，附行賫進。臣錢載蒙皇上天恩，賞假省墓，于鹿鳴宴後，即由水路，自備船隻回浙，十日假滿後，由本籍馳驛進京，恭復恩命。臣蕭廣運即由江西省城馳驛進京，恭復恩命。臣等不勝感激、悚息之至，謹奏。"（《宮中檔乾隆朝奏摺》輯三六，頁六七一、六七二）

是日，舟發南昌，由水路回鄉。

先生是年有《舟發南昌》詩紀其事。（《蘀詩》卷三五）

過富陽，賦詩記戊午江干夢異之事，并附記當年所作《桐江歸舟》絕句。

《富陽》注云："江干之夢，戊午夏月也。記《桐江歸舟》絕句云：'九田灣裏兩丞苗，閣閣蛙聲欲上潮。不忘故人相送遠，榴花紅過戴家橋。'"（《蘀詩》卷三六）按：錢聚朝校起句之"兩"字為"雨"字。

既逾十數日，先生抵家，有詩懷亡母朱夫人。

先生是年有《到家作四首》詩。第三首云："久失東牆綠萼梅，西牆雙桂一風摧。兒時我母教兒地，母若知兒望母來。三十四年何限罪，百千萬念不如灰。曝簷破襖猶藏篋，明日焚黃止益哀。"（《蘀詩》卷三六）

十月十三日，携長子錢世錫拜祭曾祖父母、祖父母、父母墓，制詞焚黃，告辛卯封贈，并改題神主于祠。

先生是年撰有《嶼城楊家橋先墓告文》、《洲航山墓告文》、《先祠誥文》、《先墓焚黃文》諸文，皆可徵其事。（《蘀文》卷二五）按：《到家作四首》有"老妻京邸兒孫領，冢子鄉園幼小團"之句，（《蘀詩》卷三六）可知其時錢世錫寓居鄉里。

既而恭祭錢汝霖墓。又恭祭先師金陳登暨元配馬孺人厝所。

先生是年有《祭何公墓》、《祭孝廉金先生暨元配馬孺人厝所》二詩紀其事。（《蘀詩》卷三六）

十日假滿後，先生馳驛回京復命。

《用驛壁詩韻二首》注云："驛有青溪女子張雲甲午十月廿一日隨元和舍人北上題壁二絕句。"（《蘀詩》卷三六）據此可知，先生大約在十月廿一日之後離鄉返京。

十一月廿一日，抵京。

是日，翁方綱有信致錢大昕云："蘀石今日到京，獻之昨日出京。"（《復初齋文集》[手稿影印本]冊一，《致辛楣學使書》）按：此札錄入《翁方綱題跋手札集錄》中，然誤將時間定在甲申年。錢大昕奉使粵東在甲午九月,且甲申年先生并未離京遠游。

廿二日,具摺復命,蒙恩召見于養心殿。

《行述》云:"放榜後歸家上塚,于十一月二十二日恭復恩命,蒙恩召見于養心殿之西室。"

冬,英廉有詩簡先生。

英廉是年有《喜雪簡籜石》詩。(《夢堂詩稿》卷一三)先生次韻答之。(見《籜詩》卷三六《次韻馮大司寇喜雪見簡》)

冬,為從舅朱修永撰墓志銘。

《朱府君墓志銘》云:"又二十年,奉命江西。假歸,拜先人壟,過州東之居。既還朝,思先夫人,思府君,思孺人,而乃為之志。"(《籜文》卷二一)

是年,題翁方綱所得宋槧《施顧注東坡詩》。

先生有《翁編修方綱購得吳興施元之吳郡顧景蕃註東坡先生詩宋槧本即宋中丞得之常熟毛氏者屬題二首》詩,繫于是年。(《籜詩》卷三四)按:第二首有"借瓿還瓿子與吾,吾家敝篋不曾無。携將山谷任天社,伴以荊公李雁湖。棐几崢嶸三鼎足"之句,是將自鈔任注和所購李注與翁方綱此本并列三鼎足。而方綱實未許也。其詩《從芑堂借鈔得魏鶴山荊公詩注序志喜二首》注云:"籜石所鈔任注及所購李注皆有闕者,今故調之。"(《復詩》卷一七)

又為陳鴻寶父陳熹撰墓志銘。

《誥贈朝議大夫工科掌印給事中陳君墓志銘》云:"乾隆三十八年十月二十九日,給諫陳鴻寶母潘太恭人卒于京師,享年七十有八。又明年,扶櫬歸杭州,將合葬于其先大夫星垣君之墓,而請銘。"(《籜文》卷二一)

又奉題質莊親王永瑢畫卷。

先生有《奉題質郡王畫卷》詩,繫于是年。(《籜詩》卷三四)

本年有詩:

《奉題質郡王畫卷》、《小庭桃樹作花翁編修方綱朱編修筠曹贊善仁虎程選部晉芳姚秋曹蕭過飲翁編修有詩并及余正月以來為丁辛老屋厚石齋編次遺集奉答二首》、《劉文正公挽詞二首》、《清明後四日蔣少司農招集北臺感懷劉文定公裘文達公》、《翁編修方綱購得吳興施元之吳郡顧景蕃註東坡先生詩宋槧本即宋中丞得之常熟毛氏者屬題二首》、《草橋修禊詩十二首》、《曉入法源寺看海棠》、《徐太守良寓居法源寺五年昨扶病南歸今晨入寺海棠已謝復至其處感賦》、《朱編修筠招同人看呂家紫藤花即飲花下為作歌》、《城南餞春四首》、《諸君約游豐臺看芍藥以直不赴賦簡》、《黃文節公小像》、《固節驛晚發》、《傳舍》、《槐花》、《甘露寺》、《雄縣店是文端公丁卯典試江西宿處》、《汶上》、《三謁孟子廟》、《夜行將至柳前作》、《高梁詞》、《濠梁驛宿乙酉典試江南宿處》、《紅心驛哭文端公二首》、《定遠》、《宿蘇城》、《次北峽關觀文端公所留秋日山行作墨迹軸感賦》、《近青山驛沿潛山麓三十里入山谷尋石牛天已昏黑小吏云在隔水草中同游者蕭檢討廣運》、《登東山寺》、《渡潯陽江追和文端公庚午再典江西試還朝渡此閱京兆題名録知載被放賦寄韻》、《重游東林寺王文成公次邵二泉韻詩已刻石墨迹已壞寺僧出觀文端公丁卯次韻詩庚午再過所録碧牋因取畫蓮幅寫丁卯同作詩于上付之再用韻》、《過西林寺》、《題南浦驛館後卧桑》、《楊柳津》、《至南昌館于百花洲上》、《西江試院雙桂歌》、《東齋夜起》、《別雙桂》、《百花洲宴席感賦二首》、《舟發南昌》、《餘干》、《雲錦溪寫望》、《蔪溪詞》、《船緩》、《石阻》、《水碓》、《弋陽歌》、《宿弋江東》、《竹筏歌》、《灘行雨點不止望南岸諸峰斷續》、《過弋陽六七十里感賦五首》、《小泊作碧灘歌二首》、《將至鉛山》、《廣信舟中曉起》、《崙溪》、《將至衢州》、《看采橘》、《岸岸》、《龍邱歌》、《柏子歌》、《下灘歌》、《後下灘歌》、《舟中曉起》、《迴憶》、《語船人》、《灘阻》、《一灣》、《題嚴州山》、《瀧中不泊》、《桐江》、《富春江》、《富陽》、《過杭州未得至西湖》、《到家作四首》、《祭何公墓》、《祭孝廉金先生暨元配馬孺人厝所》、《丹徒阻淺》、《過淮安》、《用驛壁詩韻二首》、《羊流店》、《宿崔家莊》、《望岱》、《雪》、《次韻馮大司寇喜雪見簡》)。

其中：

《劉文正公挽詞二首》，翁方綱評云："一首内乙巳、壬申、丙戌，此真坤一評詩所謂乾造一歲起運者矣。"錢儀吉駁云："第一首自叙始慕後見，後一首述公所自言，而'千秋大者存'五字括公生平行事，筆大如椽，此正運用結構之妙。覃翁于此全未講求，宜其見一二支干，便自為巧語，以相詆難也。"

《清明後四日蔣少司農招集北臺感懷劉文定公裘文達公》，吳應和評云："觸咏之際，忽念舊游，情形悲愴，舉座為之不歡。只作曠達淡蕩語，最為得體。一結即陶詩'感彼泉下人，安得不為歡'意也。"

《翁編修方綱購得吳興施元之吳郡顧景藩註東坡先生詩宋槧本即宋中丞得之常熟毛氏者屬題二首》，翁方綱注末句"更欲題詩相笑娛"云："'欲'字，記得坤一手稿是'遣'字。'遣'字勝。"錢儀吉識云："此評擬録入《詩匯》，以待後人推敲之。"錢聚朝云："按：手校本亦作'遣'字。"

《曉入法源寺看海棠》，顧列星評云："觀海棠諸作，孰謂此老木石心腸？"

《朱編修筠招同人看呂家紫藤花即飲花下為作歌》，翁方綱評云："吟哦出來，頓挫豐神。"

《城南餞春四首》，翁方綱評云："拙滯。"

《諸君約游豐臺看芍藥以直不赴賦簡》，吳應和評云："婉約濃麗，玉溪生亦分得杜陵一派，于此見蘀翁集中無所不有。"

《黃文節公小像》，顧列星贊起二句"銀河飛落三千尺，古潭噴薄盤陀石"云："一起突兀指畫，而人與詩俱在其中。"吳應和評云："題古人圖畫，必考時地以實之，始有下筆處。定為廬山觀瀑，全篇皆隱躍其辭，直至篇終一句點出，遙應起首四句，章法奇奧。"近藤元粹評"兀坐西江詩派祖"句云："江西派，亦稱西江派乎？恐誤寫。"又盛贊"蒼然翛然萬物表，戎州宜州後難道。唐筆不入時人眼，公面頗遭俗人惱"四句云："各引其人之詩，而為對聯，何等適切，何等才藻。"

《濠梁驛宿乙酉典試江南宿處》，錢聚朝校題目"梁"字為"梁"字。

《重游東林寺王文成公次邵二泉韻詩已刻石墨迹已壞寺僧出觀文端公丁卯次韻詩庚午再過所錄碧牋因取畫蓮幅寫丁卯同作詩于上付之再用韻》，翁方綱批結句"任爾匡山青不青"云："是何言語？"吳應和評云："飄然而起，截然而止，何等空靈活潑。興之所發，留詩以紀重游，山僧能知愛重與否，聽之可也。"

《過西林寺》，錢聚朝校"中間指一突"一句云："'一突'，手校作'孤突'。"

《楊柳津》，顧列星評"山翠集南康，秋更出建昌"二句云："起句超妙。"

《至南昌館于百花洲上》，錢儀吉識云："檜門先生見公南昌旅夜二律驚賞，目為畏友。"

《西江試院雙桂歌》，翁方綱評"從容取士仍南國"一句云："坤一好用'從容'二字，然往往未妥。"吳應和評云："此追感文端公手植之桂而作。句句說桂，一結仍不脫試院，不但法密，辭氣亦更覺鄭重。"錢儀吉注"荊合齋遙空所瞻"一句云："'荊合'，先文端公齋名。"錢聚朝校"徼幸蒙恩也北來"一句云："'北來'，手校本作'北宸'。"

《東齋夜起》，錢儀吉注云："五六接第四句。"

《百花洲宴席感賦二首》，顧列星評"酒悲已被哀絃覺，詩好仍煩素壁留"二句云："結用對偶，殊覺遒逸。亦杜法也。"吳應和評第一首云："用江西人物作比喻，極親切。"

《舟發南昌》，注載丁卯詩有"朱閣從容秋士屐"之句，翁方綱評云："此注詩可存。

"從容"改"追陪"。"

《雲錦溪寫望》，顧列星注云："《選》體。"

《蒟溪詞》，顧列星評"山水使之然，儒者亦俱論"二句云："通人之論。"

《船緩》，翁方綱識云："此即天冠諸景，坤一未知。"

《弋陽歌》，錢儀吉評云："末句謝叠山也。"

《語船人》，錢儀吉校"認水須知亦洄漩"一句云："當是'洄'。"又疑"宋代謝參軍且盻"句中"盻"字為"眄"字。

《題嚴州山》，顧列星贊云："四十字中運用人名、地名，而不見堆垛之迹者，由于格律之高。"

《桐江》，顧列星識云："五言至齊梁已具律體，亦猶隸變為楷之有章草也。"

《富陽》，注載戊午年《桐江歸舟絕句》一首，錢聚朝校"九田灣裏兩烝苗"句中"兩"字為"雨"字。

《到家作四首》，張維屏《聽松廬詩話》評第二首云："字字沉實，字字動蕩，其佳處未嘗不從古人來，却能于古人之外自成面目。"（《國朝詩人徵略》卷三四）黃培芳《香石詩話》又錄張維屏評第一首結尾"同塾諸郎聞已盡，比鄰翁媼訪應差"二句云："此結法至今日竟為《廣陵散》矣。明七子如李于鱗尚偶得之。"評第二首"兒時我母教兒地，母若知兒望母來。三十四年何限罪，百千萬念不如灰"諸句云："三四已具萬鈞力，五六乃更有萬鈞力，所謂硬弓開到十分足者也。不知者乃曰此似無難。"又云："此等七律，不必問其似不似，總是少陵嫡派，香山、放翁則雁行耳。"吳應和評第二首云："如怨如慕、如泣如訴，真是血性所發，故沉痛若此，不必于字句論工拙、氣體辯家數。"

《羊流店》，顧列星贊起二句"晉亦曹之賊，吳非漢所臣"云："排奡高渾，五言長城。"錢儀吉注云："首二句明晉之可事，吳之當拒。第五句未得其解。自是羊公之先墓，然叔子上世不著。"

四十年乙未（一七七五），先生六十八歲。

正月十四試燈日，赴圓明園接寶。

先生是年有《試燈日圓明園接寶恭紀》詩紀其事。（《籜詩》卷三六）

二月初三日雪，英廉賦詩來簡。先生叠韻答之。

先生是年有《馮大司寇以二月三日雪用喜雪韻見簡叠韻以答》詩，可徵其事。（《籜詩》

卷三六)

三月初四日,高宗啓鑾幸盤山。先生奉旨扈從。

《高宗實錄》卷九七八云:"(辛亥)自圓明園啓鑾,幸盤山。"(《清實錄》册二一)《行述》云:"乙未三月,扈蹕盤山。"按:以下行程日期皆從《高宗實錄》卷九七八至九八〇鈔出,不再另行注明。

是日,駐蹕湯山行宮。奉命恭和御製詩。

先生是年有《恭和御製駐蹕湯山行宮作叠壬辰韻元韻》詩。(《蘀詩》卷三六)

初五日,駐蹕三家店行宮。

初六日清明,駐蹕大新莊行宮。奉命恭和御製詩。

先生有《恭和御製清明元韻》詩,可徵其事。(《蘀詩》卷三六)

初七日至十四日,駐蹕盤山行宮。其間,先生偕曹學閔暢游盤山勝迹。

《盤山筇銘》云:"上天成寺,轉入萬松,度西東甘澗,山杏未紅。踰嶺入古中盤,不敢叩少林寺鍾。"又明日,"過雲凈寺、東竺庵,下上方寺,上雲罩寺,登挂月峰,禮定光塔"。(《蘀文》卷一七)

十二日,撰《盤山筇銘》記游。

先生云:"己丑扈蹕于京之東,于春之三。乙未重逢。……皆携此筇。筇兮,筇兮,受恩竊禄歲六十八,杖家稱翁,其遂携爾,以誇于家山叢叢。月十二日,姑志游蹤,以當題名于盤之中。"(《蘀文》卷一七)

十四日,高宗回鑾。是日駐蹕大新莊行宮。

十五日,駐蹕三家店行宮。

十六日,高宗回宮。先生亦還京邸。

廿三日,與翁方綱、孔廣森、孔繼涵、馮敏昌集詩境軒觀芉子戈。

《翁方綱年譜》云:"三月二十三日,錢載、孔繼涵、孔廣森、馮敏昌小集詩境軒,同觀顔崇榘藏芉子戈。"(頁七九)

孔廣森,字衆仲,一字撝約。曲阜人。孔子六十八代孫襲封衍聖公傳鐸之孫,户部主事繼汾之子。乾隆三十三年舉人。三十六年成進士,官翰林院檢討。告養歸,不復出。及居大母與父喪,竟以哀卒。時乾隆五十一,年僅三十有五。性恬淡,耽著述。著有《春秋公羊通義》十一卷、《大戴禮記補注》十四卷、《儀鄭堂駢儷文》三卷等。(《儒林傳稿》卷四《孔廣森傳》)

孔繼涵，字體生，一字誦孟，號葒谷。曲阜人。孔子六十九世孫。少工詞章，年十五以咏蘭詩為時所稱。乾隆二十五年舉于鄉。三十六年成進士。官戶部河南司主事兼理軍需局事，充日下舊聞纂修官。以母病告歸。生于乾隆四年，卒于乾隆四十八年。雅志稽古，集漢唐以來金石刻千餘種，時與翁方綱、馮敏昌等講析疑義，考證異同。有《紅榈書屋詩集》、《斲冰詞集》。（《復初齋文集》卷一四《皇清誥授朝議大夫戶部河南司主事孔君墓誌銘》，《晚晴簃詩匯》卷九四）

五月廿六日，高宗啓鑾幸避暑山莊。先生扈從，并奉命恭和御製詩。

《高宗實錄》卷九八三云："壬申。上秋獮木蘭，自圓明園啓鑾，奉皇太后鑾輿，幸湯山行宮駐蹕。"（《清實錄》册二一）先生是年有《恭和御製恭奉皇太后幸避暑山莊是日啓程即事成什元韻》詩。（《蘀詩》卷三七）按：以下行程日期皆從《高宗實錄》卷九八三至九八九鈔出，不再另行注明。

廿七日，駐蹕密雲縣行宮。

廿八日，駐蹕要亭行宮。

廿九日，清兵攻得遜克爾宗碉寨。奉命恭和御製詩。

先生是年有《恭和御製將軍阿桂奏報攻克遜克爾宗詩以志事元韻》詩，可徵其事。（《蘀詩》卷三七）

是日，駐蹕兩間房行宮。

卅日，駐蹕常山峪行宮。

六月初一日，駐蹕喀喇河屯行宮。奉命恭和御製詩。

先生是年有《恭和御製雨中至喀喇河屯元韻》詩。（《蘀詩》卷三七）

《古中盤五松圖卷》，紙本墨筆，1775年

初二日，駐蹕熱河避暑山莊。至八月十五日皆如之。是日，奉命恭和御製詩。

先生是年有《恭和御製至避暑山莊即事得句元韻》詩，可徵其事。(《籜詩》卷三七)

初七日，皇太后駐蹕避暑山莊。奉命恭和御製詩。

先生是年有《恭和御製麗正門恭迎皇太后至避暑山莊喜而成什元韻》詩。(《籜詩》卷三七)

十七日，蒙恩召見。高宗惜先生遲中進士，又曰詩文竟是無益。

《行述》云："六月十七日，蒙恩召見于便殿。"又云："乙未隨駕山莊，蒙恩召見便殿。上垂詢諄摯，以府君成進士之遲，嗟惜久之。"《七月朔日邀曹少宰秀先申副憲甫過山齋為同徵小集賦詩六首》注云："昨者，蒙恩召見，惜載之遲中進士，載奏及被薦御試之歲。"(《籜詩》卷三七)又《翰藻》注云："乙未六月，蒙恩召見于山莊，上兩及之，曰詩文竟是無益。"(《籜詩》卷四七)按：遲中進士為先生平生絕大遺憾，上不逮養父母，晚不能為朝廷驅馳，故《百福巷作》有"自傷晚達難驅策"之句。(《籜詩》卷四八)

廿三日，為曹學閔寫《古中盤五松圖》，又名《田盤覽翠》。

題識云："今歲三月，扈蹕盤山，得偕慕堂太僕拄杖登山，遍游諸勝。入古中盤，觀古松五株，坐其下不能去，慕堂要余畫之。余之于畫，本不能也，況于畫松，不能畫松，況于畫古中盤之五松？而慕堂未許。五月，扈蹕熱河，乃以紙付行篋中。今日雨涼，強為成之，固無論盤中之樹之似與否矣。并承屬書余所製盤山筇銘于後，以當游記。可愧、可愧。乾隆乙未六月廿三日，秀水錢載。"鈐印二："載"朱文方印、"坤一書畫"白文方印。畫為墨筆，紙本，手卷。寬44.6厘米，長421.5厘米。前有翁方綱書引首"田盤覽翠"四大字。後紙有翁方綱、蔣士銓、吉夢熊、王大崔、蔡新、童鳳三、季學錦、呂星垣、鄭澂、吳壽昌、汪如洋、吳省欽、黃軒、朱珪、法式善、劉錫五、丁雲錦、王昶、鮑之鍾、張道渥、譚尚忠、馮敏昌、王友亮、桂復、伊秉綬、張問陶、祁韻士、黃鉞、潘士璜、何元烺、何道生、鐵保、李鑾宣、錢楷、王澤、邵世勛、吳錫麒、劉鳳誥、吳慶坻、吳士鑑計四十家題詩。今藏楓江書屋。

是月，為弘旿題王翬畫。

先生有《題瑤華道人所藏王翬畫十二首》詩，繫于是年。其注云："瑤華道人為仁廟諸孫，名弘旿。職在御前，能詩書畫，上加恩王，後爵以貝子。"（《蘀詩》卷三七）按：龐元濟《虛齋名畫錄》卷五著錄有此畫，并載先生題詩，及識云："乾隆乙未六月扈蹕熱河，秀水錢載，時年六十有八。"鈐印三："載"朱文印、"坤一書畫"白文印、"復真"白文印。（《虛齋名畫錄》卷五《王石谷仿古山水卷》）

弘旿，誠恪親王允祕第二子。字仲升，又字恕齋，一字醉迂，號一如居士，又號瑤華道人。封鎮國將軍，進貝子，降奉恩將軍。生于乾隆八年，卒嘉慶十六年，年六十八。有《醉墨軒存稿》、《瑤華道人詩鈔》。精繪事，師董邦達，山水花木兼擅其勝，入藏石渠甚夥。（《晚晴簃詩匯》卷七、《清代人物生卒年表》頁一三〇、《清史稿》卷二二〇）

又為崔應階寫墨花一幅。

先生是年有《和崔大司寇應階種花三首詩》詩，繫于《七月朔日邀曹少宰秀先申副憲甫過山齋為同徵小集賦詩六首》之前。注云："為寫墨花一幅。"（《蘀詩》卷三七）

崔應階，字吉升，號拙圃。湖北江夏人。康熙五十九年，由廕生授順天府通判。雍正九年擢山西汾州府知府。歷任貴州按察使、湖南布政使、江蘇按察使、山東布政使。二十八年擢貴州巡撫，調山東巡撫。三十三年擢閩浙總督。三十七年授刑部尚書。四十一年調左副都御史。四十五年以原品休致，尋卒。年八十二。著有《拙圃詩草》、《研露樓琴譜》。（《耆獻類徵》卷七四國史館本傳、《湖北詩徵傳略》卷二、《清代人物生卒年表》頁七二三）

七月初一日，招曹秀先、申甫集山齋為鴻博同年之會。先生為兩公畫松、竹、梅，復自作一卷，相約各書其詩于卷上。

先生是年有《七月朔日邀曹少宰秀先申副憲甫過山齋為同徵小集賦詩六首》詩。（《蘀詩》卷三七）申甫是年亦有《七月朔日籜石招同地山少宰小集山齋為鴻博同年之會兩公各賦七律六章予亦如數和之書于籜石所畫歲寒三友圖後以志一時盛事》詩，可徵其事。《笏山詩集》卷八《塞上同徵小集卷》自識云："初時為副憲作卷，偶成松、竹、梅，後遂相同，非泥于畫家之歲寒三友也。載又筆。"《清芬世守錄》冊四卷一五《塞上同徵小

集卷》）

先生所藏之卷，即《塞上同徵小集卷》。三家詩作外又有履端親王永珹、質莊親王永瑢、儀慎親王永璇、成哲親王永瑆、英廉題識，并同徵二百六十七人姓氏爵里。

永珹題詩云："灤河供奉喜同班，綠酒頻消旅舍間。盛事君曾偕賈馬，前塵我亦憶勾山。偶披圖畫尋佳侶，定許風沙損壯顏。領取新秋天氣足，驅車不待授衣還。　數株寫出歲寒心，一樣孤高合作林。三絶并傳詩字畫，百年休問去來今。晨星落落遺吟社，舊雨瀟瀟上客襟。我對松筠亦生感，不堪塞月又橫參。擇石先生屬題《塞上同徵小集卷子》，請正。皇四子稿。"鈐印二："皇四子章"朱文印、"山水清音"白文印。永瑢題詩云："老輩尊前健，丰標指歲寒。丹青留古藻，風雅擅騷壇。席帽聯徵牒，金魚并達官。無須傲冰雪，甘露正晨漙。祇扈雲莊蹕，星廬退食閑。招涼惟滌暑，永晝足看山。仙骨鷺臺侣，褒衣豹尾班。詩成彙長卷，詞富不容删。皇六子題。"鈐"皇六子章"白文印。永璇題詩云："侍從蘭臺宿學稱，伯恭清頌感同徵。難將故意酬詩酒，賴有新圖念友朋。老驥綴行來雁塞，孝烏啼別記禾興。請看花木留霜幹，古處情因暮歲增。皇八子題。"鈐"皇八子印"白文印。（《清芬世守録》册四卷一五《塞上同徵小集卷》）按：成哲親王永瑆及英廉題跋見後。

履端親王永珹，皇四子。乾隆四年生，嘉嬪金氏（即淑嘉皇貴妃）出。二十八年出繼為履懿親王允祹孫，降襲履郡王。四十二年卒，年三十九。以親王例葬。謚端。嘉慶四年追晉親王。其詩意度高華，風格雋上。著有《寄暢齋詩稿》。（《清皇室四譜》卷三，《晚晴簃詩匯》卷六）

儀慎親王永璇，皇八子。乾隆十一年生，嘉妃金氏（即淑嘉皇貴妃）出。為皇四子永珹同母弟。四十四年封儀郡王。嘉慶四年晉儀親王，命總理吏部事務。旋自請罷管部務。七年以勞加給其子一貝子爵。十八年，以禁中禦賊功開復所有處分。道光十二年卒，年八十七。謚慎。（《清皇室四譜》卷三）

成哲親王永瑆，皇十一子。少字鏡泉，後號少厂，又號即齋。乾隆十七年生，嘉貴妃金氏（即淑嘉貴妃）出，為皇四子、八子同母弟。五十四年封成親王。六十年授總諳達，管滿洲都統事。嘉慶四年授軍機大臣，總理户部三庫事務，尋授領侍衛内大臣。五年授左宗正。十九年，詔令自選所書刻石，賜名《詒晉齋帖》。道光三年卒，年七十二。謚哲。永瑆為孝聖憲皇后所鍾愛，升遐之際，頒遺念得陸機《平復帖》，此詒晉齋所由名。儲藏舊刻書籍、宋元書畫，為一時冠。善書，自幼習趙，妙得神理，年五十一隨扈灤陽，始改入率更體。學詣并美，為有清一代朱邸之冠。著有《聽雨書屋詩集》、《詒晉齋集》、《倉龍集》。(《清皇室四譜》卷三，《恩福堂筆記》卷下，《晚晴簃詩匯》卷六)

初三日，三人集曹秀先寓所，再作同徵之會。

先生是年有《和曹少宰七月三日招同申副憲為同徵二集用王摩詰贈祖三詠韻》詩紀其事。(《籜詩》卷三七)

初十日，申甫移樽先生寓齋，三人又各賦四章，是為第三會。

先生是年有《七月十日申副憲携酒山齋邀曹少宰為同徵三集少宰詩又先成輒同其體四首》詩，可徵其事。(《籜詩》卷三七)

十九日，奉旨入直上書房。

《高宗實錄》卷九八七云："(甲子)命內閣學士錢載，在尚書房行走。"(《清實錄》冊二一)按：先生入直上書房後，嘗寓書家人，講阿哥們如何苦讀，云："諸位阿哥皆每日走三四里，然後至書房讀書，下午讀完書，又走三四里，然後回家。若冬天，有走六七里者。皇子、皇孫皆大半如是。蓋我帝皇之家，讀書皆如是，一則習勞，一則聚在一處書房，心力易于定，而他務及外務均不得而使之近，此天家之善教也。"(《曝書雜記》卷二《籜石齋家書》)

旋具摺恭謝。

《恭謝摺(乾隆乙未七月)》云："臣惟有遵循規矩，黽勉走趨，紬繹夙昔之所謹知，殫竭討論之所必及，務以上酬高厚鴻恩于萬一。"(《籜文》卷二)

廿一日，復蒙恩召見于便殿。之後屢賜參、鹿肉、瓜果、鼻煙壺、火燧等物。

《行述》云："二十一日，蒙恩召見于便殿。于是疊被寵賚，賜參，賜鹿肉，賜瓜果、佛手柑、鼻煙壺，火燧、荷包、便蕃、錫予，備蒙優渥。"

廿九日，自跋《塞上同徵小集卷》。

《塞上同徵小集卷跋》云："乾隆乙未五月，上幸避暑山莊。載蒙恩扈從，而有同徵誼者，少宰曹地山、副憲申笏山。蓋同徵之官京師者，邇年惟是三人矣。今又同來塞上，于是治具邀集，已而復集，又集，情文周洽，俱各有詩。載為兩公作畫卷，又自作一卷，相約各書其詩于卷中。……其所存者，兩公之詩。且以回復四十年前同徵諸公之意也。倡歎之餘，能無感焉。七月廿九日跋。"(《籜文》卷一三)按：文章內容與錢泰吉《清芬世守錄》所錄大致相同，惟一二字詞出入。茲不更錄。

是月，英廉裝錢維城詩迹卷寄塞上屬題。先生以之示弘旿，并請題詩。

先生是年有《馮大司寇裝家文敏公奉貽詩迹卷自京寄塞上屬題感成一百六十字》

詩。(《蘀詩》卷三七)弘旿有《夢堂司寇出錢文敏公向自書詩册倩蘀石閣學題之蘀石見示并索題詩展卷傷懷成二百字》詩,可徵其事。(《瑤華詩鈔》卷三)

是月,為汪承霈寫海棠一幅。

題識云:"今春兩賞海棠,諸公皆有詩。七月扈從熱河,為時齋世叔寫之,以請各書其詩于上。是歲乙未,秀水錢載,時年六十有八。"鈐印二:"錢載"白文印、"坤一"朱文印。本幅畫猩紅海棠一株,有白紫兩色丁香,并點綴小石、細草。畫為設色,絹本,高四尺一寸,寬三尺二寸。先生手錄《檀欒草堂海棠花歌》于後,并鈐"錢載"朱文印,其文與詩集所載略有出入。諸家題跋計有:英廉、申甫、汪承霈及未詳者一人。鈐收藏印三:"定甫珍藏"朱文方印、"東鄉過眼"朱文方印、"蔭方珍秘"朱文方印。(《壬寅銷夏錄》國朝一二《錢蘀石海棠軸》)

汪承霈,字春農,一字受時,號時齋。汪由敦次子。休寧人。乾隆二十五年承廕,授為額外主事,在部學習行走。二十七年補戶部廣西司主事。三十六年,奉命隨戶部侍郎桂林往四川軍營辦事。四十一年金川軍務告竣,十二月丁母憂回籍。服闋赴京,記名以三四品京堂用。嘉慶間疊有升降,官至兵部尚書。嘉慶十年卒。工山水花鳥,兼善指畫。(《耆獻類徵》卷九五國史館本傳,《清畫家詩史》丙下)

八月初二日,曹秀先屬歸元培錄詩作于《塞上同徵小集卷》上,并識後。

曹秀先識云:"同徵舊友,閱四十年,扈蹕塞上,聚晤聯吟,余年稍長,遂忝前驅,奇會也。申副憲詩有'三世論交到子孫'句,懿性古誼,妙極自然,奇句也。錢閣學重之,以圖筆端,風露分合湊泊,幾有駢枝連理之瑞,視香山妙覺不著色相,奇畫也。合之為三奇卷子。八月初二日曹秀先述。"鈐印二:"臣秀先印"、"敬事"。又云:"余弱于腕久矣。因常熟歸上舍書法端靚,性耐揮毫,令其代書。秀先又記。"鈐印三:"地山秀先"、"守身為人"、"一門耕讀"朱文印。(《清芬世守錄》册四卷一五《塞上同徵小集卷》)

十三日,萬壽節。先生隨扈從王公大臣赴澹泊敬誠殿行慶賀禮。

《高宗實錄》卷九八九云:"戊子。萬壽節。……御澹泊敬誠殿,扈從王公大臣官員及蒙古王公台吉等,行慶賀禮。"(《清實錄》册二一)

高宗賜諸臣清音閣觀劇。

先生是年有《賜清音閣觀劇恭紀十首》詩紀其事。(《蘀詩》卷三七)

十六日,高宗啓鑾幸木蘭。先生起程返京。

據《塞上同徵卷》自識,八月廿三日先生已還京,可知未赴木蘭圍場。

廿三日，自識《塞上同徵小集卷》。

識云："甲申之會，同徵劉相國繩庵、陳通政句山、申光祿笏山、楊中允屺山暨載，集王太守礪齋宅。是日，王廷尉蓀服、曹參議地山，一以疾一以期服不至。今副憲句'八人尚有三人在'，為書以記明之。還京後載筆，八月廿三日。"鈐印二："錢"、"載"朱文印。（《清芬世守錄》册四卷一五《塞上同徵小集卷》）

九月初九日，集英廉獨往園登高。

先生是年有《九日集馮大司寇獨往園登高主人詩先成次其韻》詩紀其事。（《籜詩》卷三八）

十四日，奉命充武會試正考官。副考官為侍講金士松。

據《高宗實錄》卷九九〇，先生于是日奉旨任武會試正考官。（《清實錄》册二一）

金士松，字亭立，號聽濤。江南吳江縣人。乾隆二十一年順天鄉試舉人。二十五年成進士，改庶吉士，散館授編修。歷任侍講學士、詹事、《四庫全書》總閱、順天學政、禮部侍郎等職，官至兵部尚書。生于雍正七年，卒嘉慶五年。諡文簡。（《滿漢名臣傳》頁三五七四、三五七五，《紀文達公遺集》卷一六《兵部尚書金文簡公合葬墓志銘》）

秋，翁方綱過賞桂花。

翁方綱是年有《籜石齋看桂花》詩，并注云："齋中有石田挂幅。"（《復外集》卷九）

十月初五日，英廉為題《塞上同徵小集卷》。

題云："惟山有松，矯若游龍，巖阿冰雪，得壽以恭。惟水有竹，匪妍匪馥，直節虛中，比德于玉。惟花有梅，遲暮乃開，後時無悔，與物忘懷。惟松竹梅花，天合之友，非以其才，而以其守。惟君子似之，亦惟君子友之。乙未小春五日，為籜石年先生題。竹井英廉書于歸驃亭，時年六十有九。"（《清芬世守錄》册四卷一五《塞上同徵小集卷》）

初七日，從弟錢璲病卒。先生為含殮，後又撫其女以嫁。

錢璲，字寶仁。元昌子。國子監生，考取四庫館謄錄，議叙候選縣丞。生于雍正十一年三月初三日，卒于乾隆四十年，年四十三。娶臨桂人雲南蒙化知府康勷女。繼娶華亭人編修張夢徵女。側巫氏。子一：純錫，巫出，貧不能讀，謀食于外。女一：先生撫成以嫁湖北荆宜施道沈世燾，康出。（《家譜》卷七，《行述》，《綠天書舍存草》卷三《李松圃比部以先文端書和益翁姪歸來十詩卷見贈敬題并謝比部用先韻四首》注）

是月，充武殿試正考官，主考策論。

先生合外場馬步、弓箭、刀石好字號多者，通校得士，有彭朝龍等四十九人。（《籜文》

初冬,英廉有詩簡先生與翁方綱。

  英廉有《初冬簡蘀石覃溪》詩,繫于是年。(《夢堂詩稿》卷一三)

十一月初一日冬至,圜丘祀天,三日即得雪,先生賦詩紀其事。

  先生是年有《十一月朔日冬至圜丘禮成三日雪恭紀二首》詩,并注云:"今歲上命諸皇子侍壇觀行禮。"(《蘀詩》卷三八)

十七日,錄嚴長明詩于自臨元蘇弘道書石鼓賦卷後,并識。

  識云:"壬辰秋,同人賦詩,次第錄卷,而嚴侍讀游秦中,比歸為賦詩,未及錄。明年春後,侍讀歸金陵矣。今日大雪,檢得侍讀詩,遂錄于卷。寒窗鄭重,未識此時同余心者何人也。乙未十一月十七日,秀水錢載題于宣南坊邸,時年六十有八。"(《清芬世守錄》冊四卷一五《石鼓賦卷》)

廿三日,成哲親王永瑆跋《塞上同徵小集卷》。

  跋云:"乾隆元年丙辰,御試天下所舉博學鴻詞于保和殿,取十五人。二年又試,取四人。我皇上述康熙己未召試之事,繼雍正癸丑三詔之志,將以見天下奇才也。丙辰科劉文定公擢舉第一,同徵者陳句山先生曾入直上書房,錢坤一先生又于今歲九月入直上書房,而以是卷見示。余讀先生詩,蓋深感聖明之遇,垂惜暮成,亦以撫北上初心,河干在目,而因及友朋時會往復,肫然猶夫古誼也,足以傳矣。然國家盛舉,宜備列同徵姓氏,為識不忘,使後有所考。乙未十一月廿三日皇十一子書。"(《清芬世守錄》冊四卷一五《塞上同徵小集卷》)

又跋先生自臨元蘇弘道書石鼓賦卷,并撰長文考訂。

  先生自訂卷中訛字共四則。永瑆復考訂出數處,俱寫入跋中。(見《清芬世守錄》冊四卷一五《石鼓賦卷》)

是月,姚頤觀先生自臨元蘇弘道書石鼓賦卷,移謄一通,復為題詩。

  姚頤識云:"是卷三年前曾一見之,而未及借錄。乙未十一月,于直次觀前輩錢蘀石閣學手抄本,因亟為移謄一通,而書其後,并繫以詩。"(《清芬世守錄》冊四卷一五《石鼓賦卷》)

十二月初三日,為履端親王永珹作春朝圖。

  識云:"承履郡王屬作桃花,載以為唐花上市,緋桃、絳桃當已開,敬為作春朝圖,而配以千葉桃以呈清賞。乙未嘉平之三日,秀水錢載謹畫。"畫為紙本,立軸,縱132.1厘米,橫59.3厘米。墨筆繪山茶、桃花、繡球、水仙。鈐印三:"錢載"白文印、"坤一書畫"白文印、"萬松居士"白文印。鈐收藏印一："伯元審定"朱文印。今藏上海博物館。

廿四日，依成哲親王永瑆之言，復録詞科同徵二百六十七人姓氏爵里于卷端，并再跋。

跋云："皇子一言之重，而是卷且可作公車小録觀。然則麗正門西山齋之集，正有期也。嘉平廿四日。"（《蘀文》卷一三）

除夕前二日，翁方綱自記先生箴言。

記云："蘀石勸我由平正入直，至言也，斷不可走欹仄路。除夕前二日，記于青棠書屋。"（《復外集》卷九）

冬，與戴震議論齟齬。

翁方綱《附録與程魚門平錢戴二君議論舊草》云："昨蘀石與東原議論相詆，皆未免于過激。戴東原新入詞館，斥詈前輩，亦蘀石有以激成之。皆空言無實據耳。蘀石謂東原破碎大道，蘀石蓋不知考訂之學，此不能折服東原也。"（《復初齋文集》卷七）按：時戴震以纂修《四庫全書》賜同進士出生，選入庶常館，海内榮之。章學誠《周書昌別傳》云："震以訓詁治經，紹明絶學，世士疑信者半。"先生斥東原破碎大道，并非針對考訂之學，乃因其以訓詁治經，排擊宋儒。又李慈銘《越縵堂日記》載翁方綱批戴震《毛鄭詩考正》考《天保》詩"群黎百姓"一條云："有心尋鬧，無怪蘀石罵之。"（《越縵堂讀書記》頁七六〇）則先生不滿東原之學，似與其考訂《詩經》有關。并非如章學誠所云，源于東原斥朱彝尊。（見《章學誠遺書》頁三三二《上錢辛楣宮詹書》）

戴震，字慎修，一字東原。安徽休寧人。少從婺源江永游，講習禮經。制度名物及推步天象，皆洞徹本原。年三十餘策蹇至京師，錢大昕薦入秦蕙田幕中，協纂《五禮通考》。先後與紀昀、王鳴盛、王昶、朱筠定交。乾隆二十七年舉江南鄉試。三十八年奉詔充《四庫全書》纂修官。三十九年特旨與乙未科貢士一體殿試。四十年賜同進士出生，授翰林院庶吉士。兩年後以積勞病卒于京，年五十五。震研精漢儒傳注及《方言》、《説文》諸書，由聲音文字以求訓詁，由訓詁以尋義理。所著有《毛鄭詩考》四卷、《詩補注》一卷、《尚書義考》二卷、《儀禮考正》一卷、《考工記圖》二卷、《爾雅文字考》十卷、《方言疏證》十三卷、《聲韻考》四卷、《聲類表》十卷、《原善》三卷、《大學補注》一卷、《中庸補注》一卷、《孟子字義疏證》三卷等，凡遺書二十種，曲阜孔繼涵梓之以行世。（《春融堂集》卷五五《戴東原先生墓志銘》，《潛研堂文集》卷三九《戴先生震傳》）

翁方綱聞之，欲集同好至翰林公所聲戴震之罪，經同人勸解乃已。

　　據李慈銘日记，翁方綱嘗手批《戴氏遺書》文集及《毛鄭詩考》、《詩經補注》兩種，其中云："渠向日罵撐石，吾欲集同好之翰林公所聲其罪，同人勸解乃已。"（《越縵堂讀書記》頁七五九、七六〇）

既而，復撰文稱先生罵之乃妒才忌能者之所為。

　　《附錄與程魚門平錢戴二君議論舊草》尾云："必若錢君及蔣心畬斥考訂之學之弊，則妒才忌能者之所為矣。"（《復初齋文集》卷七）按：翁方綱之言前後頗有矛盾處。上文中云："今日錢、戴二君之爭辨，雖詞皆過激，究必以東原説為正也。"又云："戴君之輩皆畢生殫力于名物象數之學，至勤且博，則實人所難能也，吾惟愛之重之，而不欲勸子弟朋友效之。"其批《戴氏遺書》，據李慈銘所言，却皆大字塗乙，盡言痛詆。實在令人難解其用心。又按：翁方綱自相矛盾之言，錢鍾書也曾指出。《談藝錄·補訂》中云："覃谿《復初齋集外詩》屢推撐石之詩。惟卷四《四君咏》云：'錢公今詩伯，大雅該衆途。博學兼經學，老筆承明廬。析理瀝群液，論文傾一壺。篇篇自芟削，要比小長蘆。'與《復初齋文集》卷六《考訂論》中之二、卷七《理説》附錄《與程魚門》反復言撐石詩人'不知考訂之學'、'不善于考訂'者，頗相乖違；'經學'初不能廢'考訂'，覃谿于卷六《自題校勘諸經圖後》固自道之。"（頁五一八、五一九）

是年，寫山水一幅。

　　翁方綱有《題撐石畫卷》詩，繫于是年。詩云："春雨浪浪花未放，木雞軒中起遐想。坐客皆醉主自斟，恣説一谿飛兩槳。是日欲畫畫未竟，夜深雨晴月在幌。六街觸熱無好詩，誰知今晨忽畫之。花光蒸空露四滴，柳陰帶水渾一碧。鳥聲上下何千百，儻卧小船鋪片席。先生端憶行春橋，可及少時浮大白。"（《復詩》卷一二）

又為成哲親王永瑆題御賜《游昭秋林醉歸圖》，并賦詩奉和。

　　先生是年有《題游昭秋林醉歸圖》、《奉和皇十一子晚秋池上四首》二詩。（《撐詩》卷三八）

又賦詩奉和履端親王永珹。

　　先生有《奉酬履郡王見贈之作謹次韻》、《奉和履郡王最上乘雪興》二詩，繫于是年。（《撐詩》卷三八）

又同翁方綱、程晉芳集陸費墀齋觀《清明上河圖》。

　　翁方綱是年有《同撐石魚門集丹叔侍讀齋觀所藏宋張擇端清明上河圖真迹卷》詩紀其事。（《復詩》卷一二）

又携申甫、翁方綱過英廉檀欒草堂賞海棠。

英廉是年有《錢蘀石申笏山翁覃溪過敝廬看海棠》詩，可徵其事。(《夢堂詩稿》卷一三)先生是年亦有《檀欒草堂海棠花歌》詩。其中有"一杯先起花根澆，花根酒即通花梢"之句。(《蘀詩》卷三六)按：英廉《人日即事懷蘀石孝先》注云："堂前海棠，三十年前手植者。花時同人過賞，必酹酒揖之。蓋始自蘀石。"(《夢堂詩稿》卷一四)錢儀吉云："公飲花下，喜以酒澆花，曰請花亦飲一杯也。劍亭先生家菊一夕為公醉死，玉水嘗言之。劍亭為公門生。"(《蘀詩》[國圖編號 09446]卷三六失名錄錢儀吉識語)又按：劍亭即曹錫寶。

本年有詩：

《試燈日圓明園接駕恭紀》、《觀王文簡公所題馬士英畫二首》、《馮大司寇以二月三日雪用喜雪韻見簡疊韻以答》、《問村杏》、《遠山行》、《恭和御製三月四日詣暢春園恭問皇太后安遂啓蹕往盤山因成是什元韻》、《恭和御製駐蹕湯山行宮作疊壬辰韻元韻》、《恭和御製敦素齋元韻》、《恭和御製清明元韻》、《恭和御製題延春堂元韻》、《恭和御製引勝軒疊壬辰詩元韻》、《奉勅賦得燈右觀書》、《檀欒草堂海棠花歌》、《恭和御製恭奉皇太后幸避暑山莊是日啓程即事成什元韻》、《恭和御製出古北口作元韻》、《恭和御製將軍阿桂奏報攻克遜克爾宗詩以志事元韻》、《恭和御製雨中至喀喇河屯元韻》、《恭和御製至避暑山莊即事得句元韻》、《恭和御製經畬書屋元韻》、《題瑤華道人所藏王翬畫十二首》、《熱河感舊二首》、《和崔大司寇應階種花三首》、《于相國招集行館》、《山齋二首》、《曹少宰秀先招集行館》、《七月朔日邀曹少宰秀先申副憲甫過山齋為同徵小集賦詩六首》、《和曹少宰七月三日招同申副憲為同徵二集用王摩詰贈祖三詠韻》、《恭和御製題文津閣元韻》、《恭和御製趣亭元韻》、《恭和御製月臺元韻》、《恭和御製過河謁溥仁寺瞻禮元韻》、《恭和御製山莊即事元韻》、《恭和御製出麗正門恭迎皇太后至避暑山莊喜而成什元韻》、《恭和御製靜寄山房二詠謹序》、《馮大司寇裝家文敏公奉貽詩迹卷自京寄塞上屬題感成一百六十字》、《再題四絕句》、《七月十日申副憲攜酒山齋邀曹少宰為同徵三集少宰詩又先成輒同其體四首》、《勿藥篇寄馮大司寇》、《謝曹少宰餉鯽魚》、《賜清音閣觀劇恭紀十首》、《南天門用己巳過此韻》、《九日集馮大司寇獨往園登高主人詩先成次其韻》、《聚奎堂早起》、《奉和皇十一子晚秋池上四首》、《寄湯學使先甲粵東二首》、《十一月朔日冬至圜丘禮成三日雪恭紀二首》、《題游昭秋林醉歸圖》、《奉和履郡王最上乘雪興》。

其中：

《觀王文簡公所題馬士英畫二首》，朱休度識云："乙巳正月，老人招宿九豐草堂，夜分譚詩,曾拈此詩詔度。蓋自喜不著一字,婉而多風也。癸亥冬記。"吳應和評云:"風調亦絕似漁洋。"

《問村杏》,顧列星評"夢迴年是夜,春去鬢空絲"二句云:"'夢迴'一聯寫'問'字極幽細,當于神韻間求之。"

《恭和御製題延春堂元韻》,錢聚朝校"貞苻茂對叶其旋"句中"苻"字為"符"字。

《檀欒草堂海棠花歌》,顧列星評"客如春暮非春早"、"座中白髮不我獨,相憐相惜花枝交"諸句云:"是花是人,說成一片。"又評"倩誰畫出碧雞坊,與子吟成紅錦段。蕭蕭寥寥風起耶,東家蝴蝶飛西家。美人美人日之夕,芳草芳草天之涯"諸句云:"詩含騷意,其音幼渺動人。"吳應和云:"'可惜歡娛地,都非少壯時',老去逢春,能無慨歎?而況天涯客感,無限低徊。觸物言情,風人之遺則也。"近藤元粹評起二句云:"是暗學唐人《春江花月夜》等詩者,而往往措詞生硬,失大雅意。蓋所謂求奇却不奇者也。"錢聚朝校"薊北常逢勸醉辰"句中"逢"字為"逢"字。

《恭和御製出古北口作元韻》,錢聚朝校"亭障連峯迹尚貽"句中'峯'字為"峰"字。

《題瑤華道人所藏王翬畫十二首》。第二首《仿燕文貴武夷叠嶂》,錢儀吉評"灘光數漁晚,瀑響重溪聲"二句云:"起十字似已在九曲中。"又評第七首《仿巨然寒林蕭寺》後半云:"徑盡豁然,又得一徑,其妙如是。"錢聚朝校第十一首《仿趙文敏鵲華秋色》"跣群閑放場"句中"跣"字為"蹠"字。

《熱河感舊二首》,錢聚朝校題下注中"福"字為"福"字,又校"藜光橋畔第東西"句中"藜"字為"藜"字,又校該句注中"文格"為"文恪"。錢儀吉評詩末癸丑補注云:"文恪謚已見前句注中。此補注當刪。"

《于相國招集行館》,錢聚朝校"峯陰屋敞許微醺"句中"峯"字為"峰"字。

《山齋二首》,錢聚朝校"塞雨時逢半日晴"句中"逢"字為"逢"字。

《曹少宰秀先招集行館》,錢儀吉評"恒言喻道蒙相假,晚遇酬恩媿未然"二句云:"'恒言喻道'四字可以窺公詩矣。"

《七月朔日邀曹少宰秀先申副憲甫過山齋為同徵小集賦詩六首》,翁方綱評第二首"由來綸紀關皆重"一句云:"'由來',不可隨手。"又評第六首"王尚書有指南傳"一句云:"王琛寧之《詞學指南》原本經學。"

《恭和御製趣亭元韻》,錢聚朝校"峯陰轉壑壑隨澗"句中"峯"字為"峰"字。錢儀吉評詩結尾云:"直說作讀書世界,妙哉、樂哉。"

《恭和御製出麗正門恭迎皇太后至避暑山莊喜而成什元韻》,錢儀吉評云:"應制之作真實,乃前所謂原本忠孝者。"

《馮大司寇裝家文敏公奉貽詩迹卷自京寄塞上屬題感成一百六十字》,錢聚朝校"照晚庭經秋"句云:"'照晚',手校作'晚照'。"

《再題四絶句》,錢聚朝校第四首詩注中"戌寅"為"戊寅"。

《七月十日申副憲携酒山齋邀曹少宰為同徵三集少宰詩又先成輒同其體四》,錢聚朝校第二首"鴛"字為"鵁"字、詩注中"河于"為"河干"。

《賜清音閣觀劇恭紀十首》,翁方綱評第二首"檀槽聲趣最瓏玲"一句云:"'瓏玲',與玲瓏不同,看《甘泉賦》注自明也。不意坤一尚有此失。"

《南天門用己巳過此韻》,錢儀吉評云:"結句實實如此,非晚為追溯之詞有所粉飾也。"

《奉和皇十一子晚秋池上四首》,錢聚朝校第四首"相賞偏芳林"句中"偏"字為"遍"字。

卷　七

乾隆四十一年丙申（一七七六），先生六十九歲。

正月初七人日，英廉有詩懷先生。

　　英廉有《人日即事懷籜石孝先》詩，繫于是年。（《夢堂詩稿》卷一四）

自二月初九日始，諸皇子、皇孫住南苑行圍一月。其間，先生當值。

　　《高宗實録》卷一〇〇一云："朕此次祇謁兩陵，回至南苑，恭奉皇太后安輿，巡幸山東，已降旨于二月初九日啟鑾……阿哥等赴南苑，恭送皇太后啟鑾後，即住彼處行圍一月，再行進京。"（《清實録》册二一）先生是年賦《南苑恭賦》詩，詳言南苑形制，并有云："迺命皇子孫，校獵于苑茛。"（《籜詩》卷三八）

三月初三日，飲英廉檀欒草堂。

　　先生是年有《上巳日飲檀欒草堂前海棠花下作歌》詩紀其事。（《籜詩》卷三八）

十五日，陳崇本招同翁方綱、張塤諸人賞紫藤花。先生為寫紫藤、海棠各一枝，衆人并題詩其上。

　　翁方綱是年有《伯恭招同諸公集紫藤花下籜石為畫紫藤海棠各一枝題此》詩，可徵其事。（《復外集》卷一〇）張塤是年亦有《三月望日伯恭讌客紫藤花下觀錢七侍郎載作畫即題幀上》詩，其中有"卷中畫得花三種，藤花是主他花客"之句。（《竹葉庵文集》卷一二）按：張塤《錢慈伯檢討招同馮魚山編修小集獨樹軒分得疏字》注云："予與錢籜石侍郎在陳伯恭齋中醉，歸中道，侍郎忽下車，指車輪顧余曰：'詩之妙，如輪之圜也。'"（《竹葉庵文集》卷二一）此事不知在何時，暫繫于此。

　　陳崇本，字伯恭。河南商丘人。父陳淮，字望之，號藥洲。乾隆四十年進士，官至宗人府丞，入直上書房。餘俟考。

春,應陳崇本之請,題陳維崧《填詞圖》。

先生是年有《題陳檢討填詞圖》詩。(《蘀詩》卷三八)按:翁方綱《贈楊彤三序》云:"適商丘陳伯恭庶常崇本,以先迦陵檢討《填詞圖》卷來請予題識,遂同展觀。"(《復初齋文集》[手稿影印本]册二,頁二九五)先生題詩亦應陳崇本之請而作。又按:道光二十五年,萬貢珍從陳氏後人處得原圖,屬胡萬本摹諸石。今據民國二十六年影印本,卷上載有先生題詩,并識云:"乾隆甲申春,秀水後學錢載。"鈐印二:"錢載"白文方印、"蘀石"朱文方印。題詩中"芳翰流連眷友生"句之"眷"字在《蘀石齋詩集》中作"眄"字。

陳維崧,字其年,號迦陵。宜興人。康熙十八年舉博學鴻詞,授檢討。著有《陳檢討詩集》、《湖海樓詞》等。《填詞圖》,作者釋大汕,廣東長壽寺僧。康熙時越南國王聘往說法。謝章鋌《迦陵填詞圖》云:"迦陵《填詞圖》為釋大汕作,掀髯露頂,旁坐麗人拈洞簫而吹。是圖近日有刻本,其中洪稗畦、蔣鉛山二套南北曲最佳。昨在都門于袁筱塢保恒侍郎處見其原卷,抽妍騁秘,詞苑大觀也。惜大汕人品不堪,宗風掃地。以工為秘戲圖,得當路歡心,卒以違禁取科斃于法。詳王漁洋《分甘餘話》。此圖出其手,是一大玷耳。"(《賭棋山房詞話》卷一)朱琰云:海内有三圖,一為朱彝尊《煙雨歸耕圖》,一為李武曾《灌園圖》,一為陳維崧《填詞圖》。蓋三先生皆命世才,仗劍出門,所交多天下奇士,一題一咏,其詩詞盡古今至寶也。(《鶴徵錄》卷一)

又過王氏懺園,訪王如珪不得。

先生是年有《宛平王氏懺園戊辰嘗文讌于此後海鹽明府丈王如珪自施南太守歸居之春日訪舊賢後人出接感賦以贈》詩紀其事。其中有"論交勝國先公託,枉駕名山妙句煩"之句,并注云:"文貞公未第日,訪先侍御于慈仁寺,有詩。"(《蘀詩》卷三八)錢儀吉云:"王氏崇簡《青箱堂集》,丁丑有《錢孚于來都訪之彌陀寺坐海棠下久待之不至》詩。庚辰有《至嘉興訪錢孚于》詩,有《錢孚于留談信宿偕至金閶》詩,有《同錢孚于坐張天如無近虎丘客舍》詩。今不錄。己丑有《哭錢孚于詩三首》,其首章云:'與子論交久,風塵二十年。乾坤悲板蕩,山海變滄田。抗疏摧瑯錟,居心希古賢。盛名百世在,大節已能全。'"(《蘀詩》[國圖編號09446]卷三八失名錄錢儀吉識語)

王如珪,字桐叔。順天宛平縣人。禮部尚書王崇簡之孫,貴州巡撫王燕之子。由歲貢考取國子監教習。期滿,候選知縣。乾隆八年由仙居令調海鹽,捐資重修邑志。十三年升刑部貴州主事。十四年引見,奉旨記名以直隸州知州用。十八年任施南知府。生于康熙三十四年,卒年不詳。(《[光緒]海鹽縣志》卷一四,《施南府志》卷一九,《清代官員履歷檔案全編》册一六頁六一九、册一七頁二五)

復同張塤、翁方綱、朱筠、朱珪、程晉芳、陳崇本、陳本敬、潘有為等集王氏懺園看花。

張塤是年有《招同錢籜石侍郎翁覃溪朱竹君石君三學士程魚門吏部陳伯思戶部仲思編修伯恭吉士顧星橋馮玉圃潘毅堂溫篔坡四舍人馮魚山孝廉王氏懺園看花即事二首》詩，繫于《三月望日伯恭讌客紫藤花下觀錢七侍郎載作畫即題幀上》之前。（《竹葉庵文集》卷一二）

潘有為，字卓臣，號毅堂。其先本福建人，入籍廣東番禺，居河南龍溪。乾隆三十五年順天舉人。三十七年成進士，官內閣中書。久宦京華，以校四庫書例得議敘，與權貴忤，卒不遷。退居林下，所居擅園林花竹之勝，詩名籍甚。生于乾隆九年，卒道光元年。有《南雪巢詩》。（《廣州府志》卷一三〇，《清代人物生卒年表》頁八三〇）

是日，翁方綱招飲丁香花下。

張塤有《是日覃溪招飲丁香花下用前韻》詩，可徵其事。其中有"愛聽詞人吟子夜"之句，并注云："謂籜石。"（《竹葉庵文集》卷一二）

四月初九日，張模母柴恭人病卒。先生為撰墓誌銘。

柴氏，浙江仁和人。年二十三嫁退圃張公。生于康熙四十年，卒于乾隆四十一年，年七十六。長子張模為先生進士同年，卜將以六月二十九日葬，而乞先生誌墓。（《籜文》卷二三《誥封恭人柴氏墓誌銘》）

廿六日，西師凱旋。

《高宗實錄》卷一〇〇七云："（丁卯）是日，上駐蹕黃新莊，定西將軍阿桂、副將軍豐昇額等，振旅凱旋，詣行在請安。"（《清實錄》冊二一）按：自乾隆三十六年七月至四十一年二月初四日，兩金川全境平定，前後歷時四年半。（《清史編年》卷六）

廿八日，午門樓行受俘禮。先生隨百官朝服侍班。

《高宗實錄》卷一〇〇七云："己巳。行受俘禮。……上龍袍袞服，御午門樓，王公百官朝服侍班。"（《清實錄》冊二一）

五月初一日，恭上皇太后徽號。隨王公大臣赴太和殿進表慶賀。并恭進《平定金川詩十二章》。

上徽號曰：崇慶慈宣康惠敦和裕壽純禧恭懿安祺寧豫皇太后。（《清實錄》冊二一《高宗實錄》卷一〇〇八《平定金川詩十二章》自序云："乾隆四十有一年春二月，西師征兩金川大功垂定。……五月之吉，恭加上聖母皇太后徽號。……臣職趨禁近，殫竭弱毫，謹撰古詩十二章，拜手稽首以獻。"（《籜詩》卷三八）

初十日，奉旨派出祭告。尚未起程，因山東學政黃登賢病卒任內，復改任山東學政。

《奏謝授任山東學政事》云："上年蒙恩在上書房行走，本年五月初十日奉旨派出祭告，臣尚未起程，茲復蒙恩畀以山東學政之任。"（中國第一歷史檔案館藏錄副奏摺，編號 03－0155－005）又《趙北口曉行》有"告祭未行蒙改命"之句。（《蘀詩》卷三九）按：五月初一日，以上皇太后徽號，遣官至祭五嶽四瀆及歷代帝王陵寢。（《清實錄》冊二一《高宗實錄》卷一〇〇八）又按：黃登賢字雲門，父叔琳，學者所稱崑圃先生也。據盧文弨《都察院左副都御史提督山東學政忍庵黃公墓志銘》，黃公積勞成瘵，于五月十二日端坐學署而逝。（《抱經堂文集》卷三三）

廿二日，奉命提督山東學政。

據《高宗實錄》卷一〇〇九，先生于是日奉旨提督山東學政。（《清實錄》冊二一）

按：《欽定大清會典·禮部》云："簡學政以董教事，及按試，嚴以關防。歲試、科試，各別其文之等第，以賞罰而勸懲之。取其童生之優者以入學。凡試生員，令學官造冊而送于院。試童生，令地方官冊而送于院。鄉試則錄科。各申以禁令。三年報滿，各列所剔之弊，題而下于部以考覈。"以上諸事即學政教督一方所應行者。

是月，姚頤錄所賦詩于先生自臨元蘇弘道書《石鼓賦卷》上，并識後。

識云："余既從蘀石先生借謄，而自題卷尾，復承先生命并附錄于原鈔卷後。乾隆丙申五月，泰和姚頤識。"（《清芬世守錄》冊四卷一五《石鼓賦卷》）

六月初二日，具摺赴避暑山莊奏謝。既蒙召見，奏對良久。

《奏謝授任山東學政事》云："臣錢載跪奏，為恭謝天恩事。本年五月廿三日，內閣奉諭旨，提督山東學政著錢載去，欽此。竊臣一介□□，至愚極陋，仰荷皇上天恩，屢加拔擢。上年蒙恩在上書房行走，本年五月初十日奉旨派出祭告，臣尚未起程，茲復蒙恩畀以山東學政之任。聞命之下，感悚彌深。伏思文風既尚清真，士習猶宜端謹，學政職司董率，責任匪輕。臣惟有蟬竭駑□、矢公矢慎，以期仰報高厚于萬一。為此繕摺恭謝天恩，謹奏。"批云："乾隆四十一年六月初二日，奉旨，知道了，欽此。"（中國第一歷史檔案館藏錄副奏摺，編號 03－0155－005）又《行述》云："丙申五月，奉命提督山東學政。具摺赴山莊，謝恩請訓。蒙召見，奏對良久。府君奏曰：'阿哥們宜恭閱《五朝聖訓》，知祖宗家法。'上嘉所奏，曰：'該看，極該看。'即命武英殿辦事員，恭檢《五朝聖訓》，送上書房。"

初六日,回京。

> 《奏為奉旨補授山東學政謝恩并恭報到任接印日期事》云:"竊臣蒙皇上天恩,簡畀山東學政之任。于六月初二日趨赴山莊,恭謝天恩,蒙恩召見,祗聆聖訓,命臣即日起程。臣隨于六月初六日回京。"(中國第一歷史檔案館藏朱批奏摺,編號 04-01-12-0174-042)

十三日,翁方綱為程晉芳、馮敏昌選鈔先生詩作,成《籜石齋詩鈔》四卷,并序之。

> 翁方綱《籜石齋詩鈔序》云:"秀水錢閣學所為詩,曰《籜石齋集》者,三十有六卷,閣學既自序之。乾隆丙申夏,閣學奉命視山東學政,將出都,新安程吏部、欽州馮孝廉屬方綱鈔其詩。方綱與籜石相知在通籍之前,而譚藝知心于同年中為最。自己卯春,籜石自藜光橋移居宣南坊繩匠胡同,方綱得與晨夕過從,至今十有八年,中間方綱使粵者八年,而前後共吟諷者則十年。十年論文之交,世固有之。至于心之精微,人所難喻,方綱于籜石,則固能謂粗喻之矣。其詩穠腴澹韻,若畫家賦色,向背凹凸,東坡謂于王維千枝萬葉,一一皆可尋源者也。爰略摘取為四卷,以見其概,以俟其全集之刻云。六月十三日雨中,方綱識。"(《復初齋文集》[手稿影印本]冊一,頁二三八、二三九)

翁方綱論詩固甚推服先生,然亦時有訾誚之語。

> 梁章鉅《題蘇齋師與吳香亭先生手札卷後》有"談藝斷斷不苟同,吾師殊有古人風。虔誠敬慎全交道,此紙真堪質籜翁"之句,并注云:"卷中有訾誚錢籜石先生之語,而余在蘇齋談詩時,則熟聞吾師推服籜翁甚至,與此札正堪互證。"(《退庵詩存》卷二五)

十四日,翁方綱與程魚門到齋話別。朱筠有事未至。

> 翁方綱是年有《六月十四日同魚門話別籜石齋》詩,可徵其事。其注云:"待竹君不至。"(《復詩》卷一四)

十五日,携家人起程赴任。

> 《奏為奉旨補授山東學政謝恩并恭報到任接印日期事》云:"臣隨于六月初六日回京,十五日起程。"(中國第一歷史檔案館藏朱批奏摺,編號 04-01-12-0174-042)

十八日,宋葆淳、馮敏昌集翁方綱詩境軒,觀先生所藏明人尺牘八百餘幅。

> 宋葆淳跋翁方綱藏宋槧《施顧注東坡詩》云:"乾隆丙申夏六月十八日,安邑宋葆淳、長寧□□、欽州馮敏昌集詩境軒,觀秀水錢籜石閣學所藏明人墨寶八百餘帖。明日,復來觀宋槧《施顧注東坡詩》。"(《施顧注東坡詩》,宋嘉定六年淮東倉司刻本)

> 按:先生行前將明人尺牘八百餘幅、扇百餘付翁方綱。方綱遂與諸友連日聚觀。

(見《復外集》卷一〇《觀籜石所藏明人尺牘》、《明日又與諸君同觀叠韻》、《再集詩境軒觀籜石齋續藏尺牘瘦銅亦携陸清獻札卷同觀聯句》。《明日又與諸君同觀叠韻》注云:"籜石自言平生見明人扇面以千計,而册中所收扇十之一耳。")張塤是年亦有《再集詩境軒觀籜石續藏尺牘余亦携得陸清獻公札同觀聯句》詩。聯句之人有黃景仁、陳崇本、翁方綱、馮敏昌、温汝適。(《竹葉庵文集》卷一三)

又按:先生所藏明人尺牘今尚見八十五通,其中有楊榮、徐有貞、顧鼎臣、王穉登、王世貞、皇甫沖、文徵明、陸治、董其昌、李東陽、吳寬、祝允明、王寵、周順昌、黃道周、倪元璐等。簡端并有先生手書人物小傳。(見《明人尺牘》)

廿一日,程晉芳、張塤、陳崇本再集翁方綱青棠書屋,觀先生所藏明人尺牘,并跋後。

跋云:"乾隆四十一年夏六月廿一日,新安程晉芳、吳縣張塤、商丘陳崇本集大興翁方綱青棠書屋同觀。"(《明人尺牘》頁二四四)

廿四日,行抵濟南,寓學使署四照樓。

據楊景素《山東巡撫署理學政楊景素題報交送學政印務日期》,先生于是日抵省城。(《明清檔案》册二二七,第五十一項)

廿五日,接撫臣楊景素交到欽頒"乾"字二〇六五號學政關防一顆,并原頒聖諭書籍及一切文件等項,即于是日上任。

《奏為奉旨補授山東學政謝恩并恭報到任接印日期事》云:"二十五日在山東省城恭接撫臣交到提督山東學政關防一顆,并原頒聖訓書籍及册案等件。"(中國第一歷史檔案館藏朱批奏摺,編號04-01-12-0174-042)按:關防號據《山東巡撫署理學政楊景素題報交送學政印務日期》補入。(見《明清檔案》册二二七,第五十一項)

廿六日,具摺奏報到任接印日期事。

《奏為奉旨補授山東學政謝恩并恭報到任接印日期事》云:"臣錢載跪奏,為恭謝天恩事。竊臣蒙皇上天恩,簡畀山東學政之任,于六月初二日趨赴山莊,恭謝天恩。蒙恩召見,祗聆聖訓,命臣即日起程。臣隨于六月初六日回京,十五日起程,二十五日在山東省城恭接撫臣交到提督山東學政關防一顆,并原頒聖訓書籍及册案等件。臣望闕叩頭,祗領到任,一面循例題報到任日期,外敬謹繕摺具奏。伏祈睿鑒,謹奏。乾隆四十一年六月二十六日。"(中國第一歷史檔案館藏朱批奏摺,編號04-01-12-0174-042)

七月初七日,赴曹州,補前任歲考。

據《恭報摺乾隆丙申》,先生于是日赴曹州。(《籜文》卷二)按:以下按考行程俱照該摺鈔出,不再注明。

八月初七日,至兗州,始舉行科考。

廿七日,至曲阜按考,循例得祭孔林。

> 先生是年有《謁孔林賦》詩紀其事。其中有"使臣循舊例,得以祭于林"之句。(《擇詩》卷三九)錢泰吉識云:"公家書云:'孔林之祭,定例惟皇上幸詣孔林則祭。即巡撫至曲阜,亦不得祭孔林。而惟許學政按考祭。"(《擇詩》[國圖編號9446]卷三九失名錄錢泰吉識)

長子錢世錫亦隨至曲阜。

> 錢世錫《約齋弟女嫁孔氏余舟過任城往曲阜匆匆而別得詩三首寄示姪壻》注云:"丙申秋,隨大人至曲阜,得謁廟。今復叩首階下也。"(《鹿山老屋詩集》卷一四)

九月廿三日,至沂州科考。

其間,為同年魏起鳳之父魏墀表墓。

> 魏墀,字屺瞻。其先為諸城人,後遷鉅野。生于康熙三十七年,卒于乾隆三十五年,年八十三。子二,長起鳳,先生壬申進士同年,廣信府興安縣知縣,沂州府儒學教授。以父三月二十九日葬而未有銘,適先生至沂州,遂請表墓。(《擇文》卷二四《勅封文林郎魏君墓表》)

十月十三日,至泰安科考。

十四日,捐養廉百金,謀重修泰安府儒學。

> 抵泰安府次日,先生謁聖廟,見殿廡傾頹,即與知府事富公謀以新之。(見《擇文》卷一九《重修泰安府儒學募疏》)

留泰安時,嘗攜錢世錫、朱休度登泰山。時朱休度以知縣需次就先生山東學政幕。

> 先生有《登泰山賦》詩,繫于是年。(《擇詩》卷三九)朱休度是年亦有《陪錢學使擇石先生暨公子百泉陳梅軒兩孝廉同登泰山聊短述七絕句》詩,可徵其事。《小木子詩三刻》之《梓廬舊稿》二二)又朱休度詩集乾隆丙申卷注云:"是歲以秩滿膺薦入都,既以知縣需次隨就山東學政幕。"(《小木子詩三刻》之《梓廬舊稿》二〇)

十一月初二日,回省城考濟南。

是月,王昶跋翁方綱所輯《擇石齋詩鈔》四卷。

> 《跋坤一詩鈔》云:"乾隆甲戌,余會試在京師,金檜門先生時時招余言讌,始與康古、

心餘兩孝廉及坤一編修定交。其間相互吟和,得見坤一詩最夥。又四年戊寅,余官中書舍人,心餘、康古亦先後入中書。嗣心餘改授編修,康古改官吏部,坤一遷庶子,此十年間燕集視前加密,而吟和亦較多。及余從軍滇蜀,凡八年。丙申五月歸京師,坤一方為內閣學士,六月奉命視學山東,匆匆別去。蓋此數年中之詩不能遍觀而盡識也。方以為憾,仲冬從覃溪學士獲見所鈔坤一詩四卷,雖不足盡坤一之詩,而坤一詩之佳者畢著于此。蓋坤一原本孝友,穿穴叢書稗說,佐以金石文字及古人法書名畫,故其詩確然可傳于後亡疑。獨念與坤一交垂二十年,今檜門先生下世已久,康古亦歸道山矣,心餘在江西數千里外不獲流連言讌,欣賞坤一之詩,讀斯鈔,能無追沂舊游累歔感歎也耶。"(《春融堂集》卷四四)

十二月初四日,至武定科考。

時屆歲末,循例具摺奏報學政事。

《恭報摺乾隆丙申》起云"竊學政例當歲底具摺",繼言按考行程及拔士,末云:"臣半年以來所經辦者,敬謹繕摺,據實陳奏。"(《擇文》卷二)

廿四日,起程回濟南,山東十府已考過半。

是日,致信薛老先生。

札云:"別久念深,茲來武定,漸近居止,亟欲相見,不期然而彌切矣。家食豈非不易,六旬大可近游,倘許惠來,弟當掃榻。今日是十二月廿四日,弟起程回濟南,伏望老先生枉臨,于新正六日即至濟南。乞大君子真學問之餘,以副東人士之想望。教澤所加,其報即在國家,不獨弟受益也。薄具十金,稍資行李。弟新正九日定即起程東三省。拱俟、拱俟,定蒙允諾,曷勝虔切。弟錢載頓首,薛老先生左右。伏祈早臨一日,更慰渴飢,禱切、禱切。廿四日謹定。"(北京故宮博物院藏,新177957之7/9)按:右札為佚文,盡錄于此。薛老先生不知為何人,大約為請去主濟南教席之人。

除夕夜,翁方綱自識云先生詩律極細。

識云:"今年得詩一百九十二首。除夕篝燈後,記于綠研齋之南窗下。籜石詩律之細固不待言,然此事亦必日日用力于古人,而後窺見此事之所以然。未有終歲不開卷而徒襲舊日之識解者也。自今更應加力、加力。"(《復外集》卷一一)

是年,應山東按察使陸燿之請,為新立蒿庵書院"辨志堂"書額,

《陸朗夫嶽麓圖跋》云:"朗夫之按察山東,嘗闢蒿庵書院,余為書其辨志之堂。"(《擇文》卷一四)按:陸燿為表舉張爾岐之理學,將濟南臬署廨東偏前振英書院重葺,并更

名蒿庵,而顏其堂曰辨志。重修始于本年九月,逾十一月報竣。(《切問齋集》卷一〇《蒿庵書院碑》)

陸燿,字青來,一字朗夫。吳江蘆墟人。乾隆十七年順天鄉試舉人。十九年中明通榜,授內閣中書。歷任户部主事、雲南大理府知府。四十年擢山東按察使。四十一年緣事革職留任,明年東巡開復。四十三年擢山東布政使,以巡撫貪暴不相能,遂于十二月以母老奏請解任侍養。再起,至湖南巡撫。五十年病卒,年六十三。生平清操自勵,間涉書史,亦多為樸實有用之學。輯清代經世之文曰《切問齋文鈔》。又著有《河防要覽》、《甘薯錄》、《切問齋集》等。(《耆獻類徵》卷一八三國史館本傳,《小倉山房文集》卷三一《湖南巡撫陸公神道碑》,《湖海詩傳》卷一五,《晚晴簃詩匯》八四)

并為張爾岐表墓。

《處士張蒿庵墓表》云:"山東按察使陸燿既立蒿庵書院于濟南,復屬載文以表諸墓。"(《撰文》卷二四)

張爾岐,字稷若,號蒿庵。山東濟陽人。明諸生。順治庚寅貢太學,以病不行。生于萬曆四十年,殁于康熙十六年。深于漢儒之經,而不沿訓詁,邃于宋儒之理,而不襲語錄。所著有《儀禮鄭註句讀》十七卷、《易經説略》八卷、《詩經説略》五卷、《夏小正注》一卷,《弟子職注》一卷、《老子説略》二卷、《蒿庵集》三卷、《蒿庵閑話》二卷、《濟陽縣志》九卷、《吳氏儀禮注訂誤》一卷。(《撰文》卷二四《處士張蒿庵墓表》)

又自銘表弟盛百二所寄淄川石硯。

《淄川石硯銘》云:"淄川石次端溪,乾隆丙申錢載題……盛表弟名百二,令淄川,石是寄,琢者馬孟章。"(《撰文》卷一七)按:盛百二母馮孺人卒于乾隆三十四年八月,其時百二令淄川未一年,即以憂去。寄贈石硯則應在是年八月前。(《柚堂文存》卷四《先妣馮孺人述略》)

盛百二,熙祚子。字相舒,又字秦川,號柚堂。秀水人。康熙五十九年生于關中。年二十一返故里,明年二月補博士弟子員。乾隆二十一年舉人。嘗為淄川令一年,丁母憂去,遂不仕。晚居齊魯間,主書院十數年。著有《柚堂筆談》、《柚堂文存》、《皆山樓吟稿》、《淄川硯銘譜》等書凡十三種。生卒年俟考。(《柚堂文存》卷首浦翔春《柚堂居士著述序》,《湖海詩傳》卷二〇,《柚堂文存》卷四《先妣馮孺人述略》)

又為徐以坤題小影。

先生有《題徐孝廉以坤海棠樹間小影七首》詩,繫于是年。(《撰詩》卷三八)

又與英廉集蔣賜棨北臺。

先生是年有《蔣京兆賜棨修北臺之會馮相國有追懷劉文定裘文達及家文敏因用其韻》詩紀其事。(《擢詩》卷三八)

又同翁方綱、陸費墀、程晉芳集姚頤雨春軒。

翁方綱是年有《雪門宮贊招同擢石閣學丹叔學士魚門吏部集雨春軒閣學有詩宮贊答之次韻二首》詩,可徵其事。(《復外集》卷一〇)按:雨春軒,姚頤入直上書房時,成哲親王永瑆所題。

是年,翁方綱為祝德麟題先生與王宸、俞養喜合作畫冊。

翁方綱是年有《祝芷塘編修以王蓬心錢擢石俞養喜合作畫冊屬題即用冊中蓬心臨董書儲詩韻二首前一首懷蘊山姬川後一首懷擢石心齋也》詩。(《復詩》卷一四)按:俞養喜,俟考。王宸,字紫凝,號蓬心,自號瀟湘翁。江蘇太倉州人。乾隆二十五年舉人,官內閣中書,出為湖南永州府知府。罷官後貧不能歸,時畢沅制軍兩湖,遂往依焉。挈家寓武昌,以詩酒陶情,人呼曰老蓬仙。宸為麓臺侍郎曾孫,所繪山水克承家學,多用渴筆,蒼勁中有氣韻,為海內所稱。書法似顏魯公。詩學東坡。生于康熙五十九年,卒嘉慶二年。著有《蓬心詩鈔》,另著《繪林伐材》十卷。(《耆獻類徵》卷二三九,《履園叢話》卷一一下,《湖海詩傳》卷二三,《清代人物生卒年表》頁二七)

本年有詩:

《澄懷園所居》、《蔣京兆賜棨修北臺之會馮相國有追懷劉文定裘文達及家文敏因用其韻》、《晚入法源寺至海棠處感徐太守作》、《上巳日飲檀欒草堂前海棠花下作歌》、《題徐孝廉以坤海棠樹間小影七首》、《題陳檢討填詞圖》、《南苑恭賦》、《宛平王世懋園戊辰嘗文讌于此後海鹽明府丈王如珪自施南太守歸居之春日訪舊賢後人出接感賦以贈》、《增壽寺柰花兩株》、《德壽寺海棠花丁香已謝牡丹初開》、《法源寺海棠》、《題園居》、《平定金川詩十二章謹序》、《芍藥花前得句》、《自題小影六首并序》、《趙北口曉行》、《河間過陳太守基德不值》、《小病》、《登泰山賦》、《謁孔林賦》。

其中:

《晚入法源寺至海棠處感徐太守作》,錢聚朝校"傍砌娑拖踏影輕"句云:"'娑拖',手校作'拖娑'。"

《上巳日飲檀欒草堂前海棠花下作歌》,錢聚朝校"殷鮮朵簌重蕤翹"句中"簌"字為"簇"字。

《題陳檢討填詞圖》,吳應和評云:"'拋盡南唐西蜀心'兩句,《填詞圖》正面已足,即將題圖詞之優劣作餘波,亦是作題圖詩之一法。"

《法源寺海棠》,錢儀吉評"黃塵幾輩埋黃壤"一句云:"黃塵中生,黃壤中死,固自不同。"

《芍藥花前得句》,錢儀吉評"不如最好當歸字,無奈難勝欲別心"二句云:"五六即蘇坡公'瓊樓玉宇'詞意。"

《小病》,錢儀吉評"把酒難思舊,論文欲散愁"二句云:"第五句深厚。六句起下。"

四十二年丁酉(一七七七),先生七十歲。

自正月初九日始,次第考登州、萊州、青州、曹州、東昌五府。

> 《恭報摺乾隆丙申》云:"來歲新正,臣擬于未開印前起程。行九日,先至登州,開印即考登州。遂考萊州,而青州。即趨曹州,而東昌。約于六月中旬,此五府又可考竣。"(《籜文》卷二)

正月廿三日,皇太后崩。壽八十六。二月初二日,先生于登州聞訊,循例具摺恭慰。

> 《高宗實錄》卷一○二五云:"庚寅。子刻,皇太后疾大漸,上至長春仙館問侍。丑刻,崇慶慈宣康惠敦和裕壽純禧恭懿安祺寧豫皇太后崩。"(《清實錄》冊二一)據《恭慰摺乾隆丁酉》,先生是日在登州按考。(《籜文》卷二)

二月廿日,進士同年秦大士病卒。年六十三。

> 據盧文弨《翰林院侍講學士秦公墓志銘》。(《抱經堂文集》卷三三)

廿八日,皇四子履端親王永珹薨。年三十九。三月初七日,先生于青州聞訊,循例具摺恭慰。

> 《高宗實錄》卷一○二七云:"甲子。上臨西花園,視皇四子履郡王永珹疾。皇四子履郡王永珹薨。"(《清實錄》冊二一)
> 據中國第一歷史檔案館藏錄副奏摺《奏為四阿哥薨逝仰懇慈懷寬攝臣不諳禮節之處事》,具摺時間在本年三月初三日,與文集相異。(編號03-0287-036)此處仍從文集。(見《籜石齋文集》卷二《恭慰摺乾隆丁酉》)

四月,于使署四照樓寫仙佛介壽圖。

> 款云:"乾隆丁酉夏四月,寫于濟南使院之四照樓,秀水錢載。"鈐印二:"載"朱文印、"籜石書畫"白文印。鈐收藏印一:"淮海秦氏之章"朱文印。畫為紙本,立軸,縱

119厘米,横46.8厘米。墨筆繪佛手柑、水仙、梅、芝草、蘭等。舊為吳良浩收藏,今在上海博物館。

五月初二日,以皇太后升祔太廟禮成,頒詔内外大小各官,著照新銜封贈。先生具摺恭懇,以本身妻室應得封典,貤贈曾祖父錢泮、曾祖母譚氏。

是日,以孝聖憲皇后升祔禮成,詔告天下。其中一條云:"内外大小各官,除現在品級,從前已得封贈外,其陞級及改任者,照新銜封贈。"(《清實録》册二一《高宗實録》卷一〇三二)《恭懇摺乾隆丁酉》云:"今臣有所恭懇者,伏念臣曾祖父臣錢泮蚤世,曾祖母譚氏半生苦節,臣實不能稍盡烏私,願以本身妻室應得封典,仰祈聖恩,貤贈臣曾祖父母。"(《蘀文》卷二)

循例得貤贈曾祖父錢泮通奉大夫、曾祖母譚氏夫人。又晉贈祖父錢櫨初、父錢炌通奉大夫,祖母陸氏、吳氏、全氏,母朱氏、陸氏皆夫人。

先生三代榮膺封贈,遂敬以臕黄,寄家蠲吉,改題神主敬告,并于先墓前焚黄遣祭。(見《蘀文》卷二五《先祠告文》、《先墓焚黄文》)

廿七日,戴震以積勞卒于官。年五十五。

據段玉裁《戴東原先生年譜》。

是月,為陸燿曾祖父陸埈元撰神道碑銘。

時陸燿逢皇太后升祔覃恩,以本身妻室所應得,請貤贈其曾祖父通議大夫、曾祖母淑人。由是立神道碑于其墓,而請銘于先生。(《蘀文》卷二〇《誥贈通議大夫陸公神道碑銘》)陸埈元,字廣生。世居吳江縣蘆墟鎮。娶吳氏。生于崇禎十五年,卒于康熙五十一年。(同上)

六月十四日,考竣回濟南省城。

廿二日,具摺上奏為報滿科考事。

據中國第一歷史檔案館藏録副奏摺《奏為報滿科考事》,先生于六月十四日考竣回濟南,于廿二日繕摺。(編號03-1174-009)

廿八日,自題山東閱卷硯。

《山東閱卷硯銘并序》云:"奉命視學山東,閱卷曾用此淄川石硯。乾隆丁酉六月廿八日,秀水錢載記。"(《蘀文》卷一七)

七月初,舉行録科。

《恭報摺乾隆丙申》云:"約于六月中旬,此五府又可考竣。回省後,七月初即舉行録

科。"(《撰文》卷二)

八月十九日,姚梁奉命提督山東學政。

時各省學政屆差滿,應行更換。(《清實錄》册二一《高宗實錄》卷一〇三九)

廿日,張塤奉母柩南歸。途中賦詩感念先生。蓋其母殁後,先生嘗寄賻以助。

《南歸雜詩四十五首》序云:"八月二十日,奉先妣柩南歸。"(《竹葉庵文集》卷一四)第三十九首云:"緬懷錢侍郎,詩書畫三絶。飲酒無算爵,論文非勦説。直奪造化心,巧助先生舌。課士鄉鄒魯,持己勵冰雪。愛老不愛少,不丐世容悦。聞君將受代,諸生定惜别。昨朝寄我賻,密緘何重重。上題廋銅啓,下題錢載封。字古轉益媚,墨淡不須濃。無争麟趾重,但具蠅頭工。相思不會面,酒盞覆應空。"(《竹葉庵文集》卷一四)

九月初八日,七十壽辰。翁方綱寄詩來賀。

翁方綱《寄祝籜石閣學七十壽詩四首》有"詩壇今代斲輪家"之句,又云:"嗜酒天真不放杯,論文胸次更奇哉。奔流萬里河之曲,上下千年漢以來。"(《復詩》卷一六)

朱筠亦有長詩祝壽。

朱筠《寄錢籜石前輩》有"但能酒角力,不敢詩抗頸"之句,并云:"誰歟德吾緬,先生風如錫。誰歟學吾正,先生立如觧。"(《笥河詩集》卷一五)

是月,胡季堂過訪四照樓。

胡季堂是年有《訪錢籜石閣學留坐四照樓却賦一律即呈籜石》詩,繫于《丁酉九月奉使山東途中即事》之後。(《培蔭軒詩集》卷二)按:時胡季堂奉旨往山東治獄。(《滿漢名臣傳》頁三五三五)

胡季堂,字升夫,號雲坡。河南光山人。原任禮部侍郎煦次子。以二品蔭生補順天府通判,官至刑部尚書,出為直隸總督,加太子太保。仁宗親政,首劾和珅二十罪。生于雍正七年,卒嘉慶五年。謚莊敏,贈太子太傅。著有《讀史任子自鏡録》二十二卷、《培蔭軒詩集》四卷《文集》二卷《雜文》一卷、《扈從木蘭行程日記》一卷。(《清儒傳略》頁一二六、一二七,《滿漢名臣傳》頁三五三五~三五四〇,《晚晴簃詩匯》卷一〇三)

十月廿一日,學政任滿,題報剔除十弊。

奏云:"提督山東學政内閣學士兼禮部侍郎紀録一次臣錢載,謹題為遵例報滿事。竊臣仰蒙聖恩,簡畀山東學政,于乾隆四十一年六月二十五日到任,受事接考曹州歲試,并次第科考各府。事竣,遵將各學前列原卷解部訖,例應報滿。伏查,康熙拾捌年,吏部等衙門,題覆左都御史魏象樞,為學道一官等事疏稱,學院任滿,亦將剔除十弊之處開明具題。臣謹遵例題報：一、考試童生，并無府册無名徑取入學之弊；二、考試悉遵定額，并無益取撥學之弊；三、彌封編號印簿，并無收署私查之弊；四、考完即發紅案，并無遲延更改之弊；五、考案俱臣手定，并無出入赫詐之弊；六、童生各取名額，并無以文充武之弊；七、各府俱係親臨，并無憚勞遠調之弊；八、教官不許私謁，并無縱容包攬之弊；九、考試憑文去取，并無曲徇請託之弊；十、部册俱照原額，并無頂補朦混之弊。凡兹十弊，臣俱實心剔除，并無捏飾。至于宣揚聖化、整飭士風、振拔孤寒、崇實敦學，凡事關學政者，臣雖竭力遵循，奉行惟謹，惟材質愚蒙，何能少效涓埃于萬一。謹循例開明，伏祈皇上睿鑒施行，為此具本，專差提塘官劉振麟齎捧。謹題。乾隆四十二年十月二十一日，提督山東學政內閣學士兼禮部侍郎紀録一次，臣錢載。"（《明清檔案》册二二三《山東學政錢載題報任滿遵例剔除十弊》）按：此文未收入《籜石齋文集》，為佚作。

廿五日，新任山東學政姚梁抵濟南。

姚梁《奏報抵任日期摺》云："兹于十月二十五日抵山東省，二十六日接印受事。"（《宮中檔乾隆朝奏摺》輯四〇，頁五七六）

廿六日，先生交任。旋即起程回京。張夫人攜孫錢善揚等自濟南起程還鄉。

據國泰《奏報學政錢載任滿回京并在任官箴事》，于是日交任。（《宮中檔乾隆朝奏摺》輯四一，頁五九五）《懷病婦》有"濟南送君返，從此安其鄉"之句。（《籜詩》卷四四）又《得世錫書卜以九月二十六日葬其母夫人于嘉興縣九曲裏之新阡感成追憶詩二十九首寄焚墓前》之二十五首注云："夫人丁酉還家。"（《籜詩》卷四五）而錢善揚有詩題曰《揚生長于京都年十一隨先少宗伯之山左學政任十二旋里株守江鄉二十餘年回憶曩時情境徘徊不能去懷寒夜不寐遂拉雜寫之》，亦可徵其事。（《几山小稿》）

是日，又具摺恭報交印日期事。

摺云："提督山東學政內閣學士兼禮部侍郎紀録一次臣錢載謹題，為恭報微臣交印日期事。竊臣荷蒙聖恩，簡畀山東學政，于乾隆四十一年六月二十五日到任，接考曹州府歲試，并次第科試各府。事竣，今屆乾隆四十二年，業經任滿。新任學臣姚梁于乾隆四十二年十月二十五日已抵山東省城。臣于二十六日謹將欽頒'乾'字二〇六五號學政關防壹顆，并上諭書籍等項，檄委濟南府學訓導陳祥符，齎送新任學臣姚梁任事訖，臣即行馳赴闕廷。所有微臣交印日期理合恭疏題報，伏祈皇上睿鑒施行，謹題。乾隆四十二年十月二十六日，提督山東學政內閣學士兼禮部侍郎紀録一次臣錢載。"（《宮中檔乾隆朝奏摺》輯七四，頁六三〇）

十一月初一日,與景福、吉夢熊、謝墉、翁方綱、趙佑、王猷等公祭壬申會試同年張模之父。

  祭文為翁方綱撰寫。(見《復初齋文集》[手稿影印本]册二《壬申會試同年公祭張退圃年伯文》)

是月,抵京復命,蒙褒獎,并奉命仍在上書房行走。

  《行述》云:"丁酉十一月,回京謝恩,蒙召見,命仍在上書房行走。上面諭及皇子管理武英殿書籍事,府君奏云:'阿哥們原宜接見士大夫,人情物態藉以周知。'上是所奏,天顏和悦,顧府君曰:'你做先生是好的了。'褒嘉至再。"

十二月十九日,過馮敏昌朱華書屋,相與論詩。

  馮士鑛《先君子太史公年譜》云:"十二月十九日,籜石太先生過法源寺寓齋之朱華書屋論詩,多有要言,至晚始去。時年已七十,步履如常人也。"(《小羅浮草堂文集》卷首)

廿四日,應徐秉敬請,重識壬午年為趙升所繪蘭石通景四屏。

  識云:"此幅為昉林補壁而作。昉林出守沅州,未及大展其所抱而殁,南望家江,未嘗不如見其儀度。初昉林行時,其所賃之屋,其婿居之,今中書用直徐君也。畫在其壁又數年,用直將重裝之,而乞余證明其事,以志不忘外舅教誨之嘗及,蓋愈久而愈思之。然則此畫何足存,以介于其翁其婿之間,不可不存矣。他日用直携歸餘不溪上,此蕙花數叢,又安知非武康藝香山中之臭味耶?余今年正七十,當再過溪山春曉閣題之。丁酉嘉平廿四日,籜石載識于宣南坊邸之獨樹軒。"(參見乾隆二十七年譜)

  徐秉敬,字用直,號寅哉。浙江德清人。父以震及伯氏以坤、以泰,皆受業于先生。徐氏家藏沈啓南《溪山春曉卷》,溪山春曉閣由此得名。秉敬于乾隆三十三年領鄉薦,由內閣中書分任文淵閣校閱,升刑部山東司郎中。在秋曹十餘年,臨事始終詳慎。生于乾隆四年,卒嘉慶十二年,得年六十有九。著有《約耕草堂詩存》五卷。(《德清縣志》卷八,《清代人物生卒年表》頁六四九)

是月,賦詩補為曹秀先七十壽。

  先生是年有《補為曹大宗伯秀先七十》詩。(《籜詩》卷三九)按:曹秀先生日在四月廿三日。

又與景福、謝墉、翁方綱、吉夢熊、趙佑、王猷、張模等公祭秦大士。

  祭文為翁方綱所撰。(《復初齋文集》[手稿影印本]册二《壬申會試同年公祭秦硯泉學士文》)

又時與王昶、翁方綱、陸錫熊、曹仁虎、程晉芳舉銷寒文酒之會。

王昶《官閣消寒集序》云："乾隆丁酉冬，予為通政司副使，職事清簡，暇輒與錢籜石閣學，朱竹君、翁覃溪、陸耳山三學士，曹中允習庵，程編修魚門舉消寒文酒之會。會自七八人至二十餘人，詩自古今體至聯句、詩餘。歲率兩三舉，都下指為盛事。"（《春融堂集》卷四〇）

是年，于山東初輯家譜。

先生跋《河源復古詩卷》有云："譜之初稿，輯于乾隆四十二年丁酉，時在山東。久而未克成。"（《清芬世守錄》冊二卷一《河源復古詩》）

又自山東寄貲翁方綱，欲刻同人海棠詩于石。

翁方綱是年有《今年法源寺海棠未往看也宋子以詩來漫酬之》詩，注云："昨籜石寄貲欲刊同人海棠詩于石。"（《復詩》卷一五）

是年，吳鼐受知于先生。

吳鼐《辛未冬日家思亭出觀錢宗伯所贈蘭竹次淵如前輩韻敬題一絕以志悲感》注云："鼐以丁酉拔萃科應中書省試，受知宗伯。"（吳修《湖山吟嘯集》二〇）

吳鼐，字山尊，號抑庵。江南全椒人。嘉慶四年進士，入翰林院，授編修，擢侍讀學士。典試廣西，稱得人。纂修《高宗純皇帝實錄》成，議叙優等。撰褒忠祠碑稱旨，賞賫隆渥。歷官侍講學士，以母老告歸，屢主揚州書院講席，士論高之。生于乾隆二十一年，卒道光元年。鼐長于文，尤工駢體，所選《八家駢體文鈔》海內傳誦。自著有《山尊詩文全集》。（《耆獻類徵》卷一三二補錄，《〔光緒〕重修安徽通志》卷二二九，《湖海詩傳》卷四一，《晚晴簃詩匯》卷一一四，《清代人物生卒年表》頁三〇七）

本年有詩：

《上元夜邾橋》、《青州試院得送花貯淨缾》、《臨淄道中》、《出張店》、《過鄒平》、《將至濟南》、《濟南使院海棠已過感題》、《至曹州牡丹已過》、《貯芍藥于雙缾題壁二首》、《曹伯祠》、《范縣》、《剪裁四照樓前花木》、《濯纓橋曉坐》、《題菊花》、《觀張翰林宣至正乙巳所書題蕭山縣令尹本中吳越兩山亭卷聽冷起敬琴次韻二詩漫成二首》、《補為曹大宗伯秀先七十》。

其中：

《青州試院得送花貯淨缾》，錢儀吉評云："後四句應首句。"

《出張店》，翁方綱評起二句"周旋跌宕不闌珊，雨雨晴晴總一般"云："是何説？"又責云："張店正與漁洋墓道相近，宜有憑弔先哲之感，而籜石不作此等題也。即以奉使山東，而無一語及于申輓也。"

《濟南使院海棠已過感題》，翁方綱評云："此其最得意之作，亦復不切。"又改"龍樓鳳閣春三日"句中"日"字為"月"字。錢儀吉識云："翁改'月'字，必親見底本。如是適與予所擬合。"錢儀吉贊"微雨東來新月上，石橋南畔畫欄前"二句云："五六甚妙。"

《至曹州牡丹已過》，翁方綱圈"春穠猶屬老年思"句中"穠猶"二字云："此等字何用。"又云："子規，山東無此鳥。"

《貯芍藥于雙缾題壁二首》，錢儀吉評云："前數年，金岱峰孝廉嘗以伊尹句見詢，無以答之，今乃知二詩本非咏芍藥也。題意已明，後篇只六句道著花耳。曹州四句皆以所經之地憑弔千古，而以第七句承明收束之。"

《剪裁四照樓前花木》，翁方綱評"岸南岸北樹陰饒"一句云："數尺之地，可稱岸耶？"又評"高柳休遮翠柏凋"一句云："'凋'字湊趣。"又評"宛似賓升偕主拜，直須揚長使陰消"二句云："誤極。"又云："末句亦不應押'翹'字，此則小旦之整齊。"

《濯纓橋曉坐》，翁方綱評云："此'一'字已不好。"又云："奇哉，君固未聞道耳，又何必如此。實是笑。"

四十三年戊戌（一七七八），先生七十一歲。

正月初八日，山東巡撫國泰循例奏報先生在山東學政任內聲名事。

國泰《奏報學政錢載任滿回京并在任官箴事》云："茲查內閣學士兼禮部侍郎、山東學政臣錢載，于乾隆四十一年六月二十五日到任受事，接考曹州府歲試，并次第科考各府，事峻遵例報滿，于四十二年十月二十六日交任回京。臣伏查學臣錢載自到任以來一載有餘，均係認真考試、秉公取錄，士子咸皆悅服。臣留心體察，核諸輿論，眾口僉同。"（《宮中檔乾隆朝奏摺》輯四一，頁五九五）

國泰，富察氏，滿洲鑲白旗人。四川總督文綬之子。初授刑部主事，外擢山東按察使。乾隆四十二年遷巡撫。國泰乃和珅私人，後因貪縱營私、虧空國庫被誅。（《清史稿》頁一一〇七七、一一〇七八）

十二日，同翁方綱、施學濂過英廉獨往園。英廉出觀王時敏仿富春大嶺長卷，乃先生丁卯購自土地廟、戊辰為錢維城攜去者。

先生是年有《雪後馮相國招飲獨往園》詩。（《籜詩》卷三九）英廉亦有《十二日雪霽籜石覃溪耦堂同過獨往園》詩，其注云："齋中王奉常仿富春大嶺卷，舊為籜石物。是日籜石詩有云：'三十一年重見畫，百千萬事忽愁心。'"（《夢堂詩稿》卷一四）

十七夜雪，英廉賦詩來簡。先生叠韻以答。

　　先生是年有《上元後二夜復雪馮相國次韻見簡叠韻以答》詩，可徵其事。（《籜詩》卷三九）

十八日，高宗啟鑾詣西陵。先生賦詩以紀。

　　據《高宗實錄》卷一○四九，于是日啟鑾。（《清實錄》册二○）先生是年有《上啟鑾詣西陵恭紀》詩紀其事。（《籜詩》卷三九）

是月，于琉璃廠購得政和鳳池硯。

　　遂為賦歌以當硯銘。（《籜詩》卷三九《政和鳳池研歌》，《籜文》卷一七《政和鳳池硯銘》）

二月十六日，為施學濂題明沈士充《讀書峰泖圖》（一名《九峰三泖圖》）。

　　題識云："乾隆戊戌二月既望，秀水錢載寫于宣南坊之寓堂，時年七十有一。"鈐印三："退密"朱文印、"錢載之印"白文印、"澄江一帶樓"白文印。卷上題詩與詩集所載相同。今日尚能見之。（《籜詩》卷三九《讀書峰泖圖為施侍御題》，《敬華古代書畫二○○五年春大型藝術品拍賣會》第五六七號）此圖乃沈士充為江一鶴子必名作。必名字德甫，為董思白入室弟子。圖後有李流芳、陸應暘、馬元震、英廉、蔣士銓、梁同書及先生題跋。（見《黃山丹青志·讀書峰泖》）

既而題其父施安詩稿手卷。

　　先生有《施侍御寶其尊甫安三十五歲手錄是年丙辰詩稿七十四首裝卷屬題》詩，繫于是年。（《籜詩》卷三九）

廿六日，同嵇璜、余集、翁方綱、施學濂、吳錫麒、蔣士銓集英廉檀欒草堂賞海棠并賦。

　　先生是年有《檀欒草堂海棠花前賦》詩。（《籜詩》卷三九）蔣士銓亦有《二月二十六日英竹井院長招同嵇拙修錢籜石兩先生施耦堂侍御余秋室吳穀人兩編修集檀欒草堂海棠花下作三首》詩，可徵其事。（《忠雅堂文集》卷二五）按：是會翁方綱與蔣士銓皆與之，而兩人俱不提對方之名。（見《復外集》卷一二《竹井相國招同黼庭大司馬籜石閣學耦堂侍御蓉裳編修穀人吉士集檀欒草堂看海棠》）

　　余集，字秋室，一字蓉裳。仁和人。乾隆三十一年成進士，以奇字黜。四庫館開，裘曰修薦于朝，入翰林。同薦者邵晉涵、周永年、戴震、楊昌霖，人稱五徵君。散館授編修，充四庫、三通館纂修，咸安宮官學總裁。累遷至侍讀學士。工詩古文辭，旁涉六書算數篆刻之學。善畫山水，尤工人物，宗陳老蓮。畫美人尤妙，京師人稱之曰"余美人"，然頗矜重，不輕作。生于乾隆三年，卒于道光三年。著有《百衲琴》一卷、

《秋室學古錄》《梁園歸櫂錄》《憶慢庵剩稿》等若干卷。(《耆獻類徵》卷一三〇自撰墓志銘、國史館本傳,《履園叢話》卷一一下,《桐陰論畫三編》卷上,《夢厂雜著》卷七《余秋室傳》)

吳錫麒,字聖徵,號穀人。錢塘人。乾隆四十年進士,授編修,官至國子監祭酒。在上書房時為皇曾孫師傅,與成邸尤莫逆,得一帖一畫必共題跋。乞養歸,主安定、愛山、雲間書院。生于乾隆十一年,卒嘉慶二十三年。有《有正味齋集》行世。詩才超越,博采廣覽,直繼朱查杭厲之後。其為詩詞清峭婉雅,駢體文字則濃思縟彩之中風骨蒼然,獨與古會,尤為學者推重云。(《大清一統志》卷二八六,《兩浙輶軒續錄》卷一一,《湖海詩傳》卷三三,《清代人物生卒年表》頁三二三) 嘗有詩懷先生云:"千詩盤鬱此胸襟,長水侍郎才調深。老作江湖耆舊長,情兼騷雅美人心。月波酒好沽無盡,鶴渚梅多畫不禁。兩扇烏篷搖曳去,扣舷能唱水龍吟。"(《有正味齋詩集》卷八《秋懷詩四首》)

未幾,先生再過英廉南淀小園借山樓賞海棠。又嘗邀英廉至澄懷園寓室,同賞所藏名迹。

先生是年有《馮相國邀過南淀小園借山樓好在亭看海棠》詩紀其事。(《籜詩》卷三九)

英廉是年有《過籜石澄懷園所居三首》詩,并注云:"出示所藏名迹。"(《夢堂詩稿》卷一四)

是月,題文徵明水墨山水八景冊。

先生用藏經紙籤題云:"文待詔水墨山水真迹八幅。戊戌春仲,錢載題。"(《虛齋名畫錄》卷一一《明文待詔瀟湘八景冊》)

三月,于澄懷園自銘山東購得之紅絲石硯。

硯琢于濟南學政署四照樓。與另一紅絲石硯同得之于山東。(《籜文》卷一七《紅絲石硯銘并序》《紅絲石硯銘》)

春,成哲親王永瑆為先生題澄懷園所居曰"花塢書堂"。先生復自製楹帖云:"池上土為山,朝陽夕陽幾面;園中春在樹,十年百年多株。"

先生是年有《澄懷園所居春日皇十一子題扁曰花塢書堂秋日賦之》詩紀其事。(《籜詩》卷三九)按:澄懷園為康熙朝相國索額圖所居,雍正朝以賜內廷行走諸臣直寓。先生寓壁挂有陳道復水墨牡丹。(參見《夢堂詩稿》卷一四《皇八子兩次前韻辱示佳篇爰再用韻呈教》注)

四月初三日,與從父錢汝誠同奉命磨勘會試卷。先生以長子錢世錫中式,奏請按例迴避,奉命不必迴避。

《禮部為欽派覆勘大臣磨對筆迹事》云:"移會稽察房。本部奏,今乾隆戊戌科會試于四月初六日揭曉,先期奏請欽派覆勘大臣磨勘會試中式試卷。奉硃筆圈出程景伊、錢載、景福、阿肅、錢汝誠、羅源漢。"(臺灣中研院藏清宮檔案[移會],登錄號158235-001)

《行述》云："戊戌，不孝世錫會試中式，時府君偕少司寇公奉旨磨勘會試卷。府君以不孝中式，具摺奏宜迴避，仍奉命，錢汝誠及錢載磨勘試卷，俱不必迴避。真異數也。"

初六日，會試揭曉。錢世錫中式第九十八名。

是科會試總裁為大學士于敏中，副總裁為吏部侍郎王杰、內閣學士嵩貴。(見《廬江錢氏年譜續編》卷三)

廿一日，策試天下貢士。廿五日，太和殿傳臚。錢世錫以三甲第二十四名成進士。

《高宗實錄》卷一〇五五云："辛亥，策試天下貢士繆祖培等一百五十五人于太和殿前。"(《清實錄》冊二二)同榜有吳省蘭、馮敏昌、章學誠等。(《明清進士題名碑錄索引》頁二七四二、二七四三)

成哲親王永瑆以石硯相賀。

《瀛洲硯銘》序中云："乾隆戊戌四月，皇十一子以載子世錫會試中式詒之。硯，宋製也，其背鴝鵒眼且十有八。"(《籜文》一卷七)

五月十四日，錢世錫引見，改翰林院庶吉士。先生遂自銘瀛洲硯付之，以當勉勵。

據《高宗實錄》卷一〇五六。(《清實錄》冊二二)《瀛洲硯銘》序中云："既而載子蒙上恩改庶吉士，載乃題硯曰瀛洲，而銘以付世錫。"(《籜文》一卷七)

六月初六日，與英廉同奉命教習庶吉士。

據《高宗實錄》卷一〇五八，是日先生與協辦大學士英廉奉旨教習庶吉士。(《清實錄》冊二二)《行述》云："不孝世錫蒙恩改庶吉士，府君奉上命，偕大學士英文肅公諱廉，同教習庶吉士。府君感被異數之恩，勋勵庶常，倍勤綈槧，而訓勉不孝至切。不孝謁英文肅公于邸第，公顧語不孝曰：'子入翰林，而上即命其父教其子，以儲將來之用，可謂至恩。試徵古籍，考之唐宋，罕此異數。'"

十五日，詞科同徵申甫病卒京寓。年七十三。

據王昶《督察院左副督御史申君墓志銘》。(《春融堂集》卷五六)

廿一日，以試事奉命入貢院，閱直省拔貢朝考卷。

據《觀荷小集》序，是日奉命入貢院。(《籜詩》卷三九)又《行述》云："五月六月間，府君疊奉恩命，閱奉天、直隸、山東、山西、河南、安徽、江蘇、浙江、江西、福建、湖南、湖北、陝西等處拔貢朝考卷。"

按：拔貢朝考選用例。乾隆朝定以十二年舉行一次，本年即屆選拔之期。各省選拔赴部期限，遠省如雲南、貴州等，最遲為次年五月到部。朝考之法，新選拔照擬定期限，分為三次，由禮部奏請，欽點大臣，于午門內考試，擬定等第進呈。卷分三等，不入等者，本生斥革，發回原學，該學政及督撫、府尹一併議處。朝考後，禮部會同九卿揀選一二等引見，有奉旨以知縣及知縣以下等官試用者。餘剳監肄業，三年期滿，以教職選用。其考取景山等處教習，期滿引見，候旨分選知縣教職。歸本籍肄業者，遇考職之年，准考取州同、州判、縣丞。有願就佐貳及教職者，以直隸州州判，復設教諭選用。(《清實錄》册一四《高宗實錄》卷四〇四)

是日，吉夢熊、胡高望、李度汪、嵇承謙等五學使招同直諸君飲于倪承寬澄懷園寓所，先生未與會。翼日，成哲親王永瑆倡韻徵詩，先生補次一首。

《觀荷小集》序云："六月廿一日，同直吉太僕、胡閣學、李學士、嵇贊善、王編修五學使，醵飲同直諸先生，于澄懷園荷池北岸柳陰下倪編修所居。載以試事奉命入貢院，不與。翼日，皇十一子倡韻徵同席之詩，爰補次。"(《萚詩》卷三九)按：王編修不知為何人。

閏六月初一日，應祝德麟之請，為海昌祝氏重修宗譜撰序。

《海昌祝氏重修宗譜序》有云："學使芷塘又同官翰林，今序學使來請也……乾隆四十三年閏六月朔。"(《萚文》卷八)按：祝德麟乾隆甲辰詩《後游詩載敬業堂續集既錄于册仍次韻五首》有"不教時手貌芳叢，留待嘉禾萚石翁"之句，并注云："翁前年為余作家譜序，頗以不得見花為恨。明年來預千叟宴，當屬圖之。"(《悅親樓詩集》卷一四)據此，則先生之序應撰于乾隆四十六年辛丑。

祝德麟，字止堂，一字芷塘。浙江海寧人。乾隆二十八年成進士，年甫冠。選庶吉士，乞假歸娶。散館引見，授編修。後改官御史。三十九年丁憂回籍。以言事不合鐫級。歸里後僑居五湖三泖間，授徒自給。生于乾隆七年，卒于嘉慶三年。著有《悅親樓詩鈔》。詩以性靈為主，亦能驅遣故實。(《國朝詩人徵略》卷四〇，《晚晴簃詩匯》卷九一，《清代人物生卒年表》頁五八九)

十二日，五學使再飲同直諸公于澄懷園，先生與之。

先生是年有《閏六月十二日五學使再飲同直諸公荷池北岸預坐用前韻》詩紀其事。(《萚詩》卷三九)

廿五日，五學使三飲同直諸公。

先生是年有《廿五日五學使三飲同直諸公荷池北岸再用韻二首》詩，可徵其事。(《萚

詩》卷三九)

是月,于澄懷園接張坦揚州書信,賦詞一闋答之,兼簡張馨、汪棣、秦蕙、蔣宗海。

先生有《綺羅香·戊戌閏月在澄懷園得松坪編修揚州書惠示近詞數闋悵觸舊游賦此答之兼簡秋芷前輩對琴秋曹西壥觀察春農舍人》詞,可徵其事。(《籜文》卷二六)

七月,為程氏姑畫松并跋。

程氏姑,錢陳群長女,為繼室俞氏出,適貢生贈朝議大夫嘉善程國祥,十八而孀。先生此畫一則比姑之節以松,一則以思陳太夫人之時,故于跋中言及陳太夫人以畫力貧,廉江先生如何教子,及錢氏諸從如半完老人、野堂觀察皆能畫能書。跋中所記之事皆足以補家乘之缺。(《籜文》卷一五《畫松跋》)

又為其畫木筆月季,并跋之。

去歲自山東還京,表弟程維岳官中書,迎養姑至京。邸舍同巷,往來言話,飲食饋問,儀節有常。先生六齡至中錢,于南樓大梧桐樹陰下見木筆、月季二花。程氏姑生長京師,于母家之事有所未見。于是畫此二花以慰其思。而先生念念不忘者,一如跋中歷數南錢、中錢、北錢祖輩所盧,乃父黨之親矣。(《籜文》卷一五《畫木筆月季跋》)

程維岳,字申伯,號愛廬。嘉善人。乾隆四十五年進士,授內閣中書。累遷禮部郎中。五十二年充會試同考官、軍機處行走。頗為大學士阿文成公所知。陞山東道御史,充萬壽盛典館提調兼方略館總纂。事嗣母錢,本生母張以孝聞。丁艱歸,不復出。主講東林書院。著有《淞笠齋詩鈔》等。生于乾隆十三年,卒年俟考。(《續檇李詩繫》卷三一,《嘉善縣志》卷二四,《清代官員履歷檔案全編》冊二二頁一一○)

初秋,仿趙孟頫法寫蘭竹一幅。

款云:"戊戌初秋雨,坐澄懷園,偶仿趙文敏法。秀水錢載。"畫為墨筆,紙本,手卷。長235厘米,寬26厘米。鈐印三:"載"朱文方印、"萬松居士"、"籜石書畫"白文方印。今藏楓江書屋。

八月初八日,澄懷園直次,為倪承寬題其父倪國璉《七芳圖冊》。

先生是年有《為倪鴻臚題其先給諫國璉畫梅蘭水仙蓮菊竹松冊子》詩紀其事。(《籜詩》卷三九)據《壬寅銷夏録》記倪國璉《七芳圖冊》題跋,先生題詩前有小字注曰:"戊戌八月八日,與鴻臚俱在澄懷園中直次。"冊上題詩與詩集所載略同,并鈐三印:"錢籜石"白文印、"萬松居士"朱文印、"錢載之印"白文印。

按:端方《壬寅銷夏録》記云:"倪穟疇先生名國璉,字紫珍。浙江仁和人。雍正八年進士,改庶吉士,授編修。官至吏科給事中、上江宣諭化導使。工書善畫,才華早著京師。齋名五粒軒。此册松、竹、梅、蘭、荷、菊、水仙七幅,謂之《七芳圖》,每幅題以四字。梅花一枝,孫虛谷題詩注云'寫自棘闈',題曰'清華第一',以付令子餘疆。則此七幅非作自一時。……此《七芳圖》自皇子、皇孫十人,以及詞館先後輩、天下名流題詞者,又七十有一人。"(國朝一一《倪國璉七芳圖册》)

秋日,偕翁方綱連集吴玉綸引藤書屋賞菊,并畫蘭一幅。

先生是年有《引藤書屋對菊分賦效左太沖禁體》、《再集引藤書屋對菊二首》詩,可徵其事。(《蘀詩》卷三九)翁方綱是年亦有《再集引藤書屋看菊二首》詩,并注云:"觀蘀石畫蘭。"(《復外集》卷一二)按:吴玉綸移寓横街大川淀,分古藤而引其蔓以為新藤,故名引藤書屋,并繪有《引藤書屋圖》。(見《國朝詩人徵略》卷三八)

九月初九日,同嵇璜、董誥集獨往園登高,為英廉寫墨菊一幅。

先生是年有《九日馮相國招飲獨往園登高屬作墨菊卷即事二首》詩紀其事。其中有"瀛州一老錫山公"之句,謂嵇璜。又注中云:"酒半,董少司農出致沈啓南卷。"(《蘀詩》卷三九)

董誥,邦達長子。字雅倫,一字西京,號蔗林。浙江富陽人。乾隆二十七年順天鄉試舉人。二十八年以二甲第一名成進士,選庶吉士。散館,授編修。歷官坊局,于四十年授工部右侍郎,再調户部左侍郎。五十二年擢户部尚書。嘉慶元年授東閣大學士。嘉慶二十三年卒,年七十九。謚文恭。山水秉承家學,雅秀絶倫。進呈畫本,兩朝俱有題咏。又善工筆花鳥,設色清麗。(《耆獻類徵》卷三三國史館本傳,《大清一統志》卷二八六,《桐陰論畫三編》卷上)

十月初十日,奉命充武殿試讀卷官。

《行述》云:"十月,充武殿試讀卷官。"《高宗實録》卷一〇六八云:"丙寅。策試天下武舉邢敦行等四十八人于太和殿。"(《清實録》册二二)

是月,為亡父錢炌撰神道碑銘,以告其永安。

去年,升祔覃恩,錢炌以先生官,得晉贈通奉大夫、提督山東學政、内閣學士兼禮部侍郎。于今得立神道之碑,先生為撰刻碑之辭,其中云:"府君沉淪孤特,莫可顯先人之緒。其他瑣瑣,皆非本意所存;而丙舍青山,内湖外海,自謂茗花開日,扶杖于稻塍,東西樵叟釣童,居然以我為可與之人,此何如至樂者矣。則今日立石萬蒼山徑,并記先塋,尚惟我府君之心,其永安哉。"(《蘀文》卷二〇《誥贈通奉大夫提督山東學政内閣學士兼禮部侍郎國子監生錢府君神道碑銘》)

冬，寄信英廉，謂遣人買村酒蓮花白以禦寒。

英廉是年有《陰雨未輟擇石札來云風冷添錦衣猶不足已遣人入市買蓮花白矣蓮花白海淀村酒也戲簡一詩》詩，可徵其事。(《夢堂詩稿》卷一四)按：據《天咫偶聞》，京師酒肆有所謂藥酒店，出售以花製成之燒酒，其名極繁，"蓮花白"即其中一種。

先生性喜飲酒，尤好燒酒，且以巨觥連飲為佳。

《樗園銷夏錄》云："吳子修嘗言，錢擇石宗伯往時與汪孟鋗、祝維誥諸前輩晏集，惟酒兩尊、白煮豆腐兩大柈，分韻賦詩，陶然終日。歸田以後，故人門下士招飲即赴，或釀錢游南湖，不過四五人，人不過百錢，校真率之會又簡略矣。宗伯能飲，然居家惟飲燒酒，又不以小磁而以巨杯，一杯適三飲而盡。謂子修曰：'子知燒酒佳乎，黃酒佳乎？'子修曰：'燒酒佳。'曰：'然。'又曰：'子知小飲佳乎，巨觥連飲佳乎？'曰：'大口飲佳。'曰：'然。'蓋黃酒價貴，燒酒之資不足以醉公，即燒酒而淺斟細酌，亦不足以醉公也。其風趣如此。"(《樗園銷夏錄》卷上)

是年，張燕昌以海鹽優貢入太學，來謁先生并請題其父遺像。

《國子監生張君墓表》云："歲在戊戌，燕昌以優貢入太學，謁余于宣南坊，奉瓜圃之遺像請題。"(《擇文》卷二四)

張燕昌，字芑堂，號文魚，自號金粟山人。浙江海鹽人。乾隆四十二年以優貢舉于鄉。嘉慶元年舉孝廉方正。生于乾隆三年，卒嘉慶十九年。夙嗜金石，尤愛小品，彙為一集名《金石契》，補前人所未備。嗜篆刻，又工飛白書。所著有《續鴛鴦湖櫂歌》、《芑堂印存》。(《湖海詩傳》卷四一，《續印人傳》卷二《張燕昌傳》，《清代人物生卒年表》頁四一九)

復以巢鳴盛手製匏尊贈先生。

先生是年有《張明經燕昌贈巢孝廉端明先生鳴盛所製匏尊而作歌》詩紀其事。其中有"我錢與巢交以世。先侍御狀公所為，年家子實深相契"之句。(《擇詩》卷三九)按：朱彝尊《靜志居詩話》卷一九云，巢鳴盛隱居深林，遶屋種匏十餘種，大小形狀各異，室中所需器皿皆由匏製成，里人爭相效之，檇李匏樽遂不徑而走。

巢鳴盛，字端明，號崆峒。嘉興人。明崇禎九年舉于鄉。甲申明亡，母亦歿，即築室于墓，顏其堂曰永思草堂，閣曰止閣，而自號止園，跬步不離墓次。康熙十九年年七十而歿。有《永思草堂集》。(《強恕齋文鈔》卷一《檇李兩孝廉傳》)

是年，先生為成哲親王永瑆畫四時花卉并題。

先生有《鶯啼序·應皇十一子教畫四時花卉并題此闋》詞，繫于《綺羅香·戊戌閏月在澄懷園得松坪編修揚州書惠示近詞數闋悵觸舊游賦此答之兼簡秋芷前輩對琴秋曹西壎觀察春農舍人》之後、《鶯啼序·又應質郡王教既畫墨花四時卷閱歲己亥首春復屬題此闋》之前。(《撝文》卷二六)按：乾隆五十七年，皇十一子永瑆有《題撝石先生四季墨花圖》詩，或即題先生此幅。其詩云："江上春風又八年，老人眠食可依然。逢辰能登山履否，憶昔過從出郭船。陽里病忘心自惜，子猷乘興事徒傳。墨華亦見風流劇，露頂揮毫在眼前。"(《詒晉齋集》卷五)

又為質莊親王永瑢繪墨花四時卷。并題其梅竹小幅。

先生有《鶯啼序·又應質郡王教既畫墨花四時卷閱歲己亥首春復屬題此闋》詞，可徵其事。(《撝文》卷二六)又有《質郡王梅竹小幅謹題》詩，繫于是年。(《撝詩》卷三九)

又為定郡王綿恩題《清漣晚泛圖》。

先生有《奉題定郡王清漣晚泛圖》詩，繫于是年。(《撝詩》卷三九)按：綿恩傳見《清史稿》卷二二一永璜傳附。

又為新科進士王元勳題《東溪草閣圖》，送之還鄉。

先生有《題王進士元勳東溪草閣圖即送還嘉定》詩，繫于是年。(《撝詩》卷三九)

王元勳，字叔華，初字秀峰，號東溪，又號沖成子，晚號易圃居士。嘉定人。王昶族子。乾隆四十二年順天鄉試舉人。明年成進士，授官徐州府儒學教授。卒于嘉慶十二年，年八十。有《易圃詩鈔》。(《耆獻類徵》卷二五六李賡芸撰墓志銘)

又應宋鎔之請，題王翬為其曾祖宋大業所寫北征圖冊。

先生有《為宋舍人鎔題其曾祖閣學大業以編修從聖祖仁皇帝親征厄魯特督中路饟大凱還京王翬畫北征圖冊後》詩，繫于是年。(《撝詩》卷三九)

宋鎔，字亦陶，號奕巖。江蘇長洲人。乾隆三十七年進士，授內閣中書。嘉慶間官至兵部左侍郎，降補鴻臚寺卿。嘉慶二十四年以原品休致。生于乾隆十四年，卒于道光五年。(《耆獻類徵》卷一○一國史館本傳，《清代人物生卒年表》頁三七○)

又賦詩送馮桂芬還海鹽。

先生是年有《送馮孝廉桂芬還海鹽》詩，并注云："先太常講學于承啓堂，孝廉之先大參豐陽公實來師事，而以女妻太常之孫、我巨源府君，是為我五世祖妣馮宜人。"(《撝詩》卷三九)

馮桂芬，字燕山。海鹽人。乾隆四十二年舉人。由國子監學正升助教，擢直隸宣化同知。居官清介，遷冀州牧，將之任，宣化民遮道留之。生于乾隆二十四年，卒年俟考。(《嘉興府志》卷五六、《清代官員履歷檔案全編》冊二二頁一一○)

本年有詩：

《政和鳳池硏歌》、《雪曉入直上書房》、《雪後馮相國招飲獨往園》、《上元後二夜復雪馮相國次韻見簡叠韻以答》、《上啓鑾詣西陵恭紀》、《石銚歌》、《馬士英庚辰秋暑所題施霖畫頁》、《題趙子固水仙卷》、《質郡王梅竹小幅謹題》、《飲施侍御學濂寶石齋觀巨然山寺圖》、《施侍御寶其尊甫安三十五歲手録是年丙辰詩稿七十四首裝卷屬題》、《讀書峯泖圖爲施侍御題》、《見南鄰桃初放》、《次韻馮相國行香山下望卧佛寺一帶》、《再次韻簡馮相國》、《檀欒草堂海棠花前賦》、《復作檀欒草堂海棠花歌》、《馮相國邀過南淀小園借山樓好在亭看海棠》、《張明經燕昌贈巢孝廉端明先生鳴盛所製匏尊而作歌》、《奉題定郡王清漣晚泛圖》、《題先從父觀察元昌畫花册子二首》、《爲宋舍人鎔題其曾祖閣學大業以編修從聖祖仁皇帝親征厄魯特督中路饟大凱還京王翬畫北征圖册後》、《觀荷小集并序》、《題王進士元勳東溟草閣圖即送還嘉定》、《閏六月十二日五學使再飲同直諸公荷池北岸預坐用前韻》、《廿五日五學使三飲同直諸公荷池北岸再用韻二首》、《送馮孝廉桂芬還海鹽》、《爲倪鴻臚題其先給諫國璉畫梅蘭水仙蓮菊竹松册子》、《澄懷園所居春日皇十一子題扁曰花塢書堂秋日賦之》、《引藤書屋對菊分賦效左太沖禁體》、《九日馮相國招飲獨往園登高屬作墨菊卷即事二首》、《再集引藤書屋對菊二首》、《録春杪作》。

其中：

《政和鳳池硏歌》，翁方綱評"賞家每玩宣和印，道君先識政和義"二句云："此二句實欠通。"

《石銚歌》，錢聚朝校"其柄赤銅三股協"一句云："'赤'，手校作'亦'。"錢儀吉注題目云："公未見銚，不知何以題無圖字。"又識"銚初見公輒與哦，我不見銚曷以歌"二句云："見坡詩元豐七年施注。"

《題趙子固水仙卷》，錢儀吉評"處子雖逢儷未能"一句云："末句不能移之鷗波，可歎也。"吳應和評"真心到此毋相譃，絶藝成來必自矜"二句云："古人藝事，實費一生苦心孤詣，始得到此境界，宜其自負不淺。若近世妄庸人，一味任誕浮誇，又何足道。"

《質郡王梅竹小幅謹題》，錢聚朝校"點苔痕澀早春時"句中"澀"字爲"澀"字。

《飲施侍御學濂寶石齋觀巨然山寺圖》，錢儀吉識云："巨然而有半丈之橫畫，豈非至寶。"

《讀書峯泖圖爲施侍御題》，錢聚朝校末句中"葦"字爲"筆"字。

《次韻馮相國行香山下望卧佛寺一帶》，注引英廉詩句"花落春山到處香"，錢聚朝校云："'落'，手校作'密'"。

《題先從父觀察元昌畫花冊子二首》，錢聚朝校"書來官後文徵仲"句中"官"字云："手校本作'宦'。"

《為宋舍人鎔題其曾祖閣學大業以編修從聖祖仁皇帝親征厄魯特督中路饟大凱還京王翬畫北征圖冊後》，錢儀吉校題目格式云："'圖冊後'三字應下移。"

《九日馮相國招飲獨往園登高屬作墨菊卷即事二首》，翁方綱評"瀛洲一老錫山公，體淑含純四座風"二句云："肉麻。"

四十四年己亥（一七七九），先生七十二歲。

正月初一日，隨內廷諸臣于月華門內行朝賀禮。又與上書房諸臣詣至聖先師。

> 《元日會》有"月華門內拜，退即詣先師"之句，并注云："上以大祥及方，十八日啓鑾謁泰陵，祭泰東陵，不受正旦朝賀。內廷諸臣皆稽拜于月華門內。乾清宮東南房西嚮，以上書房北嚮近，雍正間設至聖先師四配暨周、程、張、朱四賢位。上三更起，親行祀禮。黎明，上書房諸臣入行禮。"（《擇詩》卷四〇）

是日，同吳玉綸、陸錫熊、彭冠會于陳崇本宅。席間，觀錢陳群詩迹，感而有賦。

> 先生是年有《元日會》詩紀其事。其注云："吳香亭太常、陸耳山學士、彭六一侍講，會于陳伯恭編修宅。"又有"振蕩攀難及，蹉跎悔莫追"之句，并注云："伯恭出觀本朝名人書畫扇面冊，中有家文端公詩迹一，載拜觀不能釋。公薨五年，教載自幼，載今年七十有二，始知今日之無學。"（《擇詩》卷四〇）

十四試燈夜，為蔣士銓題游廬山圖卷。

> 先生是年有《蔣編修士銓去歲北上携其子明經知廉秀才知讓道南康游廬山作記與其子皆賦古詩而季子秀才知節亦于家賦寄古詩過揚州朱都轉為之圖既合裝成卷先以佳醖屬為之題己亥試燈夜》詩，可徵其事。（《擇詩》卷四〇）按：去年六月，蔣士銓携二子買舟北上，游廬山，過揚州，運司朱孝純為畫游廬山圖。（《清容居士行年錄》）

十八日，高宗啓鑾謁泰陵、泰東陵。先生賦詩紀其事。

> 據《高宗實錄》卷一〇七五。（《清實錄》冊二二）先生是年有《上啓鑾謁泰陵祭泰東陵恭紀》詩。（《擇詩》卷四〇）

是月,質莊親王永瑢屬題去年先生所繪墨花四時卷。

先生有《鶯啼序·又應質郡王教既畫墨花四時卷閱歲己亥首春復屬題此闋》詞,可徵其事。(《蘀文》卷二六)

二月初一日,奉命充《四庫全書》館總閱。

《諭著永璇等充四庫全書館正總裁謝墉等充總閱》云:"乾隆四十四年二月初一日奉旨:皇八子永璇、皇十一子永瑆著充《四庫全書》館正總裁。謝墉、周煌、達椿、汪廷璵、錢載、胡高望、竇光鼐、曹文埴、金士松、李汪度、朱珪、倪承寬、吉夢熊俱著充四庫館總閱,成書時與總裁一體列名。欽此。"(《纂修四庫全書檔案》頁九九八、九九九)

十一日,王昶起程還鄉葬父母。先生賦詩送之。

先生有《送王大理昶請假奉太夫人歸里葬先大夫二首》詩,繫于是年。(《蘀詩》卷四〇)《述庵先生年譜》云:"先生因光祿公、陸太夫人未葬,屢欲乞歸不果,至是以二十八日具奏陳情,蒙恩允許,遂于二月十一日奉錢太夫人由水道南旋。"(卷上)

三月初二日,英廉偕同人集飲先生獨樹軒。

英廉是年有《三月二日偕同人飲蘀石獨樹軒》詩紀其事。(《夢堂詩稿》卷一五)

廿五日,正大光明殿考試試差。先生擬賦一首。

先生是年有《御試試差諸臣于正大光明殿欽命詩題賦得山夜聞鐘得張字擬作》詩。(《蘀詩》卷四〇)翁方綱是年亦有《三月二十五日御試正大光明殿恭紀》詩紀其事。(《復初齋詩》卷一九)

四月十四日,高宗啓鑾詣泰東陵。先生賦詩紀其事。

《高宗實錄》卷一〇八〇云:"戊辰。上以恭謁泰陵、泰東陵,自圓明園啓鑾。"(《清實錄》冊二二)先生是年有《上啓鑾詣泰東陵恭紀》詩。(《蘀詩》卷四〇)

五月初六日,為沈琨跋錢陳群限香課時文帖。

《文端公限香課時文帖跋》起云:"右限香課時文之法,歲在甲申,先文端公因今中書兼山沈君而言之也。"繼言錢氏與歸安沈氏一門情誼,末云:"乾隆己亥五月六日,錢載書。"(《蘀文》卷一五)

沈琨,字舫西,號兼山。浙江歸安人。乾隆三十六年舉順天鄉試。四十一年因迴避兩次會試,候補內閣中書,旋在軍機處行走。五十一年選廣東佛山同知。改官御史,值仁宗親政,言路大開,刺舉無所避。嘉慶六年出任泰安守。九年解組歸,掌揚州梅花書院、新安紫陽書院。生于乾隆十年,卒嘉慶十三年,年六十有四。著有《小筠樓詩集》十六卷《文集》三卷、奏議一卷。(《嘉蔭堂文集》卷三《先大夫詩文集後序》、《亡室章恭人傳略》、《小峴山人詩文集》續文集卷二《山東泰安府知府沈君舫西墓表》)

初七日,從父錢汝誠卒于任。年五十八。

  據錢臻《家譜》。(卷八)

十二日,高宗啓鑾秋獵木蘭。先生扈從至避暑山莊。

  《高宗實錄》卷一〇八二云:"乙未。上以秋獵木蘭,自圓明園啓鑾。"(《清實錄》册二二)先生是年有《種菊滿書堂之庭載當扈蹕避暑山莊曹大宗伯直廬西近許為灌泉除蠹長句奉簡》詩,可徵其事。(《萚詩》卷四〇)按:以下行程日期皆從《高宗純皇帝實錄》卷一〇八二、一〇八三鈔出,不再另行注明。

是日,駐蹕南石槽行宮。

十三日,駐蹕密雲縣行宮。

十四日,駐蹕要亭行宮。

十五日,駐蹕兩間房行宮。

十六日,駐蹕常山峪行宮。

十七日,駐蹕喀喇河屯行宮。

十八日,至熱河。

廿四日,熱河文廟釋奠。先生奉命分獻。

  《高宗實錄》卷一〇八三云:"丁未。上詣文廟,行釋奠禮。"(《清實錄》册二二)先生是年有《熱河先師廟成上親行釋奠臣載分獻恭紀》詩紀其事。(《萚詩》卷四〇)

六月初八日,奉命充江西鄉試正考官。副考官為中書張虎拜。

  據《高宗實錄》卷一〇八四,先生于是日奉旨任江西鄉試正考官。(《清實錄》册二二)張虎拜,字召臣,號嘯崖。直隸天津人。乾隆三十三年舉人。三十四年成進士,歸部以知縣銓選,改職中書。四十五年由中書加翰林院編修職銜,提督河南學政,旋以外艱去任。陞宗人府主事。卒于乾隆五十九年,年五十三。生平工詩善文,尤精書法。(《津門徵獻詩》卷六周璠《張嘯崖先生傳》、張虎士《嘯崖兄傳略》)

初九日,高宗召見,語及從叔錢汝誠與曾叔祖母陳書。

  《北峽關重觀文端公所留丁卯秋日山行詩幅感而成篇》注云:"從叔刑部侍郎汝誠,以五月七日病卒。十二日,載扈蹕,出古北口,至避暑山莊。六月八日,奉命典江西試。明日謝恩,蒙召見,上垂問汝誠,太息至再四。天語曰:陳書好人。陳書,陳群

母,汝誠祖母,蓋自為錢家婦,能畫以力其貧。"(《籜詩》卷四〇)

初十日,返京師。旋即起程赴南昌。

《江西鄉試錄序》中云:"臣載屢躋避暑山莊,謝恩,蒙召見便殿,垂詢諄摯。翼日還京,馳驛抵南昌。"(《籜文》卷七)

廿五日,成哲親王永瑆為先生作博古卷。

款云:"署窗無事,戲寫此卷,奉籜石先生清賞。皇十一子,己亥六月廿五日。"鈐印四:"詒晉"朱文長方印、"皇十一子"白文方印、"十一"朱文長方印、"陶冶性靈"白文方印。後紙錢應溥跋云:"籜石宗伯直上齋時,與成邸論書評畫,極相契洽。家中所藏詒晉齋筆墨甚多,咸豐庚申粵寇之亂,寶澤盡燬于火,字畫罕存者。今于廠肆得見此卷,亟購歸,重付裝潢并記。光緒丁亥三月,子密錢應溥。"鈐印二:"應溥之印"白文長方印、"子密翰墨"白文方印。畫為設色,紙本,手卷。長 192.8 厘米,闊 14.2 厘米。今藏楓江書屋。按:錢應溥為錢泰吉之子。

八月初六日,先生率副考官張虎拜暨十四房同考官入闈。

十四房同考官為朱昕、鄭樞、郝適、張龍古、馮煊、史在魯、黃維綱、郭廷槐、顏文楷、米錦、高蟠、劉嘉賓、劉九叙。(《籜文》卷七《江西鄉試錄序》)

是月,張夫人自鄉起程北上,至冬始抵京。

錢世錫《過桑園作》序中云:"己亥秋八月,我母挈婦及孫男女北上。水程濡滯,十一月旬始過德州至桑園。"(《麂山老屋詩集》卷一四)

九月初九日,放榜。先生出闈。

《生日題試院芙蓉》有"壯齒登樓地,來朝揭曉天"之句。(《籜詩》卷四〇)

是科得士有陳上理、劉鳳誥等。蔣士銓子蔣知節中式第十三名,復出先生門下。

《行述》云:"六月,復奉命典江西試。偕副考官張公虎拜,星馳赴豫章。冰壺玉衡,懸于清秋,公慎一如甲午。解首為陳君上理。己酉探花劉學士鳳誥亦是科所得士。"《清容居士行年錄》云:"是秋,知節中式本省鄉試十三名,復出錢籜石先生門下。"按:試題:"為命褅諶"一節;"不息則久"二句;"夫子加齊"二節;"賦得春秋多佳日"得"佳"字。(《清秘述聞》卷七)

劉鳳誥,字丞牧,號金門。江西萍鄉人。乾隆四十四年舉人。五十四年以一甲三名成進士,授編修。五十六年大考二等,超擢侍讀學士。五十七年奉命提督廣西學政。嘉慶間由學士洊涖卿貳。嘉慶十四年,以臨考時聽囑徇情,發黑龍江效力贖罪。十八年釋回。二十三年賞給編修。道光元年因病乞休,卒于道光十年,年七十。著有《存悔齋集》二十八卷、外集四卷。(《耆獻類徵》卷一〇七國史館本傳,《獨學廬五稿》文卷三《故宮保劉公墓志銘》)

陳上理,字作棟。南昌人。乾隆四十四舉人。餘俟考。(《清秘述聞》七)

蔣知節,字冬生,號秋竹。江西鉛山縣人。士銓次子。乾隆四十四年舉于鄉。屢試不售,先後入縕侍郎、福貝子幕。念母張安人年高,乃辭歸。主安徽紫陽、揚州廣陵兩書院。未幾,張安人壽終,知節亦以哀瘁。時嘉慶十八年,距其生乾隆二十年,得年五十有九。著有《冬生詩鈔》。(《鉛山縣志》卷一六,《清容居士行年錄》)

既選錄試卷進呈,先生循例撰文于簡端。

《江西鄉試錄序》云:"既揭曉,錄文恭呈御覽,臣敬謹颺言簡端。"(《擘文》卷七)

復為江西試院擬留楹貼。

《江西試院小病雙桂盛花已落》有"南昌郡有吾家事"之句,并注云:"擬留楹貼云:'老桂常花,曾見先公初種此;章江再渡,已傳小子竟成翁。'款云:'乾隆丁卯,從祖文端公叠膺恩命,典試江西。其種桂樹于奎宿堂前,則丁卯也,公年六十有二,載實侍行。甲午,載奉命典江西試,則雙桂扶疏,高出屋櫺,蓋二十有八年矣,為之賦長歌。今歲己亥,恭遇聖壽恩科,復典江西試,遂題楹貼,以仰紀主恩。秀水錢載,年七十有二,既而不果留。"(《擘詩》卷四〇)

秋日,于行館寫蘭竹一幅。

款云:"西田老先生清賞。己亥秋日寫于南昌行館,秀水弟錢載。"鈐印三:"錢載"白文方印、"萬松居士"朱白文方印、"攜李"朱文圓印。畫為墨筆,絹本,立軸。縱134厘米,橫51厘米。藏楓江書屋。

十七日,自江西省城起程返京。

《奏報奉命典江西事竣離省起程及到京日期事》云:"典試江西事竣,于九月十七日自江西省城起程。"(中國第一歷史檔案館藏朱批奏摺,編號04-01-12-0183-037)

途中,與南康府知府陳洛書同游廬山。

先生是年有《至歸宗寺南康陳太守洛書先在》詩,有句云:"有約能來事所欣。"(《擘詩》卷四一)又《與陳太守別》有"同登廬岳有前緣"之句。(《擘詩》卷四一)按:陳洛書任江西鄉試內簾監視。(《擘文》卷七《江西鄉試錄序》)

陳洛書,山西清源人。乾隆二十五年進士。四十年在山東臨邑知縣任。以遵川運軍糧事例捐知府,得江西南康府。生于雍正五年,卒年俟考。(《中國第一歷史檔案館藏清代官員履歷檔案全編》冊二〇頁四二三,《明清進士題名碑錄索引》頁二一二九)

二人上黄石巖,望雙劍峰,遍歷三峽諸勝。陳洛書贈以廬山茶、筍、石耳。

《藤笻銘》云:"己亥九月,登廬山,緣瀑布落處上黄石巖,望雙劍峰,遍歷三峽諸勝,縶爾之力能也。"(《蘀文》卷一七)先生是年有《陳太守餉廬山茶筍石耳》詩紀其事。(《蘀詩》卷四一)

冬日,于邗江舟次作玉蘭圖一幅。

款云:"己亥冬日,秀水錢載仿古于邗江舟次。"鈐印二:"錢載"朱文方印、"蘀尊"白文印。畫為立軸。(《支那南畫大成》卷一)

十月廿日,抵京。翼日,具摺復命。

《奏報奉命典江西事竣離省起程及到京日期事》云:"內閣學士臣錢載跪、內閣中書臣張虎拜跪奏,為恭復恩命事。竊臣等蒙皇上天恩,典試江西事竣,于九月十七日自江西省城起程,今于本月二十日到京,敬謹具摺趨赴宮門,恭復恩命,恭謝天恩。伏祈皇上睿鑒,謹奏。乾隆四十四年十月二十一日。"(中國第一歷史檔案館藏朱批奏摺,編號 04-01-12-0183-037)

十一月十八日,以《四庫全書》館總閱得賜水果。

《軍機處大臣擬賞四庫全書處人員果單》云:"總閱十一員。除在懋勤殿行走者已蒙恩特賞外,餘總閱十一員,擬每員各賞蘋果四個、圓果三個、石榴五個。"(《纂修四庫全書檔案》頁一一二七)

是年,為皇十五子顒琰題《翠巖清響圖》。

先生有《奉題皇十五子翠巖清響圖》詩,繫于是年。(《蘀詩》卷四〇)按:顒琰即後來之仁宗睿皇帝。

又為韋謙恒題《秋林講易圖》。謙恒次韻以答。

先生有《題韋編修謙恒秋林講易圖》詩,繫于是年。(《蘀詩》卷四〇)韋謙恒有《秋林講易圖余督學濟南時作也錢蘀石閣學為題二詩并述湖山樓館之勝吟諷不置次韻答之》詩,并注云:"余辛卯冬去濟南,閣學于丙申秋始至。"(《傳經堂詩鈔》卷八)

又嘗獨至草橋,坐往歲修禊處感賦。

先生有《草橋南座往歲修禊處》詩,繫于是年。其中有"地非春夢後,人有天涯遠"之句,翁方綱手批云:"此詩為予發也。"(《蘀詩》[國圖編號 09444]卷四〇翁方綱識)

是年,長子錢世錫入《四庫全書》館任分校。

錢世錫《頤齋侍郎以哈密瓜見餉詩以謝之》注云："己亥及癸卯甲辰冬,世錫以《四庫全書》館分校,恩賜哈密瓜,每得分及。"(《麂山老屋詩集》卷一三)

本年有詩:

《元日會》、《蔣編修士銓去歲北上攜其子明經知廉秀才知讓道南康游廬山作記與其子皆賦古詩而季子秀才知節亦于家賦寄古詩過揚州朱都轉為之圖既合裝成卷先以佳醞屬為之題己亥試燈夜》、《上啓鑾謁泰陵祭泰東陵恭紀》、《鄰桃又放》、《奉題皇十五子翠巖清響圖》、《北紅門外桃花》、《題劉農部文徽讀書秋樹根圖》、《草橋南座往歲修禊處》、《送王大理昶請假奉太夫人歸里葬先大夫二首》、《題詞卷二首》、《題韋編修謙恒秋林講易圖》、《錢舜舉梨花》、《御試試差諸臣于正大光明殿欽命詩題賦得山夜聞鐘得張字擬作》、《澄懷園池上》、《上啓鑾詣泰東陵恭紀》、《種菊滿書堂之庭載當扈蹕避暑山莊曹大宗伯直廬西近許為灌泉除蠹長句奉簡》、《熱河先師廟成上親行釋奠臣載分獻恭紀》、《重宿甘露寺》、《趙北口水行》、《題道旁柳》、《高唐》、《曉行次張中書虎拜韻》、《西楚霸王墓》、《又題一絕句》、《東平》、《渡汶》、《孟廟下賦》、《滕縣南石刻滕文公行井田處》、《渡河》、《徐州六首》、《隋堤》、《渚莊》、《舊識》、《聞臨淮黃河已縮》、《題臨淮乙酉甲午宿處》、《紅心驛》、《定遠》、《廬江怨》、《為焦仲卿妻劉氏作後復感成二首》、《發合肥》、《在野》、《舒城》、《聞促織》、《北峽關袁家重觀文端公所留丁卯秋日山行詩幅感而成篇》、《北峽關次韻文端公秋日山行》、《朱桐鄉墓》、《乘筏》、《青口驛》、《望司空山》、《宿松》、《東禪寺》、《渡潯陽江》、《雨至東林宿二首》、《東林曉起二首》、《出東林六七里望廬山》、《行廬山後仿惆悵詞二首》、《望雲居山》、《江西試院小病雙桂盛花已落》、《夜讀杜詩》、《生日題試院芙蓉》、《百花洲追感金總憲先文端公二首》、《檢得甲申舊稿憶趙永年畫卷用韻成二絕句》、《德安縣東過渡山行至隘口》、《陶靖節墓碣》、《溫泉和文公朱子韻》、《醉石和文公朱子韻》、《至歸宗寺南康陳太守洛書先在》、《陳太守餉廬山茶筍石耳》、《歸宗寺曉起尋佛印蘇公怪石供語刻石》、《望簡寂觀用韋刺史簡寂觀西澗瀑下作韻》、《寄題簡寂觀前六朝松》、《秀峰寺》、《觀王文成公正德庚辰摩崖迹》、《龍池》、《立四望石文殊塔左觀瀑布》、《緣瀑布落處入黃石巖望雙劍峰》、《過萬杉寺不入》、《三峽澗》、《觀淳熙錢聞詩三峽詩石》、《玉淵潭》、《棲賢寺觀舍利十二粒》、《白鹿洞書院》、《與陳太守別》、《過楊梅橋》、《高壠陳生翰爵家》、《拜元公周子墓》、《九江夜雨》、《自過黃梅連日看秋山紅葉》、《柳下惠墓》。

其中:

《題韋編修謙恒秋林講易圖》，顧列星評"翰林重入老經師"、"萬里黔州蒙簡擢"諸句云："約齋先生以黔撫入為編修，故詩中及之。"錢儀吉改其中"約齋"二字為"藥軒"，又評"開府功名不易為"一句云："古道友如是。"

《澄懷園池上》，顧列星贊云："天籟。"

《種菊滿書堂之庭載當扈蹕避暑山莊曹大宗伯直廬西近許為灌泉除蠹長句奉簡》，錢聚朝校詩末"芻"字為"蒭"字。

《曉行次張中書虎拜韻》，翁方綱評詩後注云："何其絮絮如此。"

《紅心驛》，顧列星評"寶劍黃金勒，羅裙碧玉簪。已難成結束，不獨夕陽深"四句云："後四句即阿婆東塗西抹，非復三五少年時之意，從驛名穠艷得來。"錢儀吉云："此評擬入《詩匯》。"

《廬江怨》，翁方綱評云："此亦何必存。"

《為焦仲卿妻劉氏作後復感成二首》，翁方綱評第一首云："直是多事取鬧。"

《朱桐鄉墓》，顧列星評"民猶種小松"一句云："第六句抵一則遺愛碑，而仍是詩語，故妙。"

《青口驛》，錢儀吉注"東風嫁小喬"一句云："二喬須考，似非潛山人也。"

《雨至東林宿二首》，第一首"中有晉時石，磊磊寒至今"二句，顧列星贊云："詩至不可解則妙，'中有晉時石'十字是也。每一誦此，覺清泉白石間，蓮社諸賢宛乎如在。此之謂神悟。"

《東林曉起二首》，第一首"昨夜我無夢，不知在廬山"二句，顧列星評云："'不識廬山真面目，祇緣身在此山中'，得此又進一解。"錢聚朝校"喬嶽非所欣"一句云："'欣'疑'歆'。"錢儀吉評結二句云："結未得其解。"又論第二首結處云："結意未聞。巢由買山而隱。"

《出東林六七里望廬山》，吳應和評云："遙見瀑布而作四句，一氣貫注，神來之筆。"

《行廬山後仿惆悵詞二首》，翁方綱評云："亦不成說。"

《陶靖節墓碣》，顧列星評"過江數人物，見道有先生"二句云："十字抵一篇傳贊。"吳應和云："樸實。"

《陳太守餉廬山茶筍石耳》，顧列星評云："清削。"錢聚朝校"鹹齏淡不鹹"句中"齏"字為"齏"字。

《歸宗寺曉起尋佛印蘇公怪石供語刻石》，顧列星評"已在廬山宿，不作廬山夢"、"白雲復白雲，何處納須彌"諸句云："語意超妙，可謂每逢佳處輒參禪。"

《寄題簡寂觀前六朝松》,顧列星評"蕭寺梁年都莫紀,畢宏韋偃未之圖"二句云:"瘦硬妥帖,絕似山谷。"

《立四望石文殊塔左觀瀑布》,顧列星評"坪石根虛無,面僅數僧單。遂倚寶塔峭,相對瀑布寒"四句云:"'坪石'四句題中數層俱到,妙在出之自然。"

《過萬杉寺不入》,顧列星評"有僧立秋煙"、"今雖無遺株,客亦不問禪。冥冥過去心,日落山蒼然"諸句云:"是禪語仍是詩語,知唐賢三昧必由妙悟得來。"

《三峽澗》,顧列星評結句"天迥四峰秋"云:"以律入古,妙在作結,故不覺其弱。"

《觀淳熙錢聞詩三峽詩石》,翁方綱評"七古存風格"一句云:"七言古竟稱七古,斯言典乎?"

《玉淵潭》,翁方綱評云:"此匡廬勝處,予與蔣辛畬亦皆作五古,而擇石作乃如此。"

《棲賢寺觀舍利十二粒》,顧列星評起句"秋翠深於此"云:"起句名雋。通首俱淡泊有味。"

《白鹿洞書院》,又評云:"樸厚中自饒名雋。"翁方綱評"懷仁若抱義"、"明誠中庸至,敬義德業殫"諸句云:"累氣至此。"

四十五年庚子(一七八〇),先生七十三歲。

正月初一日雪,恭和御製詩。

先生是年有《恭和御製元旦日雪元韻》詩。(《擇詩》卷四一)按:《述庵先生年譜》云:"京師去冬少雪。是日子刻,同雲四合,從卯至午積雪四寸有餘。官民歡呼稱瑞。"(卷上)

旋以高宗七旬萬壽盛典,奉命往秦蜀,祭告陝西四川嶽瀆及歷代帝王陵。

《行述》云:"府君奉命,往秦蜀祭告西嶽、西鎮江瀆及歷代帝王陵。"按:高宗于正月初一日頒詔天下,其一為五嶽四瀆等祀,歷代帝王陵寢、先師孔子闕里,應遣官致祭,著察例舉行。(《清實錄》冊二二《高宗實錄》卷一〇八八)

十二日,高宗啟鑾。第五次南巡始。

《高宗實錄》卷一〇八八云:"(辛卯)上南巡,車駕發京師。"(《清實錄》冊二二)

二月十六日,先生起程赴陝西致祭西岳。虔敬臨事,去程中戒酒不飲。

《恭謝摺乾隆庚子》云:"臣于二月十六日自京起程,至陝西致祭西嶽華山之神。"(《擇文》卷二)先生是年有《晚次燿州》詩,結二句云:"待人翟道迴鞭近,破戒何妨勸玉鍾。"錢儀吉識云:"去時不飲酒可知。"(《擇詩》[國圖編號 09446]卷四二失名錄錢儀吉識語)

廿九日,過平陽,夜宿史村。是日,張夫人于京邸嬰危疾。

先生是年有《清明夜史村》詩紀其事。(《籜詩》卷四二)《得世錫書卜以九月二十六日葬其母夫人于嘉興縣九曲裏之新阡感成追憶詩二十九首寄焚墓前第二十首》注云:"庚子,載奉命祭于秦蜀。二月二十九日清明,過平陽,宿史村,得詩,落句云:'未應紛古意,政不夢家山。'豈知夫人于京邸以是日嬰危疾也。"(《籜詩》卷四五)按:是年清明節應在二月三十日。

是月,傳于成都貢院背臨陳道復花卉卷。

題識云:"陳白陽畫卷,載所見南沙師相家藏。此圖長至丈餘,寫意花卉二十四種,天真爛熳,復及精能,是白陽生平最得意筆。欲臨一過,心脾俱暢,閱三四載未得完備,蓋因無數日清福。今奉使成都,館于貢院,公餘之暇,背寫一通。自知塗朱抹綠,安可與原本較之。既失去本來面目,乃想象為圖,後世亦必知載之妄擬耳。乾隆四十五年春二月,秀水錢載,時年七十三歲。"鈐印四:"錢載"、"檇李"、"坤一父"、"講筵侍直"。後紙鈐有"宛平查氏印章"、"子孫保之"、"宛平查氏攜庭珍藏書畫之章印"。畫為設色,紙本,手卷三接。陳夔麟跋云:"此卷賦色沖澹,布局謹嚴,穿插花卉廿四種,而無凌雜複亂之弊。雖曰背臨白陽,然其胸中非有原本數十通,往復融貫,探毫而出,豈易幾此。侍郎畫贋鼎極多,願與海內精鑒家一互證之。"(《寶迂閣書畫錄》卷四)按:自題謂于二月奉使成都,館于貢院,顯然有假。蓋先生自二月十六日離京,三月底由陝西入川,四月廿日方抵成都。

三月初三日上巳,先生至樊橋驛,將渡汾祭西岳,有詩懷朱筠。

先生是年有《上巳樊橋驛有懷朱學使筠閩中》詩,并注云:"將渡河入關,承祭西岳,預日齋祓。"(《籜詩》卷四二)按:去年八月,朱筠出為福建學政。(見《知足齋文集》卷三《翰林院編修誥授中憲大夫加二級先叔兄朱公墓志銘》)

未幾,至華山,登青柯坪。

先生是年有《登華山至青柯坪望千尺幢》詩紀其事。(《籜詩》卷四二)又《藤筇銘》有云:"庚子三月登華山,亦携爾至青柯坪,望千尺幢,不復上,惟予之力不能也。"(《籜文》卷一七)

過涇陽,同鄉吳文溥來謁。

吳文溥有《少宗伯錢公載奉使祭告秦蜀山川文溥于涇陽途次走謁賦呈長歌紀其事以送之》詩紀其事。(《南野堂詩集》卷三)

吳文溥,字博如,號澹川,又號霍林山人、小芙蓉山人等。秀水人。十七歲補博士弟子員,三十六食餼于庠。入陝西畢中丞幕,書記二年。乾隆四十五年應南巡召士,報罷,館吳門數年。復渡臺灣掌海東書院。嘉慶三年客濟南。明年冬阮元撫浙,又依幕下,校定《兩浙輶軒錄》稿。五年夏病歸。生于乾隆六年,卒嘉慶七年。工詩,阮元推為"兩浙詩人第一"。散行駢體能集六朝唐宋之大成。先生歿後,為輯《擇石齋詩選》三卷,并撰《故禮部侍郎錢公傳》。自著有《南野堂詩集》八卷、《霍林山人詩集》五卷、《南野堂筆記》十二卷等。(《南野堂詩集》乾隆五十九年十一月總序,《續槜李詩繫》卷三四,《兩浙輶軒錄》卷三八,《晚晴簃詩匯》卷一一〇,《清代人物生卒年表》頁三一〇)

後嘉慶五年,吳文溥為先生輯《擇石齋詩選》三卷,并撰序。

序中云:"秀水錢侍郎擇石先生,著《擇石齋詩集》四十九卷。本乎忠孝,發為文章,奧衍博大,群言之宗。蓋先生積數十年之力于杜、韓、蘇、黃諸大家之詩,醞釀變化而成其所為詩者也。……嘉慶五年正月望日,吳文溥序。"(《擇石齋詩選》)

十四日,奉旨擢禮部左侍郎。

《高宗實錄》卷一一〇三云:"(癸巳)以內閣學士錢載為禮部侍郎。"(《清實錄》冊二二)

是日,致祭黃帝軒轅氏之陵。

《祭黃帝陵文》云:"維乾隆四十五年歲次庚子,三月庚辰朔,越十四日癸巳,皇帝遣內閣學士錢載,致祭于皇帝軒轅氏之陵曰:惟帝體元贊化,建極綏猷,澤被生民,勛垂奕世。簡編明備,累朝之治法相傳;弓劍留藏,千載之英靈如在。茲以朕七旬展慶,九州騰歡,戀舉崇儀,特申昭告。緬當日之歷圖受撰,每深景仰之忱;撫此時之麻嘏凝禧,彌切祇寅之念。冀佑郅隆之運,永貽仁壽之麻。式薦精禋,惟其鑒格!"(《黃陵文典·文物卷》頁二〇八)按:先生撰此文,刻于碑,現立于黃帝廟碑亭。文未刻入集中,故錄于此。

廿二日,孫錢善章生。為錢容錫三子。

錢善章,字厚甫,號文江。秀水學附貢生。人才倜儻,著有《木雞軒詩草》、《葵軒雜著》。生于乾隆四十五年,卒于嘉慶二十年十月三十日,年未四十。娶乾隆庚辰進士京畿道監察御史唐淮孫女甲午舉人唐作楫女。繼娶乾隆癸卯舉人山西渾州府同知署朔平府知府金汝潮女。無子,以兄善膺三子聚穎嗣。(《家譜》卷七)

廿五日,祭唐昭陵禮畢,復于陵南訪古。

先生是年有《唐昭陵》詩,并注云:"三月廿五日,承祭禮畢,匆匆于陵南尋見房喬、魏徵、李勣、李靖、薛牧、許洛仁冢與碑,而高士廉碑存,冢已無。"(《擇詩》卷一二)

先生于陝西致祭西嶽華山之神及各代諸陵凡十五處,繼而由陝西入川。途經

留坝,遇同年沈清任。

《恭謝摺乾隆庚子》云:"至陝西致祭西嶽華山之神,黃帝、軒轅氏、周、漢、後魏、唐諸陵,西鎮吳山之神,凡十五處,敬謹將事。"(《籜文》卷二)先生是年有《次留埧遇沈太守清任》詩紀其事。(《籜詩》卷四三)

過天雄關,見門生常紀題壁詩,感而有賦。

《天雄關見常紀題壁詩》云:"常君通籍本留都,言貌居平似腐儒。突見牛頭詩灑落,直教馬上淚模糊。"(《籜詩》卷四三)按:先生過天雄關題詩事載入《梧門詩話》。常紀《天雄關題壁》云:"江曲真成字似之,牛頭袞袞上來遲。放懷今古無窮思,問着山僧總不知。"(《梧門詩話》卷一)

常紀,字銘勳,號理齋。直隸承德人。乾隆二十二年進士,出先生門下。由四川西充縣知縣遷崇慶州知州。在木果木支放糧餉,賊至,射斃數人,賊攢刃刺之,遂歿。生雍正六年,卒乾隆三十八年,得年四十六。贈道銜。著有《愛吟草》。(《春融堂集》卷五一《慰忠祠碑碑陰》,《晚晴簃詩匯》卷九四,《清代人物生卒年表》頁七二〇)

四月廿日,抵成都,館於貢院。

先生是年有《至成都館於貢院》詩紀其事。(《籜詩》卷四三)又《恭謝摺乾隆庚子》云:"四月二十日至成都。"(《籜文》卷二)

廿一日,致祭江瀆之神。

先生是年有《謁江瀆廟》詩紀其事。(《籜詩》卷四三)又《恭謝摺乾隆庚子》:"二十一日致祭江瀆之神,敬謹如禮。"(《籜文》卷二)

廿二日,與查禮會飲草堂寺。

先生是年有《草堂寺與查按察禮飲》詩,可徵其事。(《籜詩》卷四三)據《恭謝摺乾隆庚子》,先生留成都僅三日,前兩日行祭禮,是日纔有空會友。按:去年查禮擢四川按察使。

又往慰忠祠弔亡。

先生是年有《慰忠祠》詩紀其事,并注云:"常君紀,丁丑進士;孫君維龍,庚辰進士,皆載充同考官所得士。趙公文哲、吳公璜皆與載友善。"(《籜詩》卷四三)

按:慰忠祠,乾隆三十八年秋建,在成都南門外浣花溪上,杜工部草堂西偏。按察使顧光旭督建。先生舊識門生,户部主事上海趙文哲、慶州知州承德常紀、直隸州知州會稽吳璜、知縣宛平孫維龍,皆入祀其中。(《黃琢山房集》附沈清任撰吳璜傳,《銅鼓書堂遺稿》卷一八《慰忠祠弔西征殉難諸臣詩序》)

廿三日,自成都起程回京。

《恭謝摺乾隆庚子》云:"二十三日,臣即回程。"(《擇文》卷二)

是日,以《四庫全書》總閱任內錯誤記過一次。

自乾隆四十二年正月起,《四庫全書》館所有進過書籍,由軍機大臣指出錯誤記過之處,每三月查核一次,奏聞。自本年正月起至三月止,先生以所閱書內錯誤,記過一次。(《纂修四庫全書檔案》頁一一六〇、一一六一《軍機處大臣奏查明正月至三月所進書籍錯誤次數請將總裁等交部議察議片》)

途經二里關,觀錢界刻石并有賦。

先生有《二里關下觀族祖施南公刻石》詩,繫于是年。(《擇詩》卷四四)

五月初四日,至沔縣,始聞補授禮部侍郎,即馳赴西安。

《行述》云:"事峻歸途,至沔縣始知已蒙恩陞授禮部左侍郎。舊例新陞者為右,當將舊侍郎轉左,而新陞補右。閣臣以請,奉旨即著錢載為左侍郎。蓋不補右而即為左侍郎,真異數之恩也。"又《恭謝摺乾隆庚子》云:"臣于蜀門道次恭聞恩命,循分悚惶,感激無似。臣馳至西安,敬謹具摺,附護理陝西巡撫布政使臣尚安奏事之便齎進,臣即日馳赴山莊宮門。"(《擇文》卷二)據《張夫人墓焚黃文》,先生于五月四日回道沔縣。(《擇文》卷二五)

未幾,抵西安,得吳文溥札,答書獎譽之。翼日,馳赴熱河。

吳文溥云:"四十五年春,少宗伯擇石錢公奉使祭告嶽瀆,由陝入川。僕于涇陽塗次走謁,賦呈長歌紀其事,以送之云云。迨公成禮而還抵西安,僕復致書于公。公為留西安一日,答書千言,獎借逾分。及公復命入都,長公百泉太史偕故閣學丹叔陸公,見僕前在涇陽塗次投謁之詩,尤深賞歎。"(《南野堂筆記》卷六)

十三日,長子錢世錫散館引見,授職檢討。

據《高宗實錄》卷一〇〇六,內閣、翰林院于是日帶領戊戌科散館修撰、編修、庶吉士引見,錢世錫以漢書庶吉士授翰林院檢討。(《清實錄》冊二二)

六月初七日,抵熱河復命,并具摺恭謝升授禮部侍郎。

《萬里硯銘》云:"乾隆庚子奉命告祭于秦蜀,攜此硯。三月十六日京師發,六月七日還赴熱河恭復恩命。"(《擇文》卷一七)按:三月乃二月之誤。

十一日,以《四庫全書》館總閱任內錯誤銷去紀錄一次。

《諭校書錯誤之總裁程景伊王杰等著分別罰俸》云:"錢載、倪承寬、張熹、何思鈞俱著銷去紀錄一次,免其罰俸。"(《纂修四庫全書檔案》頁一一七二)

廿一日，蒙恩召見于避暑山莊。翌日，奉命充江南鄉試正考官，即携副考官編修戴均元星馳赴江寧。

  《江南鄉試録序》云："臣載春正奉命秦蜀，以萬壽盛典行告祭禮于嶽瀆諸處。甫竣，趨覲山莊，温語有加。翼日膺命。……攄忱悚切，星馳抵江寧。"（《籜文》卷七）據《高宗實録》卷一〇〇九，先生于六月二十二日奉旨出任江南鄉試正考官。（《清實録》册二二）可知高宗召見在六月廿一日。

  戴均元，字修原，號可亭。江西大庾縣人。兄第元，與先生有舊。乾隆四十年成進士，散館授編修。歷官三朝，官至刑、禮兩部尚書、上書房總師傅、大學士、軍機大臣。道光八年，因寶華峪地宮滲水被逮，後除名放還。二十年卒于南昌里第，壽九十五。（《耆獻類徵》卷三六國史館本傳，《藝舟雙楫》附録一《清故予告太子太保文淵閣大學士食全俸晉太子太師在籍除名大庾戴公墓碑》）

七月十二日，張夫人病卒京邸。年七十三。

  《行述》云："七月十二日，我母誥封夫人張夫人卒于京邸。"按：先生始終食貧，家計蕭然，張夫人黽勉以相，居京城十八年，白髮青裙猶自操作。先生感其賢德，屢賦詩追懷不已。

是日，先生行次高唐。

  《九月八日聞張夫人訃》有"七月君歿日，我行次高唐"之句。（《籜詩》卷四四）

廿三日，賦詩懷張夫人。

  《懷病婦》云："七月歲庚子，徘徊賦此章。二十有三日，迢遥過舟梁。"注云："作此詩時，夫人之歿已十有一日。"（《籜詩》卷四四）

廿五日，過滁州。

  《懷病婦》有"二十有三日，迢遥過舟梁"、"無煩念我行，後日滁州疆"之句。（《籜詩》卷四四）

未幾，抵江寧，館于朝天宮道士院。

  先生是年有《館朝天宮道士院》詩紀其事。（《籜詩》卷四四）

八月初六日，偕副考官戴均元暨十八房同考官入闈。

  十八房同考官為：甘澍、費志學、張希賢、王學濂、姚學甲、沈炳、劉立詮、王昌霖、史必大、袁烜、胡翠仁、萬選、袁知、馬世觀、徐玉衡、郭占選、康杰、孫銘彝。（《籜文》卷七《江南鄉試録序》）

十三日，高宗七旬萬壽。先生恭進數幅畫作。

  《行述》云："庚子八月，恭逢聖主七旬萬壽。府君恭畫挂壁四幅、橫批二幅、立軸三

《喬松水仙圖軸》,紙本墨筆,約1780年

幅恭進。蒙睿賞,留數軸。"

按:先生先後兩次恭進畫作,本年為第一次,第二次于乾隆四十九年常州迎鑾時。得以入藏内府之作,計有六幅。一、墨梅。横批,絹本,縱2尺5寸,横4尺4寸。左下款云:"臣錢載恭畫。"鈐印二:"臣"、"載"。幅内有高宗御筆題詩,詳見乾隆四十七年譜。鈐寶二:"古稀天子之寶"、"猶日孜孜"。軸内分鈐鑒藏寶璽:"乾隆御覽之寶"、"乾隆鑑賞"、五璽全、"寶笈三編"、"宣統御覽之寶"。(《欽定石渠寶笈三編》延春閣藏)二、喬松水仙。仿宣紙本,立軸,縱5尺8寸,横2尺4寸6分。左下款云:"臣錢載恭畫。"鈐印二:"臣"、"載"。鑑藏寶璽:八璽全、"嘉慶御覽之寶"、"宣統御覽之寶"。(《欽定石渠寶笈續編》重華宫藏)三、桃實芝蘭。設色,絹本,立軸,縱4尺4寸,横2尺5寸。右下款云:"臣錢載恭畫。"鈐印二:"臣"、"載"。軸内分鈐鑒藏寶璽:"避暑山莊"、"乾隆御覽之寶"、五璽全、"寶笈三編"、"宣統御覽之寶"。(《欽定石渠寶笈三編》延春閣藏)四、菊石圖。設色,素箋本,立軸,縱5尺8寸1分,横2尺4寸9分。右下款云:"臣錢載恭畫。"鈐印二:"臣"、"載"。軸内分鈐鑒藏寶璽:"乾隆御覽之寶"、"石渠寶笈"、"乾隆鑑賞"、"三希堂精鑑璽"、"宜子孫"、五璽。(《盛京故宫書畫録》册五,三八)五、芝草水仙。雙鈎白描,紙本,立軸,縱3尺8寸7分,横2尺4分。左下款:"臣錢載恭畫。"鈐印二:"臣"、"載"。上方鈐"避暑山莊"一璽。尚鈐有"寶藴樓書畫續録"一璽。六、松柏長青。墨筆,紙本,立軸,縱3尺8寸7分,横2尺4分。右下款:"臣錢載恭畫。"鈐印二:"臣"、"載"。左方鈐"避暑山莊"一璽。尚鈐有"寶藴樓書畫續録"一璽。(《内務部古物陳列所書畫目録》卷七)芝草水仙與松柏長青二軸今藏北京故宫博物院。菊石圖藏沈陽故宫博物院。其餘兩幅及墨梅圖,俱藏于臺北故宫博物院。

又按:據《自怡悦齋書畫録》,另有一幅進呈之梅花圖。右邊末款云:"臣錢載恭畫。"畫為紙本,立軸,縱4尺7寸2分,横1尺5寸3分。張大鏞識云:"大内向例按照宫墻尺寸發紙,命臣工分寫,張貼閲時久,則揭舊易新,仍如前法,此或在更换之數耶。老梅一株,中分雙榦,直上扶疏,千花萬蕊,用筆老横。余于嘉慶八年在琉璃廠多寶齋買得之。價元絲銀六兩,亦足以見其聲價之重。"(《自怡悦齋書畫録》卷六)

既而以萬壽覃恩,誥授資政大夫,妻張氏誥封夫人。又循例請得晉贈祖父錢櫨初資政大夫,祖母陸氏、吴氏、全氏皆夫人。晉贈父錢炘資政大夫,母朱氏、陸氏夫人。

《行述》云:"庚子,恭奉皇上七十萬壽。府君蒙恩,誥授資政大夫,我母誥封夫人。"

《祠堂告文》云："乾隆四十五年恭遇皇上七旬萬壽，錫福推恩，臣下得追榮其先。""我祖考又鶴府君晉贈資政大夫，祖妣陸氏、吳氏、全氏皆晉贈夫人，我考葯房府君晉贈資政大夫，妣朱氏晉贈夫人，生妣陸氏晉贈夫人。"(《蘀文》卷二五)

九月初四日，以四月至六月抽閱四庫書籍《會稽續志》、《大事記解題》之繕寫訛錯，罰俸六個月。

自四月起至六月止，《四庫全書》進過全書十六次，經軍機大臣查校，《會稽續志》內"姚穎"，"穎"字挖補未填，《大事記解題》內"及穿治驪山"句，"驪"訛"麗"，先生記過兩次，以罰俸六個月抵銷。(《纂修四庫全書檔案》頁一一八三至一二〇三，《全書處彙核四至六月繕寫全書訛錯及總裁等記過清單》、《軍機大臣奏查明四月至六月所進書籍錯誤次數請將總裁等交部察議片》、《諭校書錯誤之皇十一子永瑆等著分別罰俸》)

初七日，于試院畫松一幅，贈袁枚。

題識云："簡齋老前輩清賞。乾隆庚子重陽前二日，秀水同徵後進錢載，寫于江南試院衡鑑堂後之東齋，時年七十有三。"畫為墨筆，絹本，立軸。縱125厘米，橫58厘米。鈐印二："錢載"白文方印、"萬松居士"朱、白文方印。畫曾著錄于《名人書畫第一集》，今藏楓江書屋。

初八日，江南鄉試放榜。先生出闈，始聞張夫人訃。

《九月八日聞張夫人訃》有"棘院斷家書，揭曉甫得知"之句，可知于九月八日放榜。(《蘀詩》卷四四)又《懷病婦》注云："典試迴避，戒家書，不得榜前達。"(《蘀詩》卷四四)

是日，畫牡丹竹石圖一幅。

題識云："蒓亭老先生清賞。乾隆庚子重陽前一日，秀水弟錢載寫于江南試院，時年七十有三。"畫為墨筆，絹本，立軸。縱128厘米，橫62厘米。今藏山東省博物館。(《中國古代書畫圖錄》冊一六，頁二二六)

是科，先生盡心校士，得士正榜顧問等一百一十四人，副榜二十二人。

試題："譬諸草木"二句；"宜民宜人　申之"；"有如時雨"五句；賦得"東壁圖書府"得"東"字。(《清秘述聞》卷八)

顧問，字備堂，號桐陰。高郵人。乾隆四十五年應鄉試，先生閱其文，謂"光輝篤實，步武安溪"，取冠榜首。大挑以知縣用。歷任河南夏邑、永城、洧川、杞縣等縣事。著有《夏小正集解》四卷、《校正四書釋地》等。生卒年俟考。(《高郵州志》卷一〇上)

既錄文進呈，循例撰文于簡端。

《江南鄉試錄序》云："循例分卷同堂批閱，三場并重，無敢不力。既得士正榜一百一

《墨松圖軸》，絹本墨筆，1780年

十四人,副榜二十二人如額。臣謹循例錄文恭呈御覽。"(《撙文》卷七)

吳鼒落第,先生招至行館,畫梅以贈。

吳鼒《辛未冬日家思亭出觀錢宗伯所贈蘭竹次淵如前輩韻敬題一絕以志悲感》注云:"庚子南榜被落,是科公主考江南,招至行館,悵愧不已,畫梅見貺。"(吳修《湖山吟嘯集》二〇)

九月初九日,過訪隨園,贈袁枚畫松一幅。

袁枚是年有《錢坤一少宗伯典試江南榜後過訪隨園即事有贈》詩,并注云:"贈畫松一幅。"(《小倉山房詩集》卷二六)

初十日,為袁枚《隨園雅集圖》補寫蘭梅,并識云:

"乾隆乙酉秋,奉命江南,試事竣,至隨園謁簡齋前輩,時以送文端公、望山相國還朝于淮上,不得見。今歲庚子,復蒙恩秋試江南,重九日,始得謁見前輩于隨園。遍歷亭榭,觀所藏諸古物,于池上窗中得見清涼山,于竹間亭子得見鍾山,芙蓉始發,秋色滿園,此為清福,此為真境,蓋樂此者三十年矣。出圖屬畫以題,遂寫園中所有花三兩種以復。回憶初元,京華聚首,今公車小錄一百七十餘人,不知尚有幾人在耶。而簡齋先生巋然杖履,著作成家。載年七十有三,猶及坐水亭一刻,敘主賓之禮,相對忘言,得不為之欣幸也。後一日,秀水同徵後進錢載并記。"(《隨園雅集圖題咏》)

是日,又為沈業富繪竹石蘭菊一幅。

題識云:"與既堂太守別久矣,承蒙索拙畫,寄奉大教。回憶鳳城聚首,紅燈綠酒,斗轉參橫,佛亦有情,其安能學太上也。乾隆庚子重陽後一日,秀水弟錢載,時年七十有三。"鈐印三:"檇李"圓朱印、"錢載"白文印、"萬松居士"白朱文印。畫為墨筆,絹本,立軸。今藏北京故宮博物院。

沈業富,字既堂,一字方穀。揚州人。年二十二舉于鄉。乾隆十九年成進士,改庶吉士,散館授編修。三十年補安徽太平府知府,在任十六年。四十六年授河東鹽運使。閱三年,以母老請養歸。業富性情惇厚,篤于友朋,黃景仁殁于山西公署,為經紀其喪,海內高其義事。《蒲褐山房詩話》云:"竹西自午橋太守没,詩壇寥落,君以詞林耆宿家居望重,士大夫南北往來,必造門請謁,香山洛社之風賴以不墜。"(《湖海詩傳》卷一七)生于雍正十年,卒于嘉慶十二年。著有《味燈齋詩集》、《文集》若干卷。(《揅經室集二集》卷五《翰林編修河東鹽運使司沈公既堂墓志銘》,《廣陵思古編》卷一八沈業富《寄雲樓詩集序》)

逾日,過嚴長明寓齋話舊。

嚴觀云:"四十五年,先生主試江南,出闈後特過草堂,又復流連竟日。"(《師友淵源錄》卷一〇"錢坤一先生"條後案)又云:"先生偶言,府君有不可解者三:生平清介自守,未聞以事干人,而所至饒裕,視財利如揮涕洟;中年所歷皆煩劇要地,他人奔走不遑,尊公未嘗一日廢學,且流連文酒,蒐討金石,而公事無不立辦;少時羸弱嘔血,至五六載不瘳,中歲益勞頓,未及從容養生,乃年愈增而精力彌健。宗伯語雖偶爾詼諧,亦頗足傳神阿堵也。"(《師友淵源錄》載嚴長明行述)

又同戴均元游攝山。

先生是年有《宿攝山夜月步至德雲庵前坐松下二首》詩,并注云:"戴編修名均元,邀為山游。"(《蘀詩》卷四四)

十九日,自江寧起程返京。

《奏報奉命典試江南事竣起程及到京日期事》云:"竊臣等仰蒙皇上天恩,典試江南,敬謹將事,于九月初八日發榜,九月十九日自江寧起程。"(中國第一歷史檔案館朱批奏摺,編號04-01-12-0183-038)

十月初八日,于新城晤檢亭老先生,以墨蘭相贈。

題識云:"自江南使還,道出新城,喜得檢亭老先生,為明府初苻任也。承過驛舍,相與說吳鄉風景,并及舊侶之蹤迹,為之神往,因舉篋中拙畫,以請教之。乾隆庚子十月八日,秀水弟錢載,時年七十有三。"畫為紙本,立軸,高4尺8寸9分,闊2尺1寸4分。鈐印二:"錢載"白文方印、"萬松居士"朱、白文方印。(《愛日吟廬書畫錄》卷四)

蔣雲師,字瑞應,一字檢亭。上海青浦縣人。乾隆二十七年順天舉人。以四庫館謄錄期滿,議叙知縣。四十五年九月任直隸新城知縣。旋陞宛平縣。五十三年授西路同知。在任三年,以原品休致。主講金臺書院。旅殁于京師。少從舅氏王昶游,與吳泰來、曹仁虎、錢大昕皆有往來,與先生亦應早有交識。(《珠里小志》卷一二,《青浦縣志》卷一八,《新城縣志》卷五)

初十日,抵京,即具摺赴宮門復命。

《奏報奉命典試江南事竣起程及到京日期事》云:"臣錢載、臣戴均元謹奏,為恭復恩命、恭謝天恩事。竊臣等仰蒙皇上天恩,典試江南,敬謹將事,于九月初八日發榜,九月十九日自江寧起程,今于十月初十日到京。敬謹具摺,趨赴宮門,恭復恩命、恭謝天恩。伏祈睿鑒,謹奏。"(中國第一歷史檔案館朱批奏摺,編號04-01-12-0183-038)

十一月廿三日，具摺請釐定堯陵。

《請釐定堯陵摺乾隆庚子十一月廿三日》中云："前者，載仰聆諭旨，從前議駁之後，聖心常想堯陵當在平陽，何以有遠葬山東之事。今臣所考大段如是，伏祈聖裁釐定。"（《籜文》卷三）按：《呂氏春秋》堯葬穀林，《史記》不書其地。乾隆元年，以山東巡撫岳濬奏，自東平改祀濮州。四十一年，大理寺卿尹嘉銓疏言當在平陽，下部議駁。先生督學山東，謁濮州堯陵，自四川還道平陽，訪得堯陵于城東北，及江南典試歸，又至東平求舊時所祭堯陵，參互考訂，以為在平陽者是。遂上摺請釐定堯陵。

廿四日，因所取江南鄉試第一名顧問卷，頭場四書文純用排偶，奉旨交部議處。部議降二級留任。

《高宗實錄》卷一一一九云："據磨勘試卷大臣奏，江南省第一名顧問卷，頭場四書文三篇純用排偶，于文體有闕，且首藝未經點題，請將該考官及本生交部查議等語。制藝代聖賢立言，原以清真雅正為宗。朕屢經訓諭不啻至再三，何得又將駢體錄取，且拔冠榜首，所謂釐正文風者安在？況三藝俱用排偶，場中易于辨識，并不必再用字眼關通，更易滋別項情弊，殊不合。除將該舉子交部照例查議外，所有江南正考官錢載、副考官戴均元著交部議處。并將此通諭知之。"（《清實錄》冊二二）據國史館本傳，部議降二級留任。（《清史列傳》卷二五）

十二月十五日，蒙高宗召見。

十六日，二次奏論堯陵應在平陽不在濮州。

廿三日，部議駁。

廿五日，覆奏。被傳旨申勅。

《再陳堯陵摺十二月十六日》末附識云："十二月十五日蒙恩召見，十六日上再陳堯陵摺，奉旨仍著大學士九卿會同該部議奏。二十三日議駁。二十五日覆奏，奉旨依議。"（《籜文》卷三）

按：《高宗實錄》卷一一二一云："前據錢載奏，考證帝堯陵應在平陽不應在濮州，經大學士九卿議駁。該侍郎又具摺辨奏，朕因復交原議大臣再議。今大學士九卿等奏，請將該侍郎所奏，濮州屬虛平陽屬實之處，仍毋庸議，已降旨依議矣。經生論古，反覆辨證，原所不禁。但既形之奏牘，并經廷臣集議，即不當再執成見。況該侍郎奏稱，黜呂不韋門下客浮說之訛。夫呂不韋即無足取，亦尚不可以人廢言，況其門下客所著之書，所謂懸之國門，千金不能易一字者，豈皆毫無足據乎？且其時去古未遠，或尚有所承述。今乃欲以數千年後虛揣之詞，遽行翻駁，有是理乎？至其覆奏，大要以酈道元《水經注》，證濮州堯陵之虛。不知《水經注》所稱今咸陽城西有堯陵者，實道元當時所親見。該侍郎轉據為辨證，尤屬自相矛盾。至其覆奏內，有原奏祇辨堯陵之有無，未嘗敢一字涉及改祀之語，該侍郎兩次具摺之意，既欲考證虛實，即為改祀起見，否則又何庸如此喋喋為耶。錢載本係晚達，且其事祇係考古，是以不加深究。若遇朝廷政治，亦似此曉曉不已，朕必重治其罪。即如明季諸臣，每因遇事紛呶，盈廷聚訟，假公濟私，始則各成門户，繼且分樹黨援，以至無益于國政，而國事日非，不可不引為炯戒。錢載，著傳旨申勑。"（《清實錄》冊二二）

時盧文弨以祝釐到京，聞先生奏議，撰《駁堯塚在平陽議》及《後議》駁之。

《駁堯塚在平陽議》中云："今之獻議者，欲以堯塚移之平陽，以《呂覽》為不可信，以劉向意主薄葬而非必考地志，以班固自注為顏師古取《郡國志》之注以為注，以司馬彪之《郡國志》為出于劉昭，以《竹書紀年》所載帝堯八十九年作游宮于陶、九十年游居于陶、一百年陟于陶為出于晉世，不足憑，以吳皇象等所著《皇覽》、晉皇甫謐所著《帝王世紀》、唐魏王泰所著《括地志》凡言堯塚在濟陰成陽者，一切以為沿譌、以為附會。不知數千百年以來之通人學士何厚于濟陰，而必欲與之，何薄于河東，而必欲奪之？"《後議》中云："初獻議堯塚在平陽者，禮官既力闢其說矣。繼又聞其再申前議，竊疑其必有左證。乃得其牘觀之，則唯辨駁言堯塚在濟陰成陽者之皆虛，而于平陽仍未有一實據。其言曰，某祇辨堯陵之有無，并未嘗敢一字涉及改祀之處，此無理之遁辭也。既無陵矣，尚從而祀之，此何禮乎？"（《抱經堂文集》卷二二）

都平陽即葬平陽，先生之說亦頗為近理。

喬松年《蘿藦亭雜記》云："帝堯陵相傳在濮州，乾隆四十五年，錢籜石侍郎載上疏以為在平陽，部駁其說，再疏辨之，終格于部。錢疏大意謂：《史記》凡古帝王書葬地者，皆非崩于所都之地也；不書葬地者，皆崩于所都之地也。堯都平陽即葬平陽，特自《呂覽》造為堯葬穀林之語，以致劉向、皇甫謐沿其謬誤，至酈道元《水經注》歷敘諸家之說，謂堯葬濟陰成陽者，而斷以書疑、志疑，蓋道元不以諸家所說堯葬濟陰之言為是，乃後人轉引《水經注》以證諸家，實為大誤，當據王充所言，定為平陽云云。予按錢說頗為近理，較之移北嶽于渾源之論更為允愜。北嶽獲從所請，而堯陵未獲釐正，亦事之不平者也。乾隆初年修一統志，于平陽府下亦載堯陵，儒臣按語云：'前人皆謂堯陵在濮州，惟《塚墓記》謂在平陽，《塚墓記》雖後出，然都平陽即葬平陽,亦其宜也,故存之。'此論與錢侍郎閣合矣。唐人祭堯于平陽,但未明言是陵墓所在。王充《論衡》'堯葬冀州',必非今之濮州也。"(卷三)

除夕日,賦詩奠張夫人。

先生是年有《除夕奠內五首》詩。(《葦詩》卷四四)

是年,為閔貞題《奉膳圖》。

先生有《題閔貞奉膳圖》詩,繫于是年。(《葦詩》卷四一)

閔貞,字正齋。居湖北漢口鎮。布衣,有孝子之稱。幼失怙恃,因思雙親遺容,篤志學畫。乾隆戊戌以其技游京師,得翁方綱、朱筠器重,有詩文贈之,遂名噪都下。作《奉饌圖》,繪其雙親憑几而坐,已率妻室奉食于堂下。一時題者甚衆。白描人物花卉,造古作者。山水師巨然,魄力沉雄。生卒年俟考。(《耆獻類徵》卷三九〇呂星垣撰傳,《夢厂雜著》卷七《閔孝子傳》)按:此《奉饌圖》當即先生所題《奉膳圖》。

又為程氏姑遺像撰贊。

程氏姑前卒,至本年子程維岳中進士,始膺覃恩封贈太宜人,先生像贊由是而作。然像之繪則在姑逝之前。(《葦文》卷一六《封太宜人程氏姑像贊》)

本年有詩:

《恭和御製元旦日雪元韻》、《題閔貞奉膳圖》、《安肅》、《堯母陵下賦》、《定州春歌》、《漢中山靖王墓》、《新樂》、《發真定》、《井徑口》、《固關》、《長國寺》、《平定》、《壽陽驛》、《夕次泰安驛》、《榆次》、《祁縣》、《平遙》、《綿山》、《郭有道先生墓》、《謁文忠烈公祠》、《自介休至靈石》、《韓淮陰墓在嶺上》、《霍州》、《趙城》、《杏花》、《洪洞》、《平陽》、《清明夜史村》、《曲沃》、《聞喜二賢詩》、《僕馬》、《上巳樊橋驛有懷朱學使筠閩中》、《村花》、《蒲州》、《首陽山》、《潼關》、《華陰》、《西嶽廟登樓望嶽》、《玉泉院》、《登華山至青柯坪望千尺幢》、《郭忠武王祠》、《寇忠愍公祠》、《華州食筍》、《蒲城》、《富平》、《晚次燿州》、《同官》、《金鎖關》、《宜君晚雪》、《橋山篇》、《回自中部至宜君》、《宿金鎖關》、《山驛》、《題燿州紫藤花》、《唐朱里》、《涇陽》、《渡涇》、《渡渭》、《杜陵》、《興善寺牡丹》、《樂游園》、《慈恩寺登塔》、《韋曲》、《牛頭寺》、《尋曲江已無水江之西杏園亦莫知其處》、《宣陽坊》、《畢原篇》、《唐昭陵》、《乾州》、《武功》、《班蘭臺令史墓》、《馬新息侯祠》、《岐山》、《鳳翔道中》、《寶雞》、《登西鎮吳山》、《入益門鎮至玉女祠》、《半坡觀瀑布上煎茶坪》、《過凍河至黃牛堡》、《曉趨草涼驛》、《晚次鳳縣》、《逢林觀察儁》、《鳳嶺》、《宿南星》、《柴關嶺》、《紫柏山下留侯祠》、《次留壩遇沈太守清任》、《畫眉關》、《觀音碥》、《諸葛忠武侯祠》、《渡漢江至定軍山謁諸葛忠武侯墓》、

《寧羌》、《列堠》、《連日采山路黃紫翠花中多紅薔今日乃得白薔》、《月下過桔柏渡》、《天雄關見常紀題壁詩》、《劍門》、《劍州蔭路柏歌》、《武連驛午睡》、《過上亭舖是郎當驛成二絕句》、《七曲山謁梓潼神》、《發梓潼》、《題魏城驛舍芭蕉》、《晚至舊緜州》、《落鳳坡》、《德陽》、《彌牟鎮觀八陣圖并序》、《至成都館于貢院》、《謁江瀆廟》、《浣花溪》、《草堂寺與查按察禮飲》、《慰忠祠》、《謁漢惠陵》、《泛舟錦江》、《出漢州》、《林次鎮》、《出新綿州是舊羅江縣》、《天際日出望峨眉積雪》、《繅絲》、《打麥》、《漢議郎李先生祠堂址》、《宿郎當驛》、《出劍門》、《志公寺》、《牛頭山》、《千佛崖用刻石元至元三年僉西蜀四川道肅政廣訪司察罕不花題韻》、《朝天嶺》、《七盤嶺》、《宿黃霸》、《分水嶺》、《五丁峽歌》、《大安驛》、《褒城》、《渡雞頭關連日歷舊閣道處得詩五首》、《題柴關嶺連理樹》、《心紅峽》、《二里關下觀族祖施南公刻石》、《馬嵬二首》、《孝經臺》、《灞橋二首》、《登酈山》、《新豐原》、《齊雲樓》、《鄭桓公墓》、《西岳廟題名》、《楊太尉墓》、《自蜀道回復過韓侯嶺感成六首》、《趙北口作二首》、《濠梁驛》、《懷婦病》、《醉翁亭》、《題江驛》、《渡江》、《秣陵》、《江城二首》、《館朝天宮道士院》、《九月八日聞張夫人訃》、《宿攝山夜月步至德雲庵前坐松下二首》、《秋草》、《除夕奠内五首》。

其中：

《題閔貞奉膳圖》，錢儀吉識云："閔孝子同時諸多有述其事者。"

《漢中山靖王墓》，錢儀吉評結句云："結承第三句。"

《井徑口》，錢儀吉評起處及"是秋破魏代"一句云："單舉一事細細剖析，亦是一格，但'是秋'二字入手似太突，如文章家，固多逆筆，未免太過。"

《固關》，錢儀吉評云："竟承上篇。"

《平遥》，吴應和評云："典雅獨絶，不是漫填書卷。"

《綿山》，錢儀吉評云："似未透出命意所在。"

《謁文忠烈公祠》，顧列星評起四句"勳業故難成，恩榮匪徒受。公誠事主忠，國亦報公厚"及"鬚眉故里瞻，香火遺孫守"二句云："起處隱括潞公本傳，看似泛論，而移置他人不得，此之謂意切。只'鬚眉'十字是謁詞，不以此作結，章法似疏。"

《霍州》，錢儀吉評"寂寞山情占隘口"一句云："此'占'字可平否？"

《平陽》，顧列星贊云："縱橫揮霍，獨往獨來，于七律中可謂掉臂游行。"

《曲沃》，又評云："詩雖老橫，却非風人之遺。"

《聞喜二賢詩》，又評云："二詩如太史公屈、賈合傳。"錢儀吉接云："如趙詩結處正合傳體也。"

《僕馬》，錢儀吉評云："失韻當是'攀'字之誤。"按：詩中并無"攀"字，未解衍石此語之意。

《蒲州》，顧列星評云："以下四首皆先生自晉入秦之作。此之謂復聲，在集中乃所僅見。"吳應和云："游歷所至，都見經濟，非徒咏山川風土而已。"

《潼關》，吳應和注云："明孫傳庭之失守，與唐哥舒翰同。"

《玉泉院》，錢儀吉評起二句"初日出華陰，十里鋪春田"云："起十字是何境界。"

《郭忠武王祠》，錢儀吉識"祠屋巍然塑令公"一句云："'塑'，擬易'祀'字。"并云："明其為塑像，不可改也。衍又筆。"

《寇忠愍公祠》，錢儀吉評結尾云："一結甚快。"

《蒲城》，錢儀吉評起句"唐之奉先縣"云："首句貫全篇。"復評結句"悵嘆非周京"云："加一倍結。"

《晚次燿州》，錢儀吉評"欄扶芍藥咒遲穮。待人翟道迴鞭近，破戒何妨勸玉鍾"三句云："七八接第六句。去時不飲酒可知。"

《金鎖關》，顧列星評云："喜多生造句。"

《橋山篇》，翁方綱評云："此等篇法于古無之，實不足存。"顧列星評前半云："以山記水，經入韻語，妙在詞意錯綜。"錢儀吉評"有之于神復何奇，無之于聖非不足"二句云："實不知公之命意。"

《杜陵》，翁方綱評起句"帝在民間時"云："帝是何代之帝？有此文理乎？"

《慈恩寺登塔》，翁方綱評云："意欲自居于包蓄前古之作，其實不應如此作耳。"復評"山水如相忘"一句云："是何説？"

《畢原篇》，顧列星評云："謂原之有廣狹。"又云："橋山篇拙樸繁重，此篇排奡宏敞，為絕構也。"翁方綱評云："其意以風水先生自命也，竟不成詩。"

《唐昭陵》，翁方綱評云："不及林同人撰記之該備，則又何以詩為。"錢儀吉駁其説云："作詩必此詩，定知非詩人。蘇齋竟未悟此説。況專以考訂論詩自來未有也。"又評結句"風雨奔騰朱雀門"云："結是朱泚否？"

《登西鎮吳山》，顧列星評云："善于用韻。板滯似光禄，拙澀似永嘉，轉于病處見古。"錢儀吉校"鎮西中立小"一句云："當云'西鎮中立小'，恐係倒誤。"

《入益門鎮至玉女祠》，顧列星評云："以下數古詩摹老杜秦州詩，如唐臨晉帖。"

《晚次鳳縣》，顧列星評"棧行甫取左，右棧殊未知"、"寧須必平坦，實亦無險巇"諸句云："閱歷之言。"

《鳳嶺》,顧列星評云:"數詩刻削生造,語多可喜。"

《紫柏山下留侯祠》,顧列星評"英雄氣數間"一句云:"語大而切。"錢儀吉論其評云:"此句接定軍山言之,樊桐稱美,一'切'字非也。"吳應和曰:"直逼少陵。"

《畫眉關》,顧列星評"後水轉為前水出,左山趨與右山迎"二句云:"與白傅'一山門作兩山門'一詩,可謂異曲同工。"

《觀音碥》,翁方綱評云:"豈坤一不滿荔裳詩耶?抑不知有荔裳詩耶?其實蔚州此作,焉能必勝于宋乎?自是特要抹殺宋荔裳之作耳,則何必哉。為人不能平心,一至于此。"錢儀吉駁其説云:"公意只是重蔚州之人,特為表其行迹耳。覃翁如此論詩,亦從來未有。"

《諸葛忠武侯祠》,顧列星評"仁為己任驅馳許,業不偏安涕泣云"二句云:"武鄉侯人物是伊吕一輩中人,少陵非漫許也。此詩'仁為己任'十四字更見純臣心事,此其所以侑食兩廡而儒者無異議也。"翁方綱評"入蜀先欽諸葛君"一句云:"'欽'字肉麻。"

《渡漢江至定軍山謁諸葛忠武侯墓》,翁方綱評"優劣比伊吕"一句云:"此間可下得一'劣'字耶?"

《連日采山路黄紫翠花中多紅薔今日乃得白薔》,錢儀吉評起句"蠶叢春好過春蠶"云:"'蠶叢',人名,似未可接下三字。"

《劍門》,顧列星評云:"字新不如句新,句新不若意新,造意取新又不如自然輳泊。"

《劍州蔭路柏歌》,顧列星評結處云:"此景純語顯為妄託,似不必。"

《發梓潼》,顧列星評"烏牸三家雨"一句云:"'三家雨'未詳。"

《題魏城驛舍芭蕉》,顧列星注云:"蕉大至蔽庭,可作故實。"

《落鳳坡》,顧列星識題目云:"王應奎《柳南隨筆》,'落鳳坡'出《三國演義》,王新城龐士元詩不當著之于題。"復評云:"擬改題《龐士元墓》。"

《彌牟鎮觀八陣圖并序》,翁方綱識序云:"是為合作。"

《草堂寺與查按察禮飲》,翁方綱評"繇來勵勤恪"一句中"繇來"二字云:"每用二字皆不妥。"

《慰忠祠》,顧列星評云:"語格清老,語悲而狀,可以教忠。"

《志公寺》,顧列星評云:"造句下字生硬而妥貼,純是老杜家數。"

《渡雞頭關連日歷舊閣道處得詩五首》,顧列星評第一首"無路以成路"一句云:"以生硬澀滯之筆狀詰曲崎嶇之境。昔人稱老杜秦州詩為掃殘禿筆,亦所歷之地使然也。"復評第三首"方稀輒已過,愈勝逗重尋"二句云:"大謝得意句。"

《心紅峽》,顧列星評"山水可言性,靈明不在書"二句云:"知仁樂水,一章書旨,五字道破。"

《灞橋二首》,顧列星評云:"上首語淺而情深,下首語深而意悲,得中唐人截句之昧。"

《楊太尉墓》,顧列星評云:"謹嚴莊重,與題相稱。"

《渡江》,錢儀吉評前四句"江浦縣邊江色秋,江神祭後放江舟。青山隱隱雲生際,白髮蕭蕭雪滿頭"云:"四句近率易。"

《秣陵》,翁方綱評云:"實不知其意所在。"錢儀吉云:"意在憑弔江左人物之盛,偏安一隅,不見中原耳。公適奉使關中,還京未幾即來秣陵,于身事為親切矣。"

《宿攝山夜月步至德雲庵前坐松下二首》,顧列星評云:"語參禪悅,却不落禪宗窠臼。"

《秋草》,顧列星評云:"聲清以壯,調益商角。"

四十六年辛丑(一七八一),先生七十四歲。

正月初十日,奉命恭和御製詩。

先生是年有《恭和御製茶宴內廷諸臣翰林等題快雪堂帖聯句并成二律元韻》詩,可徵其事。(《萚詩》卷四四)據《高宗實錄》卷一一二二,是年正月十日癸未,高宗與大學士及內廷翰林等茶宴,以《快雪堂帖》聯句。(《清實錄》冊二三)

廿四日,高宗以所擬壬寅年正月祈穀用次辛不合典制,命所有禮部堂官交部嚴加議處,并令明歲祈穀行禮仍用上辛。先生遭部議革職,加恩寬免。

《高宗實錄》卷一一二三云:"前雍正七年,恭奉皇考世宗憲皇帝諭旨:'以定例正月上辛,若在正月初五日以前,則改于次辛,但元旦朝賀,乃朕躬之禮儀,若因此而展祈穀之期,于心實有未安,著于上辛行禮。'煌煌聖訓,實萬世不刊之論。朕御極以來,遇正月初三日以前上辛,因必須隔年齋戒,是以改用次辛。其有初四日上辛,亦改用次辛行禮者,則因聖母皇太后祝釐初祉,朕于元辰躬率王公大臣,拜賀東朝,儀節不容稍闕。至明歲初四日上辛,并非向年可比矣,該部何得亦改次辛。"(《清實錄》冊二三)國史館本傳云:"四十六年,禮部恭擬壬寅年正月祀祈穀壇日用次辛,上訓飭之,下部議,應革職,加恩寬免。"(《清史列傳》卷二五)

二月初六日,奉命恭和御製詩。

先生是年有《恭和御製春仲經筵元韻》、《恭和御製經筵畢文淵閣賜茶元韻》詩,可徵其事。(《籜詩》卷四四)據《高宗實錄》卷一一二四,是年二月六日己酉,高宗于文華殿行仲春經筵,禮成後賜茶文淵閣。(《清實錄》册二三)

是月,跋《王文成詩董澐像卷》。

《王文成詩董澐像卷跋》云:"《静志居詩話》所叙董蘿石從陽明先生事,即此卷先生書于稽山草堂之詩是也。蘿石像當是其後人因詩而裝入,以傳于家者。久而失之,今乃歸仰山陳孝廉,携以上公車,遂來見示。……乾隆辛丑二月,應孝廉屬書詩話于宣南坊邸,即以識。"(《籜文》卷一三)

三月初三上巳,偕朱筠過法源寺,歸飲其宅。

先生是年有《上巳朱學使筠初自閩還偕過法源寺歸飲其宅得詩二首》詩紀其事。(《籜詩》卷四四)按:上月朱筠方抵京復命。(《知足齋文集》卷三《翰林院編修誥授中憲大夫加二級先叔兄朱公墓誌銘》)

初五日,應蔣賜棨之招,與德保、英廉集蔣園北臺賞桃花。

先生是年有《上巳後二日蔣侍郎招集北臺看桃花諸公約賦詩載以承命知貢舉明日入闈補作于西齋二首》詩紀其事。其注云:"第四句用定圃大宗伯先成之句。"(《籜詩》卷四四)英廉是年亦有《戟門招集北臺看花二首》詩,并注云:"自己亥之春,余與籜石先後奉使,今辛丑之春始得一集北臺。"(《夢堂詩稿》卷一五)

德保,索綽絡氏。字仲容,一字潤亭,號定圃,又號龐村。內務府滿洲正白旗人。乾隆二年進士,改庶吉士,散館授檢討。累官禮部尚書。卒于乾隆五十四年。謚文莊。著有《樂賢堂詩文鈔》、《督運草》。(《耆獻類徵》卷八二,《八旗詩話》)

是日,為蔣賜棨寫桃花一幅。

乾隆四十七年三月初九日,先生為德保畫桃花并題云:"去年春,奉陪定圃大宗伯老前輩飯于蔣文肅賜第之北臺,看桃花,諸老約賦詩。宗伯詩先成,載嘗借用一句,而寫花以留于蔣氏。"(詳後"乾隆四十七年三月初九日"條)

初六日,奉命充會試知貢舉,即日入闈。

《蕉葉白硯銘》云:"乾隆四十六年辛丑會試,奉命知貢舉,三月初六日入闈。"(《籜文》卷一七)按:是科會試正考官為德保、謝墉,副考官為沈初、吳玉綸。(《清實錄》册二三《高宗實錄》卷一一二九)

從弟錢開仕因先生知貢舉,迴避不與試。

錢楷《哭檢討叔漆林先生時視學滇南歿于廣西州試院五首》注云:"叔以先宗伯知貢舉,迴避禮部試。"(《綠天書舍存草》卷三)

錢開仕，汝恭三子。字補之，號漆林。嘉興人。乾隆四十五年浙江鄉試舉人。五十四年成進士。歷官翰林院檢討、乾隆壬子貴州副考官、甲寅陝西副考官、乙卯會試同考官、雲南學政。以弟福胙官貤贈奉政大夫、翰林院侍讀。著有《静讀山房詩鈔》二卷、《漆林集》。生于乾隆二十年六月廿四日，卒于嘉慶三年六月十七日。子二：世基、世繩。女五。（《家譜》卷八）

闈中，與施學濂、沈琳話江南春事。

先生有《與施御學濂沈侍御琳兩監視談江南春事》詩紀其事。（《蘀詩》卷四四）

沈琳，字潤輝，號華坪。秀水人。年十七籍學官，二十八魁鄉試。乾隆二十六年成進士，年三十有三。由兵部郎中考選江南道御史，轉吏科給事中，陞光禄寺少卿。生于雍正七年，卒乾隆五十一年。（《白華後稿》卷二三《誥授中憲大夫光禄寺少卿沈公墓志銘》，《國朝御史題名》）

又畫杏花一幅。

先生是年有《試院畫杏花》詩，可徵其事。（《蘀詩》卷四四）

又寫墨花一幅并自題。

《自題畫墨花至公堂西齋》云："嬴得滔滔孟夏臨，畫梁哺鴣睡蛇侵。嫩舒抹月批風手，粗費鉤花點葉心。觀象臺高通院肅，聚奎堂寂隔門深。川紅坐與城南憶，勒住春寒十日陰。"（《蘀詩》卷四四）

既逾十數日，會試放榜，先生出闈。

是科得士有錢棨等一百六十九人。四月廿一日，高宗策試天下貢士于太和殿前。廿四日傳臚，一甲三人錢棨、陳萬青、汪學金，二甲秦承業等五十六人，三甲萬承風等一百十人。（《清實録》册二三《高宗實録》卷一一二九）

閏五月廿日，獨樹軒繪墨蘭一幅。

款云："辛丑閏五月二十日，獨樹軒雨涼寫意。秀水錢載，年七十有四。"又識云："橙村老叔賞及此幅，即以奉貽，姪載。"畫為墨筆，紙本，立軸。高三尺，闊一尺五寸七分。鈐印四："獨樹軒"、"錢載"、"蘀石"、"蘀石書畫"。（《澄懷堂書畫目録》卷八）

是月，為張塤畫水仙一幅。

題識云："辛丑閏月，為吟薌老先生寫。秀水錢載，時年七十有四。"畫為墨筆，紙本，中軸。上方有潘奕雋識云："乾隆壬子十月，余過謹庭大兄松下清齋，出示秀水錢蘀石侍郎畫水仙。蓋謹庭在京時，侍郎寫贈張吟薌舍人，吟薌以贈謹庭者。今侍郎謝病歸里，舍人歸道山已數年矣。晴窗相對，既歎筆墨之妙，復感歲月之駛。因賦三章，祈謹庭和焉。吟薌後號瘦銅。　天風環珮水雲凉，(注：往與侍郎論畫，云見松雪水仙蘭花，有天風環珮不可摹擬之妙。)畫筆通靈老侍郎。聞道秀州今健在，南湖煙雨夢微茫。籠燈讀畫過橫街，街鼓沉沉坐小齋。(注：吟薌寓橫街官菜園，謹庭與之論畫談詩，夜分不倦。)珍重故人持贈意，空餘翰墨感吾儕。　松下清齋又小春，知君根觸記前塵。吟來好句真如畫，妙墨名香有一人。(注：謹庭作《松下清齋圖》，吟薌題詩有'妙墨名香有一人'之句，覃溪學士歎為絕唱。今當小春，余與謹庭嘗茶展卷，風日暄妍，恍與詩境相遇云。)水雲漫士潘奕雋拜手。"(《桐園臥游錄》三一)按：張塤是年有《雨中錢籜石侍郎送畫二首》詩，并注云："水仙小幀。"(《竹葉庵文集》卷一八)

潘奕雋，字守愚，號水雲漫士。江蘇吳縣人。乾隆三十四年以第八卷進呈，引見遲誤，降附三甲末。朝考入選，特用內閣中書。生于乾隆五年，卒道光十年。工畫，寫梅蘭水仙，信筆揮灑，不加粉飾，而天趣盎然。(《耆獻類徵》卷一三七，《清代人物生卒年表》頁八三二)

六月廿六日，友朱筠病卒日南坊里第。年五十三。

朱珪《翰林院編修誥授中憲大夫加二級先叔兄朱公墓誌銘》云："六月廿一日夜，忽遘痰疾，翌日漸瘳。二十六日疾復作，夜四鼓遂卒。"(《知足齋文集》卷三)

八月十五日，張夫人靈柩將南歸，先生為置田與家族祠墓祭事，各撰文以記。

一，置顯忠祠秋祭田。顯忠祠者，乃祠祭先生六世祖海石公錢薇之所。顯忠祠建于萬曆二十八年冬，原址在萬蒼山東二里之荊山，後移往海鹽縣資聖寺西。祠原為春秋兩祭。久之，因老大房舊置田漸難以支，祠祭遂同于海石公墓之春祭。先生因之別立祠田四十四畝五分五釐，以行秋祭。(《籜文》卷一一《顯忠祠秋祭田記》)二，立先墓秋祭田。蓋錢氏先墓各立田行春祭而未行秋祭，先生遂購田五十二畝一分以行秋祭。(《籜文》卷一一《先墓秋祭田記》)三，立田四十六畝三釐為錢氏每歲除夕之祭。(《籜文》卷一一《祠田記》)以上祭田所用者，公祭也。四，別置祀田四十七畝一分為家祭先人。自支祖五世祖父錢珍及其配、高祖父錢嘉徵及其配以下，先生定于各先祖忌日合考妣以祭。自支祖推而上至于一世，先生定于清明、夏至、中元、十月朔日行四時之祭。(《籜文》卷一一《祀田記》)五，為父錢炘及配朱氏、陸氏、丁氏一穴四兆墓，立祭田四十四畝三分。(《籜文》卷一一《先大夫墓田記》)六，為張夫人墓置祭田四十五畝二分五釐。(《籜文》卷一一《張夫人墓田記》)

逾日，錢世錫扶張夫人靈柩起程南歸，先生送至張家灣登舟。

先生是年有《送夫人靈柩至張家灣登舟》詩紀其事。其中有"行行國東出，八月曉星

蘭"之句。(《撙詩》卷四四)

十七日,孫錢善言生。為錢敏錫三子。

錢善言,原名善兼,字樂甫,號岱雨。秀水附監生,四川候補府經歷。從兄善揚得六法,善蘭竹花卉,官蜀中時,人皆愛其畫。生于乾隆四十六年,卒于咸豐三年。娶海寧太學生朱鶴汀女。無子,以兄子寶聚為嗣。(《家譜》卷七、《甘泉鄉人稿》卷一二《跋几山文學善揚畫蘭》、《嘉興歷代人物考略》頁三九四)

九月初六日,以四月至六月抽閱四庫書籍錯誤罰俸六個月。

自四月起至六月止,進過全書十四次,經軍機大臣查核,先生以抽閱四庫書籍錯誤記過九次,罰俸六個月抵銷。子錢世錫亦記過四次,著銷去紀錄一次,免其罰俸。(《纂修四庫全書檔案》頁一三八二、一三八八、一三八九《軍機大臣奏查明四月至六月所進書籍錯誤次數請將總裁等交部察議片》、《諭校書錯誤之皇八子永璇等俱著分別罰俸或註于紀錄抵銷》)

初九日,集英廉獨往園作登高會。

先生是年有《九日集獨往園相國有詩次其韻》詩,可徵其事。(《撙詩》卷四四)

十二月初六日,《四庫全書》第一份繕寫完竣。循例議叙。

《諭內閣全書第一分完竣所有總校等著總裁查明咨部照例議叙》云:"乾隆四十六年十二月初六日,內閣奉上諭,《四庫全書》第一分,現在辦理完竣,所有總校、分校人員等著該總裁查明咨部,照例議叙。欽此。"(《纂修四庫全書檔案》頁一四四六)

冬,奉旨恭和御製雪詩元韻。

先生是年有《恭和御制雪元韻》詩,并注云:"冬至日大雪,後復微雪,兹立春前十日雪積四寸。"(《撙詩》卷四五)

是年,賦詩送陳朗出守撫州。

先生有《送陳郎中朗出守撫州》詩,繫于是年。(《撙詩》卷四四)

本年有詩:

《恭和御製茶宴內廷諸臣翰林等題快雪堂帖聯句并成二律元韻》、《恭和御製春仲經筵元韻》、《恭和御製經筵畢文淵閣賜茶元韻》、《上巳朱學使筠初自閩還偕過法源寺歸飲其宅得詩二首》、《上巳後二日蔣侍郎招集北臺看桃花諸公約賦詩載以承命知貢舉明日入闈補作于西齋二首》、《試院小雨》、《與施御學濂沈侍御琳兩監視談江南春事》、《試院畫杏花》、《闈中作》、《自題畫墨花至公堂西齋》、《憶檀欒草堂前海棠花》、《憶蔣侍郎家紫藤花》、《擬出貢院後種菊于花塢書堂》、《送陳郎中朗出守撫州》、《送夫人靈柩至張家灣登舟》、《九日集獨往園相國有詩次其韻》、《恭和御制雪元韻》、《題詞卷三首》。

其中：

《上巳後二日蔣侍郎招集北臺看桃花諸公約賦詩載以承命知貢舉明日入闈補作于西齋二首》，翁方綱評第二首"不信于歸屬之子，全憑太乙有東皇"二句云："此則不通。"吳應和評第一首後半云："後半二十八字，包舉數十年契闊譚讌、存亡序散之情，纏綿悱惻，含意不盡。此種又似大蘇筆墨，范、陸不能有也。"

《試院畫杏花》，顧列星評云："語語雙關，却是大方，不落纖巧一路。"

《闈中作》，顧列星評云："記鄉先輩家蒿村先生悼亡句云：'四十餘年柴米累，教人何處說從頭。'純是糟糠家當。此兼清華之氣，故措詞更覺莊雅。"錢儀吉識云："此評錄之。"

《憶檀欒草堂前海棠花》，顧列星評前半"去年行役及春陽，萬里幾于見海棠。老却成都子規鳥，空來四月碧雞坊"云："清空如活，一片神行。"

四十七年壬寅（一七八二），先生七十五歲。

正月初九日，高宗召大學士及內廷翰林等茶宴。先生侍宴，蒙賜玉如意。

《行述》云："壬寅正月初九日，侍茶宴重華宮，賜玉如意一柄。"是日，以詠七十二候聯句。（《清實錄》册二三《高宗實錄》卷一一四八）

下澣，高宗為先生墨梅題詩一首。

御製詩云："何事梅花獻侍郎，略看畫法倣元章。疏原有密標高度，艷弗傷清吐暗香。點點圈圈具生意，斜斜直直引吟腸。南枝亦寫三五朵，似此繁叢覺太忙。"并識云："壬寅新正下澣。"（《欽定石渠寶笈三編》延春閣藏）

二月初二日，文淵閣賜宴，先生以《四庫全書》總閱與之。

《弘曆御文淵閣賜四庫全書總裁等官宴并賞賚有差》云："乾隆四十七年二月初二日。上御文淵閣，賜《四庫全書》總裁、總閱、總纂、總校、分校、提調、校理、檢閱等官宴，并賞賚有差。"（《纂修四庫全書檔案》頁一四六二）按：是日先舉行仲春經筵。（《清實錄》册二三《高宗實錄》一一五〇）

又奉旨恭和御製詩元韻。

先生是年有《恭和御製經筵畢文淵閣賜宴以四庫全書第一部告成庋閣內用幸翰林院例得近體四律首章即叠去歲詩韻元韻》詩。（《蘀詩》卷四五）

《墨梅御题图轴》，绢本墨笔，有清高宗 1782 年题诗

三月初九日，為德保繪蔣園桃花。

　　題識云："去年春，奉陪定圃大宗伯老前輩飯于蔣文肅賜第之北臺，看桃花。諸老約賦詩，宗伯詩先成，載嘗借用一句，而寫花以留于蔣氏。今年春，復陪飲于北臺，屬為寫花，遂成此以請正。或者錄諸公舊作于上方，以待後來之會之約，其亦寓老年鄭重之意。壬寅三月九日，秀水錢載。"鈐印二："錢載"白文方印、"萬松居士"朱白文方印。本幅有德保題詩，并識云："乾隆庚子春，蔣戟門倉場後園桃花盛開，招飲同人，即席漫成二律。錢籜石少宗伯曾為倉場寫圖。今年壬寅春，少宗伯為另寫一幅見贈，并紀其盛。少宗伯畫別開生面，蒼秀之氣蔚然紙上。余什襲藏之，以為珍寶。因錄去年舊作，附諸幀末云。歲在壬寅清和中澣，樂賢堂主人識。"鈐印二："惜分陰"朱文橢圓印、"樂賢堂印"白文方印。畫為墨筆，紙本，立軸，寬45.5厘米，高115.9厘米。今藏楓江書屋。按：德保云庚子春，又云錄去年舊作，兩相矛盾，所謂"庚子"應係筆誤。

廿日，于澄懷園花塢書堂仿趙文敏真迹寫幽蘭一幅。

　　題識云："澄懷園小雨後，仿趙文敏幽蘭圖真迹。壬寅三月廿日，秀水錢載，時年七十有五。"鈐印三："錢載"白文方印、"萬松居士"朱白文方印、"檇李"朱文圓印。又鈐"永安沈氏藏書畫印"。畫為墨筆，紙本，立軸。縱87厘米，橫41厘米。本幅右上有程晉芳題詩，畫上方及左右兩側另紙有莊存與、沈世煒、陳萬全、錢棨、陳萬青題詩，均奉可齋老先生之請。今藏楓江書屋。

四月初二日，以上年十月至十二月抽閱《四庫全書》之《天隱子》、《經外雜鈔》、《湛然居士集》、《本事詩》內繕寫錯訛，記過五次，罰俸六個月。

　　自上年十月起至十二月止，進過全書六次，經軍機大臣查核，《天隱子》內多寫撰人名一行，《經外雜抄》內"東曹掾"，"掾"字訛"椽"，《湛然居士集》內"寓迹塵中"句，"寓"訛"萬"，《本事詩》內"我與汝結今生緣"句，"生"訛"身"。先生記過五次，以罰俸六個月抵銷。子錢世錫亦記過十四次，著于補官日罰俸三個月。(《纂修四庫全書檔案》頁一四六九至一五〇五、一五六七至一五六九，《軍機大臣查明上年十至十二月所進書籍錯誤次數請將總裁等交部察議片》、《全書處彙核上年十至十二月全書繕寫訛錯并總裁等記過次數清單》、《吏部為知照四庫全書記過人員罰俸事致典籍廳移會》)

初六日，高宗以常雩禮懸燈及更衣幄次陳設不備，命將工部、禮部等官員交部議處。先生遭部議革職，得旨寬免。

　　是日，常雩，祀天于圜丘，高宗親詣行禮，見壇內懸掛天燈，僅止二盞，又更衣幄次，

《蔣園桃花圖軸》，紙本墨筆，1782年

亭、九畹婆娑託根在深谷無
人常自芳臭味遠塵俗當
暑寫生手清暇俗休沐拈
毫頓其致秀色媚幽獨雲
堂若炎歊展卷我回讀頻
覺湘江雲淋漓濕吾幅我閒
園香貴君子雅宜服膺如挂
之溫肝佩必良玉粉署方侯
馨想像伊人淋保素惟此心
前修以為晶
可齋老先生屬 題名
　　　　　　　晉陵莊存與

春風隨喜長蘭圃畫燒鉛如人畫中人貫侍郎三兩筆
山湖總已遠墨寫 江畔隱地有畫生南人耶不且卿 宣
素似此題校余南人耶不且卿 宣
素糸湘居當晨畫到設俊余不蓋三人靜牀師
边入古雅 蘭山古城存生未霑有朱當門宣山在
氣落托松孤在齋青存不在言 趙翼
可齋老先生政

春風戢戢中見一蘭圖瓷深附得難偶傳璠
露大香出葉作秋此九晚看吾宗々伯盡中仙
妙于玉孫合畫傅何幸芳生軍霧照一花一夢
揚清妍
　可齋老先生題

蘭是國香稱第一此圖品妙神童逸和風紙上午吹來清露瑩端
終洗出徐鄭摩師子國花此飛白間斯筆此芳淺碧傳真趣没
色丹青那呈诨
　可齋老先生屬
　　　湘南陳萬青

澄懷園山雨後仿題文虹
幽蘭圖真蹟
年七十有五
壬寅三月廿七日秀水錢載时

老畫同心袁湖雜素琴廣淡不敢揮々朝展煞明
宜辰春見笙琴茠寸一塘聞 小宮宮妃音憑張先生凡
庚書清瞰何借十文委絃倚屆風光樹蒼圍
　可齋老先生屬題　　　　　　　東沈舜

空谷無人閒幽蘭自抱芬由來楚宮佩冕著居平文綵豐胖風
數香宣常露薰名光寫瞋此筆異起葷篆徒題舞按圍
穎北閒綿速雅翠雲僊抄雨湘雲入寶同玢趣當門異所云與房
凡斤乾河雲不絃々
　可齋老先生屬題 桃花陳萬春

《仿趙文敏幽蘭圖軸》，紙本墨筆，1782年所設坐褥,亦不整齊,遂命將工部、禮部等官員交部嚴加議處。(《清實錄》册二三《高宗實錄》卷一一五四)國史館本傳云:"四十七年四月,常雩,以懸燈及更衣幄次陳設不備,奉旨交部嚴加議處,部議革任,得旨寬免。"(《清史列傳》卷二五)

五月十二日,高宗啓鑾巡幸木蘭。先生奉命扈從,并恭和御製詩。

《高宗實錄》卷一一五六云:"戊申。上以秋獮木蘭,自圓明園啓鑾。"(《清實錄》册二三)先生是年有《恭和御製幸避暑山莊啓蹕之作元韻》詩。(《蘀詩》卷四五)按:以下行程日期皆從《高宗純皇帝實錄》卷一一五六至一一六三鈔出,不另行注明。

是日,駐蹕南石槽行宫。

十三日,駐蹕密雲縣行宫。

十四日,駐蹕要亭行宫。

十五日,駐蹕兩間房行宫。先生奉命恭和御製詩。

先生是年有《恭和御製過懷柔縣詠古元韻》詩。(《蘀詩》卷四五)

十六日,駐蹕常山峪行宫。復奉命恭和御製詩。

先生是年有《恭和御製常山峪行宫三疊舊作韻元韻》詩。(《蘀詩》卷四五)

十七日,駐蹕喀喇河屯行宫。

十八日,駐蹕避暑山莊,至八月十八日皆如之。

逾日,先生接長子書信,將于九月廿六日葬張夫人,遂感賦二十九首詩,寄焚墓前。

先生是年有《得世錫書卜以九月二十六日葬其母夫人于嘉興縣九曲裏之新阡感成追憶詩二十九首寄焚墓前》詩,可徵其事。(《蘀詩》卷四五)

七月初七日,以正月至三月抽閱四庫書籍錯訛罰俸六個月。

自本年正月起至三月止,進過全書八次,經軍機大臣查核,先生記過一次,著罰俸六個月。(《纂修四庫全書檔案》頁一五五九、一五六五,《軍機大臣奏查明正月至三月所進書籍錯誤次數請將總裁等交部察議片》、《吏部為知照四庫全書館正月至三月記過人員罰俸事致典籍廳移會(附黏單)》)

十四日,奉命恭和御製河源詩。

是日,高宗命館臣編輯《河源紀略》,故有御製河源詩。(《清實錄》册二三《高宗實錄》卷一一六〇)先生是年有《恭和御製河源元韻》詩。(《蘀詩》卷四六)

八月十九日,高宗自避暑山莊啓鑾幸木蘭。先生未隨行,回京。

《高宗實錄》卷一一六三云:"癸未。上自避暑山莊啓鑾,幸木蘭。"(《清實錄》册二三)隨後九月十六日自避暑山莊回鑾,二十二日方抵京。而先生遲至九月十三日已回京,可知并未隨駕木蘭。(《清實録》册二三《高宗實録》卷一一六五)

九月十三日,携酒招同人集英廉獨往園補作重陽會。

英廉是年有《擢石携酒獨往園招同人補作重陽時爲壬寅九月十三日》詩紀其事。(《夢堂詩稿》卷一五)先生是年亦有《補作重陽會于獨往園》詩。(《蘀詩》卷四六)

十五日,爲汪承霈寫墨菊一幅。

題識云:"壬寅九月之望,時齋老世叔招飲于内城先公賜第,見庭圃新栽菊二百餘本,出紙屬畫,遂圖以應,并請題句及之。秀水錢載,時年七十有五。"鈐印二:"載"、"坤一"。畫爲墨筆,紙本,立軸。今藏北京故宫博物館。

十一月廿九日雪,英廉有詩懷先生。先生次韻答之。

英廉是年有《十一月晦日雪有懷蘀石》詩。(《夢堂詩稿》卷一五)先生則有《次韻奉答馮相國十一月晦日雪保定見懷》詩。(《蘀詩》卷四六)

十二月十五日,查禮引見,遂留京度歲。先生嘗同曹仁虎、陸錫熊集程晉芳齋酌之。

查禮是年有《十二月十五日引見恩諭留京度歲》詩紀其事。(《銅鼓書堂遺稿》卷二四)先生是年有《酌查大中丞禮同曹侍講仁虎陸大理錫熊集程編修晉芳齋》詩,可徵其事。(《蘀詩》卷四六)按:九月,查禮以陞任湖南巡撫,入京覲見。(《耆獻類徵》卷一八一國史館本傳)

卅日,查禮卒于京邸。年六十八。

據吕星垣《通議大夫湖南巡撫查公墓志銘》。(《白雲草堂文鈔》卷六)

是年,嘗過英廉檀欒草堂賞海棠。

先生有《馮相國檀欒草堂賞海棠》詩,繫于是年。(《蘀詩》卷四五)

又應曹仁虎招,同曹學閔、張燾、程晉芳、陳崇本會飲。

先生是年有《曹侍講仁虎招同曹少卿學閔張侍講燾程編修晉芳陳編修崇本飲》詩紀其事。(《蘀詩》卷一六)

張燾,字慕青,號涵齋。安徽宣城人。司馬汝霖長子。乾隆二十八年進士。由庶常散館授編修,陞翰林院侍讀。甲午主試四川,癸卯主試河南,充順天鄉試同考官三,會試同考官二。左遷吏部主事。簡放湖南學政。致仕歸,主講南通州書院。與同年姚鼐尤親密,所著詩古文詞鼐皆手定序之。著有《津門雜記》三卷。(《揚州畫舫録》卷三,《皇朝續文獻通考》卷二六七,《宣城縣志》卷一八)

本年有詩：

《恭和御製經筵畢文淵閣賜宴以四庫全書第一部告成庋閣內用幸翰林院例得近體四律首章即疊去歲詩韻元韻》、《馮相國檀欒草堂賞海棠》、《恭和御製幸避暑山莊啓蹕之作元韻》、《恭和御製過懷柔縣詠古元韻》、《恭和御製常山峪行宮三疊舊作韻元韻》、《恭和御製永佑寺瞻禮元韻》、《夜涼》、《得世錫書卜以九月二十六日葬其母夫人于嘉興縣九曲裏之新阡感成追憶詩二十九首寄焚墓前》、《題後三首并寄》、《種草花》、《埋老馬》、《再種草花》、《恭和御製寫心精舍元韻》、《恭和御製煙雨樓對雨元韻》、《恭和御製題文津閣元韻》、《恭和御製哈薩克馬元韻》、《恭和御製題所仿倪瓚獅子林圖五疊前韻元韻》、《山莊書房入直》、《散直》、《恭和御製晴碧亭憶舊元韻》、《恭和御製題戒得堂元韻》、《恭和御製題古松書屋作歌元韻》、《恭和御製偶見元韻》、《恭和御製霞標弗待月元韻》、《恭和御製批摺元韻》、《恭和御製蒙古田元韻》、《恭和御製上驪元韻》、《恭和御製題鏡香亭元韻》、《恭和御製助夫元韻》、《恭和御製清舒山館元韻》、《恭和御製河源元韻》、《曹侍講仁虎招同曹少卿學閔張侍講燾程編修晉芳陳編修崇本飲》、《補作重陽會于獨往園》、《對雪》、《上書房詩課盈冊和作三首》、《次韻奉答馮相國十一月晦日雪保定見懷》、《酌查大中丞禮同曹侍講仁虎陸大理錫熊集程編修晉芳齋》。

其中：

《恭和御製幸避暑山莊啓蹕之作元韻》，顧列星評起二句"頤和本是心無暑，法祖端宜歲有行"云："立言有體，即一避暑間俱見本朝聖聖相承之家法。"

《得世錫書卜以九月二十六日葬其母夫人于嘉興縣九曲裏之新阡感成追憶詩二十九首寄焚墓前》，翁方綱評第一首云："坤一每喜僂數干支，竟像星平盤子。"

《再種草花》，顧列星評"戒庸嬉細事，圖暢健閑身"二句云："'戒庸'一聯字字有汁漿，宋人得意句也。'嬉細'、'健閑'，詩家所謂雙聲是也。"

《恭和御製蒙古田元韻》，錢儀吉評"農而不習武，是宜善所慮"二句云："昨見秋潭相國東使詩意正如此，書生但知重農，尚未見及，此等詩不可不讀。"

《曹侍講仁虎招同曹少卿學閔張侍講燾程編修晉芳陳編修崇本飲》，注"自朱學使竹君歿後及今秋稍涉文讌"，翁方綱評云："君與竹君何嘗心知，而倦倦如此者，僞耳。"

卷　八

乾隆四十八年癸卯（一七八三），先生七十六歲。

三月初四日清明，至右安門甲午修禊處，感懷亡友朱筠。

先生是年有《三月四日清明右安門南甲午修禊處感朱學使筠》詩，其中云："降才良不易，積學尤難言。中道失斯人，真宰知其原。"（《籜詩》卷四七）

初十日，奉旨以原品休致。

據《高宗實錄》卷一一七六，今年京察屆期，吏部開列在京各部院三品以上大臣等奏請甄別，先生因年力就衰，難以供職，著予原品休致。（《清實錄》冊二三）又先生《恭謝摺乾隆癸卯》云："本年三月，內閣奉上諭，禮部侍郎錢載年力就衰，難以供職，加恩予原品休致，欽此。"（《籜文》卷二）按：時先生兩耳重聽。

先生服官三十餘年，夙夜寅清，刻苦自勵。

《行述》云：先生"遭際雖晚"，而頗受高宗賞識，"屢加賞拔，洊廁清班，充講官，職右史，備宮僚，從容待從二十餘年，遂躋卿貳。簡侍皇子講席，寓澄懷賜園。"先生感激皇恩，服官始終兢兢乎白圭之去玷、霜鶴之整羽，一心至潔，不敢萌私。其有假公以濟所欲者，凜乎不敢出也。嘗謂：'士方束髮讀書，原期建樹，苟無實績可紀，而刻苦自勵，勉守以正勿濫，亦庶幾可無負于國恩。'"

廿三日，從子錢儀吉生。

錢儀吉，福胙子，陳群曾孫。字藹人，號衎石，一號新梧，又號定廬、心壺。十二歲效《選》體作《山賦》千言，張問陶擊節稱賞。嘉慶六年浙江鄉試舉人。十三年成進士，選庶吉士，散館改主事。歷任戶部江南司兼陝西司主事、山東司主事、貴州司員外郎、雲南司郎中、掌貴州道御史、會典館提調兼總纂官。道光中主講粵東學海堂、河南大梁書院。內行純篤，治經史明融精博，博通群籍，富有纂述。與從弟泰吉稱"錢氏二石"。著有《刻楮集》四卷、《旅逸小稿》二卷、《廬江錢氏文匯》五十卷、《藝文略》二卷等。生于乾隆四十八年,卒于道光三十年。誥授朝議大夫。娶餘杭人刑部直隸司員外郎陳紹翔女,名爾士,誥封恭人,生于乾隆五十年,卒于道光元年,著有《聽松樓稿》。側程氏、胡氏、胡氏、姚氏。子六:保惠、衍徽、衍淳、朋壽、師恬、公願。女六。(《家譜》卷八、《兩浙輶軒續錄》卷二五、《晚晴簃詩匯》卷一一九)

春,長子錢世錫服闋,仍入《四庫全書》館修書。

錢世錫有《辛丑秋冬間余護太夫人柩南歸時濟寧以南河水泛濫數百里間茫茫巨浸杳與天際中途值暴風舟行危甚余叩頭船唇無數懂而後免至今痛定思痛不忍言也瘦銅舍人在京師念我至切見之夢紀以詩癸卯春余入都始得讀之遂依韻奉酬舍人》詩,可徵其事。(《鹿山老屋詩集》卷一二)

四月十五日,為英廉撰《夢堂詩老傳》。

《夢堂詩老傳》略云:"今東閣相公蚤歲自號曰夢堂,其稱詩于江南知之者且五十年,于是朝之後進翕然推之,余之信而題曰夢堂詩老,非其所自為矣。詩老之詩溫潤縝密,超然意象之表。……乾隆癸卯四月之望,秀水錢載傳。"(《萚文》卷一二)按:後英廉子吉延福刊其詩集《夢堂詩稿》,即以先生文冠于前。

八月初,將起程歸鄉,成哲親王永瑆賦詩相送。

成哲親王永瑆《送萚石先生南歸》云:"去歲相隨北塞上,共烹小檻菜花頭。而今悵別東門道,又上孤篷潞水舟。幾巷攜歸舊書畫,餘年暢足好林丘。青山對笑鬚眉改,却話金臺足舊游。"(《詒晉齋集》卷一)

德保亦有詩送先生。

德保《送錢萚石少宗伯歸里》云:"早歲聲華動帝京,晚年遭遇得殊榮。文昌座列瀛州貴,卿月光連秀水清。壽越七旬筋力健,官嫻三禮典章明。羨君自遂懸車樂,舊雨從教鄙吝生。""桂苑櫻筵雁侶聯,(注:宗伯與家四弟鄉試同年,家三弟會試同年。)拙才如我愧先鞭。畫中禪仰王摩詰,(注:宗伯善畫。)酒後詩推李謫仙。葉葉芝蘭輝閬苑,(注:令嗣官翰林。)行行桃李映花磚。(注:宗伯屢典鄉會試事。)同朝祖餞東郊外,誼忝寅恭倍惘然。"(《樂賢堂詩鈔》卷下)

蔣賜棨以盆桂贈行。

先生是年有《蔣侍郎贈盆桂舟中盛開》詩紀其事。(《萚詩》卷四七)

馮敏昌銘二端硯并椰杯二贈行,并賦詩五首。

先生是年有《馮編修敏昌銘端硯二伴椰杯二贈行却寄以謝》詩,可徵其事。(《萚詩》卷

四七)

> 按：馮敏昌《送籜石夫子致仕歸秀水五首》詩云："承家忠孝百餘年，名世文章孰更先。節重勞深恩錫帝，功成名遂退關天。行藏自合中庸妙，後起還看邁種賢。安樂有餘心不愧，林居一老地行仙。""誰勵寅清繼秩宗，中朝模楷重夔龍。詞臣舊日文章貴，端尹當時禮遇隆。大廈梗楠材已庀，春官桃李蔭還農。桓榮車馬尋常事，寧見詩書啓沃恭。""星駟夙駕敢辭遥，東邁西征譽望超。自入宮墻依孔孟，代祠陵寢見文堯。迴瞻天闕牛頭麗，更憶匡山雪瀑飄。歷典文衡方入閣，盡收風景後歸朝。""崑崙巨派孟門行，杜老神明山谷精。風雅一時推絶業，詩林千古振中聲。已將格律追前輩，還指津梁示後生。名論幾人能領略，暫迴青眼看孤莖。""盛餞同看出國門，登舟仍得奉芳樽。心能戀闕遲三宿，水見還鄉又一番。樂事方來年未艾，名山此去業逾尊。他時聖壽欣重祝，更睹來朝錫異恩。"（《小羅浮草堂詩集》卷二一）

廿日，至潞河登舟，復于舟次為潘有為跋黃道周松石卷。

> 《黃石齋先生畫松石卷跋》末云："今卷藏粵東潘毅堂中書所。癸卯八月廿日，秀水錢載，潞河舟次。"（《籜文》卷一四）

廿一日，友英廉病卒。年七十七。先生賦詩挽之。

> 據《欽定八旗通志》，卒于是年八月。另據《清史編年》卷六，卒于八月廿一日。先生有《却挽馮相國》詩，繫于是年。（《籜詩》卷四七）

行至東昌，待牐數日。遇鄒夢皋。

> 先生是年有《東昌待牐》、《開牐》二詩紀其事。（《籜詩》卷四七）又有《李海務待牐鄒給諫夢皋歸舟至奉簡》詩，其中云："餞余纔隔月，請假忽連檣。"（《籜詩》卷四七）按：時鄒夢皋亦乞歸旋里。

十一月初六日，行抵揚州，張坦邀與同年吉夢熊、蔣宗海、秦黌、吳以鎮會于爾雅堂。

> 吉夢熊《前後六客詩》序云："癸卯歲，僕客韓江，與蔣春農舍人，秦序堂觀察，張松坪、吳涵齋二太史晨夕相共。冬至月之初三日，盧抱經學士從晉陽歸，秦觀察招飲于舊城讀書處。越三日，錢籜石少宗伯從京邸來，張太史邀會于爾雅堂。"（《研經堂詩集》卷一三）

先是，盧文弨自山西三立書院歸鄉，行至揚州，秦黌邀其于十一月初三日同張坦、吉夢熊、吳以鎮、蔣宗海作同年會。

> 柳詒徵《盧抱經先生年譜》云："癸卯十一月二日，晤揚州同年秦西岩黌、張松坪坦。

時歙吴涵齋以鎮、丹徒蔣春農宗海、丹陽吉渭崖夢熊咸在揚,謝未堂前輩溶生得孫,以是日招客觀劇,知予至,使人見邀。次日,西岩作主人,同年六人合成四百七十三歲,飲散登舟。"(頁六六)

先生與盧文弨一後一前,兩不相值,吉夢熊因作《前後六客詩》,并徵諸同年和詩,欲為兩人調停。

> 吉夢熊《前後六客詩》序云:"往時同年都門聚處,最盛率數十人,閱三十餘年,風流雲散,今惟翁覃溪宫洗暨告假之張晴溪學使在京耳。而錢、盧近多議論齟齬,覃溪以抱經為是,餘無作調人解之者。昔人言,正叔、子瞻一生樹敵,然使章蔡之徒欲分一人以去,必不從也。今世無章蔡,而吾同年意見偶殊,其志致固可信矣。"其《後六客詩》又云:"大曆錢盧總擅名,云和垂老互相輕。文章別作山陵議,齋祀何庸洛蜀争。同學少年俱白髮,一時交態各青睛。後先三日韓江路,稍喜朋儕共舉觥。"注云:"籜石曾有堯陵之奏,抱經作堯陵前後二議。"(《研經堂詩集》卷一三)

明年二月十三日,翁方綱撰《續六客詩序》,駁吉夢熊之言。

> 翁方綱《續六客詩序》云:"抱經自山右歸杭,籜石自京歸嘉興,其過揚州,偶有先後,非有意不相值。渭厓詩序有'錢盧近多議論齟齬'之語,又云'覃溪以抱經為是'。方綱在同年中年最少,凡事多請益于諸兄。抱經長于考據,籜石長于詩,皆益友。無所謂申彼而益此者。"(《復初齋文集》[手稿影印本]册六,頁一四八六)

明年二月廿一日,顧光旭至揚州,亦賦《書前後六客詩後》詩呈同年。

> 顧光旭《書前後六客詩後》序云:"癸卯冬月,盧抱經學士、錢籜石宗伯先後南歸,舟至邗上時,吉渭厓京兆、蔣春農中翰館于揚,秦西巖觀察、張松坪、吴涵齋兩太史門閭相望,先後宴集,遂作《前後六客詩》,彙為一册。渭厓首唱,為之序。甲辰二月廿一日,余至揚,得觀于涵齋齋中,率爾有作,呈諸同年。"(《響泉集》卷一六)

逾日,先生渡江,至無錫金匱訪顧光旭。

> 顧光旭《書前後六客詩後》有句云:"宗伯渡江後,訪我梁鴻里。置酒與道故,相對且歡喜。"(《響泉集》卷一六)

十一月,到家。

> 《九豐義田記》云:"癸卯二月,載以衰邁蒙聖主深恩,予原品休致,十一月歸里。"(《籜文》卷一一)

奉祖父祖母、父母兩代誥詞,于祠墓焚黃告祭。

《祠堂告文》云:"癸卯,載以衰邁恩予原品休致,十一月歸里。茲者涓吉設享,祇奉誥詞,膽黃焚達。"又《嶼城楊家橋祖墓焚黃文》云:"癸卯,載以年衰蒙聖主深恩,予原品休致,還鄉上塚。孫男之報無復後期,祇奉制書,焚黃以達。"又《洲航山墓焚黃文》云:"今男以衰邁蒙聖主深恩,予原品休致,祇奉制詞,焚黃以達。"(《籜文》卷二五)

又備禮送大伯母周孺人、四伯母鍾孺人、五伯母沈孺人神主入郡節孝祠。

周孺人、鍾孺人、沈孺人皆以守節撫孤膺旌門之典。(《行述》)

鍾孺人,傳見康熙五十一年譜。

周孺人,大伯父錢煒繼室,生于順治十七年,卒雍正五年,守節四十四年,已請旌。遺腹雙生子方叔、從昆。(《家譜》卷七)

沈孺人,五伯父錢煇德配,生于康熙十四年,卒于乾隆十六年,守節五十八年。乾隆九年題旌。子一:摺。女一:適貢生考職州同胡樹業。(《家譜》卷七)

十二月十五日,葬張夫人于嘉興縣永豐鄉之九曲裏。

先生乾隆戊申有《癸卯蒙恩歸冬十二月十五日克葬張夫人于九曲裏之原預營生壙戊申載八十有一歲而復為之詩》詩,可徵其事。(《籜詩》卷四九)

復自營壽藏,并名墓西三楹丙舍曰"九豐堂",題聯云:"六藝云備;九穀斯豐。"

《九豐義田記》云:"以十二月葬張夫人,即自營生壙。先是,敏錫、容錫將葬其母,築如丙舍者三楹于今墓之西。載取義束皙之詩'九穀斯豐',以適合其地之永豐九曲,名之為堂,而曰九豐。"(《籜文》卷一一)又朱休度嘉慶丁巳有《丁巳早春雨中錢寶甫偕吳榕園邀余挈兒聲依過九豐堂探梅即以籜石先生自題墓屋聯六藝云備九穀斯豐分韻每人拈其二余得備字斯字感題各一首》詩。(《小木子詩三刻》之《俟寧居偶咏》卷上)

是月,作梅花卷子并題長律七篇。

樊增祥《錢籜石先生梅花卷子系以長律七篇可莊同年屬題愛伯師和其四余和其三用以抒情敘別云爾》注云:"先生自序謂蒙恩以原品休致,即入山卜地營葬云云。此卷蓋丙舍中作。"(《樊山集》卷一五)據此可知梅花卷子作于本年十二月。

自歸田後,先生掩關百福巷中,門庭蕭然,或攬書吟咏,或往九曲裏賞花作畫。

《行述》云:先生"歸里後,深巷閉門,日翻閱舊書籍。秋草被階,凝塵滿席,庭樹葉蕭蕭落,門無雜賓,并少送酒問字之彥。洒然獨坐,時憶文史故事,則命不孝容錫尋檢以呈,從容諷味。蓋府君一生勤學,老而彌篤。摩挲古硯,得硯甚夥。有携前人書畫名迹求鑑定者,往往欣賞竟日。課諸孫作文,課曾孫識字。間命棹渡南湖,往九曲,棲遲墓屋中。進田夫村老,與之煮葵剪韭,酌醴焚枯,課桑麻,問晴雨。命二僮舁籃輿,行田塍間,看菜花,看秧,看稻葉、稻花,陶然以樂"。又顧列星云:"先生予告家居,每布衣草屨,獨行阡陌,與田父野花相酬對,不知其為二品貴人也。嘗有墨守介一鄉先達謁公,自朝守至日昃,公堅臥不為起,其高峻類如此。予嘗謁公于百福巷,無應門之僮,登其堂,闃其無人,剝啄良久,始有一小婢出應客,其清風亮節,可以想見矣。"(《籜詩》[國圖編號 09446]卷四七失名錄顧列星識語)

本年有詩:

《三月四日清明右安門南甲午修禊處感朱學使筠》、《歸舟述四首》、《蔣侍郎贈盆桂舟中盛開》、《東昌待牐》、《李海務待牐鄒給諫夢皋歸舟至奉簡》、《白髮》、《賤日》、《翰藻》、《先壟》、《九曲》、《謝鄒給諫》、《孤坐》、《早起》、《攜歸》、《復述》、《城裏》、《張嫗三首》、《憶西湖》、《明年》、《却挽馮相國》、《憶檀欒草堂海棠》、《開牐》、《馮編修敏昌銘端硯二伴椰杯二贈行却寄以謝》、《食芋》、《我鄉》、《淺》、《歸興》、《靳家口》、《出山東牐後寫望》、《清口》、《過露筋祠阻風夜雪》、《野泊》、《草堂》。

其中:

《三月四日清明右安門南甲午修禊處感朱學使筠》,翁方綱識云:"謂感竹君者,非其實也。"顧列星評云:"《選》體中雅淡之作。"

《李海務待牐鄒給諫夢皋歸舟至奉簡》,顧評"秋鴻去一行"句云:"'秋鴻'句語意雙關,對法亦極活便。"

《攜歸》,錢聚朝校"紫荊遍生意"一句云:"'紫'疑'柴'。"

四十九年甲辰(一七八四),先生七十七歲。

正月二十一日,高宗車駕發京師。第六次南巡始。成哲親王永瑆等隨行。

《高宗實錄》卷一一九七云:"(丁未)上南巡,車駕發京師,命皇十一子永瑆、皇十五子顒琰、皇十七子永璘隨駕。"(《清實錄》册二四)

是月,于百福巷之寶澤堂仿王冕作萬玉圖。

題識云:"前身定是明月,幾生修到梅花。甲寅正日,仿王元章萬玉圖筆意,于百福巷之寶澤堂,七十七老人錢載。"按:"甲辰","辰"字訛"寅"字。畫為墨筆,紙本,中軸。(《桐園臥游錄》三二)

> 按：寶澤堂，先生高祖錢嘉徵故居，在角里街。先生移居鳳池坊，重懸是額于廳事。自跋云："先高祖侍御公之堂曰寶澤，舊在角里街，今謹請皇子書此二字，以額于百福巷所居，勗我後之人，蓋不忘先澤也。"（《嘉興府志》卷一五）

二月初八日，媳陳素媛卒。年四十九。

> 陳氏，名素媛。給事中鴻寶女弟，三子錢敏錫室。孝事尊章。一日，先生有珍藏古籍被人污損，慍焉，陳氏重為寫錄，補綴完好如初。操作勤苦，力貧訓子，或乞鈔《五代史》，得二千錢為兒製衣。作書必手自繕寫，書法趙吳興，秀韻獨絕，時以餘閑濡毫吮墨。工吟詠，有《讀書樓稿》五卷，為先生所許。生于乾隆元年，卒于乾隆四十九年。（《家譜》卷七，《聽松樓遺稿》卷二《讀書樓稿序》）

三月初三日，赴常州恭迎聖駕，進畫五幅，蒙賞緞疋。

> 《行述》云："甲辰春，聖駕六舉南巡盛典。府君迎鑾于常州，恭進畫五軸，蒙恩賞緞疋。"據《高宗實錄》卷一二〇〇，三月初一、初二日皆駐蹕金山行宮，初三日駐蹕三義閣大營，初四日駐蹕政成橋大營。金山行宮、政成橋，一在常州府之前，一在常州府之後，由此推斷御舟過常州為三月初三日。

復于常州陽湖縣昆陵驛隨行舟次謁見成哲親王永瑆，請書九豐堂額，并相約西湖再會。

> 《九豐義田記》云："甲辰春，翠華南幸。載赴常州恭迎聖駕，蒙恩賜緞一端。時皇子隨侍，見十一阿哥于舟次，謹請書額以貽。此九豐堂之所以成也。"（《蘀文》卷一一）成哲親王永瑆是年有《見蘀石先生于昆陵驛約會西湖而別》詩紀其事。（《詒晉齋集》卷二）

十六日，高宗遣官祭五代錢鏐祠。先生陪祀。

> 《高宗實錄》卷一二〇一云："（辛丑）遣官祭海潮神廟、江潮神廟，并唐臣陸贄祠、五代錢鏐祠、宋臣岳飛墓、明臣于謙祠、故大學士徐本墓、梁詩正墓、尚書徐潮墓、錢陳群墓。"（《清實錄》冊二四）朱珪是年有《錢武肅王鐵券歌》詩，其中有"扈鑾入杭禮咸秩，薦香分命祠錢王。湧金門外表忠觀，晜孫喜見老侍郎。導我諦觀古鐵卷……"并注云："裔孫少宗伯載陪祀。"（《知足齋詩集》卷七）

復與成哲親王永瑆相會西湖。

> 永瑆《見蘀石先生于昆陵驛約會西湖而別》詩有"古驛日光晚，春湖月色涼。何以盡衷曲，別離為話長"之句。（《詒晉齋集》卷二）

廿五日，高宗自杭州回鑾。第六次南巡畢。

《高宗實錄》卷一二〇一云："庚戌，上自杭州迴鑾。"（《清實錄》冊二四）

五月，姻家沈翼鵬寄奉淨相寺所產檇李，先生回書辨證，疑非真種。

蔣元龍《鄂巖以檇李餉余戲肖其形題句奉酬三首》注云："甲辰五月十九日，沈兄息園招同人游淨相寺訪檇李，僅存真種三四樹。因親視僧人手摘，擇佳者寄奉籜石先生。書來數十言辨證，猶疑非真種也。"（《春雨齋詩集》卷一二）

沈翼鵬，字象與，一字息園。嘉興人。國子監生。生長巨家，而性習廉儉。耽玩典牒，博涉宏覽，尤嗜《通鑑》，尋繹再三，其于古今興廢、人物賢否，綜其大概，言之能詳。卒于道光十年，年八十。以外孫張金鏞官贈翰林院編修。有女適先生孫寶甫。（《躬厚堂雜文》卷六《贈翰林院編修國子監生沈公墓志銘》）

六月廿一日，友程晉芳卒于陝西畢沅幕舍中。年六十七。

據翁方綱《皇清誥授奉政大夫翰林院編修加四級蕺園程君墓志銘并序》。（《勉行堂詩集》前附錄）

七月初一日，詞科同徵曹秀先以疾卒于位。年七十七。

據彭元瑞《光祿大夫太子太傅禮部尚書曹文恪公墓志銘》。（《恩餘堂輯稿》卷二）

冬，為張燕昌題石鼓亭梁。

《題石鼓亭》云："貢于國庠，張氏燕昌。手拓石鼓，大成門旁。持歸鹽官，考校模刻。作亭覆之，書堂之側。同郡錢載，為題其梁。乾隆甲辰，冬月維陽。"（《籜詩》卷四七）

按：張燕昌好篆籀之學，"嘗于太學手拓石鼓歸，又渡重江訪甬上天一閣藏書，得觀北宋拓石鼓文舊藏松雪齋者，朱塗累累，如吳興峴山玉齋諸印，手摩入石，築亭貯之。錢竹汀少詹為撰記，翁覃溪學士賦石鼓篇，錢少宗伯題梁。"（《耐冷譚》卷一〇）

是年，屬從父繼畬纂輯本族世系。

道光六年錢臻《錢氏家譜序》中云："乾隆四十九年，族兄少宗伯公嘗屬從叔繼畬先生纂輯世系。"（《家譜》前）按：繼畬俟考。

又過祝氏綠溪舊莊，感而有賦。

先生有《西城錢園祝氏買之雍正乙巳後故人文酒于此蓋二十餘年今唐侍御買之過而感賦》詩，繫于是年。（《籜詩》卷四七）

是年，吳修呈自輯《佳句錄》十卷，乞教正。

吳修《佳句錄》自序云："余自束髮學詩，與家兄榕園日事吟咏，尤耽佳句，有不驚人不休之志。乾隆甲辰年甫弱冠，輒取古人名句，仿主客圖之意，為《佳句錄》十卷，以呈錢籜石、朱梓廬、梁山舟三先生，并見許可，為抉擇去取，多所增益。"按：是書取漢魏以來之詩，為之摘句成二十卷，于道光七年付梓。其中摘錄有先生"踏青人出村無雨，上冢船回樹有煙"、"連村雨似楊花落，逐隊人如燕子飛"、"船回浦雨初收冷，鳥下陂煙忽斷青"、"老嫗春祠盃珓火，群兒高阜紙鳶飛"、"由來玉馬朝周客，未絕銅盤別漢心"、"據梧高閣心雙鳥，洗硯清潭面一僧"、"不是文章兼政事，孰能遺愛到于今"諸詩句。(見《佳句錄》卷一八)

吳修，先生表姪。字子修，號思亭。海鹽人。監生，議叙布政司經歷。少負雋才，有神童之目。十四歲已梓所為詩問世，稍長，盡交當世知名之士。鑒別古今字畫金石尤具精識，嘗集國朝名人五百六十餘家手札七百通刻之石，為《尺牘鑒真》十六卷。為詩落筆揮灑而天真流露，著有《吉祥居存稿》四卷。生于乾隆三十年，卒于道光七年。(《兩浙輶軒續錄》卷一九、《清代人物生卒年表》頁三〇三)

自先生歸里後，吳修常來受教。

吳修《思近亭稿》自序中云："蘀石錢先生初歸里，一見賞識，命讀漢唐以來各家全集，相與深論其是非升降之故。七八年間飽飫緒論，親承指授。或呈所為詩，輒喜見顏色。"又《青霞館論畫絕句一百首》云："修以詩受知錢宗伯，得公贈畫最夥。嘗為作設色桃柳，題句云：'楊柳垂絲桃破萼，人生難得是春三。'問修知此意否，蓋勉以及時為學。"(《美術叢書》冊二，頁一〇六四)

本年有詩：

《西城錢園祝氏買之雍正乙巳後故人文酒于此蓋二十餘年今唐侍御買之過而感賦》、《題石鼓亭》。

五十年乙巳(一七八五)，先生七十八歲。

正月初二日，寫杏花一幅。

題識云："去歲種杏花于寶澤堂前，今年花頗盛，因為賦色。乙巳二日，錢載，時年七十有八。"鈐印三："錢載"白文方印、"蘀石齋"朱文方印、"少宗伯"白文方印。鈐鑑藏印二："劫灰外物"、"熙載平生珍賞"。畫為設色，箋本，立軸。縱96厘米，橫29厘米。今藏楓江書屋。

初六日，預千叟宴，與同郡縉紳詣天寧寺，望闕朝賀。

沈叔埏有《乙巳六日詔舉千叟宴守臣集闔郡縉紳詣天寧寺望闕朝賀恭紀》詩紀其事，并注云："錢蘀石少宗伯時年七十有八。"(《頤綵堂詩鈔》卷八)

自十六日至十九日,招朱休度、蔣元龍放舟永豐鄉之九曲裏,至丙舍賞梅。舟中悉載花以行。三人同宿永豐堂,論詩竟夜。

　　蔣元龍是年有《十六日錢籜石先生招同梓廬放舟永豐鄉之九曲裏丙舍看梅花三十二疊前韻》詩,可徵其事。又云:"昨籜石先生招游九曲裏,舟中悉載花以行。"(《春雨齋詩集》卷一)錢福胙是年亦有《二十日春雨先生枉駕草堂同馥林石菌夜話疊前韻二首》詩,并注云:"籜石從兄邀先生九曲看梅,前一夕返櫂。"(《竹房遺詩》)朱休度《丁巳早春雨中錢寶甫偕吳榕園邀余挈兒聲依過九豐堂探梅即以籜石先生自題墓屋聯六藝云備九穀斯豐分韻每人拈其二余得備字斯字感題各一首》注云:"乙巳春,先生初種墓梅,招余與蔣春雨同宿堂中,論詩竟夜。"(《小木子詩三刻》之《俟寧居偶咏》卷上)

　　蔣元龍,字乾九,一字雲卿,號春雨,老後以耳聾自號褒翁。秀水人。乾隆三十六年副貢。嗜古,工詩文。詩情幽峭,琢句工雅,不由凡近。精賞鑒,工繪事,嘗以楊梅紫液畫牡丹,用草汁作葉。元龍乃先生從弟錢福胙之師,先生歸田後,與之交善,詩亦為先生所推許。(按:戚芸生《追悼蔣春雨明經十二首》有"有美非私愛,曾邀大匠□"之句,并注云:"籜石少宗伯曾錄生平故交之詩,生存者惟君一人,于君名下注云'此人不在此例'。")并嘗為其畫扇十數幅。(按:錢楷《蔣春雨先生屬題先宗伯畫菊便面》有句云:"袖懷摺疊畫扇十四,一一吾家宗伯圖。梅蘭竹雜四時卉,間亦自詩還自書。年年畫扇畫不悋,先生熟公方遂初。遂初未滿十年樂,林泉一夕花光落。"見《綠天書舍存草》卷二)生于雍正十三年,卒于嘉慶四年。(《嘉興歷代人物考略》頁三一九,《兩浙輶軒錄》卷三七)

十七日,與蔣元龍、朱休度游石佛寺,觀淨月房漆榻所離元明人畫幅及題句。

　　蔣元龍是年有《明日復同梓廬陪籜石先生游石佛寺訪淨月房觀舊離漆榻皆元明人畫幅并題句先生攬不忍釋擬邀文魚手拓而裝之歸賦五言三十三韻奉呈并寄文魚以堅其約》詩,并注云:"拓成後先生許為之跋。"(《春雨齋詩集》卷一〇)

逾日,又同游普光寺。

　　蔣元龍是年有《同梓廬陪籜石先生游普光寺》詩紀其事。(《春雨齋詩集》卷一〇)

二月廿四日,蔣士銓卒于南昌之藏園。年六十一。

　　據《清容居士行年錄》蔣立仁注。

三月,于東塔寺跋元釋雪庵書八大人覺經卷。

　　跋云:"雪庵此卷,自明葉藏東塔寺僧處,幸不飲人缸面酒,至今無恙,已刻石嵌禪堂兩廡。向藏初拓本,携至京師,皇十一子見之,深加嘆賞,謂筆力破餘地,腕有顏、柳鬼,實出松雪翁上,宜當時之推重也。今過僧廬,縱觀墨迹,正如親到寶山,得見真面目,何幸如之。乾隆乙巳春三月,錢載題後。"卷後又有成哲親王永瑆嘉慶十六年跋云："籜石先生昔曾見示雪庵和尚書八大人覺經石刻拓本。乾隆癸卯，先生南歸，甲辰相晤于毗陵驛，及今廿八年矣，乃得觀墨迹，有歲月不居之感。先生名印，猶予手製也。嘉慶辛未十二月，成親王。"（《辛丑銷夏記》卷四《元釋雪庵書八大人覺經卷》）

春，張夫人婢張嫗卒。年九十。先生為營葬。

《訪故至鐵店浜東圩滙南三首》注云："先夫人婢張嫗以九十歲歿于乙巳春，葬永安湖先塋後之東塢。"（《籜詩》卷四九）

六月初一日，跋六世祖錢薇答蕭晚札墨迹，札為從弟錢福胙相贈。

《太常公答蕭先生札墨迹跋》略云："右札為公以禮科給事中，嘉靖十六年丁酉奉敕查盤湖廣、廣西錢糧，明年公年三十七，在桂林答廣西按察副使蕭晚者……七世孫福胙自半邏故家之散佚，奉以歸載……乾隆乙巳六月朔日，七世孫載謹跋。"（《籜文》卷一五）

錢福胙，汝恭四子。字爾受，號雲巖，又號訒堂。嘉興縣學增廣生，乾隆五十一年本省鄉試舉人，五十五年進士，改翰林院庶吉士。散館授編修，充方略館分校、文淵閣校理、功臣館纂修，教習庶吉士。歷任詹事府右春坊右中允、翰林院侍講、翰林院侍讀、詹事府右春坊右庶子、詹事府左春坊左庶子、翰林院侍講學士。充乾隆五十九年順天鄉試同考官，六十年江南鄉試副考官。嘉慶四年拜福建學政，七年任滿還朝。未幾病卒，年四十。著有《延澤堂詩鈔》、《文鈔》、《覆瓿集》各一卷，《芸館集》四卷，《奏御存稿》一卷，《真珠船》二卷。生乾隆二十八年，卒嘉慶七年。娶德清人翰林院侍講學士戚麟祥孫女湖北廣濟縣知縣戚朝桂女。側孫氏。子一，儀吉。女二。（《家譜》卷八，《文匯》補編冊三錢寶甫《祭雲巖從祖文》）

廿三日，友陸燿卒于位。年六十三。

據國史館本傳。

八月秋仲，與方薰合作竹石圖一幅。先生寫竹，方薰畫石。

款云："乙巳秋仲，百福巷老人寫竹。"鈐印二："錢載"白文方印、"萬松居士"朱白文方印。畫為墨筆，紙本，（按：中文部分注明"絹本"。）立軸。縱162.5厘米，橫42.5厘米。（《佳士得中國古近代名畫拍賣圖錄》一九九四年六月紐約，頁一二五）

方薰，字蘭士，一字蘭坻，號樗盦。其先由歙遷居石門。十五歲隨父游歷三吳兩浙之地，後僑寓禾中梅會里，父歿後就食桐鄉。先寓程氏，後寓金氏桐華館。貌樸野如山僧，性高逸狷介自守。生于乾隆元年，卒嘉慶四年，年六十有四。以詩畫見重于世，與奚鐵生齊名。尤長于畫，凡人物、山水、花鳥、草蟲，靡不臻妙。筆意秀挺，設色沖淡，花草亦娟潔明净，綽有餘妍。性耽吟咏，著有《山静居詩稿》八卷《題畫詩》二卷《詞》二卷《詩話》二卷，又有《論畫》二卷、《論書》二卷。（《兩浙輶軒錄》卷三二，《履園叢話》卷一一下，《桐陰論畫》卷下，《夢厂雜著》卷七《方蘭如奚鐵生合傳》）

八月廿八日，友圖轄布卒。年六十六。

據朱珪《日講起居注官翰林院釋講學士加一級裕軒先生墓志銘》及翁方綱《裕軒學士從獵泛舟二圖卷記》。（《知足齋文集》卷三，《復初齋文集》卷六）

秋，為曹秉鈞畫漳蘭并題。

題云："種梅先生貽漳蘭，萼有品字者，并以紙屬寫而題之，即請正。　小巷坐思山雨涼，幽人來挈瓦盆黄。七閩隔海帆加駛，三點成伊佛散香。宣德紙膚瑩可愛，鷗波亭迹妙難方。獨頭是一雙頭二，對此且誇陳夢良。（注：漳蘭以紫花之陳夢良為甲，其萼多至二十有五。）乾隆乙巳秋窗，百福巷七十八歲老人錢載。"鈐印三："錢載"白文方印、"萬松居士"朱白文方印、"籜石書畫"白文方印。畫為墨筆，紙本，手卷。長132.2厘米，寬33.5厘米。畫上題詩與詩集卷四七《曹明經秉鈞貽漳蘭萼有品字者并以紙屬寫而題之》相同。（見《籜詩》卷四七）畫後有曹秉鈞、吳照、萬廷蘭、張敦仁、洪鐘、宋葆淳、袁廷檮、樂鈞、彭兆蓀、張瓊英、李放浪、楊仁愷等題跋。前有錢坫書引首："壺尊晚年之筆。劍泉十六兄屬題。嘉定錢坫審定。"今藏耀文齋。

曹秉鈞，字仲謀，一字種梅。嘉興人。少受業于諸錦、齊召南，學有淵源。副貢生，官山陰訓導。為人沖和恬雅，工書，尤擅畫蘭。凡墨經畫品、書史硯箋、金石之錄、古器之評，無不溯其津源，辨其真贋。著有《藤花老屋詩鈔》。生卒年俟考。（《續檇李詩繫》卷二八，《湖海詩傳》卷三八）

秋，長子錢世錫致仕還鄉。

錢世錫《朱梓廬六十壽序》云："乙巳秋，余罷官南歸。"（《文匯》册二）先生是年亦有《世錫歸》詩紀其事。（《籜詩》卷四七）

歸後嘗授徒于外，以佐甘旨。

錢儀吉云："百泉兄為先從父籜石先生長子，生平孝友樸實，詩如其人。先從父清懷歸田，饔飱常不足，兄大考罷歸，嘗授徒于外，以佐甘旨。"（《清詩紀事》引《衎石筆記》）

自乙巳至丙午、丁未，先生與同年吳懋政時相往來，或話舊論文，或同游巖壑山林。

《八銘堂詩稿序》有云："時壬申同年吳君蘭陔亦致仕家居。春秋佳日，兩人相

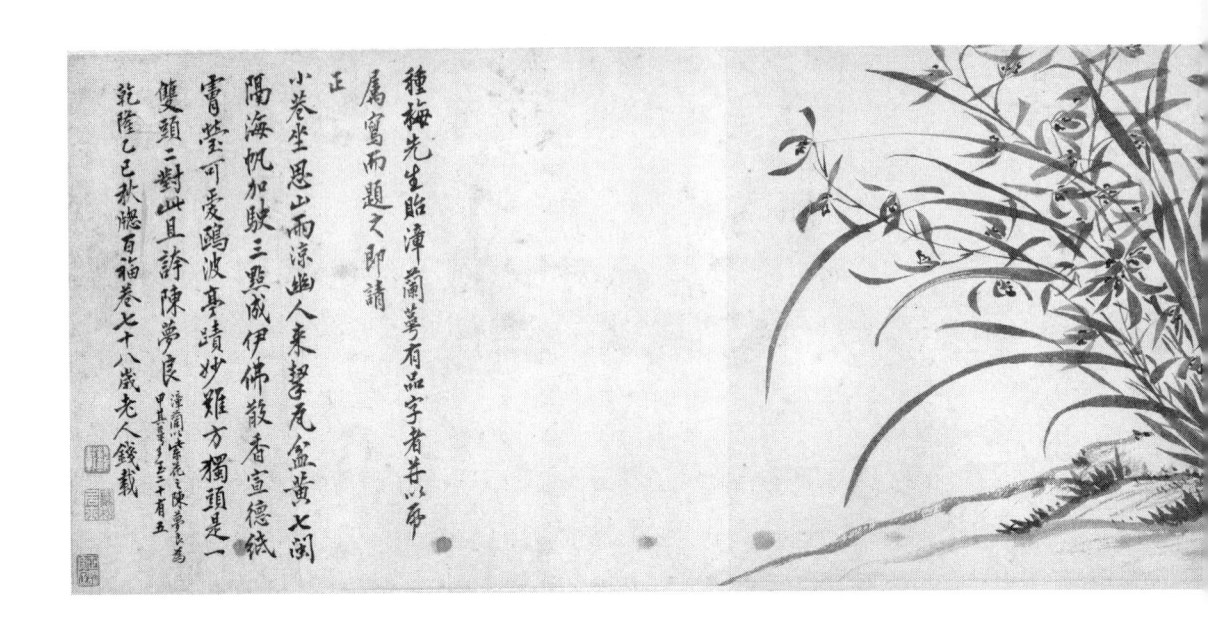

往還,話舊論文,同探巖壑之幽,極山中樂事。予有句云:'登高插菊年年事,海上青山兩杖扶。'實自乙巳始無虛歲也。"按:先生是年有《贈吳明府懋政》詩,結二句即序中所引詩句。(見《萚詩》卷四七)吳懋政是年亦有《次韻答錢蘀石宗伯》詩云:"當代文章懸北斗,故園風物占南湖。誰知洛社真耆宿,尚憶燕門舊酒徒。架上賜書千卷在,門前雜客一人無。小山秋興登高會,桂樹端須大雅扶。"(《八銘堂詩稿》卷四)

吳懋政,字維風,號蘭陔。海鹽縣澉浦人。乾隆十五年舉人,十七年成進士。官廣東博羅縣知縣,改處州府教授。歸里後江南北士人請制舉業,獲雋者數十百人,所選刻時文遍行宇內。詩亦工整有法,著有《八銘堂詩稿》。乾隆五十八年卒,年七十六。(《續檇李詩繫》卷二一,《桂馨堂集‧感逝詩》,《兩浙輶軒錄》卷二八)

是年,為張燕昌繪蘭竹石一幅。

款云:"芑堂學長先生屬寫,百福巷七十八歲老人錢載。"鈐印二:"錢載"白文印、"萬松居士"白朱文印。畫為墨筆,紙本,立軸。今藏北京故宮博物館。

又寫蘭石一幅。

款云:"雪舟年學兄屬,七十八老人錢載寫。"畫為墨筆,紙本,立軸。今藏北京故宮博物館。

又繪竹石圖一幅。

款云:"百福巷七十八老人錢載寫。"鈐印二:"錢載"白文方印、"蘀石書畫"白文方

《漳蘭圖卷》，紙本墨筆，1785年

印。右下鈐印一："杏花疏影裏歗簥到天明"白文長方印。畫為墨筆，紙本，立軸。縱133.5厘米，橫46.5厘米。畫曾著錄于方濬頤《夢園書畫錄》卷二一。今藏楓江書屋。

又繪竹石蘭芝圖。

款云："寫于百福巷之寶澤堂中，籜石錢載，時年七十有八。"鈐印三："錢載"白文方印、"萬松居士"朱白文方印、"籜石書畫"白文方印。畫為墨筆，紙本，立軸。縱125厘米，橫60厘米。今藏楓江書屋。

是年，應王大全之請，作《王節婦傳》。

王氏，秀水曹寧妻，其母為巢鳴盛女孫。婦守節五十二年，卒于乾隆三十年，于乾隆四十八年得旌。是年，節婦孫王大全屬其友携姚氏、王氏之族譜來乞先生撰傳。

（《籜文》卷一二《王節婦傳》）

又為張燕昌跋《小瀛洲社會圖》。

圖繪製于明萬曆間，十老中有先生五世祖錢珍仲弟臨江太守東畬公錢琦，時年七十五。"張子芑堂購圖請以跋，以載錢後人，宜得拜東畬翁，且以載今年七十八，與西村入社之歲適同，其踵而藻飾之也。"（《籜文》卷一五《小瀛洲社會圖跋》）

又撰《五鳳三年甎硯銘》。

文中云："乾隆乙巳出海壖。"（《籜文》卷一七《五鳳三年甎硯銘并序》）故將硯銘繫于本年。又張廷濟《漢五鳳三年甎阮氏八甎之一》云："乾隆五十年乙巳，同邑梅會里李一徵上舍聘得于海鹽海濱漁舍。海鹽吾以方上舍名進號竹房者為琢研，錢撝石宗伯銘之，家文魚明經為書而鎸之。"（《中國書畫全書》册一一，頁七二六）

又撰《藤筇銘》。

乾隆己亥九月登廬山，庚子登華山、西鎮吳山、金陵攝山，皆携此筇。"癸卯十一月歸來，又二年，而余七十有八歲，躊跚莫勝矣。葉落霜零，乃為爾銘，是老友也。"（《籜文》卷一七《藤筇銘》）

又題自藏龔詡詩札。

題識云："龔公崇正（禎）時贈翰林待詔，謚安節。乙巳錢載記，時年七十八。"鈐印一："雅言齋"白文方印。（《明人尺牘》頁七）

本年有詩：

《泛南湖》、《曹明經秉鈞貽漳蘭蕚有品字者并以紙屬寫而題之》、《里中》、《贈吳明府懋政》、《世錫歸》。

其中：

《泛南湖》，顧列星評云："神味深厚，絕似放翁。"錢聚朝校"覆載含容感極真"句中"含"字為"舍"字。

《里中》，錢聚朝校"事有才人淚兩行"句云："手校本作'心是才人淚兩行'。"

五十一年丙午（一七八六），先生七十九歲。

四月十六日，為蔣元龍題陳書《松石花鳥立軸》。

其辭云："右幅為我曾叔祖母陳太夫人中年之筆，蓋畫于半邏承啓堂之東所居書畫樓下也。其筆法深得中吳周服卿、陸叔平諸名家一派，而以性靈發之，豈特賢媛中所不可多見者哉。雍正癸卯，文端公迎養京師。乙巳自京師歸，始居郡城。載日侍左右，見太夫人下筆蒼古淡遠，以為是可常常得見者也。今辰蔣明經春雨携示此幅，忽忽如在書畫樓村前喬木村後修篁間，而承啓堂之毀已久矣。感舊門之式替，企祖澤之長延。六十年來，風景恐非疇昔，太夫人知之，其有深于載心者耶。曷任憮然。乾隆丙午四月十六日，曾姪孫載謹題，時年七十有九。"（《清芬世守錄》册三卷九《松石花鳥立軸》）按：文為先生佚作，故盡錄于此。

初夏，作蘭石一幅寫玉田詞意。後入藏內府。

題識云："一片松陰外，石根蒼潤，飄飄元是清氣。撝石載寫玉田詞意，時年七十有

一片松陰外石根蒼潤飄飄元是清氣薜石錢費寫玉田詞意時年七十有九丙午初夏

《寫玉田詞意圖軸》，絹本墨筆，1786年

九,丙午初夏。"鈐印三:"錢載"白文方印、"萬松居士"朱白文方印、"籜石書畫"白文方印。畫為墨筆,絹本,立軸。縱4尺2寸9分,橫2尺1寸2分。鈐鑒藏寶璽:五璽全、"寶笈三編"、"宣統御覽之寶"。(《欽定石渠寶笈三編》延春閣藏)又曾著録于《支那南畫大成》及《故宮書畫圖録》。今藏臺北故宮博物院。

仲夏,自銘所藏舊坑淺紫石硯。

《舊坑淺紫石硯銘并序》云:"丙午仲夏,銘而匣之,銘曰'紫霞可餐,何如馬肝'。"(《籜文》卷一七)

夏,題陳書康熙十四年所繪《魚籃觀音像》。

《陳太夫人魚籃觀音像》有"乾隆丙午夏,墨采將百年"之句。(《籜詩》卷四八)按:此畫著録于《清芬世守録》,先生題詩亦載其中。

秋,為陳大謨撰墓志銘。

陳大謨,字方來,號澹園。桐鄉人。國子監生。生于康熙四十三年,卒于乾隆五十一年,年八十三。(《籜文》卷二二《國子監生陳君墓志銘》)

秋,友梁敦書卒。

據王昶《宿臨湘萬年庵》詩注,梁敦書于是年秋下世。(《春融堂集》卷二〇)

十月,陸綱將葬父陸燿,來請先生題其《誓墓圖稿》。

《書陸大夫誓墓圖稿》云:"君以楚撫乙巳卒官,歸葬先塋之次,而不知其能畫也。此其誓墓圖稿,癸卯作于任城書院者。……今其子綱奉圖稿請題,乃得見故人手迹。"(《籜文》卷一四)據袁枚《湖南巡撫陸公神道碑》,將于是年十月葬陸燿于吳江之東顧陌公予告時所自營生壙。(《小倉山房文集》卷三一)

冬日,畫芙蓉松枝扇面。

款云:"梅村老親家先生正之。丙午冬日,百福巷七十九老人錢載。"鈐印二:"錢載"白文方印、"萬松居士"朱白文方印。畫為墨筆,紙本,扇面。今藏楓江書屋。

冬,入萬蒼山修葺丙舍,并于山中度歲。

《行述》云:"永安湖丙舍有樓,歲久不修,漸傾欹。丙午之冬,府君親自入山修葺山樓,遂于山中度歲。"先生是年亦有《山中除夕》詩紀其事。(《籜詩》卷四八)

是年,嘗致信吳修,借觀所藏沈周墨花卷、吳鎮竹譜及文徵明蘭花。

札一云:"尊處聞有石田先生畫墨花卷,今日無事,特遣人告求,望即付我一看,感甚、感甚。後日要到九曲裏去矣。耑此不盡。子修表姪，愚載頓首。"札二云："近作甚好，南宫一首尤爲神化之筆，此必傳之作也。今懇者，尊處梅道人竹譜卷，乞付下一觀。又文徵明蘭花，得并借付，更感。草草不多及。子修表姪，載頓首。"信末附吴修識云："修以詩受知于公，此二札乃丙午歲手書，時年七十九。修謹記。"（《昭代名人尺牘》卷二一）

又應范墀之請，爲其母趙孺人作家傳。

趙氏，吴江人。年二十二歸同縣范爽，工部侍郎范璨次子。璨長子理早卒，無子，孺人以始生子墀爲之後。生于康熙五十年，卒于乾隆五十一年。（《萚文》卷一二《趙孺人家傳》）

又應蔣元龍之請，題其二十年前所作楊梅汁液畫。并題其小像。

先生有《蔣明經元龍食楊梅頃以紫液入幅成木芍藥花兼取庭草汁作葉吾家文端公首題之裝卷二十年色猶不減屬詩于末》詩，繫于是年。又有《題蔣明經元龍戴笠圖》詩。（《萚詩》卷四八）

又爲戴殿海跋《九靈山房圖》。

《九靈山房圖跋》云："浦江戴君劍溪，來爲嘉興府儒學司訓，詒我以九靈山房之集，而屬題其九靈山房之圖。"（《萚文》卷一四）據《嘉興府志》卷三六，浦江戴殿海于乾隆五十一年任嘉興府儒學訓導。按：浦江縣北九靈山，戴良居此，因號九靈山人。并有《九靈山房圖》。乾嘉年間，其後裔戴殿海復補繪是圖，遍徵題咏。（《浦江縣志》卷五）

戴殿海，字贏三。浦江縣劍溪人。與弟殿泗同游齊召南之門。歲貢生。歷任杭、嘉、寧、台等處學官。阮元視學浙江，命其總理文淵閣及紫陽書院。歸里後日以文籍自娱。戴氏自殿海、殿江仲季購求先哲遺書，藏書甲于浙東六郡。殿海性喜刻書，手校精善，士林推重。著有《鑑溪詩文集》。（《浦江縣志》卷五、九）

又爲錢福胙跋陳書花卉册。

《陳太夫人花卉册跋》云："款爲贈光禄大夫曾叔祖廉江先生所題，辛卯之夏以贈野堂姪孫北上者……乾隆丙午七十九歲曾姪孫載謹跋。"（《萚文》卷一五）

本年有詩：

《蔣明經元龍食楊梅頃以紫液入幅成木芍藥花兼取庭草汁作葉吾家文端公首題之裝卷二十年色猶不減屬詩于末》、《獨坐憶故人》、《陳太夫人魚籃觀音像》、《題蔣明經元龍戴笠圖》、《百福巷作》、《春花好》、《縣南》、《永安湖坐雨》、《永安湖北岸守先墓人獻大土地》、《山中除夕》。

其中：

《蔣明經元龍食楊梅頃以紫液入幅成木芍藥花兼取庭草汁作葉吾家文端公首題之裝卷二十年色猶不減屬詩于末》，顧列星評云："七律惟坡仙之作縱橫變化，有跌宕不羈之致，此為神似。"

《獨坐憶故人》，顧列星評云："神韻絕世，宋體亦自佳。"

《永安湖北岸守先墓人獻大土地》，錢儀吉評云："余翁此是真樂府。"錢聚朝校"墙偶焚紙錢"一句云："'偶'，手校本改'隅'。"

《山中除夕》，顧列星評云："以下數首俱逼真劍南。"

五十二年丁未（一七八七），先生八十歲。

正月初一夜，寓山中丙舍。

先生是年有《山中元夕》詩紀其事。（《籜詩》卷四八）

時先生修丙舍湖天海月樓將成。

先生是年有《修湖天海月樓將成》詩紀其事。（《籜詩》卷四八）又錢楷《掃墓雜詩八首》注云："萬蒼丙舍皆籜石宗伯公歸田修葺，樓名湖天海月。"（《綠天書舍存草》卷二）《李松圃比部以先文端書和益翁姪歸來十詩卷見贈敬題并謝比部用先韻四首》注云："先世居半邏，先祠在澉上，成親王書湖天海月樓額。"（《綠天書舍存草》卷三）錢寶甫《湖天海月樓賞雨圖記》："湖天海月樓在萬蒼山麓，先塋之左，巽向，向永安湖。湖束腰形，束處，左颿山，右鹿山。孤雲兩角，自樓視之如戟門。門間有堤，隔為裏湖、外湖。湖前抵塘，塘綴煙戶數十家，塘外則海濤接天。"（《文匯》補編三）

初夏，應汪啓淑之請，撰文記其歙縣老家綿潭山館之芍藥坪。

《紅藥坪記》云："職方汪君秀峰官京師日，嘗索其綿潭山館之詩，久而未能以應也。去歲丙午，乃列其園中日增之景而一時名流未有詩與文者，俾擇之加粉飾焉。"（《籜文》卷一〇）

五月，作墨筆花卉十二幀。

第一幅款云："八十老人錢載。"第四幅題云："一籬黃菊平生事，無酒令人意闌然。"第八幅題云："記小舟夜悄波明香，遠津不見花開處。"第十二幅款云："丁未夏五，戊子人錢載偶筆。"鈐印有："錢載"白文方印（十次）、"萬松居士"朱白文方印（七次）、"坤一"朱文方印（二次）、"復真"白文方印（二次）、"籜石書畫"白文方印。鑒藏印有

"超然書屋鑒藏"朱文印一方。後紙寶樓主人跋云:"嘉興錢籜石先生,寫生皆以墨筆,其濃淡結構較之用彩色,殆有過之而無不及也。余嗜書畫性最篤,欲購先生畫册幾二十年,從未見有如是精妙神品。今于無意中得之,其快慰宜何如耳,爰識數語以記之。辛酉元旦,寶樓主人自題。"鈐印一:"澤仁"白文方印。西園主人繼之識云:"庚申四月望後,待罪上洋,幾無生趣。至辛酉春與寶樓主人遇,以此册持贈,并梁翁諸名墨寶供置舟中,時一展閱,雖不合于今人,尚可求契于古人。相對終日,亦足自娛。咸豐辛酉春仲,西園主人書識。"鈐印一:"墨緣"朱文方印。又補識云:"錢籜石宗伯畫秀骨天成,畫中仙品,是讀書人筆墨,非畫工所得而儗也。此册雜寫各色花卉,無不各臻其妙。八十老人為此,仙乎仙乎。……自來畫家皆有贋本,惟此老不能摹仿,以其氣味迥不猶人也。讀此老畫,當于象外求之。"鈐印二:"寶米齋"朱文長方印、"來往千載"朱文方印。畫為册頁,紙本,橫約22厘米,縱約30厘米。今藏楓江書屋。按:李玉棻《甌鉢羅室書畫過目考》卷三著録先生墨筆花卉大册,亦為西園主人所有,當即此册。

六月,繪蘭竹石一幅。

款云:"丁未六月,八十老人錢載,寫于百福巷。"鈐印二:"錢載"白文印、"萬松居士"白朱文印。鈐收藏印二:"毓鼎長壽"、"宛平惲氏所藏"。畫為墨筆,紙本,立軸。今藏北京故宮博物館。

八月初五日,立三義田,各撰文以記。

一,侍御公高祖錢嘉徵義田。總六十八畝二分三厘,供侍御公以下諸子孫。先生早欲置此義田,將山東學政任養廉二百兩貯京邸三年,後寄家而未就。(《籜文》卷一一《侍御公義田記》)二,父誥贈資政大夫義田。計五十一畝九分,供父以下諸房。(《籜文》卷一一《資政義田記》)三,九豐義田。為三子立,因即九豐堂名而名之。總計九十一畝五分五厘。(《籜文》卷一一《九豐義田記》)

初八日,友曹仁虎病卒廣東學政官署。年五十七。

據錢大昕《日講起居注官翰林院侍講學士曹君墓誌銘》。(《潛研堂文集》卷四三)

十九日,撰文記張夫人墓及己之生壙。

地十一畝一分,在嘉興縣永豐鄉九曲裏。(《籜文》卷一一《錢墓地記》)

是月,跋亡友陸燿《嶽麓圖》。

《陸朗夫嶽麓圖跋》云:"丁未八月,八十老人錢載跋。"(《籜文》卷一四)

桃 　　　　　　　荷

菊 　　　　　　　水仙

《花卉圖册》十二幀之四,紙本墨筆,1787年

又為蔣元龍寫蘭花。

題識云:"貫園老賢表性好藝蘭,中庭所列嘗數十甕盎。今年花叢有同心者,有并蒂者,有一莖兩萼如母之抱子者。蔣明經來道之甚悉,并屬為圖以記其瑞。貫園藏書至多,又日聚古人名迹,春雨云明年花時可共欣賞。余以為但借携蘭萼兩盆于小齋,使靜觀旬日,而仍以陳根歸之,為最得耳,遂跋數語于後以竢。丁未八月,百福巷八十老人錢載。"鈐印三:"錢載"白文方印、"萬松居士"朱白文方印、"籜石書畫"白文方印。畫為墨筆,絹本。今藏天津市藝術博物館。(《中國古代書畫圖目》冊一〇,頁一七九)

九月,偕朱珪、馮浩登煙雨樓。

馮浩《朱石君學使按郡余邀朱繡叔掌科同年小飲不果遂占二首後所附朱石君次韻》注云:"丁未九月,與公暨籜石侍郎同飲于煙雨樓。"(《孟亭居詩稿》卷四)

馮浩,字養吾,號孟亭。浙江桐鄉縣人。乾隆元年舉于鄉。十三年成進士,授翰林院編修。十五年纂修《續文獻通考》,承修帝系、封建二門。歷官山東道御史。生于康熙五十二年。卒年八十三。以子應榴官封鴻臚寺卿。著有《孟亭居士詩文稿》,又有《李玉溪詩文集詳註》。(《耆獻類徵》卷一三七,《大清一統志》卷二八八,《兩浙輶軒錄》卷二三,《清代人物生卒年表》頁一二四)

朱珪,字石君,號南厓。順天大興人。未弱冠入詞林,與兄筠齊名,人比之眉山蘇氏,人稱"二朱"。乾隆十三年進士。四十一年入直上書房,侍皇十五子學。四十四年充《四庫全書》館總閱。四十九年扈從南巡。五十年授浙江學政。五十八年巡撫廣東。嘉慶元年總督兩廣,歷官體仁閣大學士。生于雍正九年,卒于嘉慶十一年,年七十六。謚文正。有《知足齋集》二十卷。(《耆獻類徵》卷二九國史館本傳,《國朝畿輔詩傳》卷三七)

是月,作益壽圖。

款云:"益壽圖。丁未九月,百福庵八十老人錢載。"畫為設色,紙本,立軸。縱3尺9寸7分,橫1尺9寸6分。鈐印三:"錢載"白文印、"萬松居士"朱白文印、"籜石書畫"白文印。"畫皆以墨鈎。菊花一叢九種,疏密相間,花皆盛開。石旁雜以條竹細草。筆墨灑脱,亦復大氣盤旋。款右上,右下角'籜石書畫'。"(《古緣萃錄》卷一三)

又于九豐堂寫水仙、蘭花、墨竹、繡球、墨梅、桂花等八幀。

第一幀,白描水仙。款云:"丁未秋九月,八十老人載寫于九豐堂。"鈐印三:"載"朱文印、"坤一"朱文印、"講筵侍直"朱文印。其餘八幀鈐有:"坤一"朱文印、"錢載"白文印、"白石泉邊自結廬"白文印、"講筵侍直"朱文印、"墨華研雨"白文印、"檇李"朱文印、"坤一氏印"白文印。畫為墨筆,紙本,册頁。縱27.1厘米,横34.8厘米。今藏上海博物館。

秋,繪繡球一幅。

款云:"丁未秋日,仿石田筆意寫于籜石齋,百福巷八十老人錢載。"鈐印三:"錢載"白文印、"萬松居士"朱白文印、"籜石書畫"白文印。畫為墨筆,紙本,立軸。縱88.1厘米,横46厘米。今藏上海博物館。

十二月初八日,友曹學閔病卒。年六十九。

據錢大昕《宗人府丞曹公神道碑》。(《潛研堂文集》卷四一)

冬,袁枚過訪不值。

《茶舫歌八首》序云:"袁方伯鋆屬題鴛鴦湖茶舫圖,得讀其從兄明府枚之跋。先生于載同徵,又翰林前輩。庚子秋金陵別後,丁未冬見訪不值。"(《籜詩》卷四九)

是年,錢世錫館陸費墀綠雲書屋。

蔣元龍是年有《頤齋少宗伯延錢百泉太史于家新居後葺綠雲書屋為課讀之所太史有詩用陶集韻倡之宗伯和之而屬予繼作》詩,可徵其事。(《春雨齋詩集》卷一二)

是年,先生畫牡丹、栀子、水仙、山茶四幀。

邵松年《古緣萃錄》記云:"第一開,牡丹。款右上,'百福巷八十老人錢載'。'錢載'白文印。第二開,栀子。款左上,'八十老人載'。'錢載'白文印。第三開,水仙。款左上,'八十老人載'。'錢載'白文印。左下角,'少宗伯章'白文印。第四開,山茶。款右上,'八十老人載'。'錢載'白文印。"後紙識云:"丙辰新正,偕曾樞翁游廠肆,購得此本,振甫識。"鈐印一:"慶麟私印"白文印。又云:"籜石翁墨花四頁,兼有白石、白陽之勝。鋤月山人及許靜庵花果蟲草,亦静雅可玩。近日廠肆如此等小品亦不多見矣。同治辛未九月,振甫偶識。"鈐印二:"慶麟"白文印、"振甫"朱文印。"籜石灑落,静庵工致,鉏月山人清潤,得天一册雅近籜石翁。要皆無意求工,故各得天趣。丙申二月,伯英。"畫為墨筆,紙本,與另三家畫同裝,共九開,高5寸7分,闊9寸2分。(《古緣萃錄》卷一三《錢籜石各家花果小品册》)

又題從妹錢與齡畫册。

《跋蒯氏妹畫册》云:"蒯氏妹,從叔郡丞雨時女,文端公孫女,南樓老人陳太夫人曾

孫女也。能畫花卉,學太夫人,請題其册。……太夫人以丙辰終京邸,越今五十有二年。"(《揅文》卷一五)

錢與齡,字九英,題所居曰仰南樓。汝恭幼女,側室陸氏出。年二十適前權廣西太平府明江同知吳江蒯嘉珍。善畫,尤工畫梅,嘗從先生問畫理。多見元明名迹,間論其工拙厚薄之故,皆有理詣。卒于道光七年七月,年六十有五。子四:晉保、關保、成照、芬。女一,夢蘭。(《衍石齋記事槀》卷一○《亡姑蒯君夫人墓志》)蒯嘉珍,字鐵巖,號聘堂,先生嘗為其茂林修竹小照補景。(《筠心書屋詩鈔》卷一一《蒯聘堂茂林修竹小照錢籜石補景》)

且以種德積善勵之。

錢儀吉《亡姑蒯君夫人墓志》云:"當是時,從父少宗伯公幼,太夫人即教之畫。及姑問畫于少宗伯公,公遂言曰:'妹亦知太夫人之德,蓋所處至艱難,而詩禮之氣常怡然有以自樂者邪。六十二歲,文端始登第,有禄以養,太夫人猶藉畫補不足。其後孫、曾科目繼起,盛矣,然載固知老人作畫時有未嘗望及此者。蓋種德者之于天,豈其有所望,而且以自必邪。矧夫繼之者,或厚其積或否,將無復有所以天者邪?妹其思之。'"(《衍石齋記事槀》卷一○)

又跋五世從祖錢琦四書文明坊刻殘葉。

錢琦,明正德戊辰同進士出身。先生作跋,一則意在使後人勿忘錢氏以四書文起家,一則期于他日求得公之墨迹以備其所藏。(《揅文》卷一五《錢臨江四書文跋》)

又應張燕昌之請,為其父張維斗表墓。

張維斗,自號瓜圃。卒于乾隆二十二年,年四十四。子燕昌嘗請其師張庚撰文志墓。乾隆四十八年遷其墓,又四年請先生文以表之。(《揅文》卷二四《國子監生張君墓表》)

又應寶山縣學生陸維軾之請,為其祖陸汝寬撰家傳。

陸汝寬,字浚宣,號厚庵。卒于乾隆十三年。子芳槐,壬申順天鄉試舉人,先生同年,榜姓陳。芳槐卒于乾隆四十一年,遺志屬先生為厚庵君書家傳。維軾,芳槐子,承先父之志,介陸燿子陸綱具書以請。(《揅文》卷一二《貤贈修職郎懷寧縣儒學教諭陸君家傳》)

又賦詩哭姚晉錫。

《哭姚侍御晉錫》有"入山甫隔歲,返郡乃哭君"、"我歸益相好,屢示近所文"之句。(《揅詩》卷四八)按:據先生此詩,姚晉錫卒于乾隆丁未、戊申間。年六十有五。

又校亡友王又曾《丁辛老屋集》鈔本畢,寄還其子王復。

先生是年有《校王五丁辛老屋集鈔本寄還其令子攝知縣事復于鄢陵》詩紀其事。

(《萚詩》卷四八)

王復,又曾次子。字敦初,一字秋塍。秀水人。父既歿,家貧甚,遂往揚州依府教授金棆亭。援例為國子監生,應順天鄉試,考授主簿職銜,改捐府知事。乾隆五十八年春,入畢沅陝右幕府,沅為奏請留陝西試用。五十年沅移撫河南,仍奏請隨往,又以改撥河工委用,于是署澠縣丞,及鄢陵、臨漳、武陟諸縣事。吏議解任,引見得旨,仍以知縣用。嘉慶二年病卒,年五十一。博學善詩,為《吳會英才集》九人之一。自著有《晚晴軒詩集》八卷《詞》一卷、《樹蕙堂詩》、《偃師金石遺文》補錄十六卷等。
(《授堂文鈔》卷八《偃師縣知縣王君行實輯略》、《兩浙輶軒錄》卷三七、《湖海詩傳》卷三八)

未幾,《丁辛老屋集》十二卷于鄢陵官舍刻成。

《丁辛老屋集》另有二十卷本,其中詩十七卷詞三卷,刻于乾隆四十年,前有金兆燕序。先生所選之本,為重刻本,前有畢沅序。王昶謂審擇未當,而吳應和稱先生審擇至當,云不可盡信《蒲褐山房詩話》之言。《浙西六家詩鈔》凡例云:"《丁辛老屋集》以萚翁刪改重刻本為主,借得故友戚餘齋較勘原刻本,益見重刻本之善。"

畢沅為撰序,盛推挹于先生。

畢沅《丁辛老屋集序》云:"余嘗謂國朝之詩浙中最盛,而浙中又莫盛于嘉禾,竹垞先生以沉博絕麗之才,主東南壇坫最久,不五十年而君與萚石繼之,此三家者,均足以信今而傳後,可謂盛矣。"(《丁辛老屋集》前)

是年,曹文埴解組南旋,過訪嘉禾。

曹文埴是年有《嘉禾暫泊》詩,并注云:"時為訪錢萚石、陸頤齋兩宗伯暫泊城下。"
(《石鼓硯齋詩鈔》卷一七)

韋謙恒亦有詩寄贈。

韋謙恒有《聞錢萚石少宗伯懸車後唯以山水自娛手種梅花數百株興至時攜斗酒出游今年已八旬而步履如故見者無不以為神仙中人也漫成一律奉寄》詩,繫于是年。
(《傳經堂詩鈔》卷一二)

本年有詩:

《山中元日》、《新年出游》、《尋野梅》、《見野梅》、《仙掌峰侍御先公書堂》、《吳家梅》、《詹家梅》、《將築萬倉舍未能先語鄰曲以概其樂》、《紫雲山》、《颺山》、《西澗尋梅》、《峭寒》、《山中元夕》、《郁家東舍作》、《憶雍正庚戌八月偕王五入萬倉山延覽諸勝約結鄰西磵》、《憶辛亥春祝大偕余至袁花故居余先入萬蒼約祝大來山同過禊日》、《拜族叔祖施南府君墓》、《食銀魚》、《澉浦績麻曲十首》、《雲濤莊是許黃門所築》、《金牛洞》、《鷹巢頂下孟姥泉》、《小桃已作花》、《延真院楊宣慰家梳妝樓》、《菜花魚歌二首》、《南山》、《捉白鰦魚歌五首》、《嘗從》、《西磵五絕句》、《摘茶》、《松花罩》、《金粟寺》、《哭姚侍御晉錫》、《南湖泛歌》、《校王五丁辛老屋集鈔本寄還其令子攝知縣事復于鄢陵》。

其中：

《尋野梅》，顧列星評"山空到此知茶味"一句云："'山空'七字妙在不切，所謂'味在酸鹹之外'者。"

《見野梅》，顧列星評"下有江蘭亦香草，夜來明月是前身"二句云："五六句對法活變，惟東坡善用此法。"

《仙掌峰侍御先公書堂》，吳應和評云："三四命意既高，筆亦清老。"

《詹家梅》，顧列星評云："瘦硬通神，逼真老杜吳體，非僅襲皮毛者。"又評結二句"搖搖風竹難誇勁，的的冰花可讓癯"云："對句結，移置中間不得。"

五十三年戊申（一七八八），先生八十一歲。

正月十五上元日雪，有詩紀之。

先生是年有《上元雪》詩。（《籜詩》卷四九）

二月初五日，臺灣事平。先生聞訊，喜賦一首。

《清史編年》云："南路會黨首領莊大田被俘，臺灣天地會反清起義以失敗告終。"（卷六）先生有《喜聞王師大捷臺灣賊已就擒》詩，繫于是年。（《籜詩》卷四九）

三月初三日上巳，賦詩懷亡友朱筠、英廉。

《上巳獨居感舊游二首》有"試尋朱五槐陰院，重叩馮家穀雨園"之句（《籜詩》卷四九）

初七日，寫蘭石一幅。

款云："上巳後四日，百福巷八十一老人錢載寫。"鈐印三："錢載"白文方印、"萬松居士"朱白文方印、"籜石書畫"白文方印。畫為墨筆，紙本，中軸。縱84.2厘米，橫45厘米。今藏嘉興博物館。

四月十八日，繪芙蓉圖。

款云："□伯長兄屬寫。戊申四月十八日，八十一老人錢載。"鈐印三："錢載"白文方印、"萬松居士"朱白文方印、"籜石書畫"白文方印。畫為墨筆，紙本，立軸。縱128.5厘米，橫62厘米。今藏楓江書屋。

五月初十日,作墨蘭册八幀。

　　款云:"戊申五月十日,仿陳古白,百福巷八十一老人錢載。"鈐印三:"錢載"白文方印、"萬松居士"朱白文方印、"籜石齋"朱文方印。畫為墨筆,紙本,册頁。高29.5厘米,寬18.5厘米。今藏耀文齋。

五月廿日,曾孫錢聚仁生。為錢善膺長子。

　　錢聚仁,字本之,自號味根。祖容錫,父善膺,母陳氏。嘉慶十八年拔貢生,充武英殿校錄。二十三年順天鄉試舉人。校錄期滿,選授四川眉州彭山縣知縣。親老,改選江南之興化。丁父母憂,服除,道光十八年之四川,坐補彭山。又署巴縣、廣安州,皆有惠政。二十年充鄉試同考官,能得士。曾受朱緒曾聘掌鴛湖書院。著有《紫雲先生年譜》一卷。生于乾隆五十三年,卒于咸豐二年二月十一日,年六十五。敕授文林郎。娶嘉善王點超女。子三:慶萊、慶譽、慶盛。女一。(《家譜》卷八、《甘泉鄉人稿》卷二〇《四川彭山縣知縣錢君墓表》、《嘉興歷代人物考略》頁四〇六)按:《家譜》云生于乾隆甲申。而先生《萬蒼翁乾隆辛亥八十四歲小影跋》中云:"三子七孫,今有一曾孫四歲,俱寫入園中。"(《籜文》卷一五)可證甲申應為戊申之誤。

六月,再跋袁鑒藏神龍蘭亭。繼而為其題《鴛鴦湖茶舫圖》。

　　此本三十年前先生曾兩為題識。(《籜文》卷一四《神龍蘭亭跋》)先生是年有《茶舫歌八首》詩,并序云:"袁方伯鑒屬題鴛鴦湖茶舫圖。"(《籜詩》卷四九)按:時袁鑒以方伯解組里居。

明年,袁鑒將合葬父母于海寧袁花鎮,請先生為撰墓志銘。

　　袁鑒父袁灝,字毓暉,號瀾谷。錢塘縣學生。以貲得雲南尋甸州知州,在官四年,以忤上官意落職。生康熙二十九年,卒乾隆二十八年,得年七十有二。以子官覃恩誥贈中憲大夫。元配徐氏,生一子即鑒,乾隆丁丑出先生門下。(《籜文》卷二二《誥贈中憲大夫尋甸州知州袁公墓志銘》)

七月初二日,繪蘭竹一幅。

　　款云:"戊申秋七月二日,八十一老人錢載寫。"畫為紙本,立軸,高3尺3寸6分,闊1尺6寸。鈐印二:"錢載"白文方印、"萬松居士"朱白文方印。壓角印一:"籜石書畫"白文方印。(《愛日吟廬書畫錄》卷四)

是月,仿元人筆意寫竹石一幅。

　　款云:"戊申七月,仿元人筆意,百福巷中八十一老人錢載。"鈐印三:"錢載"白文方印、"萬松居士"朱白文方印、"籜石書畫"白文方印。畫為墨筆,紙本,立軸。縱154.5厘米,橫59厘米。今藏嘉興博物館。

初秋,寫水仙一幀。

款云:"延齡老親翁先生清賞。戊申初秋,百福巷八十一老人錢載。"鈐印二:"錢載"白文方印、"籜石書畫"白文方印。(按:"籜"字筆畫與《中國書畫家印鑑款識》第29號不同。)畫為白描,紙本,橫批。縱42厘米,橫22.5厘米。今藏嘉興博物館。

八月末,先生中風,左脚拘攣,行動不便。

《行述》云:"雖自戊申秋,因中風疾,左足拘攣,不良于行,而年過八十猶强飯。"又乾隆己酉詩《獨坐》序云:"去年八月末,疾乃嬰。"(《籜詩》卷五〇)

九月廿一日,再集甲午以後迄今所作詩次于前編後,并補序。

序云:"四十有八年癸卯二月,蒙恩予原品休致,幸歸田野。五六年來,僻居窮巷,時復讀書。嗚呼,自少壯以來,實常有慕于古人之事。顧事事不能疚心非一,豈其力之不逮,心也悠忽。因循蹉跎,畏葸不前,蓋不足以為人。今病矣憊甚,固知無及于自責矣。八十一歲田野餘生,徒然尚荷君恩。仍次其甲午以後迄今所自以為詩者,綴于卷。俯仰難言,蓋莫得而惜之矣。先夫人誥贈夫人陸氏卒日,為康熙癸巳九月廿二日,迄今戊申九月廿一日,七十又六年。載不孝,一生負疚多端,其何以見于我生母也。身被高厚深恩,嗚咽述此。"(《籜詩》前)

逾月,《籜石齋詩集》四十九卷刻成。

嘉善某劂工嘗親見先生手稿,改竄塗乙,往往不能辨識。(《匏廬詩存》卷七《雜題國朝諸名家詩集後》第六十一首注)按:《籜石齋詩集》有四十九卷及五十卷兩種。先生歿後,長子錢世錫將先生手訂第五十卷,及若干條補注增入付梓,是為五十卷之本,刻于乾隆五十九、六十年間。又按:先生尚有《文集》二十六卷、《詩文別集》共十二卷、《籜石齋詩補集》二卷,錢世錫撰《皇清誥授資政大夫尚書房行走禮部左侍郎恩予原品休致顯考籜石府君行述》時尚未付梓。其中《別集》和《詩補集》今不傳,僅見《籜石齋文集》二十六卷,前人定為乾隆刻本。但據錢儀吉《廬江錢氏藝文略》,嘉慶十三年《藝文略》成書時,《籜石齋詩集》五十卷《文集》二十六卷《別集》十二卷《詩補集》二卷,除詩集以外,俱未梓。則《籜石齋文集》二十六卷刻于何時,仍俟詳考。

詩集自十餘年前開始刪定編次,先生曾手定版式及題目書寫體例等。

其云:"集字上加詩字,則自為詩集矣。今□定,不必俟雜著等之合,竟自為詩集也。每卷首行,'卷第一'之'第'字,可用,而板心之'第'字,不可用,每卷末行之'第'字亦不可用。

總目中,如庚申有兩個者,應如是。詩卷接前卷□,則不應重寫第二個。

題低四格,序低三格,總題低四格,小題低五格。

題中同時人,書官,書姓、名,書行,皆可。序與注中,則書官,書號。亡友特異處,或書名。

古人書行者,大約有異姓昆弟之誼,非泛泛也,大約是少年之交。

題中古人,書謚,再或書官,書號,其無號可考者,亦不得不書名。序與注同。

地名官名,古今并見。

'并序'二字定,其用'謹序'者,經進之作。'并'字與'併'字不同,'併'字并不俗。

有用'併'字處者,不必寫作'并'。

恭引御製序與注,皆用'曰'字,不用'云'字。

注,或斷句注,或再斷句注,或落句後注,各視其文義之應爾。

凡叶韻,注某之切,少一個,好一個。

凡注中平聲等字,直下低一格寫。

祖父諱,改避或減筆寫。震川集有從高祖之稱。

題之應抬者,俱頂格。注中之空三格、二格、一格者,不與大字同例。

□□,必頂格寫,其諸園與門,例可□一格寫者,今俱照常寫。

字之筆畫,須依《玉篇》、《廣韻》寫。

十二行,二十三格,依曝書亭格。

向後如有隨時必增例之處,隨時□增。冊□深,適□廣也。"

按:以上諸條為先生自記于詩集卷首,以便省覽者。乾隆三十七年十月翁方綱為先生看詩集所粘籤條時記。(見《翁覃溪先生讀書札記》手稿本)

刳厥方畢,先生寄一函贈成哲親王永瑆,皇子為題詩二首。

成哲親王永瑆有《蘀石先生癸卯歲歸田里戊申刻詩集四十九卷成便寄一函來題其後》詩,繫于是年。(《詒晉齋集》卷四)

又贈顧列星一函。

顧列星有《錢少宗伯惠示大集賦謝》詩云:"韓杜光芒斗極長,渭南鬱律氣堂堂。得公雄跨騷壇上,快覩飛騰翰墨場。不改酸寒真學問,直舒胸臆大文章。千秋自有公評在,鼎足何慚蘇與黃。"(《苦雨堂集》卷五)

又贈錢大昕一函。先是,錢大昕曾寄贈《廿二史考異》已刻之《史記》、《漢書》兩帙。

錢大昕有《蘀石侍郎以新刻詩集見貽即次集中寄懷之韻報之二首》詩來答謝,其中有"清望高文兼第一,評量合向古人尋"、"如公斯稱文章伯"之句。(《潛研堂詩續集》卷五)先生是年有《家學士大昕撰廿二史考異先寄已刻史記漢書兩帙報以四韻》詩,可徵其事(《萚詩》卷四九)按:錢大昕《廿二史考異》于乾隆四十七年撰成,凡百卷。

既而周春亦覽《萚石齋詩集》,感賦長詩一首。

詩云:"憶我見萚石,上章敦牂冬。爾時年長倍,(注:萚石年四十三,余年二十二)偶于師門逢。我師為我言,詩能令人窮。汝浙老名士,鴻博會同徵叶。數奇輒被刷,久滯副車中。今秋考教習,收錄到渠儂。退各詢所寓,互持一刺通。人海浮萍合,現知良不深叶。次年誇奇遇,王五(注:縠原)來鄉邦叶。我師復惋惜,何不獻賦從。是科我下第,驢券書匆匆。涃灘我臥病,停赴公車慵。遙聞羨晚達,花看長安紅。忽于半年內,抒盡平生胸。迫我艫唱日,王五進士同。雅謔殊為虐,大笑滿堂叿。其後或譚及,尚露不平容。一別卅年餘,置身青雲崇。夢想頗不到,時來卿與公。萚石貧時交,悉數略能終。樵石(注:吳茂才嗣廣)最老壽,伯道悲蒼穹。蔗坡(注:萬孝廉光泰)最博雅,客死嗟飄蓬。縠原(注:王比部又曾)稍發泄,厚石(注:汪選部孟鋗)本素封。厚石弟桐石(注:汪孝廉仲鈖),塤篪奏雍雍。王汪雖有後,名位未光融。所以吟社裏,獨推彭城雄。詩人享厚福,禾郡稱無雙叶。丈夫生世上,遭際命所鍾。流傳賴佳句,慎勿哂雕蟲。縠原師漚舫,厚石學涪翁。兩人并石友,亦復我良朋叶。萚石克兼之,才大少爭鋒。歸田自編集,剞劂方畢工。戚生(注:二字用《南史》)寄貽我,開卷墨痕濃。病眼觀大意,雲霧豁朦朧。申謝走不律,太息撫孤桐。"(《耄餘詩話》卷五)按:詩中歷言往事并先生舊友生平,足補史乘之闕,故盡錄于此。

十二月初一日,吳懋政將歸澉浦度歲,先生預為其《八銘堂詩稿》撰序,以為贈行。

《八銘堂詩稿序》云:"乾隆癸卯二月,載蒙恩休致,得歸田野。先隴無恙,而里中詩酒故交凋謝過半,索居寡歡。每至澉浦永安湖萬蒼山,瞻依松楸,低徊留之不能去。丙午、丁未兩年,遂于墓廬度歲。時壬申同年吳君蘭陔亦致仕家居,春秋佳日,兩人相往還,話舊論文,同探巖壑之幽,極山中樂事。予有句云:'登高插菊年年事,海上青山兩杖扶。'實自乙巳始,無虛歲也。戊申,君假館郡城,予居百福巷新居,料理所自為詩。刻既成,君顧之色喜,忽一日,袖一編示予曰:'盍為我論定之。'君素工製義,獨得先正軌範,所選天、崇、國朝文,沾溉後學,遍行天下。從游者多一時雋彥,經其指畫口授,鄉會試輒冠其群,衡文者亦不問可知為吳先生弟子也。予未展卷,猶以為製義也,不意其兼工于詩如此。雖同年故舊,時相晤對,且莫得而知之,況他人乎。卷中詩惟《示從孫太冲》五古兩首刻入《讀墨一隅》，為人傳誦，書之座右以當箴銘。而山水紀游諸作，筆力遒健，直可媲美王五穀原。不早為藝林所稱，何哉？昔人以曾子固不能詩為恨事，非不能詩，人未見之耳。朱子始推重之，謂為陶、韋門庭中人，北宋諸詩家所不能及。君作詩數十年，今年七十有一，乃出以示人，則詩名自此而彰于世，不猶愈于子固既沒百年之後耶？前此數年，亦嘗恨君不作詩，竊意君作詩必佳。蓋廉潔之士絕少嗜慾，偶爾搆思，自有乾坤清氣汩汩然來筆端。詩與文初無二致，世之貌為風雅者，胸次不淨，雖日以詩為事，其得古人之性情者蓋寡矣。如君清操拔俗，又不以才能自炫，宜其詩之可傳也已。是年冬十二月之朔，君將歸澉浦，優游卒歲。予不禁神往于茲，酌酒贈言，以為別。秀水錢載書于百福巷之寶澤堂，時年八十有一。"按：此序文未收入《籜石齋文集》，是為佚作，盡錄于右。

是年，應曹均之請，為業師曹櫃表墓。

《曹先生墓表》云："乾隆五十三年戊申，載年八十一，先生之孫均請表先生之墓。"（《籜文》卷二四）

又錄永和甄字并題後。

甄出土于虎丘短簿祠。（《籜文》卷一四《錄永和甄字題後》）

又嘗至安橋張氏宅，懷張夫人。

先生有《至安橋張氏宅二首》詩，繫于是年。（《籜詩》卷四九）

是年，陸費墀過訪九豐堂不值。

先生是年有《陸侍郎費墀枉過村居》詩紀其事。（《籜詩》卷四九）

本年有詩：

《上元雪》、《寶澤堂花木》、《題徐石麒印》、《到墓屋九豐堂》、《癸卯蒙恩歸冬十二月十五日克葬張夫人于九曲裏之原預營生壙戊申載八十有一歲而復為之詩》、《永豐鄉》、《喜聞王師大捷臺灣賊已就擒》、《款村老酌》、《敘村老話》、《墓屋東生壙後隙地種桑秧三百本》、《顧老送紫藤三本輒作歌》、《九豐堂二十四韻》、《陸侍郎費墀枉過村居》、《村居》、《籬門》、《剪裁所種墓松》、《插槿幾年舊冬織籬百丈春來栽野卉附籬都遍爱得詩》、《屢夕夢見故人》、《憶當年陳丈詩句為寫成之》、《南九曲》、《家學士大昕撰廿二史考異先寄已刻史記漢書兩袟報以四韻》、《小店》、《水廟》、《九曲二首》、《朱老送小黃楊梧桐》、《北浜徐家杭州燒香歸送竹籃》、《清明》、《見村人去曹王廟燒香》、《上巳獨居感舊游二首》、《上張夫人冢》、《泛舟》、《至舊村》、《午晴》、《欲歸郡城》、《曹王廟》、《訪故至鐵店浜東圩滙南三首》、《朝晴》、《至安橋張氏二首》、《茶舫歌八首》。

其中：

《到墓屋九豐堂》，錢聚朝、翁方綱皆改末句"此生惟有感恩君"句中"恩君"為"君恩。"

《顧老送紫藤三本輒作歌》，錢聚朝校"屋西苦楝風樞杈"一句云："'楝'疑'棟'。"又校"朋箋北芒半寂寂"一句云："'芒'，手校改'邙'。"

《九豐堂二十四韻》，錢儀吉批云："玉溪見而失步，遑問餘子。"

《剪裁所種墓松》，錢聚朝校"披枝攉幹先除蔓"一句云："'攉'，手校改'擢'。"

《插槿幾年舊冬織籬百丈春來栽野卉附籬都遍爰得詩》，又校"條弱蔓修綠上壁"一句云："'綠'，手校改'緣'。"

《清明》，吳應和評云："'踏青人出村無雨，上冢船回樹有煙'，寫清明郊外，風景如畫。此與前篇在放翁集中，亦是上乘。"

《上巳獨居感舊游二首》，顧列星評第一首結句"寂寂湔裙人未見，野船搖過夕陽門"云："結句神韻獨絕。"又注第二首結句"試尋朱五槐陰院，重叩馮家穀雨園"云："謂竹君先生、英相國。"錢聚朝校起句"綠楊裊裊燕翩翩"云："'翩'疑'翻'。"

《上張夫人冢》，顧評云："暗使龐德公上冢事，而不見用古之迹，故妙。"又贊"紙錢焚送我旁觀"一句云："第六句妙。"

《至舊村》，錢聚朝校"講學聚縫袯"一句云："'袯'，手校改'袯'"。又改"義庄傳在昔"句中"庄"字為"莊"字。又校"栗主大夫袥"一句云："'袥'，手校改'袥'"。錢儀吉注"巷南慶原堂"一句云："慶原堂額，焦竑書。"

五十四年己酉（一七八九），先生八十二歲。

四月十五日，為傅玉書《竹莊詩文集》撰序。

《竹莊詩文集序》："文無他道，本之性情，準之義理，根柢乎詩書禮樂之際，以發其人倫日用之所當然，如是而已。黔中孝廉傅君素餘，好學能文，弱冠即舉于鄉。丙戌禮闈，予為同考官，閱其《四書》、《易經》義，皆能自出議論，發揮旨要，五策尤條達有源，委意其宿學。薦不售，執贄來謁，則恂恂少年書生。試問以經史及古人文字，言之歷歷，取舍頗不謬，予固已心許之矣。己丑復下第，為今大京兆吳白華所知，而孝廉故李蔚堂侍御所得士，二公遂留之都門，將使益進于學。其後，自辛卯迄辛丑五試,卒不遇,或留或歸,輒與予左。丙午忽寄一編,發視之,峻潔淳深,非復曩時應試體格。蓋孝廉經義凡數變,每進愈上,予嘗怪,以彼其才,使為詩古文,必有所成就,何獨專意于此。己酉,予臥病家居,朱鹿山明府舊與孝廉同舉者,時以進士來令予邑,孝廉游幕西江,來過之,而造訪于吾廬,盤桓數月。以是問之,曰是某所結習也,以世莫之好,未敢出而示人耳,先生有言,敢不就正。解其裝,裒然成集。予乃嘆:向之知孝廉者,淺也。集中說理之文,剖析疑似,至較之毫厘分寸之間,而繆迷之端,磔然以解。其議論古人事,審時度勢,縱橫博辨,波瀾酣恣,而衷于至當,如劍斷石,如土委地,無可游移。至于記序書問,摹事狀物,或譎詭峭折,或從容愉怡,不主故常,為變所適。其為詩,于古人幽艷、奇傑、沖淡之勝,殆欲兼體,而以時與稱者出之。要以極在己之情,而不謬其旨歸;盡在物之變,而曲得其次序。有他人一二言已索然少味者,我獨流連往復,致愈深而境愈遠;或人數百言不可盡者,以數言括之,情狀畢出,精采奕然。覆按所寄經義,亦復爾爾。甚矣,予向之知孝廉者,淺也。又有進者,孝廉雖淪落不偶,未嘗有怨懟觖望之辭,其言莫非反躬責己、策名矢報之意,而其咏歌太平,頌揚至洽,則粹然三代之言。即或叙閭閻之疾苦,諷長吏之貪殘,往往言之無罪,聞之足戒。若夫父子、兄弟、夫婦、朋友之際,纏綿悱惻,使讀者如即其人、見其事,而生其恩義之心,殆誠本性情,準義理,而根抵乎詩書禮樂者。惜其不得處論思之地,居著作之廬,以鳴國家之盛也。然孝廉以家貧,將出為吏,行矣,勉之,詩所謂'豈弟君子'非耶。蔚堂下世已久,孝廉之京師,以是質之白華,謂何如也。歲在屠維作噩余月望日,禾中錢載撰。"(《黔詩紀略後編》卷一一)按:此序不載《籜石齋文集》,是為先生佚作,故盡録于右。

傅玉書,字素餘,一字竹莊。貴州甕安人。乾隆三十年舉人,選安福知縣,未三年即罷去。後主講黃平星山書院、正習書院。詩文兼善。著有《竹莊詩文集》四十餘卷、《漢詩箋》四卷、《桑梓述聞》十卷、《黃平州志略》二卷、《鴛鴦鏡》傳奇、《黔風録》等。生于乾隆十一年,卒年未詳。(《黔詩紀略後編》卷一一,《文史》第十一輯劉世德《傅玉書和〈鴛鴦鏡〉傳奇》)

是月,從子錢楷以二甲第一名成進士。

錢楷,瀿子,汝鼎孫。字宗範,號裴山。嘉興人。乾隆四十二年拔貢生,入成均,充《四庫全書》館謄録。四十五年應召試,列二等。四十八年順天鄉試舉人。五十四年會試中式,成進士,改庶吉士,散館授主事。歷官戶部福建司主事、江南司員外郎、禮部祠祭司刑部安徽司郎中、太常寺少卿、光禄寺卿、河南布政使司布政使、廣西巡撫、湖北巡撫、户部右侍郎兼管錢法堂事務、工部左侍郎、安徽巡撫兼提督。廉清自守，每多德政，惠及黎庶。生于乾隆二十五年十月初九日，卒于嘉慶十七年八月十七日。御賜祭葬。誥授資政大夫，例授振威將軍。著有《緑天書舍存草》六卷。善書，兼工篆隸。又能繪事，嘗從先生學畫，山水頗有廉州、麓臺筆意。繪御製詩意及五臺山圖及文殊師利所説經以進，皆蒙睿賞。娶同邑人湖北武昌府經歷唐又振女。側吳氏、梁氏。無子，以堂弟械長子承志嗣。女一，適阮元三子舉人阮祐。（《家譜》卷八，《緑天書舍存草》阮元序，《揅經室二集》卷二《安徽巡撫裝山錢公傳》，《兩浙輶軒續録》卷一五，《桐陰論畫三編》卷下）

初夏，畫竹石圖一幅。

款云："己酉初夏，秀水八十二老人錢載，寫于百福巷之寶澤堂。"鈐印三："錢載"白文方印、"萬松居士"朱白文方印、"擇石書畫"白文方印。鈐鑒藏印一，"嘉福寶藏"。畫為墨筆，紙本，立軸。縱87厘米，橫35厘米。今藏楓江書屋。

按：范景中師嘗評此畫云："以水墨寫細篁風神，疏風淡日中有種幾欲畫出色彩的感覺，令人恍對滿溪淺碧，半空殘紅。宋庠（996—1066）《致政張郎中惠親畫墨竹二幀以詩為報》云：'俗眼莫驚無麗藻，歲寒顏色抵瓊瑰。'可移為此幅題咏。"（《中華竹韻》頁三三八）

六月，寫折桂一枝。

題識云："新桂折來香馥馥，昔年□□豈能忘。明老學長折桂之兆。己酉六月，百福巷八十二歲錢載。"鈐印二："錢載"白文印、"萬松居士"朱白印。畫為墨筆，紙本，扇面。今藏北京故宮博物館。

九月十九日，吳騫携吳修過訪百福巷，請題顧鼎臣誥軸，及沈周《連山夾磵圖》。

吳騫云："侍郎時年八十有二，而神明不減少壯。為余題顧文康誥軸、沈石田連山夾磵圖而別。"（《中華歷史人物別傳集》册三六《吳兔牀日記》）

吳騫，字槎客，號兔牀。海寧諸生。少時著《國山碑考》，極為詳核。篤嗜典籍，遇善本傾囊購之，所得不下五萬卷，築拜經樓藏之。又喜搜羅宋元刻本，如陶淵明、謝玄暉諸集，皆取而重刻之，學者珍為秘寶。生于雍正十一年，卒于嘉慶十九年。著有《拜經樓詩集》。（《湖海詩傳》卷三九，《〔民國〕杭州府志》卷一四六，《清代人物生卒年表》頁三〇六）

是月，為夏汝為寫繡球花一幅，并録乾隆辛未詩《次韻諸編修錦咏繡纓花》于卷上。

題識云："百花成朵壓纖枯，斗大開時徑蘚鋪。晼晚留春更留月，玲瓏如玉也如珠。

红蔷院冷轻阴阁,乳燕簾深午睡苏。直是团圝情不浅,绣缨奚取赵昌图。鸥舫先生属写此花,并录和诸草庐先生咏此花诗,辛未所作,盖三十九年矣。己酉秋九月立冬后,八十二老人钱载。"画为墨笔,纸本,中轴。(《桐园卧游录》三二)

夏汝为,夏俨弟。字予宣,号鸥舫。秀水人。著有《笠渔子小稿》。馀俟考。

又写菊石图。

款云:"己酉九月立冬后三日,百福巷八十二老人钱载写。"钤印二:"钱载"白文方印、"万松居士"朱白文方印。画为墨笔,绢本,立轴。纵135.5厘米,横34.5厘米。今藏海上容轩。

秋,绘花卉十二帧。

款云:"己酉秋窗,百福巷八十二老人钱载。"钤印六:"钱载"白文印、"坤一"朱文印、"载"朱文印、"坤一氏印"朱文印、"槜李"圆朱印、"讲筵侍直"。第一帧,梅花;第二帧,牡丹;第三帧,荷花,钤"秋水芙蓉"白文印;第四帧,兰花,钤"喜气写兰"白文印;第五帧,木芙蓉;第六帧,水仙;第七帧,桂花,钤"白石谿边自结庐"白文印;第八帧,菊花;第九帧,绣球;第十帧,竹;第十一帧,桃花,钤"桃花作饭"白文印;第十二帧,山茶。画为墨笔,纸本,册页。今藏北京故宫博物馆。

又仿赵孟頫笔意写兰竹石三友图。

款云:"己酉秋日,仿赵文敏笔意,为寄云学长兄清赏。百福巷八十二老人钱载。"钤印三:"钱载"白文方印、"万松居士"朱白文方印、"撦石书画"白文方印。画为墨笔,绢本,立轴。纵116厘米,横52厘米。今藏枫江书屋。

秋,顾光旭携示所辑《梁溪诗钞》。

先生《梁溪诗钞序》云:"乾隆己酉秋,无锡同年顾观察华阳携所撰《梁溪诗钞》,使为之序。"(《梁溪诗钞》前)

按:顾光旭自乾隆四十八年秋始辑《梁溪诗钞》。由乾隆丁卯起,上溯宋唐晋汉,下至庚辛壬癸近科诸人。参之从兄顾斗光、同乡黄正衡二人所选,各有增删。共集五十八卷,一千一百十人。(《梁溪诗钞》乾隆六十年二月初六日顾光旭跋)诗钞于嘉庆元年春镌板。前有先生所撰《梁溪诗钞序》,参见乾隆五十七年谱。

十一月初十日,写竹石图一幅。

款云:"己酉长至后五日,百福巷八十二老人钱载写。"钤印二:"钱载"白文方印、"万松居士"朱白文方印。画为墨笔,纸本,立轴。纵143.5厘米,横77厘米。今藏广州市美术馆。(《中国古代书画图录》册一四,页一四一)

十二月廿五日，繪春朝圖。

款云："己酉十二月立春後六日，試筆以當庚戌春朝圖，八十二老人錢載。"鈐印二："萬松居士"、"錢載"。畫為墨筆，紙本，立軸。今藏北京故宮博物館。

是月，以舊藏元王振鵬墨梅圖贈王昶。

王昶是年有《錢少宗伯坤一以孤雲處士元王振鵬梅花見贈》詩紀其事。其中有"寄來正值梅如雪"之句。（《春融堂集》卷二〇）按：先生嘗自題此圖云："孤雲處士以界畫金碧稱絕，李太僕品之云：格力超騰，非院中人所能。嘗見其人物，亦藏其界畫，而未知其能墨梅也。"又謂其墨梅與王冕相敵云云。（《蘀文》卷一四《題王振鵬墨梅》）

是年，先生病及右臂。

錢楷乾隆庚戌詩《百泉兄南歸寄呈蘀石從父二首》有"臂病去年妨畫手"之句。（《綠天書舍存草》卷二）

仍作竹石圖一幅。

款云："擬李息齋筆意，八十二老人錢載寫。"鈐印三："錢載"白文印、"萬松居士"朱白文印、"蘀石書畫"白文印。吳錫麒題籤《錢蘀石宗伯竹石》，幅內并有其乾隆五十八年秋杪題詩一首云："宣武坊南夢去遲，美人風雨動相思。一枝醉竹淋漓在，如見髯翁被酒時。"今藏浙江省博物館。按：此詩與吳錫麒為吳修題先生另一幅畫竹圖二首之一同。（見《湖山吟嘯集》一九）亦即《為家思亭修題蘀翁畫竹二首》之一，惟起句不同，刻本中為"繩匠胡同夢去遲"。（見《有正味齋詩續集》卷一）

又仿舊寫枯木竹石一幅。畫為吳修乞得。

朱休度《奉題錢七表叔仿舊枯木竹石為吳二表姪修作》有句云："善畫輒享年，年數人輒記。迂叟八十六，石翁八十四。近者錢侍郎，得壽如清閟。此圖仿沈作，作年八十二。"（《小木子詩三刻》之《俟寧居偶詠》卷上）

又為妹丈蒯嘉珍《茂林修竹》小照補景。

款云："茂林修竹，為聘堂妹丈七兄寫意。秀水百福巷八十二歲老人錢載。"鈐印三："錢載"白文方印、"萬松居士"朱白文方印、"蘀石書畫"白文方印。前有劉墉題引首"茂林修竹"四字，後有錢善揚跋云："此卷乾隆己酉先少宗伯為祖姑丈聘堂先生補圖，最為生平經意之迹，且時年八十二歲矣，自非先生不能得此。嘉慶癸亥十二月，善揚來梨里，出以見示，善揚以獲見祖迹為幸，承先生命題，謹書數語于卷池，以志曾見云。十四日燈下，內再姪錢善揚拜手。"幅內又有款云："乾隆己酉上巳日，為聘堂先生寫照。蘊山徐球。"可知像為徐球所寫。畫高33.5厘米，長192.5厘米。今藏蘇州博物館。

蒯嘉珍,字鐵巖,號聘堂。吳江人。權廣西太平府明江同知。娶錢陳群女孫與齡。餘俟考。(《吳江縣續志》卷二三)

又題明吳寬藏蘇轍硯。

《匏翁家藏蘇子由硯銘并序》云:"乾隆己酉,秀水百福巷八十二歲老人錢載。"(《籜文》卷一七)

又題北宋院本設色畫一幅。

《題北宋院本設色㮽石竹梅山茶雀鵪鶉》云:"此北宋院本也。二十餘年前見之京師常賣家,今年己酉復見之禾城。"(《籜文》卷一四)

又銘乾隆癸卯年馮敏昌所贈端硯之一。

馮敏昌原銘云:"水巖之璞,匠琢之,以佐吾師畫書詩。"先生復銘曰:"人之學,先德後藝,藝者六藝,翰墨又其次。"于此可見先生對"畫書詩"之態度。(《籜文》卷一七《癸卯欽州馮編修所詒硯銘并序》)

又銘所藏芝石座。

石乃溪中卵石,形似芝,乾隆二十四年典廣西試,道經黃陂時拾得。(《籜文》卷一七《芝石座銘并序》)

是年,冢孫錢寶甫娶沈翼鵬女。

錢寶甫《外舅息園先生六十壽序》云:"昌齡年十九娶于沈。"(《文匯》佚名冊)

本年有詩:《獨坐并序》。

五十五年庚戌(一七九〇),先生八十三歲。

正月十五上元日,為王昶仿王蒙繪長林修竹一幅。

王昶《蒲褐山房詩話》云:"乾隆庚戌,年八十三,上元日,猶為予仿黃鶴山樵長林修竹,極雨葉風枝之妙。"(《湖海詩傳》卷一四)

二月初七日,吳騫于硤石晤吳應和,以荊南酒寄先生。

《吳兔牀日記》云:"經硤石,晤應和,以荊南酒寄錢坤一侍郎。"(《中華歷史人物別傳集》冊三六)

是月,繪蘭竹石一幅。

款云:"偶仙世長兄屬。庚戌二月,八十三老人錢載。"鈐印三:"錢載"白文方印、"萬松居士"朱白文方印、"籜石書畫"白文方印。畫為墨筆,紙本,立軸。縱 102.5 厘米,橫 49 厘米。曾著錄于《支那南畫大成》卷一頁二〇六之左。其後鈐收藏印一:"定香浸館書畫"白文長方印。今藏楓江書屋。

五月初三日,題陳書《歲寒三友圖》。

題識云:"載于己巳夏五月三日拈花寺禮從曾叔妣陳太淑人白描觀世音小幀,有賦三首。今于庚戌夏五月三日見太淑人此幀,遂錄一首以補空白。載時年八十三歲,謹記。"(《虛齋名畫續錄》卷四《陳南樓歲寒三友圖軸》)

十五日,將舊輯《錢氏世守册》復錄數本,分存子孫,使各得展讀。

題識:"載久藏公墨跡詩一紙,厥後求善書諸公,并書公《松龕剩稿》、行狀、墓志銘,遂蒙各有題識,最後求題于勾山陳公,乾隆三十二年丁亥合裝為《錢氏世守册》,然止一本。今歲庚戌,復錄而分存之,使子孫各得展讀焉,于是題曰《錢氏世守册錄》。五月望日,恩予原品休致禮部左侍郎玄孫載謹述。"(《清芬世守錄》册二卷四《錢氏世守册》)

是月,袁枚過訪,先生坐板輿相迎。

袁枚《哭錢籜石先生》有"前歲扁舟訪病身,病中能坐板輿迎"之句。(《小倉山房詩集》卷三五)又記云:"庚戌五月,相訪嘉禾,則已中風,半身不遂。年八十有三,猶能醰醰清談。家徒壁立,賣畫為生,官至二品,屢掌文衡,而清貧如此,真古人哉。"(《隨園詩話補遺》卷一)

六月初十日,跋吳歷仿古山水册。

跋云:"曩在都中,與董文恪論次諸家畫法,文恪首舉吳虞山云:寓荒率于沉酣之中,斂神奇于細縝之表,所以密而不滯,疏而不佻,南田之秀骨天成、西廬石谷之渾融高雅,實兼而有之。此册筆墨精妙,氣逸神腴,尤平生傑作。默公不知何人,其能為先生所契重,定非尋常緇流,殆與此畫并不朽矣。乾隆五十五年六月十日,秀水八十三老人錢載題。"(《支那南畫大成》續六,頁一一二)

按:右跋為佚作。另據陳垣《吳漁山先生年譜》,康熙五年吳歷為默容和尚作仿古山水册,默公即蘇州興福庵默容和尚,與吳歷為詩畫友。

十一日,臨沈周秋葵圖一幅。

題云:"閑庭無別草,一例蒔秋葵。蜜色輕羅袂,臨風欲舞時。庚戌六月十一日,臨石田翁畫并錄題句,八十三老人錢載。"鈐印二:"錢載"白文方印、"萬松居士"朱白文方印。畫為墨筆,紙本,立軸。縱 125.5 厘米,橫 43.7 厘米。有褚德彝署簽。曾著録于《名人花卉集錦》第一集。今藏楓江書屋。

仲夏日，跋上年所得《河源復古詩冊》卷。

跋云："譜之初稿，輯于乾隆四十二年丁酉，時在山東，久而未克成，則衰病之咎。豈知越十二年己酉，竟得此所謂《河源復古詩序》等作，考之諸賢，皆與臨江同小瀛洲社會者。嗚呼，到于今日而俾得此，夫豈偶然也哉？亟録入譜，以徵信于後。何家濱，今所稱'攩鰕兜'者，是載辛丑記先墓秋祭田曾述所聞，云其時同縣吳方伯昂、鍾太守梁、鄭端簡曉皆有錢氏遠祖墓之記，不謂今乃得其詳也，如是後世子孫尚其寶諸，尚其寶諸！窃擬每歲清明祭掃先塋，實應自何家浜述遠祖墓今攩鰕兜始，值太尉廟三穴墓祭之日，先期啟告于攩鰕兜，未嘗非禮之可舉者。乾隆五十五年庚戌仲夏日，裔孫載謹識，時年八十三歲。"

按：右先生跋《河源復古詩冊》，未收入《籜石齋文集》，是為佚作。錢泰吉輯《清芬世守録》，從先生孫錢昌言處鈔得《河源復古詩冊》，并識云"宗伯公跋見于譜稿中"，則先生跋文似為泰吉自先生所輯家譜稿中另行鈔得者。

夏，寫蘭竹石一幅。

款云："庚戌夏日仿舊，八十三老人錢載。"鈐印三："錢載"白文方印、"萬松居士"朱白文方印、"籜石書畫"白文方印。畫為墨筆，紙本，立軸。高三尺三寸，闊一尺七分。(《支那南畫大成》卷一，《澄懷堂書畫目録》卷八)又曾著録于《名人書畫》第二十五集。

秋，長子錢世錫携孫錢寶甫赴京恭祝高宗八旬萬壽。

《祭雲巖從祖文》云："乾隆庚戌，昌齡隋父至京師。"(《文匯》補編册三)按：先生以戊申年中風疾，身病未能北上。

既至京師，鈔得成哲親王永瑆題《籜石齋詩集》長句二首，先生復取句中"萬蒼翁"三字以自號。

《萬蒼翁八十四歲小影跋》云："乾隆五十五年龍集庚戌，聖天子八旬萬壽大慶，普天同樂，誠懽誠忭。皇十一子題錢載《籜石齋詩集》長句二首。長子世錫赴闕祝釐，輦下聞之，鈔得而歸。中有'萬蒼翁'三字，載取以自號。"(《籜文》卷一五)成哲親王永瑆《籜石先生癸卯歲歸田里戊申刻詩集四十九卷成便寄一函來題其後》有句云："老無人愛自知工，裝就秋江寄一通。謹慎併無三歲字，衰遲可歎萬蒼翁。"(《詒晉齋集》卷四)

錢世錫將南歸，從子錢楷賦詩二首呈先生。

錢楷《百泉兄南歸寄呈籜石從父二首》有"門下淵源瓣香續，日邊艫唱竹林如"之句。

《綠天書舍存草》卷二)按:錢楷會試座主管幹貞,乾隆丙戌出先生門下,而錢楷殿試二甲第一名,亦與先生當年同,故有此句。其詩又云:"先生老向回溪屋,小子春邀淡墨書。"按:先生嘗授錢楷畫法,今有仿董文敏村溪圖一幅,即為錢楷作範筆者。畫為墨筆,紙本,手卷。縱27厘米,橫196厘米。無年款,惟有先生名姓私印"錢載私印"白文方印及錢楷圖章。後紙有族曾孫錢發榮跋云:"族曾祖蘀石宗伯,係五世祖文端公香樹太傅之從姪孫,學畫于六世祖姒南樓老人,惟山水極少,想不輕動筆。七八十年來,止于論畫各書見其讚歎,稱為神品。卅年前偶聞朱玉圃觀察處有一巨幅,迄未寓目,今為宗伯公之礽孫次言携來屬題,實深欣幸。回憶五十年前,在吳晉仙孝廉受福處曾見族祖裴山中丞有山水小幅,佳妙異常。此紙是宗伯公偶筆為中丞公作模範者,幸有中丞所藏圖章,并有宗伯公名姓私印,惜未著一字,不知者不能無疑,然有真識者必能定其非贗鼎。次言匆匆,即欲還蘇。次言名榆樾,為味根族兄之曾孫。味根族兄為宗伯公之曾孫。吾家已九十六年不修族譜,因為覼縷記之。道人已眇一左目,下筆殊澀,特敬題兩絕句,命九兒鏞齡代作小篆,更書跋語。"按:錢發榮,泰吉孫。自號延喘道人。生于道光二十一年。(《警石府君年譜》)錢聚仁所撰《紫雲先生年譜》,即由其于光緒丁亥年手鈔,民國年間付梓。年譜之後有發榮題識一段,亦為其子鏞齡手書。取與上跋相較,正出于同一人之手。此畫今藏楓江書屋。

十二月初七日,為新獲之南宋秀邸月林書院硯撰記并銘。

《南宋秀邸月林書院硯記》略云:"載八十三歲,老矣⋯⋯今乃得此硯⋯⋯背刻'秀邸月林書院'六大字,筆蹤近李北海,端州石甚發墨⋯⋯乾隆戊戌購政和鳳池硯于京師琉璃廠,嘗作七言以歌之。今年復購一政和硯于東城之書市,奇哉,一手所琢也。今又獲此,得不以為希世之寶乎。庚戌十二月七日,百福巷書。"(《蘀文》卷一〇)又《南宋秀邸月林書院硯銘并序》云:"榜取杜公詩,蘇公嘗書之,怳一林之清影,仰天月兮蛾眉。"(《蘀文》卷一七)

是年,再題乾隆丙申所得淄川石硯,以唐齋名之,復用以自號。

硯乃當年盛百二表弟寄贈者,其式仿唐元結唐亭硯,先生易亭而齋,義仍其唐,即元結所謂"旌獨有也"。(《蘀文》卷一七《又唐齋硯并序》、《又》)

又撰文記祖錢櫺初四十九歲小像。

像作于康熙二十一年辛酉,作者沈韶,補圖者沈治。圖中繪三人,先生祖父、父及伯父。祖父所居蘭堂在黃洪憲學士碩寬堂之東。祖父之母黃宜人,即先生高祖母,乃

學士姪孫。此所謂"蘭堂課子"矣。記中謂"圖之傳已百有八年",則此文應撰于本年。(《籜文》卷一〇《蘭堂課子圖記》)

又寫蘭花一幀。

款云:"八十三老人錢載。"鈐印一:"萬松居士"朱白文方印。鑑賞印一:"鏡塘審定"朱文方印。畫為墨筆,紙本,手頁。縱35厘米,橫25.8厘米。今藏嘉興博物館。

又畫墨梅一幅。

題云:"清意亭蕉落照疏,漫將梅堞比梅墟。明朝郭笑山中屐,六瓣尋他臘雪如。乙丑舊作。八十三老人錢載寫。"鈐印三:"錢載"白文方印、"萬松居士"朱白文方印、"籜石書畫"白文方印。畫為墨筆,紙本,立軸。縱92.5厘米,闊28.5厘米。今藏楓江書屋。按:畫中題詩,為乾隆十年乙丑舊作《出德清西門看梅宜園池上遂過塵麓齋復至清遠堂上百寮山脚坐蔡家墓松下入開元宮得絕句七首》第三首。(《籜詩》卷七)

又觀項聖謨《三招隱圖》卷,并留觀款。

據陸心源《穰梨館過眼錄》,《項易庵三招隱圖》卷末有先生觀款云:"同里後學錢載八十三歲觀。"鈐印二:"錢載"白文印、"萬松居士"朱白文印。(卷三一)

又題銘于合璧連珠硯之匣。

《合璧連珠硯銘》云:"恩予原品休致禮部左侍郎錢載庚戌銘,以恭紀于己丑所刻合璧連珠硯之匣。"(《籜文》卷一七)

又銘萬里硯。

《萬里硯銘并序》云:"山川萬里記所經,庚子紀恩庚戌銘。"此硯乾隆己亥先生携之江西,明年典江南試復用之,故名曰萬里。(《籜文》卷一七)

《仿董文敏村溪圖卷》，紙本墨筆，無年款

又以舊賦《一萼紅》詞付錢寶甫寫鋟于石硯。

　　《一萼紅硯銘》注云："庚戌孫男昌齡寫鋟。"（《籜文》卷一七）

又銘姚雲驤所詒舊沃村石硯。

　　《大錢三十硯銘并序》有云："何癸酉歸于姚，而庚戌歸于錢也。"（《籜文》卷一七）

又銘乾隆辛卯秦大士所贈硯

　　《癸巳批本硯銘》略云："庚戌載八十三歲銘……三十又九年，其存者有幾人兮。"（《籜文》卷一七）

本年有詩一首：

　　《到九豐堂信宿村老多見過》，錢聚朝校詩中"金年早說諸家好"一句云："'金'，手校改'今'。"

五十六年辛亥（一七九一），先生八十四歲。

三月初三上巳日，繪桃花圖一幅。

　　款云："辛亥上巳日，百福巷八十四老人籜石錢載，寫于寶澤堂中。"畫為設色，紙本，立軸。縱4尺1分，橫1尺3寸1分。鈐印三："錢載"白文方印、"萬松居士"朱白文方印、"籜石翁"朱文方印。鈐收藏印三："沈氏珍藏"白文長方印、"馮柳東珍藏書畫印"白文長方印、"鐵生鑒定"白文方印。葛嗣浵識云："籜石翁花卉蘭竹力追白陽。此幀淡設色桃花，寬厚從容，別有一種腴潤之趣。殆以氣度勝者，尤覺罕覯。"（《愛日吟廬書畫續錄》卷五）

仲秋，以舊詩銘乾隆丁丑所琢宋澄泥硯。

　　《宋澄泥硯銘》云："右詩，乾隆丁丑春琢此硯時所作，辛亥仲秋錄此刻于背。于是載

年八十四歲,三十有五年矣。"(《籜文》卷一七)

十月初六日,從子錢泰吉生。

錢泰吉,復四子。復,汝恭次子,出嗣叔汝愨。泰吉字輔宜,號警石,一號通甫,又號深廬,自號甘泉鄉人。少而苦學,從兄儀吉博通群籍,早有高名,泰吉事之師友間,遠近咸稱"錢氏二石"。嘉興縣學廩貢生,海寧州學訓導,敕授修職郎。主講安瀾書院。喜讀書,著《曝書雜記》,成一家言。又追述先德,纂《清芬世守錄》。詩溫厚真樸,所著有《甘泉鄉人稿》二十四卷。庚申粵事起,仲子應溥迎養,終于曾國藩幕中,國藩為表墓。生于乾隆五十六年,卒于同治二年十一月廿日。以子應溥官誥封朝議大夫、吏部文選司主事、軍機處行走。娶同縣國子監生胡鼇女。側屠氏。子二:炳森,嗣伯友泗;應溥。女六。(《家譜》卷八,《兩浙輶軒續錄》卷二五)

十一月廿八日,于寶澤堂寫松竹蘭石圖。

款云:"乾隆辛亥長至後一日,寫于寶澤堂中,百福巷八十四老人錢載。"鈐印三:"錢載"白文印、"萬松居士"朱白文印、"籜石書畫"白文印。畫為墨筆,紙本,立軸。縱135.7厘米,橫65厘米。今藏上海博物館。

是年,自題八十四歲小影。

三子七孫一曾孫俱寫入圖中。三子者:世錫、敏錫、容錫。七孫為:世錫子寶甫,敏錫子善建、善揚、善言,容錫子善膺、善時、善章。一曾孫聚仁。(《籜文》卷一五《萬蒼翁乾隆辛亥八十四歲小影跋》)

又為吳修繪蘭竹一幅。

題云:"子修表姪以李太僕所刻于梅花庵中道人真迹見示,遂作此擬古。八十四歲錢載。"鈐印三:"戊子錢載"白文方印、"唐齋"朱文方印、"少宗伯"白文方印。畫為墨筆,紙本,立軸。縱121厘米,橫27厘米。詩堂有錢大昕題記。裱邊有吳錫麒、孫星衍、龔烈、郭麐、姚鼐、蔡之定、吳修、張問陶、梁同書、錢儀吉、吳鼒、趙翼、陳鴻壽、查揆等題跋。眾人題跋,吳修曾刻入《湖山吟嘯集》。今藏楓江書屋。

又為戚敔言撰傳。

戚敔言,字魏亭,一號研齋。上世自餘姚遷德清。以進士知連江,故稱戚連江。卒年四十四。本年應其家人之請,為作傳。(《籜文》卷一二《戚連江家傳》)

按:戚敔言父麐祥,康熙己丑進士,官至翰林院侍講學士,有五子,敔言其次也。敔言弟戚朝桂,字弁亭,別字約齋,晚自號苧園。僑寓龍山二十餘年,後遷禾郡。乾隆十五年副榜,湖北廣濟縣知縣。卒於乾隆五十七年六月十八日,年七十四。有子名戚芸生，字修潔，自號馥林。工詩文，嘗問詩于先生。以廩貢生需次廣文。(《籜餘詩話》卷一〇)芸生妹戚太恭人，乃先生從子錢儀吉母。芸生無子，以從兄子戚嗣曾為後。先生冢孫錢寶甫幼女名錢聚瀛，即適嗣曾之子戚士元。

又撰文為烈婦吳氏請旌。

吳氏，嘉興協副將滿洲正紅旗人寔誠妾，原籍福建興化。乾隆五十六年三月初二日，寔誠病卒，四月廿一日吳氏即投繯自縊死。(《籜文》卷一九《請旌烈婦吳氏呈》)按：此次請旌，格于上司，未得批。(見《籜文》卷二〇《吳烈婦碑》)

又為亡友汪孟鋗撰墓志銘。

《誥授奉直大夫吏部文選司主事晉贈朝議大夫康古汪君墓志銘》云："君之歿二十二年矣，予今八十四歲，乃為志墓。"(《籜文》卷二二)

又自銘小影硯。

《小影硯銘》云："縱浪大化，不喜不懼，吾不知歲云暮。"(《籜文》卷一七)按：語出陶淵明《神釋詩》。此硯曾為金兆蕃收藏。兆蕃母乃先生玄孫女。光緒己卯，兆蕃屬似藍女史精搨之，與另兩幅像合裝成《籜石先生畫像長卷》。今藏嘉興博物館。據金兆蕃拓本，硯右上角刻一行字"乾隆辛亥籜石八十四歲，倩夏子仿王文簡公戴笠像"。左下角刻"予"、"宣"方印。予宣名夏汝為，號鷗舫，夏儼弟。

又銘唐式青花硯。

《青花唐硯銘》云："康熙戊子錢載，乾隆辛亥所得。"(《籜文》卷一七)

又銘永安湖樓讀書硯。

《永安湖樓讀書硯銘并序》云："乾隆五十六年歲次辛亥銘。"(《籜文》卷一七)

又銘晉製長硯。

《晉製長硯銘》云："乾隆秀水錢載記，辛亥八十有四歲。"(《籜文》卷一七)

又銘中秋所得硯。

《中秋硯銘并序》云："其來也，其時也，秀水八十四老人。"(《籜文》卷一七)

又銘退翁硯。

硯為唐式。"退翁"一名取自成哲親王永瑆乾隆庚戌題先生詩集所用白居易之句。(《籜文》卷一七《退翁硯銘并序》)

又記亡友范棫士乾隆癸未所贈硯，并撰文銘之。

《范給諫硯銘并序》云："范給諫之歸道山也，己丑四月十三日，夫是以有前行月

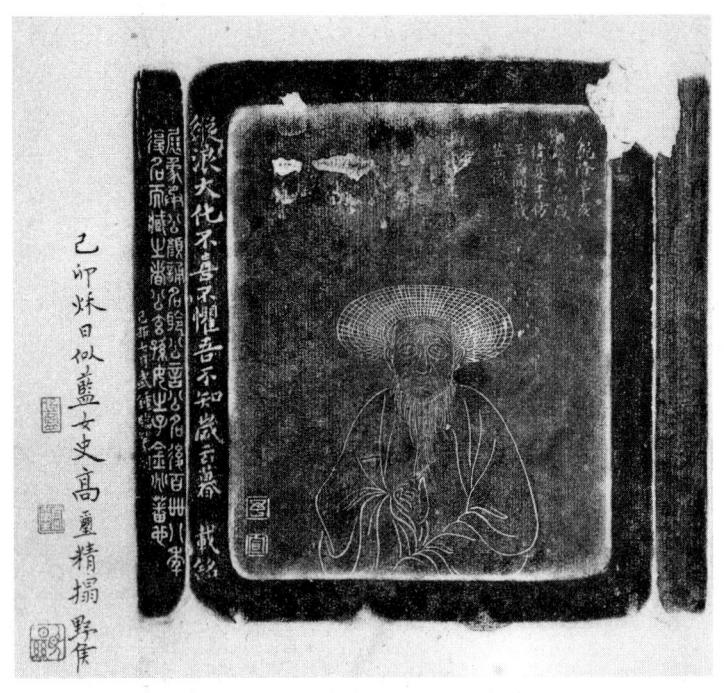

清夏汝為《蘀石先生八十四歲戴笠像刻硯》，1939年搨本

日之記也，若不明白之，則觀者何由知此月日之心？辛亥八十四載記。"（《蘀文》卷一七）

先生喜硯，尤喜銘硯，後人至謂其"以硯譜代年譜"。

> 郭則澐《清詞玉屑》云："錢蘀石久直上齋，由編修官至少宗伯，年逾七十，以衰邁加恩原品休致。生平恩遇，咸有硯銘紀之。曰'勞硯'者，自縣、府試以至召試、殿試所用也。曰'庚寅所記硯'者，甲戌散館、癸未大考，以及考差分校禮闈、典試廣西咸用之。曰'石耕硯'者，甲午典江西試，乙未主武會試用之。曰'山東閱卷硯'者，丁酉奉命視學山左用之。曰'敬告硯'者，己亥典江西試，次年典江南試咸用之。曰'萬里硯'者，庚子奉命告祭秦蜀途次用之。曰'蕉葉白硯'者，辛丑充知貢舉入闈用之。曰'舊坑淺紫石硯'者，則癸卯蒙恩歸里後所銘。以硯譜代年譜，嚮來未有。"（卷二）

本年有詩：

> 《牡丹新種花時有一朵同心者遂為誇之》、《坐寶澤堂錄昔游攝山所見石壁高處詩》、《朱西村八十一歲所畫月林卷有許雲村相卿徐豐崖泰陳勾谿鑑董碧里穀先太常公題句裝而詩之》、《盆荷不高感賦》、《題沈明經振麟倚擔評花圖》。

五十七年壬子（一七九二），先生八十五歲。

正月廿日，命孫錢善揚録乾隆乙巳所撰《太常公答蕭先生札墨迹跋》，以墨迹付裝界手。

  錢善揚識云："乾隆壬子正月二十日，承祖命謹録右跋，以付裝界手，孫善揚。"（《清芬世守録》册二卷二《太常公手札》）

是月，寫扇面一幅。

  款云："壬子春仲，八十五老人錢載。"鈐印二："錢"、"載"，俱朱文印。畫為墨筆，紙本，扇面。今藏北京故宮博物館。

二月廿五日，友陸錫熊病卒于奉天。年五十九。

  據王昶《都察院左副都御史陸君墓志銘》。（《春融堂集》卷五五）按：《四庫全書》垂十年而成，陸錫熊前後經理其事，猝以覆校書籍病卒于途，是與其役共始終，亦將與書共不朽也。

三月初三日，畫竹一幅。

  題云："壬子花朝日大雨，坐九豐堂□文，無一人至。午後，長子□舫偕几山孫□竹數竿，□與吾看，道亦□□，而□此□。百福巷錢載，八十五歲。"（《支那南畫大成》第一卷，頁二○七）

春，張夫人塚生芝草，先生製楹貼"天牀靜迂惟為善，祖澤長延在讀書"，以勵子孫。

  先生是年有《芝瑞草也昨歲壬子春張夫人塚南北左右生百十本乃題楹貼天牀靜迂惟為善祖澤長延在讀書以自儆而勗其子孫茲更詩之》詩紀其事。（《蘀詩》卷五○）

又于九豐堂仿李息齋筆意寫竹石圖一幅。

  款云："壬子春日，仿李息齋筆意于九曲裏之九豐堂，八十五老人錢載。"（《支那南畫大成》卷一，頁二○七右）

四月十二日，曾孫錢聚文生。為錢善膺次子。

  錢聚文，字馴之，號雅堂。秀水庠生。生于乾隆五十七年，卒年俟考。娶太學生周震女。子一，慶禧。（《家譜》卷八）

夏，繪蘭石一幅。

  款云："乾隆壬子長夏，寫于寶澤堂，八十五老人錢載。"鈐印二："錢載"白文印、"萬松居士"朱白文印。畫為墨筆,紙本,立軸。縱 119.1 厘米,橫 47.2 厘米。今藏上海博物館。

八月初一日,為顧光旭《梁溪詩鈔》撰序。

《梁溪詩鈔序》云:"乾隆己酉秋,無錫同年顧觀察華陽携所撰《梁溪詩鈔》,使為之序。載雖老不能卒業,然竊思之,梁溪出惠山入太湖,以重浚于梁大同中,故名也。泰伯來而仁風開,梁鴻適而介節重,于今實為東南弦誦之一區,是鈔其文獻在兹矣。觀察曰:'斯光旭之所志也。往與從兄明經斗光蒐訪者久,既官蜀,書來謂購詩不易,且城南黃君正衡亦購之也。歲丙申,光旭歸自蜀,明經寫稿粗定。而越日黃君以大帙至,曰某之為此奔走山砠水涯,或得之野廟村寺、壞壁敗簏,不記寒暑。于是乃合兩家所輯,加以增删,勘之史册、地志、總集、專集,取例于元遺山《中州集》、朱竹垞《明詩綜》,上遵御定國朝別裁之義。大要以詩傳人,而亦以人傳詩,忠孝節廉,丈夫女子,韋布寒餓,一事之合輒錄之。梁溪,唐則李公乘以詩名,宋則李忠定、尤文簡輩起事功,文章彪炳;元無顯士,倪元鎮以隱逸稱;明多君子,邵文莊續道南脈,顧端文、高忠憲諸先正繼之,豈直以詩哉!君其有言以益之夫?'載則安能益子也。《戴記·王制》命太師陳詩以觀民風,其三代之盛乎。孔子教人以詩,《論語》所言盡之矣。君之用心與力之勤,非必詩傳而人傳,人傳而詩益傳,蓋望後之讀者之有以感發焉耳。斯固風教攸關,而助流聖化之一端。然則兹集刊行,可想見二千餘年人物升降,教化移易,其所興起乎斯人者不獨在梁溪也。乾隆五十有七年壬子八月朔日,賜進士出身、日講起居注、誥授資政大夫、恩予原品休致禮部左侍郎秀水錢載。"(《梁溪詩鈔》前)按:右序為先生佚作,故全錄于此。

十九日,畫松石圖一幅。

題識云:"畫松一似真松樹,待我尋思記得無。曾在天台山上見,石橋南畔第三株。壬子八月十九日,百福巷八十五老人錢載偶筆。"畫為墨筆,紙本,立軸。縱 137.2 厘米,橫 48.5 厘米。今藏廣東省博物館。(《中國古代書畫圖錄》册一三,頁二七九)

廿日,寫蘭石一幅。

款云:"壬子八月二十日清晨,仿陳古白畫意以自娛,百福巷八十五老人錢載。"鈐印三:"錢載"白文、"萬松居士"白朱印、"擇石書畫"白文。畫為墨筆,灑金,立軸。今藏北京故宮博物館。

九月杪,至杭州。初九日,登寳叔塔,歸寓昭慶寺之三生房,寫丹桂圖,擬贈今科榜首,後未果。

題云:"載以雍正壬子科副浙江榜,今年得循恩例,重赴鹿鳴宴,遂于發榜前來武林,寓于湖上昭慶寺之三生房。重九日,登高至寳叔塔,下歸寓,天色尚早,因乘興寫此,擬贈今科之榜首。乾隆壬子,時年八十有五。"繼錄《載以雍正壬子科副浙江鄉試榜今乾隆壬子科六十年矣得循恩例九月十二日鹿鳴宴重赴有述》詩于卷上。(見《籜詩》卷五〇)并跋云:"赴宴後作,并錄于此。十二日。……此幅擬贈而不果。十三日,載又記。"畫為設色,絹本,立軸。縱112厘米,橫53厘米。鈐印五:"錢載"白文方印、"萬松居士"朱白文方印、"載"朱文方印、"瓠尊"朱文方印、"籜石書畫"白文方印。裱邊有周汝珍、黃灝、朱慶時題跋。今藏楓江書屋。按:錢霆《嘉興錢氏人物傳略》云:"我家原來藏有錢載的一幅桂花書畫,在'文革'中查抄'四舊'時失落。此畫原挂于我家中堂,當時我把這幅畫上的落款及所題文字抄錄了下來。原文如下:'載以雍正壬子科副浙江榜……乾隆壬子時年八十又五。"錢載之印"、"籜石"。此幅擬贈而不果。十三日載又記。'從文字上看,此畫原想贈給今科解元,不知何故未送出,留在家裏。此畫可能是他束筆作,一直珍藏到二十世紀六十年代失落,十分可惜。"(《嘉興文史資料通訊》第四十期,頁六、七)錢霆為錢陳群裔孫,所記桂花畫乃家傳之物。所錄畫上題識同上引,唯"寳叔"作"保俶",又缺十二日補錄之詩作,或因《籜石齋詩集》已著錄,故略去未引。

十二日,重赴鹿鳴宴。

先生是年有《載以雍正壬子科副浙江鄉試榜今乾隆壬子科六十年矣得循恩例九月十二日鹿鳴宴重赴有述》詩紀其事。(《籜詩》卷五〇)

廿五日,畫折桂一幅。

《重論文齋筆錄》云:"侍郎有《籜石齋集》五十卷行世。其畫尤為儒林珍貴,于是市買作偽欺世,贋鼎雜出,百無一真。余藏折桂一幅,蓋侍郎乾隆壬子重赴鹿鳴後所作者,舊為同里蔡聖涯濱故物,後歸于予。葉用水墨,花綴金粟,草草數筆,老氣橫秋。自題云:'深被君恩一琖醇,中丞堂啟接如賓。泠泠魚麗南郊古,濟濟天香桂子新。八裘早開扶杖者,三朝生長太平人。未能遍語諸前輩,感極歸田已十春。壬子赴宴後賦此詩,回家索寫此花索錄此詩者甚衆,余亦期望情殷,有所不辭,然古人囊螢映雪之事,必宜自省。九月廿五,坐雨寳澤堂中寫,八十五老人錢載。'先君子跋云:'籜石先生桂枝圖真迹,今藏余表弟蔡君聖涯家。嘉興人云先生喜作是圖,贋

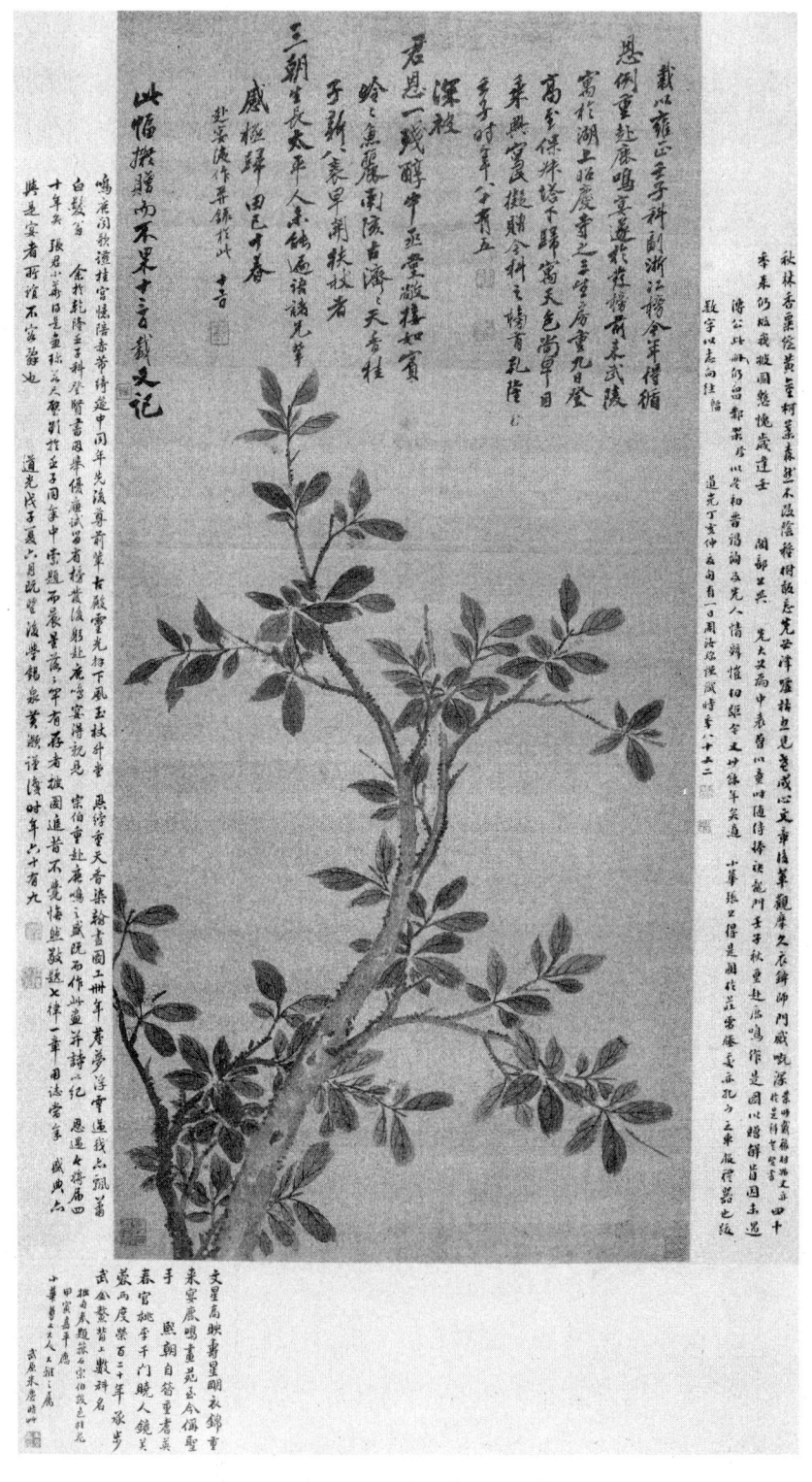

《丹桂圖軸》，絹本設色，1792年

者不少,當以此本為證。'又有湯清泉封翁題云:'嘉慶丙子閏六月,蔡聖涯妹婿出示萬松居士折桂圖,七十五老人湯元裕題并觀。'(封翁今協揆湯敦甫大司農厥考,畫松、鷹逼真,其臨摹書法直追《淳化閣帖》筆意。)"(卷一)按:卷中所題詩即《籜石齋詩集》卷五〇《載以雍正壬子科副浙江鄉試榜今乾隆壬子科六十年矣得循恩例九月十二日鹿鳴宴重赴有述》。

秋,題馬守貞、薛素素蘭花圖。

題識云:"馬湘蘭墨蘭深得管夫人遺意,娟秀之中有靜逸之趣,薛素素亦復稜稜有爽致,近皆不可多得。此畫兩卷聯綴之,遂成合璧,可愛也。其以竹垞先生題詞,尤可寶也。壬子秋窗,八十五翁載題。"鈐印二:"錢載"白文印、"萬松居士"白朱文印。右下壓角鈐:"籜石齋"白文印。今藏上海博物館。(《中國古代書畫圖錄》册三,頁二二二、二二三)

又于寶澤堂繪菊石一幅。

款云:"壬子秋月,八十五老人錢載,寫于寶澤堂。"鈐印一,"錢載"白文方印。(按:此印近《中國書畫家印鑑款識》第8號,但又有不同。)畫為設色,紙本,立軸。縱98厘米,橫29厘米。今藏嘉興博物館。

十二月,為吳烈婦撰碑文。

去年,先生為烈婦撰文請旌,未得。明年復請,仍未得。先生于碑文後附注云:"若載在世,必復為請旌。"(《籜文》卷二〇《吳烈婦碑》)按:吳氏為寔誠任福建時所納妾,未生子,寔誠又非嘉興人,其中或存格于上司之根由,亦先生必復為請旌之決心所在。

冬,為吳修畫疏篁鞠石圖。

款云:"子修表姪屬畫。壬子冬月,八十五老人錢載。"鈐印二:"戊子錢載"白文方印、"少宗伯"白文方印。畫為紙本,立軸。左右下方有宋葆淳、吳昌碩等諸家題咏。(《名人書畫》第八集)

又往九豐堂賞梅。

《九豐堂硯銘》云:"乾隆五十七年梅花時,硯也從游。"(《籜文》卷一七)

是年,賦詩題陳書《秋塘花草蟲魚卷子》。

先生有《題南樓陳太夫人秋塘花草蟲魚卷子二首》詩,繫于是年。(《籜詩》卷五〇)

又錄舊作《跋永思卷》于卷上,并付裝池。

自識云:"裔孫載跋,錄後謹裝謹藏謹題,時年八十有五,乾隆五十有七年。"鈐印四:

"戊子錢載"白文印、"唐齋"朱文印、"壬申傳臚"白文印、"少宗伯"白文印。(《清芬世守錄》册二卷一《永思卷》)

又跋明錢士升行書尺牘卷。

跋云："吾鄉抑之相國為東林所推，惜事權不屬，以直言忤懷宗，在位未幾即乞休歸。嘗聞故老云，同里魏忠節公被逮，相國力營救，每談及忠節被難事，淚涔涔不止。又同年生萬燝杖死，相國始終恤其家，皆盛德事也。相國工詩文，精書法，吉光片羽，人皆藏庋。觀此十劄，雖草草數語，古雅可誦，里之後人自應什襲。乾隆壬子，八十五老人錢載。"鈐印一："載"朱文長方印。(《愛日吟廬書畫續錄》卷三《明錢士升行書尺牘卷》)

本年有詩：

《語永豐鄉人》、《題南樓陳太夫人秋塘花草蟲魚卷子二首》、《載以雍正壬子科副浙江鄉試榜今乾隆壬子科六十年矣得循恩例九月十二日鹿鳴宴重赴有述》、《憶西湖》。

其中：

《載以雍正壬子科副浙江鄉試榜今乾隆壬子科六十年矣得循恩例九月十二日鹿鳴宴重赴有述》，錢儀吉評"泠泠魚麗南陔古"一句云："第三句可商。"

《憶西湖》，錢聚朝校"煙掉瞿塘迴亦得"一句云："'掉'疑'櫂'。"

五十八年癸丑(一七九三)，先生八十六歲。

正月十二日，至九豐堂。

先生是年有《春正十二日到九豐堂早起陰》詩紀其事。(《蘀詩》卷五〇)

十五上元夜，寓九豐堂。

先生是年有《上元夜九豐堂》詩紀其事。(《蘀詩》卷五〇)

二月廿四日清明，全家祭掃張夫人墓。

先生是年有《觀祭埽張夫人墓》詩，可徵其事。(《蘀詩》卷五〇)

四月十二日，曾孫錢聚文滿週歲，喜賦一首。

先生有《聚文週歲》詩，繫于是年。(《蘀詩》卷五〇)

先生有曾孫九人，得見者聚仁、聚文，而聚奎、聚英、聚寶、聚朝、聚彭、聚德、聚穎，皆晚生不及見。

錢聚奎,善建子。字淪(一作綸)之,號芝坪。生于嘉慶七年八月初四日,卒年俟考。娶張氏。子一,卿忠。(《家譜》卷八,《家譜》鈔本殘卷)

錢聚英,善揚長子。字俊之,號仰石。能畫,不幸早逝。生于乾隆六十年九月初三日,卒年俟考。娶常熟金氏。子一,慶恩。(《家譜》卷八)

錢聚寶,善揚次子,嗣善言。字希之,號尋源,又號仙舫。秀水庠生。官四川典史,歷署定邊縣典史。生于嘉慶七年六月初二日,卒年俟考。娶徐氏。子一,慶邦(改名卿雲,又改名炳塏)。(《家譜》卷八,《家譜》鈔本殘卷)

錢聚朝,善揚三子。字盈之,號曉庭,別署萬蒼山樵、補梅居士。道光十五年舉于鄉,大挑選授嚴州府淳安縣教諭,未滿任棄去。工書畫。為人性耿介,崇尚氣誼。著有《養真齋詩集》、《梅邊吹笛詞稿》。生于嘉慶十一年十二月廿四日,卒于咸豐十年。娶內閣中書謝恭銘女。子一,錢卿鈖,字伯聲。工書畫。咸豐八年舉人,欽加二品頂戴,歷署蘇州府、常州府知府。誥授資政大夫,賞戴花翎。生于道光九年十月初六日,卒于光緒八年二月十日。娶同邑方氏。妾氏某。子三:宜雋、宜震,殤,俱嫡出;宜振,側出。女四。卿鈖收藏錢氏一門詩文手迹頗夥,保存錢氏遺迹居功甚偉。(《家譜》卷八,《家譜》鈔本殘卷,《甘泉鄉人稿》卷一二《跋几山文學善揚畫蘭》,《嘉興府志》卷五二,《嘉興歷代人物考略》頁四三九)

錢聚彭,寶甫子。字鍾澤,號剛中。秀水庠生。生于嘉慶二十一年七月初七日,卒于同治七年四月初七日。聘嘉興沈宗涵女。娶陳愛生女。側沈氏。子三:卿綬、卿彥,繼出;卿權,側出。女四。(《家譜》鈔本殘卷)

錢聚德,善時子。字修之。生于嘉慶二年三月十六日,卒年俟考。娶庠生高桂女。繼娶徐海楊女。子慶源。(《家譜》卷八)

錢聚穎,善章嗣子。字新之,號充泉。秀水庠生。生于乾隆五十九年十一月初三日。(按:《家譜》作"乾隆甲申",有誤。)娶太學生林永文女。繼娶唐氏。子慶頤。女一。(《家譜》卷八)

仲夏日,題董源《夏山深遠圖》。

《董北苑夏山深遠圖》略云:"此幅北苑皴法不用輪廓,其深厚全得山脈起伏之勢,樹蒼而靜,苔潔而圓,其為真迹無疑。……此幅題者歐陽圭齋、倪雲林、張伯雨、許祭酒,皆句佳而迹真,豈不可重寶之哉。乾隆五十八年夏仲日。"(《撣文》卷一四)

九月初十日,以寒熱猝發,吐痰升餘。

十三日，病勢加劇。

十四日，不復飲食，亦不復言語，惟高枕合眼。

廿一日，先生卒于家。壽八十有六。

《行述》云："不孝等方竊謂，府君平生天懷澹蕩，從容頤養百年，日期眉壽未艾。豈知不孝等祐薄孽深，天降酷毒。府君忽感時症，寒熱猝發。九月初十夜，痰湧，吐升餘。十三日，病勢驟加。十四日以後，惟高枕合眼，不復進飲食，亦不復言語。不孝等倉皇悲淚，衆醫束手罔效。延至廿一日，竟棄不孝等。"

成哲親王永瑆為賦挽詩。

《嘉興二挽詩》之《原禮部侍郎錢籜石先生》云："耕牛縻索絢，隴畝無日忘。或乞君王湖，或伏秘省牀。草野入情性，嘻笑成文章。國家振元始，多士寔周行。丙辰鴻詞科，武進一鶚翔。公始刺舟來，矯矯出萬蒼。游子啜衣綫，唐園蹴官羊。長安米不賤，且醉三千場。家聲老香樹，側睨歸愚旁。繼響私不甘，去之劇漢唐。鬼神出荒怪，朋好率走僵。書齋挹雅素，傾倒不我藏。日評舊畫卷，月滿新詩囊。我譏公不怒，公是我則降。丹稜携布被，瓦竈饒茶槍。遂使米園酸，夙知陸莊荒。塞上小花草，同惜空階香。拉雜寫擲我，鄭重秋雨窗。菜花烹兩簋，殷勤勸我嘗。奔驅歲月邁，咳唾風流長。白髮入劍門，興破霹靂忙。句奇下士咋，手硬柔情妨。相如病矣憊，李愿壽而康。村鄰乞筆墨，孫子羅酒漿。別離不可道，會合難可詳。一握謂無期，宛在水一方。我來公則喜，邀迓非尋常。享賜盡餘日，歸根掃雄芒。骨髓到風雅，忠孝為紀綱。詩人訖所業，返著雲錦裳。信非湮滅人，毋事湛輩傷。平生切衷曲，悲哉九豐堂。"（《詒晉齋集》卷六）

錢大昕亦有挽詩。

《籜石侍郎挽詩》云："一道還鄉水，清兮鑒白髭。童知迂叟字，客淞醉翁詩。慘澹文星墜，連蜷古木萎。虎闈曾侍直，惆悵失人師。""憶昔瀛洲步，追隨老弟兄。得書常互借，置酒輒同傾。一別分榮悴，千秋隔死生。篋中長短札，檢點獨傷情。"（《潛研堂詩續集》卷七）

袁枚有詩哭先生。

《哭錢籜石先生》云："詞科同日賦長楊，甲子迢迢六十霜。陶令山中琴早挂，郗詵殿上桂初芳。屢操文柄無遺彥，（注：兩次典試江南。）曾祭堯陵有奏章。（注：有辨堯陵奏疏。）四十二人徵士頌，伯恭此日倍神傷。""前歲扁舟訪病身，病中能坐板輿迎。（注：公在家，二婢扛轎見客。）雖枯半體神猶旺，聽說三朝語更清。豈料別來成永訣，但留詩在即

長生。臨風一奠君知否,彼此都應老淚傾。"(《小倉山房詩集》三五)

朱休度亦賦詩追懷。

《追懷十一咏》之《錢籜石先生諱載》云:"十年歸國老,四海一詩人。(注:先生以癸卯歸田,癸丑捐館。)遠俗都忘愛,成家始逼真。清談襟豁達,餘事畫精神。先輩風流盡,于今孰問津。"(《小木子詩三刻》之《壺山自吟稿》卷下)

翁方綱有挽聯。

聯曰:"宮傅踵還鄉,梅溪、漵浦之間,增者舊八旬故事;容臺編著錄,竹垞、樊榭而後,推東南第一詩人。"、"詞林根柢"。(《翁方綱年譜》頁三二〇)

梁同書為製挽壽聯。

聯云:"青宮授几,洛社圖形,官府神仙皆慧業;備達尊三,擅絕詣四,儒林文苑并傳人。"(《兩般秋雨盦隨筆》卷二《頻羅庵挽壽聯》)

馮敏昌在京聞訃,設位痛哭,素食素服彌月,後復哭于墓。

《馮敏昌事迹列冊》云:"聞其師宮詹錢先生訃,設位痛哭,素食素服彌月,特往拜其墓。"(《小羅浮草堂文集》卷首)又謝蘭生《魚山先生傳》云:"在都日,聞籜石先生訃,痛哭啜粥數十日,後復哭于墓,并哭其子慈伯之柩。"(《小羅浮草堂詩集》附)

越三年,長子錢世錫卒于武林,時乾隆六十年八月初十日。

錢寶甫《與陳晉昌書》云:"昌齡年二十五,先子歿于武林。"(《文匯》佚名冊)另據錢臻《家譜》,錢世錫卒于乾隆六十年八月十日。(卷七)

越九年,冡孫錢寶甫奉先生靈柩合葬于嘉興縣永豐鄉之九曲裏,時嘉慶六年十二月廿三日。

錢寶甫《告大父文》云:"嘉慶六年十二月二十三日,將奉我祖考誥授資政大夫禮部左侍郎籜石府君之靈柩,合葬于嘉興縣永豐鄉之九曲裏。……惟願玄宮永固,蔭木常新,百歲千秋,先靈斯妥。"(《文匯》補編冊三)按:錢寶甫于嘉慶四年成進士,選庶吉士,六年散館授職,即引假南歸謀葬事。

本年有詩:

《春正十二日到九豐堂早起陰》、《出籬門》、《上元夜九豐堂》、《至張夫人塚》、《永豐鄉九豐堂》、《小住》、《連雨》、《西舍》、《婁師德》、《吾畦》、《芝瑞草也昨歲壬子春張夫人塚南北左右生百十本乃題楄貼天床靜迓惟為善祖澤長延在讀書以自儆而勖其子孫玆更詩之》、《晨起課種桑》、《觀祭掃張夫人墓》、《憶丁巳京師春正城南》、《二月下瀚夜枕上作》、《荷花紫草田》、《清明見新燕》、《泛舟》、《九豐堂小庭木蘭花重臺》、《義田行》、《追憶百二十六歲壽人王世芳并序》、《聚文週歲》。

其中：

《二月下瀚夜枕上作》，錢聚朝校"三萬六千猶膳幾"句中"膳"字為"賸"字。

《荷花紫草田》，錢聚朝校起句"撒子出茸茸"句中"撒"字為"撒"字。

《泛舟》，錢聚朝校"北圩先誇八條橋"一句云："'誇'疑'跨'。"

《追憶百二十六歲壽人王世芳并序》，錢儀吉識詩序云："王君為遂昌訓導，見沈先生大成撰傳。據沈傳，戊子百歲建坊，庚寅授司業銜。沈為作傳後二十又六年，則在乙卯、丙辰間矣。公没于癸丑。此序有誤。庚戌慶典，公遣長子入都，身病未能北上也。"

附　錄

國史館本傳

　　錢載，浙江秀水人。乾隆十七年進士，改庶吉士。十九年，散館，授編修。二十二年三月，充會試同考官。二十三年三月，大考二等。七月，充功臣館纂修。十二月，署日講起居注官。二十四年五月，充廣西鄉試正考官。二十五年三月，充會試同考官。七月，命以原銜充日講起居注官。十月，充《續文獻通考》纂修官。十一月，遷右春坊右中允。二十六年五月，遷侍讀。八月，擢右春坊右庶子。三十年閏二月，擢侍讀學士。六月，充江南鄉試副考官。三十一年三月，充會試同考官。十月，擢詹事府少詹事。三十三年四月，以開送試差贊善路斯道年力就衰，上責其瞻徇情面，交部議處。尋降二級調用，得旨，革職從寬留任。十一月，稽查左翼宗學。十二月，擢詹事府詹事。三十六年十月，充武殿試讀卷官。三十八年十月，擢內閣學士。三十九年六月，充江西鄉試正考官。四十年七月，入直上書房。十月，充殿試正考官。四十一年五月，提督山東學政。四十二年，差滿，命仍在上書房行走。四十三年六月，教習庶吉士。十月，充武殿試讀卷官。四十四年六月，充江西鄉試正考官。四十五年正月，奉命祭告陝西、四川嶽瀆及歷代帝王陵。三月，擢禮部左侍郎。六月，充江南鄉試正考官。十一月，諭曰："江南省第一名顧問卷，頭場《四書》文三篇，純用排偶，于文體有乖。錢載著交部議處。"部議降二級留任。

　　十二月，奏考證堯陵應在平陽，不應在濮州。經大學士、九卿議駁，載又具摺奏辨。諭曰："前據錢載考證堯陵應在平陽，不應在濮州。經大學士、九卿議駁，該侍郎又具摺奏辨。朕因復交原議大臣再議，經大學士、九卿等奏請將該侍郎所奏濮州屬虛、平陽屬實之處，仍毋庸議，已降旨依議矣。經生論古，反覆辨證，原所不禁。但既形之奏牘，并經廷臣集議，即不當再執成見。況該侍郎奏稱黜呂不韋門下客浮說之譌。夫呂不韋即不足取，亦尚不可以人廢言，況其門下客所著之書，所謂'懸之國門，千金不能易一字'者，豈能謂之不足據乎？且其時去古未遠，或尚有所承述。今乃欲以數千年後虛揣之詞，遽行翻駁，有是理乎？至其覆奏，大要以酈道元《水經注》證濮州堯陵之虛。不知《水經注》所稱，今成陽西有堯陵者，實道元當時所親見。該侍郎轉據為辨證，尤屬自相矛盾。至其覆奏內，有'原奏祇辨堯陵之有無，未嘗敢一字涉及改祀'之語，該侍郎兩次具摺之意，既欲考證虛實，即為改祀起見，否則又何用如此喋喋為耶？錢載本係晚達，且其事祇是考古，是以不加深究。若遇朝廷政治，亦似此嘵嘵不已，朕必重治其罪。即如明季諸臣，每因遇事紛呶，盈廷聚訟，假公濟私，始則各成門戶，繼且分樹黨援，以致無益于國政，而國事日非，不可不引為炯戒！著傳旨申飭。"

四十六年，禮部恭擬壬寅年正月祀祈穀壇日用次辛，上訓飭之，下部議應革職，加恩寬免，詳曹秀先傳。二月，充會試知貢舉。四十七年四月，常雩，以懸燈及更衣幄次陳設不備，奉旨交部嚴加議處。部議革任，得旨寬免，詳德保傳。四十八年三月，休致。五十八年，卒。

孫昌齡，己未科進士，改庶吉士，現任編修。

（按：《國朝耆獻初編》、《滿漢名臣傳三集》與《清史列傳》俱載有原國史館纂修之錢載列傳。今取三種版本互校，以《清史列傳》版為優，此處所錄即取自該書。）

禮部侍郎秀水錢公載傳
清 朱休度撰

錢載，字坤一。父炘，性閒曠，貧至不舉炊，不知也。載自少不耐為舉業文，為之輒崛奇不合時樣，故不售。載不顧，益肆力于古，漁獵百家。尤以詩為命，獨窺古人奧，縋鑿不已。既以副榜薦博學鴻詞，薦經學，皆不獲。壬申，始聯捷，年四十五矣。由翰詹累擢禮部左侍郎，充會試同考官者三，典江南、江西、廣西鄉試凡五。又視山東學，命往秦蜀祭告，上書房行走。癸卯，致仕。癸丑，卒于家。載詩凌紙怪發，險入復入，橫出復出，于古不名一家。更歷萬里，游壯觀嶽瀆，吸靈奇之氣而張之，故老益肆益硬。載名自未第時已達天聽，受知遇，立朝三十年，秉正不阿。終其身，食貧不知貧，有父風。性直，常折人過，而周人急如不及。畫，其餘事，世珍之。著有《蘀石齋詩文集》。

（按：朱休度《禮部侍郎錢公傳》錄自《碑傳集》卷三六。《碑傳集》出錢儀吉手，所錄傳文當有所本。朱休度有詩集傳世，文集則未見。）

故禮部侍郎錢公傳
清 吳文溥撰

故禮部侍郎錢公載，字坤一，號蘀石。明侍御公嘉徵之後，世居鹽官，公始籍秀水。幼英異，與儕輩殊嗜好。數歲時，伯母鍾孺人指回谿草堂額示之，曰："此博學鴻詞朱翰林錫鬯書也，孺子他日能及此乎？"則俛首就教。稍長，慨俗學蔽蒙，不屑以兔園冊取功名，乃研覃經史，發皇忠孝，蘄至乎古之立言者焉。嘗受業于錢塘桑先生調元，與同里張徵君庚、萬孝廉光泰、王秋曹又曾、汪吏部孟鋗、孝廉仲鈖、祝典籍維誥諸名宿相切劇。從祖文端公深器之，屬課其子少司寇汝誠。司寇于公，從父也，而執弟子禮。

雍正十年壬子，中乙科。乙卯，總督浙江程公元章保舉詞科。乾隆元年丙辰，試保和殿，名動公卿間。人謂公卯角時所受教于鍾孺人者，果如所期也。辛酉至丁卯，兩居憂，貧甚。復走京師，館蔣文恪公溥邸第。己巳，禮部侍郎介公福、戶部侍郎嵇公璜以經術薦，補教習。壬申，領順天鄉薦，成進士。廷對二甲第一名，改庶常，授編修。假歸葬親，仍赴京師供職。尋充功臣館纂修官，日講官起居注，《續文獻通考》纂修官。補右春坊右中允，累官侍講、右庶子、侍讀學士。晉詹事，侍直紫光閣。授閣學，禮部侍郎，尚書房行走，教習庶吉士。充《四庫全書》總閱，轉左侍郎。出典廣西、江南鄉試，充江西正考官、會試同考官、武英殿讀卷官者再，充武會試正考官、提督山東學政、知禮部貢舉者一。又奉使祭告秦蜀山川、歷代陵寢，均能克共其事，中外如一。當尚書房行走，數召見便殿，錫賚有加。視學山左，則齊魯秀傑，皆出其門。教習庶吉士，值其子太史公世錫舉戊戌進士，改庶吉士。于時同教習英文肅公廉，語世錫曰：子入翰林，而上命其父教其子，以儲將來之用，主恩殊絕矣。抑瓌頲文章，世濟厥美，跂予望之。洎公祭告秦蜀，畢事還朝，數被顧問及家事，乃奏曰："臣父母在時，家極貧，衣食粗糲。今臣父母見背，臣妻、子無凍餒，足矣。不願有餘也。"壬寅，隨駕避暑山莊。癸卯，以年老恩予原品休致。終于家。

公為人樸誠竭忠，貴而能下，貧而愈樂。文學侍從之選三十餘年，受主知最深。顧以晚達，每恨不逮祿養其親，見諸篇咏，慨焉傷懷。歸田後，壽躋大耋。廉正之操、淹通之學，信于鄉黨，聞于朝寧。勗子孫讀書為善，其言曰："讀書而為善，可也；讀書而不為善，不可也；為善而讀書，可也；為善而不讀書，不可也。"葺廬先人墓側，眷戀徘徊，時與老農圃相款曲，率以半歲于此避喧著書。置義田，贍同父兄弟以下子姪輩，又時進其族從子弟于丙舍，亦各勉以讀書為善而已。于平昔師友存亡，風義至篤，每哀輯其詩文以傳。工畫蘭石，神韻在筆墨畦町外。所刊《籜石齋詩集》四十九卷，未梓者文集、別集、補集共若干卷。

嘉慶四年十月朔日，同郡嘉興後學吳文溥敬撰傳。

（按：吳文溥《故禮部侍郎錢公傳》既載於其所選《籜石齋詩鈔》之前，又見于錢儀吉《碑傳集》卷三六。二者文字偶有出入。今就《詩鈔》所存鈔錄之，因其刊刻于嘉慶五年，較之《碑傳集》為早。）

皇清誥授資政大夫尚書房行走禮部左侍郎
恩予原品休致顯考籜石府君行述

清 錢世錫等撰

嗚呼痛哉，府君竟棄不孝世錫等而長逝耶！

府君自癸卯以年老蒙恩予原品休致，里居十年餘，優游井社，樂化日之舒，長感上恩之高厚。雖自戊申秋，因中風疾，左足拘攣，不良于行，而年過八十，猶強飯。日觀書，暇輒賦詩作畫，神明不衰。癸卯之冬，卜吉壤于九曲，府君自營壽藏，并構丙舍數椽，種梅花于屋傍，雜蓺桃杏，結笆籬，養竹數百竿。府君時命棹往丙舍，婆娑九豐堂中。不孝等方竊謂府君平生天懷澹蕩，從容頤養百年，日期眉壽未艾。豈知不孝等祐薄孽深，天降酷毒。府君忽感時症，寒熱猝發。九月初十夜，痰湧，吐升餘。十三日，病勢驟加。十四日以後，惟高枕合眼，不復進飲食，亦不復言語。不孝等倉皇悲淚，衆醫束手罔效。延至廿一日，竟棄不孝等。嗚呼痛哉！不孝等侍養無能，侍疾無狀，泣血搶地，五中摧裂，猶復靦顏苟活，何以為人？惟念府君平生學問行誼、著述文章，于古人無讓，卓有不朽之實，當纂述以備國史採擇。且將泣請于當世文章鉅公，假寵如椽之筆，刻墓石以光泉壤，亦必援據家乘，苟不及早編輯梗概，以致散佚，則不孝等罪戾滋大，用敢引淚和墨，條綴以俟。

府君姓錢氏，諱載，字坤一，號籜石。先世姓何，前明洪武中，貴四公坐事戍黔，挈家以行，次子產未彌月，以屬鄰翁錢氏。我恩撫祖考富一怡老，武肅王裔也，鞠養以成，是為如淵公，諱裕。遂易錢姓，為我錢之始祖。二世為養素公，績學種德，以諸生終。三世為贈刑部郎中朴庵公。四世為封禮科給事中兩涯公。五世為太常公。太常公諱薇，字懋垣，號海石，中嘉靖壬辰進士，官禮科給事中。以星變陳言，請斥方士，忤旨，削籍歸。隆慶間，卹贈太常寺卿，《明史》有傳。六世為魯南府君，諱與映，嘉靖甲子順天舉人。七世為巨源府君，諱周，內閣辦事中書。巨源府君生四子，長為我侍御公，諱嘉徵，字孚于，府君之高祖也。明季魏忠賢亂政，侍御公時以諸生入貢，留京師，發憤上疏，劾忠賢滔天十罪，直聲動一時，事在《明史》。知松溪縣事，擢監察御史。明亡，病遷于半邏西馬家廟中以卒。侍御公生我高祖孝廉公，諱泮，字雍頌，為復社明諸生，中崇禎丙子鄉試。高祖妣譚氏，太僕公諱昌言之孫女，官生諱貞和公之女。高祖以府君貴，貤贈通奉大夫、內閣學士兼禮部侍郎，高祖妣貤贈夫人。高祖生二子，長為我曾祖，諱櫟初，字又鶴。讀書鈞貫經史,不屑屑詞章雕繪之習。家世受《尚書》,曾祖于今文、古文、中文之別,辨析至精。講求經濟實學,于唐宋以來經世大典,如杜、鄭、馬、邱四氏之書,梳櫛貫串,窮極指要。平生手纂數十册,至今猶存于家。曾祖少補學官弟子,後入太學,其詳具竹垞朱先生所作行狀。曾祖妣陸氏、吳氏,生曾祖妣全氏。曾祖生六子,其季為我祖,諱炘,字穉光,一字乂三,又自號葯房。國子監生,考州判職。我祖少從陸堂陸先生學舉業,後從竹垞朱先生講經學。屢應鄉舉,不得志于有司。平生瀟灑落拓,不事家人生産。所居廳事,竹垞先生為題扁曰"回谿草堂",并以八分書聯語"拔山傳諫草,遵海重清門"以贈我祖。我祖所著有《自賞集》。中歲以後,頗愛陸務觀詩,常置于几。草堂前種梅兩樹,藝蘭數盆,賓客常滿座,晨炊不舉,意豁如也。祖母朱氏,生祖母陸氏,庶祖母丁氏。曾祖及我祖兩世,皆以府君貴,累誥贈資政大夫、禮部侍郎,妣皆誥贈夫人。我祖三子,祖母朱夫人無所出,生祖母陸夫人生我府君,次三叔父莊,次四叔父星,皆庶祖母丁孺人出也。

府君幼岐嶷,性穎異,讀書數行俱下。五六歲時,讀書草堂中,伯母鍾孺人知書通大義,偶一日指草堂扁額右一行竹垞先生名,以示府君曰:"此朱錫鬯也,以博學宏詞官翰林,為當世文章家。孺子他日能及此乎?"府君時雖幼,受教肅然。後年至篤老,猶時時述此語。府君六歲,我生祖母陸夫人棄世,祖母朱夫人躬自鞠養。家貧,不能具館餐延師。縣南贙堂彭公,與我祖葯房府君交好。彭為冲谿先生輅之後,故舊族也。時有竹鄰曹先生館于彭氏,凡居近縣治左右之童子及冠者,咸來受業于曹先生。府君時年八歲,祖母朱夫人遣就彭氏塾,從曹先生讀書。先生器重府君,取陸清獻公遺書,日與府君從容講解。康熙甲午、乙未至戊戌五年間,朱夫人以葯房府君方游京師未歸,課府君尤嚴而有法。雖尚垂髫,而風寒雪落,必令肩傘着屐,沿羅城濱碕岸過縣南橋,就彭氏塾讀書,不少輟課。當天大暑,自塾歸飯,朱夫人必令藉竹箪坐于地,以清暑氣,頃而予飯。蓋府君六歲失生母,朱夫人篤愛府君,撫養鞠育之恩備至。凡動作起居、寒暖飢飽之節,一一經于心而謹視之。府君終其身念母恩,年既大耋矣,孺慕追思,形于夢寐,晨夕言及朱夫人,輒失聲哭也。康熙辛丑、壬寅間,府君從學于雪堂金先生,讀書于新坊周秀才昌家,有追憶周秀才詩,存集中。

雍正乙巳,府君年十八。桐鄉朱明府霖齋先生時初卜居澹湖南白苧村,煮茶近處,種梅營圃,朱先生遂自號偶圃。老屋數椽,景最幽勝。朱先生于府君,十年以長,結兄弟交。府君偕陳明經乳巢先生、祝典籍豫堂先生、王秋曹穀原先生及族祖施南公,讀書講習,晨夕于偶圃。蓋是時,諸先生皆未第,方事舉業,而府君年最少英異,諸先生皆心折,為聰明過人,藉畏友以鏃礪。府君慨然于俗學蔽蒙,見同牧竪,汩沒兔園册子中,以弋取科第為心，理學如陸當湖，博學如朱秀水間出之，先賢近在桑梓，而音徽未遠，風流莫繼。于是奮志力為古人之學，作為文章，脫棄凡近，波瀾自我，將蘄至古之立言者。陸陸堂先生，詞林名宿，來郡城恒留宿草堂，與府君極論文史。見府君偶作《桐花歌》，極咨賞，謂不櫱昌谷，而古峭自合，早推作手。若張寄寄居、（按：錢泰吉《文匯》補編冊二作"張寄居"。）金雪堂兩先生，為府君受業師，驚賞府君文采，咸拭目歎為絕倫，以大器相期待。而日與朱、陳、祝、王同學諸先生切磋酬唱，戊申年，合鈔五家詩為一集，曰《南郭新詩》。集中詩雖皆府君及諸先生少作，而緣情綺靡，軒翥風雅，較之前代所謂"北郭十友"、"南園五先生"之屬所作，尤為風格遒上。偶圃中種梅，觴咏流連，傳為藝林佳話矣。偶圃先生心重府君才，為行媒聘我母張夫人，先生遂與府君為僚婿。蓋先生德配張孺人，即我從母也。

丁未，府君年二十，受知于督學交河王公諱蘭生，補博士弟子員。壬子鄉試，府君中副榜第五名。正考官為詹事張公諱廷璐，副考官刑科給事中王公諱瓚，同考官福建庚戌進士候補浙江知縣李公諱其昌。李公得府君卷，奇其文，亟呈薦，兩主司亦極激賞。已擬元，後張公微嫌文筆太高奧衍，有江西五家風力，以為此年少振奇，姑抑銳以養而成之，遂置副榜。是冬，我母張夫人于歸。葯房府君貧甚，薪水恒虞不給。祖母朱夫人黽勉有無，百端拮据。府君年十七，即授徒閭巷間，後館于士友之家，硯田所入，以奉高堂，無私蓄。太傅文端公，我六世祖孝廉魯南府君之玄孫，太常公五世孫也，于府君為從祖。府君幼為文端公所器，後延府君于家塾。少司寇公，文端長子，東源翁，文端姪也，于府君為叔父，皆奉文端命，受業于府君，執弟子禮。府君督課嚴，後與少司寇先後登朝，彼此所以勸勉于道義者，語多樸實，數十年如一日也。蓋府君至性過人，忠信質直，自兄弟、叔姪以及族黨、親戚、師友、交好之間，一往以真摯行之，言無文飾。後輩中有偷惰不學，或有過，必切直面誨之，不少假借。其人雖退有怨言，然亦諒府君衷懷坦白，絕無一毫欺人之處。即遭嗔責，幾不能堪忍，初亦似怨，而旋釋然也。

寒家自前明以來，聚族居海鹽之半邏村及村南中錢港。太常公舊屋承啓堂在中錢港，堂西有樓曰南樓，文端母陳太夫人所居，以居南樓晚號南樓老人。府君六歲，先王父携府君至承啓堂，見太夫人于書畫樓下，太夫人愛重之。其後，以授少司寇及東源翁書，晨夕上堂，問太夫人起居。太夫人資性高明，通經史，工繪事，于府君飲食規誨，期待至厚。府君感太夫人之德，屢見于詩文。京師拈花寺有太夫人白描觀世音小幀，歲己巳，府君未第客京師，過拈花寺禮觀世音，有絕句三首，中一首云："句句難忘件件思，小來親受佛恩時。春城月落金鐘曉，猶感慈容出夢遲。"誦此詩，而知府君于懷德感舊，纏綿無盡，大都若此。桐鄉汪謙谷先生，府君素交也，館府君于華及堂。而偶圃、乳巢、豫堂、篁園、穀原諸先生及我從伯藥塘先生,亦時集桐谿,相與汲古,研覃經史,討論金石。奮筆為歌,詩積有成卷。

世宗憲皇帝詔天下舉博學宏詞之士。雍正乙卯夏,本縣府申府君名于省。總督程公諱元章、督學帥公諱念祖,合同考取以入奏。皇上登極,重申前詔。乾隆丙辰,中外所薦士雲集京師。九月,御試于保和殿。其時府君年未三十,名噪都下。丁巳春二月,偕馬副使墨林先生南歸。登平山堂,徘徊隋苑,渡江上金陵,詩益富。墨林先生絕賞為清新俊逸,得未曾有也。

庚申、辛酉間,館于清溪徐氏。辛酉五月,丁朱夫人艱。壬戌四月,為藥房府君營壽藏于永安湖萬蒼山祖壠之西洲航山。五月二十六日,葬朱夫人。是時府君貧不可以支,竭精血以辦大事。山中築壙用三合土,其法以七分石灰、三分砂土,杵工齊力,不可一息之少懈,期無一絲滲漏。府君日夕在山監視杵工,天暑且多雨,松風撼蘆廠,八晝夜不合眼。既克葬,府君憊甚,歸而病,幾危。蓋自朱夫人病中侍湯藥,及殮,以至于葬,府君盡孝盡哀盡禮,殫竭心力。而我二弟鴻錫,聰明異凡兒,八歲已熟誦五經,亦以送葬山中,歸而病,竟殤。其時府君慟念母,復哭子,蓋盡瘁矣。乙丑、丙寅,復館于清溪徐氏。丁卯,藥房府君捐館舍,府君痛幾絕。謀葬而不能舉,貧無以給饘粥,不得已,徇學徒之請,跨驢入京。蓋府君平生讀書承藥房府君、朱夫人之教,誦法程朱,敦質行。其所祈嚮有在,未嘗汲汲科名,亦豈僅欲以文章自見?至是,年四十矣。至京師,蔣文恪公諱溥,時方官少司農,延府君于邸第,課其長子楫,即作梅少司馬也。

己巳,詔舉經學之士。禮部侍郎介公諱福、戶部侍郎今相國嵇公,以府君名薦。辛未十月,府君補鑲藍旗覺羅教習。壬申春,恭遇皇太后六旬萬壽恩科,中式順天鄉試三十五名。正考官工部尚書孫文定公諱嘉淦,副考官禮部左侍郎介公諱福,同考官宗人府主事眭公諱朝棟。是秋會試,連捷第七十二名。大總裁太子太保文淵閣大學士陳文勤公諱世倌,副總裁禮部右侍郎嵩公諱壽、內閣學士兼禮部侍郎鄒公諱一桂,同考官禮部祠祭司郎中黃公諱師範。廷對以第六卷進呈,上親加披閱,曰此卷亦可第一,欽定第二甲第一名,賜進士出身,蒙恩改庶吉士。甲戌,散館,授編修,府君即請假歸葬藥房府君。蓋府君自丁卯至甲戌,八年京師,以未葬藥房府君,素帶繫腰,痛不釋,至是亟歸謀葬。葬畢,即赴京師供職,不孝敏錫隨侍北上。

初府君兩舉制科,其遇雖晚,而九重早知其名。登第後,寄酬文端公七律二首中有句云:"文章要使關經術,姓氏曾將達聖人",蓋文端亦曾以府君名奏于上前。丙子,官編修。五月七日,輪班于圓明園,勤政殿引見,蒙上垂問云:"你是錢主敬什麼人?"回奏云:

"錢陳群是臣的叔祖。"上又問:"你保舉過博學宏詞麽?"回奏云:"世宗憲皇帝時,保舉過博學宏詞。皇上詔舉經學,臣亦被薦。隨中壬申進士。"上又顧問掌院臣介福,介公復將兩次保舉詳悉回奏,上頷之。蓋上素稔府君學優,雖筮仕未久,而聖心眷注,垂問至再三如此。先是,府君未散館前,院長太傅劉文正公與汪文端公,派令校點《文選》新鈔縮本。授職後,仍赴抄書處。校點畢,蒙恩賜紗二、葛紗二、香囊二、香珠一。

丁丑,充會試同考官,所得如蔣編修士銓、曹侍御錫寶、鄭侍御燨、施編修培應、袁方伯鑑、彭學士冠,共二十七人,皆知名士。戊寅三月十九日,御試翰詹諸臣于正大光明殿。試時,諸臣詞賦方屬草,上顧諸臣,問"誰是錢載"者三,特加宣喚。欽定試卷,府君名列優等。上諭,遇應陞缺出,具名題奏。夏,充功臣館纂修官。冬,署日講起居注官。己卯,京察一等。三月,不孝世錫、容錫隨我母張夫人進京。五月,府君奉命典廣西鄉試。于是渡湘江,沿浯溪,訪漫郎宅,觀大唐中興頌刻石;過永州,尋西山,游朝陽巖;渡瀟水,游澹山巖,摩挲洞中諸石刻,過鈷鉧潭。府君每言,零陵江山,迤邐匯秀,未易名狀。唐宋名賢,若次山、子厚,若涪翁感遇,題美紛然。騷雅遺迹,幸得仰荷主恩,以皇華驛使,攬勝登臨,詩境益拓矣。入闈,偕副考官于公雯峻,矢公矢慎,盡心力以校閱,取中正榜劉嵥鍾以下四十五名,副榜九名。撤闈,九月六日,巡撫鄂公諱寶燕府君于七星山,府君詩有"先于佳節叨賓禮,同此名山荷主恩"之句。歸途過湖南,遂謁南岳廟,上祝融峰頂,觀雲海作歌,搜索禹碑。府君是役往返,詩至多。十一月,蒙恩復署日講起居注官。是時,平定回部,西師凱旋,皇上告功郊廟,稱慶慈寧,歡洽寰宇。府君叨職史官,上紀德功,恭進《聖武樂歌三十章》。先是,册頁未進呈,蔣文恪公召見,上垂詢及之,公即奏曰錢載作樂歌三十章。蓋府君當編修時,早蒙聖心垂眷,屢被清問之及也。

庚辰三月,充會試同考官,得士陳君高飛以下,共十一人。七月,充日講起居注官。十月,充《續文獻通考》纂修官。十一月,補授右春坊右中允。辛巳三月,加紀錄二次。五月,陞翰林侍講。六月,加紀錄一次。八月,陞右春坊右庶子。壬午,京察一等。閏五月,進所纂《續文獻通考》中之《宗廟考》。奉諭旨,改下半部為《群廟考》。諭旨恭載于《群廟考》卷中。七月,又進《宗廟考》改正之本暨改修之《群廟考》,奉旨再將《壽皇殿》一卷詳定。乙酉二月,陞授翰林院侍讀學士,京察一等。六月,奉命典江南試。時正考官為少司空李公諱宗文,府君為副。江南人才淵藪,府君偕李公兢兢蒞事,盡心校閱,一稟先民矩矱,崇雅黜浮,得士正榜自孫君登標以下共一百十四人,副榜二十二人。丙戌三月,充會試同考官,如王太守汝璧、王侍御寬、漕運總督管公幹珍皆所得士,共十餘人。十月,陞授詹事。府君任詹事共六七年。詹事府署因歲久,屋宇欹頹。時我師今相國韓城王公方任少詹事,與府君同官,遂聯名奏請修詹事府署。奉旨俞允,即發帑金修治。端範堂前後多植丁香、梨花,春時競放,霏香滿院矣。戊子二月,上恭謁泰陵,府君奉旨隨駕。是秋,不孝世錫鄉試中式。己丑二月,府君隨駕盤山。辛卯十月,充武殿試讀卷官。上閱武舉騎射技勇,侍直紫光閣。十一月,恭遇慈寧八旬萬壽,蒙恩賞内紵五疋、貂七個。癸巳十月,補内閣學士兼禮部侍郎。府君任詹事時,于戊子年,因開送試差人員年已衰邁,奉旨交部議處,部議降調,蒙恩革職留任。壬辰冬,開復。至是,陞授閣學。

甲午,奉命為江西正考官,隨具摺告假,歸里十日省視墳墓,蒙恩准給假。先是丁卯年,府君未第,旅食京華,文端公典江西鄉試,府君同往豫章。試事竣,文端出闈,飲于百花洲,秋菊佳色,府君為文端作畫于壁。酒甕、蟹筐、佛手柑、瓜芋之屬,青黄磊落,筆下風露之氣,奕奕生動。文端歡甚,作詩。丁卯至甲午,已二十八年,府君銜命典試,復飲百花洲,畫壁依然。文端手植雙桂于奎宿堂前,至是枝葉扶疏,已高出屋檐。府君感激君恩,且追憶太傅之風流,纏綿往事,有《西江試院雙桂歌》。是科得士,正榜自龔君應麟以下九十四名,副榜十八名。府君偕副考官蕭公諱廣運,精心考校,搜落卷所得,多汲古讀書、根柢深厚之士。放榜後,歸家上冢。于十一月二十二日恭復恩命,蒙恩召見于養心殿之西室。

乙未三月,扈蹕盤山。夏五月,扈蹕避暑山莊。六月十七日,蒙恩召見于便殿。七月十九日,奉旨着在尚書房行走。二十一日,蒙恩召見于便殿。于是叠被寵賚,賜生,(按:《文匯》補編冊二,錢泰吉手校作"參"。)賜鹿肉,賜瓜果、佛手柑、鼻煙壺、火燧、荷包,便蕃錫予,備蒙優渥。十月,奉命為武會試正考官,得士彭朝龍等四十九人。丙申五月,奉命提督山東學政,具摺赴山莊謝恩請訓,蒙召見,奏對良久。府君奏曰:"阿哥們宜恭閱《五朝聖訓》,知祖宗家法。"上嘉所奏,曰:"該看,極該看。"即命武英殿辦事員恭檢《五朝聖訓》,送尚書房。丁酉,選拔山東,得士百三十人。齊魯間秀傑,搜羅殆盡。其後,所貢士登鄉會試榜者多其人。己酉解元王君餘菖,即所拔貢士也。丁酉十一月,回京謝恩,蒙召見,命仍在尚書房行走。上面諭及皇子管理武英殿書籍事,府君奏云:"阿哥們原宜接見士大夫,人情物態,藉以周知。"上是所奏,天顏和悦,顧府君曰:"你做先生是好的了。"褒獎至再。戊戌,不孝世錫會試中式。時府君偕從祖少司寇公,奉旨磨勘會試卷。府君以不孝中式,具摺謝恩,并聲明例應迴避。從祖亦具摺奏宜迴避。仍奉命,錢汝誠及錢載磨勘試卷,俱不必迴避,真異數也。不孝世錫蒙恩改庶吉士,府君奉上命,偕大學士英文肅公諱廉,同教習庶吉士。府君感被異數之恩,勖勵庶常,倍勤綈槧,而訓勉不孝至切。不孝謁英文肅公于邸第,公顧語不孝曰:"子入翰林,而上即命其父教其子,以儲將來之用，可謂至恩。試徵古籍，考之唐宋，罕此異數。瓌頲文章，濟美談遷，史筆相繼。古人亦人耳，有志者豈遂不可幾及？子不可以不勉。"不孝悚惕受公教。今不孝樗櫟凡才，駑駘下質，上無以仰副聖人造就成全之至意，而下無以繼其家聲，析薪不克荷，其罪莫大，痛艾何可言。五、六月間，府君叠奉恩命，閱奉天、直隸、山東、山西、河南、安徽、江蘇、浙江、江西、福建、湖南、湖北、陝西等處拔貢朝考卷。十月，充武殿試讀卷官。己亥二月初十日，奉旨充《四庫全書》館總閱。六月，復奉命典江西試，偕副考官張公名虎拜，星馳赴豫章。冰壺玉衡，懸于清秋，公慎一如甲午。解首為陳君上理，己酉探花劉學士鳳誥亦是科所得士。

庚子，恭逢皇上七十萬壽。府君蒙恩誥授資政大夫，我母誥封夫人。府君奉命往秦蜀，祭告西嶽、西鎮、江瀆及歷代帝王陵。秋七月十二日，我母誥封夫人張氏卒于京邸。我母，我外祖太學生張公諱侶劉季女也。我外祖居安橋村，家世孝弟力田。外祖之祖，明季諸生也。外祖教諸舅，皆務學敦行，讀張楊園先生遺書，為諸生、為孝廉，門庭濟濟，樸實有家法。外祖生六女，最幼為我母。我母之歸府君也，外王父母皆已見背。府君貧甚，出授讀于外。我母甘淡泊，安儒素，性婉順貞靜，寡言笑，終日獨坐一室，肅然寂無聲。孝事葯房府君及朱夫人，葯房府君每言曰："巧媳婦難為無米之炊，家如此貧，新婦拮据捋荼，百端彌縫，而從無疾言遽色，以婉順將之，今雖辛苦備嘗，後當有好日耳。"庶祖母丁孺人，及朱氏姑一家中上下咸宜于我母之賢。不孝世錫及弟鴻錫方丫髻受書，我母恒躬自督課，午夜篝燈命二子讀書案傍，手勤鍼黹不輟。常誨不孝世錫曰："我不望汝富貴利達，厚甘旨以奉我，但願汝讀書毋傲，藹然仁善之氣，我願足矣。"後不孝世錫為庶吉士，館師大學士程文恭公誨諸吉士，以立品端方，文藝其末。不孝歸述于我母，我母方病中，再三太息曰："此真相國之言，汝不可以不切識之。"府君屢蒙恩召見，聖心體恤，垂詢及于家事，府君奏曰："臣父母在時，家極貧，衣粗食糲。今臣父母見背，臣妻子但令不至飢凍，于臣已足。臣不願有餘。"府君始終食貧，家計蕭然，我母黽勉以相，居京城十八年，白髮青裙，猶自操作。

我母病亟時，府君方奉命祭告于秦蜀。事竣，歸途至沔縣，始知已蒙恩陞授禮部左侍郎。舊例新陞者為右，當將舊侍郎轉左，而以新陞補右。閣臣以請，奉旨即着錢載為左侍郎。蓋不補右而即為左侍郎，真異數之恩也。六月中，奉命為江南正考官，偕副考官編修戴公名均元以往，得士顧問以下如額。辛丑春闈，奉諭旨知貢舉。壬寅，隨駕至避暑山莊。癸卯，府君以年老蒙恩原品休致。

府君中年坎壈，登第時先王父母已見背。府君念先王父母食貧終老，而場屋蹭蹬，禄不逮親,終其身茹痛于心,言及則嗚咽淚落不可止,蓋府君年四十五始成進士。乙未,隨駕山莊,蒙恩召見便殿,上垂詢諄摯,以府君成進士之遲,嗟惜久之。府君《熱河山齋》詩有"天語每承嗟晚遇"之句。然府君遭際雖晚,而仰荷主知至深。屢加賞拔,洊廁清班,充講官、職右史、備宮僚,從容侍從二十餘年,遂躋卿貳。簡侍皇子講席,寓澄懷賜園。每屆芳辰令節,舉行典禮,天恩優渥,屢蒙賞賚鼻煙壺、豐貂、葛紗、蕉扇、茶甌、藥錠、荷包、箋帙、筆墨之屬。嘉平之月,屢得拜賜御書"福"字。壬寅正月初九日,侍茶宴重華宮,賜玉如意一柄。至于尚方珍品,哈密瓜、蘋婆果、荔枝、麂鹿、湯羊之屬,駢蕃不可勝紀。御製《古稀說》、《戒得堂記》、《知過論》及《蘭亭八柱帖》、《快雪堂法帖》等,蒙賜什襲,敬藏于家。府君特達受知,清華侍從。癸未御試,名列三等,應降官,蒙恩留任,僅予罰俸。自後授閣學,貳秩宗,其有愆職應議處,輒奉諭旨從寬。府君感激上恩,服官三十餘年,夙夜寅清,兢兢乎白圭之去玷、霜鶴之整羽,一心至潔,不敢萌私。其有假公以濟所欲者,凜乎不敢出也。嘗謂:"士方束髮讀書,原期建樹,苟無實績可紀,而刻苦自勵,勉守以正毋濫,亦庶幾可無負于國恩。"

歸里後,深巷閉門,日翻閱舊書籍。秋草被階,凝塵滿席,庭樹葉蕭蕭落。門無雜賓,并少送酒問字之彥。洒然獨坐,時憶文史故事,則命不孝容錫等尋檢以呈,從容諷味。蓋府君一生勤學,老而彌篤。摩挲古硯,得硯甚夥。有攜前人書畫名蹟求鑒定者,往往欣賞竟日。課諸孫作文,課曾孫識字。間命棹渡南湖,往九曲,棲遲墓屋中。進田夫村老,與之煮葵剪韭,酌醴焚枯,課桑麻,問晴雨。命二僮舁籃輿,行田塍間,看菜花、看秧,看稻葉、稻花,陶然以樂。《到墓屋九豐堂》詩云:"窗外梅花今夜月,此生惟有感君恩。"又《朝晴》七律一首:"亭午門前望欲遮,雨晴晴雨樂無涯。村村綠靄桑榆葉,陣陣香風菜豆花。野老何知蒙帝力,春光最好屬田家。初抽蘆筍將飄絮,不礙南溪又放查。"昔人謂淵明不作詩,特自寫其胸中之妙耳。府君歸田後,詩未嘗有意規橅淵明,特自寫其胸中之妙,如風掠水,自然成文,無復一字造作之痕,以俟知音者矣。

府君嘗語不孝世錫曰:作詩必靠實,放翁之教其子也。曰:汝果欲學詩,功夫在詩外。詩外有功夫,則能字字靠實矣。杜陵讀書破萬卷,其功夫根柢,固在詩外。後人不得杜之所以為杜,而徒掇拾于字句之間,摹擬聲響,刻舟以求劍。襲杜之面貌,而遺其神明,不得古人之心,而逐其迹,如是焉得有詩乎?府君細心讀杜,有所得輒識語于簡端,後所見有進,隨抹去前語,復有所識。評論之本,旁行夾註,字細如蠶絲,更番不啻數十次。蓋數十年反覆沉酣于杜,冥心參悟,得其風神脈理于句字之外。而府君所自作詩,固未嘗肯襲用杜之一字半句。乃知前代李、何、王、李諸家,學杜而居然似杜,果未為真得髓矣。府君忠孝之思，鬱于至性，而流露于篇章。讀杜陵之詩，而得其性情之真。楚謠漢風，魏製晉造，六代三唐，以及兩宋之作者，下逮金元明，代各風氣、人各門逕，下上搜討，分條別流，多師以為師，不讀古人之糟粕，而悉入陶冶。姜白石所云"不求與古人合而不能不合，不求與古人異而不能不異"、"其來如風，其止如雨"者。府君神明于古，而辭必己出。不孝等無能仰窺，而粗言其梗概若是。

　　府君少與朱、陳、祝、王諸先生聯吟社，而復請業于桑弢甫先生。至萬孝廉晴初先生，與府君同舉宏博，尤相契。其後汪吏部厚石、孝廉桐石兄弟，陳明經匏村，皆交府君于師若友之間。而清溪徐氏昆季南墅、陶尊、穀函，皆受業于府君。及諸君子身後，府君皆為之收拾遺文，刪定其詩以傳。穀原先生有《丁辛老屋集》，謙谷先生《謙谷集》、晴初先生《柘坡集》、厚石吏部《厚石齋集》、桐石孝廉《桐石草堂集》、匏村明經《匏村集》、徐氏《南墅集》《綠杉野屋集》，皆經府君手為之裁定付梓。而《豫堂先生集》、《朱梧巢先生集》，府君亦已整齊訂存，尚未刊刻。蓋自先王父受經于竹垞先生，府君稟承先王父教，偕同里諸君子，振起詩學于竹垞既沒之後，古學復興。丁丑九月，府君五十初度，厚石吏部以詩壽。其第三首云："詩學興吾黨，尋微為指蒙。專家開手眼，異境拓心胸。醞釀誰窺裏，波瀾獨障東。有來上下古，撫掌氣如虹。"蓋吏部才傑，而心折于府君，道其師資于府君之實如是。吏部之詩，非鄉曲之私言也。湖廣制府秋帆畢公序《丁辛老屋集》而言曰："國朝之詩，浙中最盛，而浙中又莫盛于嘉禾。"蓋因序穀原先生詩，而盛推挹于府君。秋帆先生之言，固藝林之公論矣。

　　府君素有知人之明。光祿西莊王先生，江左文章巨手也，垂髫時應嘉定縣童子試，時元和宰黃公茂德，邀府君于縣署校閱試卷，拔西莊第一。後以文字相商榷，西莊感府君知，稱府君為先生，數十年如一日。同里陸侍郎頤齋諸生時，府君稱其不凡。頤齋時以文字就正于府君，府君輒嗟賞。後頤齋遂與不孝世錫為兒女姻家。江右蔣編修心餘，府君門下士。編修豪于詩，筆力馳驟，長歌磊落激越，頃刻颯颯數紙立就，英詞雋語絡繹，一時震其才名。不孝世錫見而心悅，極傾倒。府君共心餘夜飲，被酒論及詩，面規其矜才使氣，當約之以禮。心餘初微負氣，而頗心憚府君詩律之深嚴云。至府君門下士，其服官著聲績、文章政事卓有可稱者，固未易一二數矣。

　　府君少侍陳太夫人于南樓，得畫理後乃博觀諸家，參悟于宋元之間。墨蘭、水仙，得筆法于鷗波亭，而格高韻老，尤與趙孟堅為近。畫竹筆力破餘地，風枝雨葉，橫斜自如，有吳仲圭能事。嘗于京師閱廟市，得王元章畫梅卷，繁花亂插，髣髴羅浮萬樹。府君畫梅，天真爛熳，雅與相近。其或標取逸致，竹外一枝，嬋娟更好，則已領花光老遠神矣。

上知府君能畫,曾詢之額駙福公諱隆安,福公回奏:"錢載能繪事。"庚子八月,恭逢聖主七旬萬壽,府君恭畫挂壁四幅、橫披二幅、立軸三幅恭進,蒙睿賞,留數軸。府君畫梅花,御題長律一首,有"疏原有密標高度,豔弗傷清吐暗香。點點圈圈具生意,斜斜直直引吟腸"之句,詩見《御製四集》卷八十五。甲辰春,聖駕六舉南巡盛典,府君迎鑾于常州,恭進畫五軸,蒙恩賞緞疋。府君以文學行誼受知聖主,而藝事亦蒙鑒賞,天筆垂題,為藝苑佳話,洵儒臣希有之榮遇也。府君作畫,藉以抒寫性情,不泥古法,天趣生動,盎然于筆墨畦徑之外。年過八旬,而有以絹素乞請者,仍揮灑不倦,為遠近所爭購云。

府君内行淳至。年老後猶痛念六歲時生祖母陸夫人卒,祖母朱夫人極憐愛,倉皇護持,樓窗初日,手與着衣,令拜而哭于牀下。蓋陸夫人賢,能得朱夫人歡心,殁後,朱夫人過時而哀。府君已篤老,每言及,輒氣噎失聲哭。府君感朱夫人德,每念外家貧甚,為外祖瞻山公墓下置祭田若干畝,以備春秋祭掃事。庶祖母丁孺人,壽過八十而卒。三叔父、四叔父,手足之誼極摯。方兩叔父年少時,府君以長兄督課。後以家貧,府君積束脩之入,僅得二十金,送三叔父習計然業以治生。亦勉備束脩,送四叔父從贊善鄭炳也先生讀書。蓋望兩叔父成立之心至切也。生而相瞻養,殁而殯殮,擇山中地以葬,府君皆拮据為之。從兄念兹先生,為從伯虞田公長子,早殁。虞田公老且病,無子,有寡媳,無孫。甲戌之冬,虞田公請于族長文端公,願以不孝敏錫為子。府君受文端公教,即以敏錫為虞田公嗣。其後,又以敏錫子善建為念兹先生後。大姑母適南城朱氏舊家,貧甚,我母迎歸,共饘粥。大姑母殁,府君盡哀,殯殮。大姑母有女,幼,撫育以成,擇婿而嫁。府君于骨肉之間,每自傷以貧,故心有餘而力不足。則終身含痛,述及舊事,往往淚下。從叔寶仁,從祖觀察公野堂先生之子,依府君于京邸。病殁,府君盡哀,視含殮。叔有女,府君撫同己女,以嫁前任湖北荊宜施道沈君世燾。叔惟一子,府君時進而教督之,蓋念野堂先生之後,望其振起之心甚切矣。府君平居淵然于水源木本之思,蓋自先王父有置義田瞻族之志。府君以寒士起家,蒙聖恩擢至卿貳,每年節廉俸所入,置義田若干畝,以瞻侍御公以下子孫,置義田若干畝,以瞻先王父以下諸房。萬蒼山魯南府君墓下地畝,族子弟有潛鬻于他姓者,府君一一贖回。大伯祖母周孺人、四伯祖母鍾孺人、五伯祖母沈孺人,皆以守節撫孤,膺旌門之典,歷有年所。府君癸卯歸里,遂備禮送神主入郡節孝祠。永安湖丙舍有樓,歲久不修,漸傾敧。丙午之冬,府君親自入山,修葺山樓,遂于山中度歲。《山中除夕》詩云:"杖鄉杖國欠飛騰,八十明朝柳栗憑。山擁東西錢氏舍,湖收南北郁家塍。僕酣與勸椒花琖,僮戲看燒蠟鳳鐙。離郡扁舟何太久,祀先都付子孫曾。"又《山中元夕》詩云:"鳳城燈事樂無邊,車馬南城趁少年。迴數風光猶健在,得歸田里此歡然。湖濱翠黛如相笑，海上銀輪第一圓。長記螭坳簪珥日，殿頭幾度侍瓊筵。"蓋府君身在畎畝，拳拳之心彌切。山中度臘迎年，太平之樂，實皆出于主上之賜，有不能已于詠歌者。嶼城丙舍，府君屢為葺理，時時進族從子弟，勉以讀書為善延祖澤，丁寧切至，語必真摯不倦也。

府君生平于交誼至重，師友之間、死生存亡之際，風義篤摯。于同里則乳巢、偶圃、穀原、豫堂諸先生，身歿既久，而府君宿草之悲，不能已已。永安湖濱踏雪，尋梅西澗，慨念故人，見之篇咏。官京師三十餘年，戚友之歿于京師，而府君為之買棺，視含殮，送柩以歸，為位于法源寺以哭，斂賻贈寄其家以葬，如此之事，未易一二數。而東髮萬里，謀歸司業之喪，旅館秋風，淚灑葛君之殯，死生契闊，方寸不渝。至于買杉木板，以備族中之貧而無以殮者，其周濟尤多矣。

府君性高潔，無流俗之嗜好，好佳山水。屢被恩命，奉英蕩之節，名嶽大河之登臨，興會標舉，寓目即書，篇什至富。歸故山，漵上諸峰，崎嶇窈窕，芒鞵藤杖，于佳處領其要，而先塋宰木，眷戀徘徊。中年落拓，嘗讀書丙舍中。冬夜夜長，每獨飲村酒一壺，置書一二十冊于案傍，且酌且觀書，沉吟咀味，書有疑則合眼以思。一二十冊書閱竟，盃乾，壺亦罄，雞已再號，夜達四更矣。蓋府君讀書精細，縝密之功，得力于空山靜夜。如此有《漵上讀書圖》二，一為張瓜田徵君所作，一為張農部篁村所作。府君之《重哭王五秋曹》詩有曰："貧以文章見本性，醉憑天地為陽春。"又曰："功名縱使讓古賢，嗜好終須別流俗。"蓋府君與穀原先生，相與于性情之際，擺脫一切，志潔行芳。其于人世紛華，與夫室家兒女之戀，大致洒然不以累，以故囊橐蕭然，家無餘財。平生好善，以為善讀書望子孫，故為諸孫命名以善字為行。嘗曰："為善而不讀書，可也；為善而讀書，可也；讀書而為善，可也；讀書而不為善，不可也。"

府君遭際雖稍晚，而深荷上知，被拔擢侍禁。歸田十年，望重名卿，壽躋大耋。廉正之操，信于鄉黨，聞于朝宁。繼芳躅于前賢，推詞林之哲匠，生順歿寧，亦復何憾。惟是不孝等材質庸下，不能讀父之書。今茲孤露，霜風葛帔，繚戾寒涼，其將何以自支，以庶幾無忝所生也。嗚呼，痛哉，嗚呼，痛哉。

府君所著《蘀石齋詩集》五十卷，已刊行，《文集》二十六卷、《詩文別集》共十二卷、《蘀石齋詩補集》二卷，尚未付梓。府君生于康熙四十七年九月初八日，卒于乾隆五十八年九月二十一日，享年八十有六歲。配我母張夫人，誥封夫人，外祖太學生張公諱侶劉女。子三：長，不孝世錫，戊子舉人，戊戌進士，勅封文林郎、翰林院檢討。娶嚴氏，勅封孺人，秀水邑庠生嚴公諱纘祖女。次，不孝敏錫，府學增生，援例入太學，出嗣從伯虞田公。娶陳氏，誥贈中憲大夫、刑科給事中陳公諱熹女，辛未南巡召試親賜舉人、內閣中書、戶科給事中諱鴻寶胞妹。次不孝容錫，邑庠生。娶陳氏，太學生陳公諱兆隆女。女一，適嘉善太學生戴公諱振璜子，太學生秉鈞。孫七：昌齡，不孝世錫出；善揚、善建、善兼，皆不孝敏錫出；善膺、善時、善章，皆不孝容錫出。善膺，秀水學增生，娶陳氏，丁丑進士、辰州府同知、題署常德府知府陳公諱經禮女。善揚，府庠生，娶金氏，桐鄉候補員外郎金公名惟論女。善時，娶蔣氏，海寧太學生蔣公名肇基女。昌齡，秀水學廩生，娶沈氏，候選州判沈公諱仁昌孫女，太學生名翼鵬女。善建，未聘，出嗣從兄念茲公。善章，聘庚辰進士、京畿道監察御史唐公諱淮孫女，甲午舉人名作楫公女。善兼，未聘。孫女四：長，不孝容錫出，適山東辛卯舉人、湖北監利縣知縣孔公名昭烜子，貢生憲奎。次，不孝世錫出，適丙戌進士、禮部左侍郎陸公諱費墀子，庠生元鎮。次，不孝容錫出，許字海鹽候選布政司理問陶公名大椿子，維騤。次，尚幼，不孝容錫出。曾孫二：聚仁，聘嘉善候選布政司理問王公名點超女，聚文，皆善膺出。曾孫女一，善時出。

不孝等書次荒迷，事多漏略，語無倫次。伏冀當代立言君子，賜之志表以傳。則不孝等世世子孫，感且不朽。

不孝孤哀子錢世錫、容錫，降服子敏錫，泣血稽顙，謹述。

賜進士及第、誥授光祿大夫、經筵講官、太子太保、東閣大學士、管理禮部事務、尚書房行走、南書房供奉、軍機大臣加三級，年通家侍生王杰，頓首，拜，填諱。

（按：錢世錫《皇清誥授資政大夫上書房行走禮部左侍郎恩予原品休致顯考蘀石府君行述》一卷，清乾隆末年有刊本。又載于錢泰吉《文匯》補編冊二。今據臺灣"國家圖書館"所藏刊本鈔錄。）

徵引書目

傳統文獻

《蘀石齋詩集》五十卷《文集》二十八卷　〔清〕錢載撰,《續修四庫全書》册一四四三,上海古籍出版社,一九九五年,據清乾隆刻本影印

《蘀石齋詩集》五十卷　失名錄錢泰吉錄顧列星等評語,國家圖書館藏清乾隆刻本(善本編號09446)

《蘀石齋詩集》四十九卷　翁方綱批點,國家圖書館藏清乾隆刻本(善本編號09444)

《蘀石齋詩集》五十卷　錢聚朝跋并錄翁方綱、顧列星、錢儀吉評語,國家圖書館藏清乾隆刻本(善本編號09445)

《蘀石齋詩集》四十九卷　孫承光跋并錄翁方綱等評注,國家圖書館藏清乾隆刻本(善本編號04710)

《蘀石齋詩集》五十卷　唐仁壽錄翁方綱等評,上海圖書館藏清乾隆刻本(善本編號815322-27)

按：先生尚有《蘀石齋詩文別集》十二卷、《蘀石齋詩補集》二卷,均已佚。

《愛日吟廬書畫錄》四卷《補錄》一卷《續錄》八卷《別錄》四卷　〔清〕葛金烺輯,葛嗣彤續輯,清宣統二年、民國二年刻本

《媕雅堂詩續集》四卷　〔清〕趙文哲撰,《四庫未收書輯刊》輯一〇册二六,北京出版社,一九九八年,據清乾隆五十六年刻本影印

《八銘堂詩稿》四卷　〔清〕吳懋政撰,清道光戊子刻本

《八旗詩話》一卷　〔清〕法式善撰,《續修四庫全書》册一七〇五,據北京圖書館藏稿本影印

《白華後稿》四十卷 〔清〕吳省欽撰,《續修四庫全書》冊一四四八,據清嘉慶十五年刻本影印
《白華前稿》六十卷 〔清〕吳省欽撰,《續修四庫全書》冊一四四七、一四四八,據清乾隆刻本影印
《白華詩鈔》十三卷 〔清〕吳省欽撰,《續修四庫全書》冊一四四八,據清刻本影印
《白山詞介》五卷 〔清〕楊鍾羲輯,清宣統刻本
《白雲草堂文鈔》六卷 〔清〕呂星垣撰,清嘉慶癸亥刻本
《百梅集》 陳叔通輯,商務印書館,民國十八年影印再版
《拜經堂文集》五卷 〔清〕臧庸撰,《續修四庫全書》冊一四九一,據湖北省圖書館藏民國十九年宗氏石印本影印
《板橋集》七卷《板橋詩鈔》三卷 〔清〕鄭燮撰,《續修四庫全書》冊一四二五,據遼寧省圖書館藏清清暉書屋刻本影印
《寶迂閣書畫錄》四卷 陳夔麟撰,民國四年石印本
《抱經堂文集》三十四卷 〔清〕盧文弨撰,《續修四庫全書》冊一四三二、一四三三,據清乾隆六十年刻本影印
《北江詩話》六卷 〔清〕洪亮吉撰,《續修四庫全書》冊一七〇五,據清光緒三年授經堂刻《洪北江全集》本影印
《本朝應制琳琅集》十卷 〔清〕鄒一桂選評,清乾隆十九年鴻遠堂刻
《筆嘯軒書畫錄》二卷 〔清〕胡積堂輯,清道光刻本徽城乙照齋鐫
《碧山堂詩鈔》十六卷附錄一卷 〔清〕田榕撰,《叢書集成續編》集部冊一二九,上海書店出版社,一九九四年,據民國排印《黔南叢書》本影印
《卜硯集》二卷 〔清〕畢沅輯,查林校,清道光元年依乾隆甲辰畢沅定本重雕
《長洲縣志》三十四卷首一卷 〔清〕李光祚修,顧詒祿等纂,清乾隆十八年刻本
《陳迦陵填詞圖題咏》 丁鶴廬鑒定,中華書局,民國二十六年據清道光版本影印
《宸垣識略》十六卷 〔清〕吳長元撰,《續修四庫全書》冊七三〇,據浙江圖書館藏清乾隆五十三年池北草堂刻本影印
《澄海縣志》二十六卷首一卷 〔清〕李書吉、王愷修,蔡繼紳等纂,清嘉慶二十年刻本
《重論文齋文錄》 〔清〕王端履撰,《續修四庫全書》冊一二六二,據華東師範大學圖書館藏清道光二十六年受宜堂刻本影印
《樗園銷夏錄》三卷 〔清〕郭麐撰,《續修四庫全書》冊一一七九,據上海圖書館藏清嘉

慶刻本影印

《傳經堂詩鈔》十二卷　〔清〕韋謙恒撰,《四庫未收書輯刊》輯一〇册二五,據清乾隆刻本影印

《春融堂集》六十八卷　〔清〕王昶撰,《續修四庫全書》册一四三七、一四三八,據清嘉慶十二年塾南書舍刻本影印

《春雨齋詩集》十六卷　〔清〕蔣元龍撰,清嘉慶間延澤堂刻本

《詞科掌錄》十七卷《詞科餘話》七卷　〔清〕杭世駿輯,《四庫未收書輯刊》輯一册一九,據清乾隆道古堂刊本影印

《詞林輯略》十一卷附《詞林姓氏韻編》　朱汝珍輯,《清代傳記叢刊》學林類册一八,周駿富輯,臺北明文書局,一九八六年,據民國中央刻經院鉛印本影印

《存吾春軒詩集》十卷　〔清〕周大樞撰,清光緒十八年刻本

《大清一統志》五百六十卷　〔清〕穆彰阿、潘錫恩等纂修,《續修四庫全書》册六一三至六二四,據《四部叢刊續編》本影印

《大雅堂續稿文》八卷　〔清〕鄒方鍔撰,《四庫未收書輯刊》輯一〇册二六,據清乾隆二十七年刻增修本影印

《戴東原先生年譜》　〔清〕段玉裁輯,《北京圖書館藏珍本年譜叢刊》册一〇四,北京圖書館出版社,一九九九年,據清乾隆五十七年重刻本影印

《道古堂文集》四十八卷《詩集》二十六卷《集外文》一卷《集外詩》一卷　〔清〕杭世駿撰,《續修四庫全書》册一四二六、一四二七,據清乾隆四十一年刻光緒十四年汪曾唯增修本影印

《德清縣志》十四卷　吴翯皋等修,程森纂,《中國方志叢書》華中第六〇號,臺北成文出版有限公司,一九七〇年,據民國十二年修本影印

《燈窗瑣話》十卷　〔清〕于源撰,清道光二十七年丁未刻

《丁辛老屋集》十七卷《詞》二卷　〔清〕王又曾撰,清乾隆刻本

《冬心先生續集》不分卷　〔清〕金農撰,羅聘編,《當歸求草堂叢書》,同治二年刻本

《獨學廬五稿》九卷　〔清〕石韞玉撰,《續修四庫全書》册一四六七,據華東師範大學圖書館藏清寫刻《獨學廬全稿》本影印

《賭棋山房詞話》十二卷《續編》五卷　〔清〕謝章鋌撰,《續修四庫全書》册一七三五,據清光緒十年陳寶琛南昌使廨刻《賭棋山房全集》本影印

《杜詩附記》二十卷　〔清〕翁方綱撰,《續修四庫全書》册一七〇四,據清宣統元年夏勤

邦鈔本影印

《敦夙好齋詩全集初編》十二卷首一卷《續編》十一卷首一卷　〔清〕葉名澧撰，《續修四庫全書》册一五三六，據復旦大學圖書館藏清光緒十六年葉兆綱刻本影印

《恩福堂筆記》二卷　〔清〕英和撰，《續修四庫全書》册一一七八，據清道光十七年刻本影印

《恩餘堂輯稿》四卷　〔清〕彭元瑞撰，《續修四庫全書》册一四四七，據清道光七年刻本影印

《二林居集》二十四卷　〔清〕彭紹升撰，《續修四庫全書》册一四六一，據南京圖書館藏清嘉慶四年味初堂刻本影印

《法源八咏》　〔清〕支云從刻石，清嘉慶十一年刻，國家圖書館藏拓片一頁，編號北京813

《樊山集》二十八卷　〔清〕樊增祥撰，《續修四庫全書》册一五七四，據清光緒十九年渭南縣署刻本影印

《飛鴻堂印人傳》八卷　〔清〕汪啟淑撰，《叢書集成續編》史部册三八，據《翠琅玕館叢書》本影印

《奉新縣志》十六卷首一卷末一卷　〔清〕吕懋先等修，帥方蔚等纂，清同治十一年刻本

《芙蓉山館全集》二十卷附錄一卷　〔清〕楊芳燦撰，《續修四庫全書》册一四七七，據華東師範大學圖書館藏清光緒十七年活字印本影印

《伏廬書畫錄》一卷　陳漢第收藏，容庚編錄，考古學社專集第十六種，民國二十五影印出版

《復初齋集外詩》二十四卷《集外文》四卷　〔清〕翁方綱撰，《嘉業堂叢書》册二一四至二二四，吳興劉氏民國六年刻

《復初齋詩集》七十卷　〔清〕翁方綱撰，《續修四庫全書》册一四五四、一四五五，據清刻本影印

《復初齋文集》三十五卷　〔清〕翁方綱撰，《續修四庫全書》册一四五五，據清李彥章校刻本影印

《復園紅板橋詩》一卷　〔清〕吳修輯，《叢書集成續編》集部册一五五，據《武林掌故叢編》影印

《甘泉鄉人稿》二十四卷《餘稿》二卷　〔清〕錢泰吉撰，《續修四庫全書》册一五一九，據清同治十一年刻光緒十一年增修本影印

《更生齋集》二十八卷　〔清〕洪亮吉撰，《續修四庫全書》册一四六八，據清光緒三年洪氏授經堂刻增修本影印

《躬厚堂雜文》八卷　〔清〕張金鏞撰，清光緒四年刻本

《宮中檔乾隆朝奏摺》　國立故宮博物院圖書文獻處文獻股編，臺灣故宮博物院，一九八二年起

《古緣萃錄》十八卷　〔清〕邵松年輯，清光緒甲辰石印本

《〔光緒〕安邑縣續志》六卷首一卷　〔清〕趙輔堂修，張承熊纂，《中國地方志集成·山西府縣志輯》五八，鳳凰出版社、上海書店、巴蜀書社編，凤凰出版社等，二〇〇七年，據清光緒六年刻本影印

《〔光緒〕重修安徽通志》三百五十卷補遺十卷　〔清〕沈葆禎、吴坤修等修，何紹基、楊沂孫等纂，《續修四庫全書》册六五一至六五五，據清光緒四年刻本影印

《〔光緒〕重修嘉善縣志》三十六卷首一卷　〔清〕江峰青修，顧福仁纂，清光緒二十年刻本

《〔光緒〕海鹽縣志》二十二卷首一卷末一卷　〔清〕王彬修，徐用儀纂，清光緒三年刻本

《〔光緒〕浦江縣志》十五卷首一卷　〔清〕善廣修，張景青纂，清光緒三十一年刻本

《〔光緒〕青浦縣志》三十卷首二卷末一卷　〔清〕汪祖綬等修，熊其英、邱式金纂，清光緒五年尊經閣刻本

《〔光緒〕山西通志》一百八十四卷首一卷　〔清〕曾國荃、張煦等修，王軒、楊篤等纂，《續修四庫全書》册六四一至六四六，據清光緒十八年刻本影印

《〔光緒〕順天府志》一百三十卷附錄一卷　〔清〕周家楣、沈秉成、薛福辰修，張之洞、繆荃孫纂，《續修四庫全書》册六八三至六八六，據清光緒十二年刻十五年重印本影印

《〔光緒〕吴江縣續志》四十卷首一卷　〔清〕金福晉等修，熊其英等纂，清光緒五年刻本

《廣陵詩事》十卷　〔清〕阮元記，《叢書集成新編》册七九，臺灣新文豐出版股份有限公司，一九八五年，據《文選樓叢書》本影印

《廣陵思古編》二册　〔清〕汪延儒輯，清道光二十二年刻本

《廣州府志》一百六十三卷　〔清〕戴肇辰等修，史澄等纂，清光緒五年刻本

《桂馨堂集》十三卷　〔清〕張廷濟撰，《續修四庫全書》册一四九一，據上海辭書出版社圖書館藏清道光刻本影印

《國朝貢舉年表》三卷　〔清〕陳國霖、顧錫中等輯，清光緒戊子上海積山書局石印

《國朝畫識》十七卷　〔清〕馮金伯撰，《續修四庫全書》册一〇八一，據上海圖書館藏清

道光十一年刻本影印

《國朝畫徵錄》三卷《國朝畫徵續錄》二卷 〔清〕張庚撰,《續修四庫全書》册一〇六七,據清乾隆四十年刻本影印

《國朝畫徵補錄》二卷 〔清〕劉瑗撰,《續修四庫全書》册一〇六七,據清道光刻本影印

《國朝畿輔詩傳》六十卷 〔清〕陶樑輯,《續修四庫全書》册一六八一,據山東省圖書館藏清道光十九年紅豆樹館刻本影印

《國朝歷科館選錄》不分卷 〔清〕沈廷芳原輯,陸費墀、沈世煒重訂,清乾隆十一年至六十年遞刻

《國朝耆獻類徵》七百二十卷 〔清〕李垣輯,江蘇廣陵古籍刻印社,一九九〇年,據清光緒年間李氏初刻本整理影印

《國朝詩人徵略》六十卷 〔清〕張維屏輯,《續修四庫全書》册一七一二、一七一三,據清道光十年刻本影印

《國朝先正事略》六十卷 〔清〕李元度輯,《續修四庫全書》册五三八、五三九,據北京大學圖書館藏清同治八年循陔草堂刻本影印

《國朝御史題名》不分卷 〔清〕黃叔璥撰,戴璐等續補,《續修四庫全書》册七五一,據山東省圖書館藏清光緒刻本影印

《海峰文集》八卷 〔清〕劉大魁撰,《續修四庫全書》册一四二七,據清刻本影印

《海寧查氏族譜》二十卷 〔清〕查元翱,上海圖書館藏清道光八年刻本

《[海鹽]錢氏家譜》十一卷 〔清〕錢臻等輯,南京圖書館藏清光緒己卯仲冬鈔本

《海鹽縣續圖經》七卷 〔清〕王如珪修,陳世倕、錢元昌總纂,清乾隆十三年刻本

《海虞詩話》十六卷 〔清〕單學傅撰,《續修四庫全書》册一七〇六,據天津圖書館藏民國四年銅華館鉛印本影印

《寒山舊廬詩》一卷 〔清〕陸森輯,《叢書集成續編》集部册一五五,據《武林掌故叢編》本影印

《漢銅印原》十六卷 〔清〕汪啓淑編,西泠印社出版社,一九九六年影印

《鶴徵錄》八卷首一卷 〔清〕李集輯,李富孫等續輯;《鶴徵後錄》十二卷首一卷 〔清〕李富孫輯,《四庫未收書輯刊》輯二册二三,據清嘉慶十五年漾葭老屋刻本影印

《厚石齋詩集》十二卷 〔清〕汪孟鋗撰,清乾隆刻本

《湖北詩徵傳略》四十卷 〔清〕丁宿章輯,《續修四庫全書》册一七〇七,據清光緒七年孝感丁氏涇北草堂刻本影印

《湖海詩傳》四十六卷　〔清〕王昶輯,《續修四庫全書》册一六二五、一六二六,據清嘉慶八年三泖漁莊刻本影印

《湖海文傳》七十五卷　〔清〕王昶輯,《續修四庫全書》册一六六八、一六六九,據清道光十七年經訓堂刻本影印

《湖州府志》九十六卷首一卷　〔清〕宗源瀚等修,周學濬等纂,《中國方志叢書》華中第五四號,據清同治十三年刊本影印

《笏山詩集》十卷　〔清〕申甫撰,清刻本

《淮海英靈續集》十二卷　〔清〕王豫、阮亨輯,《續修四庫全書》册一六八二,據復旦大學圖書館藏清道光刻本影印

《槐廳載筆》二十卷　〔清〕法式善撰,《續修四庫全書》册一一七八,據上海辭書出版社圖書館藏清嘉慶刻本影印

《皇朝續文獻通考》四百卷　〔清〕劉錦藻撰,《續修四庫全書》册八一五至八二一,據民國商務印書館影印十通本影印

《黃山丹青志》　黃賓虹撰,《黃賓虹文集·書畫編下》,上海書畫出版社,一九九九年

《黃陂縣志》十六卷　〔清〕劉昌緒修,徐瀛纂,清同治十一、十二年刻本

《皇清誥授資政大夫上書房行走禮部左侍郎恩予原品休致顯考籜石府君行述》一卷　〔清〕錢世錫等撰,臺灣"國家圖書館"藏清乾隆末年刊本

《皇清文穎續編》一百八卷　〔清〕董誥等輯,《續修四庫全書册》一六六三至一六六七,據清嘉慶武英殿刻本影印

《黃琢山房集》十卷　〔清〕吳璵撰,清嘉慶刻本

《麂山老屋詩集》十六卷　〔清〕錢世錫撰,清刻本

《几山小稿》一卷　〔清〕錢善揚撰,南京圖書館藏鈔本

《紀文達公遺集》三十二卷　〔清〕紀昀撰,《續修四庫全書》册一四五三,據清嘉慶十七年紀樹馨刻本影印

《紀行詩》十種　〔清〕熊為霖撰,中國國家圖書館藏清乾隆刻本

《佳句錄》二十卷　〔清〕吳修輯,清道光丁亥青霞館鐫

《嘉興府志》八十八卷首二卷　〔清〕許瑤光等修,吳仰賢等纂,《中國方志叢書》華中第五三號,據清光緒五年刊本影印

《〔嘉慶〕高郵州志》十二卷首一卷　〔清〕楊宜崙修,夏之蓉、沈之本纂,清道光二十五年重刻本

《嘉興錢氏世藏書畫録》不分卷　〔清〕錢泰吉輯，上海圖書館藏手稿本

《嘉蔭堂文集》三卷　〔清〕沈琨撰，南京圖書館藏劉氏嘉業堂藏書印鈔本

《簡松草堂文集》十二卷附録一卷　〔清〕張雲璈撰，《續修四庫全書》册一四七一，據上海圖書館藏清道光刻《三影閣叢書》本影印

《檢齋詩集》三卷　〔清〕陳經禮撰，清咸豐丙辰寒籟齋鐫、越七十餘年庚午重編本

《鑑止水齋集》二十卷　〔清〕許宗彦撰，《續修四庫全書》册一四九二，據清嘉慶二十四年德清許氏家刻本影印

《蔣春農舍人行狀》　〔清〕蔣㮣撰，《中華歷史人物別傳集》册三六，劉家屏等主編，綫裝書局，二〇〇三年，據丙子貞元石齋景印本影印

《絳跗閣詩稿》十一卷　〔清〕諸錦撰，《四庫全書存目叢書》集部册二七四，齊魯書社，一九九七年，據福建師範大學圖書館藏清乾隆二十七年刻本影印

《鮚埼亭集》三十八卷　〔清〕全祖望撰，《續修四庫全書》册一四二八、一四二九，據清嘉慶九年史夢蛟刻本影印

《今傳是樓詩話》　王揖唐著、張金燿校點，《新世紀萬有文庫》第六輯，遼寧教育出版社，二〇〇三年

《金檜門詩存》四卷　〔清〕金德瑛撰，清乾隆刻本

《津門徵獻詩》八卷　〔清〕華鼎元撰，清光緒十二年刻

《京師坊巷志》二卷　〔清〕朱一新、繆荃孫合撰，劉承幹重訂，《中國方志叢書》華北第二一五號，據民國七年刊本影印

《經韻樓集》十二卷　〔清〕段玉裁撰，清光緒十年蛟川張秋樹根齋刻

《静廉齋詩集》二十四卷　〔清〕金甡撰，《續修四庫全書》册一四四〇，據清嘉慶二十五年姚祖恩刻本影印

《敬業堂詩集》〔清〕查慎行著、周劭標點，上海古籍出版社，一九八六年

《衎石齋記事稿》十卷《續稿》十卷　〔清〕錢儀吉撰，《續修四庫全書》册一五〇八、一五〇九，據清道光刻咸豐四年蔣光焴增修光緒六年錢彝甫印本影印

《苦雨堂集》七卷　〔清〕顧列星撰，清嘉慶丁卯刻本

《昆明縣志》十卷　〔清〕戴絅孫纂修，清光緒二十七年刊本

《郎潛紀聞》十四卷《二筆》十六卷《三筆》十二卷　〔清〕陳康祺撰，《續修四庫全書》册一一八二，據清光緒刻本影印

《樂賢堂詩鈔》三卷　〔清〕德保撰，《四庫未收書輯刊》輯一〇册一三，據清乾隆五十六

年英和刻本影印

《冷廬雜識》八卷《續編》一卷 〔清〕陸以湉撰,《續修四庫全書》冊一一四〇,據清咸豐六年刻本影印

《力本文集》十三卷 〔清〕馬榮祖撰,《四庫未收書輯刊》輯九冊二六,據清乾隆十七年石蓮堂刻本影印

《梁溪詩鈔》五十八卷 〔清〕顧光旭集,清嘉慶元年春刻、雙橋草堂藏板

《兩般秋雨盦隨筆》八卷 〔清〕梁紹壬撰,《續修四庫全書》冊一二六三,據清道光十七年汪氏振綺堂刻本影印

《兩浙輶軒錄》四十卷 〔清〕阮元輯,《續修四庫全書》冊一六八三、一六八四,據清嘉慶仁和朱氏碧溪草堂錢塘陳氏種榆仙館刻本影印

《兩浙輶軒錄補遺》十卷 〔清〕阮元、楊秉初等輯,《續修四庫全書》冊一六八四,據清嘉慶刻本影印

《兩浙輶軒續錄》五十四卷《補遺》六卷 〔清〕潘衍桐輯,《續修四庫全書》冊一六八五至一六八七,據清光緒十七年浙江書局刻本影印

《臨桂縣志》三十二卷首一卷 〔清〕吳征鰲修,黃泌、曹馴纂,一九六三年石印本

《靈芬館詩話》十二卷《續》六卷 〔清〕郭麐撰,《續修四庫全書》冊一七〇五,據浙江圖書館藏清嘉慶二十一年孫均刻二十三增修本影印

《盧抱經先生年譜》一卷 柳詒徵編,《中央大學國學圖書館第一年刊》,一九二八年

《廬江錢氏年譜續編》六卷 〔清〕錢儀吉輯,錢駿祥補輯,民國七年鉛印本

《廬江錢氏藝文略》二卷 〔清〕錢儀吉輯,上海圖書館藏清嘉慶十三年刻并錢儀吉手筆增注本,又南京圖書館藏國學圖書館傳鈔并金蓉鏡跋本

《論山詩鈔》十五卷 〔清〕鮑之鍾撰,清道光十二年刻本

《蘿藦亭雜記》八卷 〔清〕喬松年撰,《續修四庫全書》冊一一五九,據湖北圖書館藏清同治刻本影印

《履園叢話》二十四卷 〔清〕錢泳撰,《續修四庫全書》冊一一三九,據華東師範大學圖書館藏清道光十八年述德堂刻本影印

《綠溪詩鈔》二卷 〔清〕祝維誥撰,朱壬林選輯,清道光二十四年淳雅堂刻本

《綠筠書屋詩鈔》十八卷 〔清〕葉觀國撰,《續修四庫全書》冊一四四四,據清乾隆五十七年刻本影印

《滿漢名臣傳》 吳忠匡等校訂,黑龍江人民出版社,一九九一年

《耄餘詩話》十卷　〔清〕周春撰,《續修四庫全書》册一七七〇,據清抄本影印

《夢厂雜著》十卷　〔清〕俞蛟撰,《續修四庫全書》册一二六九,據上海圖書館藏清刻深柳讀書堂本影印

《夢堂詩稿》十五卷　〔清〕英廉撰,清乾隆刻本

《孟亭居士文稿》五卷《經進稿》一卷《詩稿》四卷　〔清〕馮浩撰,清嘉慶七年刻本

《夢園書畫錄》二十五卷　〔清〕方濬頤輯,《續修四庫全書》册一〇八六,據清光緒三年定遠方氏成都刻本影印

《勉行堂詩集》二十四卷首一卷　〔清〕程晉芳撰,《續修四庫全書》册一四三三,據清嘉慶二十三年鄧廷楨等刻本影印

《勉行堂文集》六卷　〔清〕程晉芳撰,《續修四庫全書》册一四三三,據清嘉慶二十五年冀蘭泰吴鳴捷刻本影印

《〔民國〕杭州府志》一百七十八卷首八卷　〔清〕王棻纂,屈映光續修,陸懋勳續纂,齊耀珊重修,吴慶坻重纂,一九二二年鉛印本

《〔民國〕龍巖縣志》三十七卷首一卷　馬龢鳴、陳丕顯修,杜翰生等纂,《中國地方志集成》第三十四册,據民國九年上海商務印書館鉛印本影印

《明清檔案》九十八册　張偉仁主編,臺灣"中研院"歷史語言研究所,一九八六年,據原檔影印

《明史》三百三十二卷　〔清〕張廷玉等撰,中華書局,一九七四年,據清乾隆四年武英殿原刊本點校排印

《名人花卉集錦》第一集　環翠山房編,上海光明珂羅版印社,一九二〇年影印

《名人書畫》第一、八、二十五集　商務印書館編譯所編,商務印書館,民國九年至十六年珂羅版

《墨林今話》十八卷《續編》一卷　〔清〕蔣寶齡撰,清咸豐二年刻本

《慕堂詩鈔》四卷　〔清〕曹學閔撰,《北京師範大學圖書館藏稀見清人別集叢刊》册一一,北京師範大學圖書館編,廣西師範大學出版社,二〇〇七年,據清嘉慶二年刻本影印

《耐冷譚》十六卷　〔清〕宋咸熙撰,清道光九年刻本

《内務部古物陳列所書畫目錄》十四卷　何煜編,京華印書局,民國十四年鉛印

《南江文鈔》十二卷　〔清〕邵晉涵撰,《續修四庫全書》册一四六三,據南京圖書館藏清道光十二年胡敬刻本影印

《南野堂詩集》七卷《筆記》十二卷　〔清〕吳文溥撰,清嘉慶二十二年刻本

《甌北先生年譜》　佚名編,《北京圖書館藏珍本年譜叢刊》册一〇五,據光緒三年重刻本影印

《甌鉢羅室書畫過目考》四卷　〔清〕李玉棻編輯,清光緒丁酉刻本

《匏村詩集》八卷　〔清〕陳經業撰,清刻本

《匏廬詩存》九卷　郭曾炘撰,民國二十三年刻本

《培蔭軒詩集》四卷《文集》二卷《雜文》一卷　〔清〕胡季堂撰,《續修四庫全書》册一四四七,據中國科學院圖書館藏清道光二年胡鏻刻本影印

《頻羅庵遺集》十六卷　〔清〕梁同書撰,《續修四庫全書》册一四四五,據清嘉慶二十二年陸貞一刻本影印

《缾水齋詩集》十七卷　〔清〕舒位撰,《續修四庫全書》册一四八六、一四八七,據復旦大學圖書館藏清光緒十二年邊保樞刻十七年增修本影印

《曝書雜記》二卷　〔清〕錢泰吉撰,《續修四庫全書》册九二六,據清道光十九年《別下齋叢書》本影印

《謙谷集》六卷　〔清〕汪筠撰,《四庫未收書輯刊》輯一〇册二一,據清乾隆八年汪璐刻本影印

《鉛山縣志》三十卷首一卷　〔清〕張廷珩等修,華祝三等纂,清同治十二年刻本

《乾隆朝上諭檔》　中國第一歷史檔案館編,檔案出版社,一九九八年,據中國第一歷史檔案館藏檔案資料影印

《乾隆帝起居注》　中國第一歷史檔案館編,廣西師範大學出版社,二〇〇二年,據中國第一歷史檔案館藏檔案資料影印

《〔乾隆〕歷城縣志》五十卷首一卷　〔清〕胡德琳修,李文藻等纂,《續修四庫全書》册六九四,據山東圖書館藏清乾隆三十六年刻本影印

《錢批樊榭山房詩》一卷　陳衍輯録,《陳衍詩論合集》上册頁九五七至九六四,錢仲聯編校,福建人民出版社,一九九九年

《黔詩紀略後編》三十卷　〔清〕莫庭芝、黎汝謙、陳田輯,清宣統三年京師筱石齋刊

《錢文敏公全集》〔清〕錢維城撰,《續修四庫全書》册一四四二,據清乾隆四十一年眉壽堂刻本影印

《錢辛楣先生年譜》不分卷　〔清〕錢大昕撰,錢慶曾補編并校注,《北京圖書館藏珍本年譜叢刊》册一〇五,據清咸豐間刻本影印

《錢氏家乘》不分卷　錢文選輯，民國十四年鉛印本

《潛研堂文集》五十卷《詩集》十卷《詩續集》十卷　〔清〕錢大昕撰，《續修四庫全書》册一四三八、一四三九，據清嘉慶十一年刻本影印

《强恕齋詩鈔》四卷《文鈔》五卷　〔清〕張庚撰，《四庫存目叢書》集部册二八二，據清乾隆刻本影印

《切問齋集》十六卷　〔清〕陸燿撰，《四庫未收書輯刊》輯一〇册一九，據清乾隆五十七年暉吉堂刻本影印

《欽定八旗通志》三百四十二卷　〔清〕永瑢、紀昀等纂，《景印文淵閣四庫全書》册六六四至六七一，臺灣商務印書館，一九八六年

《欽定大清會典》一百卷　〔清〕崑岡等修、吴樹梅等纂，《續修四庫全書》册七九四，據清光緒石印本影印

《欽定大清會典事例》一千二百二十卷　〔清〕崑岡等修、劉啓瑞等纂，《續修四庫全書》册七九八至八一四，據清光緒石印本影印

《欽定國朝詩别裁集》三十二卷　〔清〕沈德潛輯評，清刻本

《欽定皇朝文獻通考》三百卷　〔清〕乾隆十二年敕撰，《景印文淵閣四庫全書》册六三二至六三五

《欽定石渠寶笈續編》八十八卷　〔清〕王杰等撰，《故宫珍本叢刊》册四四〇至四四九，故宫博物館編，海南出版社，二〇〇〇年

《欽定石渠寶笈三編》不分卷　〔清〕英和等撰，《故宫珍本叢刊》册四五〇至四六〇

《欽定學政全書》八十卷　〔清〕素爾訥等撰，《續修四庫全書》册八二八，據清乾隆三十九年武英殿刻本影印

《清碑傳合集》：《碑傳集》一百六十卷首二卷末二卷，〔清〕錢儀吉編；《續碑傳集》八十六卷，繆荃孫編；《碑傳集補》六十卷，閔爾昌編；《碑傳集三編》五十卷首一卷，汪兆鏞編。上海書店，一九八八年

《清詞玉屑》十二卷　郭則澐撰，民國二十五年蟄園刊

《清芬世守録》二十卷首六卷　〔清〕錢泰吉輯，上海圖書館藏稿本

《清秘述聞》十六卷　〔清〕法式善撰，《續修四庫全書》册一一七八，據清嘉慶四年刻本影印

《清泉縣志》三十六卷首一卷　〔清〕江恂等纂修，清乾隆、嘉慶間據乾隆二十八年刻版增刻

《清容居士行年録》一卷　〔清〕蔣士銓輯,蔣立仁補輯,《北京圖書館藏珍本年譜叢刊》
　　册一○五,據清刻本影印
《清史稿》五百三十六卷　〔清〕趙爾巽等撰,中華書局,一九七七年
《清史列傳》八十卷　王鍾翰點校,中華書局,一九八七年
《清實録》之《世宗實録》一五九卷　〔清〕鄂爾泰、張廷玉等修;《高宗實録》一五○○卷
　　〔清〕慶桂、董誥等修。中華書局,一九八五至一九八七年影印
《清獻堂集》十卷　〔清〕趙佑撰,清乾隆刻本
《青霞館論畫絶句一百首》一卷　〔清〕吴修撰,《美術叢書》,黄賓虹、鄧實編,江蘇古籍
　　出版社,一九八六年
《清儀閣金石題識》四卷　〔清〕張廷濟撰、陳其榮輯,《叢書集成新編》史部册七二,上海
　　書店出版社,一九九四年,據觀自得齋徐氏校刊本影印
《清儀閣題跋》一卷　〔清〕張廷濟撰,清光緒十九年刻本
《裘文達公文集》六卷《補遺》一卷　〔清〕裘曰修撰,《續修四庫全書》册一四四一,據復
　　旦大學圖書館藏清嘉慶刻本影印
《全浙詩話》五十四卷　〔清〕陶元藻輯,《續修四庫全書》册一七○三,據清嘉慶元年怡
　　雲閣刻本影印
《穰梨館過眼録》四十卷　〔清〕陸心源撰,《續修四庫全書》册一○八七,據清光緒十七
　　年吴興陸氏家塾刻本影印
《壬寅銷夏録》不分卷　〔清〕端方撰,《續修四庫全書》册一○八九、一○九○,據中國文
　　物研究所文物資料信息中心藏稿本影印
《榕城詩話》三卷　〔清〕杭世駿撰,《續修四庫全書》册一七○一,據清乾隆四十年刻《知
　　不足齋叢書》本影印
《儒林傳稿》四卷　〔清〕阮元撰,《續修四庫全書》册五三七,據南京圖書館藏清嘉慶刻
　　本影印
《三松堂集》二十四卷《續集》六卷　〔清〕潘奕雋撰,《續修四庫全書》册一四六○、一四
　　六一,據天津圖書館藏清嘉慶刻本影印
《沙河逸老小稿》六卷　〔清〕馬曰琯撰,《叢書集成新編》册七二,新文豐出版股份有限
　　公司,一九八五年,據《粤雅堂叢書》咸豐元年刻本影印
《沈歸愚自訂年譜》不分卷　〔清〕沈德潛撰,《北京圖書館藏珍本年譜叢刊》册九一,據
　　清教忠堂刻本(乾隆二十九年甲申顧詒禄序)影印

《繩庵內集》十六卷《外集》八卷 〔清〕劉綸撰,清乾隆三十九年刻本

《施南府志》三十卷首一卷 〔清〕王協夢修,羅德昆纂,清道光十七年刻本

《師友淵源錄》三十八卷 〔清〕嚴長明、嚴觀撰,國家圖書館藏鈔本

《盛京故宮書畫錄》不分卷　金梁編,民國十三年鉛印本

《石鼓硯齋詩鈔》五十卷 〔清〕曹文埴撰,清嘉慶五年刻本

《石渠寶笈》四十四卷 〔清〕張照、梁詩正等撰,《景印文淵閣四庫全書》册八二四、八二五

《石渠隨筆》八卷 〔清〕阮元撰,《續修四庫全書》册一○八一,據南京圖書館藏阮亨揚州珠湖草堂刻本影印

《石笥山房集》 〔清〕胡天游撰,《續修四庫全書》册一四二五,據清咸豐二年刻本影印

《十誦齋集》六卷 〔清〕周天度撰,清乾隆癸卯冬刻本

《石研齋集》十二卷 〔清〕秦鐄撰,嘉慶辛未十二月刊本

《石研齋主年譜》二卷 〔清〕秦鐄撰,揚州古籍書店,一九七九年鈔本

《授堂文鈔》八卷《續集》二卷 〔清〕武億撰,《續修四庫全書》册一四六六,據清道光二十三年武氏刻授堂遺書本影印

《樞垣記略》二十八卷 〔清〕梁章鉅撰、朱智等補,《續修四庫全書》册七五一,據浙江圖書館藏清光緒鉛印本影印

《述庵先生年譜》二卷 〔清〕嚴榮輯,《北京圖書館藏珍本年譜叢刊》册一○五,據清刻本影印

《述學》六卷附《春秋述義》一卷 〔清〕汪中撰,《續修四庫全書》册一四六五,據清刻本影印

《雙桂堂續稿編》十二卷 〔清〕紀大奎撰,《續修四庫全書》册一四七○,據上海辭書出版社圖書館藏清嘉慶十三年刻《紀慎齋先生全集》本影印

《水曹清暇錄》十六卷 〔清〕汪啓淑撰,《續修四庫全書》册一一三八,據南京圖書館藏清乾隆五十七年汪氏飛鴻堂刻本影印

《水南園灌叟遺稿》六卷 〔清〕羅運春撰,清乾隆四十八年刻本

《笥河文鈔》三卷 〔清〕朱筠撰,《續修四庫全書》册一一四○,據南京圖書館藏清刻本影印

《笥河文集》十六卷首一卷 〔清〕朱筠撰,《續修四庫全書》册一一四○,據上海圖書館藏清嘉慶二十年椒華吟舫刻本影印

《四庫全書總目》〔清〕永瑢等撰,中華書局,二〇〇三年,以浙江杭州本為底本影印

《松江府志》八十四卷首二卷圖一卷 〔清〕宋如林等修、孫星衍等纂,《中國地方志集成》,臺灣成文出版社有限公司,一九七〇年,據清嘉慶二十二年刊本影印

《松泉詩集》六卷 〔清〕江昱撰,《四庫存目叢書》集部册二八〇,據乾隆二十六年小東軒刻本影印

《蘇文忠天際烏雲帖真迹》〔宋〕蘇軾書,商務印書館,民國十七年,珂羅版雙層宣紙印

《蘇州府志》一百五十卷首三卷圖一卷 〔清〕李銘皖修,馮桂芬等纂,清光緒九年江蘇書局刻本

《隨園詩話》十六卷《補遺》十卷 〔清〕袁枚撰,顧學頡校點,人民文學出版社,二〇〇六年,以清乾隆庚戌和壬子隨園自刻本為底本

《隨園先生年譜》一卷 〔清〕方濬師輯,《北京圖書館藏珍本年譜叢刊》册九八,據清同治十一年刻本影印

《隨園雅集圖題咏》一卷 〔清〕袁枚輯,《叢書集成續編》集部册一五五,據《邈園叢書》本影印

《歲時廣記》四十卷首一卷末一卷 〔宋〕陳元靚,《續修四庫全書》册八八五,據清光緒《十萬卷樓叢書》本影印

《孫淵如先生全集》〔清〕孫星衍撰,《續修四庫全書》册一四七七,據民國八年商務印書館《四部叢刊》影印清嘉慶刻本影印

《弢甫集詩》十四卷《文》三十卷《弢甫五嶽集》二十卷《弢甫續集》二十卷 〔清〕桑調元撰,《四庫全書存目叢書》集部册二七五、二七六,據清乾隆刻本影印

《藤花亭書畫跋》四卷 〔清〕楊廷桐撰,順德龍氏中和園鉛印本,一九三四年

《聽松樓遺稿》四卷《附錄》一卷 〔清〕陳爾士撰,清道光元年刻本

《聽鐘山房集》二十卷 〔清〕謝墉撰,謝恭銘編次,上海圖書館藏稿本

《通義堂文集》十六卷 〔清〕劉毓崧撰,《續修四庫全書》册一五四六,據民國劉氏刻《求恕齋叢書》本影印

《銅鼓書堂遺稿》三十二卷 〔清〕查禮撰,《續修四庫全書》册一四三一,據清乾隆查淳刻本影印

《桐石草堂集》九卷 〔清〕汪仲鈖撰,清嘉慶刻本

《桐鄉縣志》二十卷首四卷 〔清〕嚴辰等纂,《中國方志叢書》華中第七七號,據清光緒十三年刊本影印

《桐陰論畫》二卷首一卷《附錄》一卷　〔清〕秦祖永撰,《續修四庫全書》册一〇八五,據清同治三年刻朱墨套印本影印

《桐陰論畫二編》二卷《三編》二卷　〔清〕秦祖永撰,《續修四庫全書》册一〇八五,據復旦大學圖書館藏清光緒八年刻朱墨套印本影印

《桐園卧游錄》一卷　〔清〕金鳳撰,清同治十一年刻本

《退庵詩存》二十五卷　〔清〕梁章鉅撰,《續修四庫全書》册一四九九,據復旦大學圖書館藏清道光刻本影印

《退庵隨筆》二十二卷　〔清〕梁章鉅撰,《續修四庫全書》册一一九七,據山東省圖書館藏清道光刻本影印

《吞松閣集》四十卷　〔清〕鄭虎文撰,《四庫未收書輯刊》輯一〇册一四,據清嘉慶十四年馮敏昌等刻本影印

《籜石錢先生十國詞箋略》一卷　〔清〕袁蘭撰,南京圖書館藏稿本,又上海圖書館藏抄本。按:此書托先生之名,實為袁蘭所撰,見乾隆五年譜考辨。

《籜石齋詩選》三卷　〔清〕吳文溥輯,嘉慶五年刻本

《晚晴簃詩匯》二百卷　徐世昌輯,《續修四庫全書》册一六二九至一六三三,據民國十八年退耕堂刻本影印

《皖志列傳稿》九卷　金天翮撰,《清代地方人物傳記叢刊》册七,廣陵書社,二〇〇七年,據民國二十五年鉛印本影印

《〔萬曆〕秀水縣志》十卷　〔明〕黄洪憲撰,民國十四年印

《王文端公年譜》　〔清〕阮元輯,《北京圖書館藏珍本年譜叢刊》第一〇五册,據嘉慶間刻本影印

《文端公年譜》　〔清〕錢儀吉輯,錢志澄增訂,《北京圖書館藏珍本年譜叢刊》册九三,據清光緒二十年刻本影印

《文匯》二册《文匯補編》三册《佚名》一册不分卷　〔清〕錢泰吉輯并校,上海圖書館藏稿本。按:此書乃嘉興錢氏歷代文章之選輯。

《文水縣志》十二卷首一卷末一卷　〔清〕范啓塋等修,陰步霞纂,清光緒九年刻本

《聞音室詩集》四卷　〔清〕王嘉曾撰,《續修四庫全書》册一四四七,據中國科學院圖書館藏清嘉慶二十一年王元善等刻本影印

《翁氏家事略記》　〔清〕翁方綱原稿,英和校定,道光二十五年刻　附《復初齋詩集》七十卷後

《翁覃溪詩》不分卷稿本　〔清〕翁方綱撰、錢載評,國家圖書館藏

《翁覃溪先生讀書札記》不分卷　〔清〕翁方綱撰,海上容軒藏手稿

《烏程縣志》三十六卷　〔清〕潘玉璿、馮健修,周學濬、汪曰楨纂,清光緒七年刻本

《吳白華自訂年譜》〔清〕吳省欽輯,吳敬樞續輯,《北京圖書館藏珍本年譜叢刊》册一〇六,據嘉慶十五年刻本影印

《梧門詩話》十二卷　〔清〕法式善撰,《續修四庫全書》册一七〇五,據北京圖書館藏稿本影印

《吳兔牀日記》〔清〕吳騫撰,《中華歷史人物別傳集》册三六

《無錫金匱縣志》四十卷首一卷　〔清〕斐大中等修,秦湘業等纂,《中國方志叢書》華中第一二號,據清光緒七年刊本影印

《吳興詩話》十六卷首一卷　〔清〕戴璐撰,《續修四庫全書》册一七〇五,據民國五年劉氏嘉業堂刻《吳興叢書》本影印

《吳漁山集箋注》〔清〕吳歷撰,章文欽箋注,中華書局,二〇〇七年

《吳漁山先生年譜》二卷　陳垣編,《北京圖書館藏珍本年譜叢刊》册八一、八二,據民國二十六年刻藍印本影印

《惜抱軒文集》十六卷《後集》十卷《詩集》十卷《後集》一卷　〔清〕姚鼐撰,《續修四庫全書》册一四五三,據清嘉慶三年刻增修本影印

《西湖修禊詩》一卷　〔清〕鄂敏輯,《叢書集成續編》集部册一五四,據《武林掌故叢編》本影印

《西澗詩鈔》四卷　〔清〕祝喆撰,道光二十四年淳雅堂刊

《西清筆記》二卷　〔清〕沈初撰,王雲五主編,《叢書集成初編》册二九六六,商務印書館,一九三六年,據《功順堂叢書》本排印

《西莊始存稿》三十九卷　〔清〕王鳴盛撰,《續修四庫全書》册一四三四,據清乾隆三十年刻本影印

《霞外攟屑》十卷　〔清〕平步青撰,《續修四庫全書》册一一六三,據上海圖書館藏民國六年刻《香雪崦叢書》本影印

《香樹齋詩集》十八卷《詩續集》三十六卷《文集》二十八卷《文集續鈔》五卷　〔清〕錢陳群撰,《四庫未收書輯刊》輯九册一八、一九,據清乾隆刻本影印

《香亭文稿》十二卷　〔清〕吳玉綸撰,《續修四庫全書》册一四五一,據清乾隆六十年滋德堂刻本影印

《鄉園憶舊録》六卷　〔清〕王培荀撰,《續修四庫全書》册一一八〇,據上海圖書館藏清道光二十五年刻本影印

《香葉草堂詩存》一卷　〔清〕羅聘撰,《續修四庫全書》册一四五三,據清嘉慶刻道光十四年印本影印

《響泉集》十八卷　〔清〕顧光旭撰,《續修四庫全書》册一四五一,據清宣統二年顧氏刻本影印

《小倉山房尺牘》〔清〕袁枚撰,香港藝美圖書公司,出版時間不詳(前有一九三四年江蔭香序)

《小倉山房詩集》三十六卷《補遺》二卷《文集》三十五卷《外集》八卷　〔清〕袁枚撰,《續修四庫全書》册一四三一、一四三二,據清乾隆刻增修本影印

《小羅浮草堂詩集》四十卷　〔清〕馮敏昌撰,清嘉慶十六年刻本

《小羅浮草堂文集》九卷　〔清〕馮敏昌撰;卷首附《先君子太史公年譜》〔清〕馮士鏔撰。清刻本

《小木子詩三刻》七卷　〔清〕朱休度撰,《續修四庫全書》册一四五二,據復旦大學圖書館藏清嘉慶刻匯印本影印

《小山詩鈔》十一卷　〔清〕鄒一桂撰,清乾隆庚寅刻本

《小峴山人詩文集》三十七卷　〔清〕秦瀛撰,《續修四庫全書》册一四六四、一四六五,據上海圖書館藏清嘉慶刻增修本影印

《嘯亭雜録》十卷　〔清〕昭槤撰,《續修四庫全書》册一一七九,據天津圖書館藏清抄本影印

《新城縣志》二十四卷　張雨蒼等修,王樹枏纂,民國二十四年鉛印本

《辛丑銷夏録》五卷　〔清〕吳榮光撰,《續修四庫全書》册一〇八二,據南京圖書館藏清道光刻本影印

《辛未保舉經學録》〔清〕梁錫璵輯,上海圖書館藏鈔本

《虛齋名畫録》十六卷《續録》四卷《補遺》一卷　龐元濟撰,《續修四庫全書》册一〇九〇、一〇九一,據清宣統元年烏程龐氏上海刻本續録民國十三年烏程龐氏上海刻本影印

《虛白齋存稿》十四卷　〔清〕吳壽昌撰,《四庫未收書輯刊》輯一〇册二五,據清乾隆五十五年刻本影印

《續同人集》〔清〕袁枚著,《袁枚全集》册六,王英志主編,江蘇古籍出版社,一九九三年

《續印人傳》八卷 〔清〕汪啓淑撰,收入《篆學瑣著三十種》,《續修四庫全書》册一〇九二,據復旦大學圖書館藏清道光二十年海虞顧氏刻本影印

《續檇李詩繫》四十卷 〔清〕胡昌基輯,胡金題、胡金勝校 清宣統辛亥刻

《宣城縣志》四十卷首一卷 〔清〕李應泰修,章綏纂,清光緒十四年木活字本

《雪堂類稿·戊·長物簿録》 羅振玉撰述,蕭文立編校,遼寧教育出版社,二〇〇三年

《學福齋集》二十卷《學福齋詩集》三十七卷首一卷 〔清〕沈大成撰,《續修四庫全書》册一四二八,據清乾隆三十九年刻本影印

《雅雨堂詩集》二卷 〔清〕盧見曾撰,《續修四庫全書》册一四二三,據清道光二十年盧樞清雅堂刻本影印

《揅經室集》五十七卷 〔清〕阮元撰,《續修四庫全書》册一四七八、一四七九,據清道光阮氏文選樓刻本影印

《研經堂詩文集》十六卷 〔清〕吉夢熊撰,清道光刻本

《簷曝雜記》六卷附録一卷 〔清〕趙翼撰,《續修四庫全書》第一一三八册,據清嘉慶湛貽堂刻本影印

《弇山畢公年譜》一卷 〔清〕史善長輯,《北京圖書館藏珍本年譜叢刊》册一〇六,據清同治十一年刻本影印

《硯林詩集》四卷 〔清〕丁敬撰,魏成憲纂,清嘉慶十一年刻

《揚州畫舫録》十八卷 〔清〕李斗撰,《續修四庫全書》册七三三,據清乾隆六十年自然盦刻本影印

《養吉齋餘録》十卷 〔清〕吳振棫撰,《續修四庫全書》册一一五八,據上海辭書出版社圖書館藏清光緒刻本影印

《一樓集》二十卷 〔清〕黃達撰,《四庫未收書輯刊》輯一〇册一五,據清乾隆刻本影印

《頤綵堂詩鈔》十卷 〔清〕沈叔埏撰,《續修四庫全書》册一四五八,據清道光二十八年沈維鐈刻本影印

《頤綵堂文集》十六卷 〔清〕沈叔埏撰,《續修四庫全書》册一四五八,據清嘉慶二十三年沈維鐈武昌刻本影印

《頤道堂詩選》三十卷《詩外集》十卷《文鈔》十卷附一卷 〔清〕陳文述撰,《續修四庫全書》册一五〇四、一五〇五、一五〇六,據中國科學院圖書館藏清嘉慶二十二年刻道光增修本影印

《詒晉齋集》八卷《後集》一卷《隨筆》一卷 〔清〕永瑆撰,《續修四庫全書》册一四八七,

據湖北圖書館藏清道光二十八年刻本影印

《宜興豐義儲氏分支譜》三十八卷首二卷 〔清〕儲欣等輯,清光緒七年刻本

《亦有生齋集》五十四卷 〔清〕趙懷玉撰,《續修四庫全書》册一四六九、一四七〇,據清道光元年刻本影印

《藝舟雙楫》六卷《附錄》三卷 〔清〕包世臣撰,《續修四庫全書》册一〇八二,據上海圖書館藏清道光二十六年白門倦游閣木活字印安吳四種本影印

《隱拙齋集》五十卷《續集》五卷 〔清〕沈廷芳撰,《四庫存目叢書補編》册一〇,據清乾隆刻本影印

《雍正朝漢文諭旨彙編》十册 中國第一歷史檔案館編,廣西師範大學出版社,一九九九年

《有正味齋詩集》十六卷《續集》八卷《駢體文》二十四卷《續集》八卷 〔清〕吳錫麒撰,《續修四庫全書》册一四六八、一四六九,據清嘉慶十三年刻《有正味齋全集》增修本影印

《柚堂文存》四卷 〔清〕盛百二撰,《北京師範大學圖書館藏稀見清人別集叢刊》册一一,據清乾隆五十七年寶綸堂刻本影印

《越縵堂讀書記》〔清〕李慈銘撰,由雲龍輯,中華書局,二〇〇六年

《悅親樓詩集》三十卷《外集》二卷 〔清〕祝德麟撰,《續修四庫全書》册一四六二、一四六三,據天津圖書館藏清嘉慶二年姑蘇刻本影印

《閱微草堂筆記》二十四卷 〔清〕紀昀撰,《續修四庫全書》册一二六九,據清嘉慶五年北平盛氏望益書屋刻本影印

《雲南通志》二百四十二卷首四卷附《忠義錄》三十二卷《忠義備考》一卷《列女錄》八卷 〔清〕岑毓英、王文韶修,陳燦等纂,清光緒二十年刻本

《筠心書屋詩鈔》十二卷 〔清〕褚廷璋撰,清乾隆四十三年刻本

《雜錄》不分卷 〔清〕彭冠撰,國家圖書館藏稿本(膠 4716)

《張篁村詩》(又名《墨岑遺稿》)一卷 〔清〕張宗蒼撰,《叢書集成續編》集部册一二八,據《吳中文獻小叢書》本影印

《章學誠遺書》〔清〕章學誠撰,文物出版社,一九八五年

《昭代名人尺牘》二十四卷 〔清〕吳修輯,清光緒三十四年石印本

《柘坡居士集》十二卷 〔清〕萬光泰撰,《四庫存目叢書》集部册二八一,據南京圖書館藏清乾隆二十一年汪孟鋗刻本影印

《浙西六家詩鈔》六卷　〔清〕吳應和等選評,道光七年丁亥仲夏刻本

《知止齋詩集》十六卷　〔清〕翁心存撰,《續修四庫全書》册一五一九,據清光緒三年常熟毛文彬刻本影印

《知足齋詩集》二十卷《續集》四卷《文集》六卷《年譜》三卷　〔清〕朱珪撰,《續修四庫全書》册一四五一、一四五二,據清嘉慶九年阮元刻增修本影印

《中國第一歷史檔案館藏清代官員履歷檔案全編》　秦國經主編,華東師範大學出版社,一九九七年

《忠雅堂詩集》不分卷　〔清〕蔣士銓撰,《續修四庫全書》册一四三六,據稿本影印

《忠雅堂文集》十二卷　〔清〕蔣士銓撰,清嘉慶二十一年重刻本

《珠里小志》十八卷首一卷　〔清〕周郁濱纂,《中國地方志集成·鄉鎮志專輯》二,江蘇古籍出版社、上海書店、巴蜀書社,一九九〇年,據清嘉慶二十年刻本影印

《朱笥河先生年譜》一卷　羅繼祖輯,《北京圖書館藏珍本年譜叢刊》册一〇六,據民國二十年鉛印本影印

《朱笥河先生年譜》一卷　王蘭蔭輯,《北京圖書館藏珍本年譜叢刊》册一〇六,據民國二十二年鉛印本影印

《竹初詩鈔》十六卷《文鈔》六卷　〔清〕錢維喬撰,《續修四庫全書》册一四六〇,據上海辭書出版社圖書館藏清嘉慶刻本影印

《竹房遺詩》不分卷　〔清〕錢福胙撰,清道光刻本

《竹汀居士年譜》〔清〕錢大昕撰,《嘉定錢大昕全集》,陳文和主編,江蘇古籍出版社,一九九七年

《竹溪沈氏家乘》十二卷首一卷　〔清〕沈玉春等纂修,清光緒十年刻本

《竹葉庵文集》三十三卷　〔清〕張塤撰,《續修四庫全書》册一四四九,據清乾隆五十一年刻本影印

《竹葉亭雜記》八卷　〔清〕姚元之撰,中華書局,一九八二年,據清光緒十九年刊本點校

《祝人齋先生集》三種　〔清〕祝淦撰,清道光十四年刻本

《紫雲先生年譜》不分卷　〔清〕錢聚仁編,《北京圖書館藏珍本年譜叢刊》册七三,據清光緒民國間刻本影印

《紫竹山房文集》二十卷《詩集》十二卷《附錄》一卷　〔清〕陳兆崙撰,《四庫未收書輯刊》輯九册二五,據清嘉慶刻本影印

《自怡悅書畫齋書畫錄》三十卷　〔清〕張大鏞撰,道光壬辰虞山張氏鐫

《椶亭古文鈔》十八卷　〔清〕金兆燕撰，《續修四庫全書》册一四四二，據清道光十六年贈雲軒刻本影印

《纂修四庫全書檔案》二册　中國第一歷史檔案館編，上海古籍出版社，一九九七年

《檇李詩繫》四十二卷　〔清〕沈季友輯，《景印文淵閣四庫全書》册一四七五

《澄懷堂書畫目錄》十二卷　〔日〕山本悌二郎編，日本昭和二年（一九三二）鉛印本

《歷代著錄畫目》　〔美〕福開森編，臺灣中華書局，一九八三年

《評定浙西六家詩鈔》　〔日〕近藤元粹評訂，明治三十九年（一九〇六），崇山堂

《支那南畫大成》十六卷《續集》六卷附《解說》五册　〔日〕興文社輯，昭和十年（一九四〇）至十二年（一九四二）影印出版

近人著作

《杭世駿年譜》　陳琬婷撰，碩士論文，臺灣中山大學中國文學系，二〇〇七年

《湖州市志》　湖州市地方志編纂委員會編，昆侖出版社，一九九九年

《黃陵文典·文物卷》　曹明周、趙輝遠總編，陝西人民出版社，二〇〇八年

《佳士得中國古近代名畫拍賣會》　紐約，一九九四年六月一日

《嘉興歷代人物考略》　傅逅勒編著，香港天馬出版有限公司，二〇〇五年

《蔣心餘先生年譜》　陳述撰，《蔣士銓研究資料集》頁一至三七，上饒師專中文系歷代作家研究室編，江西人民出版社，一九八五年

《敬華古代書畫二〇〇五年春大型藝術品拍賣會》　上海，二〇〇五年六月二十六日

《樂山歷代詩集》　周文華主編，樂山市中區地方志辦公室，一九九五年

《明清江蘇文人年表》　張慧劍編著，上海古籍出版社，二〇〇八年

《明清進士題名碑錄索引》　朱保炯、謝沛霖輯，上海古籍出版社，一九八〇年

《清代殿試考略》　傅增湘撰，天津大公報社，民國二十二年

《清代科舉考試述錄及有關著作》　商衍鎏撰，百花文藝出版社，二〇〇四年

《清代人物大事紀年》　朱彭壽編著，朱鰲、宋苓珠整理，北京圖書館出版社，二〇〇五年

《清代人物生卒年表》　江慶柏編撰，人民文學出版社，二〇〇五年

《清畫家詩史》　李濬之編，中國書店，一九九〇年

《清皇室四譜》四卷　唐邦治輯，《近代中國史料叢刊》第八輯，沈雲龍主編，文海出版社，

一九六六年影印

《清厲樊榭先生鶚年譜》　陸謙祉著,臺灣商務印書館,一九八一年

《清人別集總目》　李靈年、楊忠主編,王欲祥、李靈年、陸林、陳敏杰撰,安徽教育出版社,二〇〇〇年

《清人詩文集總目提要》　柯愈春撰,北京古籍出版社,二〇〇一年

《清人室名別稱字號索引(增補本)》　楊廷福、楊同甫編,上海古籍出版社,二〇〇一年

《清儒傳略》　嚴文郁編,臺灣商務印書館,一九九〇年

《清詩紀事》　錢仲聯主編,江蘇古籍出版社,一九八七年

《清史編年》第五、六卷　郭成康編寫,中國人民大學出版社,二〇〇〇年

《談藝録(補訂本)》　錢鍾書著,中華書局,一九八四年

《蘀石齋詩研究》　何明穎撰,碩士學位論文,臺灣中國文化大學,一九八〇年

《王鳴盛年譜》　陳鴻森撰,中研院《歷史語言研究所集刊》第八十三本第一分,二〇一二年

《翁方綱年譜》　沈津著,臺灣"中研院"中國文哲研究所,二〇〇二年

《翁方綱題跋手札集録》　沈津輯,廣西師範大學出版社,二〇〇四年

《廈門市博物館藏品集粹》　廈門市博物館編,文物出版社,二〇〇七年

《中國書法理論史》　王鎮遠著,上海古籍出版社,二〇〇九年

《中國書畫家印鑑款識》　上海博物館編,文物出版社,一九八七年

《中國書畫全書》　盧輔聖主編,上海書畫出版社,一九九三年

《中華竹韻》　許江主編,范景中撰文,中國美術學院出版社,二〇一一年

近人論文

《傅玉書和鴛鴦鏡傳奇》　劉世德撰,《文史》第十一輯,一九八一年

《嘉興錢氏人物傳略》　錢霆撰,《嘉興文史資料通訊》第四十期,二〇〇五年一月八日

《乾隆元年薦舉博學鴻詞史料》上下　中國第一歷史檔案館編,《歷史檔案》總第三十九、四十期,一九九〇年八月、十一月

《錢載生平及其作品的版本流傳》　張生奕、胡杏撰,《安徽文學》,二〇〇九年第四期

《十四位清代浙江戲曲家生平考略》　鄧長風撰,《明清戲曲家考略》,上海古籍出版社,一九九四年

《雙仙會傳奇作者考》 劉世德撰,《中華文史論叢》,一九八二年第二輯

《萬光泰古音學述評》 張民權撰,《古漢語研究》,二〇〇五年第一期

《英年早逝的清代宮廷畫家張若澄》 周崇雲、吳曉芬撰,《東南文化》總第二〇七期,二〇〇九年

人名索引

二　畫

丁　敬　34,37,52,60,69,136
丁雲錦　294
丁孺人　8,13,27,240,431,436,439
卜烈婦　168
卜錢熹　168

三　畫

于　振　38
于敏中　168,275,324
于雯峻　146—148
于慶長　138
于　謙　376

四　畫

王又曾　16,18,21,22,24,26—28,32,42,43,
　　47,50,57,62,63,69,75,77,91,94,95,98,
　　100,112,118,119,125,133,137,141,144,
　　177,180,204,205,237,280,393
王士禎　7,165
王大全　383
王大崔　293
王元勳　329
王友亮　294
王曰賡　147
王文治　159,191
王世芳　173,248,424
王世貞　310
王式丹　265
王存善　192
王延年　35,37,47,86,93

王　充　352,353
王汝璧　181,216
王如珪　306,314,447
王　玖　206
王　杰　164,169,241,242,324,343,441
王尚玨　284
王昌霖　344
王　珉　60
王祖庚　35,36,150,198,199,213,242
王　昶　14,16,30,36,117—119,140,143,171,
　　172,192,203,206,209,217,222,232,259,
　　260,278,283,294,300,311,319,320,324,
　　329,332,350,386,394,405,406,415
王　珣　60
王振鵬　405
王時敏　76,79,321
王　峻　23
王　宸　237,314
王孫芸　88
王　恕　181
王　冕　104,105,201,210,218,375,405
王崇簡　3,306
王　復　178,180,393,394
王　蒙　9,406
王嵩高　265
王節婦　383
王與玉　263,270,271
王會汾　35,36,63,198
王　猷　319
王際華　230,240
王嘉曾　247,273,457
王鳴盛　15,43,44,51,58,132,138,140,143,

人名索引

王　　　144,149,171,300
王　寬　216
王　鼌　194,294,302,303,329—331
王穀祥　121
王　燕　307
王學濂　344
王　澤　294
王點超　396
王穉登　310
王　寵　242,310
王蘭生　20
王　瓚　26
王顯曾　202,213
世　宗　128,227,357,433,434
元　結　409
戈　溥　37
戈　濤　94
支雲從　278
毛　詠　103
毛嶽生　264
介　福　84—86,88,98,104,108,128,133,140,
　　156,157,168,170,179,434
文　綬　109,312
文天祥　215
文徵明　310,323,386,387
方　苞　122,263
方睿頤　383
方維甸　83
方　薰　380
尹　泰　215
尹嘉銓　351
尹繼善　169,215,230,252
孔氏(孔興鈞女)　257
孔尚任　261
孔廣森　291
孔興鈞　257
孔繼涵　291,292,300
允　祕　294
允　祹　172,295
允　禧　278

五　畫

甘士瑞　48
甘立功　135
甘　澍　344
世　宗　128,227,357,433,434
元　結　409
申　甫　35,91,198,199,206,259,279,294,
　　296,297,301,324
田　玉　100
史可法　189
史必大　344
史在魯　334
史貽直　104,139
永　珹　295,299,301,315
永　瑆　244,295,299—301,314,323—325,
　　328,329,332,334,347,371,375,376,379,
　　398,408,414,422
永　瑢　278,287,295,329,332
永　璘　375
永　璋　278
永　璇　295,332,361
司馬彪　352
弘　旿　294,296,297
弘　晊　177
弘　瞻　177

六　畫

邢敦行　327
吉夢熊　107,109,120,135,158,192,218,243,
　　262,293,319,325,332,372,373
呂不韋　351,427
呂星垣　11,294,353,368
年遐齡　39
年羹堯　39
朱夫人　5,6,8,11,14—16,24,53,54,56,124,
　　283,286,431—433,436,439
朱丕武　66
朱丕烈　149,154,156
朱丕襄　111
朱印兆　5
朱廷基　285
朱休度　21,44,60,65,71,163,164,302,311,
　　374,379,405,423,428
朱孝純　331
朱沛然　16,17,22,23,26,29,43,50,74,82,

86,134
朱承煦 139
朱 昕 334
朱 垣 154,155,267
朱修永 11,24,126,287
朱 珪 16,23,158,210,222,294,307,332,360,376,381,391
朱振萬 5
朱棻元 154,155,158
朱 琪 50
朱 琰 306
朱嵩齡 21
朱 筠 23,36,154,155,192,197,222,223,231,242,243,272,281,282,300,307,309,317,340,353,358,360,370,395
朱榮桐 126
朱緒曾 396
朱稻孫 35,37,121,122
朱慶時 417
朱學泗 26
朱應桃 24
朱彝尊 3—7,9,21,41,50,54,165,300,306,328
朱鶴汀 361
朱麟應 20,21,93
伍齡安 168
任大椿 155,274,281,282
任施閎 11,12,131
任孺人 128,131,132
任蘭枝 23
伊秉綬 294
全祖望 69,89,121,122
米友仁 206
米 錦 285,334
江 永 300
江 春 122,164
江 昱 123,147
江 恂 249
江 參 242
江 聲 120
祁韻士 294
阮 元 13,228,265,341,387,403
阮 祐 403

阮葵生 193,273,281

七　畫

李三聘 285
李中簡 94,155,211
李允溎 4
李玉棻 389
李丙奎 263,270,271
李吉甫 147
李光地 20,211
李因培 112
李汪度 332
李武曾 306
李其昌 27,47
李東陽 310
李放浪 381
李宗文 211
李宗潮 31
李茹旻 37
李界文 123
李度汪 325
李流芳 322
李清植 211
李 綍 31
李富孫 37
李 勘 341
李 路 263,270,271
李 靖 341
李慈銘 35,300,301
李賡芸 329
李應楨 202
李鑾宣 294
吳三桂 64
吳士功 119
吳士鑑 294
吳修道 63
吳文溥 44,340,341,343,428,429
吳以鎮 107,109,219,372
吳廷華 90
吳良浩 316
吳其銘 4
吳昌碩 418
吳省欽 140—142,192,206,209,217,223,231,

232,263,264,266,276,294
吳省蘭　217,276,324
吳　修　23,29,60,61,63,320,348,377,378,
　　386,387,403,405,412,418
吳修道
吳泰來　44,160,171,350
吳華孫　137
吳烈婦(吳氏)　413,418
吳　烺　91,140,143,221
吳敬梓　140
吳　鼎　85,93
吳舜凱　263,270,271
吳　照　381
吳嗣廣　48,49
吳壽昌　294
吳　寬(明)　310,406
吳　寬(清)　140,141,194
吳　璜　203,204,217,233,275,342
吳　歷　68,407
吳　鼒　320,348,412
吳慶坻　294
吳錫麒　28,61,261,263,278,294,322,323,
　　405,412
吳戀政　105,227,381,382,399
吳應和　23,44,45,48,49,53,59,60,68,71,77,
　　81,82,87,88,97,125,128,132,143,153,166,
　　188,195,196,207,214,220,221,228,229,
　　235,243,251,252,258,271,279,280,288-
　　290,303,314,330,338,354-356,362,394,
　　395,401,406
吳　鎮　201,218,266,386
吳　騫　403,406
吳燏文　217,233
吳　巖　194,219
利振綱　255
何元烺　294
何永清　255
何汝霖(錢汝霖)　46,65,286
何思鈞　343
何國宗　104
何　晫　37
何貴四　1
何道生　294

近藤元粹　44,87,111,132,153,228,235,243,
　　251,252,289,303
余　集　247,274,278,322
汪　翃　217
汪大經　122,255
汪士鋐　249
汪士鍠　38
汪　中　155,165,254,259
汪由敦　150,297
汪永錫　158,211
汪廷璵　226
汪延璵　332
汪仲鈖　55-57,60,62,63,66,75,93,100,111
汪如洋　294
汪如藻　274
汪志仁　285
汪　沆　31
汪孟鋗　14,20,54,56,57,60,62,63,66,75,89,
　　93-96,98,100,112,115,119,156,197,205,
　　206,209,215,221,222,247,280,328,413
汪　宸　92
汪啓淑　239,240,285,388
汪　琬　41
汪　森　54
汪　棣　121,164,326
汪　筠　27,28,30,31,33,41,47,54
汪　臺　60,61,69
汪學金　359
沈士充　322
沈大成　121-123,165,255
沈世煒　209,210,364
沈世熹　298
沈存周　185,188
沈廷芳　38,164,165,254,259
沈作霖　105,146,147
沈　初　209,210,358
沈叔埏　378
沈　周　103,218,386,403,407
沈　治　409
沈宗涵　421
沈　炳　344
沈炳謙　31
沈　栻　140,143,146,158

沈清任　108,250,268,342
沈　琳　359
沈　琨　80,332
沈運宏　48,49
沈楸惪　52
沈業富　121,348
沈　韶　409
沈榮僑　37
沈維基　212,279
沈德潛　10,26,35,38,40,44,49,80,92,144,
　　160,171,240
沈孺人(朱修永妻)　24,126
沈孺人(從嫂)　127
沈孺人(張侶劉妻)　27
沈孺人(錢燀妻)　374
沈翼鵬　254,377,406
宋大業　329
宋　庠　403
宋葆淳　309,381,418
宋　弼　107,167,174,187
宋　鎔　329
良　誠　144,159,160,163,168
阿克敦　104
阿　桂　198,292,302,307
阿　肅　323
邵世勛　294
邵昂霄　31
邵晉涵　155,274,322
邵　基　37,38
邵嗣宗　7,103,105,107,109,120,135,136,
　　184－186,191,192,216,217,223,224
邵齊燾　178

八　畫

奉　寬　230
武　億　178,455
英　和　445,449,453,457
英　廉　233,240,243,248,250,259,262,268,
　　272,273,276,279,287,290,295－299,301,
　　302,305,314,321－324,327,328,330,332,
　　358,361,368,371,372,395
范甫霈　236
范　荔　387

范棫士　6,105,106,120,184,186,192,194,
　　218,235－237,239,413
范景中　403
范　墀　387
范　璨　127,387
范　鏊　259,260
茅應奎　25,48,50,59,66,69,115,124
林天彪　255
林永文　421
林樹蕃　281
來　保　104,169
杭世駿　31,34,35,38,60,61,69,122,148,239
尚　安　343
和　珅　134,141,169,252,276,317,321
季學錦　294
岳　飛　376
岳　濬　351
金士松　298,332
金天翮　240
金文淳　217
金兆蕃　52,53,162,413
金兆燕　394
金汝潮　341
金志章　34,60,61,69
金　甡　178,449
金陳登　14,15,126,286
金惟論　208
金啓南　143,144
金　農　60,61,69,165,192,259
金　榜　47,102
金德瑛　14,72－74,117,119,133,156,176,
　　180,184,185,284
金學超　15
周大樞　31,40,86,99
周天度　147,148
周升桓　119,197,256
周文吾　63
周玉章　31
周永年　274,281,322
周汝珍　417
周長發　31,38,222
周　昌　14
周　京　34,59－61,68,69,355

周　春	90,118,178,399	皇太后(孝聖憲皇后)	83,84,93,100,140,143, 148—150,152,161,163,167,173—176,182, 254,255,257,267,292,293,302,303,305, 307,308,315,316,357,433
周國璠	63		
周　琰	31		
周景柱	242		
周順昌	310	皇甫沖	310
周　煌	332	皇甫謐	352
周　震	415	皇　象	352
周震榮	112,256	俞之泰	66
周　瑤	333	俞雲來	66
周　篔	54	俞養喜	314
周孺人	374,439	禹尚基	265
周翼洙	94,95,98,100,112,119	帥念祖	31
周　澧	94,95,98,100,112,115,185,256	施　安	322
房　喬	341	施培應	134,185
屈廷慶	232	施學濂	247,250,262,276,321,322,359
屈　杓	201	洪亮吉	78,217,263
		洪　鐘	381
		祝允明	310

九　畫

郝　適	334	祝志袞	138
胡天游	37,40,205	祝　垣	39,237
胡亦堂	253	祝　烇	66,67
胡季堂	317	祝　喆	125,161,166,180,205,217,237
胡高望	169,325,332	祝維誥	16,17,22,25—28,34,39,54,57,60, 62,93—95,98,100,125,134,138,161,217, 222,237,328
胡期恒	39,40		
胡期頤	39		
胡萬本	306	祝德麟	314,325
胡翠仁	344	韋謙恒	132,140—143,336,394
胡樹業	374	姚汝金	217
胡　釁	412	姚晉錫	94,95,98,100,119,393
查有新	23,104,111,117	姚　梁	317,318
查克念	58	姚雲驤	411
查岐昌	49,58,172	姚　鼐	12,263,264,266,267,269,273,274, 276,279,281,282,368,412
查其昌	138		
查昌圖	134,135	姚　頤	273,299,308,314
查為仁	61,233	姚學甲	344
查　揆	412	紀　昀	16,56,135,157,158,232,262,274, 281,300
查嗣瑮	58		
查慎行	21,22,49,58	紀復亨	105,107,109,120,176,184—186, 190—192,205,217,218,227,237,243,259, 262,269
查　禮	11,124,194,206,217,218,221,222, 254,342,368		
柳詒徵	372,450		
哈靖阿	174,175	## 十　畫	
段玉裁	12,316	秦大士	105,106,120,135,140,158,164,184—

186,250,285,315,319,411
秦廷堃　268
秦承恩　185,186,285
秦承業　359
秦蕙田　117,149,154,156,157,168,300
秦鑅　269
秦　鐄　15,102,103,105,107,121,184—186,191,192,215,326,372
索額圖　323
班　固　352
素　敏　145
馬元震　322
馬曰琯　37,121,122,165
馬曰璐　121,122
馬世榮　40
馬世觀　344
馬守貞　418
馬　治　261
馬紹基　242
馬　琬　242
馬雄鎮　64
馬榮祖　35,36,81,88,90
馬維翰　40,41,47,50
馬錦文　135
袁廷檮　381
袁　枚　12,35,62,74,118,170,197,199,212,213,240,252,347,348,386,392,407,422
袁　知　344
袁　烜　344
袁　蘭　52,53
袁　鑑（袁鑒）　134,232,233,396
袁　灝　396
華　喦　250
莊大田　395
莊存與　364
桂　復　294
夏力恕　90
夏大易　76,78,79,237
夏之蓉　38
夏汝為　404,413,414
夏　昶　213
夏　蘇　178
夏　儼　404,413

柴恭人　307
畢　沅　18,24,36,159,160,191,197,203,204,209,217,218,221,223,226,274,314,377,394
倪元璐　310
倪承寬　113,325,326,332,343
倪　翁　16,67
倪國璉　326,327
倪　瓚　261,369
徐以坤　51,69,233,313
徐以泰　51,69,71,90,233
徐以烜　113
徐以震　51,69,71
徐玉衡　344
徐　本　38,376
徐本仙　38
徐有貞　310
徐汝士　263,270,271
徐志巖　51,65,69
徐　良　146,201,202,226,236—238,259,279,282
徐述夔　80
徐秉敬　184,319
徐海楊　421
徐　球　405
徐　堅　242
徐德輝　202
徐　潮　376
徐　績　284
翁方綱　1,7,12,29,44,49,63,64,67,69,70,72,77,78,82,85,87,95—97,104—107,109,110,116—118,120,125,128,132,137,139,140,143—145,149,152—155,157,158,164,166,168—170,173,179,181,185,186,188,190,191,195—197,199,202,207,208,210,213,214,216,219—221,223—226,228,229,232,234,235,238,240,243,244,246,249,251—253,255,257—283,286—293,298—301,303—307,309—312,314,317,319—322,327,330—332,336,338,339,353,355—357,362,369,373,375,377,381,398,401,423
留　保　111,116
高士廉　341
高　秉　262,263

人名索引 · 473 ·

高　宗　9,28,31,34,43,74,79,80,83—85,91,
　　101,108,112,127,128,140,145,155,156,
　　163,167—170,172,174—177,179,180,189,
　　206—208,210,215,221,227,230—232,235,
　　236,239,242,248,254,255,263,274,276,
　　291—293,322,331—333,339,343,344,346,
　　351,357—359,362,364,367,370,375,408
高　桂　421
高鳳池　7
高　蟠　334
郭占選　344
郭廷槐　334
郭則澐　414
郭　麐　216,412
容　庚　155
唐又振　403
唐仁壽　47,48,58,63
唐作楫　341
唐　淮　341
唐　樞　37
浦翔春　313
海　成　286
海蘭察　275
陸夫人　5,6,8,9,282,431,439
陸文謨　88
陸心源　410
陸汝寬　393
陸　束　5
陸杰少　3
陸　治　310
陸宗楷　215
陸奎勳　5,41
陸埈元　316
陸啓濛　5
陸　絅　386,393
陸　森　88,115,116,259
陸　游　13
陸費元鎮　29,217
陸費墀　29,205,217,276,301,314,392,400
陸維軾　393
陸錫熊　30,155,203,204,209,217,221,223,
　　232,253,262,266,267,274—276,281,319,
　　331,368,415

陸應暘　322
陸　贄　376
陸　燿　312,313,316,380,386,389,393
陸隴其　11
陳士璠　31,38
陳大受　44
陳大謨　386
陳上理　334,335
陳子和　50
陳以綱　38,256
陳玉繩　38,113,252
陳世倌　100,101,104,139
陳本敬　221—223,307
陳仲仁　254,257
陳向中　16,18,22,42,43,47,111,134,137
陳兆崙　24,25,38,69,113,115,148,198,199,
　　202,209,217,223,227,252
陳孝泳　150
陳宏謀　169,194
陳宏議　249
陳　述　73,463
陳　典　23
陳　垣　407,458
陳洪綬　259
陳洛書　335,336
陳祖義　263,270,271
陳素媜　376
陳高飛　158,159
陳祥符　318
陳　書　8—10,18—20,23,32—34,333,384,
　　386,387,407,418
陳崇本　305—307,310,331,368
陳　章　37
陳　淮　305
陳　淳　9,103,201
陳紹翔　371
陳紹謨　277
陳萬全　364
陳萬青　359,364
陳開基　159
陳　筌　135,190
陳愛生　421
陳經業　50,57,59,66,72

陳經禮	189,277,278	黃承乾	4
陳　壽	86	黃洪憲	409
陳爾士	20,456	黃庭堅	124
陳維崧	306	黃　軒	294
陳維新	50	黃烈婦	212
陳　撰	165	黃恩錫	212,213
陳　諒	66,125,137,237	黃師範	102,147
陳　熹	48,209,287	黃　鼎	110
陳歷龍	57	黃景仁	155,310,348
陳學澍	127	黃道周	3,310,372
陳鍾珂	249	黃登賢	308
陳鍾琛	192,194,249	黃　鉞	294
陳鴻壽	412	黃維綱	334
陳鴻賓	206	黃應超	285
陳鴻寶	91,112,140—142,206,209,287	黃　灝	417
陳繼儒	76	梅　枚	38
陳夔麟	340	曹仁虎	171,197,209,259,263,264,266,269,
孫士毅	135		272,273,275,276,279,282,319,350,368,389
孫子奇	88	曹文埴	159,218,332,394
孫延齡	64	曹自釜	18
孫枝發	118,200	曹　均	400
孫星衍	83,94,412	曹秀先	198,200,206,226,294,296,297,319,
孫　浩	3		377,428
孫登標	212	曹秉鈞	381
孫夢逵	91,178	曹洛禋	137
孫嘉淦	98,104,115	曹　溶	14,150
孫銘彝	344	曹　寧	383
孫維龍	158—160,204,275,342	曹學閔	13,210,243,259,262,266,267,269,
陶元藻	454		273,279,281,291,293,368,392
陶　成	206	曹錫寶	134,302
陶其愫	108,186,206	曹　檀	11—13,51,400
桑天顯	52	戚士元	254,413
桑調元	21,30,34,48,50,52,54,58,61,81—83,223,256	戚芸生	379,412
		戚弢言	412
		戚朝桂	380,412
		戚嗣曾	254,413

十一畫

勒彌森	104	戚麟祥	380
黃公望	80	盛百二	162,313,409
黃文蓮	171	盛　錦	92
黃正衡	404	常　紀	134,342,354
黃　戊	281	眭朝棟	100,168,182
黃　易	247	鄂爾泰	37,38,147
黃建中	43,51	鄂　敏	68

人名索引

鄂　寶　146,147
國　泰　318,321
貫　休　69
崔　丹　259
崔應階　222,294
符大紀　136
符　曾　233
許佩璜　38
許洛仁　341
許　集　113
許道基　96,206
許翼衡　4
許　謙　135,237
康　杰　344
康　勷　298
章有大　80
章　桐　209
章學誠　7,94,95,103,115,155,256,281,300,324
商　盤　203—205
梁同書　15,34,60—62,71,103,105,107,109,113,118,133,140,141,199,200,226,237,322,412,423
梁　泉　268
梁章鉅　309
梁啟心　60,61,69
梁敦書　112,113,386
梁夢善　259,260
梁鳴岡　285
梁錫璵　85,93,176
張大鏞　346,462
張夫人　17,27,28,53,71,126,144,146,240,318,334,340,343,344,347,353,354,360,367,374,380,389,400,401,415,420,423,432,434,440
張四科　121,122,165
張民權　89
張廷玉　31,37,38
張廷璐　26
張廷濟　66,261,383
張希賢　344
張宏燧　112
張　坦　103,105,107,109,120,135,136,150,185,190—192,208,218,326,372
張若霈　109,114
張若澄　157,158
張　英　88,267
張　雨　261
張虎士　333
張虎拜　333,334,336
張侶劉　17
張金鏞　377
張念淳　285
張　庚　9,14,33,34,39,46,79,80,82,101,125,142,162,237,393
張宗蒼　109,110,115,237
張映辰　113
張　昱　64
張泰開　101,156,158
張問陶　294,370,412
張敬業　18,19,125,237
張雲璈　65
張雲錦　69
張敦仁　381
張道渥　294
張曾敞　232,267
張裕犖　149,160
張夢徵　298
張楊園　17,436
張熙純　44
張　模　107,109,135,207,218,237,262,307,319
張爾岐　312,313
張鳳孫　35,36,279
張維斗　393
張履祥　65—67
張錦芳　253
張龍古　334
張戀建　31
張孺人　17,27—29,432
張瓊英　381
張　燾　343,368
張　馨　150,151,158,175,190,208,326
巢鳴盛　328,383

十二畫

項聖謨　410

博　明	107—109,140,145,146,149,154,162, 163,168—170,173—175,188,191,195, 197,198	程景伊	231,323,343
		程夢星	121—123
		程維岳	326,353
博卿額	232	程鍾彥	113
彭元瑞	189,217,276,377	傅玉書	401,402
彭兆蓀	216,381	傅為詝	219
彭　冠	134,201,331	傅　恒	171,226
彭家屏	74	鄔希文	37
彭朝龍	298,435	鄒一桂	100—102,104,114—116,120,128, 135,140,142,144,156,202,260,279
達　椿	332		
葉名澧	274	鄒方鍔	102,260
葉觀國	212	鄒朝陽	285
萬光泰	20,21,31,32,40,52,57,58,63,65,75, 86,88,89,115,116,204,205,217	鄒夢皋	279,372
		馮士鑐	253,319
萬廷蘭	381	馮巨欽	10,45
萬承風	359	馮廷丞	221—223,243
萬貢珍	306	馮其柘	112
萬　燦	420	馮秉仁	72—74
萬　選	344	馮桂芬	329,456
葛嗣浵	411	馮　浩	113,391
葛鳴陽	85	馮敏昌	72,85,253,258,269,291,292,294, 309,310,319,324,371,372,406,423
董　熜	37		
董元度	107,135,181,188	馮　景	30,58,83
董邦達	150,171,184,206,239,294	馮景曾	58
董其昌	57,76,136,200,202,208,242,310	曾國藩	412
董秉純	122	馮皋謨	3
董　源	421	馮　煊	334
董　誥	248,327	童鳳三	203,204,293
惠　棟	165	曾恒德	99
景　福	107,108,143—146,149,154,163,167, 169,170,173—175,184,278,319,323	曾国藩	412
		湛若水	2
嵇承謙	325	湯元裕	418
嵇　璜	35,51,85,113,223,259,282,322,327	溫　福	275
程　川	31	溫汝適	310
程元章	31	游貞女	185,187
程化鵬	285	富方穀	8
程以皋	172	富　德	148,154
程　恂	38	寔　誠	413,418
程晉芳	12,155,192,197,203,209,217,218, 221—223,227,257,259,260,262—264,266, 269,273—276,279,281,282,301,307,309, 310,314,319,364,368,377	喬松年	353
		費志學	344
		関　貞	353,354
程國祥	326		

十三畫

蒯嘉珍	48,73,393,405,406

楊仁愷　381
楊汝雯　127
楊芳燦　278
楊述曾　35,36,198,206,211,223
楊昌霖　322
楊度汪　38
楊　洪　2
楊烈女　127
楊景素　310
楊　椿　36
楊　榮　310
裘曰修　7,8,35,78,83,90,104,148—150,168,
　　199,215,230,275,281,322
裘承露　189
嵩　貴　324
嵩　壽　100,127
路斯道　231,427
福增格　256,257
褚廷璋　209,210,231,232,242,243
褚德彝　407

十四畫

趙　升　184,203,319
趙文哲　44,171,192,194,197,198,203,206,
　　209,217,232,275,342
趙　佑　107,108,187,319,454
趙秉淵　217
趙孟頫　132,177,194,326,404
趙孟堅　219,438
趙　信　31,34,136
趙湛若　192
趙　瑗　135
趙孺人　387
趙　翼　22,169,209,219,412
趙　譔　219
趙懷玉　36,48,263,278
蔡之定　412
蔡以臺　133,168,171,187
蔡可遠　30,234
蔡　新　30,234,293
蔡　適　10
蔣士銓　14,19,44,68,73,74,119,134,140,
　　170,176,179,180,184,189—194,206,275,

293,322,331,334,379
蔣元益　240
蔣元龍　377,379,384,387,391,392
蔣日烜　76
蔣廷錫　9,136,170
蔣知節　334,335
蔣知廉　74
蔣和寧　36,107,187
蔣宗海　103,105,326,372
蔣星采　57
蔣　洲　76
蔣雲師　350
蔣雍植　91,169,171
蔣　溥　36,37,45,75,78—80,83—85,99,104,
　　124,131,136,139,142,156,157,168—170,
　　182,252
蔣　蔚　30
蔣肇基　232
蔣榮昌　275
蔣履祥　232
蔣　楒　75,76,99,163,170,222
厲　鶚　25,31,34,52,60,61,69,82,165,233,
　　239,268
圖轄布　140,144,149,150,160,168,170,173,
　　175,191,195,265—268,279,381
綿　恩　329
管世銘　217
管宜人　161
管幹貞(管幹珍)　216,409
齊召南　25,31,38,381
鄭王臣　217
鄭虎文　13,138,212,457
鄭尚麟　48,49
鄭岱鍾　107,109,182
鄭崇敬　38
鄭　敏　255
鄭　樞　334
鄭　澂　294
熊為霖　221,226,227,262
熊學鵬　168
鄧廷輯　285
鄧長風　25,464

十五畫

樂　鈞　381
德　風　211
德爾泰　140,144—146,149,160,167,169,170
德　齡　99
劉九叙　334
劉大魁　114,263
劉玉麟　38
劉世德　25,402
劉立詮　344
劉必通　118
劉光緒　217
劉　向　352
劉　全　134,252
劉　芬　217
劉松齡　257
劉秉恬　204
劉念臺　4
劉柏齡　257
劉星煒　197,198,203
劉　昭　352
劉彦鍾　147
劉振麟　318
劉　炡　217
劉朝萊　42,93,199,226
劉滋善　257
劉統勳　37,84,104,108,133,168,230,274,276,277
劉嘉賓　334
劉　墉　250,405
劉毓崧　88
劉鳳誥　294,334
劉　綸　26,37,38,84,168,198,223,240,252,275,281
劉錫五　294
諸重光　159,194
諸　錦　25,38,98,100,110,112,119,120,381
諾　敏　145,158,160—163,167,168,173,174
慶　恒　177
潘士璜　294
潘有爲　307,372
潘安禮　38
潘奕雋　118,359,360

十六畫

薛老先生　312
薛　牧　341
薛素素　418
薛殿元　255
薛簡初　4
蕭　晚　380
蕭鼎揆　149
蕭廣運　283,285,286
霍集占　148
盧文弨　12,21,61,83,105,106,109,120,135,140,142,165,211,233,308,315,352,372,373
盧存心　30,33,40,46—48,50,61,83,139,237
盧見曾　21,37,103,107,122,164,165,172,198,232
盧明楷　159,174,175
盧　彀　107,109,161
積　善　144,150,154,162,163,199,210,393
錢　標　66,79
錢　摺　43,48,123
錢士升　420
錢大昕　7,13,22,44,66,91,140,141,143,158,168,170,171,177,179,192,197,209—211,217,218,222—224,243,248,259,262—266,269,273,276,286,287,300,350,389,392,398,399,412,422
錢大章　285
錢元昆　50,65,79,175,237
錢元昌　9,79,117
錢文選　14
錢世錫　2,15,22,29,50,63,90,125,131,144,146,150,156,161,179,182,184,204,205,209,216,217,232,237,248,254,286,311,323,324,334,336,337,343,360,361,364,371,381,392,397,408,423,430,441
錢仲聯　104,452
錢汝恭　22,73,94,119,125,126,133,237,246,274,284
錢汝鼎　11,19,23,24,131,217
錢汝誠　15,19,22,73,94,100,149,154,156,168,170,246,274,323,324,333,435

人名索引

錢汝愨　73
錢汝翼　22
錢志澄　256
錢芬桂　45
錢　坫　273,274,381
錢昌言　408
錢昌齡(錢寶甫)　28,29,237,254,260,374,
　　379,380,388,406,408,411,413,423
錢受榖　45
錢　周　3
錢　炘　5,9,11,13,29,50,54,71,124,174,
　　240,255,316,327,346,360
錢　泮　4,316
錢宜人　243
錢　珍　2,8,238,360,383
錢　星　13,131,138
錢　界　9,18,24,43,136,142,146,147,343
錢保錫　131
錢　陞　2
錢泰吉　25,29,39－41,43,44,48,53,79,110,
　　115,131,173,182,188,234,237,263,265,
　　296,311,334,408,412,432,435,441
錢振聲　256
錢　莊　8,217
錢　峰　12,131
錢卿鈢　52,421
錢容錫　57,144,146,189,232,341
錢陳群　2－4,10,12,19,20,24,25,33,40－43,
　　45,71－75,79,80,89,91,93－95,98,100－
　　102,123,125－128,133,174,181,182,187,
　　201,211,223,226,227,237,245－247,260,
　　275,280,283－285,326,331,332,376,406,
　　417,433
錢敏錫　48,127,138,142,164,174,208,209,
　　276,361,376
錢　琦　238,383,393
錢　達　2
錢斐仲　254
錢開仕　358,359
錢　策　127
錢善初　275
錢善安　205
錢善揚　105,208,209,318,405,415

錢善膺　189,277,396,415
錢富一　1,2
錢　寔　2
錢　榮　359,364
錢　裕　2
錢發榮　409
錢瑞徵　8,9,40
錢爾復　66,79
錢與映　3,46,66
錢嘉徵　3,42,65,93,199－201,221,223,226,
　　227,360,376,389
錢壽錫　8
錢　霆　417
錢聚仁　2,65,396,409
錢聚文　415,420
錢聚英　421
錢聚奎　421
錢聚彭　421
錢聚朝　45,49,55,64,66－68,71,78,81,82,
　　87,88,90,117,125,137,152－154,166,176,
　　196,258,270,271,280,286,288－290,303,
　　304,314,330,331,338,375,384,388,401,
　　411,420,421,424
錢聚德　421
錢聚穎　421
錢聚瀛　413
錢聚寶　421
錢　端　138
錢維城　14,79,104,110,149,257,266,296,321
錢維喬　79,257,266
錢綸光　9,10,12,34
錢樾初　4,46,174,200,255,316,346,409
錢　標　66,79
錢德菜　66
錢儀吉　48,49,53,55,59,60,64,67,70,71,77,
　　78,81,82,87,90,97,110,117,125,128,132,
　　143,152－154,165,166,173,188,196,207,
　　208,214,220,226,228,229,235,243,251,
　　257,260,270－272,279,284,288－290,302－
　　304,306,315,320,321,330,331,338,339,
　　354－357,362,369,370,381,388,393,397,
　　401,412,413,420,424,428,429
錢　□　374

錢　薇	2,8,360,380		319,332,358
錢　璲	298	謝蘭生	254,423
錢　臻	53,117,131,136,162,175,217,284,	應　澧	35
	333,377,423	應　麟	435
錢　諷	6	繆祖培	324
錢駿祥	256,450		

十八畫

錢繼畬	377		
錢應溥	334	顏文楷	334
錢鴻錫	32,56	顏師古	352
錢鍾書	301	豐昇額	307
錢禮錫	8	顓　琰	336,375
錢　燿	7,66	邊學海	285
錢　鏐	14,376	邊繼祖	149,158,160,163
鮑之鍾	262,276,294		

十七畫

十九畫

		蘇弘道	263,270,271,299,308
戴文燈	184－186,191,192,208	蘇遇龍	285
戴均元	344,350,351	蘇　軾	181,260,264
戴秉均	27	蘇　轍	406
戴　良	387	嚴長明	203,204,209,217,264,268,269,273,
戴第元	193,217		278,279,299,350
戴殿海	387	嚴遂成	31
戴　震	7,63,155,274,300,301,316,322	嚴　榮	16
戴　璐	71,164	嚴　觀	278,350
韓平原	116	嚴纘祖	29
韓　泗	285	羅　曾	263,270,271
魏王泰	352	羅源漢	323
魏忠賢	3,54,201,223,430	羅暹春	249
魏起鳳	311	譚尚忠	294
魏象樞	317	譚貞和	4
魏　墀	311		
魏　徵	341		

二十畫

儲麟趾	162,227	釋大汕	306
鍾安人	193,195	釋明中	60,62,68,69
鍾志順	193	釋篆玉	60,62,69
鍾　湟	7	饒學曙	191,206
鍾孺人	7,374,428,429,431,439	寶光鼐	259,260,332
謝　垣	119		
謝恭銘	421		

二十一畫

謝章鈺	306	酈道元	352,427
謝啓崑	199	鐵　保	294
謝　墉	13,91,94,95,98,100,105,107,109,	顧斗光	404
	112,113,119,120,135,140,143,144,211,	顧列星	44,48,49,53,55,59,64,67,69－71,

77,78,81,82,87,90,110,116,117,125,132,138,152—154,188,195,214,220,228,229,234,235,258,280,289,290,303,338,339,354—357,362,369,375,384,388,395,398,401
顧　光　113
顧光旭　108,109,135,158,191—194,218,342,373,404,416
顧　問　128,347,351,427,429,434,436
顧鼎臣　310,403
顧　鎮　80

二十二畫

龔　烈　412

龔　開　80
龔　詡　384
龔應麟　285

二十四畫

觀　文　166,195,211,267,270,283,288,289,333,337
觀　光　202,211
觀　保　149,154,156,230

後　　　記

　　2005年秋，我考進南京師範大學美術學院，受教于范景中師，開始撰寫《錢載年譜》。楊崇和先生富于收藏，我數度去觀畫聆教。之後認識錢霆先生，引薦到嘉興博物館、圖書館。又旅宿北京、上海、杭州，在故宮博物院、第一歷史檔案館、國家圖書館、中科院圖書館、上海博物館、上海圖書館、浙江圖書館、浙江省博物館讀書觀畫。三年間湊成一本博士論文。隔數年，楊先生與范老師商量出書。于是聯繫上海古籍出版社，反復修改。書終成，而彈指十年將過。

　　那些給予本書友教諸人：周小英、梁穎、錢霆、周静、范笑我、凌利中、羅中峰、何碧琪、章暉、容軒主人、戴光耀、劉道廣、黄惇、劉偉冬、李立新、潘文勰、沈燮元、江慶柏、丁小明、蘇偉綱、陳韻如、李新立，在此一并致以深深謝意。特別感謝范景中師與楊崇和、白謙慎、陳鴻森三位先生。部分章節經陳先生批改。序文由白先生惠賜。楊先生批閱全書，并為出版提供多方面幫助。本書獲上海文化發展基金會資助。嘉興博物館無償授以《蘀石先生畫像》照片使用權。還有其他個人與機構，不能悉數列舉，也同時致謝。最後感謝家人一直以來的陪伴與支持。

潘中華
2014年8月29日